에니어그램 성격유형

자기발견을 위한 성격의 역동성 탐구

Don Richard Riso · Russ Hudson 공저

윤운성 · 김경수 · 김은아 · 김혜동

박범석 · 박현경 · 서정대 · 손진희

오정옥 · 오현수 · 윤천성 · 이근매

이소희 · 이숙자 · 조주영 · 황임란 공역

Personality Types

Using The Enneagram For Self-Discovery, Rev. ed.

학지사

역자 서문

저자들은 이 책의 초판을 1987년에 출간한 후 개정을 통해 내용을 수정 · 보충 삽입하면서 에니어그램에 대한 본질적 접근을 위해 노력하면서 에니어그램 연구의 발달사적 의미를 해석하고 있다. 이 책은 세계 여러 나라의 언어로 번역되어 에니어그램 분야의 고전으로 자리 잡고 있으며, 그동안 나온 여러 종류의 에니어그램 관련 서적들이 이 책의 내용을 적용하고 활용하였다.

대표 역자가 오래전에 미국에서 만난 돈 리처드 리소(Don Richard Riso)는 자유분방한 예술적 창의성을 지닌 5번 날개를 가진 4번 유형으로, 신학적 배경으로부터 출발하여 과학적 분석에 이르기까지 방대한 지혜를 정리해 낸 학자였다. 그 후에 리소의 작업에 관심을 가졌던 4번 날개를 가진 5번 유형인 러스 허드슨(Russ Hudson)과 지금까지 17년 동안을 함께 작업하면서 심층적 탐구와 통찰을 통해 에니어그램의 정교화에 기여하였다. 아직도 두 분이 워크숍을 하는 장면과 강의가 끝난 저녁에 라포를 형성하던 때가 생생하게 기억난다. 특히 허드슨은 대표 역자와 같은 해에 태어난 닭띠임을 확인하며 동양의 여러 사상에 관해 매우 깊은 대화를 나누었다. 삼국시대 신라를 설명하는 등 우리나라 역사에 큰 관심과 지식을 가지고 있었다. 또한 대표 역자에게 친필 사인과 함께 좋은 글도 적어 주어 이 글 말미에 넣었다.

이 책은 두 저자들이 에니어그램의 체계를 과학적으로 해부하는 모습을 담고 있다. 원저는 *Personality Types: Using the Enneagram For Self-Discovery*로, 우리 말로는 '에니어그램 성격유형: 자기발견을 위한 성격의 역동성 탐구'로 번역하였다. 많은 임상사례를 통해 에니어그램의 지혜는 더욱 깊이 있게 발견되어 개정판을 내면서 더욱 풍부한 에니어그램의 본질을 추구하게 되었다. 특별히 이 책에서는 종전의 내용에 성격의 핵심적 역동성을 포함하는 '발달 수준'을 첨가함으로써 개인의 성장과 퇴보에 따른 자기처방을 위한 지침을 제공하고 있다. 또한 성격유형과 초기 유아기와의 상관성을 심층적으로 분석함으로써 더욱 명확한 용어로 성격유형의 발달적 기원을 터득하는 데 많은 도움을 주고 있다. 많은 에니어그램의 지혜를 체계적으로 담다 보니 원서 자체도 500여 쪽의 방대한 분량으로 되어 있다.

좋은 책을 발견하고 한국에니어그램교육연구소를 수료한 다양한 배경을 갖고 있는 전문강사들과 함께 공부를 하고, 출간도 하고자 다짐하였다. 이에 따라 학지사가 바로 판권을 획득하고, 유능한 전문강사들의 자발적 참여로 역자들을 구성하여 번역관련 회의를 통해 전체적인 번역의 방향을 설정하였다. 번역은 역자 자신의 에니어그램 유형에 해당되는 부분을 번역함으로써 자신의 유형에 대한 심층적 이해를 도모하였으며, 가능한 한 독자들에게 전달될 수 있는 쉬운 용어로 기술하기 위해 노력하였다. 또한 아홉 가지 유형에 대한 별칭은 원서에 충실한 동시에 우리 문화에 수용되기에 적절한 용어로 번역하였다.

대표 역자인 윤운성 교수가 역자 서문을 쓰고 저자 서문 번역, 책 소개, 총괄책임을 맡아 진행하였다. 이화여대 김은아 박사가 1장과 2장, 평택대 이근매 교수가 3장, 창원전문대 오정옥 교수가 4장, 선문대 손진희 교수와 김경수 교수가 5장, 한남대 황임란 교수가 6장, 서울벤처정보대학원대 윤천성 교수가 7장, 군산간호대 오현수 교수가 8장, 선문대 박현경 교수가 9장, 한우리독서문화운동본부 평생교육원장 박범석 박사가 10장, 경희대 김혜동 교수가 11장, 백석대 조주영 교수가 12장, 의학박사 서정대 내과전문의가 13장, 동신대 종합사회복지관 이숙자 박사가 14장, 숙명여대 이소희 교수가 15장을 번역하였다.

총 16명이 번역에 참여하다 보니 여러 가지 개인 사정으로 일정이 지연되어 출판사로부터 독촉을 받으면서 가까스로 출간하게 되었다. 책이 나오기까지 연구소의 김새한별 팀장이 역자들과 연락을 주고받으면서 원고를 수집하고 편집하는 데 수고했고, 역자들은 서로 다른 장을 교차하여 교정하고 교열함으로써 전체적으로 일관성을 유지하기 위해 노력하였다. 황은신 선생이 전체적인 교정을 하고 수정하는 데 도움을 주었다. 최종적으로 대표 역자가 수정된 원고를 정독하면서 수정과 정리를 하였다.

저자들이 다가올 수년 동안 자아발견과 개인적 성장을 위한 유용한 책이 나오기를 희망하면서 저술한 결과, 이 책은 심오한 에니어그램의 본질을 규명하여 유용하고 정확한 용어로 전달하는 데 많은 공헌을 하고 있다. 특히 성격과 에니어그램의 본질과의 관련성, 자기발견을 통한 자기변형, 성격유형의 형성과 관련된 아동기의 기원, 성격발달의 역동성 등 에니어그램의 획기적 발견을 포함하면서 에니어그램 지혜의 정립에 많은 영향을 주고 있다.

지난 10여 년 동안 우리 연구소와 한국에니어그램학회는 국내를 대표하는 에니어그램 교육 및 연구 기관으로 에니어그램의 본질적 지혜를 발견하고 탐구해 왔다. 이미 많은 사람들이 우리 연구소를 통해 삶의 의미를 찾고, 변화를 경험하고 있기에 그 막중한 사명감과 함께 빛나는 인류의 보배를 후대에 소중하게 전달해야겠다는 다짐도 해 본다. 에니어그램의 지혜에 관심을 갖고 있는 모든 사람들과 함께 출간의 기쁨을 나누고 싶다.

경제가 어려운 만큼 여기저기에서 많은 사건과 사고가 발생하고 있다. 이러한 시대에 에니어그램의 귀중한 지혜가 삶의 뿌리가 되어 건강한 사회건설에 도움이 되길 바라면서 학지사 김진환 사장님을 비롯한 관계자들께 거듭 감사 드린다.

대표 역자

윤운성(한국에니어그램교육연구소장/한국에니어그램학회장)

For Yun —
with warm wishes
for your work with the
Enneagram
in Korea —
Don Riso

윤 교수님과 한국에서의 에니어그램 연구에 아름다운 발전이 있기를 기대합니다.

돈 리처드 리소

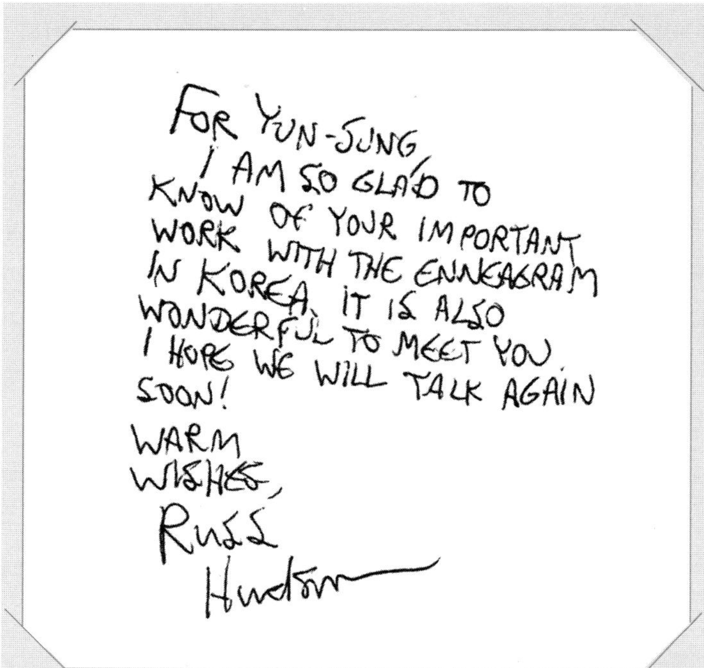

FOR YUN-SUNG,
I AM SO GLAD TO
KNOW OF YOUR IMPORTANT
WORK WITH THE ENNEAGRAM
IN KOREA. IT IS ALSO
WONDERFUL TO MEET YOU
I HOPE WE WILL TALK AGAIN
SOON!
WARM
WISHES,
RUSS
Hudson

윤 교수님이 한국에서 에니어그램의 연구에 공헌함을 매우 기쁘게 생각합니다. 또한 윤 교수님을 만나게 되어 매우 기쁩니다. 다시 에니어그램에 관해서 논의하기를 희망합니다.

사랑을 담아서

러스 허드슨

개정판 저자 서문

이 책 *Personality Types*는 에니어그램 연구 분야에서 꼭 읽어야 할 중요한 고전이 되었다. 미국에서만 15만 권 이상이 팔린 에니어그램 분야의 세계적인 베스트셀러이자 여러 나라의 언어로 번역된 도서다. 그럼에도 우리가 이 책을 왜 개정하고자 하는지에 대해 많은 사람들이 궁금해할 것이다.

그것은 에니어그램의 연구가 현재도 진행 중이고, 이러한 에니어그램시스템에 대한 우리의 이해의 폭과 깊이가 끊임없이 넓어지고 있기 때문이다. 우리는 계속해서 보다 나은 용어를 찾고 있고, 새로운 발견을 한다. 보다 심오한 질문에 대한 답을 체계적으로 표현하고, 추구해야 할 새로운 영역을 찾아내며, 다른 지식과의 사이에서 많은 관련성을 깨닫고 있다. 인간본성(human nature)에 관한 연구는 더 깊이 통찰할 필요가 있고 늘 가능성이 존재한다. 인간본성에 대한 연구는 늘 진행 중이며, 그렇기에 에니어그램에 관한 연구도 끊임없이 진행 중이다.

에니어그램은 우리가 과학적 연구의 정신으로 이 문제에 접근하고 있다는 점에서도 진행 중인 연구다. 즉, 우리에게 전해져 참조할 수 있는 '에니어그램 바이블'은 없다. 그런데 *Personality Types* 초판에 따르면 에니어그램이 어떤 종류의 '구두를 통한 전통(oral tradition)'을 통해 전해 내려왔다는 유래에서 오해의 소지가 있다. 이는 진실과는 거리가 있을 수 있다는 것이다. 현대에 전개되고 있는 에니어그램은 크게 보아 오스카 이차조(Oscar Ichazo), 클라우디오 나란조(Claudio Naranjo) 등의 학자들의 작품이다. 따라서 우리가 공식화하는 내용들과 아이디어들은 새로운 발견이 있을 때마다 재평가할 필요성이 있다.

1987년에 *Personality Types* 초판이 출간된 이래로 우리는 국제적으로 수십 차례의 워크숍과 훈련 프로그램을 실시하였으며, 전문 지식을 갖고 있는 수천 명의 지식인들과 함께 에니어그램에 대한 발견사항들을 공유하였다. 우리는 에니어그램 자료를 가르치는 과정에서, 에니어그램의 핵심을 찌르고 올바른 에니어그램의 지혜를 다루며 많은 사람들에게 효과적으로 에니어그램을 설명하는 방법을 발견해 왔다. 동시에 사람들과 상호작용을 하면서 많은 새로운 통찰과 개선점을 얻었고, 이러한 내용들은 우리가 에니어그램의 본질과 성격유형을 전체적으로 명료하게 이해하는 데 도움이 되었다.

그리고 우리는 우리 자신이 성장함에 따라 성격의 기능에 대하여, 그 성격이 인간의 본질과 영적인 본질에 어떤 관계를 맺고 있는가에 대해서도 보다 깊은 진실을 발견하게 되었다. 또한 에니어그램 그 자체를 이해함에서 좀 더 세밀하게 집중하는 자세를 갖게 되었다. 우리는 변형작업(transformational work)을 하는 에니어그램의 힘과 효력에 대하여 그 어느 때보다도 확신하고 있는데, 이는 우리가 사용하는 언어와 아이디어들이 치밀하고 정확하다는 전제하에서 그렇다. 우리는 우리 자신에 대해서 더욱 분명하고 구체적인 식견을 가지면 가질수록 그동안 습관화된 낡은 패턴을 포기할 수 있을 것이다. 그리고 우리가 그러한 낡은 패턴들을 놓아 버림에 따라, 우리의 인식은 넓어지고 자기감을 갖게 된다. 따라서 정확하고 정교하고 분명한 언어가 절대적으로 중요한 것이고, 우리가 할 수 있는 최대한 정확한 표현을 계속해서 찾아 나가는 것이다.

우리는 많은 교수(teaching)가 진행됨에 따라, *Personality Types* 초판에 발표된 아이디어의 표현이 개선될 필요가 있음을 깨닫기 시작하였다. 또한 초판에 여러 가지 이유로 넣지 못했던 중요한 발견사항들도 있었다. 그러나 이 책의 성공으로 우리는 원본의 질을 높이고 면밀히 검토하는 것은 물론 연구결과의 일부를 포함시킬 수 있는 기쁨도 누리게 되었다. 우리는 출판사(Houghton Mifflin Company)의 도움으로 초판에 약 5만 개의 단어를 추가할 수 있었다.

우리는 *Personality Types*를 검토하면서 전체적으로 점검할 필요성은 그다지 느끼지 않았다. 그러나 우리가 해 오고 있는 세밀한 작업과 관찰을 통한 소견들을 포함시킴으로써 더욱 설득력 있는 책이 될 것이라고 느꼈다. *Personality Types*가 처음 출판되고 9년의 세월이 흐르면서, 우리는 이전에 탐구하지 못했던 성격유형들에 대해 더 정확한 설명을 요하는 내용들을 발견해 왔다. 우리는 이에 대한 새로운 자료를 포함시킴으로써 유형에 대한 이해의 폭이 상당히 넓어지고, 에니어그램 작업이 더 효과적이고 용이해질 것이라 믿는다. 그럼에도 우리가 새로 발견한 내용들을 다 포함시킬 수는 없었는데, 이는 그중 일부가 이 책에 넣기에는 너무 진보적인 것이기 때문이었다.

이번 개정판에서 주목할 만한 변화는 그 포착하기 어려운 질적인 측면이다. 우리는 이번 개정판에 초판의 언어가 갖고 있는 정확함과 세련된 아름다움, 풍부함을 그대로 유지하면서 더 부드럽고 따뜻한 느낌을 주려고 노력하였다. 또한 아홉 가지 유형에 대한 설명에서 그 어떤 편견이나 불균형이 들어가지 않도록 최선을 다하였다. 그리고 그것을 설명하는 데서도 최대한 공명정대하고 객관적이 되고자 하였다. 우리가 의도하는 것은 독자들이 자신의 유형을 찾을 수 있을 뿐 아니라 그들의 기질(character) 구조 가운데 문제점이 있는 양상들을 인지하고 인정하도록 하는 것이다. 우리는 이렇게 되기 위해서 동정적이고 부드러운 접근법이 요구되리라는 것을 알았고, 이번에 개정된 유형 설명에 이를 구체화하기 위해 노력하였다.

우리가 여기에 처음으로 포함시킨 것으로서 가장 중요한 독창적 발견 가운데 하나는 아홉 가지의 성격유형들 각각에 대한 '핵심역동(Core Dynamics[발달 수준 포함])'이다. 핵심역동은 여기에 발표되기 이전에는 전문가 훈련 프로그램(Professional Training Programs)에 참가한 사람들에게만 사용했었다. 그리고 이제 이번 개정판을 발표함으로써 이 내용들을 연구자들 및 정신건강 전문가들은 물론 일반 대중도 이용할 수 있게 된 것이다. 핵심역동은 아홉 가지 유형 각각에 있는 발달 수준(Levels of Development)의 설명에 함축적으로 소개되어 있다. 핵심역동은 각 유형의 태도 및 행동에 대한 전체적인 패턴의 내적 논리와 범위를 매우 분명히 해 주는 것은 물론 이 유형들의 동기와 자아방어에 대한 이해를 도울 것이다. 발달 수준을 포함하고 있는 핵심역동은 각 유형의 상태에 대한 구체적인 척도(specific measure)로서, 에니어그램을 공부하는 사람들에게 명쾌한 개념적 틀을 주는 것이다. 그리고 우리는 이 틀이 광범위한 분야에 사용될 것이라고 예상하고 있다. 심리치료자(치료학자, 치료전문가, 임상의), 교육자, 비즈니스 컨설턴트 그리고 사실상 에니어그램을 실질적으로 적용하고자 하는 사람은 누구든지 핵심역동을 활용하여 자신이 하는 일의 효율성을 촉진시킬 수 있을 것이다.

또한 우리는 에니어그램 상징의 기원 및 역사에 대한 우리의 논의, 그리고 그 시스템이 현대에 발전되어 온 것에 대한 설명을 더욱 확대하였다. 이 유형학의 기원에 대하여 많은 사람들이 깊은 관심을 가지고 알고 싶어 하는데, 앞서 이미 논의된 것과 같이 이 주제에 대해 알려져 있던 기존의 자료들은 상당한 혼란과 그릇된 정보의 출처가 되어 왔다. 에니어그램이 발전되어 온 긴 역사를 두고 볼 때 아직까지 격차가 있기는 하지만, 우리는 현재 이용 가능한 모든 정보에 근거하여 정확한 설명을 하고자 노력하였다.

성격유형의 발달적 기원 및 유년기 패턴(childhood pattern)에 대하여는 의문점들이 많이 있는데, 우리는 이 기회를 빌려 이 문제에 대한 설명을 분명히 하였고, *Personality Types* 초판에 처음 소개된 유년기 패턴에 대하여 좀 더 분명하고 총체적인 용어를 사용하고 있다. 그리고 각 유형의 발달적 기원에 대한 논의를 더욱 심층적으로 다루었다. 예를 들면, 우리는 이제 3번 유형을 '어머니 또는 어머니와 같은 사람에 긍정적(positive to the mother or mother-substitute)' 으로 묘사하기보다는 '양육하는 사람에 연결된(connected to nurturing-figure)' 이라고 가르치는 것이다(여기서 양육하는 사람은 생물학적 어머니일 수도 있고, 아닐 수도 있으며, 그 연관이 반드시 '긍정적인' 것도 아니다.). 이렇게 강조점을 바꿈으로써 3번 유형인 사람들의 경험을 좀 더 정확히 해석하는 것으로 3번 유형들과 더욱 공감하게 되었고, 보다 폭넓은 내용을 함축하게 된 것이다.

또 다른 특징은 일부 유형 및 삼원소 중에서 2개에 새로운 이름을 도입하였다는 점이다. 우리는 수년에 걸쳐 3번 유형 '지위추구자(status seeker)'를 '동기유발자(the Motivator)'로, 4번 유형 '예술가(the Artist)'를 '개인주의자(the Individualist)'로, 5번 유형 '사고가(the Thinker)'를 '탐구자(the Investigator)'로, 7번 유형 '일반론자(the Generalist)'를 '정열주의자(the Enthusiast)'로 수정하였다.* 이러한 변화가 있었던 것은 이러한 이름들이 혼란을 주어 잘못된 유형으로 분류하는 원인이 되므로 각각의 유형을 더 명확하게 분류하도록 해야 한다고 느꼈기 때문이었다. 이 새 이름들은 각 유형의 핵심 내용을 더 잘 포착하는 것으로 보인다.

또한 우리는 관계원소(Relating Triad)의 이름을 본능삼원소(Instinctive Triad)로, 행동삼원소(Doing Triad)는 사고삼원소(Thinking Triad)로 바꾸었다. 이 변화들은 삼원소 이름을 인간 인식의 세 가지 전통적 중심, 즉 사고, 감정, 본능의 이름과 모순이 없도록 하는 데 도움이 된다. 또한 각 개별 유형이 저마다의 삼원소와 어떻게 관련되는지를 설명하는 자료들도 주제별로 추가하였다. 예를 들면, 8, 9, 1번 유형이 저항하는 중요한 역할, 그리고 2, 3, 4번 유형 모두가 특정한 자아이미지에 대해서 확인을 추구하는 것 등을 좀 더 명확히 한 것이다.

*Personality Types*에 있는 다른 특징들도 다듬었으며, 18개의 날개 유형(wing types) 각각에 대하여도 더 풍부하게 묘사하고 구체적인 이름을 포함시켰다. 예를 들면, 3번 날개를 가진 4번 유형은 '귀족(the Aristocrat)'으로, 5번 날개를 가진 4번 유형은 '보헤미안(the Bohemian)'으로 이름을 붙였다. 우리는 이들 날개 유형을 구분할 수 있도록 하기 위하여 날개에 대한 충분한 조사를 한 최초의 저자들로 여기에서 처음으로 그것들을 선보이는 것이다.

또한 통합 및 분열의 방향에 대한 토론 사항들도 상세히 설명하였다. 또 하나 중대한 사실은 어떤 초기 경고표시로서 스트레스하에서 독자들이 어떻게 '행동화(act out)'하는 경향이 있는지를 스스로 정확하게 볼 수 있도록 해 주기 위하여 각 유형

* 역자 주: 이 책에서는 우리 문화에 맞추어 3번 유형은 성취자, 4번 유형은 예술가, 5번 유형은 사색가, 7번 유형은 낙천가로 번역한다.

의 장마다 단계적으로 분열 방향에서의 유형의 이동 모습을 설명하고 있다는 것이다. 이는 개인적 성장을 위한 발달 수준이 갖고 있는 유익한 정보다. 또한 각 유형의 통합 방향에 대하여 원래 설명하고 묘사했던 부분도 넣었다. 책의 처음부터 끝까지 우리는 하나의 시스템으로서의 에니어그램에 대하여 좀 더 다듬어진 이론적 이해를 소개하였는데, 여기에는 날개, 분열과 통합의 방향, 삼원소 및 기타 성격 이론들과의 상호 관련에 관한 보다 새로운 정보가 포함되어 있다. 처음으로 우리는 자기보존(Self-preservation) · 사회적(Social) · 성적(Sexual) 하위 유형이라고 불리는 본능적 기원(Instinctual Orientations)에 대한 독창적이고도 간단한 설명을 선보였는데, 이것은 본능 기원을 보다 큰 문맥 속에 두는 것이며, 또한 이 분야에서 앞으로 있을 연구에 합리적인 근본 이유를 제공하는 것이다.

이 개정판이 근거가 확실한 업적을 더 의미 있게 향상시키는 것이 된다는 점에 독자들이 동의할 것이라고 기대한다. 우리는 이것이 이 분야의 발전에 획기적인 사건이 될 것이라고 믿는다. *Personality Types*를 개정하는 데 기울인 노력들을 통하여, 앞으로 다가올 수년 동안 자아발견과 개인적 성장을 위한 유용한 책이 출간되기를 희망한다.

인간의 본성에 대한 우리의 지식은 끊임없이 깊어져 가고 있다. 이러한 과정이 진행됨에 따라 (미래의 어느 시점이 될지는 모르겠지만) 이 책을 개정하기로 판단할 수도 있다. 우리는 여러 유형의 많은 새로운 특징들을 공부하면서 즐거움을 느꼈는데, 여러분도 우리와 마찬가지로 그 많은 특징들을 탐구해 봄으로써 즐거워하기를 바란다. 특히 에니어그램을 처음 접하는 독자들은 자기 자신과 남을 이해하기 위한 토대를 이 책에서 발견하고, 그 토대가 여러분의 인생에 커다란 공헌을 하기를 바라는 마음이다. 이 개정판이 나올 수 있도록 해 주신 독자 여러분의 아낌없는 격려와 열의에 감사드린다.

Don Richard Riso & Russ Hudson

초판 저자 서문

에니어그램을 해석하는 데 최우선적인 주제가 하나 있다면, 그것은 우리가 스스로의 내적 상태를 넘어설 수 있도록 그 상태를 인정하고 이해해야 한다는 것이다. 자기이해(Self-understanding)는 변형(transformation)의 시작이며 변형을 하기 위한 준비 행위이고 서막이다. 자아(ego)라는 '잘못된/그릇된 자아' 들을 넘어서는 것이다. 자아를 초월하는 것은 모든 영적 길로 가는 관문이며, 에니어그램은 각 유형에게 개개인으로서의 그 관문이 무엇이며, 또한 어떻게 그 관문을 통과할 것인지를 보여 주고 있다. 에니어그램은 우리로 하여금 자아초월 및 보다 높은 상태의 의식 통합이 가능하다는 것을 알도록 도와줌으로써, 그리고 우리 자신의 존재가 가지고 있는 보다 자유롭고 더 포괄적인 자질을 우리에게 제공함으로써 우리에게 그러한 내용들을 추구하라고 용기를 북돋우고 있는 것이다.

우리 모두는 인생의 어려운 문제들에 대한 해결책을 찾고 있다. 그 문제는 여러 가지 다른 방법으로 표현될 수 있겠지만 어떤 공통적인 인간적 차원에서 볼 때, 우리는 보다 풍요롭고, 더 만족스럽고, 품위 있는 삶을 영위하기 위한 방법을 찾고 있는 것이다. 또한 다른 사람들 역시 그렇게 하기 위한 방법을 찾고 있을 것이다. 에니어그램이 모든 해결책을 가지고 있는 것은 아니다. 그럼에도 에니어그램은 어떻게 (그리고 왜) 그렇게 많은 사람들이 잘못되어 가고, 자기 자신과 남들에게 여러 종류의 파괴적인 행위를 하며, 불행을 가져다주는가를 인지하는 데 도움을 준다.

에니어그램의 성격유형은 우리의 내적 조망 속에 있는 주요 특징들을 식별해 낸다. 즉, 우리 자신의 어디에 기름진 오아시스와 평온한 숲과 생명을 낳는 샘이 있는지, 믿을 수 없는 영혼의 표류와 깎아지른 듯한 벼랑과 메마른 사막이 있는지를 식별한다. 그러한 자리에 가고 안 가는 것, 정신적 표사(漂砂)에 있는 많은 잠재적 덫에 빠지고 안 빠지는 것, 두 쪽을 평가해 보고 새로운 영역으로 넘어가고 안 가고 하는 것은 우리의 마음이다. 따라서 에니어그램을 적절하게 이해하여 사용한다면 우리 성격의 상태를 나타내는 지도가 되는 것은 물론, 우리가 비로소 우리의 자아를 초월하였을 때 그 성격 저 너머에 있는 것을 향해 갈 수 있는 길을 가리키는 지도가 되는 것이다.

더욱이 에니어그램은 인간의 성격에 대한 설명으로서 망라하는 범위가 대단하여 우리를 영적인 것의 경계점에까지 이르도록 한다. 영성(spirituality)은 언제나 변하는 덕행으로 그 모습이 우리의 일상사에 나타나는 것이다. 따라서 에니어그램과 관련하여 영성을 언급하는 것은 이상한 일이 아니다. 사실 전통적으로 '미덕(virtue)' 은 인간의 정신이 자연발생적이고 자연스럽게 표현된 것이다. 그것들은 우리가 일상사에서 추구하는 선(善, goods)의 원천이며, 각 유형의 '건강한 발달 수준(healthy Levels of Development)' 에 나타나는 특징들이다. '덕을 실천하는 것' 은(어떤 형식으로든 모든 형태의 영성에서 요구되는 것이지만) 단순히 종교적인 이슈에 그치는 것이 아니다. 우리가 에니어그램에서 배우는 내용들 가운데 하나는 우리가 갖고 있는 덕목을 밝히는 것인데, 우리는 이를 통해 선한 삶을 영위할 수 있게 된다. 즉, 매우 만족스러우며 우리로 하여금 세상에 가치 있는 공헌을 하게 해 주는 그러한 삶을 영위할 수 있다는 것이다. 우리는 건강할 때 비로소 고결하며, 보다 높은 기능과 통합 상태를 향하며, 자아 상태를 넘어서 움직인다. 통합의 방향으로 움직인다는 것은 우리의 '본질(Essence)' 을 넘어서서 최고로 참된 우리의 자기(Self)를 표현하며 산다는 것이다.

따라서 궁극적으로 에니어그램은 심오한 철학일 뿐만 아니라, 보다 깊고 진정한 영성에 이르는 수단이다. 스스로를 관찰하고 자기 성격의 습관들을 놓아 주는 법을 배우고 있는 사람이 있다면, 그 사람은 이미 영적인 궤도에 올라와 있는 것이다.

영적인 길에는 반드시 자아초월(Self Transcendence)이 수반되기 때문인데, 여기서 그 길을 영적인 길(Spiritual Path)이라고 하거나 다른 무엇이라고 하거나 상관 없다. 이렇게 볼 때, 에니어그램은 그 자체가 영성의 한 형태가 아니고, 모든 종류의 영성에 이르는 방법이다. 그것은 영적인 함축/뉘앙스를 갖기에 너무도 심오하고 포괄적인 심리학이다. 에니어그램이 갖고 있는 통찰은 우리가 전 세계의 많은 다른 전통들에서 발견하는 통찰력과 객을 같이한다.

악을 선으로 바꾸고 우리 삶의 찌꺼기를 순금으로 바꾸는 것은 최고의 심오한 연금술이다. 게오르게 이바노비치 구르지예프(George Ivanovich Gurdjieff)는 에니어그램이 납을 금으로 변하게 하는 바로 그 오랫동안 찾았던 '현자의 돌' 이라고 주장하였다. 우리의 관점에서 볼 때, 납을 금으로 바꾸는 과정은 우리가 여기에서 관심을 가지고 있는 것, 즉 우리 자신과 우리의 삶을 보다 높은 목적에 부합하는 그 무엇으로 변화시키는 일이다. 비록 우리가 그 목적이라는 것이 정확히 무엇인지 언제나 확신할 수는 없지만 말이다.

결국 에니어그램은 하나의 도구이자 지적인 시스템이며, 통찰력을 주는 하나의 원천이다. 마법은 아니지만 에니어그램은 우리가 삶에서 좋은 선택을 내리는 데 필요한 지혜를 주고, 우리가 스스로에 대한 문제의 진실을 보는 데 필요한 객관성을 준다. 그러나 이러한 것들은 작은 문제가 아니다. 그것은 우리가 그 문제들을 통해 은총(grace)이라는 선물, 즉 유일하게 우리의 삶을 변화시킬 수 있는 은총을 받아들일 수 있게 되기 때문이다.

Don Richard Riso & Russ Hudson

차 례

역자 서문 • *3*

개정판 저자 서문 • *7*

초판 저자 서문 • *13*

제1부 에니어그램의 이해

chapter ❶ 개인 성격유형의 이해 25

chapter ❷ 기 원 35

chapter ❸ 지 침 51

제2부 에니어그램의 아홉 가지 성격유형

chapter ❹ 2번 유형: 조력가 83

2번 유형 개요 • 83
2번 유형에 대한 개관 • 85
건강한 2번 유형에 대한 분석 • 92
보통수준 2번 유형에 대한 분석 • 97
불건강한 2번 유형에 대한 분석 • 106
2번 유형의 역동 분석 • 113
2번 유형의 날개 유형 • 115
몇 가지 마지막 단상들 • 119

chapter ❺ 3번 유형: 성취자 121

3번 유형 개요 • 121
3번 유형에 대한 개관 • 123
건강한 3번 유형에 대한 분석 • 130
보통수준 3번 유형에 대한 분석 • 136
불건강한 3번 유형에 대한 분석 • 147
3번 유형의 역동 분석 • 152
3번 유형의 날개 유형 • 156
몇 가지 마지막 단상들 • 160

chapter ❻ 4번 유형: 예술가 161

4번 유형 개요 • 161
4번 유형에 대한 개관 • 163
건강한 4번 유형에 대한 분석 • 172
보통수준 4번 유형에 대한 분석 • 178
불건강한 4번 유형에 대한 분석 • 189
4번 유형의 역동 분석 • 194
4번 유형의 날개 유형 • 198
몇 가지 마지막 단상들 • 202

chapter ❼ 5번 유형: 사색가 205

5번 유형 개요 • 205
5번 유형에 대한 개관 • 207
건강한 5번 유형에 대한 분석 • 213
보통수준 5번 유형에 대한 분석 • 220
불건강한 5번 유형에 대한 분석 • 233
5번 유형의 역동 분석 • 242
5번 유형의 날개 유형 • 246
몇 가지 마지막 단상들 • 251

chapter ❽ 6번 유형: 충성가 253

6번 유형 개요 • 253
6번 유형에 대한 개관 • 255
건강한 6번 유형에 대한 분석 • 264
보통수준 6번 유형에 대한 분석 • 271
불건강한 6번 유형에 대한 분석 • 282
6번 유형의 역동 분석 • 290
6번 유형의 날개 유형 • 294
몇 가지 마지막 단상들 • 298

chapter ❾ 7번 유형: 낙천가 301

7번 유형 개요 • 301
7번 유형에 대한 개관 • 303
건강한 7번 유형에 대한 분석 • 309
보통수준 7번 유형에 대한 분석 • 315
불건강한 7번 유형에 대한 분석 • 325
7번 유형의 역동 분석 • 331
7번 유형의 날개 유형 • 335
몇 가지 마지막 단상들 • 340

chapter ⑩ **8번 유형:** 지도자 343

8번 유형 개요 • 343
8번 유형에 대한 개관 • 345
건강한 8번 유형에 대한 분석 • 351
보통수준 8번 유형에 대한 분석 • 357
불건강한 8번 유형에 대한 분석 • 366
8번 유형의 역동 분석 • 372
8번 유형의 날개 유형 • 375
몇 가지 마지막 단상들 • 379

chapter ⑪ **9번 유형:** 중재자 381

9번 유형 개요 • 381
9번 유형에 대한 개관 • 383
건강한 9번 유형에 대한 분석 • 392
보통수준 9번 유형에 대한 분석 • 398
불건강한 9번 유형에 대한 분석 • 407
9번 유형의 역동 분석 • 413
9번 유형의 날개 유형 • 417
몇 가지 마지막 단상들 • 421

chapter ⑫ **1번 유형:** 개혁가 423

1번 유형 개요 • 423
1번 유형에 대한 개관 • 425
건강한 1번 유형에 대한 분석 • 432
보통수준 1번 유형에 대한 분석 • 438
불건강한 1번 유형에 대한 분석 • 446
1번 유형의 역동 분석 • 451
1번 유형의 날개 유형 • 454
몇 가지 마지막 단상들 • 458

제3부 에니어그램 고찰

chapter ⓭ 고급 지침 …… 463

통합과 분열의 방향 • 463

날 개 • 468

발달 수준 • 470

본능적 유형들 • 475

chapter ⓮ 에니어그램의 이론적 고찰 …… 479

에니어그램과 다른 유형론 • 481

에니어그램 분석 • 493

chapter ⓯ 후기: 지혜를 향한 걸음 …… 503

부 록 • *513*

참고문헌 • *553*

찾아보기 • *555*

제1부

에니어그램의 이해

[chapter_1]

개인 성격유형의 이해

"그러니 너 자신을 알라, 주제 넘게 신을 분석하려 들지 말라.
인간의 올바른 연구대상은 인간이다."

– Alexander Pope, *An Essay on Man* –

개인의 성격유형을 이해하기 위한 요점은 무엇일까? 모든 사람들은 자신만의 고유성을 가지고 있으므로 자신을 하나의 카테고리 안에 묶고 싶어 하지 않는다. 그리고 설사 개인의 성격유형이 이론적으로 어느 정도 타당하다고 하여도 우리의 일상생활에 도움이 되기에는 지나치게 학문적이거나 그로부터 무엇인가를 추론하기에 의미가 모호할 수 있다. 이러한 것들은 일리가 있는 반론일 수도 있으나 정작 중요한 점이 간과되고 있다.

개인의 성격유형을 연구해야 할 이유로는 여러 가지가 있을 수 있다. 그중에서도 가장 중요한 점은 인간이란 천성적으로 흥미로운 면을 가지고 있으면서도 동시에 함부로 판단해서는 안 되는 위험성을 가지고 있는 존재라는 것이다. 우리 주변에서 함께 살아가고 있는 인간들은 때로는 변덕스럽고, 때로는 화를 내거나 즐거워하고, 다른 사람을 당혹스럽게 하기도 함으로써 우리의 관심을 끈다. 우리는 직접적으로나 간접적으로 아무도—길거리에서, 사무실에서, 텔레비전에서, 우리의 환상 속에서 또는 두려움 속에서 가족, 친구들, 사람들—만나지 않고는 단 하루라도 지낼 수 없다. 어디서나 사람들을 만날 수 있고, 만나는 사람들은 우리에게 때로는 좋은 영향을, 때로는 나쁜 영향을 미칠 수도 있다.

대개의 경우 우리는 큰 실수 없이 대인관계를 헤쳐 나가며 살아가고 있다. 하지만 누구나 가끔 자신이 잘 알고 있다고 생각했던 사람들에 대해서 사실상 모르고 있었다는 사실을 어느 날 갑자기 깨닫게 되는 것을 경험한다.

우리는 종종 자신조차도 제대로 모르고 있다는 것을 알게 된다. 또한 가끔씩 다른 사람의 행동은 물론 자신의 행동조차도 낯설고 이해할 수 없어 한다. 전혀 예상하지 못한 이상한 일들이 느닷없이 일어나기도 한다. 이런 현상들은 어떤 면으로는 유쾌한 일이기도 하지만 때로는 매우 기분이 나쁘고 장래에 엄청난 비극적인 영향을 미치기도 한다. 인간의 성격 그 자체를 나타내는 개인의 성격유형에 대해 우리가 전혀 모르고 있으면 불행한 사태를 몰고 올 위험도 있다. 우리가 잘 알고 있다고 생각했던 어떤 사람이 어느 날 갑자기 딴사람으로 변하거나 구제할 길 없는 자기중심적인 사람으로 보이기도 한다. 우리는 자신이 함부로 혹사당하거나 자신의 정당한 요구가 무시되고 있다고 느끼는 경우도 있다. 스스로 통찰을 하지 않으면 정당하게 대우받지 못할 수도 있고 반대로 상대방에게 실례를 할 수도 있다. 통찰을 하지 못하면 진흙 속 다이아몬드를 못 보고 지나칠 수도 있고, 지속할 만한 가치가 충분히 있는 관계를 지나치게 빨리 단절해 버릴 수도 있다. 통찰을 하지 못하면 관계에서 상처를 받거나 바보가 될 수도 있고 불행으로 끝나게 된다. 그러므로 고통스러운 결과를 피하기 위해서라면 통찰력을 가질 필요가 있다. 우리 자신과 다른 사람을 이해할 수 있다면 더 행복해질 것이다.

그러나 문제는 모든 사람들이 다른 사람에 대해서는 알고 싶어 하지만 자기 자신을 똑바로 들여다보려고 하는 사람은 거의 없다는 점이다. 우리는 무엇이 다른 사람들을 화나게 하는지를 알고 싶어 한다. 그러면서도 우리는 우리 자신을 당황하게 만드는 것이 무엇인지 알기를 두려워한다. 오늘날의 경쟁적인 문화는 고대 델피의 명언인 "너 자신을 알라."를 오히려 "다른 사람을 괴롭혀라."로 변화시켰다. 우리는 마치 X-ray 영상을 보듯이 다른 사람이 어떤 사람인지를 알고 싶어 한다. 반면, 다른 사람이 자신의 연약함이나 결점을 아는 것을 원하지 않는다. 우리는 스스로는 물론 다른 사람이 자신이 실제 어떤 사람인지를 아는 것을 두려워한다. 불행하게도 우리는 필요하고도 가치 있는 어떤 것—우리가 다른 사람을 바라보는 객관적인 시선으로 우리 자신을 바라보는 것—을 잃어버렸다.

모든 것이 잘못되어 있다. 이것을 바로잡기 위해 우리는 키르케고르(Kierkegaard)의 충고를 상기해 본다. 그는 다른 사람에게는 주관적이 되고 자기 자신에게는 객관적이 되라고 말하였다. 즉, 우리가 다른 사람의 행동을 판단할 때는 그 사람의 입장이 되어 그들이 자기 자신과 자신의 세계를 어떻게 보는지를 이해하려고 노력해야 한다. 그리고 우리가 우리 자신을 판단할 때는 우리의 환경을 탓하고 변명하고자 하는 안이함을 버리고 다른 사람들이 우리를 보는 시각으로 우리 자신을 보아야 한다. 이 같은 키르케고르의 충고를 실천하기는 물론 매우 어렵다. 우리가 자기 자신을 볼 때는 다른 사람을 비판할 때의 냉소주의나 방어태도는 물론, 허영심이나 자기기만을 떨쳐 버릴 필요가 있다. 우리는 자신을 향해서는 용기를, 그리고 다른 사람을 향해서는 동정심을 가져야 한다.

그렇다면 우리가 필요로 하는 지식과 감성을 어떻게 얻을 것인가? 인간의 개인별 성격에 대한 광범위한 다양성을 어떻게 규명할 것인가? 좀 더 충만하고 행복한 삶을 영위하기 위하여 어떻게 하면 통찰을 할 수 있을 것인가?

우리는 신념을 가지고 다른 사람들의 감정에 공감하여야 한다. 어떻게 하면 우리에게 필요한 지식을 쌓고 필요한 감성을 얻을 수 있을 것인가? 어떻게 하면 우리가 다양한 인간의 개인별 성격을 알 수 있을 것인가? 어떻게 하면 우리를 좀 더 충만하고 행복한 삶으로 인도할 수 있도록 통찰하는 방법을 개발할 수 있을까?

그 답은 매우 역설적이다. 우리는 사실상 자신을 알기 전에 다른 사람을 알 수 없고 또한 다른 사람을 알기 전에는 자신을 알 수 없다는 사실을 깨닫게 될 것이다. 수수께끼처럼 보이는 이 질문에 대한 답은 우리 자신을 안다는 것과 다른 사람을 안다는 것, 즉 인간본성을 이해한다는 것은 동전의 양면과 같다는 것이다.

이렇게 인간의 특성과 관련되어 있는 광범위한 영역, 잘 알려져 있기는 하지만 지금까지 개척되지 않은 분야에 관해서 정확한 지도를 그려볼 필요가 있다. 우리가 누구인지, 어디로 가고 있는지를 신뢰할 수 있는 방법으로 도식화하여 우리가 가야 할 길을 잃지 않도록 할 필요가 있다.

에니어그램이라는 것은 사람들이 오랫동안 찾고자 애써 온 인간의 성격을 나타내는 지도라고 생각한다. 많은 심리학 이론의 근원과 마찬가지로 에니어그램 상징도 태고적부터 있어 온 것이고, 인간의 특성은 변하지 않는 것이기 때문에 어느 시대에서나 동일하다. 다양한 역사의 변천을 거쳐 오면서 풍부한 정신적, 철학적 전통을 우리에게 전수해 온 에니어그램은 인간의 성격을 심도 있게 이해할 수 있게 해 준다. 이것은 과거와 현재를 이해하는 데 필수적이다. 여기서 기술하는 에니어그램은 현대 심리학의 통찰과 결합하고 영적 지혜의 심오한 학습단계를 거쳐 전수되어 온 정수다. 이것은 새로운 것과 오래된 것, 즉 고대와 현대의 신기하고도 역동적인 통합을 의미한다. 이 책의 목적은 독자들에게 이 놀랄 만한 체계를 소개하는 것이다.

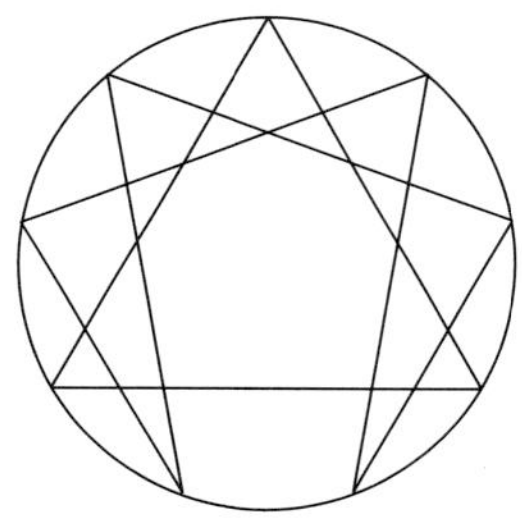

[에니어그램]

심리학에서는 정확하고, 실제적이고, 이론적으로 타당하고 명쾌하며 적용 가능한 성격유형(인간의 성격을 분류하는 방법)을 발견하는 문제에 매달려 왔다. B.C. 5세기, 히포크라테스와 동시대의 그리스 철학자들은 같은 형태 또는 다른 형태의 성격유형이 존재함을 인식하였다. 어쨌든 어떤 누구도 인간의 본성을 추측케 하는 기본적인 카테고리, 즉 기본적인 성격유형을 발견하지 못하였다. 수세기에 걸쳐서 여러 가지 다른 분류 방법들이 제안되었지만 그 어느 것도 문제, 부정확성, 모순이 없는 것은 없었다. 대부분의 유형학들은 다양성이 많은 인간의 성격을 제대로 다루지 못하였다. 심리학에서 구분한 범주의 숫자는 너무 적었고, 지나치게 요약되었으며, 각기 다른 종류의 신경증에만 관여하고 정상적인 인간의 행동은 고려하지 않았다. 각 개인의 성격유형을 발견하지 못한 것은 대단한 개념상의 오류일 뿐만 아니라, 그 성격유형들이 서로 다른 성격에 어떤 영향을 미치며 그래서 사람들이 어떻게 변화하고 성장하는지를 보여 주는 체계를 발견하지 못하였다. 인간의 본성에 실제로 작용하는 성격유형을 찾아낸다는 것은 에니어그램이 발달되기까지는 풀리지 않는 숙제였다.

모든 심리학적 체계는 원리 원칙들을 유기적으로 체계화하는 것이다. 다른 체계들을 잠시 되돌아보기 위하여 예를 들어 본다. 먼저 프로이트학파가 주장하는 세 가지 기본 성격유형은 심리적 에너지가 초기 유아기에 구강기, 항문기, 생식기를 중심으로 발달하여 고착되는 것이라는 신념을 강조하였다. 이 고착은 구강형, 항문형, 남근형 등으로 에니어그램의 유형과 일치한다. 성격유형에 대한 프로이트학파의 또 다른 접근은 성격에서의 에고(ego), 이드(id) 또는 초자아(super ego)의 우월성을 강조하였다. 이론가들은 지그문트 프로이트(Sigmund Freud)의 개념이 에니어그램과 관련되기는 하지만 이것을 적용하기에는 무리가 따른다는 점을 알고 있었고, 우리도 그 점을 인식하게 되었다.

칼 융(C. G. Jung)의 유형론은 개인의 심리적 태도가 외향성인지 내향성인지에 근거하고 융이 가정한 네 가지 기본적인 심리적 기능(mental functions), 즉 감정, 사고, 감각, 직관에 따라 변형되었다. 그래서 융은 외향적인 감정형, 내향적인 감정형, 외향적인 사고형, 내향적인 사고형 등으로 기술하였다.

카렌 호나이(Karen Horney)는 그녀의 임상적 관찰결과를 토대로 사람들의 대인관계 지향에 근거하여—본래 '다른 사람을 향해 가는 사람' '다른 사람들로부터 멀어지려고 하는 사람' 또는 '다른 사람들에게 대항하는 사람' 등으로 성격을 기술하였다. 그녀는 이 세 가지의 일반적인 범주를 더 이상의 하위범주로 분류하지 않았다. 그러나 만약 그녀가 그렇게 하였더라면 이는 에니어그램의 아홉 가지 유형과 유사해졌을 것이다(프로이트, 융, 호나이에 대해서는 이론을 다루는 장에서 이들이 분류한 성격유형이 에니어그램의 성격유형과 얼마나 일치하는지에 대해 좀 더 깊이 있게 다루고자 한다.).

에니어그램의 원칙들을 체계화하는 것은 간단하다. 아홉 가지 성격유형은 세 그룹 또는 삼원소(triad)의 각 정점에 있는 세 가지 성격유형으로부터 분화되었다. 에니어그램에서의 삼원소는 당신의 근원적인 심리적 기원이 어디에 있는지에 따라 결정된다. 즉, 당신의 감정이나 자아이미지(self image)가 긍정적인 특성을 가지고 있는지, 부정적인 특성을 가지고 있는지에 따라 좌우된다면 당신은 감정삼원소에 속한다. 당신의 사고 과정이 어떤지 또는 안전에 대한 당신의 생각이 어떤지에 기울어진다면 당신은 사고삼원소에 속한다. 또는 장 본능을 가지고 있고 세상과 관계를 맺는 방법에 관심이 있다면 당신은 본능삼원소에 속한다.

이제 우리는 아홉 가지 성격유형을 매우 간단하게 분류할 수 있다. 그러나 점차 훨씬 더 복잡해질 것이다.

감정삼원소에서의 유형들은 조력가(helper: 2번 유형－격려하는, 지시적, 소유하고자 하는 유형), 성취자(motivator: 3번 유형－야망이 있고, 실용주의적이고, 자아이미지를 의식하는 유형) 그리고 예술가(individualist: 4번 유형－감성적이고, 자기도취적이고, 우울한 유형) 유형이 있다.

사고삼원소에는 사색가(investigator: 5번 유형－통찰력 있고, 지적이고, 독설적인 유형), 충성가(loyalist: 6번 유형－헌신적이고, 충실하고, 의심이 많은), 낙천가(enthusiast: 7번 유형－자연스럽고, 재미를 추구하고, 지나친 행동을 잘하는) 유형이 있다.

본능삼원소에는 지도자(leader: 8번 유형－자신감이 넘치고, 적극적이고, 대결하는), 중재자(peacemaker: 9번 유형－유쾌하고, 태평스럽고, 자기만족에 빠지는), 그리고 개혁가(reformer: 1번 유형－합리적이고, 이상적이고, 규율적인) 유형이 있다.

이러한 간단한 기술들에 의거하여 당신은 자신의 성격유형을 찾아낼 수 있을 것이다. 그러지 못한다고 해도 문제는 없다. 3장 지침에서 당신이나 다른 사람들의 성격유형을 찾는 방법을 배울 것이다. 또 각 장에는 아홉 가지 기본적인 성격유형 하나하나에 대한 충분한 설명이 들어 있어 훨씬 더 이해하기 쉽다(각 성격유형에 대해 빨리 알고 싶으면 각 장의 앞부분에 나와 있는 그림을 보기 바란다. 이 그림은 각 성격유형의 주요한 특성을 보여 주는 것이다.). 여기에는 에니어그램의 세 가지 기본 유형에 대해 좀 더 많은 설명이 있고, 여기서 아홉 가지 성격유형이 어떻게 만들어졌는지를 알 수 있다. 그리고 지침서에 있는 하위유형들과 더불어 고급 지침서에 있는 내용들에 대해서도 상세히 기술되어 있다.

당신이 짐작하듯이 에니어그램이 하는 작업은 복잡하고도 미묘하다. 당신의 성격유형이 기본적인 태도(감정, 사고 또는 본능)들 중의 하나를 나타낸다는 것은 에니어그램으로 분석할 수 있는 한 측면일 뿐이다. 이 책의 말미에 가면 에니어그램의 아홉 가지 성격유형이 프로이트 · 융 · 호나이 학파들 또는 다른 견해를 가진 여러 관점들과 근접할 수 있다는 것을 알 수 있다. 왜냐하면 에니어그램은 각기 다른 수준의 추상적 개념들을 동시에 전개하기 때문이다. 에니어그램은 심리적 깊이를 강조하는 성격유형으로서의 접근과, 행동을 강조하는 성격유형으로서의 접근 사이에 다리를 놓아 준다.

에니어그램으로부터 얻을 수 있는 통찰은 인간의 본성에 대한 가장 추상적인 일반화로부터 각 성격유형에 대한 고도로 특수화된 설명까지 광범위한 영역에 걸쳐 있다. 이렇게 에니어그램이 복잡함에도 불구하고 역설적으로 에니어그램은 이해하기가 매우 쉽다.

에니어그램의 아홉 가지 성격유형이 각각 개별적이기는 하지만 이들을 엄격하게 구분된 개체로 생각해서는 안 된다. 에니어그램은 인간의 성격 그 자체와 마찬가지로 조정이 가능하고 대단히 유동적이다. 통합이나 분열로 향하는 이동이나 변화는 이 놀랄 만한 체계의 본질적인 관점이다. 그리고 이 책에는 각각의 성격유형에 대해 가장 건강한 상태의 수준으로부터 신경증 상태의 가장 낮은 수준까지에 걸쳐 기술되어 있다. 따라서 이들은 행동을 기술할 뿐만 아니라 향후 전개될 수 있는 행동을 예측하는 데도 도움이 된다.

입문서는 되도록 단순해야 하기 때문에 에니어그램의 복잡성에 관해 이 책에서 모든 것을 다 설명할 수는 없다. 에니어그램에 관한 보다 고급 수준의 관점은 생략하거나 간단히 언급만 하였다. 또한 각각의 성격에 대한 내용 설명을 어떻게 활용할 것인지에 대한 특별한 지침도 생략하였다. 그렇지만 독자들 가운데 흥미가 있는 사람은 이 설명들을 일상생활에 활용할 수 있을 것이다. 예를 들면, 심리학자나 정신과의사는 클라이언트의 문제를 보다 정확하게 진단하고 치료하는 데 클라이언트들 자신보다 빨리 통찰할 수 있기 때문에 시간과 비용을 절약할 수 있을 것이다. 그리고 에니어그램을 사용하면 치료자와 클라이언트가 어떤 치료원리를 따르든 그들의 문제와 치료과정을 의논하는 데 공통된 언어를 사용할 수 있도록 한다.

법률가들은 그들의 클라이언트를 좀 더 잘 이해할 수 있고, 법적 사건을 다루는데 신뢰성과 협동 능력을 보다 잘 평가할 수 있다. 특히 에니어그램은 이혼이나 자녀보호와 같이 성격이 중요한 요인이 되는 사건을 다룰 때 도움이 된다. 의사들이 환자를 상담할 때, 특히 신체적인 병이 심리적인 문제와 혼합되어 있는 경우에도 유용하며, 성직자들이 신자들의 영적 문제에 접근할 때도 도움이 된다. 이 책에서 영적인 부분을 다루지는 않지만 심리적인 것과 영적인 것 사이에는 전인간에게 작용한다는 점에서 공통점이 있다. 교사들도 학생들을 좀 더 잘 이해할 수 있다. 성격유형이 다르면 자연히 행동도 다르고 학습하는 태도도 다르며 급우들과 상호작용하는 방법도 각기 다르기 때문이다.

인사담당자나 사업을 하는 사람들도 종업원의 성격유형을 알면 인력관리를 좀 더 잘할 수 있다. 피고용인들도 관리자가 자신들의 욕구를 잘 이해하고 자신들을 배려하고 있다고 느끼면 업무만족도와 생산성이 증가한다. 관리를 고용하고 모든 목표를 위해 팀을 이끌어야 하는 책임자들은—이사회로부터 생산라인까지—그들이 상대해야 하는 각 개인들의 성격유형을 알아 둘 가치가 있다는 것을 알게 될 것이다. 신문방송인, 정치가, 광고인들도 성격유형을 이해하면 도움이 된다. 한마디로 말해서 성격유형을 이해한다는 것은 인격을 가지고 있는 사람 누구에게나(인격이 없는 사람도 있을까?), 또는 다른 사람의 성격에 관심이 있는 사람이라면 누구에게나(그렇지 않은 사람도 있을까?) 유용하다.

이러한 유용성 외에도 이 책은 독자 개개인이 자신의 개인적인 삶에 유용하게 사용할 수 있는 유일한 책이다.

그러나 전형적인 자조(self-help)적인 책은 아님을 말해 두고자 한다. 이것은 기적을 약속하지는 않는다. 건강하고 충만한 개인이 되기 위한 심리학에 관한 지침서를 '요리책'과 같이 만들 수는 없다. 정의를 내리자면, 전인적인 인간이 되는 것은 우리가 살아 있는 한 도전해야 할 과정인 것이다.

책은 우리에게 가치 있는 정보를 제공하고 충고를 해 주고 새로운 통찰을 하게 해 주며 용기를 북돋아 준다. 그러나 지식만으로 사람을 변화시킬 수는 없다. 만일 그렇다면 지식이 많은 사람이 가장 좋은 사람일 터인데, 우리가 경험해 온 대로 사실상 그렇지 못하다는 것을 누구나 알고 있다. 지식이 선이어야 하지만 그렇지 않다. 자기 자신에 대해 더 많이 안다는 것은 단지 더 행복해지고 더 좋은 삶을 살아가기 위한 수단일 뿐이다. 그러나 우리가 지식을 혼자서만 간직하고 있다면 선을 행할 수 없고, 행복이나 충만감을 느낄 수도 없다. 책은 우리가 직면하고 있는 모든 문제에 답을 주거나 우리가 해답을 찾고자 애쓸 때 필요한 용기를 주지도 못한다. 문제에 대한 답을 찾는 것이 목적이라면 우리는 내면으로부터 그리고 한발 물러서서 우리 자신을 볼 수 있어야 한다.

이 책에서 에니어그램이나 성격유형에 관해 결론을 내린 것은 아니다. 아직도 해야 할 말이 많고, 새로운 연결고리가 형성되어야 하며, 새로운 것에 대한 이해가 더 있어야 한다. 누구도 영혼의 신비를 충분히 설명할 수 없을 것이다. 왜냐하면 영혼의 신비란 결코 완전하게 이해될 수 없기 때문이다. 인간은 과연 인간의 성격을 연구하기 위하여 자기 자신을 완벽하게 객관적인 시각으로 떼어 놓고 생각할 수 있을 것인가? 키르케고르가 말한 것처럼 다른 사람에게는 완전히 주관적으로,

자기 자신에게는 완전히 객관적으로 될 수 있을 것인가? 인간의 성격을 기술하는 심리학자들은 인간이라면 누구나 그렇듯이 왜곡과 자기기만의 영향을 받기 쉽다. 그러므로 전인간의 성격을 볼 수 있는 '신의 관점'을 가지고 있는 사람은 없다. 그래서 절대적인 신념으로 그것이 무엇을 의미하는지를 말할 수 있는 사람은 없다. 반드시 종교적 신념일 필요는 없지만 확실히 과학적으로 설명될 수 있는 것 이상의 인간에 대한 신념, 즉 심리학에 대한 믿음의 요소가 있어야 하는 것은 바로 그 때문인 것이다.

이것은 또한 우리가 자신에 대해 궁극적이고도 객관적인 신뢰를 하는 것이 불가능한 이유이기도 하다. 궁극적인 해답에 도달하는 것보다 더 중요한 것은 의문에 대한 탐구자가 되는 것이다. 참된 자신을 정직하게 찾는 과정을 통하여 우리는 고통스럽고 극단적인 여러 가지 행동과 우리가 누구인가에 대한 의문으로부터 자유로워진다. 그래서 우리는 점진적으로 우리가 생각지 못했던 방법으로 보다 완전하고, 보다 긍정적이고, 자기 자신을 극복하는 인간으로 변해 가는 것이다.

[chapter_2]

기 원

에니어그램을 소개하는 데 가장 어려운 점은 역사에서 그 정확한 기원을 찾을 수 없다는 것이다. 누가 이것을 최초로 발견하고 어디서부터 온 것인지를 정확히 아는 사람이 아무도 없다. 어떤 저자는 에니어그램이 10세기 또는 11세기에 이슬람의 신비 종파인 수피의 종단 중에 처음으로 나타나 있다고 주장하고, 또 다른 저자들은 아주 오래전인 B.C. 2500년경의 바빌론이나 중동의 어딘가로부터 유래되었다고 주장한다. 그러나 이것들은 단지 추측에 불과하다.

인간은 항상 끊임없이 자기 혁신을 위한 해답을 추구해 왔다. 인간세계에서 전해 내려오는 가장 오래된 전설 중의 하나 ― 수메르의 영웅 길가메시*와 그와 함께 영혼 불멸의 비밀을 찾아 떠난 순례자들의 이야기 ― 에서 우리는 이것을 알 수 있다.

약 4500년 전 초창기의 노래에서 길가메시의 서사시가 수집될 당시에 메소포타미아에서는 현자의 교단에서 끊임없이 스스로 변화되는 우주의 비밀을 발견하고 이것을 노래로 만들어 세대에서 세대로 전해져 내려와 오랫동안 바빌로니아에서 전승되고 있

*수메르와 바빌로니아 신화에 등장하는 영웅이다.

었다. 그러다가 2500년 전 캄비세스*의 시대에 바빌론에 모여 살고 있던 조로아스터와 피타고라스 및 다른 현자들에게 알려졌다. 그리고 노래를 전승한 사람들이 약 천 년 전에 옥서스(Oxus) 강을 건너 북쪽으로 이주하여 지금의 우즈베키스탄인 보카라(Bokhara)에 도착하였다.

15세기경에 교육을 받은 이슬람 수학자들은 0이라는 숫자의 의미를 발견하였고, 현재 지구상에서 모두 사용하고 있는 10진법 체계를 창안해 내었다. 그 당시에 1을 3이나 7로 나누면 새로운 종류의 수가 나타난다는 사실을 발견하였는데, 이것이 우리가 소위 순환소수라고 부르는 것이다.

순환소수의 특성은 특별한 의미를 가진 상징과 결합되었다. 이것은 물론 생명 그 자체를 포함하여 끊임없이 스스로 변화함으로써 자신을 유지하는 모든 과정을 나타내는 데 사용될 수 있었다. 그 상징은 9개의 선으로 구성되어 있고, 그래서 이것을 에니어그램이라고 칭하였다(J. G. Bennett, *Enneagram Studies*, I–3).**

'Ennea'는 희랍어로 9를 뜻하므로 에니어그램은 희랍어로 '9를 나타내는 도형(a nine diagram)'이라는 의미라고 할 수 있다. 그 기원은 에니어그램이 고대 수학자들—피타고라스학파, 신플라톤주의자 또는 그 이전의 학파들—의 이론에 기초한 것이라고 추측할 수 있다. 그리고 이것이 14세기나 15세기에 모슬렘을 통해 다른 희랍이나 아랍의 학문과 더불어 서방으로 전해진 것이다. 그리고 오늘날까지 이슬람 율법, 수피들, 특히 낙스반디(Naqshbandi) 교단들에서 사용해 오고 있다고 전한다. 아랍의 수학에서 에니어그램을 우연히 발견한 수피족들은 이것이 오늘날과 같은 형태로 되지 않았더라면 이것을 발전시켜 그들만의 비밀스러운 교단을 유지하면서 그 안에서 개인의 지식을 발전시키는 데 사용하고, 그들 사회의 조화를 이루는 수단으로 사용했을 것이다.

결론적으로 나는 …… 이 이론이 성립한 아이디어와 상징은 2500년 전의 사르만(Sarman–일명 '샤르몬[Sarmoun]' 교단. 바빌론의 학문연구단체라고 알려짐) 사회에

*B.C. 524년에 이집트를 정복한 페르시아 왕이다.
**이것을 포함한 다른 모든 인용들은 참고문헌에 있다.

개발되자 이의 강력한 영향으로 수정되었다…… 고 생각한다.

이 놀랄 만한 상징에 대한 해석은 수없이 많다. 그중 가장 간단한 것은 원주상에 1~9까지의 숫자로 나눈 것이다. 그러면 삼각형의 정점에 3, 6, 9가 위치하고 육각형의 각 정점에 1-4-2-8-5-7이 자리 잡게 된다. 그리고 각 정수들은 7로 나누면 나머지가 남는 순환수열이다. 이것은 10진법에만 있는 특성이며, 이것은 중앙아시아의 수학자들이 0이라는 숫자에 별도의 의미를 줌으로써 수에 대한 현대 이론을 정립한 이후에 발견되었음을 암시한다. 수메르 시대로 돌아가서 보면 그 당시에는 7이라는 숫자가 신성하다는 개념이 있었기 때문에 에니어그램의 형식은 14세기에 사마르칸드에서 개발된 것으로 볼 수도 있다고 한다. 이것이 인도나 유럽의 문헌에 에니어그램의 기원이 나와 있지 않은 이유라는 것이다. 그러나 구르지예프는 고대보다도 훨씬 더 이전인 사르만 교단로부터 기원한다고 주장하였다. 두 주장이 다 진실일 수도 있다(J. G. Bennett, *Gurdjieff: Making a New World*, 293-294).

수피의 종단 일부에서 에니어그램에 관련되는 몇 가지 견해들과 에니어그램 상징 그 자체가 발견되기도 하지만, 모든 수피의 전통과 조금도 공통되는 점이 없다. 사실, 대부분의 수피 규범에는 에니어그램에 관한 언급이 없다. 더구나 수피라는 말은 이슬람 세계에서 여러 종류의 비밀 학원을 폭넓게 지칭하는 데 사용되었다. 이러한 학원들은 서쪽의 북아프리카로부터 동쪽의 파키스탄에 이르기까지 널리 분포되어 있었고, 여러 가지 다양한 문화와 그들이 발견한 지리학 등 철학적이고도 실용적인 학문을 다루고 있었다.

에니어그램과 그 유형의 체계가 수피에서 기원한 것도 아니고 이슬람에서 온 것도 아니라는 증거는 많다. 구르지예프와 베넷이 주장하는 것과 같이 에니어그램의 상징이나 그 기원은 훨씬 더 이전인 것으로 생각된다. 기독교 수도원이 고대 그리스와 로마의 고전 사상과 문학을 보전해 왔듯이 아마도 일부 수피 학원들이 에니어그램과 그에 관련된 개념들을 보전해 왔을 것이다. 만일 이것이 사실이라면 에니어그램 수피라고 칭하는 것은 아리스토텔레스와 그리스 신화를 기독교라고 부르는 것과 다르지 않을 것이다. 일부 수피 교단들이 그 상징을 사용하고 다음 세대로 계승할 만하다고 생각했을 수 있다. 그러나 그들이 이것을 창조하지는 않았다.

어쩌면 이 체계의 근원은 초기 유대 기독교인 전통 교육과 초기 그리스 철학에서 그 궤적을 찾을 수 있을 것이다. 수학적 비례와 균형에 근거한 이 상징의 멋진 기하학적 구조는 희랍에서, 특히 B.C. 14~15세기경에 찬란하게 빛났던 학문으로서의 철학의 창시자 피타고라스의 가르침에서 그 뿌리를 찾을 수 있다. 이 장의 뒷부분에서 논하겠지만, 에니어그램의 체계에 관해 현대 에니어그램의 창시자인 오스카 이차조(Oscar Ichazo)는 이 견해를 지지하고 있다.

에니어그램 상징의 기원이 모호한 반면, 아홉 가지 성격유형의 근원에 대해서는 많은 문서들에서 근거를 찾을 수 있다. 이 유형에 관한 최초의 가장 중요한 자료는 아홉 가지 죄악으로부터 기원하며 이 일곱 가지 죄악에 다른 두 가지 '죄악'이 더해져서 아홉 가지가 되었다는 것이다. 이 일곱 가지 죄악은 교만, 시기, 분노, 폭식, 탐욕, 색욕, 나태 등으로 유럽 전역에 걸쳐서 광범위하게 연구되고 해석된 중세 기독교의 교훈 중 일부다. 그러나 이 전통적인 개념도 여러 부류가 있고, 보다 깊은 뿌리를 갖고 있다. 이 체계에 관련된 것으로 보이는 또 다른 초기의 자료가 유대 전통으로부터 온 신비 학문의 고대 본체인 카발라(Kabbala)에서 발견되었다. 또한 신플라톤학파의 작업들, 그리고 초기 기독교 금욕주의자의 전형이었던 사막의 교부(Desert Fathers)들이 교훈으로 삼았던 일곱 가지 죄악의 개념에서 기원하는 것으로 보인다.

이들 여러 가지 유형의 지식의 본체들을 사막의 교부들이나 수피의 비밀 교단들에서 널리 사용하였음에도 불구하고 에니어그램의 상징은 극히 최근까지 서방사회에 전혀 알려져 있지 않았다. 이 상징을 서방으로 전하는 데 기여한 사람은 게오르게 이바노비치 구르지예프(George Ivanovich Gurdjieff, 1877~1949)다. 그는 모험가이자 영적 스승으로서, 인간의 본성에 대한 실용적이고 신비한 지식을 탐구한 사람이었다. 그의 생애에 관한 많은 저서들이 있고 그가 가르치는 데 사용한 자료들에 관해 많은 연구가 이루어졌음에도 불구하고, 구르지예프는 아직도 수수께끼 같은 인물로 남아 있다. 어떤 사람들이 그가 협잡꾼에 지나지 않는다고 하는가 하면, 다른 사람들은 그가 영적 지도자로서 또는 실질적인 심리학자로서의 중요성이 지나치게 저평가되었다고 한다. 이들 상반되는 견해들에 대해 진실을 규명하기는 용이하지 않다. 왜냐하면, 구르지예프는 자신의 행동을 비밀에 부치고 그 자신에 대해 카리스마적이고 신비한 매력을 풍기는 분위기를 의도적으로 조성했기 때문이다.

그러나 그가 자신을 만난 모든 사람들에게 심오한 영향을 미쳤다는 사실은 의심할 여지가 없다. 그의 제자들은 그가 죽은 이후에도 그에 대해서, 그리고 그의 광대하고 복잡한 사상 체계의 의미에 대해서 논쟁을 계속해 왔다.

구르지예프가 어디서 어떻게 에니어그램을 발견하였는지를 밝히지는 않았지만,

에니어그램을 1910~1920년경에 유럽에 알린 사람이 구르지예프라는 사실은 틀림없다. 그는 러시아 혁명 이전에 상트페테르부르크와 모스크바의 한 집단에서 첫 강의를 하였고, 이후 파리 근교인 퐁텐블로(Fonteainebleau)에 있는 그의 연구소, '조화로운 인간발달을 위한 학교(The Institute for the Harmonious Development of Man)' 에서 강의를 하였다. 그 이후에 구르지예프는 개인적인 소집단 강의를 통해서 파리, 런던, 뉴욕 등 전 세계에 에니어그램을 전파하였다.

제임스 웹(James Webb)은 구르지예프와 그의 직계 제자들에 대해 쓴 그의 저서 *The Harmonious Circle*에서 에니어그램의 역사적 사실을 규명하고자 하였다.

구르지예프가 가장 중요하게 사용한 것은 숫자 상징으로 만든 에니어그램 도형(figure)이다. 그는 여기에 자신의 전 체계가 포함되어 있으며 이 상징은 이를 상징화한 것이라고 말하였다. 구르지예프의 에니어그램은 원주상에 9개의 점으로 나누어진 원으로 되어 있고, 그 원 안에는 정삼각형과 불규칙한 육각형이 들어 있다. 구르지예프는 이 정삼각형은 보다 강력한 힘의 존재를 나타내고, 육각형은 인간을 상징한다고 말하였다. 또한 에니어그램은 그의 가르침에만 있는 독특한 것이라고 주장하였다. "책에서 또는 구전으로 '신비주의'를 연구하는 어떤 곳에서도 이 상징을 찾아볼 수 없다." 우스펜스키(Ouspensky)는 그가 다음과 같이 말했다고 한다. "이것은 이 지식을 비밀로 간직할 필요가 있다고 생각하는 사람들(그의 수피 스승들)이 그와 같은 의미를 부여한 것이다."

구르지예프가 이 도안(diagram)을 강조했기 때문에 그의 추종자들은 신비 문학에서 이 상징에 대한 근거를 샅샅이 찾아보았지만 어디에서도 찾을 수 없었다고 베넷(Bennett)은 단언하였다. 그리고 구르지예프의 문하생들은 사실상 이 도형을 발견했다고 해도 입을 다물었을 것이다(J. Webb, *The Harmonious Circle*, 505).*

*여기서는 구루지예프의 자서전이나 그의 업적에 대해 소개하지는 않기로 한다. 흥미가 있는 독자라면 그에 관한 정보를 쉽게 찾을 수 있을 것이다. 구르지예프에 관해 상세하고 비판적인 설명을 충분히 듣고 싶으면 웹이 쓴 *The Harmonious Circle*과 무어(Moore)가 쓴 *Gurdjieff: The Anatomy of a Myth*를 보면 된다. 또 낙스반디 교단에서 에니어그램이 수피에게서 기원한다는 사실을 찾아보려면 스피스(Speeth)가 쓴 *The Gurdjieff: Work*, 9을 참고하면 된다. 또 구르지예프가 지혜를 찾아 근동(Near East)으로 한 여행에 대해 알고 싶으면 스피스와 프렌들랜더(Friendlander)가 쓴 *Gurdjieff, Seeker of the Truth*를 보면 된다. 또 에니어그램과 그 구조, 특히 1-4-2-8-5-7-1 이라는 숫자 배열의 비밀 및 그와 관련된 사항들에 대해 더 알고 싶다면 우스펜스키가 쓴 *In Search of the Miraculous*, 286-290과 니콜(Nicoll)이 쓴 *Psychological Commentaries on the teaching of Gurdjieff and Ouspensky*, vol. 2, 379ff을 보기 바란

구르지예프의 교육방침은 제자들이 가능한 한 스스로 발견하게 하기 위해 모든 것을 어렵게 가르친다는 방침이었기 때문에 에니어그램의 기원에 대해 일부러 불분명하게 한 것인지도 모른다. 진실이 어떻든 웹은 에니어그램의 역사적 기원을 계속 탐구하고 다음과 같은 흥미 있는 사실을 발견하였다.

> 1665년 예수회 목사 아타나시우스 키르커(Athanasius Kircher, 1601~1680)는 로마에서 발간된 *Arithmologia*에 거창한 권두사를 헌정하였으며 그 내용의 핵심을 이루고 있는 것이 에니어그램이다. 후세에 예수회 학자의 원조가 된 키르커는 학문에 조예가 깊은 르네상스 시대의 대표적인 인물로서 구르지예프 사상의 기원에 중요한 의미를 가지는 인물이다. …… *Arithmologia*에는 3개의 등변삼각형(정삼각형)으로 된 '에니어그램'이라고 불리는 도형이 있다(J. Webb, *The Harmonious Circle*, 505-507).

웹이 키르커의 도형을 '에니어그램'이라고 지칭하기는 하였지만, 이것은 3개의 등변삼각형으로 되어 있을 뿐이다. 구르지예프의 등변삼각형은 그 안에 육각형을 포함하고 있는 하나의 정삼각형이라는 점에 주목해야 하는데, 이것은 매우 중요하다. 이것이 결정적인 차이를 말하는 것이고, 웹은 이것을 알아차렸음에도 불구하고 그 의미를 간과하였다.

웹은 카발라와 신비주의자 라몬 룰(Ramon Lull)에 관해 토론을 하고, 계속해서 비밀스러운 기독교, 불교, 장미십자회의를 포함하여 유럽과 러시아에서의 19세기의 불가해한 부흥에 관한 토론으로 넘어가고, 그 밖에도 웹이 조망하는 다른 여러 가지 운동들에 관한 토론을 이어 나갔다. 웹은 이 모든 것을 깊이 생각하고 경우에 따라서는 설명을 하기도 하는 등 구르지예프에게 상당한 수준의 영향을 주었다. 그러나 축약하기는 하였지만 이 책의 범위를 벗어나는 긴 토론의 결말에서 웹은 구르지예프의 사상에 영향을 미친 에니어그램의 기원을 설명하고자 하는 관점을 놓치고 다른 방향으로 가 버린 것 같다.

다. 성격에 대해서 뿐만 아니라 그 밖의 주제들에 에니어그램을 적용해 보려고 한다면 앞에서 인용된 베넷이 쓴 *Enneagram Studies*를 보기 바란다. 구르지예프의 견해에 깊은 관심을 가진 사람이라면 이 책이 유용할 것이다.

구르지예프의 에니어그램의 기원을 알아내는 것은 역사적으로 흥미 있는 일이기는 하지만 본론을 벗어나는 것이다. 구르지예프의 '유형'을 나타내는 도형은 여기서 기술하는 에니어그램의 아홉 가지 성격유형과 일부 관계될 뿐이기 때문이다. 구르지예프의 '1번 인간' '2번 인간' '3번 인간'과 에니어그램의 삼각 정점에 있는 본능삼원소, 감정삼원소, 사고삼원소 사이에는 각각 일치하는 점이 있지만 일부분일 뿐이다. 구르지예프가 이들 아홉 가지 유형에 대한 이론을 직접적으로 제시하지는 못하였지만 이들의 멋진 아이디어들 중 대부분은 현재의 에니어그램 체계에 들어 있는 심리학과 매우 관계가 깊다.

한 개인의 행위나 정체성에서 드러난 성격의 한 부분과 실제 변화가 일어나야 할 필요가 있는 인간본성의 내면이라고 할 수 있는 본질과의 관계가 이들 가운데 자리잡고 있다.

이 수많은 실낱 같은 관련성들이 제시되고, 별 도움은 되지 않지만 많은 참고자료들이 있음에도 불구하고, 구르지예프가 자신이 알고 있는 유형에 관한 어떤 것도 그의 제자들에게 완전한 형태로 전수했다는 근거가 없으며 에니어그램의 상징과 어떤 관련이 있다는 사실도 불분명하다. 구르지예프는 제자들에게 단지 이 도형의 역동성을 표현하거나 내면적으로 알아차리도록 고안된 춤동작을 통하여 에니어그램을 전수하였을 뿐이다.

계속해서 그는 에니어그램은 '살아 있는 상징'이고 그래서 일정한 방향으로 움직이는 것이라고 거듭 주장하였다. 그는 이 도형이 어떤 특별한 독립적인 존재나 과정을 완전히 이해하는 데 사용될 수 있는 3개의 우주의 법칙을 연결시키는 상징이라고 설명하고 가르쳤다. (에니어그램 상징에 관한 구르지예프의 견해에 관해 명확하게 이해하고 싶으면 39페이지의 각주에 인용되어 있는 우스펜스키와 니콜을 참고하기 바란다.) 그래서 우리는 에니어그램의 최초 창시자인 구르지예프에게 에니어그램 상징을 처음으로 서방에 알리고 에니어그램 연구에 직접적으로 관련이 있는 심리학적 통찰을 위해 상당히 유용하고도 중요한 초석을 다진 공을 돌려야 한다. 아울러 우리는 그 당시의 특별한 해석에 관해 좀 더 고찰해 봄으로써 에니어그램에 관해 보다 깊이 이해할 수 있을 것이다.*

*성격유형에 관한 구르지예프의 설명에 대해 더 알고자 한다면 웹의 *The Harmonious Circle*, 139ff와 스피스의 *The Gurdjieff Work*, 31ff를 참조하라.

이 책에서 사용하고 있는 아홉 가지 성격유형 도형은 에니어그램에 관해 아리카 연구소(Arica Insttute)의 창설자 이차조가 연구한 결과의 일부분을 인용한 것이다. 이차조는 에니어그램이 고대로부터 온 것이라는 구르지예프의 견해에 동의하는 한편, 그의 이론의 근거를 여러 가지 자료들, 주로 히브리 카발라(Hebrew Kabbala)와 신플라톤 철학(Neo-Platonic Philosophy)으로부터 얻은 것이라고 하였다. 그래서 우리는 이차조를 성격유형에 관한 에니어그램의 유일한 창시자라고 알고 있다.*

이차조는 중요한 인터뷰(1993년 10월의 〈LA Weekly〉에 실렸던 미카엘 골드버그(Michael Goldberg)의 'The Enneagram Wars')에서 자신이 에니어그램 유형—그는 이것을 자아고착(ego fixations)이라고 불렀다—을 개발하는 데 인용한 출처를 언급하였다. 그는 이 체계가 수피에서 기원하는 것은 아니라고 단호하게 강조하였다. "나는 수피교를 잘 알고 있다. …… 그리고 실제의 수피족장을 알고 있다. 이것은 수피교의 이론적 구조의 한 부분이 아니다. 그들은 구각형(enneagon)에 대해서 그다지 주의를 기울이지 않았다."

같은 인터뷰에서 이차조는 현대 에니어그램을 발견하도록 자신에게 영감을 준 자료를 분명하게 언급하였다.

> 플로티누스의 *Enneads*(B.C. 2세기 전으로부터 전해 내려온 신플라톤주의자들의 작품)가 상상을 초월하는 강한 힘으로 나를 일깨운 데서 시작되었다. 여기에서는 열 가지 세피롯(Sephirot, 신과 인간의 의식의 지도라고 불리우는 카발라의 '생명의 나무[Tree of Life]'의 열 가지 주요 구성요소로서 카발라에서 연구한 교리의 근원인 아홉 가지 신비한 상태를 기술하고 있다.) …… 여기에서 나는 바로 피타고라스로 넘어갔다. 나는 피타고라스를 카발라의 관점에서 보았다. 그리고 나는 실제로 바로 그 지점에서 에니어그램에 대한 나의 이론을 개발하기 시작하였다.

* 에니어그램에 관한 이차조의 연구에 대해 좀 더 알고자 한다면 1973년 7월 *Psychology Today*에 재인용된 킨(Keen)의 "우리는 자아를 더 강화하거나 이것을 더 행복하게 만들고 싶은 욕망이 없다(We have no desire to strengthen the ego or make it happy)."라고 한 8ff의 이차조와의 인터뷰를 참고하라. 또 드 크리스토퍼(De Christopher)의 'I am the root of a new tradition' 의 144ff에 있는 이차조와의 인터뷰를 참고하라. 릴리(Lilly)와 하트(Hart)의 *Transpersonal Psychologies,* 333ff에 있는 'The Arica Training'을 참조하라. 이 논문을 에니어그램에 관한 이차조의 설명에 흥미가 있는 사람 누구에게나 강력히 추천한다. 원본이 1993년 10월 〈LA Weekly〉에 실렸던 골드버그의 인터뷰와 기사 'The Enneagram Wars'를 일별하는 것도 또 다른 의미가 있다.

그러므로 현대 에니어그램은 이차조가 인간의 의식에 대한 특성과 구조에 대한 사고의 여러 가지 체계를 명석하게 합성하여 불가사의한 에니어그램 상징을 만들어 낸 것이라고 보인다. 이것은 여러 가지 유서 깊은 출처들과 전통에 기초하여 인간의 성격에 관해 가장 잘 기술한 당대의 새로운 이론이다. 동시에 고대로부터 전해 내려온 에니어그램에 대한 지식의 실체나 '구전으로 전해 내려오는' 것이 아무것도 없다는 사실은 아주 명백하다. 다시 말하자면 현대나 고대의 수많은 전통이나 개혁들은 이 위대한 체계의 창조 속에 녹아들어 있다고 할 수 있다.

이차조가 강조한 점과 기여한 것은 에니어그램에 아홉 가지의 '자아고착'과 '열정'을 도입한 것이다. 그리고 그가 주장하는 것과 같이 실천을 해 보는 것은 학습생들로 하여금 각 유형의 자아 구조 속에 갇힌 잠재적 정신 능력을 개발하는 데 도움이 된다. 이들 아홉 가지 열정은 7대 죄악에 기초하였고, 거기에 두 가지 열정이 더해져 아홉 가지 열정이 된 것이다. 이차조에 따르면, 1번 유형의 열정은 분노(anger), 2번 유형의 열정은 교만(pride)이고, 4번 유형은 시기(envy), 5번 유형은 탐욕(avaris), 7번 유형은 폭식(gluttony), 8번 유형은 관능(lust), 9번 유형은 나태(게으름, sloth)이다. 3번 유형은 기만(deceit), 6번 유형은 두려움(fear)이라고 하였다.

처음에 이차조는 볼리비아의 라파즈(La Paz)에 있는 응용심리연구소(Institute for applied Psychology)에서 인간발달의 보다 큰 체계의 한 부분으로 에니어그램을 가르치기 시작하였고 이후 1960년대에는 칠레의 아리카(Arica)에서 가르쳤다. 이차조는 1970년에 미국으로 건너가 아리카 연구소를 설립하고 계속해서 가르쳤다. 아리카 연구소 소개책자에 따르면, 이 연구소에서는 "인간의 총체적인 잠재능력을 체계적으로 개발하는 인간발달학을 가르친다. 이것은 동양의 신비학과 서양의 심리학적 전통을 합성하여 기술사회의 현실과 스트레스를 다루기 위하여 정교하게 설계된 이론 체계와 방법을 제공한다."라고 되어 있다. 이차조의 체계를 최초로 공부한 미국 사람들로는 캘리포니아 빅 서(Big Sur)의 에살렌 연구소(Esalen Institute)의 존 릴리(John Lilly)와 심리학자 클라우디오 나란조(Claudio Naranjo)가 있다.

잘 알려져 있듯이 원래 이차조의 교습 방식은 에니어그램에 관한 세미나 작업이다. 분명한 선행자를 더 이상 찾을 수가 없기 때문에 우리는 그의 논점을 지지할 수밖에 없다. 그리고 정확한 순서와 조합을 사용하여 에니어그램을 아홉 가지 유형의 핵심 아이디어로 연결하는 대단한 발견을 한 것은 모두 그의 공이라고 인정하고 싶다. 이 상징을 구각형(enneagon)이라고 불렀던 이차조는 구르지예프가 했던 것과 마찬가지로 이 체계를 완벽한 정신적 가르침이라는 보다 큰 맥락 속에 두었으며 이 견해는 매우 현명한 판단이라고 볼 수 있다. 그리고 심리학적인 성장과 정신적 훈련을 도외시하고 에니어그램을 공부한다면 그 결과는 제한적일 수밖에 없다. 그렇다고 해도 이 체계가 개인들이 자신을 이해하는 데 도움이 되고, 자신의 성격유형이 빠지기 쉬운 함정을 깨닫고, 나아가서는 에니어그램의 이론과 실천을 보다 깊이 응용하는 데 흥미를 느낄 것이다.

그러나 여기서 제시하는 에니어그램에 관한 설명은 여러 가지 관점에서 이차조가 접근한 견해와 다르다. 특히 성격유형을 현대 심리학과 명백하게 일치시키고 '자아고착'(이차조는 이것을 성격유형이라고 하였다)을 보다 포괄적이고 보다 이해하기 쉽게 한 점이 다르다고 할 수 있다.

에니어그램에 대한 이차조의 접근과 우리의 접근은 아주 다르다. 이차조는 깨달음을 얻는 데 관계되는 것으로 자아고착에 관한 질료(material)들, 각각의 자아고착의 '함정들(traps)' '신성한 생각들' 열정과 미덕 신체의 기관들과 육체의 조직들, '정신작용(또는 심리상태[신체에 대해 사고하는 상징적 방법)', 점성술의 상징, 불교나 힌두교의 주문, 그 밖에 통상 우리가 논하지 않는 것들을 가지고 에니어그램을 해석한다. 또한 이차조의 학원에서 가르치는 유형에 관한 기본적인 기술들은 현대의 에니어그램 교사들이 가르치는 것과는 상당히 다르다. 이차조의 접근에 관해 더 알고 싶은 사람들은 아리카 집단이나 북아메리카 대부분의 도시에서 출판되는 서적에서 찾아볼 수 있다.

에니어그램의 다음 전승 단계는 나란조로 이어진다. 칠레 태생의 저명한 정신과 의사인 나란조는 에살렌의 첫 번째 집단의 한 멤버로서 1970년 칠레의 아리카에서 이차조를 만나 합류하였다. 여기서 그는 이차조의 철학적 체계의 여러 가지 관점들과 더불어 에니어그램을 접하였다. 미국으로 돌아온 그는 캘리포니아의 버클리에서 인간의 의식을 발전시키고 성장하게 하는 기술을 탐구하는 데 깊은 흥미를 가진 사람들이 사적으로 모이는 집단에서 이것을 가르치기 시작하였다. 그는 구르지예프가 연구 초기에 시작했던 집단을 기리는 의미에서 그 이름을 따 이 집단을 SAT(Seekers After Truth)라고 칭하였다.

나란조는 에니어그램 유형에 관한 설명 내용을 확장하고 이들과 기존의 정신과적인 범주 사이에 상관관계를 찾아내는 데 기여하였다. 그는 자신의 지식과 자신의 심리적 상태를 알고 있는 그의 수강생들의 지적 수준을 기초로 해서 몇 개의 집단으로 나누어 조직하고, 정신과 의사로서의 기술과 게슈탈트 치료자로서의 경험을 이용하여 그들을 인터뷰하고 성격유형에 대해 도움이 되는 정보들을 수집하였다. 이것은 오늘날 에니어그램 워크숍에서 패널들이 자신들의 유형에 관해 설명함으로써 유형의 표본을 도출해 내는 방법을 활용하는 계기가 되었다.

1970년대 초 미국의 예수회 신부들—그중에서도 가장 유명한 사람은 레버런드 로버트 오크스(Reverend Robert Oches)—이 나란조와 그의 SAT 그룹에게 이 방법을 배웠다.

오크스는 시카고에 있는 로욜라대학교에서 다른 예수회 신부들에게 에니어그램을 가르쳤고, 이때부터 빠른 속도로 퍼져 나갔다. 예수회 신부들은 에니어그램을 신학교 학생들과 평신도들을 위한 상담에 곧바로 적용하기 시작하였다. 예수회 신부들이 에니어그램에 관여하기 전에 북미 전역에 걸쳐 아홉 가지 유형에 대한 인상적인 설명들이 나타나기 시작하였다. 특히 1972~1973년에 이미 시카고의 로욜라대학교와 캘리포니아의 버클리대학교 예수회 신학연구회의 비공식적인 세미나에서 아홉 가지 성격유형에 관해 간단한 설명을 기록하고 가르쳤다. 바로 이 시기에 돈 리처드 리소(Don Richard Riso)는 초창기의 에니어그램 자료들을 접하였다. 그는 다음과 같이 회고하고 있다.

> 내가 1974년 캐나다 토론토에서 에니어그램을 접했을 때 '예수회 자료들'의 핵심에는 아홉 가지 성격유형에 관해 인상적인 개요가 한 페이지 들어 있을 뿐이었다. 처음에 나는 에니어그램에 관해 회의적이었다. 대부분의 초보자들이 그렇듯이, 나는 다른 사람이 '수피 숫자들' 중의 하나를 나에게 할당해서—내가 생각하기에는 너무 단순하게—나 자신이 어느 한 부류로 분류된다는 것이 특히 싫었다. 그 당시 나는 토론토의 대학에서 신학을 공부하는 예수회 신학생이었다. 그때 나와 함께 기숙하고 있는 다른 예수회 신부가 나에게 1, 2, 3 …… 등의 성격유형보다는 '수피 숫자들'로서의 에니어그램 성격유형을 설명해 주었다. 그들은 고대의 유형학에 심취해 있었기 때문에 마치 점성술의 표식을 사용하듯이 에니어그램을 사용하여 각자의 유형을 단순하게 고착화하였다.
>
> 1970년대에 캘리포니아에서 많은 것들이 일시적으로 유행하다가 사라져 갔고, 에니어그램에 대한 나의 첫인상은 이것 역시 하나의 유행으로 지나갈 것이라는 생각이었다. 그래서 거기에 휩쓸리고 싶지 않았다. 그러나 사람들이 수피 숫자에 관해 이야기

하는 것을 듣는 동안 호기심이 일기 시작하였다. 나는 그 체계의 단순한 용법 너머에 참된 통찰이 들어 있음을 곧 알 수 있었다.

에니어그램에 대한 나의 생각은 갑작스럽게 방향 전환을 하게 되었다. 1974년 겨울 어느 날 새벽에 잠이 깬 나는 다른 예수회 신부로부터 얻은 에니어그램에 관한 자료를 모아 놓은 겉장이 다 떨어진 바인더를 특별한 생각 없이 집어 들었다. 나는 침대에 드러누워서 아홉 가지 성격유형에 관한 인상적인 설명들을 처음으로 진지하게 집중해서 읽기 시작하였다. 그것들 중에서 나의 유형을 곧 찾아낼 수 있었다. 그리고 곧 이어서 다른 신학생들, 나의 가족 그리고 친구들의 성격에 관해 통찰을 얻기 시작하였다. 몇 시간 지난 후 자리에서 일어난 나는 이 체계에 내가 생각했던 것 이상의 무언가가 있다는 것을 깨달았다. 그리고 여기에 대해 좀 더 알고 싶어졌다.

심리학적 체계로서의 에니어그램의 많은 부분이 밝혀지지 않았음에도 불구하고 나는 직관적으로 성격유형의 본질적인 정확성을 알아차렸다. 에니어그램은 이치에 맞는 방법으로 사람을 분류하는 것 같았다. 내 생애 처음으로 나는 실제로 '성격유형'이 있다는 것을 알 수 있었다. 즉, 동물의 세계에서 각기 다른 종류의 영장동물들과 마찬가지로 사람들은 각자 고유하면서도 어떤 큰 부류로 나누어지는 범주에 들어간다는 것을 알 수 있었다. 나는 더 이상 사람들을 모르는 채로 있게 될 것 같지는 않다는 생각이 들었다. 나는 사람들이 어느 성격유형에 속해 있는지를 이해함으로써 사람들을 보다 깊이 이해하게 되었다. 이것은 신의 계시였다.

나만 에니어그램에 열광한 것이 아니었다. 점점 더 많은 사람들이 에니어그램에 대해 알게 될수록 에니어그램에 대한 흥미가 커졌다. 어떤 예수회 신부는 친구나 친지에게 비공식적으로 가르치고 어떤 사람들은 묵상처에서 봉납명부에 에니어그램의 설명을 포함시키기 시작하였다. 에니어그램에 대한 인식은 예수회를 떠나 다른 종교집단은 물론 종교집단이 아닌 모든 사회, 즉 미국, 캐나다, 유럽, 그 밖의 사람이 모이는 집단이면 어디나 빠른 속도로 퍼져 나갔다.

그럼에도 불구하고 아직도 에니어그램이 어떻게 작용하는 것인지에 대한 명백한 개념이 부족하였고 성격유형 그 자체에 대한 보다 명확한 내용 설명이 불충분하였다.

나는 에니어그램은 충분히 가치 있는 것이므로 현대 심리학의 연구결과들과 일치하여야 한다고 생각한다. 왜냐하면 이 두 가지는 인간을 기술하고자 한다는 점에서 동일한 목적을 가지고 있기 때문이다.

약 2년 동안 에니어그램을 나의 개인생활에 적용해 보았고, 그 타당성과 유용성에 대해 충분한 확신을 가지고 이것을 현대 심리학에 의거해서 설명하려고 하였다.

나는 예수회의 수피 숫자들을 심리학에 연계시키는 것이 여러 가지 이유로 어렵다는 것을 곧 알게 되었다. 에니어그램의 발전과 전승은 오랜 기간에 걸쳐 이루어진 것이고 신비한 것이다. 참고할 만한 한 가지 기원이나 한 가지 전통이 있는 것이 아니다. 실제로 내가 주로 공부한 구르지예프, 이차조 그리고 예수회의 세 가지 에니어그램의 주요 기원들이 서로 매우 다르다. 그리고 내가 에니어그램에 관해 본격적으로 연구를 하기 시작한 1975년까지도 여기에 관해 기록된 것이 거의 없었다.

지금까지 우리가 살펴본 전승과정을 도표로 그려 보면 에니어그램의 역사를 명확하게 할 수 있다.

에니어그램에 관한 자료를 찾는 것만 어려운 것이 아니었다. 각기 다른 교사들이 자료를 제시했기 때문에 1970년대를 기점으로 그들은 자신의 제자들에게 전승할 때는 자신의 의견을 덧붙이곤 하였다. 교육을 받은 제자들이 또다시 에니어그램의

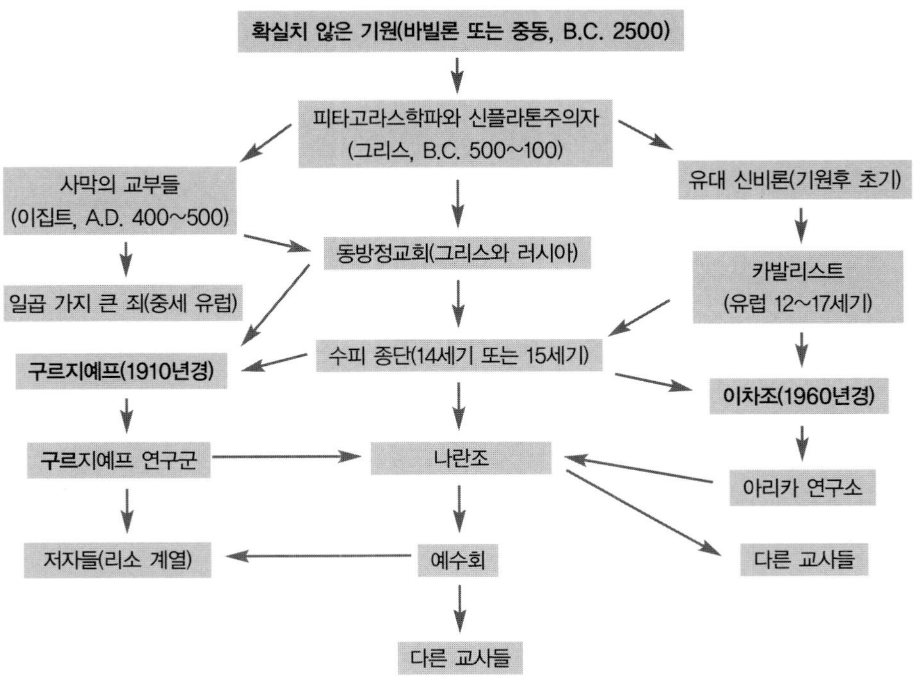

[에니어그램의 전승도]

교사가 되어 자신이 통찰한 것을 추가하였다.

이런 과정들이 좋은 점도 있고 나쁜 점도 있기는 하지만 어쨌든 자료들은 끊임없이 변화하였다. 그리고 심지어는 예수회 내에서 전승되는 과정에서조차 여러 가지 다른 해석들이 출현하였다. 추가된 설명들 중에 어떤 것은 성격유형을 이해하는 데 도움이 되었지만 어떤 것은 그렇지 못하였다. 예를 들면, 어떤 교사들은 어떤 특정한 색이나 동물을 각 유형을 상징하는 것으로 규정하였다. 이 접근은 다른 교사들이 임의로 색이나 동물을 바꾸지 않았다면 일종의 시적 은유가 될 수도 있었을 것이다. 더욱 중요한 것은 통합과 분열의 방향과 같은 기본적인 사항에 대해서조차도 결정적으로 모순되는 각기 다른 설명을 한 것과, 그중에서도 가장 문제가 되는 것은 하나의 성격유형 특성을 교사들에 따라 각각 다르게 해석하는 것이었다. 결과적으로 에니어그램의 상당 부분이 왜곡되어 전수되었다. 에니어그램은 분명 유용하지만 아직도 사람들이 일상생활에 적용하기에는 불충분하다.

이러한 문제들이 불완전하듯이, 전통적인 에니어그램 자료들 역시 각 성격유형의 불건강한 면에 배타적으로 초점을 맞추어 부정적인 경향이 있다. 물론 성격의 불건강한 측면을 이해하는 것은 대단히 도움이 된다. 왜냐하면 우리에게 부정적인 것이 긍정적인 것에 비해 사람들에게 좀 더 많은 문제를 제기할 수 있기 때문이다. 그러나 에니어그램이 사람들에게 유용하려면 개인의 정상적이고 긍정적으로 기능하는 측면에 초점을 맞추어야 한다는 것이 곧 명백해졌다. 성격유형은 단순히 신경증으로서가 아니라 전인간을 기술할 수 있어야 할 것이다. 리소는 다음과 같이 기술하였다.

> 그래서 나는 각 개인의 성격유형에 대해 건강한 보통수준의 특성을 개발하기로 하였다. 나는 내가 얼마나 역사적으로 기념비적이 될 만한 일을 해냈는지는 모르겠다. 사실, 수년간에 걸쳐 나는 성격유형을 규정짓는 수백, 수천 가지의 특성들을 발견하여 분류해 내고, 이들 특성들이 각 유형 내에서 하나의 통일된 전체를 이루기 위해 어떻게 들어맞는지를 찾아내는 작업에 온 힘을 기울였다. 신경증은 정상적인 행동양식의 왜곡이나 갈등에서 나오는 것이라는 심리학의 원칙에 의거해서, 나는 점차 건강하거나 보통 수준이거나 불건강한 특성들이 어떻게 각 유형의 특성의 연속체(발달의 수준)를 형성하는지를 알아내었다(연속체에 대해서는 다음 장에서 좀 더 논의하고자 한다. 이것은 에니어그램의 기초이론에 대한 지침을 제공할 것이다.).

요약해 말하자면, 나는 에니어그램을 둘러싸고 있는 왜곡된 설명들과 잘못 기여한 부분들 때문에 회의적이면서도 에니어그램의 본질—아홉 가지 성격유형에 관한 서술—에 대한 관점을 견지해 왔다. 나는 원래 전통적으로 교습해 오던 비밀스러운 요소들과 유용하지도 않고 정확하지도 않은 설명들을 모두 삭제하였다. 이치에 맞지 않거나 도움이 되지 않는 사항들은 폐기하였다. 그렇게 했음에도 불구하고, 에니어그램 주변의 군더더기를 떼어 내면 낼수록 이 유형들은 점점 더 명확해져서 더 널리 알려지고 더 많이 사용되었다.

결국 지금까지도 아홉 가지의 성격유형에 대한 과학적인 증거는 없다. 나는 여기에 대해 나 자신의 관찰, 직관 그리고 독서를 통하여 터득한 것 외에 어떤 공식적인 연구도 한 일이 없다. 심리학은 과학이자 예술이라고 한다. 나는 심리학의 진실에 관한 과학적인 증명보다는 인간적인 측면에 더 관심이 있다.

모든 학문의 실체는 그 스스로 증명되는 것이다. 역사의 증명이 물리나 그 밖의 다른 자연과학의 증명과 다르듯이, 예술에 대한 명제의 진실을 증명하는 것은 역사에 대한 것과는 다르다. 에니어그램의 정확성은 실험결과로 증명되기보다는 사람들이 그 자신이나 다른 사람을 깊이 이해할 수 있도록 사람의 성격을 설명하는 것으로 증명된다.

마지막으로 분석해 보아야 할 것은 이 책에서 설명한 성격유형들이 그 나름대로의 진실성을 가지고 있는가의 여부에 대한 것이다. 또는 에니어그램이 자신의 경험으로 보아 이치에 맞는 것인가 또는 아닌가에 대한 것이다. 그런 통찰의 시간을 가져 보았던 사람들은 이 페이지에서 자신을 발견할 것이다. 자기 자신의 성격유형을 발견하면 충격을 경험하게 될 것이다. 이것이 바로 에니어그램의 정확성에 대한 가장 명백한 증명이다.

구르지예프가 모든 비밀스러운 체계에 대해 한 좋은 충고가 있다. 이것은 많은 심리학에—그리고 물론 에니어그램에도—적용된다.

사건의 진상은 말로 전해져 온 비밀문서 중에서 많은 부분이 부적절하거나 진실이 아니라는 것이다. 당신은 이런 모든 것들을 잊어버리는 것이 좋다. 이 분야를 연구하게 된 것은 당신의 마음을 훈련하는 데 많은 도움이 되었을 것이고, 그 자체로 큰 값어치가 있을 것이다. 그러나 거기까지일 뿐이다. 그들은 당신에게 지식을 주지 않는다.

> 자신의 상식 관점에서 모든 것을 판단하라. 당신 스스로가 건전한 아이디어의 주인이 되어라. 그리고 어떤 것도 신앙을 기반으로 받아들이지 말라. 당신 또는 당신 자신이 사려 깊은 추론과 논쟁을 거쳐서 흔들림 없는 신념에 도달하고 어떤 사물에 대해 완전하게 이해하게 된다면 당신은 확고한 입문의 경지에 다다른 것이다(J. Webb, *The Harmonious Circle*, 500).

이 책에 구르지예프의 충고를 적용하는 것은 그럴 가치가 있다. "당신 자신이 건전한 아이디어의 소유주가 되어라. 그리고 어떤 것도 신앙을 기반으로 받아들이지 말라." 에니어그램이 당신의 생활에서 가치 있는 것이 되었다면, 열심히 공부하여 이것을 자신의 한 부분으로 만들었기 때문일 것이다. 지금 이 부분의 독서를 통해 당신 자신을 알게 되었다면—만일 이 기술들이 자신의 경험과 일치하였다면—여기에 쏟아 부은 노력은 가치 있는 것이다.

[chapter_3]

지 침

에니어그램이 어떻게 작용하는지 이해하는 데 필요한 기본적인 개념을 아는 것은 필수적이다. 성격유형을 묘사하기 위해서는 많은 특징들이 필요하기 때문이다. 그러나 에니어그램의 이론은 근본적으로 미묘하고 복잡하다. 이 장에서는 에니어그램의 모든 미묘한 차이를 다루는 대신에 특성을 이해하고 활용하기 위하여 반드시 알아야 할 실제적인 요점을 소개할 것이다.

이 장에서는 그 설명을 의도적으로 가능한 한 간단하게 할 것이다. 더 복잡한 개념은 이 책의 끝부분인 13장과 14장, 고급 지침과 에니어그램의 이론적 고찰에서 논의될 것이다.

에니어그램의 구조

에니어그램은 언뜻 보기에 복잡하지만 사실 구조는 간단하다. 원의 둘레에 같은 간격으로 9개의 점들이 있다. 각 점은 1번부터 9번까지 9번을 꼭대기 점으로 시계방향으로 나열되어 있다. 각 점은 9개의 기본 성격유형들을 하나씩 나타낸다. 이것들은 에니어그램의 안쪽 선들에 따라 나타나는 것처럼, 서로 어떤 특정한 방식으로 상호 연관되어 있다. 직접 그려 보면 에니어그램이 어떻게 구조화되었는지 이해하는 데 도움이 될 것이다.

3, 6, 9번이 정삼각형 모양을 이루고 있다는 점에 주목하라. 남은 6개의 점은 1번은 4번, 4번은 2번, 2번은 8번, 8번은 5번, 5번은 7번, 7번은 1번과 연관되어 있다. 이 6개의 점들은 불규칙한 육각형으로 형성되어 있다. 숫자들의 이러한 연관성의 의미는 곧 논의할 것이다.

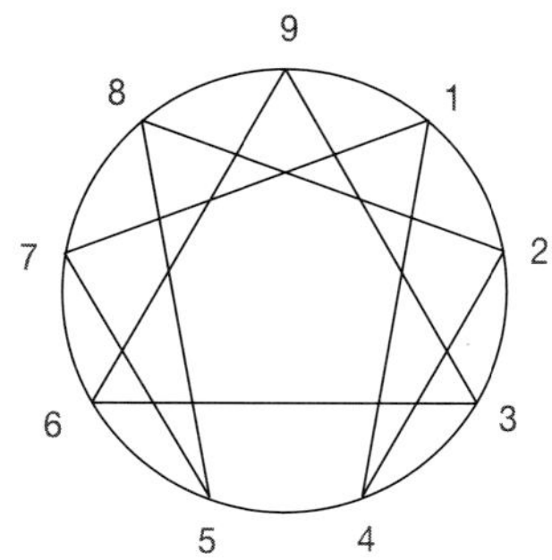

[에니어그램]

삼원소

분석의 가장 기초적인 수준에서 볼 때, 에니어그램이란 삼원소 안에서 9개의 성격유형의 배열이다. 즉, 감정삼원소에 3개, 사고삼원소에 3개, 본능삼원소에 3개의

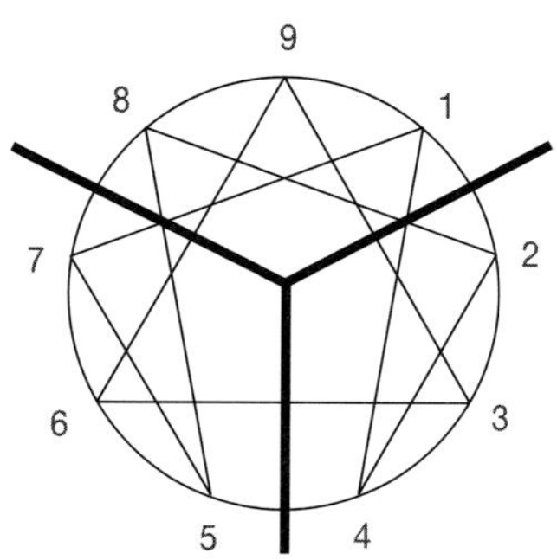

[에니어그램의 삼원소들]

성격유형이 있다. 각 요소는 강점과 약점에 따라 특별하게 특성화되는 세 가지의 성격유형으로 구성되어 있다. 예를 들어, 2번 유형은 감정형의 세 가지 유형 중 감정을 포함하는 특별한 강점이나 약점을 가지고 있다. 7번 유형은 사고형의 세 가지 유형 중 사고를 포함하는 특별한 강점과 약점을 가지고 있으며 나머지 모든 아홉 유형들도 마찬가지다.

각 삼원소의 세 가지 성격유형은 임의적이지 않다. 각 유형은 그 삼요소의 정, 반, 합과 심리학적 기능특성화로 구성된 논리로부터 유래한다. 각 삼원소에서 유형 중 하나는 삼원소 특유의 기능을 과대 표현하고, 또 다른 유형은 기능을 과소 표현하며, 마지막 유형은 기능과 거의 접촉하지 않는다. 이러한 관계는 다음의 그림으로 나타낼 수 있다.

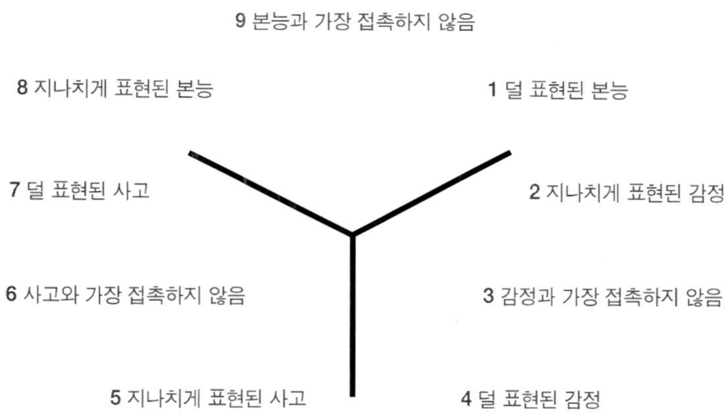

[삼원소 구조의 변증법]

삼원소를 통해 에니어그램 삼원소가 돌아감에 따라, 이것이 의미하는 것이 무엇인지 알 수 있다. 예를 들어, 감정삼원소에서 2번 유형이 자신의 감정을 과대 표현함에 있어서 오직 긍정적인 감정만을 표현하는 반면, 의도적으로 심지어는 히스테릭하게 부정적 감정은 억압한다. 3번 유형은 자신의 감정과 가장 접촉하지 않고 보다 효과적인 수행과 다른 사람들에게 우호적인 인상을 주기 위해 자신을 억압한다. 4번 유형은 자신의 감정의 개인적 표현이 덜 발달되었는데, 예술이나 미학적인 삶의 어떤 형태를 통하여 자기 자신을 간접적으로 나타낸다. 나아가서 4번 유형의 감정은 그들의 감정에 대한 사고에 상당히 의존하고 영향을 받는다.

사고삼원소에서 5번 유형은 자신의 사고능력을 과대 표현하여 복잡하지만 고립되어 있는 생각들에 끊임없이 몰두하고, 행동을 생각으로 대체한다. 6번 유형은 자신의 사고와 가장 접촉하지 않는다. 그래서 6번 유형은 그들의 생각에 대해 안심과 재확인을 하거나, 그들의 직접적인 경험에 기초를 두지 않고 맴도는 사고패턴에 사로잡혀 있는 경향이 있다. 그리고 7번 유형은 덜 발달된 사고 스타일을 가지고 있으므로 그들 사고의 흐름을 불완전한 상태로 남기는 경우가 있다. 그들은 다른 것들이 그들의 주의를 끌기 전에 한 가지 생각을 끝내지 않는다. 또한 7번 유형의 사고 형태는 활동과 그들이 할 것에 대한 기대에 크게 의존하고 있다.

본능삼원소에서 8번 유형은 세상에 대한 그들의 본능적 반응을 지나치게 발달시켜 '뱃심(gut)' 직감과 그들의 행동의 결과를 예견하기 위해 충분한 망설임 없이 본능적이고 강력한 반응을 한다. 9번 유형은 본능과 가장 접촉하지 않는 유형으로 목전의 방법으로 환경과 관계한다. 9번 유형은 본능적 충동과 세상에 대한 그들의 반응에서 자유롭기 때문에 내면의 안정과 평화를 유지한다. 그리고 1번 유형은 덜 발달된 본능적 반응을 가지고 엄격하고 초자아적인 양심으로 그들을 억압한다. 본능은 대개 사람을 행동으로 이끄는 추진력의 원천이지만, 1번 유형에게 본능은 감정, 특히 화에 큰 영향을 받으며 의존적이다.

우리는 정삼각형 위의 3, 6, 9번의 세 가지 유형이 감정, 사고, 본능과 어떤 면에서든 가장 많은 문제와 장애를 가지고 있기 때문에 '일차적' 성격유형이라고 한다. 남은 육선형 위의 1, 4, 2, 8, 5, 7번의 여섯 가지 유형은 감정, 생각, 본능이 보다 섞여 있고 접촉하지 않는 것이 아니기 때문에 '이차적' 성격유형이라고 한다. 고급 지침서에서 이것의 의미와 이 구별이 왜 중요한지에 대해 좀 더 알 수 있다.

기본 성격유형이 어느 삼원소이든 모든 사람은 느끼고, 생각하고, 환경에 본능적으로 반응하는 능력을 가지고 있다. 우리는 자기감, 자아, 초기 어린 시절의 시작이 남은 두 가지 유형보다 한 가지의 유형으로 더욱 특성화되어 왔기 때문에 아홉 가지 유형 중의 하나가 된다. 그러나 남은 두 가지 요소가 우리의 일부가 아니라는 것을 의미하는 것은 아니다. 우리는 모든 세 특성이 변화무쌍한 균형 안에서 우리의 성격을 창조하기 위하여 작용하기 때문에 그것들은 우리가 되는 것이다.

그 삼원소 안에서 자신의 기본 성격유형에 초점을 맞추는 것은 단지 자기이해 과정의 첫 단계의 시작일 뿐이다. 그러나 많은 다른 요소들 또한 그 그림의 일부이기 때문에 에니어그램은 가장 추상적인 면에서 자신의 전체적 만다라, 즉 개개인의 상징인 것이다.

기본 성격유형

에니어그램을 생각하는 가장 간단한 방법은 한 유형을 상징하는 에니어그램 위의 각 숫자와 9개의 구별되는 성격유형들의 형태다. 모든 사람은 성격유형들 중 하나의 유일한 구성원으로서의 유년기와, 그 시작점부터 발달되거나 쇠퇴된 심리학적 잠재성으로부터 나타난다.

성격유형들과 그들 서로 간의 관계는 도식적으로 나타낼 수 있다. 에니어그램 원둘레 위에 있는 9개 중의 한 점은 다른 어떤 유형보다 총체적으로 그리고 정확하게 당신을 특성화하는 특정 성격유형을 상징한다. 이것이 곧 정의할 당신의 기본 성격유형이다.

성격이 어린 시절 부모 또는 중요한 사람과의 관계로부터 상당한 영향을 받는다는 것은 심리학자들 대부분이 받아들이고 있는 사실이다. 4세 혹은 5세 아이의 자의식은 자신의 분리된 감각을 가지기에 충분히 발달되어 있다. 정체성은 여전히 많이 불안정하지만, 그 시기의 어린이는 자기 자신을 확립하고 자신을 그 세계에 맞추는 방법을 찾기 시작한다. 의심할 여지없이, 출생에서부터 아이의 기질을 결정하는 소위 성격의 생물학적 기초인 유전적 요소들도 있다. 하지만 과학은 어떤 유전인자가 연관되었는지 정확히 말할 수 없다. 어쨌든 에니어그램 각각의 기본 성격유형은 아이가 가족과 세계에 무의식적으로 자신을 적응시키는 전반적인 방법을 나타낸다. 요약하면, 사람이 가진 어떤 기본 성격은 유전요소를 포함하여 아이의 성격형성을 포함한 모든 어린 시절 요소의 총체적 산물을 나타낸다. 해설서와 이론 관련 장에 각 성격의 어린 시절 기원에 대하여 설명되어 있으므로 여기서 다른 부연설명은 생략하기로 한다.

그러나 기본 성격유형 그 자체에 관한 몇 개의 시사점들이 있다. 첫째, 사람의 기본 성격유형은 다른 유형으로 변하지 않는다. 각각의 사람은 그 큰 그룹 안의 유일한 개인이며, 결국 남은 일생 동안 그 유형으로 남는다. 사람들은 삶 동안 여러 면에서 변하지만 기본 성격유형은 변하지 않는다.

둘째, 어떤 유형도 선천적으로 남성적 또는 여성적이지 않기 때문에 성격유형의 해설은 전 세계적이며 남성과 여성에게 동등하게 적용된다. 성역할과 순수 생물학적 토대의 성적 차이에 대한 질문들도 중요하지만, 그것들은 이 책의 범위 밖이다. 어쨌건, 우리가 관련짓는 남성성 또는 여성성의 대부분은 인간본성의 유전이 아닌 문화 기대나 학습된 행동에서 비롯된다.

셋째, 당신의 기본 유형 해석 속의 모든 것이 항상 당신에게 적용되는 것은 아니다. 이것은 사람이 그들의 성격을 형성하는 건강, 보통, 불건강한 특질 속에서 불안정하기 때문이다. 예를 들어, 만약 당신이 근본적으로 건강하면 불건강한 특질은 해당되지 않을 것이고, 반대의 경우에도 그렇다. 그러나 자기 자신을 좀 더 객관적으로 알게 될 때, 성격유형의 모든 특질은 자신 속의 타고난 순수한 성향임을 깨달을 것이다. 만약 건강 또는 불건강해진다면, 당신은 에니어그램이 예상한 대로 행동할 것이다.

넷째, 우리가 봐 온 대로, 에니어그램은 각각의 성격유형을 나타내는 데 숫자를 사용한다. 숫자의 사용에 대해 몇 가지 이해할 것이 있다. 숫자 사용의 주된 이유는 비결정적이기 때문이다. 숫자들이 가치중립적이기 때문에 긍정적 또는 부정적인 언급 없이 각 유형을 위한 특질들의 모든 영역을 내포할 수 있다. 숫자 사용은 사람에 대해 많은 것을 나타내는 공정하고 빠른 방법이다. 정신병리학에서 진단분류의 사용과 달리 숫자는 가치저하 없이 유용하다.

정신병리학적 전문용어에서 예를 들자면, 성격유형은 항상 그들의 병리학적인 특성에 따라 발현된다. 예를 들어, 집착형, 우울형, 정신병형, 반사회형 등이 있다. 반면에 에니어그램은 각 성격유형의 병리학적 측면을 포함함과 동시에 건강하거나 보통의 특질 또한 나타낸다. 그리고 보통의 사람들과 건강한 사람들에게 병리학적 분류를 사용하는 것은 명백히 적당하지 못하다. 특히 당신이 합리적이고 잘 기능하고 있다면 자신에 대하여 편집형보다는 6번 유형이라거나 반사회형보다 8번이라고 생각하는 것을 더욱 장려한다. 짧게 말하면, 에니어그램이 표준 정신병적 명칭보다 더 많은 의미를 포함하고 있기 때문에 범주가 가능한 한 중립적이고 편견이 없는 것이 적당하다. 숫자의 사용은 이 기능을 만족시킨다.

숫자에 대한 마지막 중요점은 성격유형의 숫자상의 순위는 중요하지 않다는 것이다. 큰 숫자가 작은 숫자보다 나은 것은 없다. 즉, 9번 유형이 더 큰 숫자라고 해서 9번 유형이 되는 것이 2번 유형이 되는 것보다 나은 것이 아니다.

다섯째, 어떤 성격유형이 다른 유형보다 선천적으로 더 낫고 못한 것은 없다. 각각의 유형은 그것의 특별한 강점과 약점이 있고 그것들을 아는 것이 매우 유용하다. 모든 성격유형에 강점과 약점이 있다고는 하나, 어떤 유형들은 보통 다른 유형들보다 특정 문화나 그룹에서 더 바람직하다. 자신의 성격유형이 마음에 들지 않을 수도 있다. 자신을 불만족시키는 어떤 점 때문에 자신의 유형이 '장애'가 된다고 느낄 수도 있다. 그러나 모든 성격유형에 대해 더 배우면, 각 유형이 특정한 면에서 한계가 있고 독특한 능력을 가졌다는 것을 발견할 것이다. 만약 몇 몇 유형들이 다른 것보다 현대사회에서 좀 더 높게 평가된다면, 그것은 사회가 보상하는 질 때문이지, 그 유형들의 어떤 우월한 가치 때문이 아니다.

예를 들어, 경쟁적 · 물질주의적 · 성공지향적인 사회에서 공격적 · 자기 확신적 · 외향적인 유형이 높게 평가되는 반면, 내성적이고 수줍어하고 느긋한 유형은 하위계층으로 간주되는 경향이 있다. 자신의 성격유형이 후자의 그룹이라고 느낀다면 사회적으로 더 바람직한 유형 또한 한계점들이 있는 반면에, 사회적 보상을 더 적게 받는 유형 역시 가치 있게 만들 강점이 있다는 것을 기억하라. 이상(ideal)은 최선의 당신 자신이 되는 것이지 다른 유형들의 강점이나 잠재력들을 부러워하는 것이 아니다.

기본 성격유형 정의

이 개념들을 자신에게 적용하면 보다 견고해질 것이다. 다음 9개 역할 중의 어떤 것이 대부분의 시간에 자신에게 가장 잘 맞는가? 또는 다르게 표현하자면, 만약 자신을 한 단어로 묘사한다면, 다음 단어 중 어떤 것에 가장 가까운가?

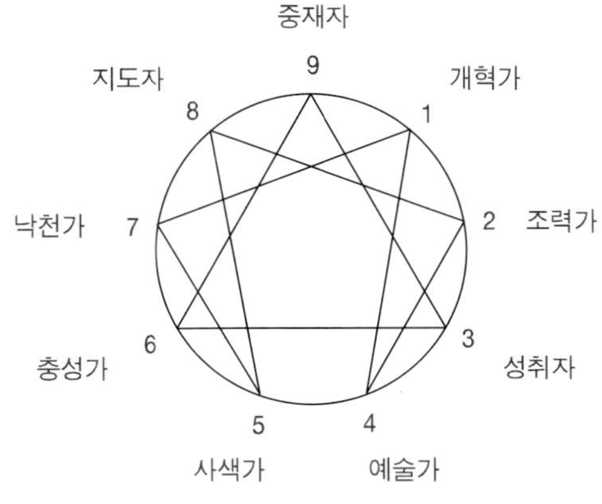

우리는 이제 이 단어에 설명을 부연할 것이다. 다음의 연속된 네 단어의 설명을 읽고 당신이 일시적으로 정의했던 유형과 여전히 납득할 수 있는지를 보라. 이 특질들은 단지 특성이 부각된 것일 뿐이며 각 성격유형의 모든 영역을 나타내지 않는다는 것을 명심하라.

2번 유형은 배려하고 관대하며 소유욕이 강하고 조종적이다.
3번 유형은 적응적이고 야망적이며 이미지 의식적이고 적대적이다.
4번 유형은 직관적이고 표현적이며 자기도취적이고 우울적이다.
5번 유형은 지각적이고 독창적이며 무심하고 괴짜다.
6번 유형은 충성스럽고 헌신적이며 방어적이고 편집증적이다.
7번 유형은 열정적이고 성취적이며 구속받지 않으려 하고 열광적이다.
8번 유형은 자기만족적이고 단호하며 지배적이고 호전적이다.
9번 유형은 평화롭고 위안을 하며 우유부단하고 태만하다.
1번 유형은 원칙적이고 질서정연하며 완벽주의적이고 독선적이다.

이제 왜 각각이 감정, 사고, 본능삼원소에 있는지를 발견하기 위하여 각 유형의 주요 강점과 약점을 볼 것이다. 다음의 짧은 설명 역시 간단하지만, 일시적으로 골라 왔던 성격유형이 여전히 자신에게 가장 잘 맞는지 보라. 만약 아니라면 그 다음으로 가장 비슷한 것의 가능성을 고려하라.

감정삼원소: 2번, 3번, 4번 유형

감정삼원소는 그들의 감정을 포함하는 공통적인 강점과 약점을 가지고 있다. 이 유형들이 건강할 때, 그들은 그들의 어떤 특성이 대인관계의 질을 높이는 것을 가능하게 하는지에 초점을 맞춘다. 하지만 불건강할 때 그들의 감정은 균형을 잃는다.

건강한 2번 유형의 강점은 다른 사람에 대한 긍정적 감정을 유지시키는 능력에서 나온다. 건강한 2번 유형은 인정 많고, 너그럽고, 애정 있고, 사려 깊다. 그들은 다른 사람들에게 봉사하기 위해 자신의 길을 벗어나기도 한다. 그러나 보통의 2번 유형은 소유욕이 강하고 조종적이며 애정결핍적이지만, 욕구를 직접적으로 표현할 수는 없다. 사랑받기를 원하지만 종종 타인에게 너무 많이 관여한다. 그리고 불건강한 2번 유형은 부정적 감정의 존재, 특히 분노와 적의에 대해 자신을 속인다. 항상 남들이 자신을 볼 때, 심지어 자신이 타인을 조종하거나 이기적으로 행동할 때조차 사랑스럽고 좋아해 주기를 바란다.

건강한 3번 유형의 강점은 자신과 타인에게 적응하려는 능력을 향상하기 위한 욕구를 포함한다. 건강한 3번 유형은 대부분의 상황을 최선으로 만드는 방법을 빨리 배우고 높은 자기존중감을 만들고 유지하는 데 관심이 있다. 특정한 사회적 가치 방면에서 순수하게 존경할 만하기 때문에 다른 사람들이 자신처럼 되도록 동기부여를 할 수 있다. 그러나 보통의 3번 유형은 감정이나 인격과 접촉을 가장 하지 않는다. 더 효과적인 수행과 타인을 자신처럼 만들기 위해 자신의 감정을 억압한다. 자신이 열망하는 것의 성공이나 인정을 얻기 위해 노력할 때 자신의 감정과의 접촉을 잃어버린다. 불건강한 3번 유형은 자신이 원하던 가치 있는 주목을 얻지 못하면 적대적으로 되거나 극도로 악의적이 될 수 있다.

건강한 4번 유형의 강점은 직관력 있는 자기통찰을 수반한다는 것이다. 건강한 4번 유형은 매우 사적이고, 타인이 자신의 감정과 접촉하는 것을 가능하게 하는 방식을 통해 자신의 감정을 나타내며 의사소통한다. 그러나 보통의 4번 유형은 자신의 감정, 특히 부정적인 것들을 너무 알아차리거나, 타인들로부터 벗어나서 자신의 상상 속에 너무 잘 오래 머물러 있게 된다. 그리고 불건강한 4번 유형은 극도로 의기소침해지고 다른 사람들로부터 소원해지며 자기의심과 자기혐오로 끊임없이 고통을 받는다. 더 이상 현실을 대처해 나갈 수 없을 때 자멸적이 된다.

2, 3, 4번 유형은 자신이나 타인들 혹은 둘 다에게 드러낼 수도 있는 자신의 정체성과 적개심에 관한 공통적인 문제점을 가지고 있다. 그들의 정체성에 대한 문제는 그들이 어떤 면에서 잘 받아들여진다고 믿는 '페르소나' 를 선택함으로써 진정한 자아를 거절하기 때문에 생긴다. 모든 아홉 가지 유형들도 '거짓된 자아이미지의 유지' 에 관여해 있지만, 이 유형들에게는 이것이 핵심적인 문제다. 그래서 이 세 유형은 자아존중감, 자기가치, 평가, 수치의 쟁점과 자신이 창조한 자아이미지를 타인으로부터 인정받는 것에 많은 관계가 있다.

이 세 유형들이 공통의 문제에 대처하는 다른 방식들에 대해 좀 더 자세하게 살펴보자. 2번 유형은 전적으로 사랑스럽고 관대한 사람으로 자기 자신(그리고 타인의 시선)을 보이기 위하여 진실한 감정이나 본성, 특히 고통, 욕구, 수치의 다수를 거부하는 의미에서 자아이미지와 문제를 가지고 있다. 2번 유형은 아마 애정이 있고 관대하겠지만 타인에 대해 실망하고 외로워질수록, '애정 있는' 자아이미지를 유지하기 위해 더욱더 자신의 진짜 감정을 억압한다. 이것은 자신을 자기기만, 화의 억압, 타인에 대한 조종, 증가된 분노와 슬픔으로 이끈다.

근본적인 문제는 2번 유형이 주로 타인으로부터 자신의 '자아 없는' 자아이미지의 인정을 찾기 때문이다. 이 유형은 자신이 사랑받고 감사받는다는 것을 깨달을 만한 구체적인 반응을 요구한다. 만약 이 반응들이 직접적이지 않으면, 2번 유형은 자신이 원하는 긍정적인 반응을 얻기 위하여 자신의 실망을 억압하고 노력을 증가시킨다. 그러나 자아존중감에 손상을 입는 수준이 되면, 2번 유형은 사람들을 설득하기 위해 지나치게 노력하다가 결국 그들을 쫓아 버리고, 더욱 분개하고 슬픔에 잠긴 자신이 되는 패턴에 사로잡힌다.

어떤 의미에서는 4번 유형의 쟁점이 사실상 2번 유형에서 발견된 것들의 반대다. 4번 유형은 자신이 진짜 누구인지를 잘 확신할 수 없어서 정체성 문제를 가지고 있다. 4번 유형은 다른 사람과 별로 동일시하지 않기 때문에, 자아이미지를 만들기 위하여 감정과 상상의 세계를 향해 마음속으로 들어간다. 불행하게도, 이 자아이미지는 단지 삶의 현실과 많은 부분에서 일시적인 유사물이라서, 4번 유형은 상상 속에 존재하는 이상화된 자아이미지를 위해 자신의 진짜 삶을 거부하기에 이른다. 끊임없는 분노에 도달할 때까지, 자신을 위해서 만들어 온 자아이미지에 결코 부응하지 못한다.

더군다나 4번 유형은 자기감을 유지하기 위해 다른 사람들보다 내면을 본다는 점에서 2번 유형과 거의 반대다. 또한 2번 유형이 자아이미지를 위해 많은 부정적인 감정을 억압하는 것에 반해, 4번 유형은 마치 '희생양' 처럼 자아이미지를 유지하기 위해 많은 긍정적 감정을 억압한다. 2번 유형의 자아이미지는 타인들과의 친밀감과 유대감을 통해 지지된다. 그러나 4번 유형은 다른 사람들과 자신이 얼마나 다른가를 발견하는 데서 자아의 강한 지각을 얻는다. 4번 유형은 자신을 '보통' 이나 '평균' 으로 보이게 하는 성격의 요소를 억압하는 반면에, 자신의 독특함, 심지어는 소외의 측면까지도 강조하면서 자아이미지를 향상시켜 왔다.

삼원소의 중심인 3번 유형은 2번 유형처럼 타인에서의 긍정적 자아이미지의 인정, 4번 유형처럼 자신이 실체화하려는 이상적인 자아이미지를 창조하기 위해 상상으로 내면을 보는 것 둘 다에 주목한다. 이 유형들 중에서 3번 유형은 자신의 이미지에 대한 걱정이 외부와 내부에서 둘 다 생성되었기 때문에 잠재적으로 감정이나 욕구에 가장 소홀하다. 3번 유형은 자신과 관련 있는 사람들이 어떤 활동이나 재능들에 가치를 두었는지 측정하기 위해 외면의 자신을 바라보고, 그러한 재능을 가진 종류의 사람이 되기 위해 노력한다. 동시에 자신이 되기 원하는 종류의 사람에 대한 많은 마음속 대화나 상상에 몰두한다. 이것은 마음속으로 '격려의 말'을 하는 것처럼 간단할 수 있지만, 긴 시간 동안의 성공이나 아첨에 관한 공상들을 포함할 수도 있다. 2번 유형과 4번 유형과는 달리, 3번 유형은 정말로 영향을 주거나 만족시킬 만한 성과가 없는 진짜 자아를 거부해 왔다.

사고삼원소: 5번, 6번, 7번 유형

사고삼원소는 사고를 포함한 공통적인 강점과 약점이 있다. 이 성격유형들이 건강할 때의 주목할 만한 통찰력, 아이디어와 사물을 이해하는 능력은 다른 성격유형들과 비교가 안 된다. 이 유형의 사람들은 종종 대단한 업적, 발명 또는 과학적 성취의 장본인이 되기도 한다. 그러나 불건강할 때 사고의 균형을 잃는다.

건강한 5번 유형의 강점은 스스로 자신의 성격유형에 대해 가장 깊이 통찰하게 하는 것이다. 건강한 5번 유형은 환경의 어떤 면에 대해 대단히 박식하고, 훌륭하고, 독창적이며, 발명적인 해결책들로 문제를 다룰 능력이 있다. 그러나 보통의 5번 유형은 행동보다는 생각과 상상을 더 좋아하여 삶과 기회가 사라지는 동안에 마음의 미궁 안에서 헤맨다. 너무 많은 생각을 한 결과 불건강한 5번 유형은 너무 완벽히 현실로부터 동떨어지기 때문에, 자신이 해결한 것보다 자신에 대한 더 많은 문제를 만든다. 무엇이 현실인지 비현실인지, 진실인지 거짓인지 알 수 없다.

6번 유형의 강점은 체계적으로 생각하고 잠재적 문제점을 예견하는 능력을 포함한다. 건강한 6번 유형이 행동할 때 이것은 모두의 공동 이익을 위해서다. 충성스럽고 믿음직한 친구로서 다른 사람들에게 헌신하고, 다른 사람들로부터 같은 본성을 찾는다. 그러나 보통의 6번 유형은 타인에게 무엇을 할지를 말해 주는 '허가' 형태 또는 확신하에 행동하기 위한 자기 외부의 확실한 '허락'을 바란다. 허가 없이는 불안이 자신의 마음속에 있지만, 그럼에도 불구하고 적어도 때때로 자신의 독립심을 증명하기 위하여 허가에 맞서서 주장해야 한다고 느낀다. 불건강한 6번 유형은 가장 두려워하는 결과를 초래하는 근심, 열등감, 불안, 자기파괴에 굴복한다.

건강한 7번 유형의 강점은 많은 것들을 매우 잘할 수 있는 능력을 주는 놀랄 만큼 빠르고 열정적인 자신의 마음이다. 건강한 7번 유형은 넓고 다양한 분야의 활동에서 대단한 성취를 하게 되는 환경에 매우 열광한다. 그러나 보통의 7번 유형의 생각은 지나치게 쉴새 없고, 아무것도 완성된 것 없이 한 주제에서 다음 주제로 옮겨 가고, 새로운 경험을 찾기 위해 끊임없는 탐색에 빠진다. 이것은 모든 것에서 더 많은 것을 하게 하지만, 아이러니하게도 더 많은 것을 할수록 만족은 더 줄어든다. 7번 유형은 현재 활동보다 더 즐거울 수 있는 것 중에서 '놓친 것' 은 없는지 지속적으로 상상하고, 자신이 부족한 마음을 느끼지 않게 더 많은 것을 과도하게 원한다. 불건강한 7번 유형은 자기중심적이고, 무절제한 현실 도피자가 되며, 갑자기 제어할 수 없이 충동적이 된다.

5, 6, 7번 유형은 성격에 따라서 다른 방법으로 처리할 수 있는 불안감과 불안에 대한 공통 문제를 가지고 있다. 세 유형 모두에서, 스며드는 두려움 또는 불안은 다른 사람들과 환경 둘 다로부터 지지의 결핍이라는 깊은 감정을 일으킨다. 자신이 필요하다고 느끼는 지지를 받지 못한 것에 대해 걱정하기 때문에, 사고형은 각각 자신의 두려움에 맞서는 방어로 어느 정도의 안전을 얻기 위해 다른 해결책을 사용한다.

5번 유형은 자신을 둘러싼 세계와 그것에 대처할 자신의 능력을 걱정한다. 이 유형은 잠재적으로 위협적이고 불가항력인 것으로 환경을 경험하고, 삶의 많은 요구들의 충족이 불가능한 자신을 본다. 이러한 두려움의 반응에서, 5번 유형은 두 가지 주요한 면에서 안전을 찾는다. 첫째, 어떤 분야의 지식에서의 전문성과 자신감 강화를 위한 활동을 향상시킨다. 둘째, 가능한 한 많이 관계나 의존적인 것들을 감소시킨다. 5번 유형은 외부세계의 대부분 면들을 압도적으로 보기 시작해서 빈번하게 자신의 마음과 상상의 안전으로 도피한다. 근본적으로 5번 유형은 환경에 대처할 기술이나 지식을 향상시킬 때까지 도피함으로써 두려움에 대처한다.

7번 유형은 사실상 5번 유형이 사용하는 전략의 반대되는 방식을 사용한다. 7번 유형은 언뜻 보기에는 전혀 두려움을 많이 느낄 것같이 보이지 않는다. 이 유형은 대단한 즐거움과 충만함으로 삶에 다가가고, 새로운 경험들, 활동들, 관계들을 탐험하는 것을 주저하지 않는 것처럼 보인다. 그러나 자세히 보면, 7번 유형이 내면의 실체에 대해 걱정하는 것이 나타난다. 걱정과 고통을 느끼는 것을 원하지 않기 때문에 어느 정도 두려움이 인식되자마자 활동에 빠진다. 7번 유형은 상실감과 슬픔에 대처하는 자신의 능력을 의심하기 때문에 지지를 위해, 그리고 참을 수 없는 감정들에 대항하여 자신을 방어하기 위해 그 환경으로 돌아간다. 반면에 5번 유형은 외부세계의 활동으로부터 마음의 안전한 곳까지 도피하고, 7번 유형은 외부세계의 활동 안에서 안전을 찾음으로써 그들 마음속의 걱정으로부터 회피한다.

사고삼원소의 가운데에 있는 6번 유형은 외부세계와 내면세계 둘 다에서 두려움과 고난에 대한 불안을 가지고 있다. 그렇기 때문에 6번 유형은 희망하는 세상 속에 현실 세계의 위험들을 막을 지지 체계를 설립하기 위해 노력한다. 동시에 안전감을 주고 내면의 악으로부터 자신을 보호할 지속적인 믿음 체계의 설립을 시도한다. 때때로 6번 유형은 안전과 지지를 구하고, 안심의 원천으로서 자신의 외부로 향할 때 더 직접적이 된다. 6번 유형이 안전을 위해 의지하는 것은 안전한 직업, 좋은 친구, 철학적 또는 종교적 사상 체계 어느 것이든 될 수 있다. 이들 중 어떤 경우도 6번 유형은 모든 삼원소를 위한 중심 화제라는 것을 명백히 보여 준다. 예로는 근심, 충분한 지지가 없을 때의 감정, 안전을 위한 탐색 등이 있다.

본능삼원소: 8번, 9번, 1번 유형

본능삼원소는 본능을 포함한 공통적인 강점과 약점을 가지고 있다. 이 유형들은 건강할 때 자주 한 종류 혹은 다른 종류의 리더로서 자신 안의 깊은 지혜로부터 반응하여 환경 및 다른 사람들과 매우 잘 관계한다. 그러나 이 유형이 불건강할 때는 세상 그리고 다른 사람들과 어떻게 관계하는지에 대해 균형을 잃는다.

건강한 8번 유형의 강점은 다른 사람들이 종종 놓치는 상황과 사람에 대한 가능성을 보게 해 주는 대단한 체력과 예리한 직감에 기초한다. 8번 유형은 강하고 유능하며, 자신감, 용기, 다른 사람들이 성취를 잘하도록 이끄는 리더십을 사용할 수 있다. 그러나 보통의 8번 유형은 환경 안의 모든 것들을 지배하고, 너무 공격적으로 자신의 주장을 강요하고, 결과를 무시한 지배와 만족감을 위한 본능적 욕구를 탐닉하는 경향이 있다. 불건강한 8번 유형은 자신의 방식에 맞선 사람과 대상 모두를 무자비하게 파괴하면서 불량배나 독재자로 환경과 관련을 맺는다.

건강한 9번 유형의 강점은 솔직함, 사람이나 신뢰를 친밀하게 하는 능력, 그 주위 사람이 히스테릭하게 반응할 때조차 평온하게 남아 있게 해 주는 중심에 기초하고 있다. 건강한 9번 유형의 수용력과 낙관주의, 평온함은 모든 사람에게 조화로운 분위기를 창조하기 때문에, 다른 사람을 안심시키고 다른 사람들을 성공할 수 있게 한다. 그러나 보통의 9번 유형은 자신의 방식, 타인과 환경에 토대를 둔 현실로부터의 도피로 자신의 향상(그리고 현실에 대처하는 능력)을 약화시킨다. 9번 유형은 자신의 평온을 유지하기 위해서 지나치게 많이 다른 것들—사람이나 추상적 개념—을 이상화하기 시작한다. 그리고 불건강한 9번 유형은 심각하게 운명론적이 되고, 자신을 분리시킨 것으로부터 오는 현실에 대한 환상보다 조금 나아진 것에 집착하는 것으로 망각 상태에 빠진다.

건강한 1번 유형의 강점은 환경과 공평하게 관계하는 능력을 포함한다. 이 유형은 결과적으로 지혜와 확신을 갖고 행동할 수 있다. 건강한 1번 유형은 합리적이고 공정하고 양심적이며, 원칙과 강한 양심과 옳고 그름을 확실히 이해하게 하는 내면적인 '지식' 을 따른다. 그러나 보통의 1번 유형은 통제하기 위해 너무 많이 노력해야 하는 자연적인 스트레스, 감정, 본능에 균형을 잃는다. 1번 유형은 그것이 나아질 수 있다는 것 때문에 그것 그대로의 어떤 것도 받아들이기 힘들다는 것을 발견하는 절대적 완벽주의자가 되기 위해서 애쓴다. 불건강한 1번 유형은 편협하고 독선적이며 자신의 부정적인 행동은 무시하는 반면에, 다른 사람들에게서 찾은 부패에 대해서 집착한다. 가장 높은 이상이라는 이름하에 자신과 다른 사람들에게 심하게 잔인해질 수 있다.

8, 9, 1번 유형은 성격유형에 따라 다른 방식으로 처리하기는 하지만, 공통적으로 억압과 공격성 문제를 가지고 있다. 또한 이 세 유형 모두 자아경계, 특히 다른 방식으로 타인의 영향을 방어적으로 저항함으로써 자신의 경험 일부를 무시하는 것처럼 보이기도 한다.

8번 유형은 아마도 아홉 가지 유형 중에서 가장 공격적이거나 독단적일 것이다. 자신을 지지하고 자신이 의미하는 것을 말하는 본능적인 에너지를 직접적으로 표현한다. 자신의 생명력과의 강한 연관성은 자신에게 막대한 자신감을 주고, 다른 어떤 유형들보다 갈등으로부터 덜 위협당한다. 근본적으로 8번 유형은 외부세계, 특히 타인에게 저항한다. 타인이 자신을 조종하고 해를 끼치는 것에 대한 두려움 때문에 타인에게 너무 영향을 받는 것을 싫어한다. 8번 유형은 이것을 시작부터 막기 위해서 타인이 '영향 주기' 를 할 수 없다는 것을 스스로 입증하려고 세상에 맞서 거칠고 도전적인 태도와 공격적으로 자신의 의지를 주장하는 것을 향상시킨다. 그리하여 마침내 자신의 건강과 영혼에 손상을 입혀가면서도 자신의 취약함과 부드러움과 다른 사람에게 가까워지고 싶은 소망을 억압한다.

여러 가지 점에서 1번 유형의 패턴은 8번 유형과 거의 반대다. 1번 유형 역시 공격적이지만 보다 치밀하다. 1번 유형의 공격성의 많은 부분이 자기희생의 꾸준한 연속 안에서 자기 자신에게 유도되고, 더 나은 행동을 위해 요구된다. 1번 유형은 다른 유형들처럼 공격적이 될 수 있지만, 그럴 때는 보통 자신의 초자아에 대한 공격들을 빗나가게 하기 위해 노력하기 때문이다. 8번 유형이 본능적 추동과 직감을 자유롭게 두는 반면에, 1번 유형은 그것들을 억압하여 내면 갈등의 결과로 긴장과 화가 생긴다. 8번 유형이 외부세계에 저항하는 것처럼, 1번 유형은 주로 내면의 세계에 저항한다. 1번 유형은 자신을 배신할지도 모르는 충동, 소망, 본능 또는 불규칙한 부분을 두려워한다. 그래서 자신의 반응과 반동의 제어를 가능한 한 많이 조심스럽게 유지시킨다. 아이러니하게도 이렇게 할수록, 더 많은 즉흥적인 반동이 더 많이 일어나고 더 자주 통제가 불가능해진다. 1번 유형은 궁극적으로 자신의 끊임없는 내면의 전쟁으로부터 지치고 낙심하게 된다.

9번 유형은 본능삼원소의 중심이므로, 8번 유형처럼 외부환경의 영향과 1번 유형처럼 본능적 추동의 내면세계 둘 다에 저항한다. 그러나 8번 유형이 세계에 맞서 방어하기 위해 자신의 본능을 사용할 수 있는 것에 반해, 9번 유형은 자신의 본능을 억압하기 때문에 반응은 '얼어 버리게' 된다. 9번 유형은 외부 환경의 요구, 특히 사람들, 그리고 자신의 내면 반동의 잠재적인 동요와 이 요구들에 대한 반응 사이에서 균형을 유지하기 위해 노력한다. 결과는 무관심과 체력 손실과 함께 자신의 본능적인 삶과 충동의 말살이다. 그래서 가능한 한 많이 아무것도 도달할 수 없는 안전한 중립지에 거주하기를 시도하면서, 덜 불안하게 한다고 생각하는 현실의 이상화된 버전을 창조한다. 9번 유형은 내면의 안정과 평화를 위협받지 않는 방법 내에서 다른 사람을 자신의 이미지와 연관시키기 위하여 자신의 상상을 사용한다. 그래서 9번 유형은 갈등과 분개로부터 어느 정도 자유를 얻지만, 자신의 삶의 실제적이고 자극적인 경험들을 희생한다. 8번 유형과 1번 유형처럼 계속적인 삶에 대한 저항의 결과인 건강과 동기의 손실로 고통을 겪는다.

만약 아직도 자신의 성격유형이 무엇인가에 대해서 정하지 못했다면, 적어도 가장 비슷한 후보 두 가지 또는 세 가지로 가능성을 좁히도록 노력하라. 자신의 기본 성격유형은 모든 설명을 다 읽었을 때 비로소 명확해질 것이다.

공통적인 문제는 사람들이 자신의 실제보다 되고 싶어 하는 성격유형을 고르는 경향이 있다는 것이다. 비록 성공하기 가장 어려운 것 중의 하나이긴 하지만, 자신에 대해 객관적이 되려고 노력하는 것으로 이것을 피할 수 있다. 그러나 당신이 그 설명과 자신을 더 이해하려고 하면 할수록, 한 가지 성격유형이 어떤 다른 것보다 당신을 가장 잘 묘사한다는 것을 알게 될 것이다. 그 하나가 어떤 것인지 찾아낼 때까지 시간을 가져라.

아마 각 유형 중 몇 개의 특질은 일치하지만, 전체적으로 볼 때 어느 한 유형으로 특정짓기 어려울지도 모른다. 모든 유형에서 자신의 특성 일부를 찾을 수도 있으나, 자신의 성격유형의 설명을 읽을 때 바로 자신의 유형임을 알게 될 것이다. 등골이 오싹해지거나 배의 불편함을 느낄 수도 있다. 이것은 당신의 무의식 중 무언가가 급소를 쳤다고 말해 주는 것이다.

첫 단계에서, 우리가 우리 성격 안에 아홉 가지 유형들의 모든 면을 갖고 있는 것은 사실이고, 만약 자신의 기본 유형에 대해 꽤 확신한다고 하더라도 각 장을 주의 깊게 탐구하는 것은 확실히 유익할 것이다. 우리가 자신의 유형을 알고 친숙해져 있을 때 다른 유형으로부터 얻는 지식은 매우 증대될 것이다. 여기엔 간단한 이유가 있다. 우리가 삶에서 시시때때로 다른 유형의 특성들을 '방문' 하는 데 반해, 우리 자신의 유형은 우리가 항상 돌아오는 '본거지' 다. 이것은 심지어 다른 유형과 관련된 행동들일지라도 우리의 경험들을 해석해 주는 렌즈인 것이다. 그래서 우리의 기본 유형에 대해 더 많이 이해할수록, 이 특정 렌즈는 우리의 지각을 덜 왜곡하게 된다. 우리는 증가된 명료함과 함께 자신과 타인을 보기 시작한다. 처음으로 우리는 성격유형이 우리 삶의 모든 면에 주는 영향의 정도가 강한, 심지어 지진 같은 경험이 될 수 있다는 것을 깨닫는다.

당연히 설명은 글자 그대로 이해하기 어렵지 않은 반면에, 감정적으로 처리하는 데는 어려울 수도 있다. 어떤 사람들은 자신의 유형에 대한 설명을 읽음으로써 걱정하게 되거나 우울해지는 것을 발견할지도 모른다. 여기에 나온 대로의 자신을 보는 것은 기운을 북돋아 줄 수 있고 근심케 할 수도 있다.

자신의 유형에 관한 설명을 읽은 후 걱정하게 되었다면, 무엇에 대해 화나는지를 생각할 때까지 이 책을 제쳐 두는 것이 나을 수도 있다. 설명을 다시 보는 것이 가장 도움이 되는 이유 중 하나는 자신이 삶을 만들기 위해 필요한 변화를 깨닫는 것을 돕기 때문이다. 자기변화는 시간과 자기 자신에 대한 불유쾌한 진실에 직면하려는 의지가 필요하지만, 이것이 악습관과 행동의 자기패배 유형에서 벗어나는 유일한 길이다. 그리고 마치 자신을 바라볼 때처럼, 자신의 성격유형의 설명을 반영한 그 과정은 카타르시스일 수 있다. 이 책을 반복해 읽고, 자신에게 적용할수록 그 과정은 더 자유로워질 것이다.

날개

이제까지 당신은 임시적으로 당신의 기본 성격유형을 정해 왔고, 약간 정교하게 만들기 시작할 수 있다. '순수한' 성격유형인 사람은 아무도 없다는 것을 이해하는 것은 중요하다. 대부분의 사람들은 기본 성격유형과 에니어그램 원 둘레의 인접한 두 유형 중 하나의 독특한 혼합물이다. 당신의 기본 유형과 인접한 두 유형 중 하나는 당신의 '날개(Wing)' 라고 불린다.

당신의 기본 유형이 당신의 전체적인 성격을 지배하는 반면, 날개는 전체 성격을 보완하고 중요한 요소, 때로는 반대의 요소를 부가한다. 날개는 자신의 전체 성격의 '두 번째 면' 으로, 자신이나 타인을 이해하기 위해서 반드시 고려해야만 한다. 예를 들어, 9번 유형이라면, 1번 날개와 8번 날개를 가질 수 있고, 전체 성격은 1번 유형이나 9번 유형의 특질과의 어떤 독특한 혼합 속에서 9번 유형의 특질들을 고려함으로써 가장 잘 이해될 수 있다.

어떤 경우에 사람들은 자신의 날개로부터 매우 강한 영향을 받는 반면에, 다른 경우는 심지어 같은 기본 유형과 날개의 조합일지라도 영향은 약할 수 있다. 에니어그램과 친숙한 어떤 사람들은 자신이 양쪽 날개로부터 같은 정도의 영향을 받는다고 주장하는데, 일부는 그럴 수도 있다. 더욱이 우리 모두가 우리 성격 안에 아홉 가지 유형을 가진다는 점의 연장선이라는 면에서, 모든 사람은 양쪽 날개를 갖는다. 그래서 만약 자신이 3번 유형의 2번 날개라면, 자연스레 다른 날개인 4번으로부터의 어떤 영향을 받기를 기대할 것이다. 왜냐하면 4번 유형은 남은 여덟 가지 유형 중 하나이고 모두가 어느 정도 자신의 성격의 일부일 것이기 때문이다. 그럼에도 불구하고 양쪽 날개의 영향을 동등하게 받는 몇몇 사람들이 있을 수 있다.

그러나 우리의 경험 속에서 우리가 만나게 될 대다수의 사람들은 주된 날개를 가지고 있고 다른 날개를 가진 같은 유형의 사람과 구별될 수 있다. 기본 유형과 날개의 조합에 따라서 별개의 결과로 나타난다. 예를 들어, 4번 유형의 3번 날개는 4번 유형의 5번 날개와 현저하게, 사실상 별개의 하위유형으로 보일 정도로 많이 다르다. 결과적인 18개 날개 하위유형은 다른 저자들이 시도하지 않았던 것을 우리가 해 온 것이기 때문에 매우 구별되고 참으로 중요하다. 우리는 각 유형의 장에서 볼 수 있는 이 하위유형들의 확장된 설명을 발전시켜 왔다. 우리는 또한 각각의 특정한 이름을 붙이고, 유형 설명을 다음의 에니어그램에서 처음으로 공표한다.

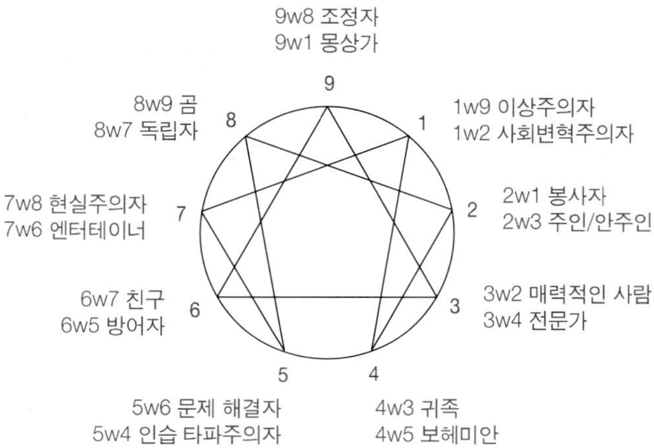

[18개의 리소-허드슨 날개 유형]

명백하게 자신이 가진 날개를 결정하기 전에 기본 성격유형을 결정하는 것은 필수다. 날개를 정하기 위해서 어떤 특질들이 자신의 기본 유형에 인접한 두 유형을 구성하는지 알아야만 한다. 자신의 날개를 진단하기 위한 가장 좋은 방법은 2개의 가능한 유형의 모든 설명을 읽고, 어느 것이 자신에게 맞는지를 보는 것이다. 날개 하위유형에 관한 부가적인 설명은 그 유형의 각 설명 장의 마지막에서 찾을 수 있다.

날개는 왜 같은 성격유형을 가진 두 사람이 매우 다를 수 있는지를 설명하는 중요한 요소 중의 하나이기 때문에, 고급 지침서에서 날개에 대해 훨씬 많이 알 수 있다.

발달 수준

각 성격유형에 대한 전체적인 구조가 있다. 당신이 알게 될 것처럼, 각 유형의 분석은 건강한 특질의 설명과 함께 시작하고, 그 다음 보통 특질, 그 다음 불건강한 특질로 이어 간다. 그 구조는 그 성격유형을 구성하는 발달 수준이다.

발달 수준은 1977년에 이 책의 초판을 쓴 리소가 발견하였고 유형들의 설명의 기초가 형성되었다. 각 유형의 9개 내부 단계들은 각 유형에 대한 모든 구성 특질과 동기를 위한 정밀한 개념형성의 틀을 제공한다. 수준은 또한 그 유형의 특질들이 잘못 귀착될 때와 각 유형이 내면적으로 일치할 때 명확해질 수 있다.

개인을 명확히 알기 위해서는, 개인의 성격유형뿐 아니라 성격유형의 발달 수준에 따라서 그 사람이 어디에 위치하는지를 알아야 한다. 다시 말해서, 그 사람이 건강한지, 보통인지, 불건강한지를 진단(잠시 동안 단순화)해야만 한다. 이것은 예를 들어, 같은 기본 성격유형에 같은 날개인 두 사람이 한 사람은 건강하고 한 사람은 불건강하기 때문에 매우 다를 수 있으므로 중요하다(그 사람의 날개의 발달 수준에 따른 그 사람의 위치 또한 중요하지만, 이것은 알아차리기 어렵기 때문에 여기서는 강조되지 않았다.).

성격 연속체의 개념은 학구적인 것이 아니다. 이것은 우리가 본능적으로 매일 사용하는 어떤 것이다. 아마 자신(혹은 타인)에 대해 알아차린 것들 중 하나는 우리가 끊임없이 변화한다는 것일 것이다. 어떤 때는 더 좋게, 어떤 때는 더 나쁘게, 수준의 개념을 이해하는 것은 우리가 그렇게 할 때나 우리 성격유형을 구성하는 특질의 연속 안에서 변화하고 있을 때 명확하게 알 수 있다. 우리는 고급 지침 장에서 어떻게 그리고 왜 우리가 발달 수준을 따라 이동하는지를 더 잘 알 수 있다.

각 성격유형의 발달 수준은 다음 페이지의 그림과 같이 생각될 수 있다.

발달 수준을 흰색부터 검은색 사이에 많은 회색 층들의 차츰 변해 가는 그레이 스케일이라고 생각하면 도움이 될 수 있다. 발달 수준의 연속체에서 맨 꼭대기에 가장 건강한 특질이 나타나 있다. 연속체를 통해 내려갈수록 점차적으로 각 발달 수준을 통과하고, 성격 악화의 뚜렷한 이동은 다음의 신경증의 순수한 검은색으로 나타난다.

요약하면, 각 성격유형에는 9개의 발달 수준이 있다. 건강한 영역에 3개, 보통 영역에 3개, 불건강한 영역에 3개가 있다. 더욱이, 발달 수준의 각각에서 나타나는 특

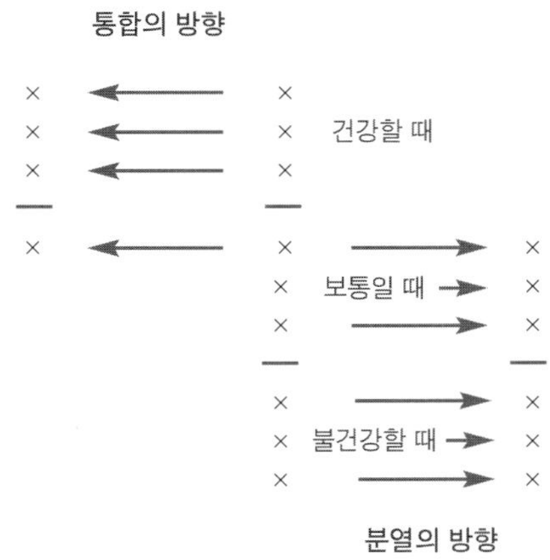

[발달 수준]

질은 임의적이지 않다. 그들은 각각의 수준에서 연관된 조각이 배열된 것이다. 각 유형의 설명을 읽은 것과 같이, 실제로는 건강부터 신경증까지의 연속체를 통해 수행했던 것처럼 각 수준의 그 조각들의 각각으로부터 가장 중요한 특질들을 알게 될 것이다.

발달 수준은 건강, 보통, 불건강이 있는 뼈대의 생산에 따른 전체로서 각 성격유형의 이해를 돕는다. 수준은 가치 이해적이다. 왜냐하면 통합의 방향으로 움직일 수 있다는 것은 건강한 연속체의 범위 안에 있고, 분열의 방향으로 '가버리는' 것은 불건강한 연속체의 범위 안에 있기 때문이다. 분열의 방향 안의 움직임이 '최소한의 저항의 길' 이라고 하는 것은 의미가 없고, 우리 성격의 습관적인 메커니즘에 따른 행동의 결과다. 반면에 통합의 방향은 비록 분투하고 전력을 다하거나, 우리의 실패에 대해 책망하는 노력이 아닐지라도, 항상 신중한 선택과 노력이 수반된다. 참으로 이 노력들의 대부분은 보통 내적 갈등, 갈등 증대의 원인이 되거나 심지어는 연속체의 더 낮은 수준으로의 하강을 야기하기도 한다. 반대로, 통합의 방향으로 가기 위해 필요한 노력은 예전 성격 패턴으로 가게 하기도 한다. 에니어그램이 우리의 생각, 반응, 행동의 많은 습관적 본성을 보는 것을 돕는 것과 같이 그것이 종종 우리의 최대 관심사에 반대로 작용할 때를 알게 될 때, 그것들을 해방시키고 평온과 자유를 찾고, 더욱 풍요롭고 충만한 인생의 가능성을 활짝 연다. 참으로 판단이나 정당화 없이 우리의 두려움, 아픔, 약함을 지켜보는 것은 우리가 우리 자신을 위해 할 수 있는 가장 정다운 일들 중의 하나이고, 이 재능을 다른 사람들에게 베풀도록 우리를 자유롭게 한다.

통합과 분열의 방향

다음의 중요한 개념은 에니어그램 위의 선들이 무엇을 의미하는지를 이해하는 것이다. 9개의 성격유형들은 정지된 범주가 아니다. 그들은 심리학적인 성장과 퇴보를 허용할 여지가 있다.

에니어그램 위의 숫자들은 구체적인 연속성 안에서 연관이 있다. 숫자가 매겨진 점들의 길은 각 유형 사이의 선들이 각 성격유형의 통합(건강, 자아실현)의 방향과 분열(불건강, 신경증)의 방향을 나타내기 때문에 심리학적으로 의미심장하다. 다시 말해서, 더 건강해지거나 더 불건강해질 때 자신의 기본 유형으로부터 에니어그램의 선들에 따라 나타나는 대로 다른 '방향' 으로 이동할 수 있다.

각 유형의 분열의 방향은 에니어그램 위의 숫자 1-4-2-8-5-7-1의 연속으로 나타난다. 이것은 스트레스와 걱정이 증가되는 조건하에서 그들의 보통수준부터 행동의 불건강한 범위 안의 유형들이, 그들의 분열의 방향에서 그 유형의 보통수준부터 불건강한 행동의 일부를 '해 버리기' 시작할 것이라는 것을 의미한다. 그래서 보통수준에서 불건강한 1번 유형은 4번 유형의 보통수준에서 불건강한 행동을 보일 것이다. 보통수준에서 불건강한 4번 유형은 2번 유형의 보통수준에서 불건강한 행동을 보일 것이다. 보통수준에서 불건강한 2번 유형은 8번 유형의 보통수준에서 불건강한 행동을 보일 것이다. 보통수준에서 불건강한 8번 유형은 5번 유형의 보통수준에서 불건강한 행동을 보일 것이다. 보통수준에서 불건강한 5번 유형은 7번 유형의 보통수준에서 불건강한 행동을 보일 것이다. 보통수준에서 불건강한 7번 유형은 1번 유형의 보통수준에서 불건강한 행동을 보일 것이다. 마찬가지로 정삼각형 위의 연속은 9-6-3-9다. 스트레스와 걱정이 증가한다는 조건하에서 보통수준에서 불건강한 9번 유형은 6번 유형의 보통수준에서 불건강한 행동의 일부를 보일 것이다. 보통수준에서 불건강한 6번 유형은 3번 유형의 보통수준에서 불건강한 행동의 일부를 보일 것이다. 보통수준에서 불건강한 3번 유형은 9번 유형의 보통수준에서 불건강한 행동의 일부를 보일 것이다. 다음의 에니어그램 위의 화살표의 다음 방향에 따라서 어떻게 이것들이 작용하는지를 알 수 있다.

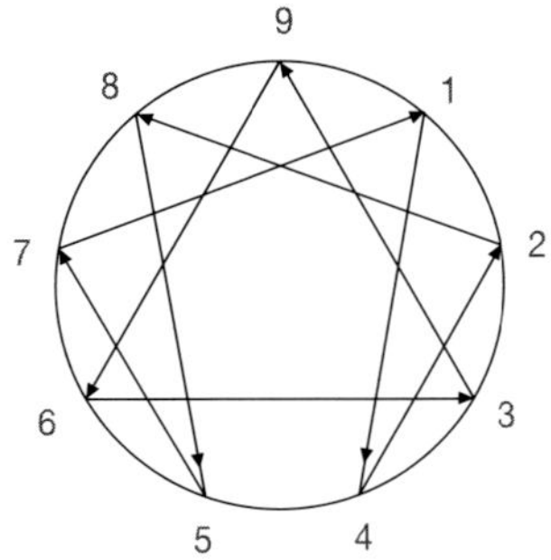

[분열의 방향]

1–4–2–8–5–7–1
9–6–3–9

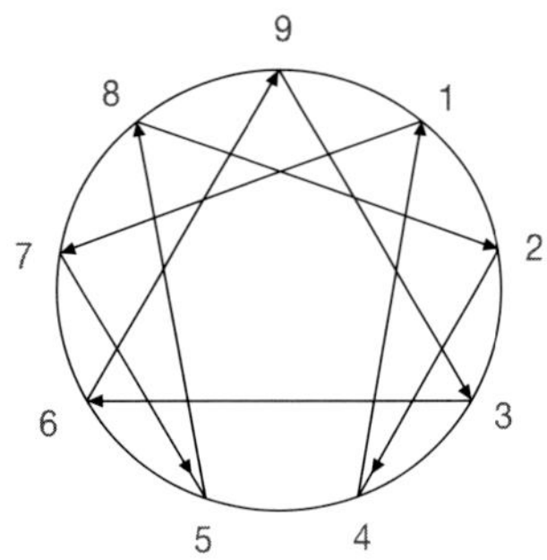

[통합의 방향]

1–7–5–8–2–4–1
9–3–6–9

통합의 방향은 위의 연속들의 반대로 각각 유형들에 대하여 나타나고 있다. 각 유형은 그것의 불건강한 방향의 반대 방향인 통합의 증가를 향해 움직인다. 그래서 통합의 방향을 위한 연속은 1–7–5–8–2–4–1이다. 통합하는 1번 유형은 7번 유형으로 가고, 통합하는 7번 유형은 5번 유형으로 가고, 통합하는 5번 유형은 8번 유형으로 가고, 통합하는 8번 유형은 2번 유형으로 가고, 통합하는 2번 유형은 4번 유형으로 가고, 통합하는 4번 유형은 1번 유형으로 간다. 정삼각형 위에서의 연속은 9–3–6–9다. 통합하는 9번 유형은 3번 유형으로 갈 것이고, 통합하는 3번 유형은 6번 유형으로 갈 것이고, 통합하는 6번 유형은 9번 유형으로 갈 것이다. 에니어그램 위의 화살표의 방향에 따라서 어떻게 이것들이 작용하는지를 알 수 있다.

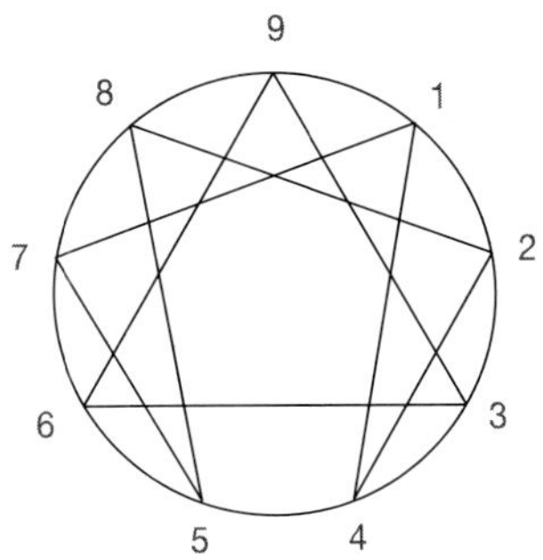

[통합의 방향]
1-7-5-8-2-4-1
9-3-6-9

[분열의 방향]
1-4-2-8-5-7-1
9-6-3-9

통합의 방향과 분열의 방향을 분리한 에니어그램은 불필요하다. 양쪽 방향 둘 다 화살표를 제거하고 적정 점과 보통 선의 연결을 통해 하나의 에니어그램 위에 나타낼 수 있다.

어떤 주어진 성격유형에 대한 통합의 방향과 분열의 방향을 알기 위해서 숫자의 연속들을 둘 다 외우는 것은 도움이 될 것이다.*

통합과 분열의 방향은 모두에게 일어나는 심리학적 과정에 대한 은유라는 것을 이해하는 것이 중요하다. 에니어그램 주위에 실제의 움직임은 없다. 이것은 구체적인 성격유형이 어떻게 현재 상태를 넘어서 통합이나 분열할 것인지를 어느 정도 나타내는 상징적인 방법이다.

간단한 예가 이 움직임들이 의미하는 것을 증명할 것이다. 6번 유형에서, 한 선은 9번 유형으로 그려져 있고, 다른 선은 3번 유형으로 그려져 있다. 이것은 만약 6번 유형이 건강해지고, 잠재력을 발휘하기 시작했다면, 6번 유형을 위해 상징화된 건강한 성격유형이 9번 유형이라는 것을 활성화시키는 에니어그램에 따라 구

*이 수의 순서들을 기억하기 쉬운 방법은 우선 불건강한 순서를 기억하고 그것의 반대인 건강한 순서를 기억하는 것이다. 불건강한 순서(1-4-2-8-5-7-1)를 기억하기 위한 방법은 이 그룹의 순서의 숫자들을 둘씩 짝지어 보는 것이다: 각각의 다음에 오는 쌍들은 그전 쌍의 대략 2배가 된다. 첫 번째 1-4 또는 14, 2배인 28, 그리고 그것의 약 2배인 57로 생각하면 된다(사실 정확한 2배는 56이지만 기억하는 데는 해가 되지 않는다. [14-28-57 또는 1-2-4-8-5-7] 그렇게 하면 1-4-2-8-5-7-1 그리고 순서대로 1로 돌아오면 다시 시작한다.).

체화된 통합의 방향, 9번 유형으로 이동할 것이라는 것을 의미한다. 에니어그램이 건강한 6번 유형은 9번 유형으로 이동할 것이라는 것을 예측할 때, 우리는 이것이 우리가 6번 유형의 개인들에 대해 알게 된 중요한 심리학적 향상의 종류라는 것을 발견한다. 6번 유형의 문제들 중 다수는 불안전 그리고 걱정과 함께해야 한다는 것이고, 6번 유형이 9번 유형으로 움직일 때 편안해지고, 받아들이고, 평화로워진다. 9번 유형에 있는 6번 유형은 어떤 때보다 더욱 침착하고 덜 걱정한다.

반대로 3번 유형으로의 선은 6번 유형의 분열의 방향을 나타낸다. 보통수준부터 불건강한 6번 유형은 걱정하고 불안해하며, 특히 고용주나 가족, 친구 또는 종교 체계로부터 올 수 있는 안정적인 외부의 지지 없는 세상 안에서 작동하기 위한 자신의 능력에 대하여 열등감을 느낀다. 6번 유형이 자신의 안전을 위협당한다는 것을 느낄 때 걱정은 보통수준에서 불건강한 3번 유형과 관련이 있는 행동을 나타낼 것이다. 상황과 스트레스의 정도에 의존하여, 6번 유형은 3번 유형처럼 다른 사람의 좋은 관심을 유지하기 위해 노력하는 동안 혹사하게 되고, 경쟁적이 된다. 6번 유형은 활기차고 '전문적인' 분위기의 다른 사람들과 관계하는 사이에 자신의 열등감의 감정으로부터 무관심해지게 되고, 더욱 일과 자신의 수행의 질과 자신을 동일시하게 된다. 또한 3번 유형처럼 자기증진과 거만해짐으로써 자신의 열등감을 지나치게 보상하려는 시도를 할 수도 있다. 걱정의 정도가 지나치다면, 6번 유형은 자신의 실수를 덮고, 다른 사람들을 속이고, 자신의 안전과 자아존중감을 회복하리라고 믿고자 혹독하게 몰아세운다.

사람들이 자신의 유형 안에서 작용하고 있는 층의 수준으로서의 발달 수준 안의 대략 같은 수준에서, 분열의 방향에서 그 유형의 행동을 해 버리는 경향이 있다는 것을 아는 것은 중요하다. 예를 들어, 5수준에 있는 6번 유형은 5수준에 있는 3번 유형의 성격의 일부를 행동화하는 경향이 있을 것이다. 4수준의 8번 유형은 4수준의 5번 유형의 성격의 일부를 행동화하는 경향 등이 있을 것이다. 개별 성격유형 장의 각 분열의 방향 구역에서, 우리는 어떻게 유형이 그 분열의 방향 안에서, 층별로, 연속체의 아래로 움직이는지에 대한 총체적 설명을 포함시킨다.

자신의 성격유형이 무엇이든, 자신에게 영향을 주고 있는 그 유형의 통합과 분열의 양방향을 다 알아 두라. 자신(또는 타인)의 더욱 완성된 그림을 얻기 위해서는, 자신의 기본 성격유형과 날개뿐 아니라 통합과 분열 방향의 두 유형 역시 고려해야 한다. 이 네 유형의 특질은 자신의 총체적 성격에 섞여 있다. 이 네 유형의 독특한 혼합은 자기 자신으로 가득 찬 사진을 줄 것이다. 예를 들어, 아무도 단지 2번 유형일 뿐인 사람은 없다. 2번 유형인 어떤 사람은 1번 날개나 3번 날개를 가지고, 2번 유형의 분열의 방향(8번 유형)과 통합의 방향(4번 유형) 또한 전체 성격 속의 중요한 부분을 차지한다.

만약 어느 성격유형의 통합과 분열의 방향에 대하여 설명된 것보다 더 많은 정보를 원한다면, 각 유형의 통합과 분열의 방향 안의 적당한 구역을 읽고 스스로 적용할 수 있다. 예를 들어, '2번 유형이 통합하려면 4번 유형으로'의 의미가 무엇인지에 대해서 더 알기 위해서는 건강한 2번 유형을 생각하며 건강한 4번 유형의 설명을 읽어라. 또는 '9번 유형이 분열하면 6번 유형으로'라는 것이 내포하는 의미를 더 알고 싶다면, 보통수준에서 불건강한 6번 유형의 설명을 읽고 9번 유형의 특질에 적용하라. 그 밖에 모든 유형에 대해서도 마찬가지다. 기본 생각은 유형이 통합할 때 그것은 통합 방향 유형의 건강한 특질을 나타내고, 분열될 때 분열 방향 유형의 보통수준부터 불건강한 특질이 나타나게 된다는 것이다.

에니어그램은 통합이나 분열의 상태들이 그 사람의 기본 성격유형의 역동성 안에 예견되기 때문에, 통합이나 분열의 특질을 예측할 수 있다. 각 성격유형을 위한 통합의 방향은 그 유형의 가장 건강한 특징의 자연적인 산물이고, 그래서 이것은 상호작용하는 것을 나타낸 에니어그램 위의 선에 따라 다른 유형과 연결된다. 그렇기 때문에 어떤 면에서 당신은 각 성격유형을 다음으로 흐른다고 생각할 수 있다. 왜냐하면 통합의 방향 안의 그 유형은, 분열의 방향 안의 그 유형이 그것의 자아 갈등 상태 안에 더욱 휩싸임을 보여 주는 것과 같이, 그전 유형의 더 나은 발전을 보여 주기 때문이다.

궁극적으로 목표는 각 유형의 상징화와 모든 유형의 건강한 잠재력들의 활발한 사용을 습득한 것을 통합하는 에니어그램 주위를 완전히 도는 것이다. 이상은 균형 잡히고 완전히 기능하는 인간, 그리고 결국 우리가 성취하고자 하는 다른 중요한 면을 상징화하는 각각의 에니어그램 유형이 되는 것이다. 그러므로 삶을 어떤 유형으로 시작했는지는 궁극적으로 중요하지 않다. 중요한 것은, 자신의 성격유형으로 무엇을 할 것인가와 자신의 발달을 위한 시작점부터 충만하고 더욱 통합된 사람까지 자신이 얼마나 그것을 좋게(또는 나쁘게) 사용하는가다.

시작하기

이제 우리는 아홉 가지 유형을 설명할 것이다. 설명의 체계를 이해하는 것은 도움이 될 수 있다. 각 장은 독자에게 가장 중요한 특징의 인상을 주기 위해 그 유형의 특징을 소개한다. 개요는 당신이 고려하고 있는 성격유형이 자신 혹은 타인에게 맞는지 아닌지를 알아보기 위한 체크리스트로 사용할 수 있는 100여 개의 중요 형용사들을 제시하기 때문에 특별히 유용하다.

다음은 개관인데, 묘사된 유형의 주요한 심리적 역동을 나타내는 짧은 글이다. 개요에서, 당신은 어떻게 그 성격유형이 그 삼원소 안의 다른 유형들과 비교되고 대조되는지, 그 근원의 정의와 어린 시절의 습관이 무엇인지, 그것이 융의 유형학과 다른 유형학과 어떻게 상호작용하는지 알게 될 것이고, 그 다음에 가장 중요하면서 더 긴 분석에서 더욱 체계적으로 발전시킬 수 있는 중요한 글을 볼 것이다. 개관은 각 성격유형에 따른 독립적인 짧은 수필로 또는 분석을 해 온 것에 대한 개요로서 읽을 수 있다.

더욱 체계화된 설명, 개관에 뒤이어 성격유형의 분석이 나온다. 이것은 건강한 특질부터 시작하여 그 다음 보통의 특질, 그다음은 불건강한 특질로 이동한다. 다시 말해서, 설명은 발달 수준을 따라서 그 유형의 퇴보를 따라가는 것처럼 점차 더 부정적인 특질에 다다른다.

분석은 만약 그 유형이 에니어그램의 불건강한 방향, 즉 분열의 방향으로 가면 어떤 일이 일어나는지 뿐만 아니라 건강함을 증진시키는 방향, 즉 통합의 방향으로 가면 어떻게 되는지에 대한 토의로 끝난다. 다음의 두 부분은 각 성격유형에 대한 2개의 주요 하위유형인 날개의 설명을 실제나 허구의 유명인들의 예와 함께 그 유형에 대한 몇 가지 마지막 단상들을 다룬다.

잘 알려진 사람들의 예는 직감, 관찰, 독서를 기초로 알 수 있는 익숙한 추측들이다. 그들은 그들의 건강과 신경증의 상태에 대해 암시 없이 성격유형의 다양성에 대한 예증으로 제공된다. 이 사람들의 각각이 자신의 삶에서 여러 번 건강, 보통, 불건강 상태를 거쳤으리라는 것과 각자가 자신의 통합이나 분열의 방향으로 옮겨갔었음을 기억하라. 무엇보다도, 어떤 주어진 예 중에서 지적이고 재능 있고 경험 많은 것을 포함해서 개인의 다양성이 막대하다는 것을 기억하라. 그러나 심지어 이런 많은 요인들을 고려하더라도, 유명한 사람들은 자신이 어떻게 다른 성격유형으로 예시되었는지 이해하기 위해 포함되었고, 당신은 그들의 공통점이 무엇인지, 각 유형에 따라 나타나는 심리학 영역의 막대한 범위가 무엇인지 둘 다 알 수 있을 것이다. 물론 그들의 사적인 삶에서 이들 중 소수는 공적인 가면과 사실상 다를 수도 있고 심지어는 다른 유형일 수도 있다. 하지만 이 예들은 그들의 삶의 성격유형이 무엇이든 간에 공적인 성격이 특정 유형을 나타내기 때문에 선택되었다.

이론 관련 장에 대한 마지막 중요점은 각 유형들 성격의 독특함을 표현하기 위해 포함된 삽입구의 인용문이다. 다른 설명이 없다면, 이 서술문들은 특별한 인용문이 아니다.

당신은 자신의 유형과 가까운 친구들의 유형을 매우 빠르게 정의할 수도 있고, '유형화하기' 가 어렵다는 것을 알게 될 수도 있다. 두 가지 상태 모두 정상이다. 어떤 사람이 어느 유형인지 항상 명백한 것은 아니며, 기술을 연마하는 데는 시간이 걸린다. 자신이 몇몇 건강하고 건강하지 않은 넓은 범위의 증상들을 진단하기 위하여 배우는 초보 의대생과 같다는 것을 기억하라. 주요 증상들을 정의하기 위하여 배워서 적당한 증상에 적용하기까지는 시간이 걸린다.

당신은 또한 어떤 사람들은 심리학적으로 통찰이 잘 되는 반면에, 그렇지 않은 사람들도 있다는 사실을 염두에 두고 있을 수도 있다. 만약 심리학적 소질이 발달되지 않았다는 것을 발견하더라도 체념하지 마라. 설명을 주의 깊게 읽고, 뭔가를 확인하고 싶을 때 또는 당신에게 일어나는 새로운 통찰로 다시 시도하라. 당신은 아마 어떻게 자신이 그렇게 빨리 나아졌는지에 놀라게 될 것이다.

사람들을 '유형화' 하는 방법을 배우는 것은 심오한 것이 아니다. 각 유형에서 어떤 특질이 작용하는지 배우고, 사람들이 그 특질들을 어떻게 나타내는지 관찰해야만 한다. 성격유형에는 많은 하위유형과 차이가 있기 때문에 이것은 까다로운 일임을 알 것이다. 또한 다른 유형들을 유사하게 볼 수도 있다. 예를 들어, 몇몇 유형들은 전제적일 수 있다. 비록 그들이 주위 사람에게 명령을 한다 해도, 그들은 다른 이유와 다른 방식으로 한다. 8번 유형 상사들이 "내가 너보다 권력이 있으니까 내가 말하는 대로 해! 그리고 만약 불복종한다면 벌을 주겠어!" 라고 한다면, 반면에 1번 유형 상사는 "나랑 말다툼하지 마. 내가 옳으니까 그냥 내가 말하는 대로 해." 라고 할 것이다. 다양한 상황하에서 다른 유형들 또한 전제적이 될 수 있다. "넌 정말 날 상처받게 하기 싫지? 그렇지? 너는 내가 요구하는 대로 할 거야." 라고 말하는 2번 유형은 지배적 · 전제적일 수 있다. 6번 유형은 사람들을 향해 난폭한 공격성을 보일 수 있고, 7번 유형은 원하는 것을 직접적으로 달라고 다른 이들에게 요구함으로써 주위 사람들에게 전제적이 될 수 있다.

마찬가지로, 4번 유형은 우울하고 종종 감정을 이해하지 못하는 것처럼 묘사되었다. 많은 사람들은 어떤 사람이 우울해 보이고 감정을 이해 못하는 것처럼 보일 때 4번 유형이라고 속단한다. 사실상 아홉 가지 유형 모두는 우울하고 감정을 이해하지 못할 가능성을 가지고 있다.

이 예들은 왜 독립적인 한 가지 특질에 초점을 맞추거나 그것에 기초한 진단을 하려고 노력하는 것이 현명하지 않은 것인지를 예증한다. 전체로서 각 유형을 보는 것은 필수적이다. 즉, 그것의 전체적인 형태와 삶으로 접근하고 그 기본 동기를 보는 것이다. 많은 요소들이 당신이 어떤 사람을 정확하게 유형화할 수 있기 전에 함께 고려되어야만 한다.

좋든 나쁘든, 당신이나 다른 사람 모두를 간단하고 자동적으로 진단하는 방법은 없다. 이것은 시간, 세심함, 관찰하는 능력, 열린 마음이 필요하다.

에니어그램의 궁극적인 목표는 우리 모두가 충분히 기능하는 사람이 되도록 돕는 것이다. 이것은 우리가 자신을 더욱 명확하게 알아서 더욱 잘 균형 잡히고 통합된 개인이 될 수 있게 돕는다. 그러나 에니어그램은 완전함을 바라거나, 우리가 세상을 부정하는 금욕주의자가 되도록 권고하는 것이 아니다. 현실에서는 건강한 사람이라고 해서 깨달음의 상태가 지속되는 삶을 사는 것도, 개인적 특질을 전혀 가져 본 적이 없는 것도 아니다. 우리가 아무리 건강하고 행복한 사람이라 하더라도 항상 불완전하고 제한적이다. 삶으로부터 극락으로의 도피나, 불가능한 완전함을 위한 탐색 속에서 우월한 삶이 되기 위해 노력하는 것보다 충만한 사람이 되고, 존재하기 위한 도전을 하기 위해 배워야만 한다.

잘 사용된 경험을 통해 충만하고 행복한 삶의 목표를 달성해 가며 원숙해지는 것은 우리 각자가 모순이 된다는 것을 의미한다. 즉, 자유롭지만 때론 구속받고, 약삭빠르지만 순수하고, 타인에게 개방적이지만 자기의존적이고, 강하지만 양보할 줄 알고, 가장 높은 가치에 집중되어 있지만 불완전을 받아들일 줄 알고, 고통의 존재가 우리를 위압하는 현실의 삶이지만 있는 그대로의 삶에 대한 충만한 감사를 의미하는 것과 같다.

이미 살아온 가장 위대한 사람들의 증거는 우리 자신을 초월함으로써 우리 자신의 대부분을 만든다는 것이다. 우리는 다른 사람들을 위한 내면의 여유를 만들기 위해서 자기중심을 극복해야 한다. 자신을 초월할 때 삶의 질이 높아질 것이다. 아주 잠시 동안이라도 내면을 극복한 삶으로부터 투명성과 찬란함을 느낄 수 있을 것이다. 이것은 자기이해의 약속이며 기쁨이다.

제2부

에니어그램의 아홉 가지 성격유형

[chapter_4]

2번 유형: 조력가

2번 유형 개요

건강할 때 동정적이고, 인정이 많고, 다른 사람을 위하는 마음을 가지며, 다른 사람의 요구에 대해 관심을 가지고 걱정을 한다. 외향적이고, 따뜻하며, 우정과 친절을 제공한다. 사려 깊음, 따뜻한 마음, 배려하는 마음을 가지고 있으며, 정직하다. 격려하며, 감사할 줄 알고, 다른 사람의 장점을 잘 볼 수 있다. 다른 사람들에 대해 헌신적이며 도움을 주고자 한다. 그들에게서 최고의 것을 이끌어 낸다. 서비스를 중요하게 생각한다. 사람을 잘 돌보고 관대하며 다른 사람을 진정으로 사랑한다.

최상의 상태 이기적이지 않으며, 겸손하고, 이타적이다. 자기 자신과 다른 사람에게 조건 없는 사랑을 베푼다. 다른 사람들의 삶에 동참하는 것을 영광이라 느낀다. 기쁨을 발산하며 상냥하다.

보통수준일 때 다른 사람과 가까워지기 위해 그들을 기쁘게 한다. 과도하게 친근하며, 감정적으로는 논증적이며, 선한 의도를 가진다. 인정, 칭찬의 말, 아첨 등 다른 사람에게 매력적인 관심을 제공한다. 자신의 사랑과 관계에 대해 수다스럽다. 다른 사람의 일에 끼어들기를 좋아한다. 필요한 사람이 되고자 한다. 그래서 사랑이라는 이름으로 다른 사람 주위를 맴돌며, 간섭하고 통제하려 한다. 다른 사람이 자신에게 의존하기를 원한다. 사랑을 주는 동시에 보답을 기대한다. 혼합된 정보를 보낸다. 자기 본래의 모습을 감추며, 남의 것에 대해 소유욕이 강하다. 자기희생적이다. 다른 사람을 위해 충분히 무언가를 할 수 없는 사람들을 양육하며, 모든 사람을 위해 자기 자신을 버리며, 자기 자신을 충족시키기 위해 수행할 일을 만들어 낸다. 상당히 자기를 중요하게 생각하며, 독선적이다. 다른 사람의 행동에서 자신의 노력을 과대평가함에도 불구하고 자신이 꼭 필요한 사람이라 생각한다. 다른 사람들의 도움에 대한 대가를 찾고자 한다. 다른 사람에 대한 순교자가 되어 우울할 수도 있다. 뽐내다(교만하다), 생색내다, 주제넘다

불건강할 때 다른 사람들로 하여금 자신에게 빚을 졌다고 느끼게 함으로써 죄의식을 느끼게 만들고, 조종하려 하며, 이기적이다. 감정을 채우기 위해, 그리고 동정을 얻기 위해 음식이나 약물을 남용한다. 얕보고 비난하는 말을 사용해서 다른 사람의 기분을 손상시킨다. 동기에 대해 자기기만이 아주 심하고, 행동은 이기적·공격적이다. 지배적이며 강압적이다. 다른 사람으로부터 자신이 원하는 것은 무엇이라도 얻을 자격이 있다고 느낀다. 그리고 몹시 화를 잘 낸다. 다른 사람과 헤어지고, 다른 사람을 괴롭히면서 자신을 정당화시키려 할 때, 공격성은 만성적 건강문제를 야기시킨다.

핵심 동기 다른 사람에게 자신의 감정을 표현하기 위해, 감사를 얻기 위해, 다른 사람들로부터 반응을 얻기 위해, 자신의 주장을 정당화하기 위해 사랑받기를 원한다.

대표적인 인물들의 예 테레사 수녀, 데즈몬드 투투 대주교, 프랭클린 루스벨트, 바바라 부시, 로버트 풀감, 레오 부스카글리아, 루치아노 파바로티, 배리 매닐로, 리처드 사이먼스, 새미 데이비스 주니어, 팻 분, 도우 헤닝, 앤 랜더스, 나이팅게일, 〈바람과 함께 사라지다〉의 멜라니 해밀턴 윌크스, 〈오즈의 마법사〉의 양철나무꾼, 유대인 어머니 등이 전형적인 인물이다.

2번 유형에 대한 개관

사랑은 너무나 많은 모습을 가지고 있기 때문에 정의하기가 어렵다. 여러 다른 종류의 관계에서 사랑은 각각 다른 사람에게 다른 의미를 가진다. 이 단어(사랑)는 많은 선과 악을 포함할 수 있다. 2번 유형의 사랑은 다른 사람에 대한 긍정적인 감정을 가지는 것, 다른 사람을 돌보는 것, 자기희생을 의미한다. 2번 유형은 친밀감 그리고 다른 사람과 가까운 관계를 맺는 것에서 사랑을 보는 경향이 있다. 사랑의 이런 모습은 이 유형에서 아주 중요하다. 하지만 2번 유형은 사랑이 감정보다 현실과 더욱 가깝다고 항상 생각하지는 않는다. 진정한 사랑은 관계를 위험에 빠뜨릴 수도 있다는 것을 의미하지만, 다른 사람을 위한 최고의 것을 원하는 것이다. 사랑이 다른 사람의 삶으로부터 물러나야만 한다(간섭하지 말아야 한다)는 것을 의미함에도 불구하고 2번 유형은 강하고 자존심을 유지하기 위해 사랑받기를 원한다. 진실한 사람은 그들이 아낌없이 주지 않는 것에 대해 전혀 남에게 취하려 하지 않는다. 사랑은 누구든지 결점이 있는 것과 관계없이 반응의 결핍, 이기심, 실수를 극복하는 것이다. 그리고 사랑은 뒤로 물러날 수 없는 것이다. 만약 사랑이 뒤로 물러난다면, 그것은 사랑이 아니다.

2번 유형을 이해하기 위한 중심 생각은, 겉으로 보기에는 사랑을 제공하는 것 같지만 마음속 깊은 곳에서 진정으로 사랑을 찾고 있다는 것이다. 2번 유형은 자신이 다른 사람을 충분히 사랑한다면, 상대방이 반드시 자신을 사랑할 거라 믿는다. 그리고 반복적으로 애정, 선물, 헌신 등 많은 것들을 가지고 다른 사람들에게 다가 간다. 하지만 받은 보상 때문에 종종 실망한다. 그러나 2번 유형은 자신이 받은 보상이 없음을 알고 나서야 비로소 자신을 사랑하는 것을 배운다. 사랑함으로써 자신이 사랑받음을 느끼게 될 것이다.

2번 유형은 인생의 모든 선의 주요 원천을 사랑의 힘이라 믿는다. 그리고 자신이 옳다고 믿는다. 하지만 자신이 사랑이라 부르는 것과 그 이름의 가치는 매우 다른 것이다. 이 성격유형에서 우리는 욕심 없는 진정한 사랑에서부터 아첨하는 사랑, 치명적인 속임수, 스토커의 위험한 망상에까지 사랑에 대한 가장 폭넓은 의미를 살펴볼 것이다. 자기를 버리는 천사에서부터 미움으로 가득 찬 악마까지, 사랑하고 있는 사람들은 엄청나게 다양하다. 이 성격유형을 이해하는 것은 2번 유형이 어떻게 사랑을 얻는지 우리가 이해할 수 있도록 도와준다.

감정의 삼원소 중에서

2번 유형인 사람들은 다른 사람에 대해 강한 감정을 가지고 있지만 자신이 가진 감정에서 잠재적인 문제를 가지고 있다. 다른 사람에 대한 긍정적인 감정은 과장해서 설명하려 하고, 반대로 부정적인 감정은 무시해 버린다. 자신은 다른 사람을 사랑하고 배려하는 사람이라 생각한다. 하지만 모두 다른 사람이 보답으로 자신을 사랑하게 하기 위해 다른 사람을 사랑하는 것이다. 2번 유형의 사랑은 자유롭지 못하다. 보상을 기대한다. 2번 유형은 자신의 자아이미지를 다른 사람에 대한 어떤 긍정적인 감정을 가지는 것에만 투자하게 하기 때문에 다른 사람을 진심으로 사랑하는 능력은 방해를 받는다. 나쁜 감정을 가지지 않는다.

그러나 건강한 2번 유형은 가장 사려 깊고 진정으로 모든 유형의 사람을 사랑할 수 있다. 다른 사람에 대한 강한 감정과 참된 관심을 가지기 때문에 다른 사람을 돕기 위해 자신의 길을 버리고 진실한 선을 행하고 진실한 도움을 제공한다. 하지만 불건강한 2번 유형은 자신의 공격적인 감정뿐만 아니라 자신의 감정적 요구의 정도에 대해 속인다. 자신이 지배적일 수 있는지, 얼마나 조종적인지 알지 못한다. 이와 같이 불건강한 2번 유형은 가장 다루기 어려운 성격유형이다. 왜냐하면 완전하게 욕심이 없다고 하면서 아주 이기적이기 때문이다. 자신이 완전하게 선하다고 믿지만 다른 사람에게 심하게 해를 끼칠 수도 있다.

2번 유형에서 문제의 본질은 보통수준 2번 유형이 자신이 진정 어떤 사람인지를 아는 데 어려움이 있다. 혼합된 동기를 가진 사람, 모순적 감정을 가진 사람, 자신이 이행하고자 하는 개인적 욕구를 가진 사람으로서 자신을 바라보는 것에 어려움을 갖는다. 이것은 만약 자신이 원하는 것을 직접적으로 추구한다면 이기적인 것이고 처벌을 받을 것이라고 초자아(superego)가 말하기 때문이다. 또한 2번 유형은 자신은 욕구가 없으며 자신이 다른 사람을 위해 하는 것은 이기심이 없는 것이라고 자신을 확신시킨다. 자기 자신을 긍정적인 기준으로만 본다. 보통수준의 2번 유형에 대해 이해하기 어려운 것은 어떻게 자기 자신을 그렇게 완전히 기만할 수 있는가다. 2번 유형에게서 다루기 어려운 것은 간접적인 방법으로 자신이 필요로 하는 것을 채우고자 한다는 것이다. 2번 유형이 불건강하면 할수록 다른 사람들은

2번 유형에 대한 자신들의 인식과 2번 유형 스스로가 갖는 자신들이 착하다는 인식과 일치시키기가 더욱더 어려워진다. 2번 유형은 계속해서 자신들을 면제시키며, 다른 사람이 똑같이 행동해 주기를 바란다. 그리고 사람들이 자신의 행동에 대한 자신들의 해석이 때때로 사실과 명백히 다름에도 불구하고 그 해석을 받아 줄 것을 요구한다.

2번 유형은 융의 성격유형에서 외향적 감정형인 성격유형과 일치한다. 유감스럽게도 이것은 그의 가장 통찰력 있는 묘사는 아니다. 그럼에도 불구하고 다음의 특징은 언급할 가치가 있다.

> 자아와 감정의 순간적 상태의 관계 정도에 따라 자신불화(self-disunity)의 표시가 명백해진다. 왜냐하면 무의식적인 보상 태도가 공개된 적대감으로 변하기 때문이다. 이것(자신불화)은 지나친 감정 표시, 감정을 과장하는 이야기, 지나친 충고 등 모든 것 중에서 첫 번째임을 보여 준다(예, 여자는 너무나 많은 것들을 주장한다.). 어떤 종류의 적대감이 과도하게 보상된다는 것이 명백하다. 그리고 사람들은 이런 감정의 표시가 다르게 드러나지 않을까 봐 걱정하기 시작한다. 이런 상황에서 단지 매우 작은 변화가 똑같은 대상에 대한 반대의견을 불러내기 위해 요구된다(C. G. Jung, *Psychological Types*, 357-358).

융의 묘사는 2번 유형의 감정에 대해 모순적이다—다른 사람에 대한 그럴싸하게 완전히 긍정적인 감정을 매우 부정적인 감정으로 이동시키는 능력. 우리가 발달수준에 따라 2번 유형의 악화됨을 따라감으로써, 우리는 건강한 2번 유형이 정말로 다른 사람을 순수하게 사랑한다는 것을 알 수 있다. 하지만 보통의 2번 유형은 혼합된 감정을 가지고 있다. 2번 유형의 사랑은 원하는 것만큼 순수하지 않다. 그리고 불건강한 2번 유형에서는 사랑의 반대가 작용한다. 증오는 다른 사람에 대한 화를 태워서 에너지를 찾는다. 융이 "이런 상황에서 단지 매우 작은 변화가 똑같은 대상에 대한 반대 의견을 불러내기 위해 요구된다."라고 말한 것은 정확하지 않다. 왜냐하면 증오는 진정한 사랑으로부터 스펙트럼의 맨 끝에 있는 또 다른 것이기 때문이다. 하지만 사실인 것은 2번 유형이 노이로제의 정도에 따라 악화되기 때문에 이것은 정확하게 단계적으로 발생한다는 점이다.

적개심과 정체성의 문제

2번 유형, 3번 유형, 4번 유형은 적개심에서 공통된 문제를 갖는다. 적개심을 다른 방법으로 명시함에도 불구하고 그러하다. 2번 유형은 적개심을 가진다는 것을 부인한다. 다른 사람뿐만 아니라 자기 자신들의 적개심도 감춘다. 모든 다른 사람들처럼 2번 유형은 공격적인 감정을 갖는다. 하지만 2번 유형은 이런 감정의 존재를 인식하지 않는다. 왜냐하면 자신이 화가 났음을 공개적으로 보여 주지 않으려 하기 때문이다. 자신의 공격성이 다른 사람의 선을 위해서이고, 결코 자기 이기심을 위한 것이 아님을 확신할 수 있을 때만 공격적으로 행동한다. 보통수준의 2번 유형과 불건강한 2번 유형은 자신이 이기적인지 공격적인지를 공개적으로 걱정한다. 자신의 부정적인 행동이 자신의 고결한 자아를 모순되게 하지 않을까 걱정하며, 다른 사람들과 멀어지게 할까 봐 걱정한다. 그러므로 2번 유형은 자기 자신과 남들에게 자신이 이기심과 공격적인 동기를 가진다는 것을 거부한다. 자기 자신을 긍정적으로 보는 입장에서 자신의 행동을 해석한다. 결국 자신의 동기와 자신의 실제 행동이 모순된다는 것을 완전히 잊어버린다. 불건강한 2번 유형은 매우 이기적이고 매우 공격적으로 행동하게 될 가능성이 있다. 반면, 자신의 마음속에서는 이기적이거나 공격적이지 않다.

2번 유형 동기의 원천은 사랑받고 싶어 하는 욕구다. 그러나 2번 유형은 사랑받고 싶어 하는 욕구를 다른 사람을 통제하고자 하는 욕구로 나쁘게 변형시켜 버리는 위험에 항상 빠진다. 점차적으로 다른 사람을 자신에게 의존하게 만들어 버림으로써 보통 2번 유형은 자기 자신에게 만족하게 되며 다른 사람들에게 자신들이 얼마나 고결한지 확인시킨다. 대인관계에서 충돌이 일어날 때 다른 사람을 통제할 수 있다고 생각하기 때문에 싸우게 되는데, 이때 불건강한 2번 유형은 남을 비난하는 것에 대해 비난받을 거라고 생각한다. 자신을 이기심 없이 희생하는 희생자로 본다(그 희생에 대한 어떤 평가를 받지 않고). 억눌린 공격적 감정과 분노는 결국 다른 사람의 도움을 필요로 하는 심한 정신적 질병이나 육체적 질병으로 변한다.

2번 유형에게는 다른 사람으로부터 사랑을 얻는 것이 아주 중요하다. 왜냐하면 사랑받지 못할까 봐 두려워하기 때문이다. 항상 자신이 착한 일을 하고 끊임없이 다른 사람에게 희생하여 사랑을 얻을 수 있을 때 사랑을 받을 수 있다고 생각한다. 즉, 자신이 다른 사람으로부터 사랑받도록 노력하지 않으면 다른 사람들이 그들을 사랑하지 않을 거라 걱정한다(2번 유형은 자신이 사랑받지 못할까 봐 걱정하는 사람이며, 다른 사람들이 자신을 사랑하도록 하기 위해 자신의 삶을 소비하는 사람으로 간단히 특징지을 수 있다.). 일반적으로 이것은 숨겨진 공격성의 원인을 만들어 낸다. 만약 사람들이 자신에게 원하는 만큼 반응을 보이지 않으면 보통수준의 2번 유형과 불건강한 2번 유형은 상당히 화를 낸다. 하지만 의식적으로 자신의 공격적인 감정까지 인정할 수 없기 때문에 간접적이고 교묘한 방법으로 공격적인 감정을 표현한다. 불건강한 2번 유형은 자신이 하는 모든 것을 정당화시키면서 다른 사람을 얼마나 나쁘게 대할 수 있는지를 알게 되는데, 이것은 그렇게 놀라운 일이 아니다. 하지만 자신의 행동이 파괴적일지라도 단지 사랑과 진정한 선을 가지고 있다고 스스로를 설득시킨다.

모든 2번 유형의 중요한 아이러니 중 하나는 만약 불건강하면 관심이 반드시 그 자신에게 간다는 것이다. 그럼에도 불구하고 2번 유형은 이런 인상을 다른 사람들에게 주지 않거나, 스스로를 자기중심적이라고 생각하지 않는다. 심지어 보통수준의 2번 유형에게도 다른 사람의 행복이 가장 중요한 것은 아니다. 오히려 다른 사람에 대한 자신의 긍정적 감정은—다른 사람의 긍정적인 반응으로 강화되었을 때—무엇이 자신에게 중요한 것인가, 자신이 항상 화를 내는 대상은 무엇인가다.

실제적 방법으로 2번 유형은 자신의 이미지를 선하고, 이기심이 없으며, 사랑을 베푸는 사람으로 확인하기 위해 다른 사람의 사랑하는 반응에 의존적이다. 문제는 2번 유형이 자신의 가치와 사랑스러움에 대한 표시를 찾기 위해 다른 사람에게 의존하는 한 자신의 감정을 완전히 알지 못하며, 자신 안에 있는 사랑스러운 특성을 알지 못한다는 것이다. 2번 유형이 나빠짐에 따라 이 상황은 더 악화된다. 왜냐하면, 다른 사람에게 존재하는 사랑의 반응을 알지 못하기 때문이다. 보통수준의 2번 유형과 불건강한 2번 유형은 자신에 대한 다른 사람의 애정에 대해 아주 명확한 표지(sign)를 찾고자 한다. 그리고 사랑에 대한 어떤 다른 표시들은 중요하지 않다. 또한 자신이 필요하다 여겨지는 어떠한 사람이 되길 알고자 하며, 다른 사람으로부터 사랑으로 여겨지는 명백한 반응을 유도해 내기 위해 자신이 해야 할 것을 생각해 내려 한다.

이것 때문에 2번 유형은 3번 유형, 4번 유형과 공통된 두 번째 문제를 갖는다. 즉, 자신의 정체성에 관한 문제다. 다른 사람들은 2번 유형의 본 모습을 알지 못한다. 더욱 중요한 것은 2번 유형이 자신을 자신의 본래의 모습으로 보지 않는다는 것이다. 여기에는 사랑하는 자아이미지와 실제 애정결핍인간(needy person) 사이에 중대된 불균형이 존재하며, 이기심 없는 관대함과 다른 사람의 사랑에 대한 자신의 요구 사이에도 불균형이 존재한다.

2번 유형은 자기 자신과 자기 자신의 합법적 요구를 거절하는 방법을 배웠다. 그리고 자신이 만들어 낸 이상적인 자아이미지(이기심 없는 조력자와 친구)가 자신의 진정한 감정과 반응보다도 더 허용적일 것이라고 믿는다. 그리고 자신의 정체성은 자신의 선함을 확인해 주고 평가해 주는 다른 사람에 의존적이기 때문에, 2번 유형은 자신을 좌절시키고 다른 사람을 멀리하는 행동에 갇히게 된다. 2번 유형이 이 올가미에서 도망치기 위해서는 자신이 자신의 욕구, 슬픔, 부끄러움을 무시하고 있다는 점을 인식해야 한다. 그러면 2번 유형은 누군가를 돌보고자 하는 자신의 특별한 능력을 자기 자신을 정말로 필요로 하는 누군가에게 베풀 수 있다.

부모 기원

어린아이였을 때 2번 유형은 보호자에게 양가적 가치를 둔다. 보호자는 아이들의 발달 초기에 지시, 조직, 훈육을 책임진다. 이 인물은 종종 아버지였다. 하지만 어머니와 나이가 많은 형제 또는 다른 사람들이 이 역할을 담당했을 수도 있다. 2번 유형은 보호자와 자기를 동일시하지 않는다. 하지만 완전히 그 사람과 정신적으로 분리시키지도 않는다. 그 결과 2번 유형은 보호자와 보완적인 정체성을 만들어 냄으로써 자신을 가족 체계에 가장 잘 어울린다고 느낀다. 가부장적 제도—권위, 조직, 훈육, 세상의 방법으로 아이들을 지도하는 것—와 관련된 특성을 나타내는 보호자를 지향하기 때문에, 아이는 보완적인 여자 가장의 역할을 가지고 정체성을 확인하기 시작한다. 어린 2번 유형은 이 가족 체계에서 안전과 보안을 얻는 방법으로 어린 양육자가 되는 것을 배운다. 다른 말로 표현하자면 만약 자신이 가족 중에서 충분히 다른 사람을 양육할 수 있다면 자신은 보호자의 애정과 보호를 얻을 수 있다고 믿는다. 보호자와의 이 관계가 자신이 원하는 사랑을 자신에게 줄 수 있는 모든 사람을 향하는 비슷한 성향을 만든다.

보호자에 대한 양가적 성향은 2번 유형의 자아존중감이 왜 조건적인지에 대한 설명에 도움을 준다. 2번 유형은 자신을 조건 없이 사랑하지는 않는다. 그리고 이것은 2번 유형이 경험하거나 야기할 모든 고통의 원천이 된다. 자아존중감은 자신이 절대적으로 선하고 이기적이지 않는 조건에 기초를 둔다. 2번 유형이 자신을 이런 방법으로 보는 이유는, 다른 사람들에게 특별히 선하고 관대해짐으로써 자신이 다른 사람으로부터 사랑을 얻을 수 있다고 믿기 때문이다. 더욱이 2번 유형의 가족 체계에 장애가 있으면 있을수록 사랑을 얻기 위해 자기 자신의 욕구를 억누르고 희생해야만 한다고 느낀다.

불행하게도 2번 유형은 자신의 욕구를 이기적인 것으로 보면 볼수록 그 욕구를 충족시키기 위해 간접적인 방법을 찾아야만 한다. 2번 유형의 초자아는 2번 유형에 대한 이기심뿐만 아니라 2번 유형의 도움에 대한 다른 사람의 반응도 판단하면서 조심스러워한다(브랜다가 그것은 괜찮다고 말했지만 당신이 정말 사랑스러운 사람이었다면 그녀가 안아 주었을 텐데.). 보통수준과 불건강한 2번 유형에서 극소수만이 초자아를 만족시킬 수 있다. 2번 유형은 충분히 자기희생적이지 못하다. 자신이 사랑받고 있음을 믿게 하는 다른 사람의 반응이 충분하지 않다. 반어적으로 2번 유형은 자기 자신과 다른 사람들에게, 자신이 진정으로 착하고 이기심이 없으며 욕구도 없음을 확신시키기 위해 노력하여 자신의 정신적 생존을 유지하려 한다.

2번 유형은 자신이 진짜로 선할 때 자신을 선하고 사랑하는 사람이라고 여기는 것에 대해 반대하지 않는다. 하지만 자신이 항상 선하다고 느끼고자 할 때 문제가 발생한다. 자신이 선하지 않을 때조차도 2번 유형은 자신이 틀림없이 다른 사람에 대해 선하다고 본다. 아이러니하게도 그들이 심하게 애정결핍이고, 자기중심적이고, 조종하고 있을 때 그들은 자신이 항상 선하고 도움을 주어야 한다고 여기지 않는다. 그러나 건강할 때 2번 유형은 자신을 돌보는 것을 학습함으로써 사랑을 절망적으로 찾으러 다니는 것에서 벗어날 수 있다. 자기배려가 이기적인 것이 아니라고 생각한다. 누군가에게 진정한 도움을 주는 사람이 되고자 한다는 것이 중요하다. 2번 유형은 자신이 스스로를 조건 없이 사랑할 수 있음을 안다. 그리고 자신은 항상 선하기 때문에 다른 사람으로부터 사랑을 받을 필요는 없다. 자신은 보살핌을 줄 수 있고, 이기적이지 않으며, 이런 단어(돌봄, 비이기적인)의 가장 긍정적인 의미에 무관심해질 수 있다. 왜냐하면 자신의 사랑은 계약 없는 진실한 것이기 때문이다. 불행히도 불건강한 2번 유형의 사랑은 다른 사람과 관계 유지를 계속하기 위해 의존적이고자 하는 욕구일 뿐이다. 자신의 애정결핍에 대한 의도 때문에 불건강한 2번 유형은 선의 이름으로 악을 행한다. 그리고 더 이상 그 차이(선과 악)를 구분할 수 없다.

건강한 2번 유형에 대한 분석

1수준: 사심 없이 이타적인 사람

최고의 상태에서의 건강한 2번 유형은 놀랍게도 이기적이지 않으며 이타적이다. 다른 사람에게 진정으로 조건 없고 지속적인 사랑을 제공할 수 있다. 그들의 조건 없는 사랑은 자신에 대한 걱정 없이, 사랑에 대한 보상을 기대하지 않고 사랑한다. 2번 유형의 사랑에서 보상을 받는 것은 문제가 되지 않는다.

진정한 조건 없는 사랑은 자유로울 뿐만 아니라 자유를 주는 것이다. 건강한 2번 유형은 사랑에 자유롭거나 그렇지 않을 수도 있다. 그리고 다른 사람의 반응에 자유롭거나 그렇지 않을 수도 있다. 건강한 2번 유형이 멀어질 것임에도 불구하고 다른 사람들은 자신의 관계를 계속 성장시키는 것을 허락받는다. 건강한 2번 유형은 어떤 사람의 삶의 한 부분이 되는 것을 허락받는 것은 엄청난 특권이고, 다른 사람이 자신에게 주는 선물이며, 자신에 대해 당연하게 주장할 수 있는 것이 아님을 항상 기억한다.

1수준에서 2번 유형들은 자신의 진정한 감정에 관심을 두며, 자신을 진정으로 돌보는 것을 배웠기 때문에 이것이 가능하다. 건강한 2번 유형은 자신이 이기적이거나 이기적으로 행동하는 것이 사람을 멀어지게 할 수도 있다는 걱정 없이 자신에게 선하게 행동할 수 있다. 자신을 사랑하고 돌보는 것을 학습함으로써 2번 유형은 더 이상 다른 사람으로부터 사랑을 얻기 위해 노력하지 않아도 된다. 자신의 욕구에 접근할 수 있으며 그것들을 잘 다룰 수 있다. 그래서 다른 사람들의 욕구를 더욱더 객관적으로 볼 수 있고, 반응을 보일 수 있다. 때때로 2번 유형은 자신이 할 수 있는 최고의 것이 아무것도 하지 않는 것임을 알게 된다. 매우 건강한 2번 유형에게 베푸는 것(giving)은 선택이지 의무가 아니다.

매우 건강한 2번 유형은 매우 이타적이라 할 수 있다. 자신의 선에 대해 우쭐대지 않으며, 자신의 오른손이 하는 일을 왼손이 모르게 한다. 또한 엄청난 선의를 가지고 있다. 다른 사람의 행운에 대해 정말로 기뻐한다. 누가 선을 행하든, 또 누가 선에 대한 인정을 얻게 되든 상관없이 선은 이루어질 수 있다는 것이 2번 유형의 입장이다. 매우 건강한 2번 유형은 자신이 행한 어떤 선에 대해 다른 사람이 인정을 얻는다 하더라도 화를 내지 않는다. 신이 한 것이며 다른 사람이 혜택을 받았을 뿐이라고 생각한다.

그러므로 자신의 최고의 경지에서 건강한 2번 유형은 사심이 전혀 없다. 즉, 자신의 이기심 없이 다른 사람을 돕는다. 왜냐하면 자신의 욕구에 직접적으로 관심을 가지기 때문이다. 자신의 의도와 행위는 숨김없이 순수하게 다른 사람의 선을 향한다. 이기심이나 자신의 욕구가 없는 2번 유형이 다른 사람의 진정한 욕구를 정확하게 알 수 있는 것은 사심이 없기 때문이다. 결과적으로 이런 특별한 솔직함은 모든 관계에서 가능하다. 왜냐하면 자아와 사욕은 이같은 길에 있을 수 없기 때문이다.

아주 건강한 2번 유형에게 역설적인 것은 스스로에게 주는 것을 더 많이 배우면 배울수록 다른 사람에게 주는 것을 더욱더 즐긴다는 것이다. 더 많이 존경받으면 받을수록 더욱더 겸손해진다. 다른 사람들이 더 많은 힘을 주면 줄수록 덜 원한다. 다른 사람으로부터 사랑을 덜 찾으면 찾을수록 다른 사람들이 자신을 더욱더 사랑한다. 게다가 미덕은 간단한 미덕이 아니다. 미덕의 보상을 참는 것은 행복이다. 매우 건강한 2번 유형은 선해지는 것이 행복이며 그래서 넘쳐 나는 기쁨으로 가득 찬다. 건강한 2번 유형은 사람들이 인생에서 찾기를 바랄 수 있는 가장 빛나는 사람들이다. 즉, 진정으로 선하고 다른 사람을 위한 선을 행하는 것으로부터 말로 표현할 수 없는 행복을 발산한다.

이타적 사랑의 수준에 오르는 사람은 거의 없다. 그리고 그 사랑을 베푸는 사람은 그것을 알리지 않는다. 비록 이들이 너무 겸손해서 자신을 그렇다고 생각하지 않지만 성인과 가까워질 수 있는 사람은 거의 없다. 이들은 자신이 성인이라는 제안에 대해 당황해한다. 왜냐하면 선한 만큼 자신의 미덕이 진정으로 자신에게 속한 것이 아님을 아주 잘 알고 있기 때문이다. 게다가 자신의 견해는 더 이상 자신의 특징이 아니다. 그렇다 하더라도 최고의 위치에 있을 때, 매우 건강한 2번 유형은 우리에게 인간본성이 얻을 수 있는 최고 위치의 본보기를 보여 준다. 자신과 다른 사람을 위한 공간을 만들기 위해 자아를 초월하는 끝없는 전쟁에서 승리한다. 이들은 진심으로 사랑하는 법을 배운다.

2수준: 돌보는 사람

이들이 항상 사심 없이 이타심의 최고의 정점에 살고 있지 않음에도 불구하고 건강한 2번 유형은 다른 사람의 행복에 개인적으로 관심을 가진다. 다른 사람에게 감정적으로 마음을 맞춤으로써 성격유형에서 가장 공감을 잘한다.

공감(감정이입)이란 마치 자신인 것처럼, 그의 감정 또는 그녀의 감정을 경험하기 위해 다른 사람을 느낄 수 있는 자질이다. 공감은 다른 사람의 감정을 자신의 감정으로 만드는 것이며 다른 사람들의 욕구를 자신의 것으로 만드는 것이다. 감정이입하여 동정과 근심을 느낌으로써, 건강한 2번 유형은 자기 자신을 다른 사람의 입장에 놓을 수 있다. 이들은 고통받는 사람을 공감하기 위한 의지를 가지고 있다. 예를 들어, 텔레비전에서 재난에 대한 뉴스를 들었을 때 이들의 마음은 사고를 당한 사람에게 향한다. 친구의 결혼이나 직업문제가 심하게 영향을 받고 어떻게 느끼는지를 다른 누군가가 알고 있다는 것을 아는 것은, 그리고 누군가가 함께 울어주며 걱정하고 욕구를 진지하게 받아들이고 도와주기 위해 그 또는 그녀가 할 수 있는 모든 것을 해 줄 것이라고 믿는 것은 문제가 있을 때마다 아주 큰 위안의 원천이 된다.

이 수준에서는 2번 유형이 극도로 건강하고 비범한 사람들이다. 하지만 이들은 1수준에서 경험한 자유를 잃게 된다. 이것은 2번 유형이 자신의 관심을 다른 사람들로 이동시켰기 때문이다. 그래서 자신의 감정과의 교류를 잃어버린다. 또한 자신을 다른 사람에 대한 좋은 감정을 가진 사람으로 보기 시작한다. 2수준에서 이 자의식은 오히려 양호한 것이다. 다른 사람에 대한 자신의 긍정적인 감정의 대부분이 순수하며 진심이기 때문에 많은 선이 2번 유형에서 온다.

다른 사람에 대한 자신의 감정이 너무나 강하고 너무나 단호하기 때문에 건강한 2번 유형은 자신을 공감적이고 다른 사람을 잘 돌보는 사람으로 안다. 머리보다 가슴이 자신의 주요한 기능이며, 가슴에 따라 이끌리기 때문에 다른 사람을 판단하지 않는다. 또한 옳고 그름을 엄격히 구분하는 것에 자신을 관여시키지 않는다.

사실 건강한 2번 유형은 자신이 선하기 때문에 자신을 선한 존재로 본다. 사람들을 사랑하는 존재로 자신을 올바르게 본다. 왜냐하면 자신이 사랑을 하기 때문이다. 이들은 선하며 참되고 마음이 따뜻하다. 그리고 자신 안에 존재하는 이런 장점을 알고 있다. 게다가 진정으로 다른 사람을 돌본다는 것을 깨닫는 것은 2번 유형에게 엄청난 자신감을 준다. 이것은 스스로에게 '천사들이 발 들여 놓기를 꺼려 하는 곳'에서 모험하는 것을 허락하는 것과 같다. 그러나 자신감은 자신 안에 존재하지 않고, 이들이 많이 믿고 있는 선의 가치 속에 존재한다.

건강한 2번 유형이 아주 관대하다는 것은 말할 필요도 없다. 이들의 관대함 중 가장 중요한 형태 중 하나는 정신에 대한 관대함이다. 물질적 관대함이 아니다(어떤 2번 유형은 가난할 수도 있거나 평범하기 때문에). 하지만 다른 사람에 대한 더 많은 마음가짐을 보인다. 이들은 자애로우며 다른 사람에게서 발견한 선을 강조하면서 모든 것에 긍정적인 해석을 보여 준다. 이것은 불합리한 선물이다. 건강한 2번 유형은 결점을 발견했음에도 불구하고 다른 사람의 결점을 찾지 않는다. 결점을 지각하지 않기 때문이 아니라, 긍정적인 것에 더욱더 매력을 가지기 때문이다. 그리고 이들은 이런 가치를 지지하기를 원한다. 이들은 죄는 사랑할 수는 없지만 죄인을 사랑할 수는 있다.

3수준: 양육하는 조력가

건강한 2번 유형은 다른 사람을 얼마나 사랑하는지를 표현하고 싶어 한다. 다른 사람에 대한 강하고 긍정적인 감정을 행동으로 옮길 수 있도록 한다. 그러므로 봉사는 이 수준의 주요 요지다. 건강한 2번 유형은 많은 현실적 방법으로 다른 사람을 도와줌으로써 아주 큰 만족감을 갖는다. 도움이 필요한 사람들을 도와주면서 자신을 돌볼 수는 없다. 배고픈 사람들에게 먹을 것을 주고 벗은 사람에게 옷을 주며 아픈 사람을 방문하며 인도적 활동에 자원봉사를 하며 다른 사람을 돕기 위해 자신의 재산을 사용한다.

건강한 2번 유형은 불편할 때나 어려울 때 이 도움이 자신의 방법에서 벗어난다 할지라도 실질적인 도움을 주면서 다른 사람에게 다가간다. 이들은 다른 사람들의 물질적 · 정신적 · 감정적 · 영적인 욕구에 관해 아주 사려 깊다. 2번 유형은 위기상황에서 특별해진다. 그 위기 상황에 의존할 수 있음을 다른 사람들이 알기 때문이다. 이들에게는 한밤중에 도움을 요청하는 전화를 걸 수 있다. 이들은 자신의 시간과 관심, 돈, 다른 것들, 즉 자기희생에 대해 관대하다. 역시 사람들은 개인적 걱정과 실용적 도움 때문에 건강한 2번 유형을 찾는다.

물론 건강한 2번 유형이 자신의 모든 시간을 다른 사람의 욕구를 돌보면서 지내는 것은 아니다. 그럼에도 불구하고 자신 안에서 다른 사람과 함께 나눔으로써 즐거워지는 박애를 경험한다. 그리고 다른 사람을 돌보는 것 이상으로 이것을 표현할 수 있는 여러 방법이 있다. 2번 유형은 자신이 가진 것을 공유하는 것을 좋아하며, 이것은 노래 부르거나 공연하는 것과 같은 기질, 요리, 개인적인 재산 또는 시간을 포함한다. 건강한 2번 유형은 다른 사람에게 가치 있는 어떤 것을 주면서, 다른 사람이 성장하는 것을 보면서 매우 기뻐한다.

이 모든 것은 건강한 2번 유형이 자신의 경계와 자신의 욕구에 대한 명확한 지각을 가지기 때문이다. 그리고 자신이 다른 사람을 도와주는 것에 진심으로 관심을 가지는 반면, 자신의 육체적이고 감정적인 한계를 알고 있다. 그래서 한계를 넘어서지 않는다. 다른 사람을 돌보는 반면, 자신도 돌본다. 다른 사람에게 충분히 휴식을 가지라고 조언을 하는 반면, 자신도 그렇게 해야 함을 확실히 한다.

명확한 경계를 가짐으로써 2번 유형은 자신의 삶을 즐길 수 있는 충분한 에너지를 가질 수 있다. 그들은 좋은 경청자로 감정적으로 다른 사람과 마음을 맞추고 참된 재미를 가지기 때문에 격려를 해 주는 동료를 만들 수 있다. 그리고 자신의 욕구와 한계에 대해 현실적이며 정직하기 때문에 자신의 관계에 대해 더욱더 자유롭고 편안해한다.

건강한 2번 유형은 자신의 사랑이 너무나 특별하기 때문에 사람에 대해 한결같이 좋은 인상을 가진다. 이들은 다른 사람에게 누군가가 자신에 대해 관심을 가지고 자신을 진정으로 바라본다는 것을 느끼게 한다. 다른 사람에게서 선을 찾아낸다. 그리고 이런 이해를 가지고 다른 사람을 진심으로 격려하고 축하할 수 있다. 그리고 정신을 고취시키며 자신감을 형성한다. 다른 사람에게 관심과 감사를 주기 때문에 자아존중감을 형성한다.

이렇게 하려고 애쓰지 않아도 건강한 2번 유형은 다른 사람에게 엄청난 영향을 끼치게 된다. 왜냐하면 다른 사람에게 누군가가 자신에게 좋은 관심을 가지고 자신에 대한 믿음이 있으며, 자신 편에 있다는 그런 감정을 들게 하는 것만큼 강력한 것은 없기 때문이다. 다른 사람으로부터 선을 기대하고 자신이 행하는 것에 대해 감사하는 것이 자신감을 성장시키고, 다른 사람들로 하여금 훌륭한 일을 하게끔 하는 기대감을 만든다.

또한 건강한 2번 유형은 좋은 부모의 전형이다. 모든 사람에게 부모의 모습으로 행동한다. 좋은 부모는 자식을 위해 최고의 것을 원한다. 건강한 2번의 유형은 자신의 행복을 위해 활동적으로 주의하며 돌본다. 비슷하게 건강한 2번 유형은 다른 사람의 행복을 적극적으로 돌본다—다른 사람들을 돌보며, 격려하고, 성장하고, 강인함을 키워 갈 수 있도록 힘을 부여한다.

한마디로 말하면 자비의 화신으로, 건강한 2번 유형은 아마도 성인일 수 있으며 또는 완전한 성인이 아닐 수도 있다. 하지만 어떤 경우든지 다른 사람을 돌보고 사랑하고 도움을 주려고 노력한다. 이것이 이들의 이상(ideal)이며 건강한 2번 유형은 그 이상을 성취한다.

보통수준 2번 유형에 대한 분석

4수준: 과장된 우정

건강한 2번 유형은 매우 선하고, 보통수준 2번 유형은 덜 선하다. 이들은 자신의 감정과 의지에 대해서 더 많은 이야기를 한다. 자신의 정신에 덜 관심을 가지며 이전에 다른 사람에게 향했던 관심을 자신에게 쏟기 시작한다. 다른 사람이 자신을 사랑하고 자신에 관한 좋은 감정을 가지고 있는지에 대한 확신을 확인하기 위해, 이들의 관심은 다른 사람에게 진정한 선을 행하지 않는다.

보통수준 2번 유형은 다른 사람을 충분히 설득하지 않은 것에 대해 걱정한다. 그리고 사랑을 개인적 친교, 가까움과 동등하게 본다. 친교는 어떤 좋은 관계에서는 필수적인 요소이지만, 2번 유형은 많은 다른 것들을 제외하면서 친교에만 집중한다. 그리고 때때로 적당하지 않은 상황에 친교를 집중시킨다. 그럼에도 불구하고 2번 유형은 자신이 다른 사람을 얼마나 잘 돌보며, 얼마나 진심으로 생각하는지 사람들이 알아 주기를 바란다. 대화에서 사람들에게 그 관계가 얼마나 특별한지를 상기시키듯이 이들은 자신이 함께하는 관계에 관해 사람들과 이야기하고자 한다(예, "우리가 가까운 것이 정말 멋진 일이지 않니?"). 사실 2번 유형은 다른 사람과 더 가까워지려 하며, 다른 사람들이 진정으로 자신 주위에 있기를 원하고 있음을 자기 자신에게 확신시킨다. 4수준에서 2번 유형 또한 도움을 베풀며 관대하다. 하지만 이들은 관대한 사람으로 보이는 것에 더 관심을 갖는다. 그리고 다정한 것, 이야기하는 것을 좋아한다. 모든 사람들과 좋은 관계를 유지하기를 원한다. 이 수준의 2번 유형은 아주 감정적이다—자신의 마음을 다 보여 주며 어떻게 느끼는지 모든 사람에게 솔직하게 말한다. 또한 사람을 만나는 것에 기교를 가지고 있다. 만난 사람을 단순히 아는 사람이 아닌 친구로 간주해 버린다. 접촉을 좋아하는 사람들은 다른 사람의 손을 쥐거나 어깨를 두른다. 육체적으로 가까워지는 것을 좋아한다. 입맞추고, 쓰다듬고, 껴안는 것은 이들의 외향적이며 감정적인 성격의 자연스러운 연장이다.

이 수준에서 2번 유형은 사람을 즐겁게 한다. 그래서 다른 사람은 보답으로 이들을 사랑할 것이다. 보통수준 2번 유형은 이 동기(사람을 즐겁게 하는 것)를 인정하는 것에 어려움을 겪기도 한다. 다른 사람을 사랑하기를 원하고, 다른 사람을 얼마나 좋아하는지 보여 주고자 함을 확신한다. 하지만 다른 사람에 대한 자신의 감사에 대해 과장해서 설명할 때, 진정한 감사는 기쁨으로 평가받는 아첨으로 나빠진다.

보통수준 2번 유형은 자신이 다른 사람과 가치 있는 무언가를 공유한다고 확신한다. 자신—자신의 사랑과 관심, 자신이 하는 모든 것에 선호적 해석을 함으로써 자신의 선이 모든 사람을 향할 것이라고 완전하게 확신한다. 그러나 결점이 없을 만큼 선하지는 않다. 자신의 교만을 특히 자기 자신에게 보여 주지 않으려고 함에도 불구하고 교만과 관계가 있다.

종교는 종종 이들의 삶에서 중요한 역할을 행한다. 보통 2번 유형은 진정한 종교인이며, 종교적 신념 때문에 다른 사람에게 선한 일을 하고자 한다. 그러나 종교는 자기 자신을 바라보는 그 방법과 매우 일치한다. 종교는 이들의 자아이미지를 선의를 가진 사람으로 강화시키며, 정직에 신용을 부여한다. 또한 종교는 보통수준 2번 유형에게 사랑과 우정, 자기희생, 선, 다른 사람을 위해 하는 일, 다른 사람에 대해 어떻게 느끼는지에 대한 이야기의 범위와 가치를 제공한다—이것들은 이들이 선호하는 주제다. 또 다른 수준에서 2번 유형은 종교와의 관계를 발전시키며 정신적 능력에 관심을 가진다. 왜냐하면 이 능력들은 2번 유형이 다른 사람들에게 부여할 수 있는 매우 가치 있는 선물이 될 수 있기 때문이다. 또한 종교 또는 정신적 능력은 다른 사람이 매력을 가질 수 있는 2번 유형의 가치 있는 양상이 된다. 게다가 종교는 보통수준 2번 유형을 천사의 편에 놓는다. 그래서 이들의 동기에 대해 감히 질문할 사람은 없다. 종교는 또한 이들의 자존심에 호소한다. 이들은 구세주, 기적을 행하는 사람, 구원자로서 여겨지는 것을 드러내지 않고 좋아한다. 자신의 사랑이 모든 것을 정복할 수 있으며, 다른 사람을 친절로 무너지게 할 수 있으며,

순수한 선을 통해 다른 사람을 이길 수 있다는 환상을 갖는다—보통수준 2번 유형은 모든 종교적 주제를 통해 자신에 대해 선함을 느낀다.

우리가 건강한 2번 유형에서 발견한 다른 사람에 대한 순수한 감사는 자기 자신으로 관심을 돌리는 자기중심적인 것으로 타락한다. 모든 상황에서 2번 유형은 자신의 감정의 깊이와 자신이 얼마나 착한지를 단언해 버린다. 그리고 자신의 선한 말은 다른 사람에게 득이 되는 것 같다. 하지만 보통수준 2번 유형은 사실 다른 사람들에게 자신의 선을 알리기 위해 노력하는 것이다. 이들은 우정을 양성하기 시작하고, 자신이 얻고자 하는 사람들의 사랑과 감사에 더 많은 관심을 가진다. 그리고 타인에게 자신의 삶에 관한 내밀한 면과 깊은 생각을 드러낸다. 보통수준 2번 유형은 특별한 친구가 되고자 한다. 왜냐하면 그런 사람이 되는 것이 자신이 사랑스러운 사람이 됨을 의미한다고 믿기 때문이다.

많은 사람은 보통수준 2번 유형의 관심을 좋아한다. 그리고 보통수준 2번 유형은 그것을 좋아한다. 다른 사람에 대한 칭찬과 아첨하는 능력은 힘의 원천이다. 그러나 이들이 주는 칭찬이 대가가 없는 것은 아니다.

5수준: 소유욕 강한 친밀함

보통수준 2번 유형의 대인관계 능력을 고려해 보면, 자신 주위에 있는 사람들을 모으는 것은 특이한 일이 아니다. 그리고 그 사람들에게 상당히 의존적이다. 다른 사람들이 이들의 삶에서 2번 유형을 중요한 인물로 생각하게 하기 위해, 보통수준 2번 유형은 자신을 중심에 두는 가족이나 단체를 만들고 싶어 한다. 이들은 가족을 포용한다. 그리고 다른 사람들은 이들이 가족의 한 부분임을 느낀다.

모든 종교, 남성, 여성에게 보통수준 2번 유형은 똑같이 이런 행동을 하는 경향이 있지만, 이 수준에서 2번 유형은 다른 사람을 위해 충분한 것을 할 수 없는 전형적인 유대인 어머니와 비슷하다. 이들은 진정으로 그리고 감정적으로 사람들에게 양식(강력한 영향을 끼치는)을 영원히 제공한다. 강력한 어떤 것은 다른 사람에게 영향을 미친다. 본래 겉보기에 진정한 관심만큼 화를 누그러뜨리는 것은 거의 없다. 그리고 보통수준 2번 유형이 자신의 심리적인 이유로, 모성애를 찾는 그런 사람과 함께하는 것은 절대로 효과적이지는 않다. 보통수준 2번 유형은 자신이 도와줄 사람을 찾는다. 하지만 이것이 심각한 문제를 만든다. 2번 유형은 감사를 얻기 위해 다른 사람을 돌본다. 그렇기 때문에 보답으로 자신의 욕구에 대한 만족을 얻고자 문제가 있고 감정적으로 애정결핍인 사람을 선택하는데, 이것은 충분한 피드백을 얻을 수 있는 기회를 멀어지게 만든다. 2번 유형은 결국 자신의 관심에 대한 보답을 가장 잘할 수 없는 사람들에게 빠져 버린다. 즉, 중독자, 우유부단한 사람들, 감정적으로 상처를 입은 사람들이다.

사랑하는 대상으로부터 감사에 대한 특별한 표시를 이들이 찾고 있다는 사실이 없다면, 이것은 문제가 되지 않는다. 비극인 것은 자신이 관심을 가지는 사람이 자신보다 다른 사람을 사랑할까 봐 두려워한다는 것이다. 그리고 자신의 삶을 살아가기 위해서는 다른 사람들에게 반드시 필요한 사람이 되어야 한다고 믿는다. 결국 2번 유형은 자신이 사랑하는 사람이 자신을 필요로 하게 하는 방법을 찾는다. 이들의 초자아는 스스로 이것을 알게 되는 것을 허락하지 않는다. 그럼에도 불구하고 2번 유형은 이기적이지 않은 사랑 때문에 자신이 단지 동기화된다고 자신을 반드시 확신시킬 것이다.

물론 사랑은 이들의 최고의 가치를 유지시킨다. 그리고 모든 사람을 사랑하기를 원한다. 사랑은 이들의 변명, 이유, 모든 동기, 인생에서의 유일한 목표가 된다. 만약 어떤 것에 관해 한 가지만 생각하는 유형이 있다면, 그것은 보통수준 2번 유형이 사랑에 관해 이야기하는 것이 될 것이다. 하지만 보통수준 2번 유형이 사랑에 대해 이야기를 할 때 의미하는 것은 모든 사람의 욕구에 대한 해결책이 바로 자신의 사랑인 것이다.

또한 보통수준 2번 유형은 모든 사람을 사랑과 관심을 간절히 원하는 아이로 본다. 이로써 다른 사람들에게 자신을 원하는지, 그렇지 않은지에 대해 압력을 가하기 시작한다. 원하지 않는 충고를 하며, 상황을 방해하며, 주제넘게 다른 사람을 간섭한다—자기희생적 사랑의 이름으로 자신을 성가신 존재로 만든다. 다른 사람에게 자신이 중요한 위치가 될 수 있음을 가정하기 위해, 수행해야 할 욕구 등을 만들어 내는 거짓 희생자로 지나치게 자기희생을 하는데, 이것이 이들에게 어려움이 된다. 즉, 이들은 필요한 사람이 되고 싶어 한다.

그리고 사람들의 일에 간섭하느라 참견하는 사람이 된다. 아이를 사랑하는 부모의 역할을 받아들여, 2번 유형은 직업을 찾는 일에서부터 아파트를 장식하는 충고까지 모든 사람의 문제를 해결해 준다. 2번 유형은 다른 사람이 그것(자신의 사랑, 충고, 인정, 안내)을 필요로 하기를 원하기 때문에, 다른 사람의 삶에 뛰어드는 것을 망설이지 않는다. 다른 사람들은 이것을 참견으로 경험한다. 그래서 2번 유형과 거리를 두려고 한다—이것은 2번 유형이 원하지 않는 것이다.

또한 4수준의 친근한 대화는 잡담으로 악화된다. 이것은 2번 유형이 얼마나 많은 친구를 가지고 있는지, 자신과의 관계가 얼마나 가까운지에 대해 다른 사람들이 알 수 있는 방법이다. 아주 자세하게 자신의 친구에 대해 끊임없이 이야기한다. 또한 매우 개인적인 문제를 질문하는 것에 대해서 아무렇지도 않게 생각한다. 대부분의 사람들은 너무나 당황해서 이들의 질문을 거절한다. 문제는 정보의 흐름이 한쪽으로 치우쳐 있다는 것이다. 보통수준 2번 유형은 자신에 대해 드러내는 것보다 다른 사람에 대해 항상 탐색한다. 결국 이들은 문제를 가지고 있지 않다. 이들은 다른 사람들이 자신의 문제를 해결하도록 돕기 위해 존재하는 것이다.

보통수준 2번 유형은 자기 자신을 다른 사람의 삶 속에 매우 빨리 스며들게 한다. 하지만 다른 사람들은 변함없이 도망칠 수 있음을 알게 된다. 불행하게도 보통수준 2번 유형은 자기 의견을 다른 사람들에게 강요한다. 이 사람들은 2번 유형의 사랑에 대한 부담을 견뎌야만 한다. 이들의 참견이 자신이 사랑하는 사람에게 부정적인 영향을 끼친다는 것은 놀라운 일이 아니다. 하지만 사랑이 너무나 심하게 자기희생적이기 때문에 그 사랑의 이점이 2번 유형의 도움의 자질에 관해 불평할 수 없게 만든다. 소유욕이 많으며 자신의 친구에 대해 질투를 느낀다. 그리고 끊임없이 주위를 맴돌며 전화로 확인한다. 2번 유형은 자신에 대한 다른 사람의 애정에 대해 상당히 불안해하며, 만약 사랑하는 사람이 자신의 시야에서 벗어나면 자신을 떠날 것이라 걱정한다. 이들은 자신의 친구를 소개하거나 서로서로 알아 가게 격려하지 않는다. 왜냐하면 자신만 남겨지는 것을 두려워하기 때문이다. 다른 사람이 위기에 처했을 때는 아무도 모르게 좋아한다. 이는 이들에게 수행할 수 있는 역할을 제공하며 자신을 필요로 할 것을 보장한다—적어도 잠시 동안이지만. 보통수준 2번 유형은 계속해서 불건강한 2번 유형으로 악화될 때 더욱더 나빠지는 문제로 진행되는지를 알지 못한다.

보통수준 2번 유형은 관계에서 성공의 표시로 다른 사람들로부터 확실한 대답을 찾는다. 사랑받지 못할까 봐 더욱더 두려워지면 사람들이 사랑할 것이라고 자신을 확신시키고 자신을 감사히 여기게 하기 위해서는 더 많은 노력을 기울인다. 5수준으로서 2번 유형은 다른 사람의 반응을 우정과 도움의 제안으로 평가한다. 그리고 희생적 반응은 사랑으로 인식된다. 2번 유형은 사람들이 2번 유형이 원하고 필요로 하는 것이 무엇인지 알기를 기대한다. 2번 유형은 결국 다른 사람이 원하는 것을 알기 위해 노력한 것이다. 이들은 전화, 저녁식사 초대, 모든 행사에 대한 카드 또는 감사편지 등을 받기를 기대한다. 즉, 사람들이 자신을 그리워하고 사랑한다는 끊임없는 확신을 바라는 것이다. 만약 2번 유형이 정말로 원하는 것이 포옹이라면 카드는 결코 확신이 되지 못한다. 2번 유형은 종종 다른 사람에게 자신의 욕구를 표현함으로써 확신을 다룬다("너는 따뜻한 포옹을 해 줄 것처럼 보여."). 그럼에도 불구하고 자주 좌절하여 화를 내고, 도움이 될 수 있는 더 좋은 방법을 찾는다. 초자아는 자신이 원하는 것을 직접적으로 요구하는 이기심을 허락하지 않는다. 자존심 때문에 2번 유형은 자신의 깊은 상처와 욕구를 인정할 수 없다.

2번 유형은 마치 왕처럼 행동함으로써 증가하는 두려움에 대해 보상하려고 한다. 그것은 모든 종류의 개인적인 문제에 대한 충고를 위해 다른 사람들이 찾아오는 그런 권위자처럼 2번 유형을 대접받게 추켜세운다. 2번 유형은 당연히 다른 사람들이 삶에서 중요한 모든 것들에 대해 자신을 박식하게 여겨 주기를 기대한다.이들은 중요한 정보의 모든 것들이 반드시 통과해야 하는 사회의 교환대가 되기를 원한다. 2번 유형은 자신의 사랑과 관심이 가치 있고 평가되어야만 한다는 이야기를 듣기 위해 긍정적인 피드백을 얻는 것에 몹시 흥분한다. 이런 대답을 유지하기 위해 옛 친구들과 연락을 유지하고 상당한 시간을 보낸다. 그리고 자신이 친구들을 생각하고 걱정하고 기도하고 있음을 알린다. 또한 보통수준 2번 유형은 사려 깊지만 상당히 피상적인 방법으로 표현한다. 생일을 기억해서 자주 전화를 한다. 하지만 다른 사람의 진정한 요구에 연결되는 것은 피하기 시작한다. 그래서 이들은 더 많은 사람들에게 영향을 줄 수 있다.

반어적으로, 특히 2번 유형에게 가족이 있다면 다른 사람의 삶에 지나치게 관여하는 것은 이들이 진짜 책임져야 할 대상에게 희생을 치르게 한다. 책임의 문제가 표면 위로 떠오른다. 다른 사람과 깊은 관계를 가지기 위해 다른 사람을 버리는 것이 아니라, 다른 사람으로부터의 사랑을 끊임없이 찾기 때문에 변덕스러워진다. 사랑받기를 원하고 모든 사람으로부터 감사받기를 원하기 때문에 보통수준 2번 유형은 수행할 일들을 만들어 내고 다른 사람을 위해 더욱더 많은 것들을 하면서 친구와 아는 사람의 범위를 넓힌다. 이들에게 의존받는 사람들이 도움을 주기 위해 다가올 때 그들은 2번 유형이 더 이상 거기에 있지 않음을 알게 된다—2번 유형은 또 다른 사람이 도와주는 것을 원하지 않는다.

보통수준 2번 유형은 부담스러움을 느낄 때까지 그리고 육체적으로 지칠 때까지 너무나 많은 사람들을 도와주면서, 너무나 많은 회의에 참여하고, 너무나 많은 친구들에게 충고를 하며, 자신을 확실히 지나치게 확대시킨다. 하지만 이것은 자기감을 유지하고자 하는 것이기 때문에 이들이 그렇게 연관되지 않는 것은 어렵다. 게다가 배우적 자질이 나타나기 시작한다. 이들은 자신의 착함 때문에 고통을 겪는다고 생각한다. 자신의 친절함이 가지고 온 모든 고통과 모든 문제를 극화시킨다. 질병, 작은 좌절, 우울증은 영화의 한 부분이 된다.

이 수준에서 2번 유형은 자신이 그러하다고 생각하는 것만큼 사랑을 주는 사람은 아니다. 강한 자아를 소유하고 있으며 자신이 부인할 어떤 것을 가지고 있다(모든 자아가 항상 호의와 사랑을 베푼다고 주장하지 않는다.). 자신이 직접 행할 수 없는 것에 개인적인 욕구뿐 아니라 공격적인 기분을 느낀다. 자신이 이기적인 사람이 되는 것에 대한 위험을 감수할 수 없고 다른 사람을 쫓아 버릴 수 없기 때문에 자신이 하는 것이 자신을 위한 것이 결코 아님을 스스로에게 확신시킨다("나는 당신을 위해 단지 그것을 하고 있었어. 당신의 삶을 더 편안하게 하기 위해."). 심지어 가장 간단하고 가장 자발적인 친절함은 드러내지 않은 속셈으로 가득 차 있다.

불행하게도 보통수준 2번 유형은 남을 위해 끊임없이 선을 행하기만 하면 사랑을 받을 것이라고 생각한다. 물론 2번 유형은 진실한 반응을 원한다. 하지만 다른 사람들을 자발적으로 하게 하기보다, 자신이 원하는 반응을 얻기 위해 다른 사람에게 무언가를 지원하고자 한다(뇌물을 준다.). 이 아이러니는 2번 유형이 자신이 교묘하게 만들어 온 반응을 받았을 때 자신의 기분이 고무되지 않으면 그 반응을 받았는지 결코 알지 못한다. 그러므로 그 반응은 큰 의미를 지니지 못한다. 이것은 새로운 근심을 일으킨다. 자신에 대해 얼마나 감사히 여기고 있는가? 이것은 2번 유형이 만들어 낸 또 다른 문제이며, 나중에 화를 부른다.

6수준: 자부심 성자

이들의 관심은 이해할 만하다. 보통수준 2번 유형은 자신이 선한 일을 많이 했다고 느낀다—몸소 호의적인 관심을 가진다. 그리고 자신을 희생시킨다. 그리고 다른 사람의 욕구를 돌본다—이들은 그것에 대해 간단히 평가받기를 원한다. 다른 사람들에게 자신이 베푼 노력에 대해 완전히 인정받기를 원한다. 아무도 자신에게 가치를 부여하지 않는다고 본다. 그리고 다른 사람을 위해 자신의 욕구에 대해 생각하지 않고 자신이 가진 방법으로 다른 사람을 위해 스스로를 희생한다고 생각한다. 이런 행동의 이유는 2번 유형이 자신을 감사히 여기기 어렵기 때문이다—만약 자신의 가치가 다른 사람을 통해 강화되지 않는다면 자신의 공격적인 기분을 통제하려고 한다. 이 수준에서 겉보기에 타인지향적이었던 사람은 겸손의 허식이 관심을 끌기 위한 방법이라 생각하며 자기중심적인 사람이 된다. 이 수준의 2번 유형은 모두 자신을 중요하게 생각하고, 자신을 다른 사람에게 필수불가결한 존재로 여기며, 칭찬하고, 부끄러움 없이 치하한다—고상하게 자신의 많은 미덕에 대해 이야기한다.

교만은 보통수준 2번 유형의 중심적인 악이다. 자신에 대해 매우 만족하는 이들은 다른 사람에게 얼마나 많은 사람이 자신을 사랑하는지, 얼마나 많은 친구가 있는지, 자신이 어떤 선행을 했는지 상기시킬 기회를 결코 놓치지 않는다("다른 사람과 친한 나 같은 사람이 당신을 좋아한다고 상상해 봐. 사람들이 나에게 당신이 나를 친구로 둔 것은 행운이라고 말한다고."). 이들은 자신이 아는 모든 사람의 이름을 말한다. 특히 이들이 유명한 사람이라면(이름을 이야기하는 것은 2번 유형이 친구로서 얼마나 중요한지를 표현한다. 너무나 다른 사람들이 이미 가치를 부여했기 때문에 다른 사람들이 가치를 부여한다는 메시지를 보내는 것이다) 더더욱 밝힌다.

자기만족의 2번 유형은 자신의 교만 정도를 잘 알지 못한다. 이들은 다른 사람들이 이기심 없는 성인으로 표현하는 것을 좋아한다. 그들의 미덕에 관심을 가진다. 그래서 이들의 선한 행동은 다른 사람의 교화를 위해서 눈에 띄지 않을 것이다. 이들은 다른 사람의 눈 속에서 빛나기를 좋아한다. 자신의 미덕이 알려지기를 좋아한다. 그리고 자신이 좋은 사람인 것을 알리기를 좋아한다. 더욱이 최고의 표현으로 자신이 평가되는 것을 우연히 듣게 되기를 원한다(2번 유형은 자신의 작은 인간적 단점을 알린다. 하지만 신은 자신의 심각한 잘못을 말하는 사람들을 도와준다.). 그 사실은 다른 사람이 자신의 자아에 대한 단순한 부속물이 된다는 것이며, 자신감에 대한 만족일 뿐이다.

2번 유형이 자신의 감정적인 고통의 깊이나 화의 정도를 알지 못하게 되면 자신감은 파괴된다. 2번 유형은 만약 이런 부정적인 감정을 인정한다면 자신이 빨리 없어질 것이라고 믿는다. 사실 그 반대가 사실이긴 하다. 2번 유형이 자신의 상처와 화를 인정하기를 허락하지 않는 반면, 다른 사람들은 인정하고 2번 유형이 보낸 혼합된 신호로 불쾌해진다. 몇 개의 열린 대화가 도움을 줄 수 있다고 하지만, 6수준에서 이들은 자신의 거짓된 자아이미지를 유지하기 위해 너무나 많이 자신을 투자한다.

하인이 주인이 된다. 자아존중감과 자아도취에 대한 잠재적인 손상이 너무 크기 때문에 2번 유형은 자신에게 끊임없이 감사하는 다른 사람을 필요로 한다. 영원히 감사하는 마음, 관심, 칭찬이 자신 쪽으로 반드시 흘러야 한다. 이들은 다른 사람이 자신에게 호의를 베풀기를 기대한다. 그리고 다른 사람이 자신의 희생에 대해 자신에게 돈으로든 친절으로든 보상을 해야 한다고 느낀다. 과거에 선을 행한 2번 유형은 혜택을 영원한 빚이라 생각한다. 그 문제는 자신이 다른 사람들에게 한 것을 과대평가하고, 모든 사람들이 자신에게 한 것은 과소평가한다는 것이다. 다른 사람들이 짜증난다고 생각하는 것은 이 수준에 있는 2번 유형들이 마치 자신 혼자서 다른 사람의 성공과 행복에 책임을 진 것처럼 그들의 삶 속에서 모든 것을 잘하고 있다고 자신에게 공을 돌린다는 것이다. 2번 유형은 자신이 꼭 필요한 사람이고 다른 사람들은 자신 도움 없이는 어떤 것도 할 수 없다고 생각한다. 그리고 이렇게 말하는 것을 망설이지 않는다. "너는 그것에 대해 나에게 감사해야 해."

동시에 6수준의 2유형은 여전히 애정을 극도로 바란다. 그리고 그 애정을 어떻게 어디서 얻을 수 있는지에 대해 차별을 두지 않는다. 이들의 감정적 욕구는 강하다. 자존심과 자부심 모두를 위해 자신이 찾고 있는 관심과 교류의 아주 작은 힌트를 주는 사람들을 기꺼이 쫓아가고자 한다. 그리고 이 수준이나 더 낮은 수준에 있을 때 이들이 사랑으로 인식하는 것은 독선적이며, 파괴적일 수 있다.

5수준에서 많은 의무를 이행하는 이들의 경향은 관심에 대한 무차별추구였다. 이전에는 자신이 도와주어야만 하는 모든 친구 때문에 가장 좋아하는 사람들을 보살피지 않고 남겨 두었다. 지금은 자신이 감정적인 관계나 어떤 보살핌을 주고자 약속한 상황의 한 부분이 되고자 한다. 함께하고자 하는 모든 사회의 부분이 되기를 원한다. 그래서 잡담을 하면서 전화로 몇 시간씩 보낸다. 어떤 환경에서는 여러 가지 성적 장난을 추구하기도 한다. 역시 다른 사람을 성적으로 유혹하는 능력은 자신의 사랑의 표시가 된다. 이들은 관심의 부족에서 7번 유형을 닮는다. 하지만 7번 유형이 자신의 근심을 피하기 위해 돌아다니는 반면, 2번 유형은 자신이 사랑받고 필요한 사람이라는 것을 잠재적으로 느끼게 해 주는 상황에 매료되기 때문에 주위를 맴돈다. 또한 자신에게 가장 가까운 사람들은 이들로부터 버려졌다고 느낄 수도 있다.

불행하게도 2번 유형은 평가에 대한 자신의 기대치가 너무 높다는 것을 알지 못한다. 만약 자신에게 다른 사람이 부족하게 행하면 실망하고 화를 낸다. 하지만 이것은 심각한 충돌을 야기시킨다. 이들은 다른 사람이 보상으로 자신을 사랑해 주지 않으면 다른 사람에게 화를 낸다. 하지만 자신을 사랑하도록 다른 사람에게 압력을 가하는 것은 다른 사람을 몰아내게 하는 것이다. 이것에 대해 2번 유형은 지나치게 자신을 중요하게 생각하기 때문에 심지어 더욱더 심한 거절을 당했다고 느낄 것이다. 종종 음식, 술, 약을 남용함으로써 자신의 감정을 채우려고 한다. 하지만 이것은 단지 자신을 더욱 절망스럽고 사랑스럽지 못하게 느끼게 만든다. 속임수, 강압, 복수를 준비하면서 화가 쌓인다.

불건강한 2번 유형에 대한 분석

7수준: 자기기만적 조종자

불건강한 수준에 빠지는 것은 사람들의 삶에서 만성적 남용의 배경이 되고 큰 재앙이 된다. 하지만 이것이 발생할 때 2번 유형은 더 나빠진다. 이들의 공격은 심하게 발생한다. 하지만 이들의 공격이 선한 자아이미지와 충돌하기 때문에 2번 유형은 자신이 실제로 어떻게 느끼는지 표현할 수 없다. 결론은 불건강한 2번 유형이 절망적으로 원하는 사랑의 반응을 자신에게 제공한 사람들을 속이면서 그들의 공격을 간접적으로 표현한다는 것이다. 그러나 반어적인 것은 만약 이들이 다른 사람을 속인다면 이들이 받은 반응은 결코 이들을 만족시키지 못한다는 것이다.

사랑받는다는 것을 느끼지 못하는 불건강한 2번 유형은 끔찍히 상처를 입으면서 그들의 삶의 전부인 가치시스템—사랑—에 의문을 갖는다. 만약 사랑이 자신이 원하는 것을 제공해 줄 힘을 가지고 있지 않다면 어떻게 할 것인가? 사랑하고 버림받음으로써 이들은 격노한다. 물론 답은 불건강한 2번 유형에게 사랑으로 통하는 것은 사랑이 아니라 상호 의존과 욕구의 극단적인 형태인 것이다. 7수준의 2번 유형은 너무나 신경과민이라 사랑을 인식하지 못한다. 혼자서 사랑을 주고받는다. 이들은 여전히 사랑의 단어를 사용한다. 하지만 이들의 단어는 이기적인 것이며, 직접적으로 하지는 않지만 다른 사람으로부터 무언가를 얻기 위해 만들어진 것이다. 속임수는 게임의 이름이다.

잘 속이는 2번 유형은 죄를 잘 저지른다. 죄의 강도를 점점 세게 하거나 속삭임 정도로 줄이는 것과 같이 다른 사람을 오케스트라처럼 다룰 수 있다. 다른 사람을 서로 다투게 만들며, 더 나쁜 것은 다른 사람들을 자기 자신과 다투게 만드는 것이다. 불건강한 2번 유형의 속임수가 자신의 중심에서 자신을 제거해 버리는 것임을 알게 되면 사람들은 충격을 받을 것이다. 성숙한 남자와 여자, 집안의 가장과 사장은 감정적으로 악화된다. 하지만 다른 사람을 의심하면서, 사람들에게 죄의식과 혼란을 느끼게 하면서, 불건강한 2번 유형은 다른 사람에게 자신의 속임수를 날려 버린다.

자신이 야기시킨 고통을 치료해 줄 수 있는 조력자로서 자기 자신을 나타내면서 다른 사람을 훼손시킨다. 한 손으로는 부드러운 곳을 아프게 하고 다른 손으로는 아픈 곳을 달랜다. 사람들을 멸시하고 나서 겉치레 칭찬으로 자신감을 지지한다. 그것들은 사람들에게 자신의 문제를 잊어버리게 하며, 자신과 영원히 남기를 약속하지만 그들의 미래를 절망적으로 본다. 이들은 오랜 상처를 다시 드러내며 그것들을 고쳐 주려 한다. 최고의 친구가 되려 한다. 하지만 무의식적으로 가장 나쁜 적이 된다.

동시에 불건강한 2번 유형은 자신을 필요로 하는 다른 사람을 위해 의무적으로 무엇을 해야 한다고 느낀다. 너무나 불건강하므로 도움이 되지 못한다. 하지만 자신을 멈출 수가 없다. 이것은 반드시 육체적 건강문제를 가져온다. 이것은 6수준에서 우울증으로 시작한다. 병을 얻는 것은 2번 유형을 나쁘고 이기적인 사람과 같이 느끼지 않고 모든 사람을 위해 자기 자신을 희생하는 것으로부터 휴식을 취하게 해 준다. 하지만 시간이 지나면서 2번 유형은 계속해서 화와 좌절로 채우며 음식과 약을 남용한다. 이들은 정말 아프게 되며, 자신의 병을 관심을 유도해 내는 방법으로 사용하기 시작한다. 불건강한 2번 유형에게 동정심은 사랑을 대신한다.

당연히 불건강한 2번 유형은 남을 도와주기 어렵고 치료에 악명 높게 저항한다. 자신이 무슨 말을 하든, 무엇을 하든 상관없이 자신을 도덕적으로 우월한 위치에 놓는다. 그리고 자신의 동기에 대해 절대적으로 순수하다고 주장하면서 다른 사람의 동기에 대해 의문을 제기한다. 2번 유형들이 다른 사람들에게 악의(evil-mindedness) 탓으로 돌리는 것만 제외하면 이들의 행동과 동기에 대해 문제 삼을 수 있는 사람은 아무도 없다. 그 증거가 이들의 선한 의도에 부적절한 것으로서 간단히 처리될 수 있기 때문에 명백한 증거는 심지어 이들에게 효력을 발휘하지 못한다. 불건강한 2번 유형은 자신이 한 어떤 것을 허가하기 위해 선의와 마음의 법칙에 호소함으로써 자기 자신을 방어하기 위해 항상 의존적이다. 죄와 자신의 책임감으로부터 자신을 구원하기 위해 종교적인 합리를 사용한다. 더 높은 도덕성을 따르는 우월한 윤리에 필적함으로써, 어떤 상황에 대한 객관적 분석을 하는 또 다른 시도를 옹졸하고 사소한 것으로 만든다. 이들은 "사랑하라. 그리고 당신이 할 것을 하라."라는 격언을 사랑이라는 이름으로 자신이 원하는 것이면 무엇이든 할 수 있는 허가로 바꾸었다.

이 모든 파괴적인 행동은 불건강한 2번 유형이 억압하는 엄청난 분노와 생존하려는 약한 자아의 투쟁으로부터 나온다. 모든 사람이 자신을 떠나거나, 만약 그들이 2번 유형에 덜 의존적이라면 자신을 떠날 것이라는 확신을 하면서, 불건강한 2번 유형은 모든 값을 치르더라도 사람들을 붙잡기 위해 할 수 있는 방법을 사용한다. 홀로 남겨질까 봐 걱정하지만, 또한 사람들에게 고통을 야기시키기 위해 사랑하는 사람들에게 화를 낸다. 하지만 자신의 증오와 자신이 이기심을 가질 수 있다는 생각조차 인정할 수 없다. 자기기만은 자신이 소유한다는 미덕과 그들의 실제 행위 사이의 차이를 불건강한 2번 유형이 피할 수 있도록 하는 방어 체계다. 자신이 얼마나 파괴적인지에 상관없이, 불건강한 2번 유형은 자기기만을 통해 자신이 한 무엇이든 선으로 해석할 수 있다. 마음속에 자신은 항상 인간을 사랑하는 선의를 유지하고 있다. 이들의 양심은 항상 명확하다.

불건강한 2번 유형이 속임수로 안정할 수 있음을 이해하는 것은 중요하다. 왜냐하면, 이들은 개인의 행동을 합리화할 필요가 있기 때문이다. 자기기만의 도움으로 자신의 전체 삶을 정당화한다. 일단 자신을 선으로 정의하면, 자신이 말하거나 죄의식을 느끼거나 자신이 더 이상 선하지 않다고 느낄 필요 없이 행동하는 것을 정당화할 수 있다. 자신은 단지 나약한 희생자다. 사실 만약 이들이 7수준이거나 그보다 더 낮다면 2번 유형은 아주 심각하고 해로운 방법으로 다른 사람으로부터 희생되었을 것이다. 자존감에 대한 상처가 너무나 크기 때문에 이들은 자신의 존재를 정당화하기 위해 자신의 행동을 끊임없이 합리화할 수 있다. 게다가 정말로 감정적인 관계를 가지고 싶은 사람들이 자신을 사랑하지 않을까 봐 두려워한다. 심지어 그것이 고통스럽고 파괴적임에도 그러하다.

건강한 2번 유형에 그토록 분명한 기쁨을 내뿜는 자질이 여기 7수준에서도 보이지 않는다. 기쁨을 퍼뜨리지도 않고 그것을 경험하지도 않기 때문에 2번 유형은 냉혹하며 큰 고통을 가진다. 이들의 행동은 주위에 있는 사람들에게 고통스러울 수 있다. 하지만 공격성은 여전히 중요한 정신적인 요소다. 불행히도 도움 없이는 행동이 더 나빠진다.

8수준: 강압적인 지배자

우리가 보통수준 2번 유형들에게서 보았던 소유욕은 나빠져서 이들 자신의 기준으로 다른 사람으로부터 사랑을 강압적으로 요구하게 된다—신경증이 발생한 것은 권리에 대한 망상이다. 이것은 다른 사람으로부터 자신이 원하는 것이면 무엇이든 얻을 절대적인 권리를 가지고 있다는 생각이다. 이들의 관점에서부터 다른 사람들은 모두 불건강한 2번 유형이 과거에 했다고 주장하는 자기희생 때문에 자신에게 빚지고 있다.

신경증인 2번 유형은 사랑받지 못하는 두려움으로 히스테리를 부리며, 매우 분별력이 없으며, 다루기에 비정상적으로 어려워진다. 이들 욕구의 깊이를 감추는 이들의 능력은 파괴된다. 8수준의 2번 유형은 어떤 지속적인 방법으로 이기적이지 않은 자신의 이미지를 유지할 에너지가 부족하다. 이들은 욕심이 없다는 것에 싫증을 낸다. 지금 다른 사람들이 자신의 욕구를 우선으로 두기를 주장한다. 자신의 자아 욕구가 다른 사람에 대한 여러 종류의 봉사를 통해 간접적으로 충족된다. 그리고 자아는 최전면에 끼어들며 앙갚음으로 다른 사람에 요구를 한다.

이 수준에서 2번 유형은 무모한 방종으로 자신의 감정적인 만족을 추구한다. 사랑을 원하고, 사랑을 발견하기 위해 어떤 원천으로 관심을 돌릴 것이다. 종종 이 수준의 사람은 육체적으로, 성적으로, 감정적으로 남용되어 꽤 장애가 있는 어린 시절 환경을 경험했을 것이다. 그 결과 불건강한 2번 유형은 진정한 사랑을 알지 못할 것이다. 대신에 충동적으로 어릴 때 자신을 보호해 준 인물과의 관계를 추구한다. 그것이 학대든, 폭력이든, 무관심이든 상관하지 않는다. 이들이 충동적으로 가지게 되는 이런 관계는 아주 뿌리 깊은 근심의 명확한 지표가 된다. 혼란, 파괴적인 일, 성적인 행위의 다른 형태로 나타난다.

이 수준에서 이들의 감정적인 욕구가 노출된 것이 이들의 성격의 유일한 모습은 아니다. 2번 유형은 오랫동안 깊고 고통스러운 화를 숨기고 있었다. 그리고 지금 분노와 화가 표면으로 드러난 것이다. 자신의 모욕과 분노를 다양한 방법으로 다른 사람들에게 표현한다. 하지만 남아 있는 연약한 자아는 자신의 공격성을 정당화할 것을 요구한다. 그리고 자신이 사랑한 사람들에게 자신을 완전히 지워 버리지 못하게 한다.

이들의 공격은 사랑이라는 이름으로 사람을 과소평가하기 위해 무기력하게 하고 좌절시키는 기교를 종종 행한다. 신경증적 2번 유형은 다른 사람의 등 뒤에서 그리고 얼굴 앞에서 가장 경멸적인 말을 할 수 있다. 자신의 사랑을 그만두면서 다른 사람을 벌준다("그래, 너는 나 없이도 잘 지낼 수 있을 거야."). 자신 없이 지낼 다른 사람의 가능성에 대해 주저 없이 극단적 예상을 한다("너는 행복해지지 않을 거야. 너는 나 없이는 넘어질 거야."). 자신이 생각하는 것을 다른 사람들에게 말할 때, 어떤 숨은 동기를 가지고 있을 때 개인적 만족을 느낀다는 것을 부인함으로써 자신이 좋아하는 것을 자유롭게 말하고 행한다("나는 그에 대해 내가 원하는 어떤 것도 말할 수 있어. 왜냐하면 내가 그를 사랑하니까.").

이들은 다른 사람에게 화를 낸다. 사랑이 사라지고 나면, 신경증적 2번 유형은 자신이 대접받지 못하고 있고, 자신의 건강이 고통받고 있고, 자신이 인정받지 못하는 것에 대한 불평을 마구 쏟아 낸다. 과거로부터의 일을 끊임없이 들추어 낸다. 얼마나 많이 사람들을 도와주었는지, 자신이 없으면 다른 사람들이 얼마나 절망적인지, 오늘날의 그 사람들을 자신이 만들었다고 이야기한다("내가 당신을 위해 한 일을 기억하고 있니? 내가 감사를 받아야 하지 않니?").

이들의 불평과 경멸하는 말은 자신에게 관심을 돌리게 한다. 하지만 그것은 잘못된 관심이다—다른 사람의 화이고 분노다. 물론 불건강한 2번 유형은 이것을 잘 알고 있다. 그리고 이것이 새로운 불평의 원천이 된다. 비난의 악순환이 계속된다. 그러나 자신이 다른 사람에게 해롭고 화나게 할 수 있는 것도 인간을 깊이 사랑할 때는 다른 사람을 비난하는 것이 아니라고 생각한다. 하지만 이것은 이들이 사랑 없는 대우를 받을 때 정당화된다. 그러므로 이들은 양심의 가책 없이 가장 사악한 것을 할 수 있다("만약 사람이 결과로 사랑을 평가한다면, 그것은 우정이 아닌 미움에 가깝다." —La Rochefoucauld).

역시 신경증적인 2번 유형은 많은 사랑을 받기 원하기 때문에 가장 간절한 방법으로 자신을 사랑해 달라고 다른 사람에게 강요할 것이다. 소아성애(어린이를 대상으로 하는 성도착증)와 어린이 희롱의 몇몇 형태의 원인이 된다. 그리고 2번 유형은 이런 종류의 파괴적 행동에 어울리지 않는다고 생각한다. 2번 유형이 가족과 친구의 믿음과 존경을 전형적으로 즐긴다고 남겨 둘 가치는 있다. 이들은 아마도 교사, 성직자, 보육사, 간호사일 것이다—그 사람들의 말과 고결함은 의심받지 않는다. 하지만 이 수준에서 2번 유형은 신경증적이고 또래집단과 친하게 지내는 것으로 만족하지 못하기 때문에 자신의 감정적 · 성적 욕구를 채우기 위해 어린이나 부적절한 대상을 사랑의 대상으로 본다.

게다가 이미 극도로 속이는 사람이고 자기를 기만하기 때문에 신경증적인 2번 유형은 힘없는 어린이에게서 이득을 취한다. 이들의 나약함이 2번 유형을 어린이에게 끌어당기는 특징 중 하나가 된다. 이들은 다시 한 번 구세주의 역할을 하면서 자신이 위협해 온 아이들을 편안하게 해 준다.

9수준: 신체화장애 희생자

만약 다른 사람으로부터 강요한 사랑을 가지고 있지 않다면 불건강한 2번 유형은 무의식적으로 다른 길을 찾을 것이다. 이들은 사랑받기를 원한다. 그리고 이전보다 더욱더 지독하게 관심받기를 원한다. 신체적 질병은 자신이 찾고 있는 관심을 받는 확실한 방법인 것 같다. 병약해지는 것이 해결책이다. 다른 사람들은 반드시 자신을 돌볼 것이다. 보살핌을 받는 것은 사랑받는 것과 같지 않다. 하지만 자신이 얻고자 하는 사랑에 가까울 수 있다.

신경증적 2번 유형은 다른 사람의 사랑을 얻고자 노력한다. 이것은 항상 이들의 기본적인 욕망이다. 무의식적으로 허약해지기를 바란다. 자신의 말과 행동에 대한 책임을 지는 것을 두려워한다. 또한 자신의 공격성이 자신에 대해 어떤 위선을 드러낼까 봐 두려워한다. 이것은 이들을 사랑스럽지 못하게 하며 가장 큰 두려움이다. 그러므로 자신을 더 큰 처벌로부터 면제시켜 주는 신체적 질병을 얻어 자신의 책임감에서 무의식적으로 벗어나고자 한다. 그리고 신체적 고통은 적어도 마음속에서 자신에 대해 만들어 왔던 가장 중요한 주장들을 증명할 것이다. 자신은 이기적이지 않고, 다른 사람에 의해 괴롭힘을 당했고, 다른 사람을 위해 자신들을 희생했다. 이 모든 것들이 이들에게는 어느 정도 진실이다.

신경증적 2번 유형이 강하고 괴팍한 만큼 건강은 나빠진다. 왜냐하면, 엄청난 모순 속에서의 삶은 견디기 힘들기 때문이다. 다른 사람에 대한 자신의 화를 통제하고 정당화하려는 스트레스는 비용을 필요로 한다. 게다가 이들의 초자아는 너무나 치명적이고 냉혹해서 자신이 어떤 관심을 얻을 수 있다(안도감)고 느끼는 유일한 방법은 아파지는 것이다.

신체화장애는 히스테리적 전환 반응으로 알려진 과정의 결과다. 심리학적으로 신경증적 2번 유형은 근심을 신체적 증상으로 바꿔 버리는 히스테리성이다. 이들은 대개 다양하고 이해할 수 없는 질병의 희생자가 된다—피부발작, 위장문제, 관절염, 혈압—이 모든 질병은 스트레스가 중요한 역할을 한다(심지어 보통수준 2번 유형도 이상한 질병을 일으킬 수 있다. 그러나 시간에 따라 2번 유형이 완전한 신경증이 된다. 질병은 많아지고 병약해지는 것이 삶의 방법이 된다.). 2번 유형이 너무 자주 아프기 때문에 다른 사람들은 이들의 고통에 대해 자기학대의 즐거움을 의심할 수 있다. 하지만 엄격하게 말해서 이것은 자기학대가 아니다. 이들의 고통이 진짜이기 때문에 고통을 즐기지 않는다. 대신 고통이 제공하는 혜택을 즐긴다. 호나이는 이것을 생생하게 설명한다.

> 고통은 무의식적으로 권리를 단언하게 한다. 이것은 고통을 극복하기 위한 보상을 확인하는 것이 아니라, 고통에 대한 의도하지 않은 과장을 이끈다. 이것은 그의 고통이 단순히 논증적 목적을 하기 위한 것임을 의미하지 않는다. 이것은 훨씬 심오한 방법으로 그에게 영향을 준다. 왜냐하면 그는 자기 자신의 만족을 위해 욕구에 대한 이행의 자격이 자신에게 있음을 증명해야만 하기 때문이다. 그의 고통이 너무 예외적이고 너무 심하기 때문에 고통이 그에게 도울 자격을 부여한다고 반드시 느낄 것이다. 즉, 이 과정은 사람에게 그의 고통을 그가 무의식적으로 생각했던 것보다 훨씬 강하게 느끼게 할 것이다(K. Horney, *Neurosis and Human Growth*, 229).

신체적 고통은 이들이 항상 원했던 사랑과 감사를 신경증적 2번 유형에게 제공하지 않는 사람들에게 죄를 만드는 비난이다. 이것은 사랑을 위한 관심, 보살핌, 걱정을 요구하는 끊임없는 원인이다. '성자(saint)'는 모든 사람들에게 지루한 사람이 되었다. 가장 타인지향적인 사람은 가족, 친구를 몰아내거나 자신의 삶을 견디기 어려운 것으로 만든다.

2번 유형의 역동 분석

분열의 방향: 2번 유형에서 8번 유형으로

4수준에서 시작하는 보통수준 2번 유형에서 불건강한 2번 유형은 보통수준 8번 유형과 불건강한 8번 유형의 기질 중 몇 가지를 보여 줌으로써 때때로 스트레스와 역경에 반응할 것이다. 왜냐하면 2번 유형은 자신의 부정적이고 공격적인 감정을 억누르기 때문에, 2번 유형의 정상적인 자아가 방어에 실패할 때 이런 감정들을 보여 주는 한 방법이 8번 유형으로의 이동이라고 볼 수 있다.

4수준에서 2번 유형은 다정해지고 선의를 가지는 경향이 있다. 모든 사람에 대한 긍정적인 감정을 표현한다. 이들이 8번 유형으로 가게 되면 갑자기 직접적으로 변한다. 자신이 추구하는 부드러운 이미지와 반대로 악해질 수 있고, 간섭하게 될 수 있다. 그리고 철저히 퉁명스러워진다. 또한 열심히 일을 하고 자신이 이룬 프로젝트에 더욱 깊이 전념하면서, 자신 가족의 생존욕구에 관해 걱정하면서 스트레스에 대응한다.

5수준에서 2번 유형은 필요한 사람이 되기를 원한다. 꼭 필요한 사람이 되기 위해 애쓴다. 여기에서 8번 유형으로 이동하는 것은 자신의 노력이 평가되기를 바라는 욕구를 강조한다. 사람들에게 큰 약속을 하고, 뽐내고 허세를 부리면서 관심을 자신의 중요성에 둔다. 이것은 2번 유형의 잡담 속에 다른 사람들에게 의도적으로 유명인의 이름을 말하게 한다. "나는 당신이 당신의 삶에서 내가 얼마나 중요한 사람인지를 알기를 희망한다." 이 수준의 2번 유형은 8번 유형의 뽐내고 지배하고자 하는 특징을 약간 집어들 수 있다. 이들의 자기희생에 수반된 좌절에 대응하기 위해 이들은 중요성을 던져 버릴 것이다.

6수준에서 2번 유형의 오만함과 자기를 중요시하는 마음이 무너지면, 6수준에서 8번 유형의 태도와 같이 2번 유형은 굉장히 공격적 · 지배적이 된다. 이들은 주위에 있는 사람들의 확신을 강조하기 위해 위협과 공격을 할 것이다. 2번 유형은 이 수준에서 8번 유형의 특성을 행할 때 사랑과 친근함의 과시가 사라지며 배반과 분노의 기분이 나타난다. 2번 유형은 이런 상황을 합리화하거나 그것들을 심지어 잊게 되지만 다른 사람들은 그렇지 않다.

7수준의 2번 유형은 심하게 신경증을 보이며 자신이 여전히 착하며, 이기적이지 않은 사람이라는 망상을 유지하기 위해 자신의 분노와 적개심을 억누른다. 8번 유형으로 향하는 움직임은 자신의 감정을 숨기는 것에 실패했다는 표시다. 이 수준에서 2번 유형의 화와 실망감이 표출되는데 이런 성질은 사람들을 위협할 수 있다. 이들은 다른 사람을 공격하고 심하게 고함지르는데 이것은 다른 사람을 좌절시킬 것이다.

8수준에서 친절함은 사라진다. 그리고 2번 유형이 8번 유형으로 옮겨졌다면 이들은 자신의 공격성을 표출할 것이다. 억눌린 욕구가 밖으로 나오며 2번 유형은 자신이 믿고 있는 것이 스스로에게 거절된다면 냉혹하고 잔인해진다. 이들은 자신에게 폭발한 욕망에 대한 강한 의지와 욕망에 대한 정당함, 그리고 그 욕망을 멈출 수 없는 기분을 느낀다.

불건강할 때의 중요한 문제는 이들의 공격적인 감정을 통제할 수 없다는 것이다. 심지어 병이 깊을 때도 신경증의 2번 유형은 자신이 여전히 다른 사람의 관심을 강요한다는 것을 알고 있다. 그리고 이 생각이 계속해서 스스로를 화나게 한다. 이들은 자신이 육체적으로 아프기 때문에 몸져눕거나 입원할 것이다. 하지만 미치거나 현실로부터 단절되지는 않는다.

또한 9수준에서 무의식적으로 육체적으로 허약해진 것에 적응한다(질병과 육체적 무능력이 다른 사람에 대한 폭력의 가능성을 없애 주기 때문에). 하지만 이 적응의 형태는 그렇게 오래 지속되지 않는다. 결국 회복하여 또 다른 어떤 것이 자신의 공격적인 감정을 파괴적인 행동으로 분출하는 8번 유형으로 이동하게 할 것이다.

그러나 여전히 신경증적이기 때문에 불건강한 2번 유형은 자신의 공격적인 충동을 건설적으로 다루기 위해 어떤 입장도 취하지 않는다. 자신의 잔인함과 증오, 복수심, 자신옹호는 사랑받고자 하는 자신의 욕구를 좌절시킨 사람들에게 향한다. 이들이 8수준으로 이동하면 신경증적인 2번 유형은 자신이 원할 때 자신에게 반응을 보이지 않은 사람들을 파괴할 것이다. 억압된 화를 폭발시키고, 과거에 충분히 자신을 사랑하지 않은 사람들에게 표현된다. 사랑은 완전히 증오로 나타나고, 마음속에 쌓인 증오는 폭력과 파괴로 나타난다.

심한 신경증적인 8번 유형에 2번 유형은 육체적으로 폭력적일 수 있다. 심지어 살인을 저지를 수도 있다. 가족 중 이러한 2번 유형은 가장 위험스러운 사람인데, 자신은 단지 선의와 영원한 사랑을 가졌을 뿐이라고 확신한다. 병약하고 자기희생적인 순교자, 고통을 겪는 성인이 다른 사람을 희생시키는 괴물이 된다.

통합의 방향: 2번 유형에서 4번 유형으로

건강한 2번 유형이 4번 유형으로 갈 때는 자신의 공격적인 감정과 만나서 자신의 실제 모습을 알게 된다. 자신과 자신의 동기에 대해 시험하지 않으려는 것에서 벗어나 자기인식을 향해 나아간다.

통합된 2번 유형은 이들의 긍정적인 감정을 받아들이는 만큼 이들의 부정적인 감정을 받아들인다. 이것은 그들이 4번 유형에 있을 때 부정적인 감정으로 행동한다는 것을 의미하지는 않는다. 4번 유형을 향하는 2번 유형은 감정적으로 정직하기 때문에 자신의 모든 감정을 표현할 수 있다.

처음으로 통합된 2번 유형은 마치 자신이 무조건적으로 다른 사람을 받아들이듯이 무조건적으로 자신을 받아들인다. 그러므로 과거에 했던 것보다 더욱더 인간적이고 깊은 것을 다른 사람에게 제공할 수 있다. 그리고 자신이 다른 사람으로부터 사랑을 받을 때, 이것(제공하는 것)은 더욱더 유쾌한 것이다. 통합된 2번 유형은 다른 사람들을 위해 자신이 한 것 때문에 더 이상 사랑받지 않으며, 자신이기 때문에 사랑을 받는다고 느낀다.

자신의 충만하고 진정한 감정을 더욱 창조의 형태로 이용할 가능성이 있다. 이들은 더욱더 자기를 인식하고 더욱더 반성하는 인간이 된다. 즉, 자신의 직관을 인간 조건의 깊이에 둔다. 다른 사람에게 준 것은 지금 모두 훨씬 가치 있는 것이다. 왜냐하면 통합된 2번 유형은 인간 존재로서 진실하기 때문이다. 이들이 예술가든 부모든 친구든 진정한 인간이기 때문이다.

2번 유형의 날개 유형

1번 날개를 가진 2번 유형: 봉사자

1번 유형과 2번 유형은 자신의 초자아에 쉽게 적응한다. 그래서 우리는 2번 유형에서 하나의 날개(고결함 또는 도움)를 가진 두드러진 이타주의를 볼 수 있다. 동시에 2번 유형의 자질과 1번 유형의 자질은 서로 충돌하는 경우가 있다. 2번 유형은 감정적이고, 사교적이며, 연극적이다(자신을 감춘다). 반면, 1번 유형은 이성적이고 비인간적이며, 자기통제를 잘한다. 2번 유형의 동정심과 사교성은 1번 유형의 제약, 반대, 이상주의로 견제된다. 또한 1번의 날개를 가진 2번 유형은 선과 이기심 없는 봉사를 통해 사랑을 위해 노력한다. 1번의 날개는 2번 유형에서는 덜 언급되는 신중함과 엄격함을 어느 정도 제공한다. 의무감 또한 강한 반면에, 2번 유형의 사교적인 자질은 일반적으로 더욱 약해진다. 이런 관점에서 이 하위유형은 6번 유형으로 오해받을 수도 있다. 반대도 그러하다. 원칙을 행하려는 강한 양심과 욕망이 존재한다. 그래서 감정적 욕구가 어떠하더라도 이 하위유형의 사람들은 다른 사람을 공평하게 다루려고 노력할 것이다. 2번 유형이 기본 유형이지만 이들은 아마도 자신의 원칙과 마음 사이에서 충돌을 느낄 것이다. 이 하위유형의 예는 테레사 수녀, 프랭클린 루스벨트, 데즈몬드 투투 대주교, 대니 토머스, 알란 앨다, 앤 랜더스, 나이팅게일, 루이스 캐롤, 멜라니 해밀턴 윌크스, 〈미스 진 브로디의 전성기〉의 진 브로디다.

이 하위유형의 건강한 사람들은 1번 날개의 원칙 때문에 다른 사람을 위해 상당한 선을 행할 수 있다. 다른 사람을 가르치며, 그들의 삶을 향상시키며, 주위를 위하여 일하는 것이 주목할 만한 특징이다. 많은 자선단체와 종교, 박애조직들은 이 하위유형으로부터 시작되었고 하위유형의 사람들이 직원으로 근무를 한다. 이들은 다른 사람들에게 가능한 최고의 서비스를 제공하고자 한다. 그리고 자신을 이려하지 않고 실천하며 2번 유형의 다른 하위유형보다 더욱더 이타적이다. 이들은 종종 목적에 대한 심각함을 느끼고 자신의 삶의 과업을 찾아 나선다. 이들은 특히 좋은 교사가 될 것이다. 왜냐하면 사실에 대해 객관적이고 지적 동기를 가지고 있을 뿐만 아니라 이상을 삶에 적용시키는 감정적인 따뜻함도 가지고 있기 때문이다. 또한 교사, 부모로서 이들은 자신이 책임지는 사람들을 격려하고 감사히 여긴다. 자신의 개인적 스타일에서 3번 날개를 가진 눈부신 2번 유형과 반대로, 이들은 어떤 것을 간단하고 기능적으로 유지하려고 한다.

이 하위유형의 보통수준 사람들은 개성주의와 이상주의 사이에 긴장이 존재한다. 2번 유형으로서 다른 사람들과 공감대를 형성한다. 하지만 강한 1번 날개를 가지고 있으면 이들의 추상적 생각은 자신의 감정과 충돌한다. 이것은 이 공감대 형성을 어렵게 한다. 적어도 이들 중 다른 몇몇은 도덕적 의견을 제시할 만큼 판단력을 유지한다. 하지만 이 둘은 이 하위유형의 사람들에게 다른 사람을 도와주어야 한다는 강한 감정을 느끼게 한다. 그리고 이들은 사람들에게 아무 말도 하지 않는 가장 어려운 경험을 하게 된다. 이 하위유형의 보통수준 사람들은 또한 다른 사람들과 자신을 매우 통제한다. 이것은 그들의 이상(특히 사랑)으로 가려졌지만 그들은 자기중심적이다. 우리는 이 2개의 하위유형의 성향들이 분별력이 있고 객관적인 사람이 되고자 하는 욕구에 비해 다른 사람들에게 중요한 사람이 되려는 욕구와 충돌하는 것을 볼 수 있다. 이들은 다른 사람에게 관심을 가지는 것이 불편하다고 느낄 것이다. 그리고 뒤에서 활동하는 것을 더 좋아할 것이다. 하지만 이들은 다른 사람의 삶에서 중요한 사람으로 느껴지는 것을 좋아한다. 이들이 자신의 도덕적 기준으로 살아가는 것에 실패했을 때 자신에 대해 꽤 비평적인 경향이 있기 때문에 이 하위유형의 사람들은 3번 날개를 가진 2번 유형보다 양심의 가책을 일으키기 쉽고 또한 스스로 정죄하기 쉽다. 그들은 2번 유형의 다른 하위유형보다 이미 너무 많은 것을 가졌고, 그들이 원하는 것을 구하는 데 더욱더 어려움을 가지고 있음을 느낀다.

이 하위유형의 불건강한 사람들은 자신이 생각하는 것이 행하기에 옳다는 것에 대해서 독선적이며, 융통성이 없고, 도덕적이다. 자기 자신을 정당화하려는 독선과 욕구는 확고한 사고방식을 만들기 위해 자기기만과 속임수를 결합시킨다. 이 하위유형의 사람들은 다른 사람을 재빨리 비난하며 도덕적인 입장에서 자신을 정당화할 수 있다. 자기 자신을 나쁘게 평가되도록 허락할 수 없다. 또한 이기적인 사람으로 증명되는 것을 허락하지 않는다. 그리고 자신의 공격적인 감정을 완전히 부인한다. 이 하위유형의 사람들은 우울증과 신체화장애—자신의 몸에 집중하는 강박관념과 충동—가 되기 쉽다.

3번 날개를 가진 2번 유형: 주인 / 안주인

2번 유형의 특성과 3번 유형의 특성은 서로를 강화시키는 경향이 있다. 두 유형은 사람들과 쉽게 친해진다. 3번 날개는 매력적 요소인 '성격' 과 적응력을 더한다. 또한 3번 날개를 가진 2번 유형은 친밀함과 개인적 관계를 통해 사랑을 찾는다. 이것은 2번 유형의 '매력적인 면' 이다. 이 하위유형은 다른 사람의 애정을 얻기 위해 매력과 사회적 고상함을 보여 준다. 수용과 허락에 대한 3번 유형의 욕구는 대인관계가 집중하는 성격을 형성하기 위해 감사와 친근함에 대한 2번 유형의 욕구와 섞인다. 이 하위유형의 중요한 예는 루치아노 파바로티, 바바라 부시, 배리 매닐로, 리처드 사이먼스, 새미 데이비스 주니어, 레오 부스카글리아, 캐시 베이츠, 도우 헤닝, 토미 튠, 존 덴버, 팻 분, 릴리언 카터 등이 있다.

이 하위유형의 건강한 사람들은 매력적이고 친근하며 외향적이다. 이들은 다른 사람의 관심을 좋아한다. 자신감이 있으며 행복하게 살고 건전하게 자신을 즐길 줄 아는 매력을 발산한다. 자유정신, 즉 7번 유형의 삶의 기쁨과 쉽게 헷갈리는 태도를 가지고 있다. 이 하위유형의 사람에게는 다른 사람에게 따뜻함을 주는 대화능력과 순수한 따뜻함이 있다. 이 하위유형의 '베품' 은 명백하게 보살핌의 형태를 덜 가진다. 자신이 가진 재능을 친구와 좋아하는 사람들에게 제공한다. 요리, 오락, 노래, 경청은 공유된 내적 풍부함으로써 모두 경험된 것이다. 3번 날개를 가진 2번 유형은 '봉사자' 라기보다는 '선물증여자' 다. 사회적 특성은 도덕적이고 지적인 특성보다 더 가치가 있다. 이들은 다른 하위범주보다 일 중심적이다. 하지만 자기비판과 자기반성을 덜할 수 있다.

3번 날개를 가진 보통수준 2번 유형은 뛰어난 따뜻함과 친절의 이미지를 보여주기를 원한다. 자신이 비범하고 바람직한 사람으로 인식되는 것이 중요하다. 2번 유형은 자신의 선을 입증하기 위해 다른 사람을 이용할 것이다. 자신의 바람직함을 입증하기 위해 3번 유형들은 다른 사람을 이용한다. 이 하위유형에 있는 이런 행위는 육체적 매력이나 성적 호감에서의 관심으로 표현된다. 또한 3번 날개의 작용 범위까지 열심히 일하며 성취와 성공에 대한 명백한 사인을 원한다. 보통수준 3번 유형의 이미지 부각은 넘쳐나는 친근함, 귀여움, 과장된 다정함으로써 2번 유형에서 명백해질 수 있다. 이들은 다른 하위유형보다 아첨을 잘하며 잡담을 잘한다. 이 행위들이 반드시 해가 되는 것은 아니지만 심각한 친근함 때문에 다른 사람에게 이들을 거절하게 만든다—정확하게 2번 유형이 원하는 것과는 반대다. 자신에 대해 다른 사람들이 생각하는 것과 자신이 다른 사람에게 어떻게 다가가야 할지 잘 알고 있다. 그리고 이것이 2번 유형의 강한 소유욕과 결합할 때 이것에 따라 이들은 큰 실망과 강한 매력을 이끌 수 있는 방식으로 그들의 바람직함에 대해 걱정한다. 올바른 친구를 가지는 것, 이름을 알리는 것, 사람을 양성하는 것이 전형적이다. 비록 자신의 이미지에 대한 3번 유형의 판단과 2번 유형의 자기희생적 인물이 이것을 어느 정도 가려 버림에도 불구하고 이들은 자만하고 자기중심적이게 된다. 3번 날개는 2번 유형이 그들이 원하는 것에 대해 더욱더 솔직해지도록 돕는다. 하지만 또한 그들에게 그들이 제공한 서비스에 더 많은 관심을 가지도록 한다. 이 하위유형의 사람들은 굴욕스러워지는 것을 두려워하며 도덕적 이상을 위반한 것에 대해 죄의식을 느끼는 것보다 자신의 위치를 잃을까 걱정한다.

만약 이 하위유형의 사람들이 불건강하면 이들은 다른 사람에게 감정적으로 망연자실하게 된다. 왜냐하면 다른 사람과 자신을 속이고, 남을 착취하고 교묘히 다루며 기회주의자가 되기 때문이다. 그리고 다른 사람으로부터 자신이 원하는 것을 얻을 자격이 있다고 신경질적으로 생각한다. 다른 사람을 향한 적대감은 극도로 강할 수 있다. 보이는 매력 아래에는 사악함이 숨어 있다. 잠재적으로 정신병에 걸릴 수도 있다. 그들에게서 우리는 감정적인 집착—심지어 스토킹 행위—을 발견할 수 있는데, 이 집착은 자신을 악하게 만들고 자신이 가질 수 없는 관계를 망쳐 버린다. 3번 날개를 가진 2번 유형은 병적으로 질투를 느끼고, 격노를 일으켜 폭력적 범죄를 저지른다.

몇 가지 마지막 단상들

다시 살펴보면 2번 유형은 사랑하고자 하는 욕망과 사랑받고 싶어 하는 욕구 사이의 갈등을 경험하며, 자신의 순수한 자존감과 다른 이들이 자신에 대해 좋게 느끼도록 조장하려는 욕구 사이의 갈등을 경험한다. 불행한 것은 〈오셀로〉를 바꿔 설명하면 보통수준에서부터 불건강한 수준의 2번 유형이 너무 현명하거나 너무 올바르게 사랑을 하지 않는 것이다. 하지만 적어도 이들 자신의 지각에 따르면, 자신은 다른 사람을 사랑하려고 노력했었다. 만약 사랑을 얻지 못한다면 자신 목표와 비극의 숭고함이 그 가운데 존재하게 된다.

그 아이러니는 불건강한 2번 유형이 자신이 가장 두려워하는 바로 그것을 내보인다는 것이다. 이들은 사랑받기를 원한다. 하지만 결국 화를 내거나 다른 사람이 필요로 하지 않게 된다. 둘째로 우스꽝스러운 아이러니는 병약한 사람을 돌보는 골치 아픈 입장에 놓인 유일한 사람인 신경증적 2번 유형이 다른 2번 유형이 되는 입장에 놓이는 것이다. 만약 두 번째 2번 유형이 자신이 다른 사람에게 준 도움을 자기희생이라고 속인다면, 의지에 대한 냉담한 싸움은 체력을 허약하게 만드는 영혼들 사이에서 지치게 된다. 그 결과는 무시무시한 죽음의 춤이다.

만약 우리가 이 성격유형으로부터 교훈을 이끈다면, 2번 유형들은 사랑의 가치에 관한 자신의 믿음에서는 옳을 것이다. 하지만 다른 사람을 사랑하는 이들의 태도는 잘못되었다. 만약 이들이 사랑으로 사람들을 참견한다면 2번 유형은 다른 사람에게 억지로 강요한 것이 사랑이 아니라는 것을 무의식적으로 증명한다. 그리고 그런 이유 때문에 실패로 운명지어진다. 자아가 사랑으로 변장하자마자 사랑은 부패되고 결국 타락한다. 이것이 우리가 이 성격유형에서 보아 온 결과다.

[chapter_5]

3번 유형: 성취자

3번 유형 개요

건강할 때 자기확신적이고 열정적이며, 높은 수준으로 자신을 평가한다. 자기 자신과 자신의 가치를 신뢰하며, 적응을 잘하고, 매력적이며 대체로 인기가 있고 평판이 좋다. 잠재력이 풍부하고 현실적이며 목적이 분명하다. 자신을 성장시키기 위해, 그리고 '그들이 할 수 있는 것 모두를 위해' 야망을 가지고 있고, 매우 뛰어나며, 매우 이상적이며, 매우 감탄할 만한 능력이 나타나기도 한다. 다른 사람들은 긍정적인 측면에서 이들처럼 되기 위해 동기부여되기도 한다. 매우 활기차고, 목적 지향적이며, 끈질기다. 유능하고 부지런하다.

최상의 상태 대체로 내부 지향적이고 정직하다. 자신의 한계를 받아들이고 자족할 줄 안다. 스스로 유머감각이 부족하다고 생각하며, 어린아이와 같은 순수한 면이 나타난다. 관대하다, 겸손하다, 친절하다

보통수준일 때 일을 수행하는 데 관심이 많으며, 일을 잘하고, 우월한 존재이

며, 다른 사람들보다 승진이 빠르다. 타인에 비해서 지위와 성공을 더 추구한다. 노력을 많이 하고 교제를 즐기는 출세주의자가 된다. 성취하기 위해 전문 분야에 투자하여 승자가 된다. 자의식이 강한 이미지를 갖게 되고, 자신이 타인에게 어떻게 인식되고 있는지에 관심이 많으며, 스스로를 다른 사람들이 기대하는 대로 성공하기 위해 자신을 만들어 간다. 실용적 · 효율적이고, 열심히 연구하며, 부드러운 외모 아래 자신의 감정을 숨긴다. 친밀성의 문제, 위신의 문제, 편의주의적인 문제가 드러난다. 다른 사람들이 자신의 우월성을 알기 원하고, 꾸준히 자신을 계발하며, 스스로를 실제의 모습보다 더 좋게 생각하도록 만든다. 자신과 자신의 재능에 대해서 과장되게 자기도취적이며, 과장된 생각을 가지고 있다. 마치 "날 봐."라고 말하듯 과시적이며 유혹적이다. 오만과 경멸은 자신의 성공과 다른 사람들에 질투하는 감정에 대한 방어기제다.

불건강할 때 실패와 수치심에 대한 두려움, 스스로를 잘못 이해하며, 자신의 성취에 대한 진실을 왜곡한다. 극도로 무원칙적으로 될 수 있고, 다른 사람들의 성공을 탐내며, 자신이 우월하다는 환상을 유지하기 위해서 '필요한 것은 뭐든지' 기꺼이 하려고 한다. 착취적이고 기회주의적이며, 현혹적이어서 실수나 잘못된 행동이 드러나지 않는다. 거짓말을 하며, 극도로 적의를 품고 있으며, 과대망상적인 질투가 있다. 그들 자신만의 승리를 위하여 사람들을 속이거나 파괴한다. 자신이 소유할 수 없는 것에 앙심을 품고 망쳐 놓을 수도 있다. 자신의 결점과 실패를 상기시켜 주는 것을 혹독하게 파괴하며 비정상적인 생각을 가지고 있다. 병적인 상태로 살인의 감정을 가질 수 있다.

핵심 동기 의미 있고 가치 있는 존재로 느끼기 위해, 긍정적으로 인식되기 위해, 스스로를 구별하기 위해, 특별한 주의를 받기 위해, 칭찬받기 위해, 다른 사람들을 감동시키길 원한다.

대표적인 인물들의 예 빌 클린턴, 크리스토퍼 리브, 마이클 랜든, 리처드 기어, 셜리 맥클레인, 제인 폴리, 폴 매카트니, 스팅, 톰 크루즈, 샤론 스톤, 토니 로빈스, 브라이언트 검블, 딕 클라크, 버나 화이트, 브룩 쉴즈, 캐시 리 기퍼드, 덴젤 워싱턴, 실베스터 스탤론, 아놀드 슈왈제네거, 트루먼 커포티, O. J. 심슨

3번 유형에 대한 개관

미국뿐만 아니라 현대사회는 기능을 제대로 발휘하지 못하는 '3번 유형'의 사회로 빠르게 변하고 있다. 이들 문화는 감정이 극에 달하고, 자기도취적이고, 이미지 지향적이며 실체보다는 스타일을, 현실보다는 상징을 강조한다. 뛰어남을 추구하는 것(건강한 3번 유형에서 증명되듯이)은 모든 것들이(포장되고, 광고되고, 판매되는) 필수품처럼 취급되어 인위적인 찬사가 난무한다. 정치는 공공의 선을 위한 원칙 혹은 권위보다는 인물의 과시에 더 연결되어 있다. 실제 인물과 꾸며진 이미지를 구별할 수 없는 공적 이미지를 가진 후보자를 받아들임으로써 정치는 공적인 관계에 공헌한다.

의사소통의 미디어, 특히 텔레비전은 기본적으로 관심을 끊어야 하는 매체로, 소문난 것은 어떤 것이든 팔릴 수 있다. '현란한 쇼'의 피상적인 가치와 눈길을 끄는 화려함은 모든 것을 평가하는 기준이 된다. 유일한 지침은 주의를 끄는 능력이다. 주의를 끄는 것과 필요한 것은 가치가 있다. 사람들은 겉포장 속에 있는 것이 아무것도 아니라는 사실을 종종 깨닫지 못한 채 번지르한 포장만으로 크게 유혹을 느낀다. 매클루언(McLuhan) 이론으로 말하자면 포장은 메시지다. 텔레비전의 프로그램화된 '토크쇼'에서 큰 실수에 대해 항의하는 것까지 연습하여 보여 주는 것처럼 계산된 이미지는 때로 실제 같기도 하다.

점차 경쟁시장에서 주목받기 위해 무엇이든지 하는 사람들처럼 자신을 드러내거나 자기선전을 받아들이게 된다. 원하는 것은 승리자가 되는 것이다—성공하고, 유명해지고, 축하받기 위해 어디에서나 성공과 특권을 추구한다. 매일 새로운 책은 우리에게 성공하기 위해서 어떻게 옷을 입어야 하는지, 어떻게 먹어야 하는지, 또는 어떻게 인간관계를 형성해야 하는지를 알려 준다. 만일 누구든지 자신을 좋아하기만 한다면 그들은 '누군가'가 될 것이라는 자기도취적인 환상에 빠진 존재다. 만일 당신이 당신의 이미지를 적절하게 관리한다면 당신 역시 스타 혹은 신과 같은 존재가 될 수 있다.

3번 유형은 자신에 대한 타당성을 찾으려고 한다. 그래서 3번 유형은 자신을 가치 있고 의미 있는 존재로 평가받기 위하여 다른 사람들을 평범한 사람으로 여김으로써 자신을 꼭 필요한 사람으로 여기게 하는 경향이 있다. 이러한 특별한 관점을 가지고 3번 유형은 자신의 사회에서 성공하는 사례가 많은데, 그 이유는 다른 사람들이 가치 있다고 생각하는 것들을 성취하기 위해 노력하기 때문이다. 이러한 현상은 빠르게 돌아가는 현대사회에도, 수행하는 불교 사찰에도 존재한다. 이들은 자신이 처해 있는 환경에서 존경받는 능력을 드러내기 위해서 노력하게 된다. 그래서 두려움과 동기를 조종하는 건강하지 않은 사회에서 3번 유형은 계속해서 사회에서 최상의 성공과 대접을 받으려 하고, 결국 그 사회에서 가장 큰 희생자가 되기도 한다—이들 자신의 마음속 욕구는 외면되기도 하고, 공허해지기도 하고, 정서적으로 고립되기도 하지만 무엇이 자신을 그렇게 변하게 했는지 알지는 못한다.

감정삼원소 중에서

감정삼원소의 기본적인 성격유형인 3번 유형은 자신의 정서를 잘 모르는 대표적 유형이다. 이것은 3번 유형이 자신의 역할을 더욱 효과적으로 수행하기 위해 자신의 감정과 진정한 욕구를 포기해야 한다고 배웠기 때문이다. 3번 유형은 자신이 하는 일들이 가치 있게 평가받을 것이라고 믿는다. 그래서 일을 잘하기 위해, '일을 해치우기 위해' 힘을 쏟으며 나름대로 '성공'을 이루기 위해 힘을 쏟는다. 게다가 3번 유형은 다른 사람들의 긍정적인 평가를 원한다. 그래서 3번 유형은 자신이 믿는 방식, 즉 좋은 영향을 줄 것이라는 방식으로 행동하도록 학습되었다. 이러한 방식은 어떤 상황에서도 유용하기 때문에 심지어 온당하지 않더라도 혹은 최악의 상황이더라도 습관적으로 이러한 방식을 선택하기도 한다. 또한 3번 유형은 자신의 감정을 솔직하게 표현하지 않음으로써 문제를 가지기 시작한다. 심각한 분열은 자신이 누구인가와 자신이 어떻게 비춰지고 있는가의 사이에서, 그리고 자신이 다른 사람들에게 투사된 이미지와 그 이미지 뒤에 숨겨진 현실 사이에서 발생한다. 결국 자신의 이미지가 자신의 실제가 된다. 이들은 자신의 감정과 요구로부터 더욱 멀어져서 더 이상 자신이 누구인지를 알려고 하지 않는다. 이들은 그 이미지가 자신의 모든 것이라고 믿는다. 이러한 측면에서 이들이 받아들이는 확신 때문에 이들은 이미지로 반응하고, 스스로 반응하지 않으며, 타인의 칭찬보다는 자신의 성취가 스스로를 더욱 기분 좋게 만들 것이다. 이러한 성격유형 사람들에게 가장 큰 도전은 내적지향이 되는 것이고, 순수한 감정과 자신의 진정한 가치에 따라서 자신을 개발하는 것이다. 대부분의 3번 유형은 자신이 스스로를 포기해 왔다는 것을 모르고 있다. 그래서 자신이 그렇게 혹독하게 추구해 온 꿈이 자신의 꿈이 아니라는 것을 발견했을 때 그것을 인정하기가 매우 어려울 수 있다.

건강한 3번 유형은 사랑받고, 칭찬받고 심지어 다른 사람들의 우상이 되기도 한다. 왜냐하면 이상적인 수준을 현실적으로 구체화시키는 능력과 기술을 습득하기 위해 많은 고통을 받아 왔기 때문이다. 그러나 아이러니하게도 건강한 3번 유형은 다른 사람들이 타당하다고 인정해 주기 때문이 아니라 자신 스스로의 감정에 따라 행동하기 때문에 자신이 의미 있고 가치 있다고 느낀다. 물론 다른 사람들의 평가나 칭찬도 좋지만 건강한 3번 유형은 이러한 것 때문에 흔들리지 않는다. 이들은 심지어 칭찬이 없어도 자신의 목표를 추구한다. 매우 긍정적인 자아존중감을 가진 건강한 3번 유형은 객관적이라서 다른 사람들의 의견에 영향을 받지 않는다. 자유롭고 목적적인 삶의 방식은 다른 사람들에게는 매우 매력적이다. 또한 건강한 3번 유형은 자신의 감정을 충분히 통합할 수 있기 때문에 사생활이나 직장생활에서 따뜻하며 순수하다. 건강한 3번 유형은 뛰어나며, 많은 사람들의 우상이다.

그러나 보통수준 3번 유형은 자아존중감이 없기 때문에 성취를 이루는 경우에만, 혹은 큰 성공을 하거나 스타(한 집단의 1인자)가 되는 경우에만 자신에 대해 좋은 느낌을 가질 것이라고 믿는다. 이러한 현상 때문에 모든 형태의 성공과 특권을 위해 다른 사람들과 치열하게 경쟁하려 한다. 그 이유는 이러한 경쟁이 자신에게 의미 있는 가치를 부여할 것이라고 확신하기 때문이다. 3번 유형은 감정을 억눌러 가면서 '승리자'가 되기 위해 혹사할 것이다. 불행하게도 이들은 승리자가 가져야 하는 능력을 얻기 위해 자신을 외면하기도 한다. 스스로를 개발하는 대신에 타인에게 영향을 미칠 것이라 생각되는 이미지를 만들어 내려고 한다. 실용적이고도 계산적으로 자신이 원하는 것을 얻기 위하여 자신의 이미지를 변화시킬 수 있다. 이들은 절망적이며 공허하게 될수록 칭찬을 끌어내기 위해서 스스로를 더욱 드러내거나 과대 선전하기 시작한다. 그러나 이들이 진실로 누구인지가 드러나지 않기 때문에 사람들의 배려를 받지 못할 수도 있다.

만일 이들이 불건강한 3번 유형이라면 그 자신과 다른 사람들을 속여서 여전히 이들은 1인자—여전히 우월한 사람—라는 환상을 유지할 수 있다. 이들은 위험한 상황이나 굴욕적인 상황에 처하면 극도로 교활해진다. 불건강한 3번 유형은 심각한 심리적 문제 때문에 제대로 역할을 수행하지 못하는 사람들과 같다. 그러나 이러한 수준에서 역할을 수행하는 것 심지어 역할을 수행하는 모습 자체가 모든 것이다. 이들은 누군가가 자신이 혼란 상태에 있다는 것을 알아챌까 봐 두려워한다. 이들은 현재 자신을 규정하고 있는 이미지가 허구라는 것을 알아차리는 사람을 공격할 때 극도로 위험해질 수 있다.

적개심과 자기도취의 문제

다른 감정삼원소 성격유형들처럼 3번 유형도 적개심에 관한 문제를 가지고 있는데, 그것은 자신의 자아이미지를 위협하는 누군가를 향하여 보복적인 적개심을 드러냄으로써 불건강한 3번 유형으로 나타날 수 있다. 2번 유형과 4번 유형은 다른 사람들에게 약간의 적개심를 품고 있는 반면에, 불건강한 수준의 3번 유형은 다른 사람들과 거만하게 거리를 둔다든지, 악의에 찬 유머로 다른 사람을 희생시키며, 사람들을 냉소적으로 혹평하거나 파괴하거나 배반하는 등 넓고도 다양한 방식으로 다른 사람에게 적개심을 표현한다. 적개심은 두 가지 방식으로 3번 유형에게 영향을 미친다. 하나는 적개심이 자신의 부족함에 대한 감정을 보상하는 것이고 또 하나는 부서지기 쉬운 자아존중감을 은근히 손상시키는 사람들을 가까이 하지 못하게 하는 것이다. 이러한 관점에서 건강하지 못한 3번 유형은 자신이 존경하는 사람들에게도, 심지어 자신을 매력적으로 생각하는 사람들에게조차도 적개심을 가질 수 있다.

보통수준 3번 유형은 성격유형 가운데 가장 자기도취적이다. 건강한 3번 유형은 적절하게 높은 자아존중감을 가지고 있는 반면에, 보통수준 3번 유형은 점차적으로 자아존중감을 부풀려서 주변에 자신의 정체성을 세우려 한다. 이들은 스스로에게 완전히 빠져 있는 것처럼 보인다. 그러나 이들은 실질적인 자아보다는 과대포장된 자신의 이미지에 더욱더 빠져 있다. 이들은 자신의 현실적인 한계를 인정하는 실제로 존재하는 자아를 사랑하는 대신에 자신과 전혀 닮지 않은 미성숙하고 그릇된 자아를 사랑한다.

3번 유형은 다른 사람들의 요구나 기대에 자신을 적절하게 적용시키려 하기 때문에 실제로 자신이 누구인지, 그리고 자신이 삶에서 무엇을 원하는지를 잃어버릴 수 있다. 보통수준에서부터 불건강한 수준의 3번 유형은 인정받기 위한 시도가 매우 중요해서 대개의 사람들이 가질 수 있는 자기 자신에 대한 적절한 요구를 묵살한다. 더욱이 진정한 자아가 점차 차단되기 때문에 보통의 3번 유형은 자신이 실제로 무언가 되기 위해 애쓰는 뛰어난 사람들이라는 사실을 주지시키기 위해서 내적인 '활력적 표현' 을 하기 시작한다.

자기도취는 대개 자신 스스로에게만 관심을 갖는 것이다. 그리고 다른 사람들에 대해서는 자신에게 반영되는 정도로만 관심을 갖는다. 이들은 다른 사람들의 감정이나 요구를 강조할 만한 능력을 가지지 못한 채 매우 자기중심적이다. 이것은 타인을 사랑하고 이해하는 포용력이 거의 없기 때문이며, 일단 자기도취가 되면 보통수준 3번 유형은 서로 만족할 만한 인간관계를 형성하거나 유지할 만한 포용력이 없어진다. 3번 유형의 인간관계는 일방적인데 관계 집단이 같은 사람, 즉 3번 유형의 사람에게 푹 빠져 있는 사람들로 구성되어 있기 때문이다.

물론 3번 유형은 사람들과의 끊임없는 갈등 속에 자신을 놓아둔다. 왜냐하면 자신이 매우 우월하다고 믿기 때문이다. 보통수준 3번 유형은 자신이 존경하기를 원하는 바로 그 사람들과 경쟁한다. 3번 유형은 마치 다른 사람들이 자신의 모든 행동을 칭찬하기 위해 준비된 숭배자인 것처럼 행동한다. 만일 다른 사람들이 자신을 칭찬하지 않는다면 3번 유형은 위협적인 태도를 보이거나, 그것이 먹히지 않으면 거부한다. 게다가 자기도취적인 3번 유형은 자신이 바라는 대로 다른 사람들을 혼내 주고 모욕까지 주는데, 그런 상황에서도 다른 사람들이 자신을 칭찬해 주기를 바란다.

자기도취의 문제는 순수한 자아존중감과는 다른 것이다. 비록 보통수준 3번 유형이 냉정하게 자기억제를 하는 것처럼 보이지만, 실제로 자신 스스로를 굳게 지키지는 못한다. 왜냐하면 이들의 자아존중감은 이들의 실질적인 능력의 발달에 바탕을 두기보다 다른 사람들의 관심을 끄는 능력에 바탕을 두고 있기 때문이다. 3번 유형은 다른 사람들의 반응에 정교하게 자신을 맞추며, 그들이 필요로 하는 이미지가 무엇이든지 순발력 있게 그것들을 제공함으로써 반응할 수 있다. 그러나 3번 유형은 보이는 이미지만큼 실제로 가지고 있지 않기 때문에, 이들이 행하는 모든 것은 억지주장이기 일쑤다. 이것은 이들이 표현하고 있는 '정치적으로 옳은 것' 이 무엇이든지 개인적인 헌신이나 관심 영역은 아니다.

아이러니한 것은 외형의 이면이 깊게 숨겨진 것은 다른 사람들에게 의존 상태라는 것인데, 자기도취의 요구 때문에 의존 상태를 깨닫지 못한다. 자기도취는 3

번 유형이 다른 사람들과 함께 살아갈 수 없으며 또한 그들 없이도 살 수 없다는 사실을 받아들이게 한다. 그 이유는 3번 유형은 자신을 의지하는 사람들에게 적개심을 갖고 있기 때문이며, 다른 사람들의 배려 없이 '어느 누구도' 좋아하지 않기 때문이다.

부모 기원

어린 시절 3번 유형들은 양육자와 연관되어 있는데, 조숙하게 성장한 사람들은 양육자를 본보기로 삼으며, 그들을 좋아하고, 호의를 가지며 3번 유형 자신만의 가치를 부여한다. 3번 유형 아이들은 다른 사람들의 정서적인 상태에 대한 적응력과 반응력이 높아서, 양육자에 대한 잠재적인 기대와 반응에 잘 적응하는 것을 익힌다. 이 양육자는 늘 3번 유형의 어머니 혹은 어머니의 대리자와 같은 사람들이지만 항상 그런 것은 아니다. 육체적으로나 정서적으로 어머니가 존재하지 않는 경우는 아버지에게 쏠리거나, 보모 혹은 할아버지, 할머니들이 이러한 역할을 충족시킬 수 있다. 때로는 아이를 보호하는 사람이나 본보기로 삼았던 사람들을 이해하는 것이 중요하다.

형성기에 3번 유형의 아이들은 양육자의 욕구나 희망에 따라 행동하려고 한다. 양육자의 기대는 분명하게 표현될 필요는 없다. 3번 유형 아이들은 직관적으로 무엇이 자신의 양육자를 즐겁게 해 주는지, 그리고 어떤 행동들이 인정받는 표정이나 웃음을 자아내는지를 안다. 이러한 모든 것은 매우 자연스러우며, 만일 양육자가 합리적이고 건강하다면, 아이들의 진실된 능력을 그대로 받아들임으로써 3번 유형 아이들은 좋은 자아존중감을 가진 균형 잡힌 사람으로 성장할 것이다. 그러나 양육자가 해결할 수 없는 자기도취 욕구를 가지고 있다면 3번 유형 아이들은 매우 잘 적응해야만 한다. 걱정하는 양육자를 기쁘게 하기 위해서 3번 유형 아이들은 인정받는 사람이 되려고 자신을 포기해야만 할 것이다. 게다가 양육자가 병적이거나 생활이 궁핍한 경우, 3번 유형 아이들은 전적으로 자신의 감정이나 욕구를 억제해야만 한다. 양육자의 기대는 매우 비현실적이기 때문에, 아이들은 실패하게 된다. 아이들은 자신의 존재에 대한 타당성을 인정받기 위해 할 수 있는 것이 거의 없다. 그 결과 심각한 자기도취적 상처를 가진 분리된 개인, 그리고 이들 자신의 욕구를 포기하게 한 사람에 대한 강하고도 근원적인 적개심을 가진 존재가 된다.

어른이 되면 3번 유형은 초기 어린 시절에 학습한 패턴대로 계속 행동한다. 3번 유형은 자신의 타당성을 찾고 칭찬받기 위해 자신을 칭찬하고 존중하는 사람들을 찾는다. 3번 유형은 자신을 좋아하는 사람들 모두를 차별하지 않고 받아들이는 데 관심이 없다. 오히려 이들은 자신을 가치 있고 성공한 사람으로 바라보는 사람에게만 특별히 관심을 둔다. 이것은 3번 유형이 자신을 다른 사람들에게 훌륭하게 보이도록 동기를 부여하기도 하지만, 거부감에 대해 쉽게 상처를 받는 원인이 되기도 한다. 3번 유형은 거부당하지 않기 위해, 그리고 '패자'로 보이지 않기 위해서 끊임없이 일할 것이다. 양육자가 주었던 칭찬은 3번 유형이 사랑받았으며, 가치 있게 평가받았다는 느낌을 갖게 한다. 하나의 형식 혹은 다른 방식으로, 3번 유형은 항상 다른 사람들의 관점에서 보이기를 원한다. 칭찬은 자신들이 살아 있으며 훌륭한 존재로 느끼게 하는 요소다—잠시 동안이라도 칭찬이 없다면 3번 유형은 공허함과 적개심을 느끼는데, 그 이유는 그들이 가치 없는 존재라는 근본적인 감정이 표면 위로 떠오르기 시작하기 때문이다.

보통수준 3번 유형은 이들 자체를 평가받는 것이 아니라 대체로 우월성의 질로, 이들이 성취하는 것들로 평가받았던 어린이들로 인식한다. 3번 유형의 성인은 매우 효과적인 작업 습관을 만들 수 있으나 이것은 또한 친밀감에 대한 강한 두려움을 야기할 수도 있다. 3번 유형은 관계를 주도할 수 있지만, 다른 사람들이 자신을 잘 알게 되기 전에 그 관계를 끝내고 또는 자신과 가까워지기를 원하는 사람들이 아닌 다른 사람들과 관계를 갖는다. 이 때문에 이들의 부서지기 쉬운 자아이미지를 보호한다. 그러나 다른 사람들과의 관계성과 행복을 유지하는 데는 많은 비용이 요구된다. 3번 유형은 다른 사람들이 이미지와 성공 때문에 자신을 사랑할 것이라고 믿는다. 그러나 만일 사람들이 3번 유형의 실체를 알게 되면, 사람들은 자신을 우습게 보고, 거부할지도 모른다고 생각할 것이다. 양육자와의 힘들었던 어린 시절의 경험 때문에, 보통수준 3번 유형은 사람들이 자신을 사랑할 수 있다는 사실을 받아들일 수 없다. 자신을 거부하는 가장 중요한 사람이 바로 자신이라는 현상은 이들에게 잘 일어나지 않는다.

3번 유형이 업적을 포기하고 상처 입기 쉬운 자신을 드러내 보이는 것은 커다란 모험과 같다. 3번 유형은 자신의 진정한 자아가 과거에 거부했다는 것이 알려지는 것과 그런 일이 다시 생길 것에 대해 은근히 겁을 낸다. 또한 3번 유형은 자신의 실제적인 자아는 별로 바람직하지 않으며, 단지 자신의 업적이 훌륭하다고 확신한다. 그토록 노력하는 것이 아무 생각 없이 포기하는 것처럼 보인다. 그러나 만일 3번 유형이 결국은 거부에 대한 위험을 받아들이지 않는다면, 이들은 겉으로는 성공적인 사람이 될 수 있을지 모르지만 무엇이 자신의 본질인지를 결코 알지 못할 것이며, 어떠한 사람들과도 관계를 맺을 수 없고, 누구와도 사랑을 느끼지 못할 것이다. 슬프게도 신문과 잡지들은 매우 성공적인 사람들에 대한 이야기로 가득 채워져 있는데, 이렇게 크게 성공한 사람들은 놀랍고도 비참한 방법으로 그들의 대중적인 이미지와는 모순된다. 자신이 믿는 것을 이루기 위해 지칠 줄 모르고 일하는 갈망과 열정 이면에 있는 공허한 마음에서 오는 고통스러운 감정을 발견할 수 있다.

건강한 3번 유형에 대한 분석

1수준: 진실한 사람

3번 유형의 최상의 상태로, 매우 건강한 1수준의 3번 유형은 다른 사람들에게 인정받으려는 욕구를 초월하며 자신의 존재 자체를 받아들인다. 이들은 더 이상 다른 사람들이 자신에 대한 생각 혹은 박수갈채나 칭찬을 받기 위해서 동기부여되지 않는다. 오히려 건강한 3번 유형은 내적 지향적이고 자기형성적인 방향으로 자신의 무게중심을 이동시킨다. 그렇게 함으로써 3번 유형은 자신의 내면에 자신의 감정과 정체성을 심는다. 이들에게는 명백하거나 눈에 보이는 행동보다는 내면적이고, 개인적이며, 자신의 가치를 발견하는 일이 더 어울린다.

매우 건강한 3번 유형의 많은 능력과 마찬가지로 내적 지향 능력은 처음에 대단하지 않게 생각될 수 있으나 이것은 현대의 환상이 우리를 수용한다는 증거일 뿐일지도 모른다. 진정으로 내적 지향에 도달하는 것은 매우 어렵다. 이러한 것은 정서반응과 환상을 통하거나 회피, 두려움, 보상 등으로 이끌리는 것을 의미하는 것이 아니라 다른 사람들의 의견 혹은 자신의 주요한 경험들로부터 영향을 받는다는 것을 의미한다. 내적 지향이 되는 것은 자신의 진실된 마음을 따르는 것이며 자신의 처지대로 행동하고 말하는 것이다.

건강한 3번 유형이 내적 지향이 될 때 영감을 주며 진실로 영향을 미친다. 이들은 다른 사람들과 접촉하는 방식으로, 그리고 수준 높은 목적들을 추구하기 위해 다른 사람들에게 동기부여하는 방식으로 의사소통한다. 이들의 자기표현은 직접적이며 전적으로 믿을 만하다. 건강한 3번 유형은 깊이 느끼지만 감성적이거나 과장되어 있지 않다. 오히려 이들의 정서는 어린아이와 같은 천진난만함과 동정심 두 가지를 지녀서 다른 사람들과 자신의 진실을 받아들이는 열린 마음을 가지고 있다. 믿을 만한 것은 대단한 성취인데, 특히 우리가 우리의 순수한 감정과 다른 사람들에 대한 인식을 삶 속에서 순간적으로 어떻게 표현해야 하는지를 생각할 때 더욱 그렇다. 이러한 순간들은 매우 드물고, 귀중하며, 자신과 타인에 대한 깊이 있는 수용을 수반한다.

자기수용은 자신을 비난하거나 변명하지 않은 채 온정적으로 바라보는 방식이다. 자기수용은 다른 것들을 가능하게 만드는 삶의 출발점이다. 자기수용은 살아 있는 존재로서, 그리고 자신을 수용하는 존재로서의 만족과 기쁨을 노래한다. 그러나 자기수용은 마치 자신이 선한 것처럼 찬양하거나 신경증과 나쁜 습관을 두둔하는 것을 의미하는 것이 아니라 자신에 대한 고통스러운 진실을 충분히 수용하는 자기애를 포함한다. 자기수용은 우리로 하여금 환상적 세계를 포기하도록 도와주며, 어떤 방식으로든 자신을 나쁘게 만드는 유혹에 귀 기울이지 않도록 도와준다. 단순하게 말해서 자기수용은 인간이 가질 수 있는 온갖 종류의 영광과 고통을 지닌 온전한 인간으로서 여기 그리고 지금의 자기 자신의 경험이다. 매우 건강한 3번 유형은 스스로를 수용함으로써 자신의 소질과 재능을 실현시키기 위해서, 그리고 그들의 약점과 한계를 진정으로 인정하기 위해서 진실된 존재로 책임감을 갖고 스스로를 발전시킨다고 생각한다.

이러한 수준에서 건강한 3번 유형은 자신에 대해 겸손하며 솔직한데, 3번 유형은 자신의 에너지를 있는 그대로의 자신에게 투자하기 때문이다. 1수준에서 3번 유형은 자신이 건강하지 못한 상태에서조차 현실적이며 매우 만족한다. 이들은 대체로 자신들에 대해 낙천적인데 그 이유는 자신의 재능을 잘 알고 있고 스스로에 대해 만족할 수 있기 때문이다. 게다가 건강한 3번 유형은 부드럽고 사랑스럽다. 다른 사람들의 이야기를 주의 깊게 들을 수 있으며, 자신의 감정을 분명하고도 솔직하게 표현할 수 있다. 이들은 더도 덜도 아닌 보이는 그대로다. 자신의 실체와 이미지가 한데 모여 성장하는 데 필요한 든든한 토대를 제공한다. 이들의 감정은 안에서부터 시작하며, 이들의 직접적인 경험과 관련되어 있고, '기능(function)'을 해서는 안 되는 때까지 모의실험하거나 미루지 않는다. 건강한 3번 유형은 다른 사람들이 그들에게 베풀어 주는 사랑에서 보살핌을 받는다. 왜냐하면 이들은 자신의 감정에 충실하기 때문에 다른 사람들의 사랑을 받을 수 있다. 타인이나 자신의 상처와 영광은 이들에게 매우 실제적인데, 그 이유는 매우 건강한 3번 유형이 스스로에게 진실하기 때문이다.

매우 건강한 3번 유형은 대체로 매우 호의적이고 자비로운데, 그것이 다른 사람들에게 긍정적인 영향을 줄 수 있어서가 아니라 자신의 마음을 열고 다른 사람들의 복지와 성공에 관심을 갖기 때문이다.

3번 유형은 자신의 목적보다는 자신보다는 운이 부족하다고 생각되는 타인을 위해 행동한다. 1수준의 3번 유형은 '출세' 와 자신을 내세우는 것에 더 이상 관심을 두지 않는다. 이들은 매우 훌륭한 가족의 구성원으로 스스로를 경험하기 시작한다. 그리고 가족 내에서의 적절한 역할을 하게 되고, 게다가 자신의 재능과 지위가 무엇이고 어떻든 그것을 겸손하게 사용함으로써 타인에게 적절한 도움을 준다.

2수준: 자기확신적 사람

건강한 3번 유형이라 해도 앞에서 설명한 것처럼 항상 건강한 것만은 아니다. 내적 지향 상태 대신에, 이들은 다른 사람들이 무엇에 가치를 부여하는지 알기 위해 외적인 측면에서 더욱 전형적으로 자신을 찾으려 한다. 3번 유형은 자신에게 중요한 사람들에게 잘 평가받기 위해서 무엇이 필요한지 정확히 알고 있다. 그리고 자신이 그런 재능을 가진 사람이 되기 위해서 스스로를 정통하게 만든다. 비록 3번 유형 사람들이 여전히 믿을 만한 사람이긴 하지만 이들 자신의 온전함을 지키려는 데서 다른 사람들에게 인정을 받으려는 쪽으로 옮겨 가기 시작한다.

2수준의 3번 유형은 다른 사람들로부터 긍정적으로 인정받으려고 하기 시작하는데 그것은 이들 자신이 가치가 없을지도 모른다는 기본적인 두려움에 압도당하기 때문이다. 어쨌든 이것은 2번 유형의 딜레마와 유사해서 3번 유형은 자신의 삶 속에서 중요한 다른 사람들의 칭찬을 듣거나 인정받음으로써 자신의 가치를 얻을 수 있다고 느낀다. 대체로 2수준의 3번 유형은 어린 시절에 소중한 존재로 인정받지 않고 자랐기 때문에 자신이 가지고 있는 욕구나 감정들보다는 자신을 값 있게 만들어 갈 행동, 재능, 태도 결정에 관심을 돌리기 시작할 것이다. 그 결과 3번 유형은 다른 사람들의 기대를 읽고 자신의 재능을 적용시키기 위한 능력을 개발한다.

건강한 3번 유형은 가장 뛰어난 사회적 본능들을 가지고 있기 때문에 강렬한 빛을 보면 얼굴을 돌리듯 애쓰지 않고도 자동적으로 배려에 반응하며 다른 사람들과 매우 잘 적응한다. 다른 사람들의 모든 감정의 변화는 3번 유형의 정신 속에 즉각적으로 나타난다. 이것은 일광욕을 즐기는 사람들이 햇볕이 내리쬐는 쪽을 향하는 것과 같다. 건강한 3번 유형은 사람들이나 상황의 변화를 읽을 수 있는 2번 유형의 감정이입과 유사한 재능을 가지고 있다. 3번 유형은 어떤 집단에 들어갈 때 분위기를 즉각적으로 파악하며, 어떤 상황에 효과적이고도 감각적으로 반응할 수 있다. 이러한 능력은 다른 사람들이 3번 유형에게 쉽고도 호의적으로 반응하게 만든다. 3번 유형 사람들이 다른 사람들의 배려를 인정하는 상황에 놓일 때 긍정적으로 성장한다. 다른 사람들에 대한 확신은 스스로에 대해서 자신감을 가지게 만든다.

3번 유형의 정신 역동을 간결하게 분석하기란 쉽지 않다. 그 이유는 3번 유형과 다른 사람들 사이에 계속해서 난해한 상호작용이 발생하기 때문이다. 다른 사람들의 긍정적인 반응은 3번 유형을 매력 있는 사람으로 느끼게 만든다. 그리고 3번 유형은 다른 사람들이 생각하고 있는 가치에 자신을 맞춤으로써 다른 사람들에게 반응한다. 사람들이 자신의 이상적인 자아를 3번 유형에 투사하고 3번 유형에게 주의를 쏟음으로써 상호작용이 지속된다. 3번 유형이 건강할 때는 이러한 '피드백 고리' 를 유지할 수 있는데, 다른 사람들이 장점이라고 칭찬하는 것들을 구체적으로 드러내기 때문이며, 진정한 칭찬과 긍정적인 관심을 받을 만한 행동을 하기 때문이다. 그러나 3번 유형은 완전히 내적 지향적이지 않기 때문에 자아존중감이 지속되기를 원한다. 3번 유형은 다른 사람들에게 자신을 맞출 필요를 느낄 뿐만 아니라, 자신이 '나는 가치 있고 의미 있는 존재' 라는 것을 계속해서 상기시켜 줄 수 있는 자기긍정의 요소가 필요해진다.

3번 유형이 자신의 가치를 확신하는 하나의 방식은 이들이 이해하기 시작한 무한한 잠재력에 초점을 맞추는 것이다. 건강한 3번 유형은 '할 수 있다' 는 신념을 유지하며 목표를 달성하려 한다. 이들은 어린 시절부터 반복되었던 '구하라, 그리하면 얻으리라' 는 메시지를 마음에 새김으로써, 스포츠 스타가 되거나, 올 A학점을 받거나, 학교 연극제 주연으로 캐스팅됨으로써 가족에게 '영웅' 이 되기도 한다. 3번 유형의 어린이들은 다양한 방식으로 가족에게 칭찬받기 위해 애를 쓴다. 그러나 건강한 3번 유형에게 잠재력과 가능성은 줄어드는데 이것은 3번 유형에게 많은 목표를 달성하는 능력을 제공하는 잘 다져진 현실주의와 지속적인 목적 때문이다.

뛰어난 자기확신과 긍정적인 태도는 건강한 3번 유형을 다른 사람들과 더욱 잘 상호작용하고 더욱 긍정적이고 매력적인 사람으로 만든다. 다른 사람들 또한 3번 유형에게 매력을 느낀다. 그 이유는 이들은 대체로 신체적으로 매력적이며, 자신이 보편적인 문화 수준에서 볼 때 그다지 특별하지는 않지만, 자신이 가지고 있는 역량 안에서 가장 긍정적인 성과를 만들어 내기 위해 무엇을 해야 하는지 알고 있기 때문이다. 3번 유형은 훌륭한 언어 감각으로 매력적으로 되기 위해 노력한다. 이들은 다른 사람들이 매력을 느끼게 하는 방법을 알고 있고, 다른 사람들이 자신에게 관심을 갖게 하는 방법을 알고 있다. 또한 현재 상태에서 다른 사람들을 즐겁게 해주는 방법을 알고 있다. 이들은 자신의 주변을 흥분시키는 능력과 호감을 갖게 하는 매력을 가지고 있다.

유능함과 매력(신체적으로나 성격적으로)은 사람에게 매우 중요한 자질인데, 생물학적 측면에서 볼 때 인류의 번식을 위해 다른 사람들의 마음을 끌어당겨야 하기 때문이다. 그러나 우리는 또한 사회적 동물이기도 해서 삶 속에서 많은 것들을 성취하기 위하여 다른 사람들에 대한 좋은 감정도 필요하다. 다른 어떠한 성격유형도 건강한 3번 유형보다도 매력을 끌며 호의적인 주목을 받지 못한다.

3수준: 탁월한 귀감형

자신에 대한 부정적인 감정이 다른 사람들을 강화시키듯이 긍정적인 감정 역시 마찬가지다. 건강한 3번 유형은 자신에 대해 좋게 느끼기를 원하기 때문에 자아존중감을 증가시킬 건설적인 행동을 한다. 자신의 가치와 소중함을 스스로 깨달음으로써 다른 사람들이 자신을 거부하거나 실망하게 될 것을 걱정한다. 그 결과 건강한 3번 유형은 스스로를 개발하는 데 시간과 에너지를 투자하여 탁월한 사람이 되어 간다.

건강한 3번 유형은 여러 가지 방식으로—학문적으로, 체력적으로, 문화적으로, 전문적으로 그리고 지적으로—자신을 향상시키는 데 야심과 정열을 가지고 있다. 돈 혹은 명성, 사회적 평판을 열망하는 것이 아니라 자신을 더욱 향상시키기를 열망한다. 건강한 3번 유형은 칭찬을 많이 받는데 그 이유는 이들에게 실제로 어떠한 뛰어난 재능이 구체적으로 나타나기 때문이다. 또한 이들은 다른 사람들에게 칭찬받을 만한 가치가 있다. 그 이유는 이들은 탁월하며, 운동이든 공부든 자신의 활동

영역에서 본보기가 되기 때문이다. 매우 적응력이 강하고, 매우 활발하며, 문화적으로 칭찬할 만한 가치를 구현하는 사람들이다(물론 특별한 3번 유형은 개인적으로 고무되거나 갖고 싶어 했던 가치를 구현하는 것이 아니라, 문화적 · 사회적 상황에서 인정받을 수 있는 가치를 추구한다.). 따라서 3번 유형은 사회적 · 문화적 모델이 되며, 귀감이 될 만하다.

3번 유형은 탁월한 능력을 가지고 있기 때문에, 다른 사람들에게 계발의 동기를 부여할 수 있다. 3번 유형은 다른 사람들도 자신처럼 잠재력을 계발하기 위해 노력한다면 좋아하는 사람이 될 수 있을 것이라 생각한다. 더욱이 건강한 3번 유형은 자신이 가지고 있는 능력을 다른 사람들도 가질 수 있도록 기꺼이 돕는다. 만일 이들이 뛰어난 무용가라면 다른 사람에게 기꺼이 춤추는 방법을 가르쳐 줄 것이고, 보디빌더라면 자신만의 근육 만드는 노하우를 공유할 것이다. 또 이들이 성공한 사업가라면 당신에게도 성공의 비법을 알려 주려 할 것이다.

건강한 3번 유형은 업무 면에서 매우 유능하며 상당한 능력을 가지고 있다. 이들은 목표에 초점을 맞추고 처음부터 끝까지 추진하기를 좋아한다. 또한 고도의 정신과 꾸준함을 겸비한 팀워크를 불어넣는다. 3번 유형은 고생하는 것을 두려워하지 않는데, 힘든 일이 목표를 달성하는 데 도움을 줄 것으로 확신하기 때문이다. 또한 효과적인 의사소통에 능해서 사람들이 어떤 일이나 가치 있는 목적을 위해 투자할 수 있도록 동기부여할 수 있다. 정말로 건강한 3번 유형은 종종 조직의 대변자로 대중들에게 자신을 드러내기도 한다. 이런 측면에서 3번 유형의 힘이 넘치는, 균형 잡힌, 매력적인, 신념 어린 행동들은 3번 유형을 닮기를 원하는 다른 사람들에게 강한 자극을 준다.

그러나 모든 것들이 효과성과 자기개발에 연결되어 있는 것만은 아니다. 건강한 3번 유형은 건강한 동물들이 태양 아래 경쾌하게 뛰어다니는 것처럼 매우 힘이 넘쳐나고, 젊으며, 자유분방하다. 이들의 유머는 애교가 있을 뿐만 아니라 자신의 약점과 자신의 현 수준을 인정하는 것이다. 이들의 매력과 다른 사람들이 존중할 만한 능력이 가미된 이러한 특성은 중요한 사회적 욕구를 지닌 건강한 3번 유형의 근원이다. 왜냐하면 3번 유형은 주위에 매우 많은 자극을 주기 때문이다.

아무튼 어떤 방식으로든 거의 모든 사람들은 건강한 3번 유형이 되고 싶어 한다. 누가 편안하고도 매력적인 사람이 되기를 좋아하지 않겠는가? 자신의 최대의 잠재력을 이끌어 낼 에너지와 동기를 부여하고 자기확신에 찬 사람이 되고 싶지 않겠는가? 또 건강한 3번 유형처럼 자신을 인정하고 이들 스스로를 기꺼이 받아들이기를 누가 좋아하지 않겠는가? 3번 유형이 건강할 때 이들은 진정한 스타다. 보통 사람들과 함께 있기만 해도 3번 유형에게는 무언가 특별한 것이 있다는 것을 알 수 있다.

보통수준 3번 유형에 대한 분석

4수준: 경쟁적 지위 추구자

이 수준에서부터 태도의 변화가 일어난다. 3번 유형은 다른 사람들과 자신을 구별하고 싶어 한다. 가치를 느끼기 위하여 힘들게 일한다는 것에 대해 더 이상 묻지 않는다. 보통수준 3번 유형은 주목받고 싶어 한다. 이들은 다른 사람들과 자신을 비교하려 하고, 다른 사람들 때문에 자신이 가려질까 걱정한다. 이것은 부득이 다른 사람들과 경쟁을 요구하게 되는데, 비록 경쟁이 미묘하고도 은밀하게 이루어진다 할지라도 경쟁은 경쟁이다. 보통수준 3번 유형은 자신이 특별나며 우월한 사람들이라는 사실을 자신과 동료들에게 증명해 보이려 한다. 3번 유형은 다른 사람들보다 더 어려운 일을 함으로써, 그리고 성공과 성취를 나타내는 상징들—졸업장, 승진, 좋은 동네, 주목할 만한 계약, 선생님이나 지도자가 가진 특별한 지위—을 획득함으로써 자신이 타인보다 우월하다는 것을 증명해 보이려 한다. 다른 사람들보다 위에 올라섬으로써 자신의 자아존중감을 강화시키고, 자신에게 더욱 바람직하며 더욱 가치 있는 열정과 감탄을 일시적으로라도 불러일으킴으로써 자신이 무가치하다는 생각을 차단한다.

이 결과 3번 유형은 자신의 프로젝트와 경력에 완전히 몰입한다. 그리고 무슨 일이든지 자신의 자아존중감을 강화하기 위해 노력한다. 이들은 대체로 A형의 성격이며, 일에 빠져 점점 중독되어 간다. 물론 모든 3번 유형이 빠르게 움직이는 현대사회의 경력자들은 아니다. 그럼에도 불구하고 3번 유형이 선택한 '경력' 은 무엇이든지 에너지의 중요한 관심 포인트가 될 것이다. 부모로서의 3번 유형은 '가정의 모델' 을 새롭게 만들어 내기 위해서 부모의 경제적 자산의 범주 안에서 노력할 것이다. 3번 유형은 자신의 아이들을 우수한 인재로 만들기 위해서 노력할 것이다.

가능한 한 아이들에게 과외를 시키거나 가장 좋은 학교에 보내려고 한다. 불교 승려라면 3번 유형은 신도들에게 가장 경건하고 헌신적인 사람이 되기 위해 노력할 것이다. 보통수준 3번 유형은 자신이 곤란한 상황에서도 탁월하기를 원하며, 가능하다면 최고가 되기를 원한다.

예를 들어, 훌륭한 수영선수 혹은 테니스 선수이지만 자신이 무가치하다는 두려움을 누그러뜨리기에 충분하지 않다고 느끼기 시작한다. 그래서 이들은 누구든 다른 사람들을 능가해야만 한다. 그래서 보통수준 3번 유형은 아무도 없는 곳에서조차 경쟁하려 한다. 불행히도 이러한 경쟁을 만들어 내는 것은 좋은 관계의 사람들조차 경쟁자로 만드는 결과를 초래한다.

보통수준 3번 유형은 다른 사람들의 가치에 따라 움직이기도 하고, 동료들이 가치 있다고 인정하는 것을 성취하기 위해 더욱 힘든 일까지도 한다. 이것은 자신의 요구와 감정에서 점점 더 멀어지는 결과를 초래하기 시작한다. 결국 사람들의 마음이 이들을 전적으로 지지하지 않을 때 목표에 초점을 맞추는 것(집중한 상태로 있는 것)은 어려운 일이다. 그래서 이들의 감정은 혼란스러워지고, 때로는 능력 발휘에 방해가 되기도 하고, '끊임없는 순례자' 에 머물게 한다. 보통수준 3번 유형은 자신이 가지고 있거나 하는 일에 대해 관심을 갖지 않는데, 그 이유는 이들이 그 일을 하는 것은 '출세' 라는 감정을 느끼기 위한 것이지 그 일을 즐기기 위한 것이 아니기 때문이다.

보통수준 3번 유형은 다른 어떤 성격유형보다 경쟁자가 없는 성공을 추구한다(우리는 3번 유형을 이들이 대체로 높게 가치를 부여하는 세 가지 것들, 즉 경력, 성공 그리고 보수로 아주 간결하게 특징지을 수 있다.). 3번 유형에게 성공은 끊임없이 이들의 직위 혹은 지위를 높이려는 1인자, '승리자' 가 되었음을 의미한다. 틀림없이 보통수준 3번 유형은 정상에 오르고, 또 정상을 유지하기 위해 열심히 노력한다. 이들은 전문적인 경쟁에 가치를 부여하고 자신이 하는 일의 가장 최선의 상태에 목표를 두는데, 주로 전문가 사회에서 정상에 있는 사람의 특권을 위한 것이다. 좋든 싫든 이들은 좋은 이력서와 '톰과 제리' 같은 경쟁 세계 속에 존재한다.

이러한 수준에서, 3번 유형은 경력주의자가 되는데, 이것은 전문가적 성공이 자신의 가치를 판단하는 기본적인 잣대가 되기 때문이다. 가차 없이 직장을 옮기고, 가능하면 빨리 승진하기를 원하며, 자신이 추구하는 성공을 달성하기 위해서 기꺼이 커다란 희생도 감수할 것이다. 불행히도 이러한 희생들에는 결혼, 가족, 친구들이 포함될 수 있으며, 정서적인 건강은 별개의 문제다. 특권적인 직책 혹은 전문가가 된다는 것은 보통수준 3번 유형 사람들에게는 매우 중요한데, 그 이유는 그것이 이들 자신에게 성공감을 강화시키기 때문이다(똑같은 이유로, 만일 그들이 특권적인 직업을 가지고 있지 않거나, 혹은 직업 자체가 없다면 그들의 자아존중감은 크게 위협받는다.).

보통수준 3번 유형은 성공이 매우 중요하고 성공을 위해 다른 사람들과 경쟁을 시작했기 때문에 스스로를 더욱 호의적으로 보이려고 노력하며, 외교술을 습득한다. 보통수준 3번 유형에게 권모술수가 통하는 상황 속에서는 유용할 수도 있지만, 권모술수는 진정한 자기표현으로부터 멀어지기 시작하는 것을 의미한다. 3번 유형은 자신의 동기를 감추기 시작하며, 원하는 반응을 끌어내기 위해서 다른 사람들과 의사소통하기 시작하는 데 반해, 자신의 실제적인 생각 혹은 감정이 무엇인지는 표현하지 않는다. 더욱이 이러한 경향은 친구들이나 동료들에게 전략적으로 행동하게 할 수 있다. '상류사회로의 이동' 을 유지하기 위하여, 훌륭한 정치적 감각과 적절한 인맥은 중요하다. 이들은 자신의 경력을 더 쌓고, 사회적 욕망을 부가하기 위하여 지속적인 네트워킹을 하며, 교제하고, 자신을 개발하는 사람들이다. "당신은 나의 목표 성취를 위해 무엇을 도와주시겠습니까? 당신이 추구하고 있는 가치는?" 이라는 질문에서 보듯 다른 사람을 사회적으로 인정받는 가치를 기준으로 평가한다.

따라서 보통수준 3번 유형은 자신의 지위를 의식하고, '어디를 향해 가고 있는지' 혹은 '자신이 진보하고 있다는 확실한 증거는 있는지' 를 끊임없이 평가한다. 그러나 만일 동료 중에 누군가가 더욱 가치 있는 것을 가지거나 커다란 존경과 칭찬을 받는 경우에 3번 유형은 실패감을 느낀다("옆 사람에게 지지 않으려고 허세를 부린다."). 이들은 여전히 매우 조직적이고 목표 지향적이나 관심은 따지고 재보는 데 있다. 3번 유형의 목적은 무엇인가? 이들 자신의 발전과 특별한 과업에 대한 성취인가? 혹은 다른 사람들의 인정과 관심을 얻어 내는 것인가? 점차로 이들의 목적은 다른 사람들의 인정과 관심을 얻어 내는 것으로 변질된다.

5수준: 이미지를 의식하는 실용주의자

보통수준 3번 유형은 점점 커지는 경쟁심 때문에 다른 사람들로부터 긍정적인 존중을 잃어버릴지도 모른다는 두려움으로 자신의 감정과 진정한 자기표현조차 무시하기 시작한다. 그리고 호의적인 인상을 만들어 내는 데 열중하게 된다. 이 수준은 3번 유형의 발전 혹은 황폐화의 중요한 기점이다. 보다 건강한 3번 유형은 경쟁심은 있으나 기본적으로 실제적인 노력과 성취에 초점을 두고 있고 진정한 자기증진에 관심을 가지고 있다. 그러나 5수준 아래의 3번 유형은 기본적으로 자기표현과 이미지 향상에만 관심을 가지고 있다. 이들은 드러내려고 계획한 이미지든 아니든 호감 가는 인상을 만들려고 한다. 외형과 실존—한 사람이 다른 사람들과 어떻게 비교되는지—은 이들의 최우선 관심사가 된다.

3번 유형이 '올바른 적응' 이 자신을 향상시키고 더욱 수용적으로 만들 것이라는 믿음이 강할수록 거절당할 것에 대한 두려움이 증가하면서 자기 자신을 더욱 포기하게 만든다. 이들의 자기표현은 부드럽고 전문적이며, 이들의 모습은 더욱 기대된다. 3번 유형은 세련된 겉치레를 신장시키는 데 많은 에너지를 쏟는다. 그 겉치레는 아마 '검열을 통과할' 것이고 자신이 원하는 성공을 할 것이다. 물론 이러한 이미지 추구는 진정한 자아존중감의 중요한 결점을 무심코 드러내게 된다. 보통수준 3번 유형은 자신이 인지하고 있는 진정한 자아보다는 더 의미 있고 가치 있어 보이도록 '포장' 하려고 한다.

아이러니하게도 그 결과 보통의 3번 유형은 실제의 자신보다 덜 매력적인 사람이 된다. 이미지를 의식하는 3번 유형은 부분적으로는 에리히 프롬(Erich Fromm)이 기술한 시장지향적 성격유형과 상응한다.

> 이러한 성격 지향은 …… 개인의 경험과 가치를 적절하게 상품화시키고자 하는 가치에 뿌리를 두고 있다. ……
>
> 성공은 어떤 사람이 자신을 잘 채용되게 하는 방법, 상대의 성격을 잘 아는 방법, 좋게 '포장' 하는 방법에 달려 있다. …… 증권 중개인, 세일즈맨, 비서, 공무원, 대학 교수 혹은 호텔관리자는 상이한 유형의 성격을 가져야 하지만, 실제로는 차이를 인정하기보다 통합된 조건을 충족시켜야만 한다.
>
> 시장지향성은 …… 사람들이 잠재적으로 가지고 있는 어떤 것을 개발하지 않는다(만일 우리가 '아무것도 아닌 것' 이 인간 능력이라는 애매한 주장을 인정한다면). 특별하거나 영원한 유형은 없다는 것이 본질이다. 그러나 이 본질은 사람의 태도 변화가 아니고, 태도 변화 능력을 가지고자 하는 것이 가장 중요한 자질이라는 것이다. 이러한 관

> 점에서 사람들에게 환영받을 수 있는 자질들이 개발된다. 하나의 특별한 태도가 뛰어난 것이 아니라 오히려 무엇이든 원하는 대로 변화할 수 있는 비어 있는 상태가 뛰어난 자질이다. 그러나 이러한 자질들은 적절한 수준에서 하나가 된다는 것에 불과하다. 이러한 자질은 바로 역할이며, 자질의 허상이며, 만일 다른 사람에게 더욱 필요한 것이라면 기꺼이 변화를 이끈다(E. Fromm, *Man for Himself*, 76–77, 84).

보통수준 3번 유형은 자신을 없어서는 안 되는 중요한 상품처럼 간주하기 때문에 다른 사람들을 이해하는 방법을 고민한다. 이들은 자신이 만들어 낸 인상에 대해 걱정하고 다른 사람들이 자신을 어떻게 생각하는지 끊임없이 궁금해 한다. 충분히 성공적이고 경쟁적인, 그리고 매력적인 이슈들이 끊임없이 자신의 마음속에서 재연된다. 이들의 관심은 오로지 자기 자신에게 있어서 항상 올바른 모습과 말, 그리고 품격있는 정서를 갖추고 있어야만 한다고 느낀다. 따라서 이러한 성격유형은 자신의 순수한 감정과 반응을 표현하려 하지 않는다. 사실 보통수준 3번 유형은 자신의 감정이 무엇인지조차도 모른다.

문제는 이들이 그리는 이상적인 이미지에 따라 행동한다는 것이다. 이러한 행동은 이들이 말이나 행동이 자신의 신념이나 실제적인 필요에 따른 것이 아니다. 보통수준 3번 유형은 각각의 상황에 적절하게 대응할 수 있는 가상의 정서 상태에 투영하는 방법을 배운다. 비록 그렇지 못하더라도 이들은 성실하고, 우호적이며, 겸손하며, 친절하고, 순결하며, 진실하게 보일 수 있다. 이들이 현재의 욕구를 충족시키기 위하여 자신의 이미지를 맞출 수 있기 때문에 다른 사람들은 이들을 좋게 생각할 것이다. 이들은 보이는 것과 실제의 모습이 매우 다르게 존재하기 시작한다. 따라서 보통수준 3번 유형에게 붙임성이 있거나 때로는 정서적 공황이 생기는 이유는 이들이 말하거나 행동하는 많은 것들이 이들의 진실된 실제를 반영하는 것은 아니기 때문이다. "이들은 누구인가."는 다른 사람들과 자신조차도 점점 확인하기 어려워진다.

보통수준의 3번 유형은 자신이 처한 환경에 성공적으로 적응하는 방법을 알고 있다. 많은 산업들은 이러한 측면의 인간 행동에 몰두해 왔다. 광고와 패션산업체들은 이러한 관심을 특별히 잘 이해하고 조종하고 있다. 전문가들은 높은 수준의 이미지 컨설턴트로 가득 차 있다. 그 컨설턴트들은 다른 사람들에게 잘 보일 수 있는 방법, 특수 용어를 마스터할 수 있는 방법, 사람들의 어투 혹은 스타일의 지방색을 지울 수 있는 방법을 가르쳐 준다. 이미지는 카멜레온처럼 어떤 사람이 환경에 완전히 적응할 수 있게 하는 유용한 도구다. 3번 유형이 가지고 있는 이미지는 다음과 같이 행동하게 한다. 이들은 단순히 환경에 맞추려고 하지 않고, 다른 사람들이 자신을 판단 기준으로 삼게 할 정도로 스스로의 이미지를 완전하게 할 수 있다. 다른 사람들이 받아들이는 이미지가 자신의 실재라고 생각할 수 있다.

보통 중에서도 조금 낮은 수준의 3번 유형이 어떻게 하면 신뢰할 만한 이미지를 제시할 수 있는지, 특히 특정한 3번 유형이 지적이고 교육을 잘 받은 사람이라면 포장된 이미지가 어느 정도인지를 다른 사람들이 간파하기는 쉽지 않다. 이러한 성격유형은 텔레비전 게임쇼 진행자들나 미모만 추구하는 사람들, 혹은 기계적으로 행동하는 여피족에 한정되지는 않는다. 보통수준 3번 유형은 전문직, MBA로부터 자기성장 전문가, 스포츠 선수, 정치인, 예술가에서 뉴스진행자에 이르기까지 다양하게 분포되어 있다.

보통수준 3번 유형은 완벽한 사람이라기보다는 이미지를 다루는 사람들이다. 3번 유형은 비록 다른 사람들이 자신의 자질을 의심하고, 전문성에 대해 파헤치려 해도, 자신이 매우 시원스럽고, 부드러우며, '친절한' 전문가의 전형인 것처럼 행동한다. 그러나 3번 유형은 자신의 의견은 제대로 알지 못해도 다른 사람들의 의견은 알고 있다. 만일 다른 사람들이 연기하는 것처럼 보인다면 3번 유형은 더욱 노력할 것이고, 필요하다면 더 적응을 잘하도록 노력할 것이다.

3번 유형은 행동을 주의 깊게 행동하기 때문에 다른 사람들이 3번 유형의 결점을 확실히 지적하는 것은 어렵다. 그러나 주의 깊게 충분히 살펴본다면, 보통수준 3번 유형들에게서 본질—진실한 감정을 거의 표현하지 않으며, 분명한 개인적 확신을 거의 가지고 있는 않다는—을 거의 발견할 수 없을 것이다. 3번 유형은 부드럽게 정제된 모습 속에서 아무런 특징도 없고, 열정도 없는 것처럼 보인다. 비록 3번 유형에 대한 모든 것들이 완전하게 보일지라도 다양한 이미지들은 그 사람 자체로 통합되지 않는다. 잃는 것은 개인적 측면의 약속이며 책임인 것이다. 보통수준 3번 유형은 자신과 관련시켜 생각하기보다는 자신의 감정과 관련시켜 생각한다. 이들은 기대하는 대로 정확하게 행동함으로써 요구하는 대로 유지되는 잘 설계된 기계처럼 존재한다.

기대가 지나치면, 방향 설정의 어려움이 존재한다. 보통수준 3번 유형은 누군가 자신의 내면이 비어 있음을 발견할까 봐 진정한 친교를 맺지 못한다. 이들은 자신의 진정한 자아가 별 볼일 없다고 평가받거나 인정받지 못하는 것에 대한 무의식적인 두려움이 있다. 보통수준 3번 유형이 다른 누군가에게 자신을 드러낼 때는 그 사람을 특별히 믿거나 존경할 때다. 상당한 매력과 적응할 능력을 가진 3번 유형은 실제보다 자신을 더욱 잘 드러내 보여 친밀한 인상을 만들어 낼 수 있다. 이것은 일반 사람들이 3번 유형이 구축한 이상적인 이미지를 믿든지 안 믿든지 보통수준 3번 유형이 자신의 신뢰에 전적인 관심을 갖고 있기 때문이다.

3번 유형이 자신의 이미지에 투자해 온 모든 관심과 노력에도 불구하고 점점 불확실해지는데, 그 이유는 이들의 정서적인 이탈을 다른 사람들도 알게 되기 때문이다. 그러나 감정을 억제한 3번 유형은 매우 효율적으로 일하며, 평소와는 달리 전문적인 목표를 성취하는 데 자신의 에너지를 쏟을 수 있다. 실질적이고 목적지향적인 이들은 실제적인 문제해결에 적합한데, 그 이유는 이들의 실용주의가 이들로 하여금 추상적인 원칙이나 감정이 구애받지 않고 상황에 반응하도록 하기 때문이다. 감정이 일어날 때, 보통의 3번 유형은 통제하지 못하는 느낌을 갖는 경향이 있다. 이들은 자신의 감정을 개인적으로 다룬다. 빠르고 강하게 감정을 과장해서 나타낸다. 그러나 가능한 한 빨리 '원래의 상태' 가 되기를 원한다. 자신의 감정은 이들에게 점점 낯설어지고, 친숙하지 않은 영역이 된다—자신의 효율적인 이미지뿐만 아니라 자신의 관심을 파괴하는 위협요소가 된다.

그 결과 3번 유형은 자신이 어떤 일에 대해 느끼고 있는 것이 무엇인지를 확신하지 못하게 된다. 이들은 또 다른 누군가가 되기 위해 많은 시간을 투자함으로써 자신의 신념대로 행동하지 못한다. 이들은 쟁점의 어느 한쪽을 취할 수 있는데—그것은 매우 쉽게 반대쪽과도 연결되어 있다—그 이유는 이들의 열정과 개인적 확신들이 이들과 상관없기 때문이다. 대신에 이들은 개인적인 삶 속에서 기교와 방식을 신뢰하는 법을 배운다. 보통수준 3번 유형은 대통령을 선출하든, 치약을 사든, 자신이 이미지대로 결과를 이끈다. 다른 사람들은 보통수준 3번 유형의 친절함이 종종 편의주의에서 벗어나 있다는 것을 알게 된다. 3번 유형은 목표와 성취할 것에 초점을 두면서 더욱 효율성을 추구하고 따라서 점점 더 정서적으로 분리되어 간다.

3번 유형은 자기 마음의 욕구를 깨닫지 못하기 때문에 5수준의 3번 유형을 위한 근본적인 것은 '어떤 일' 이다. 3번 유형은 기술적인 문제를 해결하는 데 매우 적절하지만 보통수준 3번 유형은 항상 좋은 리더는 아니다. 3번 유형은 개인적인 비전이 결여되어 있고, 다른 사람들에 대한 동정심도 없기 때문이다. 그러나 불행하게도 보통수준 3번 유형은 종종 리더의 지위에 매력을 가지는데, 특권이 포함되어 있기 때문이다. 결론은 3번 유형은 행동보다는 듣기를 원하는 사람들에게 말을 하게 하고 따르게 한다. 일단 이미지가 실제가 되면 그것은 그 자체로 실패한 인생을 살아간다.

6수준: 자기를 선전하는 나르시시스트

3번 유형은 다른 사람들이 인정하고 수용할 수 있는 '새롭고 개선된' 자신의 모습을 만들어 낸 다음에, 실제 자신이 그렇게 뛰어나지도 않으며 '모든 것' 이 스스로 만들어 낸 이미지라는 것을 타인들이 알게 될까 봐 두려움을 느낄 수 있다. 실제의 모습이 자신이 이상화한 이미지에 미치지 못하다는 것이 드러날 때 이들은 깊은 수치심을 느낀다. 그런 까닭에 3번 유형은 타인에게 이것을 들키지 않기 위해 '여러 가지를 내걸고', 자기선전에 열을 올린다. 이들은 다른 사람들이 자신을 칭찬하고 선망하기를 바란다. 또한 자신이 모든 분야에서 절대적으로 뛰어나고, 실제로도 그 모두를 가지고 있으며 완벽하다고 인정해 주기를 바란다. 그러나 가장 중요한 것은 3번 유형은 자신에게 지속적으로 수치심과 고통을 야기하는 공허한 내적 자아를 잊고 싶어 한다는 것이다.

가치 없을지 모른다는 두려움이 커져감에 따라 이에 대한 보상으로 이들의 자아 이미지는 점점 기괴하게 과장된다. 이들은 심하게 자신을 선전하기 시작하고 자신의 성취에 대해 허풍을 떨며, 자신의 이름이 중요하게 거론되도록 한다. 또한 자신의 성취 수준을 다른 사람들에게 '과장하여 강매하거나' 자신의 성공을 다른 사람들에게 선전한다. 그리고 자신이 매우 훌륭하고 자신의 행위가 다른 사람들보다 훨씬 더 나아 보이게끔 과장한다.

이 수준에서 3번 유형은 자신을 실제보다 더 높게 평가하고 자신의 업적에 대해 지나치게 과장하기 시작한다. 자기도취적 자아 팽창은 존재하지도 않는 대단한 자아와 이들의 실제 부족한 모습과 상당한 충돌이 일어난다. 이들의 자기선전 솜씨는 대체로 설득력이 있어서 비록 탄로나지는 않지만, 실제로는 현실감이 없다. 자신의 우월함을 자기 자신이나 타인에게 필사적으로 확신을 주려고 하지만, 다른 사람들은 그것들이 너무나 이상적이어서 진실이 아닐 수 있다는 생각을 갖기 시작한다. 이들이 자신에 대해 언급한 대부분의 내용은 이치에 맞지 않는다.

이 수준에서 이들이 한 모든 행동은 사람들이 그들을 주목하고 칭찬해 주기를 바라면서 벌인 쇼다. 이들의 자기선전은 모두 "저 좀 보세요!"라는 숨은 의도를 가지고 있다. 이들의 교양, 교육, 지위, 신체, 지성, 직업, 배우자, 성적인 능력, 위트—이들이 생각하는 모든 것은 칭찬을 끌어오는 것이다—를 자랑함으로써 이들은 점차 수치심을 모르는 허풍쟁이가 되어 간다. 이들의 유일한 대화 주제는 자신에 대한 것이며, 마치 타인들은 자신이 말하고 행하는 모든 것에 이끌리고 또 그래야만 하는 것처럼 행동한다. 이것은 종종 다른 사람들을 지루하게 만들어 이들에 대해 흥미를 잃게 한다. 그런데 이는 바로 3번 유형이 피하고자 했던 것이다.

노골적인 경쟁의 결과로 타인과의 갈등이 시작되고 그 갈등은 점차 악화된다. 이 수준에 있는 3번 유형은 경쟁심을 느끼는 사람에게 긍정적인 느낌을 갖기 어렵기 때문에 동료들과 친구가 되기 어렵다. 경쟁심은 타인들을 자신의 성공을 가로막고 위협하는 존재로 보게 만든다. 이들은 드러내 놓고 혹은 은밀한 경쟁을 통해 상대방을 이겨야 하고 자신보다 지위가 낮은 사람들 속에서 편안함을 느낀다.

6수준에서 3번 유형은 자신의 가치감에 대한 깊은 상처를 갖고 있기 때문에 엄청난 성공만이 자신을 만족시킬 수 있다고 느낀다. 보통수준 3번 유형에서 궁극적인 성공에 대한 표지는 부유하고 유명해지는 것인데, 그중에서도 특히 유명해지는 것이 중요하다. 명성은 많은 사람들에게 알려지는 것을 의미하기 때문에 이들에게 큰 호소력이 있다. 명성을 얻으면 자신의 존재가 확인되는 것이다. 이들은 중요한 존재이며, 만약 모든 사람들이 자신을 알게 된다면, 자신은 정말로 가치 있는 사람이 되는 것이라 생각한다.

또한 이들은 새로운 사회적 가치를 창출하는 수단으로 지위를 드러낼 수 있는 것들을 추구한다. 보통수준 3번 유형은 재산을 통해 신분을 만들고, 그것을 타인과의 경쟁을 위한 기반으로 사용한다. 배타성은 이들의 사회적 영역에서 자신이 선호하지 않는 사람들을 배제시키기 때문에 경쟁심의 가장 중요한 부속물이다. 보통수준 3번 유형은 누가 '안에' 있고, '밖에' 있는지를 판가름한다. 따라서 지위는 성공을 우상시 여기는 사람들의 '한발 앞서기(one-upmanship)'* 게임이다. 3번 유형은 자

* 역자 주: 타인에게 열등감을 느끼게 함으로써 자신은 우월감을 느끼는 것을 의미한다.

기 스타일대로 지위를 만드는 존재로서 게임을 하는 사람은 누구나 실패할 것이라는 점을 알릴 필요가 있지만, 더 큰 것을 위해 다시 생각할 필요가 있다.

자기도취적인 3번 유형은 참견하고, 오만하며, 자기도취적이다. 이들은 자신이 만든 허상을 믿고 자신이 실제로 다른 사람들보다 우월하다고 확신한다. 3번 유형은 타인을 경멸함으로써 깨지기 쉬운 자아존중감을 강화시킬 수 있다. 또한 다른 사람에 대한 우월감은 이들이 어느 누구로부터도 거부당하지 않을 것이라는 믿음을 갖게 한다. 만약 어떤 이유로 거부당한다 해도 실망하지 않는다. 왜냐하면 자신을 거부하는 사람들을 열등하다고 생각하기 때문이다. 요약하면 이들은 타인들이 자신에게 관심을 줄 때만 타인들에게 눈길을 준다.

좋게 보이는 것이 3번 유형에게 절대적으로 중요하지만 신체적 매력은 노골적으로 자기도취에 빠지는 것만큼 중요하지는 않다. 이들은 자신에 대한 관심을 유도하고 배타적인 존재가 되는 방식으로(자신은 어느 누구보다도 낫다) 포즈를 취하고 '태도'를 전시한다. 이 수준에서 남자든 여자든, 3번 유형은 과시적이고 유혹적이고, 자신에 대한 호감을 높이기 위해 성적 행동을 하기도 한다. 전형적으로 이들은 근육질 몸매를 만들거나 신발에 징을 박거나, 미의 여왕이 되는 것과 같이 남성성 혹은 여성성의 상징이 잘 나타나도록 한다. 이들에게 신체적 여건이 중요하지만 신체적 매력이 적은 사람들은 자신의 가치를 높이는 특성으로 지능, 똑똑함, 돈과 성공, 명성과 재산 같은 것으로 대체한다.

자기도취는 본질적으로 수동적이다. 3번 유형의 성행위는 수동적인 특성을 갖는다. 이들은 욕망의 대상이기를 바란다. 자기도취적인 3번 유형은 성적으로나 심리적으로 다른 사람들을 만족시키는 데는 전혀 관심이 없지만 타인이 자신을 칭찬해 주기를 바란다.

자기도취적인 수동성은 다른 방식으로도 드러난다. 다른 사람들을 이김으로써 '이미 얻은 성공에 만족하고' 거만하게 뽐내기 시작한다. 또한 점차 자기도취적인 단기적 자랑에 사로잡혀서 실제적이고 장기적인 목표와 성취에 초점을 둘 수 없게 된다. 삶을 손쉽게 얻으려 하고 성적인 것에 호소하거나 신체적 매력에 의존한다. 관계를 만들어 나가는 데 필요한 노력은 하지 않는다. 요염해지려 하거나 다른 사람들을 유혹한다. 3번 유형은 그것들을 당연히 여길 수 있다. 혹은 다른 사람들에게 흥미를 잃게 된다. 사랑의 포로를 만들고, 자신의 자아도취를 충족시켜 줄 때만 사람들에게 관심을 갖는다. 또한 자신에게 가까워지려고 애쓰는 사람들을 좌절시키는 것을 즐긴다. 이는 마치 "당신은 나를 볼 수 있지만 만질 수는 없어요. 당신은 나를 숭배해야 하지만 가질 수는 없어요."라고 말하는 것과 같다. 이 모든 것은 이들이 자신이 괜찮은 존재라고 확신하고자 하는 엄청난 요구와 친밀성에 대한 큰 두려움이 싸우고 있기 때문에 일어난다.

타인과의 갈등 또한 허식으로부터 생긴다. 왜냐하면 3번 유형은 자신의 성취를 과잉 칭찬하고, 또 이를 믿기 시작하기 때문이다("내가 발견한 것은 노벨상 수상감이예요." "내 첫 그림들은 전시회 개장일에 다 팔릴 거예요."). 문제는 이들이 허식에 사로잡힐수록 자신에 대한 평가나 성공에 대한 기대가 비현실적이라고 지적당할 때 쉽게 마음을 상한다는 것이다. 아이러니하게도 자신의 과장된 기대가 실제로는 자신에 대한 실망으로 이끈다는 것이다. 이들이 자아도취적으로 되면 될수록 타인들에게 더 빨리 경멸당하게 된다. 이들은 자아도취가 최고조로 팽창되었을 때 자기 가치에 대해 과민해지는데, 이때의 자아도취는 진정한 자아존중감이 심각하게 손상되었다는 표시다.

만약 이들의 자아도취가 지속적으로 강화받지 못하면 보통수준 3번 유형은 적개심을 갖기 시작하고, 한때 지녔던 자신에 대한 유머 감각을 빠르게 잃게 된다. 이들은 타인을 경멸하고 모든 사람들을 빈정거리게 된다. 적어도 3번 유형의 마음속에서는 다른 사람들에게 정직함을 가장하여 사람들을 깎아 내린다. 자신에게 남아 있는 몇 안 되는 친구들은 비열한 대접을 받는다. 무시당하고, 사과 없이 바람맞거나, 부적절함을 느끼고, 여러 가지 방법으로 열등감을 느끼게 된다. 이 수준에 있는 열등한 3번 유형은 건강한 3번 유형에서 볼 수 있는 뛰어나고 모범적인 사람과는 거리가 먼 사람이 된다. 진실한 목표와 진정한 자기발전에 관심을 두지 않게 되면서 이들은 자신이 왜 그런지 이유도 알지 못한 채 필사적인 인정 욕구로 탈진한다. 그러나 자신의 생각이 거부당하고 자신의 노력에도 불구하고 자신이 괜찮은 사람이라고 느끼지 못하게 되면 이들은 낙심하고 분노에 사로잡힌다. 그리고 이를 억압하려고 필사적으로 애쓴다. 만약 3번 유형이 그들의 수치심과 자기소외를 깨달으면 그들은 진솔한 자신을 찾게 되고 건강해지기 시작한다. 그러나 만약 자신을 지속적으로 속인다면 자신이 진정으로 누구인지에 다가서지 못하는 위험에 처하게 된다.

불건강한 3번 유형에 대한 분석

7수준: 부정직한 기회주의자

실패는 3번 유형에게 가장 굴욕적인 것 중의 하나다. 만약 자신을 계속 과대 포장하고 자신의 주장을 입증할 수 없다면, 다른 사람들을 속임으로써 '승리자' 라는 인상을 유지하기 위해 애를 쓸 것이다.

실패감과 수치심에 대한 이들의 두려움은 불건강한 3번 유형이 부정직보다 더 나쁜 행동을 하도록 만든다. 이들의 부정직은 우월성에 대한 망상을 유지하기 위해 행해진다. 우리는 이미 이들이 실용주의자(pragmatists)라는 것을 보았다. 예를 들면, 7수준에서 3번 유형은 필사적으로 살아남으려고 애쓴다. 이들은 자신의 이미지와 철저히 동일시하는데, 이것은 자신의 이미지가 자신의 존재를 입증한다는 것을 의미한다. 결과적으로 불건강한 3번 유형은 자신의 본질에서 벌어지며 그때까지 이들을 위해 작동해 왔던 것 이상의 방향감을 갖지 못한다. 이들의 실용주의는 자신이 여전히 특별한 사람이라는 점을 타인들에게 확신시키는 것은 뭐든지 할 것이라는 무원칙적인 편의주의 나락으로 빠져들어 간다. 그러나 이들은 실제로 심각한 심리적 어려움을 가지고 있기 때문에 자신의 상황에 대한 진실을 왜곡하지 않고 이를 행하는 것은 거의 불가능하다. 자신의 경력에 대해 거짓말을 하고, 다른 사람 것을 표절하며, 정도가 아닌 편법을 써서라도 편하게 가려고 하고, 타인의 업적을 자신의 공으로 삼고, 실제의 자신보다 더 우월해 보이도록 거짓 성과를 열거한다. 불건강한 3번 유형은 자신의 성공을 위해 타인을 희생시키더라도 자신은 결코 실패자가 되지 않으려고 한다.

이들은 남을 배반하고, 거짓말하고, '신의' 를 저버리고, 다른 사람보다 우위에 서기 위해 언제나 타인을 착취할 준비가 되어 있다. 자신의 양심과 진실을 거의 변별하지 못하기 때문에 자신의 진짜 모습에 대해 알지 못하는 것처럼 보인다. 그런 까닭에 타인을 속이는 것에 대해 죄책감을 느끼지 못한다. 이들의 미발달되고 취약한 내적 자아는 단지 하나의 목표—자신에 대한 과장과 생존—를 가지고 있는 성격 구조 아래로 사라지고 만다. 이들의 모든 에너지는 자아이미지를 유지하기 위해 필요한 것을 얻기 위해 쓰인다.

불건강한 3번 유형은 이제 과대포장된 자아이미지를 유지하기 위해 남을 이용해야 한다. 아이러니하게도, 이들은 자신의 능력의 한계를 넘어서 모든 사람들보다 심지어 자기 자신보다도 더 뛰어난 존재가 되려 한다. 이들은 자신들의 기대에 대한 과장성을 깨닫고 현실을 직면하거나, 아니면 '우월성'을 지키기 위해 자신이 필요한 것을 타인에게서 착취해야 한다. 그러나 불건강한 3번 유형은 착취당하는 존재가 바로 자신이라는 것을 알지 못한다. 3번 유형은 단기 이득을 위해 미래를 희생시키는 행동, 즉 '자기 자신을 팔아버리는' 행동을 한다. 자기도취적인 '장식품'을 추구하기 위해 자신의 건강, 진로, 통합성 등을 소모시킨다. 다르게 말하자면 불건강한 3번 유형은 사기꾼과 '사욕에 눈이 어두운' 사람이 되어 가고, 상황으로부터 이득을 취하는 기회주의자가 되는데, 자신도 모르는 사이에 그 상황은 점점 더 악화된다. 이들은 감정으로부터 분리되어 다른 심각한 결과를 야기한다. 불건강한 3번 유형은 자신에 대한 많은 것을 느낄 수가 없거나 타인을 공감할 수 없다. 타인을 실체를 가진 존재로 보지 못한다. 타인은 자신을 과장하는 데 활용되는 존재다. 이는 자신을 칭찬하지 않는 사람은 가치 있는 존재로 보지 않기 때문이다. 따라서 타인들은 단순히 자신에게 관심을 주고 찬양하는 '자기도취를 제공하는 존재'에 불과하다. 이는 불건강한 3번 유형과 호혜적인 상호작용이 불가능한 이유다. 자신이 바라는 것을 얻는 동안만 관계를 유지할 것이다. 자기에게 이득이 되는 다른 존재가 나타나면 일고의 가치도 없이 상대방을 버릴 것이다. 불건강한 3번 유형은 장기적인 관계를 맺지 못한다. 수많은 친구와 지인들을 잘라 버리고, 사람들을 착취하고, 일단 자신이 원하는 것을 취하면 그들을 버린다. 일 습관에 대해서도 이와 비슷하다. 건강한 3번 유형이 보이는 목표지향적인 모습이 없다. 불건강한 3번 유형은 자신의 활동에 의미와 응집성을 주었던 자기가치감이 사라진 것처럼 상황에 끊임없이 반응한다. 그럼에도 불구하고 이들의 에너지는 여전히 연극하는 데로 쏠려 있다. 그런 까닭에 불건강한 3번 유형은 타인이 자신의 겉모습에 있는 결함을 보지 못하게 할 것이다.

불행하게도 3번 유형은 자신이 건강하지 않을 때조차도 잘 기능하고 있다는 망상을 유지할 수 있다(3번 유형은 항상 실제보다 더 건강해 보인다.). 이것은 궁극적으로 3번 유형이 자신의 상황을 반전시킬 수 있는 도움을 받지 못하도록 한다. 종종, 비록 일시적이지만 이들의 삶에서 이들의 방어가 실패하는 재앙이 일어날 것이다. 내적인 황량함과 공허감은 3번 유형이 우울로 떨어질 때 드러나게 된다. 대부분의 불건강한 3번 유형은 이런 일이 일어날 때 타인들이 자신의 붕괴를 보지 못하도록 자신을 숨길 것이다.

8수준: 악의적인 기만자

불건강한 3번 유형은 자신의 실체를 심각하게 왜곡하고 병리를 숨기기 때문에 속임수가 탄로 날 것이라는 두려움을 갖는다. 그러나 자신이 중요한 심리적인 문제를 가지고 있고 도움을 요청해야 한다는 사실은 외면한다. 대신, 3번 유형은 자신의 거짓된 주장을 지지하는 데 필요한 것은 무슨 일이든 하고, 점차적으로 타락의 길로 나아갈 수 있다. 그 결과로 이들은 자신의 결함을 덮고 가능한 자신의 진실한 동기와 행동을 숨기는 보다 심각한 파괴적인 행동으로 빠져들게 된다.

이들은 보통의 3번 유형에서 봤던 것처럼 이미지를 투사하는 능력에 절대적으로 의존한다. 불건강한 3번 유형은 자신이 관여해 왔던 이전의 속임수와 악행을 숨길 필요가 있기 때문에 이제는 진짜 사기꾼이 된다("거짓된 얼굴은 거짓된 심장이 아는 것을 숨겨야 한다." 〈Macbeth〉). 이들이 지금 투사하는 이미지는 여전히 설득력이 있지만 그 이미지 밑에서 이들은 극단적으로 혼란스럽고 불안정해진다. 다른 사람들은 3번 유형이 이미 심각한 손상을 겪고 난 후에야 매우 깊은 신경증을 앓고 있다는 것을 알게 된다.

신경증적 3번 유형이 병적인 거짓말쟁이라는 것을 새삼 말할 필요가 없다. 3번 유형은 타인에게 인상을 심어 주려고 강박적으로 매달리기 때문에 전혀 그럴 필요가 없는 사소한 일조차 거짓말을 한다. 그러나 이들의 거짓말은 타인들에게 심각한 해를 끼치고, 때로는 경제적 손실을 야기하고, 정서적 고문을 가한다. 이런 병리 수준까지 떨어진 3번 유형은 진실을 말할 수 없다. 이들이 한 많은 거짓말은 이들이 추구하던 목적을 달성하기 위한 것일 수 있다. 이들은 더 큰 위험을 감수할지라도 자신이 원하는 것을 얻게 해 준다면 이를 실행할 것이다.

비록 이들이 자신은 평온하며, 온전한 상태라는 것을 보여 주려고 애써도 이런 삶의 방식은 이들의 공포감을 더 높일 뿐이다. 불건강한 3번 유형은 궁지에 빠진 느낌을 가지며 공포감을 느낀다. 처벌을 받을 것 같은 공포가 커지는데, 이것은 이들을 매우 위험하게 만들 수 있다. 이들은 점차 더 냉혹해지며 친구를 배신할 수 있다. 그리고 사람들 상호 간에 신뢰를 깨게 만들거나 자신의 잘못을 숨기기 위해 증거를 파괴하기도 한다. 이들은 타인의 몰락을 통해 우월감을 느끼는 방식을 취하기 때문에 오히려 자신을 사랑하는 사람들에게 상처를 주고 다른 사람들이 자신을 위하는 행동조차 거부한다("성공하는 것으로 충분하지 않다. 다른 사람들은 실패해야 한다." – O. Wilde). 한 가지 잘못이 또 다른 잘못을 하게 만들고, 결국 3번 유형은 점점 자신이 쳐놓은 덫에 걸려 버리는 것을 발견하게 된다. 이들은 자신의 행동을 필연적으로 알게 되고, 그것에 대해 책임질 수밖에 없게 된다. 이런 일이 일어나는 것을 피하기 위해 3번 유형은 철저히 악의적이고 어리석은 짓을 하는 사람으로 변할 수 있다.

9수준: 복수심에 사로잡힌 정신병질자

신경증적인 상태가 깊은 3번 유형은 자신의 거짓됨이나 공허감이—자신의 거짓된 행동은 말할 것도 없이—드러나게 될까 봐 두려워한다. 이들은 만약 그런 일이 발생한다면 자신이 완전히 몰락할 것이라고 굳게 믿는다. 이들이 참을 수 없는 무가치감과 열등감으로부터 도망칠 수 있는 기회는 없다. 타인이 갖고 있는 우월성이나 성공은 언제나 이들을 좌절하게 하고 수치감을 느끼게 한다. 타인이 자신보다 우월하고 앞서갈 것처럼 보인다. 이 수준에서 이들은 남을 속이는 것을 넘어서 강력한 원한에 사로잡히는 상태로 빠지게 되며, 실제로 "나는 어떤 일이 있어도 당신을 이길 거야." 라고 말을 한다. 그리고 신경증적인 3번 유형은 자신이 잃을 게 더 이상 없는 상태가 되면 어떤 것도 주저하지 않을 것이다. 이들은 지금 어떤 것에도 공감할 능력이 없고, 어떤 것도 이들이 타인을 위해하지 못하도록 제어할 수 없기 때문이다. 회피하고 싶은 자신의 초라함을 생각나게 하는 사물이나 사람을 파괴하는 편집광적인 강박증을 갖게 된다.

> 복수심 가득 찬 승리를 위한 욕구는 아주 친근한 사람조차도 실패하게 하고, 이들의 허를 찌르거나 이들을 좌절시키기 위한 것이다. 이 욕구는 저항할 수 없고, 대부분은 무의식적인 충동으로 드러난다.
>
> 이런 복수심 가득 찬 승리를 향한 충동은 대체로 숨겨져 있는데, 이 충동의 파괴적인 특성 때문에 그러하다. 겉으로 드러나는 것은 큰 야망인데, 그것을 분석해 보면 타인을 밟고 올라서서 경멸하고 멸망시키고자 하는 강렬한 욕구라는 것을 알 수 있다(K.

Horney, *Neurosis and Human Growth*, 27–28).

과거에는 적개심이 가끔 분출한 반면, 지금 이들의 적개심은 비합리적인 악의로 자라난다. 이런 비합리적인 악의는 자신이 원하는 것을 소유한 사람들을 향해 느끼는 극단적인 질투심의 결과다. 병리적인 3번 유형은 겉으로는 사람들을 경멸하지만 속으로는 타인을 강렬하게 질투한다. 이는 다른 사람들이 자기도취적 망상을 좇는 대신에 가치 있는 목표를 달성하였기 때문에 일어난다. 진실하고 감정을 느끼고 사랑하고 사랑을 받는—요약하면 보통 사람들—사람들은 누구나 이들의 박살난 자존감에 위협이 되고 이들의 적의의 대상이 된다. 악의가 위험한 수준에 도달하면 신경증적인 3번 유형은 승리를 위해 타인을 파괴하고자 하는 강박관념에 사로잡히게 된다. 이것은 타인에게뿐 아니라 자신에게조차도 보여 줄 수 없는 어둡고 감춰진 부분이다.

때때로 자신의 상황을 인식할 수 있는 사람들조차도 상황을 직시하는 것을 두려워한다. 불건강한 3번 유형은 다른 사람들이 보복의 두려움 때문에 자신에게 감히 대들거나 대항하지 못할 거라는 사실을 알고 있다. 3번 유형의 심각한 자제력 부족은 타인들이 자기를 보호하지 못하게 만든다. 이는 불건강한 3번 유형이 심각한 나락으로 떨어질 것이라는 느낌 때문이다.

이 수준에서 3번 유형은 심한 정신병적 상태가 될 수 있고, 정상적인 행동의 한계를 무시하고, 잔인한 복수의 환상에 사로잡혀 행동할 가능성이 있다. 자신의 행동에 대한 내적 브레이크가 없기 때문에, 자신의 분노가 사라지거나 타인이 망가지거나 혹은 누군가가 그들을 제지할 때까지 할 수 있는 모든 행동을 하려 한다. 그러나 이들의 해리는 너무 철저하기 때문에 악질적인 행동을 한 다음에 자신의 과거 행동에 대해 회상을 할 수가 없다. 그것은 마치 이들이 자신의 증오와 분노로부터—자신이 저지를 수 있는 범죄의 영광으로뿐만 아니라—자신을 보호하기 위해 마지막 남은 의식을 활용하는 것처럼 보인다.

정신병적 3번 유형은 폭행, 방화, 파괴 행위와 같은 범죄뿐만 아니라 살인까지 저지를 수 있다. 보통 사람들이 파리를 죽이는 것처럼 가책 없이 사람을 죽일 수 있다. 이들의 정신병적 행동은 마치 총을 가진 사람이 거리에서 사람들을 향해 난사를 하는 경우처럼 무작위로 폭력을 휘두르기 때문에 범죄 동기가 없는 것처럼 보인다. 그러나 정신병적 관점에서 보자면 이들의 범죄는 타인을 파괴함으로써 우월감을 얻는 끊임없는 욕구에 따라 동기화되는 것이다.

남성 정신병자의 희생자는 주로 여성이라는 점을 주목할 필요가 있다. 3번 유형은 종종 여성을 자신의 어머니와 동일시한다. 9수준의 3번 유형은 어릴 때 심한 학대를 경험했을 가능성이 매우 높다. 이들은 학대에 대항할 수 없었거나 양육자의 긍정적인 존중이나 애정을 받을 수 없었다. 그러나 3번 유형은 양육자의 인정을 얻으려고 하기 때문에, 그리고 어린아이로서 자신의 부모를 미워할 수 없었기 때문에 심리적 생존을 위해서 이들의 증오는 어린 시절 고통을 상기시키는 대체 인물에게 전이된다.

정신병적 3번 유형의 이중성과 사기성에도 불구하고 이들 유형은 승리감에 대한 강한 욕구 때문에 자신이 해코지한 희생자가 자신이 누구인지 알기를 바란다. 이들의 관심과 인정에 대한 욕구는 단계마다 다른 형태로 나타나서 이들에게 인과응보로 작용한다. 그러나 정신병적 3번 유형은 이를 걱정하지 않는다. 공공의 비난과 악명은 자신이 갈구하는 관심을 제공하기 때문이다. 이들은 단지 '익명의 누군가'로 존재하는 것을 두려워하고 싫어한다.

3번 유형의 역동 분석

분열의 방향: 3번 유형이 9번 유형으로

4수준에서 출발하는 경우, 3번 유형은 불건강한 9번을 닮은 행동을 함으로써 스트레스에 반응하기 시작할 것이다. 3번 유형은 자신이 행동에 자극받고 이를 동일시하기 때문에, 9번으로 이동하는 것은 자신의 잔인한 행동과 성공추구로부터 분리되기 위한 한 가지 방법으로 보일 수 있다.

4수준에서, 3번 유형은 대개 자신의 진로를 개발하고 성취하고 출세하는 것에 초점을 둔다. 이들은 동료들과 경쟁하고 타인들에게 자신을 증명하려고 애를 쓴다. 이들은 심한 압력을 받거나 자신의 경쟁심이 타인들에게 노출되면 9번 유형으로 이동해서 타협적이 되고 변명을 한다. 이들은 사람들 사이에서 두드러지기를 바라지만 그것으로는 충분하지 않다. 다른 사람에게서 소외될 수 있다는 불안이 커질 때 보다 관습적인 행동을 하게 되고, 자신에 대한 기대치를 낮추고 집단 규범에 순응하기 시작한다.

5수준에서, 3번 유형은 남을 이기고 좋은 인상을 주려고 하기 때문에 다양한 프로젝트에서 쉬지 않고 일한다. 이것은 이들을 자주 불편한 상황으로 이끌거나 이들이 하고 싶지 않은 것을 하게 한다. 보통수준 3번 유형은 이들이 하려는 일에 관심을 두지 않는 것으로 자신의 소망이 이루어지지 않는 스트레스를 처리한다. 바쁜 일과 판에 박힌 일상으로 자신을 잃어버리며, 그것들 때문에 직접적으로 영향받지 않고 어려운 상황을 끝내고 싶어 한다. 3번 유형은 대개 자신에게 요구되는 것을 빠르고 효과적으로 처리한다. 그러나 이들은 9번 유형으로 이동할 때 이상할 만큼 무반응적이고 초점을 잃는다. 시간이 지나면 이것은 이들의 일상적인 부지런함에 대비되는 것으로 보이는 자기만족으로 이끌 수 있다.

6수준에서, 3번 유형은 끊임없이 자기 자신과 자신의 성취를 독려한다. 자신이 '누구' 라는 것을 모든 사람들이 알기를 바란다. 그러나 이런 자기기만에 에너지를 사용하는 것이 피곤하고 허탈한 일이라는 것은 피할 수 없다. 이 수준에서 특별히 이들은 자신의 진로에서 겪는 좌절에 취약하다. 그리고 만약 이들이 바로 그 지점에서 실망을 느낀다면 오랫동안 9번 유형 상태에 머물 수 있다. 자신에 대한 과장을 더 이상 유지하지 못하게 되면 숨어 있던 자기의심이 뚫고 나오고, 그러면 이들은 갑자기 냉담해지고 목적을 잃을 수 있다. 이전에는 효과적이고 목표지향적이었던 3번 유형이 이제는 냉담한 포기 상태로 떨어져서 자신의 문제의 본질을 회피하고, 다음번의 큰 성공에 대한 환상이나 소망에 의지하게 된다. 술을 마시고 약물을 남용할 수도 있다.

7수준에서, 3번 유형은 심각하게 신경증을 앓고 성공에 대한 망상을 속임수와 자신에 대한 거짓된 주장을 통해서 유지하고자 한다. 이들은 떨어진 자존감을 구하기 위해 비윤리적이고 심지어 불법적인 활동에 관여할 수 있다. 이들은 제대로 기능하지 못하기 때문에 자신이 갖는 '성공' 이라는 느낌은 실제로는 그렇지 않은데 자신이 '잘 하고 있다' 고 스스로나 타인을 안심시킴으로써 유지한다. 책략을 유지하는 스트레스가 자신을 압도할 때 이들은 깊은 무감정 상태와 우울증에 빠질 수 있다. 자신의 삶에 내재해 있는 고통을 보지 않으려 하고 자신을 포기한 것처럼 보인다. 이들은 매우 비효율적이고 기본적인 일을 하는 것조차도 어려움을 겪는다. 불건강한 7수준의 3번 유형은 8, 9수준으로 떨어지기보다는 이 상태로 몇 달 심지어 몇 년 동안 지내기도 한다.

8수준에서, 3번 유형은 필사적으로 자신의 역기능적인 상태와 잘못된 행동을 덮으려고 애쓴다. 자신의 감정을 차단하고, 자신의 이미지를 회복시키는 데만 관심을 두기 때문에 위험해질 수 있고 범죄를 저지를 수도 있다. 비록 얼마 동안은 자신의 진짜 상태를 숨기는 데 성공할 수 있을지라도 결국에는 좌절을 피할 수 없게 된다. 이들이 9번 유형으로 이동하면, 처절하게 좌절하고 퇴보된 모습이 극명하게 드러나게 된다. 이들은 인생 초기 상태로 퇴보할 수 있으며 아동기 때의 승리나 실패를 상기하게 된다. 또한 이들은 우울증이나 해리 상태, 갑작스러운 히스테리 상태 사이를 왔다갔다할 수 있다. 이들은 가능하다면 자신의 상태를 타인들이 알지 못하도록 할 것이며, 할 수만 있다면 자신의 이미지를 회복시키기 위해 노력할 것이다.

9수준에서, 3번 유형은 증오와 적개심에 가득 차서 자신의 자존심에 상처를 주었다고 느끼는 사람은 누구든지 공격하고 싶어 한다. 이들의 강박적인 행동에 대한 공포가 저지당할 때, 혹은 다른 사람들이 자신이 그때까지 한 짓을 알게 될 때 이들은 9번 유형으로 이동하며, 정신병적 상태와 비슷해져서 백일몽의 상태로 떨어진다. 자신이 타인에게 저지른 끔찍한 행동을 포함해서 모든 것이 비실제적인 것이 된다. 이들은 더 이상 화, 적개심이나 원한의 감정을 느끼지 않는다. 이들이 9번 유형으로 이동할 때 3번 유형은 무의식적으로 경험하는 유일한 감정인 적개심으로부터 자신을 유리시키고 결국 아무것도 느끼지 못하게 된다. 이들의 우울증은 '무감각', 단조로움으로 드러나고, 어떤 것도 심지어 자신에게조차 관심이 없거나 에너지가 없는 상태로 표현된다.

퇴락한 3번 유형이 이런 자기감이 없는 상태가 될 때 자신으로부터 진짜 소외되었다는 점이 분명하게 드러난다. 자기존재감을 유지하게 했던 자아도취와 과장된 망상은 붕괴되고, 공허감이 드러나게 된다. 이들은 자신에 대한 관심을 잃고 체중이 불어나고 비활동 상태로 침잠할 수 있다. 9수준에서 이들은 현실에서 유리되어 여러 개의 인격으로 파편화되거나 마비 상태로 후퇴할 수 있다.

통합의 방향: 3번 유형이 6번 유형으로

6번 유형으로 이동하는 것은 3번 유형에게는 놀라운 일일 수 있다. 그렇게 함으로써 누군가와 관계를 맺어야 하고 거절당하는 두려움에 자신을 노출해야 하기 때문이다. 3번 유형은 이미지나 성취만이 가치가 있다고 믿어 왔기 때문에 타인과 맺는 진솔한 친밀함은 특히 위협적이다. 이들은 자신의 진정한 자아가 너무 미발달되었고 약점이 많다고 느낀다.

그러나 건강한 3번 유형이 6번 유형으로 이동할 때 이들은 외부의 사람들과 일에 자신을 관여시킨다. 그리고 자신보다 우월한 어떤 것들 때문에 자신의 가치가 떨어지지 않는다는 것을 깨닫는다. 통합으로 가고 있는 3번 유형은 외부의 것들과 관계를 맺음으로써 역설적으르 자신 내부에 자리 잡고 있는 원하는 인간으로 성장하기 시작한다는 것을 발견한다. 타인과 동일시함으로써 자신의 가치를 튼튼하게 한다.

타인과 관계를 맺음으로써 3번 유형은 자신이 그렇게 두려워하는 것들을 한다. 타인들이 자신의 진짜 감정과 약점을 알도록 한다. 3번 유형이 6번 유형으로 갈 때 이들은 자신의 두려움, 솔직한 감정적 욕구를 탐색할 수 있는 용기를 발견한다. 그리고 타인과의 관계 속에서 자신이 거부당하지 않고 진정한 자아를 발달시키는 강한 기반을 가지고 있다는 것을 발견한다(영적인 대화는 이 점에 관해서 특히 도움이 될 수 있다.). 건강한 3번 유형이 6번 유형으로 가서 머물도록 하는 데 도움이 되는 것은 자신보다 더 자질이 뛰어난 누군가와 사랑에 빠지는 경험을 하는 것이다. 만약 3번 유형이 경쟁심을 느끼지 않는 다른 사람들을 칭찬하고 이들로부터 사랑을 받을 수 있다면 관계는 영속적이 된다. 일단 3번 유형이 마음을 주는 관계를 형성하게 되면 그 관계는 이들을 건강하게 유지시키는 데 도움이 되는 것들을 이끌어 낼 수 있다.

3번 유형이 6번 유형으로 이동할 때 더 이상 이들의 권위, 성공이나 지위 등을 타인에게 심어 주려고 연연하지 않으며 타인을 희생시키고 자신을 과장하지 않으려고 한다. 이들은 타인의 가치를 인정하는 데 자신의 능력을 사용하고 이것은 이들에게 자신의 진정한 가치를 경험하도록 한다. 마지막으로 직접적인 관심이나 칭찬을 받지 않고도 타인을 위해 일하고 봉사하는 것을 배움으로써 3번 유형은 마음을 열기 시작하고 진정한 자아존중감의 원천을 발견한다. 이들은 타인과 공동의 목표를 위해 협력하고 있다는 만족감으로 충만해지고 타인에게 헌신하는 것이 경쟁이나 성공에서 얻을 수 있는 것보다 큰 인정, 사랑과 지지를 가져다준다는 것을 발견한다. 점차로 3번 유형은 자신의 이미지에 초점을 두지 않게 된다. 이로써 이들의 진정한 자아가 나타난다. 자신의 선한 마음과 접촉을 하게 됨으로써 자신이 상상할 수 있는 것보다 큰 즐거움과 평온함으로 충만해진다.

3번 유형의 날개 유형

2번 날개를 가진 3번 유형: 매력적인 사람

일반적으로 3번 유형과 2번 유형의 특징이 서로를 강화한다. 2번 날개를 가진 3번 유형은 뛰어난 사회적 기술을 가지고 있다: 이들은 사람들 속에 있기를 좋아하고 관심의 초점이 되는 상황을 즐긴다. 종종 매우 매력적이고 사교적이며 인기가 많다. 자신의 용모, 유머, 사람의 마음을 끄는 매력에 대해 스스로 자랑스럽게 생각한다. 이런 것들은 이들이 사회적으로 바람직한 존재로 인식되고 타인에게 큰 영향을 미치는 데 도움이 되는 것들이다. 2번 날개를 가졌을 경우는 개인적 접촉과 개인적 표현이 강조된다. 또한 타인들과 접촉하려고 하고 대인관계를 하려는 데 보다 큰 관심이 있다. 2번 날개를 가진 3번 유형의 대표적인 인물들로는, 빌 클린턴, 앤드류 왕자, 엘비스 프레슬리, 폴 매카트니, 브룩 쉴즈, 제인 폴리, 휘트니 휴스턴, 덴젤 워싱턴, 셜리 맥클레인, 잭 켐프, 캐시 리 기퍼드, 딕 클라크, 버나 화이트, 토니 로빈스, 조 몬태나, 실베스터 스탤론, 아놀드 슈왈제네거, O. J. 심슨, 〈헤다 개블러〉의 헤다 개블러, 〈맥베스〉의 맥베스 부인 등이 있다.

2번 날개를 가진 건강한 3번 유형은 일반적으로 4번 날개를 가진 3번 유형보다 더 정서적이고 친절하다. 사람들에게 상당히 따뜻하고 긍정적인 감정을 가지고 있다. 물론 3번 유형 자체도 냉혹하지는 않다. 이들은 자신이 가까이하는 소수의 사람들에 관심이 있다. 다른 사람들을 격려하고 고마워할 수도 있고, 이들의 감정은 감동받거나 상처를 받을 수도 있다. 7번 유형의 에너지 넘치는 특성을 닮은 생기 있고 발랄한 모습이 있다. 이들은 3번 유형의 평형감각과 자기통제적인 특성을 유지하면서 2번 유형처럼 수다스럽고, 타인에게 도움을 주려고 하고, 관대한 특성을 동시에 갖는다. 이들은 대개 타인으로부터 특별한 인정을 받고 싶어 한다. 이들은 주목을 받고 사랑받기를 바란다. 이런 인정은 타인의 욕구나 바람에 대해 보다 많이 반응하게 한다.

보통수준의 이런 하위유형은 자신이 괜찮은 존재라는 것을 스스로와 타인에게 인정받기를 원한다. 그래서 다른 사람들에게 열렬하게 다가가려고 하고 자신을 관여시키고 관심을 얻으려고 애쓴다. 2번 날개는 자신의 감정을 투사하거나 감정에 대한 환상을 투사하는 능력을 높인다. 배우, 모델 그리고 가수에게서 이런 유형을 자주 본다. 이들은 어떻게 '근사하게 재능을 보일 수 있는지'를 잘 알고, 언제 다른 사람들에게 좋은 인상을 줄 필요가 있는지 잘 안다. 그러나 이들이 불건강해지면 이런 것에 집착하게 된다. 이런 하위유형의 사람들은 다른 사람들이 자신을 어떻게 생각하는지에 상당히 걱정한다. 다른 사람들과의 관계 속에서의 경쟁, 다른 사람들과 비교하기 혹은 성공이 특히 중요하다. 배우자와 괜찮은 관계를 바랄 뿐만 아니라 배우자가 자신을 반영하는 매혹적인 사람, 성적·사회적으로 괜찮은 사람이기를 바란다. 또한 아이들은 자신의 삶에서 가정, 취미, 휴가, 스포츠, 기타 다른 가치처럼 전형적으로 자아에 대한 자기도취의 연장선에 있는 존재다. 이런 하위유형의 자기도취는 4번 날개를 가진 유형보다 더 노출되어 있다. 이들은 자신의 '매력'을 과장하고 부적절하게 사용하기 시작하여 종종 자신의 노력이 무위로 끝난다는 것을 인식하지 못한다. 자기과시와 유혹하는 모습은 이런 하위유형의 사람들에게서 보다 두드러진다. 이들이 퇴보됨에 따라 2번 날개를 가진 3번 유형은 주목받기 위해 비록 거짓된 선전이라도 자기선전을 할 수 있으며, 부서지기 쉬운 내적·정서적 생활이 드러나지 않도록 숨긴다. 이들은 결코 이런 내적인 세계를 알려고 하지 않기 때문에 때때로 자신이 수용되기 위해 애쓰는 '희생'을 알아 주지 않는 다른 사람들에게 분노와 적개심을 느끼지만 이를 인식하지 못한다.

이런 불건강한 3번 하위유형은 타인에게 원하는 것을 얻기 위해 속임수를 쓴다. 뿐만 아니라 자기 자신에 대해서도 기만적일 수 있다. 이들은 조작적이기도 한데, 자신이 그럴 자격이 있다고 느낀다. 이것은 자신이 받을 만하다고 느끼는 관심이나 사랑을 주지 않는 사람들에 대한 복수심을 자극한다. 3번 유형이나 2번 유형 모두 공격성과 관련된 문제를 가지고 있다. 2번 유형은 다른 사람들이 자신에게 고마워하지 않을 때 공격하고 싶어 한다. 3번 유형은 자신의 자기도취가 조금이라도 무시를 받으면 분노를 느낀다. 이런 두 유형의 결합은 자신이 최고가 아니라는 느낌을 받을 때 적개심을 갖게 한다. 우리가 불건강한 2번 유형에서 본 질투심 또한 불건강한 3번 유형에도 존재한다. 이런 질투심은 다른 사람들은 자신이 원하는 것을 줘야 한다고 자극한다. 이들의 적개심이 폭발할 때 증오심의 강도는 위험한 수준에 도달할 수 있으며 다른 사람들뿐만 아니라 자신도 놀라게 한다. 2번 날개를 가진 3번 유형은 다른 사람에게 악의적이고 병리적인 파괴적 영향을 가한다. 이들은 매력이 넘치는 정신병 질환자다. 이들은 세상 모든 것이 자신을 위해 이루어진 것으로 본다. 하지만 이는 가장 가까운 사람들이지만 동시에 자신의 자기도취적 욕구를 좌절시킨 사람들에게 갑자기 폭력적이 되면서 끝난다.

4번 날개를 가진 3번 유형: 전문가

3번 유형과 4번 유형의 특성은 종종 서로 갈등을 일으키는 복잡한 하위유형을 만들어 낸다. 3번 유형은 기본적으로 '대인 지향적' 유형인 반면, 4번 유형은 다른 사람과의 접촉을 피한다. 이 하위유형은 대인 기술이 덜 강조되고 일, 성취 및 인정 등에 더 초점을 둔다. 4번 날개가 작동하는 정도에 따라 이 하위유형의 일부 사람들은 3번 유형보다는 4번 유형을 닮았다. 이들은 온화하고, 보다 개인적이며, 태도가 조용하고, 예술적인 흥미와 심미적인 감수성을 가지고 있다. 이들은 2번 날개를 가진 3번 유형보다 정서적으로 상처를 잘 받지만 자기표현에서는 더 억제적이다. 4번 날개를 가진 3번 유형의 대표적인 예로는 지미 카터, 조지 스테파노플로스, 스팅, 리처드 기어, 바브라 스트라이샌드, 메릴 스트립, 톰 크루즈, 마이클 틸슨 토머스, 딕 캐빗, 브라이언트 검블, 트루먼 커포티, 앤디 워홀, 서머싯 몸 그리고 〈오셀로〉의 이아고 등이 있다.

4번 날개를 가진 건강한 3번 유형은 자신과 타인에 대한 상당한 직관을 가지고 있다. 자각 능력은 이들이 갖고 있는 특징 중의 하나인데, 이런 하위유형의 사람들은 2번 날개를 가진 3번 유형보다 자신의 정서적 삶을 발전시키고 자기이해를 보다 잘한다. 이들은 예술적인 감수성과 창조성을 가지고 있을 수 있으며, 종종 강한 자기 스타일을 소유하고 있는데 특별히 가정이나 개인적인 외모에서 그러하다. 이들은 대개 자아이미지를 만들어 내고 사회적 교제를 하는 데 개인적 매력보다는 지적 능력을 강조한다. 이들은 4번 날개가 작동하는 정도에 따라 심미적 대상에 강한 매력을 느끼고 훌륭한 것들을 사랑한다. 그리고 매우 열심히 일하는데, 일반적으로 2번 날개를 가진 3번 유형보다 진지하고 과제지향적인 경향을 나타낸다. 이 하위유형 사람들 중 많은 수가 상당한 시간을 기술 연마에 보내며, 자신의 업무 분야에서 뛰어난 존재가 되는 데 필요한 기술과 지식을 숙달하기 위해 노력한다. 이런 이유로 이들은 쉽게 5번 유형이나 1번 유형으로 잘못 알려질 수 있다. 이런 하위유형의 사람들은 자기확신이 있고 뛰어나지만 동시에 내성적이고 민감하다.

그러나 3번이 기본 유형이기 때문에 4번 날개를 가진 보통의 3번 유형은 다른 유형보다는 미묘한 방식이지만 여전히 성공과 권위에 관심이 있다. 3번 유형의 경쟁심과 4번 유형의 자기의심이 결합되어, 4번 날개를 가진 3번 유형에게 엄청난 중압감을 만들어 낸다. 이들은 자신의 자아존중감을 자신이 한 일에 대한 특정한 타인들의 반응에 기초해서 보기 시작하고, 마치 자신의 모든 자기가치감을 수행하고 있는 프로젝트에 두고 있다는 느낌을 갖기 시작한다. 이들의 상상과 감정은 보다 적극적인 역할을 하겠지만 3번 유형처럼 보다 효율적으로 기능하고 '원하던 인상을 만들기 위해' 가능한 많이 자신의 정서를 억압한다. 그런 억압하에서 이들은 실수를 하기 쉽고 실수를 하면 4번 날개는 참기 어려운 자기비난을 하게 된다. 3번 유형의 성취에 대한 충동은 4번의 자기비난과 결합해서 끔찍한 실패에 대한 생각을 만들어 낸다. 4번 날개를 가진 3번 유형은 다른 하위유형보다 변덕스럽고 허세를 부리는 경향이 있다. 또한 다른 사람들이 자신을 어떻게 대하는지를 더 의식하고 더욱 초연한 경향이 있다. 이들은 자신의 생각을 소중하게 여기고 다른 사람들도 똑같이 그러하기를 요구한다. 자기도취적 우월감과 오만은 4번 유형의 삶으로부터 벗어남과 방종과 혼합된다. 이들은 미묘한 자기과시자일 수 있다.

이런 불건강한 3번의 하위유형은 3번 유형의 자기 과장과 4번 유형의 자기의심 사이를 폭넓게 왔다 갔다 한다. 3번 유형이 기본이기 때문에 자기만족과 과장된 망상이 일반적이다. 4번 날개가 작용하는 정도에 따라 이들은 또한 상당한 기간 동안 정서적으로나 생리적으로 우울증을 앓을 수 있다. 3번 유형은 새로운 목적의식을 가지고 이런 상태로부터 빠져나올 수 있지만 대체로 처음에 자신을 힘들게 했던 것 같은 모습으로 되돌아간다. 이것은 3번 유형이 교훈을 얻을 때까지, 중요한 인생 변화를 겪을 때까지, 탈진할 때까지, 혹은 심각한 병리적 행동으로 떨어질 때까지 여러 번 반복적으로 발생할 수 있다(이런 하위유형의 사람들은 기분이 빠르게 변할 수 있기 때문에 조울증으로 잘못 알려질 수 있다. 실제 4번 날개를 가진 3번 유형은 조울증 장애와 공통적인 특성들을 많이 가지고 있다. 하지만 여기서 중요한 문제는 불안이 아니라 자기도취이며 이들의 과장된 기대감이 채워지지 않는 결핍감이다.). 이런 하위유형의 사람들이 만약 끊임없이 현실 때문에 좌절된다면 자기파괴적일 것이며 자살을 시도할 가능성이 있다.

몇 가지 마지막 단상들

우리는 3번 유형이 더 인정받을 것이고 가치 있다고 믿는 그런 사람이 되기 위해 자신이 원하는 것을 거부하고 자신을 포기함으로써 타락하는 것을 보았다. 그 결과로 3번 유형은 전체적인 균형보다는 근육 일부분만을 발달시킨 보디빌더와 같이 자신의 어떤 특정한 면만을 발달시킨다. 건강한 3번 유형이 발달시킨 것이 실제적이긴 하지만, 그것들은 자신의 일부분일 뿐이다. 보통의 3번 유형에게서 우리는 인정에 대한 자기도취적 욕구에 기여하는 이들의 이미지, 이들 자신의 비실체적인 일부분이 과대 발달된 것을 보았다. 그리고 우리는 불건강한 3번 유형이 진실한 자신을 희생하고 자신의 통합성을 파괴하고 자신의 과장된 자아이미지를 유지하기 위해 타인들에게 해를 끼치는 것을 보았다.

불건강한 3번 유형은 부지불식간에 자신이 가장 두려워하는 것을 떠올린다. 이들은 무가치한 존재가 되는 것에 대한 두려움을 가지고 있다. 하지만 자신의 자아도취, 착취, 악의로 인간이 가질 수 있는 진정한 가치의 근원인 자신의 내적 생활로부터 멀어진다. 이들의 성공에 대한 처절한 노력은 고통스러운 황폐함과 끔찍한 결핍감을 야기한다. 타인으로부터 인정받으려고 애쓸수록 타인으로부터 경멸받는 일을 하게 된다. 타인이 칭송하는 것의 대부분은 거짓되고 결국에는 붕괴되어 내적인 공허감을 드러내는 것으로 판명된다.

3번 유형은 자신에 대한 좋은 인상을 만들어 내는 데 능통하기 때문에 이들의 이미지 아래 매우 미개발된 모습이 있을 수 있다는 것이 드러나지 않을 수 있다. 아이러니한 것은 이들은 이들을 인정해 줄 가치가 없어질 때 자신의 가치를 인정해 주는 타인에게 매달린다는 것이다. 3번 유형은 자신이 대단하지 않음을 용기 내어 드러내고, 연기를 멈추며, 자신도 진정한 상처를 받을 수 있는 존재임을 드러낼 때 매우 영향력이 있고 힘 있는 존재가 된다.

[chapter_6]

4번 유형: 예술가

4번 유형 개요

건강할 때 자기 자각적이고 내향적이며, 자기 탐구에 집중하고, 느낌과 내부의 충동에 깨어 있다. 자신과 타인에게 직관적이며 민감하다. 부드럽고 세련되었으며 온정적이다. 매우 사적이고 개인주의적이며 자신의 감정에 진솔하다. 자기를 드러내며 정직하고 고상하다. 자신과 타인에 대한 아이러니한 관점을 갖는다. 진지할 수도 있고 재미있을 수도 있으며 여리기도 하고 정서적으로 강하기도 하다.

최상의 상태일 때 대단히 창의적이며, 예술적 작업에서 개인과 우주를 표현하는 것이 가능하다. 영감적이며 자기 갱신력과 재생력으로 자신의 모든 경험을 가치 있는 어떤 것으로 변형시킬 수 있다. 구원적이다, 자기 창조적이다

보통일 때 삶에서 예술적 · 낭만적 태도를 취하며, 사적인 감정을 개발하고 확장하는 아름답고 심미적인 환경을 창조한다. 환상과 열정적 감정 그리고 상상을 통하여 현실을 고양한다. 이상적인 배우자를 열망한다. 감정과 맞닿은 곳에 머무

르면서, 자기도취적이고 과민하며 부끄러워하며 자의식이 강한 모든 일들을 내면화하고 개인화한다. 성마르고 변덕스러우며 관심이 없는 척하지만 아웃사이더처럼 느낀다. 자신은 다른 사람들과는 다르다고 느끼고 그 때문에 자신의 정서적 욕구가 충족될 때까지는 일반적인 사람들과 같은 삶의 양식으로부터 멀어진다. 상상의 세계 속에 살면서 우울한 몽상가나 거드름 피우는 사람, 퇴폐적이며 관능적인 사람이 되어 간다. 자기연민과 타인에 대한 선망은 이들을 자기 방종으로 이끈다. 비현실성이 증가하고 비생산적이며 방자해지지만 아직은 구원자를 기다리는 중이다.

불건강할 때 꿈이 무너지면 자기를 억제하고 자신에게 화를 내며 우울해지고 자신과 타인으로부터 소외되고 가로막히며 정서적으로 마비된다. 자신에 대해 부끄러워하고 피곤해지며 자기 역할을 못하게 된다. 자신의 이미지를 보호하기 위하여 사람들이 없는 곳에 머물고 감정을 정리하기 위해 시간을 구한다. 망상적인 자기경멸, 자기비난, 자기혐오 그리고 병적인 생각들로 괴로워한다. 자신에 관한 모든 것은 괴로움의 원인이 된다. 타인을 비난하면서 자신을 도우려 하는 모든 사람을 몰아낸다. 절망하며 무망감을 느끼고 자기파괴적이 되어 도피하기 위해 술이나 약물을 남용한다. 극단적인 경우 정서적 와해나 자살이 일어날 수 있다.

핵심 동기 자기 자신이 되길 원하고, 아름다운 어떤 것으로 자신을 표현하길 원하며, 이상적인 배우자를 찾기 원하고, 자신의 감정을 보호하기 위해 물러나 있길 원하며, 뭔가에 참여하기 전에 정서적인 욕구를 돌보기 원한다.

대표적인 인물들의 예 테네시 윌리엄스, 제레미 아이언스, 루돌프 누레예프, 잉그마르 베리만, J. D. 샐린저, 조니 뎁, 밥 딜런, 조니 미첼, 마사 그레이엄, D. H. 로렌스, 마리아 칼라스, 에드거 앨런 포, 주디 갈란드, 마이클 잭슨, 유키오 미시마, 앤 라이스, 레너드 코헨, 로이 오비슨, 마르셀 프루스트, 버지니아 울프, 〈욕망이라는 이름의 전차〉의 블랑시 두보아, 〈유리 동물원〉의 로라 윙필드

4번 유형에 대한 개관

> 모든 종류의 예술가에게서 타고난 딜레마를 탐지할 수 있는데 그것은 두 가지 경향이 동시에 존재하는 것이다. 즉, 의사소통에 대한 절박한 요구와 훨씬 더 절박한 요구는 들키고 싶지 않다는 것이다.
>
> 예술 작품 속에서 개인의 정신세계를 표현하는 방법보다 더 내적 평정을 되찾는 데 효과적인 방법은 무엇일까? 그리고 실질적이지 않더라도, 최소한 매우 의미 있는 것으로서 다른 사람들이 그것을 받아들이도록 설득하는 방법은? 창의적인 사람들이 그의 성취로부터 얻는 만족의 일면은 최소한 전에는 결코 용납된 적이 없는 그의 정신세계의 한 부분이 받아들여지고 있다고 느끼는 것일 수 있다. 더군다나 예술이 익명의 명장들의 과업이라기보다는 사적인 일이 된 이후로, 창의적 작업은 일반적으로 한 사람의 개인적 스타일—이것은 물론 개인의 내적 세계에 밀접하게 연관되어 있다—을 표현하는 데 특히 적절한 것으로 인정받고 있다. 우리가 진실함에 부여하는 가치는 종종 과장되어 있다. 아직도 그러는 것이 정당하다는 어떤 인식이 있다. 그러나 훌륭한 그림이나 음악이 그 창조자와는 별개로 분석될 수 있기에, 그것대로의 사실 또는 그것이 어떤 특정한 예술가의 개성에 대한 또 다른 표현이 아니라는 것은 중요하다. 왜냐하면 그것이 그 예술가에 대한 우리의 지식에 부가물이이기도 하고 아니기도 하기에. 그 신비하고 정의할 수 없는 아주 뜻밖의 사실, 매혹적인 것—그의 개성…….(D. W. Winnicott & A. Storr, *The Dynamics of Creation*, 58)

창의성의 본질은 항상 신비함으로 남을 것이다. 왜냐하면 그것을 창조한 사람의 감정과 무의식적인 면에서 보면 창의성의 근본은 비합리적이기 때문이고, 또 도널드 위니콧(Donald Winnicott)이 특별히 언급한 것처럼, 창조에 대한 동기의 측면은 다른 이들이 밝히지 않도록 숨긴 채로 남아 있기 때문이다. 예술 작품에 부여된 동기들이 알려지고 싶으면서도 그 자신을 감추고 싶어 하는 것처럼 그것은 어느 누구라도 창조할 때 가지는 두 가지 가능한 동기들이다. 그렇지만 이 두 가지 동기가 성격유형들 중에서 예술적 기질을 가진 4번 유형들에게는 매우 적절하다. 물론 그 외의 다른 성격유형의 사람들도 예술작품을 생산하여 생활을 유지한다는 측면에서 예술가가 될 수는 있지만 그것은 사전적 의미에서다. 그러나 4번 유형의 경우는 자신의 정체성을 탐구한다는 측면에서 예술가인 것이다. 삶에서 예술성을 취하거나 최소한 심미적 태도를 가짐으로써 이들은 자신이 누구인지와 자신 속에서 무엇이 중요한 것인지를 밝히고 싶어 한다.

감정삼원소 중에서

4번 유형은 창의성과 개인주의, 내향성과 자기 몰두, 그리고 자학과 자기혐오 측면에서 주관적 감정 세계를 강조하는 성격유형이다. 이 성격유형에서 우리는 창의적 예술가와 낭만적 탐미주의자 그리고 수줍은 공상가들을 만나는데 이들은 자의식 때문에 자신 밖으로 나오는 것이 차단되었기에 다른 사람들과는 다른 강력한 감정을 느낀다.

4번 유형은 모든 유형 중 가장 자기 자각(self-awareness)적인 사람들이다. 그리고 이것이 이들의 가장 긍정적이자 부정적인 면의 근거다. 우리가 4번 유형에서 볼 수 있는 지속적인 갈등은 이들 자신에 대해 자각하고자 하는 이들의 욕구 사이에 있는 것이다. 그 결과 이들은 자신을 찾을 수도 있지만, 동시에 자기 자각의 너머로 성장하고자 하는 욕구로 자의식(self-consciousness)에 붙잡혀 있지는 않을 것이다. 자기 자각과 자기 초월 사이의 긴장은 창의성 안에서 해소될 수 있다. 창의적인 순간에 건강한 4번 유형들은 아름다운 것을 생산하는 것뿐만 아니라 자신이 누구인지를 발견하는 데까지 자신의 정서를 놓치지 않고 이용한다. 영감의 순간에 이들은 역설적이게도 가장 자신다우면서도 자신으로부터 가장 해방된 상태에 있다. 이것이 모든 창의성의 형태가 4번 유형이 매우 가치 있게 만드는 이유이자, 영감을 얻은 상태에서 창의성을 지속하기가 매우 힘든 이유인 것이다. 4번 유형은 그들이 첫 번째로 자기 자신을 초월한 경우만 영감을 얻을 수 있는데 그것은 자아이미지를 극단적으로 위협하는 어떤 것이다. 그리고 어떤 점에서 자신을 찾지 않는 것을 배우는 것으로 자신을 찾을 것이고 또 그 과정에서 자신을 새롭게 할 것이다.

그러나 보통수준 4번 유형이 갖는 문제는 자신의 감정에 대해 자기 관찰함으로써 스스로를 이해하려 노력하는 것이다. 자신을 탐구하기 위하여 내면으로 이동하는 것 때문에 이들은 매우 급하게 자기 의식적이 되고 자신의 주관적 정서 상태는 이들에게 주요한 현실이 된다. 그리고 보통의 4번 유형조차 자신의 정서에 매우 깊이 관여되어 있기 때문에 대개 이들은 직접적으로 자신의 느낌을 표현하지 않는다. 대신에 자신의 느낌을 간접적으로나 상징적으로 전달한다.

따라서 이들 성격의 총체적인 방향은 안쪽을 향해 있으며 자기 몰두를 증가시키는 쪽으로 향해 있다. 4번 유형들은 자신이 다른 사람들과는 다르다고 느끼고, 자신이 그런 식으로 느끼는 이유를 알기 원한다. 그러나 얄궂게도 이들은 삶에서 물러남으로써 삶에서의 자신의 위치를 찾으려 노력한다. 그래서 이들은 정서의 미로를 따라갈 수 있다. 그러나 이들의 철수 결과, 보통수준 4번 유형조차도 삶에 대처하면서 눈에 띄는 어려움들을 겪게 되는데, 불건강한 4번 유형도 모든 성격유형 중에서 가장 심각한 정서적 곤란의 상당 부분을 갖고 있다.

4번 유형들은 어떤 이목을 끄는 방법으로 자신의 정서적 곤란함을 해소하려는 경향이 있다. 왜냐하면 4번 유형들은 자신의 감수성으로 자신을 증명해 왔기 때문이다. 이들은 모든 자신의 행동에서 감정의 강도를 찾는 것으로 시작한다. 이들이 어떤 것을 더욱 강하게 느낄수록 자신이 느끼는 것은 더욱 현실이 된다. 따라서 보통수준 4번 유형은 자신의 정서적 삶을 '선동' 하는 자신의 상상력을 사용하기 시작한다. 이들은 사람들과 아주 일시적인 마주침도 취할 수 있고 또 그 만남이 갖는 모든 '감정의 정수' 를 추출해 내기 위해서 몇 시간 동안 거기에 머물 수도 있다. 문제는 만약 4번 유형들이 계속 타인들과 상호작용하고 있거나 실제적인 요구를 돌보아야 한다면, 이들은 자신의 기분과 환상을 유지하는 것이 어려워진다는 것이다. 이들의 감정 상태와 자아이미지는 현실이 뒷받침하지 못할 정도로 심원해진다. 사람들이 자신의 강한 경쟁심과 기분을 방해하는 것을 막고 또 잠재적 수줍음과 굴욕을 회피하기 위해서 더욱더 삶과 현실적 관계와 경험들로부터 물러나기 시작한다. 궁극적으로 단지 자신의 정체감과 정서적 욕구를 지지하는 몇 안 되는 사람들과만 교류할 것이다. 그러나 커튼을 닫고 삶을 외면함으로써 세상에 참여하게 하는 감정과 창의성의 근원으로부터 스스로를 잘라낸다.

건강한 4번 유형에서 무의식의 풍부한 삶에 접근되고 형태를 갖추게 된다. 어떤 다른 성격유형에서보다도 건강한 4번 유형들은 인간본성 안에서 영적인 것과 동물적인 것 사이의 교량 역할을 하는데, 그 이유는 4번 유형들이 자신의 이 두 가지 측면을 잘 알아차리고 있기 때문이다. 이들은 자신이 휩쓸려 올라갈 수 있는 높이만큼 인간이 내려갈 수 있는 깊이를 자신 속에서 감지한다. 4번 유형처럼 인간본성의 잠재력과 곤경에 대해 습관적으로 알아차리고 있는 다른 성격유형은 없다. 인간은 두 가지 존재의 지위 사이에 간단하지 않은 위치를 점하고 있는 영적 동물이다. 4번 유형은 잠재적으로 갈등하는 본성적 측면과 자신이 강하게 고통받거나 또는 그런 것들 때문에 황홀한 양쪽을 감지한다. 이것이 자신의 최고 수준에서 건강한 4번 유형들이 다른 사람들을 강렬하게 움직일 수 있는 어떤 것을 창조하는 이유인데, 왜냐하면 자신 속으로 깊게 파고듦으로써 인간본성의 감추어진 깊은 곳에 접촉하곤 했기 때문이다. 그렇게 함으로써 자신을 초월하고 인간본성에 관한 보편적인 것을 발견할 수 있고, 개인적 갈등과 발산적 감정을 예술 속에 녹여 낸다.

그러나 나머지 사람들과 마찬가지로 대부분의 4번 유형들도 가능성의 최고 정점에서 사는 것은 아니다. 불안에 반응할 때 내적으로 향하고, 특히 자신 속에서 스스로 발견한 부정적인 면에 대해 자의식적이 된다. 자신의 부정적 감정을 상쇄하기 위해 이들은 삶을 견딜 수 있는 것으로 만드는 상상력을 사용한다. 그 결과 보통의 4번 유형들은 일상적인 삶으로부터 철수하기 시작한다. 자기 생각에 골똘해지며, 사람들과 관계 맺는 법이나 실제적인 세계에서 어떻게 일을 처리해 나가야 하는지를 배우지 않는다. 외부인처럼 느끼고 어떻게든지 해서 다른 사람과 다르고 결점이 있는 듯 느끼고, 자신이 세상과 쉽게 교류하는 것으로부터 떼어 놓는 자의식의 장벽을 파헤치고 나갈 수 없음을 느낀다.

만약 이들이 불건강하다면 이들의 부정적 감정은 이들의 삶에 침투한다. 왜냐하면 4번 유형들은 어떤 다른 영향들로부터 자신을 고립시켜 왔기 때문이다. 불건강한 4번 유형은 타인들로부터 매우 철저하게 소외되어 있다. 그리고 얄궂게도 자신으로부터조차 소외되어 자신의 고통스러운 자의식을 벗어나는 길조차 찾을 수 없다. 자신의 자기 탐구가 쓸모없는 환상과 환영의 세계로 자신을 인도해 왔다는 것을 알게 된다. 자신에게 해 온 것이 무엇인지를 너무도 분명하게 이해하는 것만으로, 그리고 그것에 대해 어떤 것을 하기에는 너무 늦었다고 두려워하는 것으로, 불건강한 4번 유형들은 자신에 대적하여 스스로 해 온 것을 파괴하는 쪽으로 방향을 바꾸면서 자신을 혐오하고 괴롭힌다.

정체성에 대한 문제

4번 유형은 자의식을 초월한다는 것이 어렵다는 것을 발견하는데 그것은 자신이 원하는 것의 정반대이기 때문이다. 이들은 자신을 찾고, 확실한 정체성에 도달하기 위해 자신의 상태와 감정에 대해 더욱 의식적으로 되기를 원하기 때문이다. 그러나 더욱 자의식적으로 됨에 따라 4번 유형이 뱃심 좋게 감정들을 표현하기도 전에, 정리하기를 원했던 풀리지 않는 모순적이고 비합리적인 감정 속으로 점점 더 빠져들게 된다.

만약 특별히 이들이 자신을 주장할 필요가 있다면, 자기발견은 4번 유형에게는 극단적으로 중요한 동기다. 왜냐하면 자기에 대한 자신의 인식이 이들의 정체감을 유지하는 데 충분할 정도로 강하다는 것을 결코 느껴 본 적이 없기 때문이다. 이들의 감정은 매우 빠르게 변하기 때문에 정체감에 대한 자신의 인식은 자신의 수중에서도 확고하지 않고 의존적이다. 마치 이들이 다음번에 어떤 강력한 힘을 만들 수도 있고 또는 단순히 사라져 버릴 수도 있는 뭉게구름이었던 것처럼, 이들은 자신에 대해 정의되지 않음과 불확실함을 느낀다. 4번 유형은 다음 순간이 자신에게 어떻게 영향을 미칠지 결코 말할 수 없다. 그래서 이들이 자신에 대해 설명한다는 것은 곤란하다. 무언가 자기 안에 있어야 할 것이 없다. 뭐라고 손가락으로 지적할 수는 없지만 그럼에도 불구하고 자신이 모자라다는 것을 느낀다. 어려운 것은 보통의 4번 유형이 자신을 개인적으로나 예술적으로 표현해 온 후에도 자신의 감정이 무엇인지를 모른다는 것이다. 그러나 만약 자신이 느끼는 모든 것을 표현한다면 이들은 자신에게 수치심이나 처벌을 드러내면서 너무나 많은 것을 나타내는 것이 아닌가 하여 두려워한다. 다른 한편으로 보통의 4번 유형은 자신의 느낌을 표현하지 않음으로써 끝없는 자기 몰두에 갇혀 지내면서 자신을 발견할 가능성을 손상시킨다. 이들은 자신에 대한 자각 상태에 있다는 것에 대해 자각한다—이들의 의식은 환상과 기억, 극단적으로 환영으로 이끄는 후회와 헛된 삶으로 채워져 있다.

4번 유형이 자신 안에서 확고한 정체감을 발견할 수 없음으로 더욱 두려워하게 되면, 이들은 자신이 발견한 여러 취향 중 하나를 창조하기 시작한다. 그래서 취향의 중요성, 좋아하는 것과 싫어하는 것, 그리고 정서적 반응은 4번 유형이 정체감을 건설하는 데 사용하는 재료가 된다. 그러나 자기에 대한 인식이 매우 희박하기 때문에 4번 유형은 다른 사람들에겐 상대적으로 중요하지 않은 특성들에 큰 비중을 두기 시작한다("나만 검정색을 입었어." "난 고전음악을 듣지 결코 컨트리 음악은 듣지 않아."). 이런 성격 특성들의 대부분은 부정적으로 기능한다는 것을 알아차리는 것이 중요하다. 4번 유형은 자신이 누구인지 모를 수는 있지만, 자신이 아닌 사람이 누구인지는 안다고 확실하게 믿는다. 이러한 특성들이 자신에게 사실상 해가 되지 않는 동안에는, 4번 유형은 자신이 누구인지 알아내기 위해 더욱더 자신에게 의존하고, 한 귀퉁이에 자신을 그리기 시작한다. 협소하게 정의된 자아이미지를 유지하는 것에 관심사가 머물며, 4번 유형들은 자신의 삶을 살아가는 데 필요한 많은 기본적인 활동들에 개입하는 것을 거부할 수도 있다("나는 시인이야. 나는 사무실에서 일할 수 없어.").

4번 유형은 끊임없는 내적 대화와 자신의 정서적 반응에 대한 참조를 통하여 정체감에 대한 자신의 인식을 유지한다. 물론 4번 유형 역시 자신의 자아이미지를 입증해 줄 누군가를 원하지만 이들은 2번 유형이나 3번 유형보다는 타인의 확인에 덜 의존한다. 사실, 이들의 정체성의 많은 부분은 타인들의 확인을 통해 얻어지기보다는 자신의 감정에 연결되어 있다. 2번 유형에게 선하고 사랑하는 것 또는 3번 유형에게 전적으로 유능한 '승자'가 되는 것이 각각 중심적인 것처럼, 다르다거나 이해받지 못한다고 느끼는 것은 4번 유형의 자아이미지에서 중심적인 것이다.

부모 기원

4번 유형은 양쪽 부모로부터 단절되었다. 어린이로서 이들은 자기의 어머니나 아버지와 동일시하지 않았다("나는 우리 엄마를 좋아하지 않아." "나는 우리 아빠를 좋아하지 않아."). 부모의 결혼 문제나 이혼, 질병 등으로, 또는 단순히 가족 안에서의 성격적 갈등 때문에 행복하지 않거나 외로운 어린 시절을 보냈을 수 있다. 어떤 경우엔 4번 유형이 비교적 '정상적이고' 평온한 어린 시절을 보냈을 수도 있다. 그럼에도 불구하고 지지적인 환경에서조차 이들은 어느 한쪽의 부모로부터 반영된 자기 자신을 보지 않는다. 자신의 부모가 실제적으로 자신을 돌보지 않았다거나 부모가 자신에게 전해 준 것은 어떻든 부적절한 것이었다고 느낀다. 이들이 얻은 조언이나 반응은 이들에게는 일반적인 어린이들에게 적용하는 것으로 보였지 이들 자신에게는 아니었다. 명확한 역할모델의 부재와 함께, 어린 4번 유형은 자신의 정체성을 형성하는 데 자신에 관한 정보의 1차 자료를 얻기 위해 자신의 감정과 상상 속으로 향했다.

어린 시절부터 4번 유형은 삶에서 본질적으로 혼자임을 느꼈다. 이들이 이해할 수 없었다는 이유로 부모가 이들을 거부해 왔고 또는 적어도 부모가 이들에게 많은 관심을 기울이지 않았던 것으로 보인다. 따라서 4번 유형은 자신에게 뭔가 심각하게 잘못된 것이 있고, 그리고 자신의 부모가 어린이에게 필요한 양육적 돌봄을 주지 않았기 때문에 자신에게 결함이 있다고 느꼈다. 그 결과 이들은 자신이 누구인지를 발견하기 위해 자신 쪽으로 방향을 돌린다.

자기인식은 약간의 자존감을 찾기를 희망하는 수단으로서 이들의 가장 중요한 목적이 되었다. 4번 유형은 만약 자신이 누구인지를 발견할 수 있다면, 자신이 해온 본질적인 방법, 그 깊은 곳에서 다른 사람들과 그렇게 다르게 느끼지 않을 것이라고 생각한다. 그러나 내관을 통하여 자신을 창조하는 대신, 4번 유형은 아이러니하게도 자의식에 붙잡히게 된다. 이들의 자의식은 자신을 소외시키고 스스로를 취약하게 느끼게 만들며, 자신과 타인들에게, 특히 부모에게 자신의 공격성을 불러일으킨다. 그러나 이들 역시 자신의 공격성을 표현하는 데서나 자신의 상황에 대해 어떤 것을 하는 데 무기력함을 느끼기 때문에, 자신의 공격성을 대부분 자신에 대항하는 쪽으로 돌리면서 부모나 타인들로부터는 물러서 있다.

부모와의 관계는 일차적으로 일종의 단절 형태였기에, 4번 유형은 다른 사람들과는 다른 자신의 차이점에 기초하여 자아정체감에 대한 인식을 개발하기 시작한다. 거기에는 자신이 부모에게 동일시한 것은 거의 없다. 그래서 4번 유형은 자신을 둘러싼 사람들을 닮지 않는 모든 방법들을 목록으로 만들기 시작한다. 궁극적으로 다름에 대한 이런 인식은 강하게 개발되고, 자신의 자아이미지에 대한 부분을 방어하게 되며, 많은 4번 유형은 자신이 그 밖의 다른 사람들과 유사한 많은 측면이 있다는 것을 깨닫는 것이 어렵다. '평범' 해진다는 것은 불안한 전망이 되는데, '독특하다' 는 인식이 자신의 정체성을 만드는 데 유일하게 안전한 건축용 벽돌의 하나처럼 느껴지기 때문이다. 아이러니하게도 4번 유형이 자신의 '독특함' 에 집착한다 할지라도, 자신 역시 더욱 일상적인 생활을 즐기는 것처럼 보이는 사람들을 시기하고 괘씸하게 생각한다.

부모로부터의 단절은 또한 '좋은 부모' —자신을 진심으로 보아 주고 자신이 구축하고자 하는 자기를 인정해 주는 사람— 에 대한 이들의 열망을 불러일으킨다. 4번 유형은 일반적으로 이상적인 짝이나 배우자를 열망하면서 좋은 부모를 이것을 통해 경험한다. 이들은 종종 이 역할을 새로 만난 사람들에게 투사할 것인데, 새로 만난 자신의 짝을 이상화하고, 자신이 함께할 멋진 삶에 대해 공상에 잠긴다. 불행하게도 4번 유형은 그 사람을 더 잘 알게 되면서 환상에서 깨어나게 되고, 그 사람이 자신의 모든 문제로부터 자신을 구원할 완벽한 부모가 아니라는 것을 깨닫는다. 4번 유형은 그/그녀가 단지 평범한 사람일 뿐이라는 것을 매우 빨리 알아본다.

다른 사람들의 결점은 곧 4번 유형의 관심의 초점이 된다. 그리고 이들은 타인들에 대해 흥미를 잃는다. 머지않아 자신의 탐구와 환상으로 다시 돌아오지만 일반적으로 '그들이 꿈꾸는' 사람들을 발견하는 데는 더욱 절망감을 느낀다.

적개심과 절망의 문제

감정삼원소의 다른 두 성격유형인 2번 유형이나 3번 유형과 같이 4번 유형도 적개심에 대한 문제를 가지고 있다. 이들은 자신에게 자신의 적개심을 돌리는데, 2번 유형이나 3번 유형처럼 4번 유형도 이상화된 자아이미지를 위하여 현실의 자기를 거부해 왔다. 그러나 이들의 자기 자각 때문에 4번 유형은 자신이 이상화된 자기와 유사하지 않은 모든 방식에 대해 항상 의식하게 된다. 4번 유형은 많은 자신의 현실적 자질을 경멸해 왔고, 그것을 상상의 자기가 되는 데 장벽으로 보았다. 결점이 있다는 점에서 자신에게 화가 나서, 4번 유형은 자신이 아는 많은 방법으로 자신을 억제하고 처벌한다.

물론 4번 유형 역시 다른 사람들을 향한 적개심을 경험한다. 만약 다른 사람들이 자신의 자아이미지나 정서적 상태를 문제 삼거나 쉽게 다룬다면 이들은 몹시 격노할 수 있다. 그러나 이들은 설명도 없이 갑자기 사람들을 떠나는 것으로 이것을 표현하는 경향이 있다. 4번 유형의 창의성 역시 자신의 감수성에 상처를 입힌 사람들에게 향해진 비평의 수위를 낮추면서 풍자적으로 사용될 수 있다. 4번 유형은 또한 자신이 이상화시켜 왔던 바로 그 사람들을 향한 강력한 적개심을 경험할 수 있다. 타인들이 '좋은 부모'에 대한 4번 유형의 희망에 꼭 맞는 생활을 하는 데 실패하면, 이들은 자신의 부모와 연결될 수 없는 상태에서 느끼는 원천적인 고통을 다시 상기할 수도 있고, 새로운 애호 관심사에 이것을 투사하기도 한다. 이들은 분노와 감격을 극적으로 표현하기도 하는데, 이는 자신의 부모에 대한 것이 아니라 일반적으로 자기 감정의 강도가 자신을 압도하거나 또는 자신의 관계에 손상을 촉진하기 전에 재빨리 철수하는 것이다. 더욱 종종 4번 유형은 침묵 속에서 내적으로 끓어오르거나 소용돌이칠 것이다.

깊은 무의식 수준에서, 4번 유형은 부모가 자신을 적절히 양육하지 않았다고 느끼기 때문에 부모를 향해 적대적이다. 4번 유형은 자신이 세상에서 환영받지 못했다고 느낀다. 자신은 어울리지 않고 쓸모없다고 느낀다—그리고 자신에게 이것을 느끼게 하는 부모에게 깊은 분노를 느낀다. 그러나 부모에 대한 분노가 매우 깊어서 4번 유형은 자신에게 그 감정을 표현하게 허용할 수가 없다. 이들은 자기 자신의 화를 두려워하고 그것을 감수하려 노력하면서 자신을 매우 억누른다. 어떤 유형은 부모를 향한 같은 정도의 분노를 적절히 느끼지만, 4번 유형은 자신의 삶에서 더욱 곤란을 겪게 되는 경향이 있는데 이런 오래된 상처 위에서 살기 때문이다. 미묘한 수준에서 4번 유형은 자신의 고통을 놔 버리길 원치 않는다. 타인들, 특별히 이들의 부모들은 그들이 얼마나 상처 받아 왔는지를 알지 못한다.

그러나 자신의 적개심과 부정적 감정들에 대한 자각이 자신을 지치게 하고 있을 때 불건강한 4번 유형은 보통 자기 의심과 우울, 절망으로 더욱 깊이 빠진다. 이들은 자신에게 있는 본질적인 결함이 매우 깊어 치유할 수 없다는 인식에 압도당함에도 불구하고 이들의 대부분의 시간을 삶을 지속해 나가는 용기를 찾는 데 소비한다. 실로 희망이 없다는 감정은 이들이 끊임없이 헤엄을 쳐야만 하는 상황에 역행하는 물결이다. 만약 희망 없음이라는 강한 역류가 너무도 강하면 불건강한 4번 유형은 정서적 와해에 굴복당하거나 자살하는데, 그것으로부터 도망치는 것에 대해 절망하기 때문이다.

4번 유형이 삶에서 철수함으로써 자신을 탐구하는 데 헌신하는 순간, 이들은 잘못된 방향으로 가는 것이다. 이 탐구가 이들에게 얼마나 필요한 것으로 보이는지를 떠나서 이들은 자신을 탐구하는 방향이 궁극적으로는 절망으로 이끄는 유혹이라는 데 확신을 가져야만 한다.

다른 한편으로 건강한 4번 유형을 만드는 것은 이들이 감정의 험난함으로부터 한 번에 모두 자유롭게 되어 왔던 것이 아니라, 이들이 더 나아간 어떤 목표를 향해 흐르는 물결에 올라타는 방법을 발견해 왔다는 것이다. 건강한 4번 유형은 자신의 감정만을 참조하는 것을 벗어나서 자신의 정체감을 유지하는 것을 배워 왔다. 이들은 자신을 탐구하기 위해 삶으로부터 멀어지고자 하는 유혹을 극복함으로써 자신의 파괴성으로부터 자신을 구할 뿐만 아니라 생존에 아름답고 좋은 어떤 것을 가져올 수도 있을 것이다. 만약 이들이 이 방법대로 사는 것을 배운다면, 4번 유형은 악을 벗어나 선을 가져오고, 절망으로부터 희망을 가져오며, 불합리로부터 의미를, 잃어버린 곳에 나타난 것을 지키면서 가장 삶을 고양하는 성격유형들 속에 존재할 수 있다.

건강한 4번 유형에 대한 분석

1수준: 영감을 받은 창조자

모든 성격유형에서, 매우 건강한 4번 유형은 자신의 무의식적 충동에 가장 접촉해 있다. 이들은 환경으로부터의 영향에 개방되어 있는 동안에 자신의 내면의 소리를 듣는 법을 배워 왔다. 가장 중요한 것은 이들이 자의식 없이 행동할 수 있다는 것이다. 그리고 만약 이들이 재능을 가지고 있고 훈련을 받는다면 예술품다운 예술적 작업 속에서 자신의 무의식적인 충동에 구체적인 형상을 부여할 수 있다.

자의식을 초월한, 매우 건강한 4번 유형은 세상에 새로운 어떤 것을 가져올 수 있다는 근본 인식 위에서 창의적으로 되는 데 자유롭다. 물론 심오하게 창의적인 순간은 나타났다 사라진다. 때문에 창의성을 유지하는 것은 어렵다. 그럼에도 불구하고 자신의 최선의 상태에서 4번 유형은 창의성을 유지할 수 있는데, 그 이유는 이들이 영감에 이르는 방식에 열려 있으면서 자의식을 초월해 왔기 때문이다. 가장 폭넓고 다양한 자원으로부터 영감을 끌어내고, 무의식을 통하여 경험의 원료들을 걸러 낸다. 그렇게 하면서 영감을 얻는 4번 유형은 어떤 아름다운 것 속으로 자신의 모든 경험들, 고통조차도 변모시키며 진주를 담는다. 자신의 영감을 얻는 창조적 작업 안에서, 건강한 4번 유형은 마치 자신이 숭고함이 세상 속으로 지나갈 때 통과하는 도관인 것처럼, 다른 사람들을 위한 새로움의 원천이 된다.

이들의 창의성은 역설적인데, 보편적으로 4번 유형들이 창조할 때 이들이 의도하는 것을 넘어서 공명과 의미를 갖는 어떤 것 안에 개인적인 것을 표현할 수 있기 때문이다. 자신의 감추어진 깊은 곳에 자신을 개방함으로써 4번 유형은 자신에 관한 진실한 어떤 것을 표현할 수 있다. 그럼에도 불구하고 그들의 창의성이 나오는 곳을 설명하는 것은 이들에게는 어려운 일이다. 자신과 타인에 대한 이들의 많은 지식은 영감의 특성을 가지고 있는데, 어떤 것은 이들의 의식적 통제를 넘어서 자연 발생적으로 완벽하고 신비롭게 이들에게로 온다.

창의적으로 되려는 것은 예술가에게 국한된 것이 아니라 누구나 이들 자신 속에서 깨어 있으려고 노력해야만 하는 중요한 자질이다. 창의성의 가장 중요한 형태는 자기 창조—자아를 초월함으로써 자기를 갱신하고 벌충하는 것—다. 그것은 한 사람으로서 당신의 성장을 위해 당신의 모든 좋고 나쁜 경험들을 어떤 더 나은 것으로 전환하는 과정이다("아무것도 잃어버리지 않는 그런 사람이 되어라." – W. James).

> [오토] 랭크는 예술가 그 자체는 그리 미화하지 않으면서 창의적인 사람을 더 찬양했는데, 그들의 표현은 그가 자신을 발견한 곳에서 문화의 조건을 바꿨기에 그렇다. …… 사실 랭크는 창의적인 예술가는 포기하는 것이 더 나을 수 있는 은신처를 아직도 예술 안에서 찾고 있다며 실제 삶으로 돌아가라고 주장했다. 일단 그가 그렇게 하면 그는 정신분석에서 만들려고 시도하고 있는 바로 그 새로운 사람이 된다(R. Fine, *A History of Psychoanalysis*, 271).

영감의 순간에 행동하는 것으로, 그것은 감정의 첫 순간은 아니지만, 4번 유형은 역설적이게도, 이들이 세상 속으로 가지고 오는 것 안에서 자신을 창조하고 발견한다. 자신의 정체성에 대한 문제는 해결되기 시작한다. 4번 유형은 자신의 부모 때문이 아니라 자신의 창의성 안에서 하루하루, 순간순간 자신이 살아가는 삶의 풍요 속에서 발견한 것으로 이야기된다. 이것은 랭크가 지적했듯이, 가장 건강한 상태에서 4번 유형이 단순히 예술가들이 아니고 삶을 고양하는 사람들로서 창의적이라는 것에 대한 이유다. 물론 이들이 예술가일 수도 있다.

이 수준에서 4번 유형은 삶을 깊이 받아들인다. 이들은 정직한 자기 그리고 세상과 진실로 연결되어 있다. 이들은 자신을 허용하고 삶에서 "예."라고 말하는 법을 배울 수 있는 그런 경험들을 제지하는 것을 멈춘다. 삶의 가능성들에 대해 더욱 개방적이 되어 순간마다 신선하게 자신을 경험하기 시작한다—그리고 진정한 정체감은 점차 끊임없이 드러난다. 지속적으로 자신을 갱신하는 것은 창의성의 가장 높은 형태이고 일종의 영혼 만들기인데, 이런 것은 그림이나 책 또는 무용을 만드는 것보다 더 높은 통합의 상태를 요구한다. 이것은 다른 유형이 건강한 4번 유형으로부터 배울 수 있는 상태이고 4번 유형이 끊임없이 열망하는 상태다.

2수준: 자기 자각적 직관자

상대적으로 건강한 4번 유형이라 할지라도 항상 그렇게 높은 의식 수준에서 살고 있는 것은 아니다. 이들이 영감 받은 상태로부터 물러났을 때, 창의적 순간이 손상되었을 때, 또는 자신의 창의성을 즐길 때, 이들은 그것을 유지하는 데 필요한 자의식을 잃는다. 영감 받은 창의성은 자의식을 초월하는 상태를 지속함으로써 그 자체의 행위 속에서 유지될 수 있기 때문이다. 그것은 각 순간에 지속적 자기 갱신을 요구한다. 진실로 자기는 어떤 대상 같은 것이라기보다는 과정과 더 유사하다. 그러나 4번 유형은 지속적으로 변화하는 자신의 감정과 감상 속에서 자신을 발견할 수 없음에 두려워지기 시작한다. 이들은 자신들의 정체성을 알아낼 수 없다. 그래서 이들은 자신의 경험이 자연스럽게 흐르도록 허용하기보다는 자기 반영을 하기 시작한다. 그 결과 어떤 특별한 정체성을 잡아내는 순간, 이들은 자신에 대해 자의식적으로 되고 자연스러운 영감의 특성을 잃는다. 4번 유형은 자기 자각적이고 내관적으로 된다.

우리가 개관에서 보았듯이 이들의 기본적 동기의 하나는 이들이 누구인지를 이해하는 것이다. 왜냐하면 이들은 부모가 실제로 느껴졌던 방식대로 부모로부터 비춰지지 않았기 때문이다("나는 누구지? 내 인생은 무엇에 대한 것인가?"). 이들이 의지할 수 있는 기본 정체성인 자기상을 수립하기 위하여, 4번 유형은 타인들 쪽으로 향하지 않고 자신의 내적 감정이나 정서적 반응들 쪽으로 향한다. 이것은 건강한 4번 유형에게 직관적 재능과 풍부한 내적 삶을 공급하지만 또한 문제와 만나게 해 준다. 인간 정신의 모든 국면에서 감정은 아마도 가장 변화가 가능하고 변덕스러울 것이다. 감정의 세계로부터 지속적인 정체감을 창조하려 노력하는 것으로서, 4번 유형은 모든 다른 유형들처럼 자신이 찾는 것을 제공할 수 없는 방향에 종사하고 있다. 사실 우리가 본 것처럼 4번 유형이 자신의 감정에 동일시하면 할수록 자신의 정체성에 대해 더욱 혼란스러워질 것이다. 이 수준에서 4번 유형은 아직 자신의 감정 상태에 대해 어떤 객관성을 가지고 있고, 높은 정도의 정서적 평정을 가지고 있다. 더욱이 1수준으로부터의 이런 미묘한 전환은 4번 유형을 더 낮은 발달 수준으로 이끌 수 있는 의미 심상한 결과들을 갖는다. 이들은 자신의 감정을 소유하기를 멈추고 자신의 감정에 존재하기 시작한다.

또한 자신의 감정에 대한 자각은 건강한 4번 유형조차 자신의 환경으로부터 자동적으로 멀리 떼어 두는 문제를 창조한다. 거기에서 삶은 좋든 나쁘든 일종의 극장이 되고 자신은 관객과 배우 양쪽이 된다. 이런 자각은 건강한 4번 유형에게 자신을 이해하는 장치를 고안하는 것으로, 자신과 모든 것 사이에서 자신이 감지하는 거리를 사용하도록 허용하는 한편, 또한 4번 유형이 자기 주장적이고 실용적인 활동들을 지속하는 것을 어렵게 만든다. 더군다나 이들은 거기에 자신이 숨을 곳이 없다는 것을 깨닫는다. 4번 유형은(자신, 타인 그리고 삶에 대한) 불안한 현실들을 인정하도록 강요받는데, 그 이유는 자신의 자각이 타인들에 대한 감정과 자신의 잠재의식적 충동에 민감해지게 만들기 때문이다. 이런 감정들이 고통스럽거나 방해하는 것이라 할지라도, 그럼에도 불구하고 건강한 4번 유형은 자신의 감정을 스스로에게 말하는 것에 대해 두려워하지 않는다.

4번 유형은 직관적이기 때문에 자신에 대해서뿐만 아니라 다른 사람들에 대해서도 예민하다. 직관은 4번 유형에게 타인들이 세상에 대해 어떻게 생각하고, 느끼고, 보는지를 이해하는 능력을 준다. 직관은 텔레파시의 부수적인 어떤 쓸모없는 것이 아니고 무의식적 방법을 통해 현실을 인식하는 하나의 수단이다. 그것은 의식의 바닷가로 떠밀려 온 병 속에서 메시지를 받는 것과 같다.

자기 자각은 직관의 심리학적 근거다. 4번 유형은 무의식적으로 자기 자신, 세상 그리고 다른 사람들에 대해 의식적이다. 4번 유형이 자신의 차원을 발견하길 희망하는 방법은 자신의 경험이 자신에게 어떻게 영향을 미치는지를 보는 것이다(또는 더욱 시적으로 표현하자면, "나는 각각의 것이 나의 영혼을 치면서 창출하는 메아리를 주목한다." – Stendhal).

4번 유형은 융의 내향적 직관형에 해당한다.

> 내향적 직관은 내적 대상 쪽을 향해 있는데, 이 용어는 무의식적인 내용에 정확하게 적용된 것일 수 있다. …… 그의 직관이 외적인 대상들로부터 자극받았다 할지라도, 그것은 외적인 가능성에 관계 있는 것이 아니라 외적 대상이 그 안에서 방출해 온 것이 무엇인가에 관계가 있다. …… 이런 방식으로 내향적 직관은 외향적 감각이 외적 대상들을 등록하는 것처럼 거의 같은 차별성으로 모든 의식 과정의 배경을 인식한다. 따라서 직관 때문에 무의식적 이미지는 사물의 위치를 획득한다(C. G. Jung, *Psychological types*, 398–399).

이들의 의식적 삶의 가장 중요로운 부분은 이들의 통제 밖에 있기 때문에 건강한 4번 유형조차 자신을 통제하는 데 완벽하지 않다는 것을 자각하고 있다. 이들의 직관은 마음대로 불러낼 수 없는 유령같이 왔다갔다한다. 더욱이 이들의 직관은 불안정할 수 있고 이들이 확인하거나 해결하기 어려운 감정에 대해 자각하게 만든다. 직관은 4번 유형들이 합리적으로 표현하기에는 어려운 것이다. 정확하게 직관은 비합리적이고 무의식적인 근원을 갖기 때문이다. 좋건 궂건 간에 이들의 직관은 자신이나 세상에 대한 끝없는 긍정적이고 부정적인 감정의 흐름에 대해 이들이 의식하게 만든다. 따라서 4번 유형은 자신의 직관을 확인하고 이해하는 데 시간이 걸리며, 자신의 직관이 스스로에게 말하고 있는 것이 무엇인지를 받아들이는 용기가 필요하다.

3수준: 자기 본심을 나타내는 개인

건강한 4번 유형은 자신이 느끼는 것이 무엇인지 표현할 필요가 있다. 그러면 이들은 자신의 직관이 자기 자신에 대해 이야기하는 것이 무엇인지 알 수 있다. 성격유형들 중 가장 개인적인데, 직접적이고 정직하게 자신을 타인들에게 드러낸다. 가면을 쓰지 않고, 그들의 의문과 취약함을 감추지 않으며, 얼마나 꼴사납고 노골적이든 간에 자신의 감정과 충동에 대해 자기 자신을 속이지 않는다. 건강한 4번 유형은 타인들에게 자신의 결점이나 비합리성을 기꺼이 드러내는데, 이런 감정들이 자신이 누구인지에 그저 지엽적인 것이 아니라 자신의 개인적 진실을 반영하는 것이라고 느낀다. 만약 선과 함께 악을, 확실함과 함께 의심으로 자신 전체를 전하지 않았다면, 타인들에게 자신을 전달한 것은 부정직한 것일 수 있다. 이에 대한 매우 인간적인 어떤 것이 있다. 그것은 진실함이고 깊은 감정이며, 감동받고자 하는 기꺼움인데, 만약 그것이 해야 할 진실한 것이라면 고통의 비용조차 기껍다.

건강한 4번 유형은 자기실현보다 전통과 관습을 중시하는 사람들로부터 비난받는 위기 상황에서조차, 개인으로서 자신에게 진실한 존재인지에 관심을 갖는다. 우리가 건강한 4번 유형에서 발견하는 정서적 정직함은 상당히 반항적일 수 있으며 때때로 타인들을 난처하게 하는데, 타인들은 4번 유형이 자신에 대해 그렇게 솔직하지 않기를 바랄 수 있다. 그러나 건강한 4번 유형이 사회에 가져오는 것은 이들 인간성의 본보기로, 그 메시지는 자신이 개인들이기 때문에 모든 사람은 가치 있다는 것이다.

그래서 건강한 4번 유형이 자신에게 진실하기를 원하는 바로 그것처럼, 다른 사람들도 스스로에게 진실하기를 바란다("이 모든 것 위에: 너 자신의 자기에 진실하라. / 그리고 그것을 밤낮으로 추구해야만 한다. / 그러면 너는 어떤 누구에게도 거짓이 될 수 없다." –〈Hamlet〉, 1막 3장). 타인들의 개성을 존중하고, 자신의 감정에 예민하며, 자신의 사생활과 욕구에 대해 사려 깊다. 4번 유형은 사람들을 통제하려고 노력하지 않으며 타인들이 삶에서 스스로의 길을 발견하도록 기꺼이 허용한다. 자신이 좋은 부모이고, 친구이고, 경청자이며, 치료자가 되는 하나의 이유다. 자신은 다른 사람들을 타인으로서만 볼 뿐 자신의 기능으로 또는 자신을 만족시키는 데 이용할 대상으로 보지는 않는다.

건강한 4번 유형은 다른 사람들의 고통이나 감정에 기꺼이 접하며, 타인들의 '뜻밖의 사실' 로 쉽게 균형을 벗어나지는 않는다. 왜냐하면 자신의 정서적 영역을 탐구하는 데 철저하게 종사해 왔기 때문에, 지지적이고 동정적인 방법으로 타인들을 경청할 수 있다. 건강한 4번 유형이 호의로 받아들이지 않아 온 의식 상태는 몇 가지 없다. 그래서 4번 유형의 도움이 아니었다면 자신을 압도했을지도 모를 힘든 진실에 타인들이 도달하게 도울 수 있다. 타인들은 이들 안에서 안정되고 잘 훈련받은, 고요한 정서적 힘을 본다.

왜냐하면 건강한 4번 유형은 현실에 입각해 있고, 타인과 상호작용하는 것에 흥미를 느끼며, 자신의 관찰에 매우 기민할 수 있고, 자신의 표현으로 사람들을 감동시키는 힘을 가지고 있기 때문이다. 만약 이들이 창조적 재능으로 축복받아 왔다면, 이들의 작업은 깊게 영향을 미칠 수 있다. 자신의 잠재의식 속에 깊이 몰두하는 것과 자신이 그곳에서 찾은 진실과 씨름하는 것으로서, 4번 유형은 명료하게 표현해 오지 못했던 감정과 감상을 타인들이 인식할 수 있는 예술작품과 함께 드러난다.

이 수준에서 4번 유형 역시 개인으로서의 자신을 격렬하게 자각한다. 이들은 모든 것이 별개인 것처럼 자신의 독특한 다름에 대해서도 선명하게 인식한다. 자신이 외롭지 않다 하더라도 자신은 하나의 개별 의식으로서, 인생에서 혼자임을 이해한다. 이런 관점으로 보면 4번 유형은 단지 개인주의자들이 아니고 개인으로서 자신의 존재를 자각하는 실존주의자들이다.

이 모든 것에 관한 어떤 심각함과 동시에, 건강한 4번 유형은 모든 것에 대해 심각하지 않다. 이들은 풍부한 유머 감각을 가졌는데, 삶에 대한 더 큰 질문들의 관점에서 인간 행동의 많은 신랄한 불합리를 보기 때문이다. 건강한 4번 유형은 인간본성에 대해 이중적 시각을 갖는다. 이들은 인간들 속에서, 특별히 자신 안에서 악마와 천사를, 그리고 야비한 자와 고상한 자를 볼 수 있다. 이 아이러니한 상반성은 감동적이기도 하지만 우습기도 하다. 인간 상황의 부조화는 건강한 4번 유형이 즐거울 속에서 이들의 머리를 끄덕이게 만드는 것이며, 이들은 자신 안에서보다 인간 부조화가 더한 곳은 어디에도 없다는 것을 더 잘 알고 있다.

보통수준 4번 유형에 대한 분석

4수준: 상상력이 풍부한 심미가

보통수준 4번 유형들은 자신의 정체성의 기초인 감정, 인상, 영감의 흐름을 유지하지 못할까 봐 두려워한다. 더 깊은 수준에서 자신의 창의성과 자신에 대한 인식이 더욱 의도적이고 더욱 지속적으로 느껴지지 않는 한 유지되지 않을 것이라고 믿는다. 이 시점에서 4번 유형들은 자신의 감정을 휘젓는 상상력을 사용하기 시작하고, 자신이 정말 누구인지를 나타낸다고 느끼는 어떤 분위기에 머물러 있기 시작한다. 이것이 창의성이 풍부한 상상적 삶으로 안내할 수 있으며 아직은 상대적으로 해가 없는 반면, 그것은 삶과 상호작용하는 것으로부터 멀어지고 자기연루의 잠재적 곤경 속으로 더 깊어지는, 주요한 전환을 나타내는 것이다.

보통수준 4번 유형들은 아직까지 창의적이기를 원하지만 이들의 창의성은 다소간 자의식적이다. 따라서 덜 보편적이게 된다. 우리는 보통수준 4번 유형들이 예술적으로 자신을 생각하는 것에 반하여 건강한 4번 유형은 예술적인 것을 알 수 있다. 4수준에서 이들은 자신이 표현할 다양한 방출구를 추구하지만 덜 자연스럽고 덜 일관적이다. 이들 에너지의 더 많은 부분이 자신이 영감받을 것이라 믿는 분위기를 창출하는 데 쓰여지고 있기 때문에, 이들의 작업은 우발적이게 된다. 창의성 중 더 많은 부분은 이들 상상력의 영역 안에서만 일어나기 시작한다.

물론 모든 보통수준 4번 유형들이 예술가는 아니다. 그리고 확실히 모든 예술가들이 4번 유형은 아니다. 그럼에도 불구하고 자신의 감정을 드러냄으로써 본질적으로는 정서적 건강에 머문다. 보통수준 4번 유형들이 개입된 어떤 예술적 활동은 유달리 가치가 있는데, 그 이유는 예술과 아름다움이 자신을 대신하고, 세상에 일종의 위임장을 통해 자기를 표현하는 하나의 수단이기 때문이다.

만약 이들이 전문적인 예술가들이라면, 매체가 자신의 재능을 위해 가장 적절한 것임을 발견했을 것이다. 또한 자신을 적절히 표현할 수 있도록 자신의 재주를 익혀 왔을 것이다. 만약 4번 유형들이 전문적 예술가들이 아니라면, 또는 자신을 표현할 예술적 방출구가 허락되지 않은 전문직에 종사한다면, 자신의 진짜 관심은 다른 곳—아름다움이나 심미적 자기표현의 어떤 종류—에 있으면서, 자신을 지원하는 단순한 하나의 방법으로써 자신의 일을 전형적으로 평가할 것이다. 만약 이들에게 '마술적 소망'이 이루어진다면, 예술가가 아닌 보통의 4번 유형들 대다수는 화가, 가수, 발레리나, 시인, 소설가, 조각가, 영화감독, 디자이너 또는 어떤 다른 종류의 예술가가 되기를 선택할 것이다.

만약 예술적 작품을 만들 만한 능력을 가지고 있지 않다면, 보통수준 4번 유형들은 자신의 환경을 더욱 아름답게 만들려고 노력한다. 예를 들면, 아파트를 취향대로 꾸민다든가, 예술품을 모은다든가, 잘 차려입는 것이다. 4번 유형들은 사람이든 사물이든 아름다움에 강력하게 끌리는데, 심미적 대상은 이들의 감정을 자극하고 자기에 대한 인식을 강화한다. 더욱이 심미적 대상은 4번 유형들이 자신 안에서 찾고자 하는 완벽함과 전체를 상징한다. 자신 안에서 뭔가가 사라졌다는 인식을 갖고, 자신의 정서에 심미적 충격을 높이는 것으로 이 내적인 상실을 대치하려 시도한다. 이들은 낭만적이고 아름다움을 이상화한다.

심미적 환경을 창조하는 것은 또 다른 중요한 기능에 기여한다. 그것은 보통수준 4번 유형들이 자기 인식을 강화하는 어떤 감정과 분위기를 유지하게 돕는다. 분위기는 중요하고, 이들은 대부분 신비롭고 낭만적인 분위기가 있는 집에 산다. 강력한 정서적 결합을 가지고 있는 어떤 음악, 조명, 색의 배합, 특정한 사물, 모든 것이 보통수준 4번 유형들이 지속하기를 원하는 분위기를 지원하게 된다. 그것이 취향이 다른 어떤 방식일 때, 의류는 특별히 자신의 정체성을 표현하는 간접적인 또 하나의 수단이 된다. 보통수준 4번 유형들의 가정과 장롱 안에는 무심코 선택된 것은 거의 없다. 모든 것은 4번 유형들의 감정을 지원하며 "이것이 나야."라고 세상에 조용히 알리게 설계되어 있다.

그러나 보통수준 4번 유형들은 자신의 정서를 강렬하게 만드는 데 자신의 상상력을 사용하기 때문에, 역시 자신의 환상 속에서 세상을 재작업하면서 현실로부터 관심을 점진적으로 멀리 옮기고 있다. 거대한 열정, 서정적 열망, 격렬한 정서에 따라 멀리 휩쓸려 가기를 원하며, 이런 것들을 고양함으로써 살아 있는 자기에 대한 인식을 생생하게 유지한다. 낭만적인 상상력은 불길한 징조와 의미를 찾으면서 자연이나 신, 또는 자기, 이상화된 타인, 혹은 어떤 조합에 머무를 수 있다. 그러나 보통수준 4번 유형들은 매우 자주 자신의 상상력을 스스로에게 사용하기 때문에 상상력은 강력하고 매혹적이며, 위로와 희열의 끝없는 원천이 된다.

4번 유형들은 자신의 감정이나 미적 인식을 자극하는 사람들에게 강력하게 끌린다. 그러나 마치 타인들이 심미적 대상이나 되는 듯, 자신의 상상력 안에서 사람들과 관계 맺기 시작하고, 자신의 편에서 사람들로서보다는 예술적 작업처럼 생각되는 것으로 관계 맺기 시작한다. 또한 4번 유형들은 다른 사람에게 쉽게 홀리고, 자신의 상상 속에서 사랑하는 사람들과 친구들과 긴 대화를 유지한다. 사랑과 열망, 구애나 연애의 장면에서 성적인 환희로 타인을 사로잡으며, 사랑했던 사람을 보내는 것에 대한 쓰디쓴 슬픔으로 자신을 지치게 한다.

이 수준에서 4번 유형들은 자신이 누구인지를 알아볼 특정인과의 깊고 친밀한 관계를 열망한다. 자신의 상대들이 느끼는 방식이 아닌, 자신이 느끼는 방법으로 자신을 알아보고 자신의 정체감을 인정해 줄 누군가를 원한다. 따라서 항상 사랑을 망보고 있다. 4번 유형들은 붐비는 거리를 거닐며 아는 사람과 짧게 만나는 것이나 일상적 스침들을 회상하는 데 많은 시간을 쓴다. 이런 만남들의 잠재적 의미를 탐색하고, 혹 그 사람이 자신이 누구인지 알아보고 자신을 수용할 바로 그 특별한 사람이었을까 하는 걱정을 한다. 이 수준에서 대부분의 4번 유형들은 자신을 고독한 사람들로 보는 것을 좋아한다. 그러나 실제로 자신의 감정과 심미 인식을 끌어내는 사람이라면 누구라도 관계 맺기를 끊임없이 기대하고 있다.

불행하게도 이들 관계의 많은 부분은 타인들이 이들의 관심과 열정의 정도에 대해 자각이 없어도, 이들의 상상 속에서 거의 혼자 발생한다. 상상을 사용하는 것으로, 보통수준의 4번 유형들은 자신을 극단적으로 자극하는 어떤 것으로 만들면서 관계에 대한 정서적 효과를 증가시키는데, 한편으로 그것은 자기 노출과 거부의 문제에서 스스로를 구원한다. 당연히 사람들을 향한 이런 접근은 곤란을 내포하며, 타인들은 4번 유형들이 상상했던 것과는 전혀 다른 쪽으로 불가피하게 바뀌는 일이 적지 않다.

상상적이라는 것에는 잘못이 없지만, 환상 속에서 정서를 고양하려는 욕구는 일들에서 불균형이 시작되는 근원을 가져온다. 왜냐하면 보통수준 4번 유형은 현실 대신에 자신의 환상과 관계하고 있기 때문이다. 우리가 건강한 4번 유형들에서 보았던 직관은 이들이 실제로 체험하지 않은 경험을 이들에게 만들어 주는 한 방법으로써 상상을 무제한으로 사용하는 쪽으로 왜곡되어 왔다.

5수준: 자기 몰두하는 낭만가

보통수준 4번 유형들이 자신과 타인들에 대해 자신의 기분과 낭만적 환상을 양성하는 데 더욱 관여함으로써, 세상과 특별히 다른 사람들과 너무 많이 교류한다고 믿기 시작한다. 이것은 이들이 창조하고 있는 깨지기 쉬운 자아이미지가 산산이 흩어지는 원인이 된다. 이들은 자신을 향한 통로를 통제한다. 다른 사람들이 자신에게 창피를 주거나 또는 자신이 상상 안에서 만든 자신의 이미지와는 다른 모든 측면들을 지적할까 봐 두려워한다. 예를 들면, 자신을 위대한 예술가로 상상할 수 있다. 그러나 실제적으로 예술을 창조하는 데는 많은 시간을 들이지 않거나, 자신이 생산할 것의 질에 대해 의구심을 가질 수도 있다. 그러나 자신의 상상 속에서 모든 것은 가능하며, 보통수준 4번 유형들은 단지 자신의 이미지를 지원할 사람들과 상황으로 자신이 둘러싸이기를 원한다.

이 수준에서 보통수준 4번 유형들은 삼가고, 부끄럽고, 극단적으로 사적이다—침울한 국외자, 고통스러운 자의식. 이들은 타인들에게 실제로 자신이라고 믿고 있는 사람에 대해 알려 주길 원하지만 자신이 굴욕을 당하거나 비웃음당할까 봐 두려워한다. 이것은 전적으로 비합리적인 두려움이 아니다. 왜냐하면 4번 유형들은 아마도 자신의 배경이나 경험과는 별로 관련되지 않은 가면을 개발해 왔을 것이기 때문이다(영국 악센트가 더 세련되고 기교적으로 느껴지는, 중서부 도시의 작은 마을 출신 사람처럼). 4번 유형들은 이상화된 자아이미지로 타인을 감동시키려 노력하기보다는 이제 자신을 거부하기 시작한다. 3번 유형들처럼 4번 유형들의 자기 의심은 4번 유형들이 친밀한 몇 명의 친구들을 제외하고는 모든 사람들에서 자신의 이상화된 자기—자신의 진실한 생각과 감정의 대부분을 포함하여—를 억누르게 하는 원인이 된다. 4번 유형들은 타인들이 자신 감정의 신비함에 감사할 능력이 없는 자라고 봄으로써 타인에 대한 자신의 억제를 합리화한다('돼지 목의 진주다.').

이들은 자신에 관한 어떤 것을 전하는 데서 발생하는 정서적 문제의 위험을 겪기보다는 많은 사람들을 회피하기 시작한다. 대신 마음에 맞는 사람들로 보이는 개인들에게서 친구를 찾으면서 자신의 감수성을 나누지 못할 사람들은 제외한다. 4번 유형들은 자신을 이해한다고 느끼는 누군가를 찾았을 때, 밤늦게까지 지속되는 긴 대화를 하며 자신의 마음을 쏟아 붓는다. 마침내 혼자가 아니다—누군가가 자신의 세계를 나누려고 온 것이다.

이런 종류의 만남에서 보통수준 4번 유형들이 느끼는 열정과 흥분은 자신이 얼마나 깊이 이해받고 나아가 구원받기를 열망했는지에 대한 지표다. 자신의 삶에서 고독을 경감시켜 줄, 게다가 자신이 비밀리에 찾고 있는 좋은 부모가 될 누군가를 갖기 원한다. 그러나 만약 구원자의 관심 끌기를 계속한다면, 보통수준 4번 유형들은 또한 문제를 계속 가질 것이며, 그 자신이 아주 기능적이 되는 것을 허락하지 않을 것이다. 전형적으로 자신을 고독한 사람으로 본다 할지라도, 실제로 이들은 다른 사람들로부터 높은 지지를 요구한다. 사실 보통수준 4번 유형들은 다른 사람들이 얼마나 자신의 정서적 기복들과 곤궁들을 기꺼이 견디는지를 가지고 다른 사람들을 어떻게 생각할 것인지를 평가하기 시작한다. 까다로울 수 있고 가끔은 일부러 관심이 없는 척 행동하지만 멀리 다른 길로 가 버리는 정도는 아니거나, 그러기를 바란다.

어떤 경우에, 보통수준 4번 유형들은 자신의 덧없는 자아이미지를 지원하는 사람들이 자신의 주변에 있기만을 허용할 것이다. 이들은 타인들이 자신 감정의 고상함을 존중하라고 주장한다. 개성이 강한, 그리고 정서적인 순간에 존재하는 것으로써, 다른 사람들이 이들의 깨지기 쉬운 평형에 당황하지 않고 '살얼음판을 걷게' 만들 수도 있다. 보통수준의 4번 유형들이 자신의 정체성에 대해 정서적인 혼란과 의구심을 경험하는 것이 확실히 진실인 반면, 또한 관심을 얻고 타인을 통제하는 데 자신의 취약성을 사용한다. 막상 자신은 타인의 습관에 대해 아주 참지 못하는 반면, 타인은 자신의 자잘한 잘못이나 독특한 버릇을 너그럽게 봐 주길 요구한다.

보통수준 4번 유형들과 많은 시간을 보내길 기꺼워하는 사람은 거의 없다. 왜냐하면, 이들의 관계는 종종 4번 유형들의 감정이나 문제에 대해 길게 논하는 것 정도밖에는 안 되기 때문이다. 건강한 4번 유형들은 타인에게 관심이 있고 세상에 대해 호기심이 있기 때문에 친구들을 자극하는 반면, 보통수준 4번 유형들은 자신의 감정과 자기정체성에 대한 의문에 즉각적으로 강한 영향을 주지 않으면 어떤 것에도 관심이 없기 때문이다. 실제로 자신이 생각해 왔던 어떤 것과 직접적으로 관련되지 않는 한, 다른 사람의 경험에 관해 알기를 원치 않는다. 물론 그 이유를 이해하는 것은 어렵지 않다. 4번 유형들은 자기 의심과 자신에게 진실이라고 느껴지는 자아이미지를 찾는 데 실패하는 것으로 기진맥진해지고 있다. 다른 사람들의 문제를 다룰 만한 충분한 정서적 자원들을 전혀 가지고 있지 않다고 느낀다.

그럼에도 불구하고 4번 유형들은 자신이 꿈꾼 이상적 자아와 자신 삶의 실제 사이의 모순을 인식하기에 충분히 자기 자각적이다. 이것이 앞으로의 혼란을 더해줄 뿐 아니라 이들이 자신에 대해 더욱 확신하지 못하게 되는 원인이다. 이들이 사람들을 만나고 일상을 이야기하는 것, 그리고 그 밖에 누구라도 함께 일을 하는 것은 어렵다. 보통수준 4번 유형들은 대부분의 사람들 주변에서 사회적으로 부적절함과 불편함을 느낀다. 사람들을 좋아하지 않기 때문이 아니라—아주 반대로, 이들이 지각해 온 것처럼 자신은 친밀하고 강렬한 관계를 열망하기 때문이다—자신이 잘 기능하지 못한다는 자의식이 많기 때문이다.

자연스럽게 사회적 요구나 타인들에 대한 욕구는 이들에게 부담이 된다. 따라서 4번 유형들은 타인들을 만나려고 자신의 방식 밖으로는 나가지 않는다; 그보다는 사람들이 자신을 찾아 나서기를 몰래 바란다. 누군가가 자신을 알아보고 다가오는 수고를 하길 소망하면서 침묵과 무관심의 분위기를 방출한다. 타인들이 자신을 신비하다고 생각하거나 심오하다고 추측하는 동안, 이 수준에 있는 4번 유형들은 단지 성적 신비라는 보호막 이면에서 늘어나고 있는 정서적 취약성을 위장하려는 시도를 하고 있는 것이다. 만약 어떤 사람이 자신의 감정을 다치게 했고, 4번 유형들이 그 상처를 추스리느라고 철수한 상태라면, 이들의 철수는 보통수준의 4번 유형들이 다른 사람들에게 자신의 현실을 부정하도록 스스로에게 허용하는 공격적 행동과 같은 것인데, 타인에 대한 자신의 존재 부정이며, 그것이 4번 유형들을 심히 괴롭힌다 할지라도 만약 공격자가 그런 것을 깨닫지 못한다면 4번 유형은 철수한다.

보통수준 4번 유형들이 모든 것을 개인적으로 받아들인다는 사실로부터 이들 문제들의 많은 부분이 유래한다. 자신의 경험들이 스스로에게 의미를 갖도록—자신의 감정을 느끼며—자신의 경험을 내면화해야만 한다. 그러나 모든 것을 내면화하는 것으로서, 보통수준 4번 유형들은 상처입기 쉽게 되고 불쾌하게 자의식적이 된다—'과민증.' 예를 들면, 택시기사의 무뚝뚝한 대답은 이들의 하루를 망칠 수도 있고, 친구의 지각력 있는 비판적 언급은 몇 달 동안 이들의 곁에서 가시가 될 수도 있다. 만약 누군가가 자신을 괴롭히거나 자신의 방어를 찌른다면, 보통수준 4번 유형들은 급소를 찌른다고 느끼며 어떻게 반응해야 할지를 모른다("그것으로 인한 여차여차한 것은 무슨 의미인가?"). 많은 경우에 4번 유형들은 칭찬 속에서도 부정적인 비평을 듣기 시작한다. 만약 한 친구가 이들에게 체중이 줄고 있는 것을 축하한다면, 이들은 그 사람이 실제로는 자신이 얼마나 살쪘었는지를 이야기한 것이었다고 모욕감을 느끼며 몇 시간을 소비할 것이다. 이들은 안이하거나 또는 자연스럽게 있을 수 없는데, 이들의 증가하는 자기 몰두가 그것을 허락하지 않는다.

이들은 모든 경험을 내면화하기 때문에, 모든 것은 그 밖의 모든 것과 연결된 것으로 보인다. 모든 것이 과부하가 되거나 사적인 연결이 가득 찰 때까지 연결된 의미들을 모으면서, 모든 새로운 경험은 이들에게 영향을 미친다. 만약 이들이 건강하다면, 정서적 연결의 이런 풍요성은 이들의 창의성을 살찌우는데, 이들의 내면화되고 확대된 경험들은 영감으로 이용 가능하게 되기 때문이다. 그러나 자기 몰두의 아이러니한 결과는 보통수준 4번 유형들이 자신의 정서와의 만남을 잃기 시작한다는 것이다. 이들은 혼란스럽고 형체가 없으며, 자신 안에 있는 어떤 영구적인 것에서 떨어져 나감을 느낀다.

자신의 감정을 분류하는 것보다는 지속적으로 자기 몰두를 함으로써, 보통수준의 4번 유형들은 더욱 부적절하게 느끼게 된다. 환경과의 접촉을 유지할 자신의 능력을 의심하거나 적절히 스스로를 방어하기 시작한다. 왜냐하면 정말 상처받기 쉽고 마음이 동요되기 때문이다. 타인들에게 쉽게 보이는 것만큼 환경에 그리 쉽게 맞지 않는다는 것을 극단적으로 의식한다. 그리고 타인들을 시기하기 시작하고, 남몰래 타인들에게 분개한다. 이것은 "왜 나는 이런 식으로 느끼지?"라는 의문에서 "내게 무슨 잘못이 있지?"로의 작은 변화가 된다. 자기 의심은 자존감에 대한 문제와 타인들에 대한 적개심 문제로 이들을 공격한다.

건강한 4번 유형들은 혼자 있을 때 아주 편안할 수 있는 반면, 보통수준 4번 유형들이 혼자 있을 때는 종종 쓸쓸함을 느낀다. 잘해 봤자 타인들이 자신을 참아 준다는 것을 느낀다(진짜 좋아하는 경우는 드물다.). 자신의 인간관계에서 어떤 문제라도 변함없이 거부의 결과를 가져올 것이다. 이런 것들은 자신에 대한 이들의 최악의 공포를 확인해 줄 뿐일 것이다. 자신의 사회적 상황에 대한 이들의 평가는 정확하거나 그렇지 않을 수도 있지만, 보통수준 4번 유형들은 그것을 발견할 기회조차 거의 갖지 않는다.

4번 유형에게조차 이런 것은 삶을 만족시키는 방법이 아니다. 자신의 문제를 해결하기 위해 철수를 시작하고, 어떤 것이라고 확인하지 못하더라도, 그 자신의 내면 어떤 것 때문에 환경으로부터 동떨어져 있는 것으로 취급받는다고 느끼고 있다. 그것은 마치 육체적으로 상처받은 상태로 피를 흘리며 죽어 가고 있는 것과 같다. 자신의 삶을 다시 시작하기 전에, 4번 유형들은 자신이 필요한 응급조치를 받아야만 한다고 느낀다. 이들은 그 밖의 다른 것에 자신의 관심을 줄 수 있기 전에, 어떤 내적 장애에 관심을 주어야만 한다.

이들은 자신에 대해 골똘히 생각한다. 현실이나 상상 속의 경멸에 대해서도 정서적으로 상처받기 쉽기 때문에 극단적으로 침울해진다. 이것은 보통수준 4번 유형들이 어떤 것을 하기 전에 자신이 어떻게 느끼는지를 알려 주고 자신의 감정을 지속적으로 내관하는 것으로 매 행동의 전제 조건이 된다. 기분 좋은 상태가 될 때까지 편지를 쓰거나 식료품점에 가거나 직업을 찾아다니는 것을 미룬다. 그러나 4번 유형들은 자신이 기분 좋은 상태가 되는 때를 결코 알지 못하기 때문에 일이 이루어지지 않거나 즐거움을 느끼지 못하면서 내적 저항에 대항하고 있다.

기분의 대부분이 즐겁지 않다는 사실만 아니라면 이것은 4번 유형에게는 문제가 되지 않을 수 있다. 자기 자신의 결점을 가지고 살거나, 삶에서 '거칠고 둔한' 사람들이 자신의 이미지를 경멸한 것에 대해 분노가 끓어오르는 상태로 살고 있다. 예전 이야기를 재탕하면서, 또는 자신의 상처받은 감정들을 다시 체험하면서, 또는 자신을 좌절시킨 사람들을 방문하는 등의 모든 형태의 복수를 끝없이 상상하면서 많은 날과 시간을 보낼 수도 있다. 점점 더 4번 유형들은 자신을 위한 건설적인 행동들에 대해 이야기하는 것 대신에 환상 속에서 자신의 날들을 쓸데없이 낭비할 것이다.

6수준: 탐닉적인 예외자

자기 몰두에 머물러 있는 시간이 길면 길수록, 4번 유형들은 의식하지 못하는 사이에 자신에게 더욱더 실제적이고 정서적으로 곤란한 일들을 만들어 낸다. 자신의 사회적 · 전문적 기술들을 개발하지 못하며 자존감은 지속적인 자기 의심으로 고통받는다. 자신은 취약하다고 느끼고, 자신에 대해 불확실을 느낀다. 한마디로 보통수준의 4번 유형들은 자신의 개인적 환상을 좇으려 멀어지고 있어서 다른 사람들과 다르다고 느끼면서 달라진다. 그리고 자신은 다르기 때문에 일상적이지 않은 방법에서 만족해야만 한다는 필요성을 느낀다. 따라서 자신의 욕망에 충분히 탐닉하지 못한다는 느낌에 대해 보상하길 원한다. 자신이 규칙에서 예외이고, 기대로부터 벗어났으며, 전적으로 자신이 되는 것에 자유를 느낀다. 그 결과 소유할 수 있는 정서적, 물질적 쾌락이라면 뭐든지 탐닉하는, 전혀 훈련받지 않은 사람이 된다.

4번 유형들은 특별하고 지속적인 자아이미지를 창조하려고 노력해 왔지만, 6수준에서 4번 유형들이 '자신을 구석에 그려 넣고 있기'에 정말 편협하다. 왜냐하면 자신이 아닌 것들, 자신이 좋아하지 않는 것들로 스스로를 거대하게 규정하고 있기 때문이다. 이들은 정상적인 인간 삶을 구성하는 보통의 일상적 경험들을 거부한다. 정규직을 계속 유지할 의향이 없고 자신을 위해 요리하고 청소할 사람조차도 찾지 않거나, 또는 어떤 사회적 및 지역적인 일에 관여할 의향이 없다. 자신이 그 한 부분이 되는 것을 결코 허용할 수 없는 정체불명의 무리들인 하층민들을 업신여기며 자신의 정체감에 대한 불확실성을 방어한다(정체가 불분명한 어떤 무리의 한 부분에 자신이 소속되는 것을 결코 용납하지 못하며, 그 '천박한 무리'를 업신여기면서 자신의 정체감에 대한 불확실성을 방어한다.). 4번 유형들의 미학에 대한 감각은 4번 유형들이 높이 평가하는 것에 대해 인식할 줄 모르는 다른 사람들을 내쫓거나 모독하는 방법이자 무기가 된다.

동시에 4번 유형들은 일반 서민의 삶에 대해 경멸하면서도 한편으로는 그에 대한 선망과 분노로 가득 차 있다. 다른 사람들의 무가치한 삶에 대해 원하는 것이 아무것도 없다고 스스로에게 말할지라도, 내심 4번 유형들은 누구의 삶이 무가치하게 이루어져 왔는지에 대한 진실한 자각을 가지고 있다. '일상적인' 일들, 결혼 그리고 우정에서 타인들의 단순한 행복을 본다. 그리고 자신의 불행의 깊이를 깨닫는다. 6수준에서 4번 유형들은 타인을 피상적으로 지각하고, 진정한 속 깊이가 부족한 상태에서 자신이 가지고 있는 것을 믿는다. 그래도 다른 이들의 즐거움, 비자의식, 자발성들에 대한 실례는 얼굴을 때리는 것과 같다. 만약 4번 유형들이 자신이 갖는 '깊이'가 겉치레이고 환상이었다는 것과 자기 몰두가 자신에게 실제와 의미 있는 삶을 희생하게 한다는 것을 알 수 있었다면, 이들은 정서적인 수렁에서 벗어나는 방법을 발견할 수도 있었을 것이다. 불행하게도 많은 4번 유형들은 세상에 등을 돌리고, 자신이 잃었다고 믿는 것들로부터 스스로를 구하려고 노력한다.

보통수준 4번 유형들은 자신의 여력과 자의식을 발견한 사람들로부터 사랑받으면서 또는 최소한 호기심을 돋우면서 타인들의 관심과 어떤 동정조차도 한번에 끌어당겨 왔을 수 있다. 타인들은 이들의 부끄러움과 연약함에 감동받아 온 상태일 수도 있다. 그러나 지금은 상황이 바뀐 상태다. 자기 방종적인 4번 유형들은 다른 사람들의 반감을 사는데 이들이 매우 별나게 고집스럽기 때문이다. 이들은 사회적 책임감이 없다. 이들은 어떤 것을 위해 배려할 줄을 모른다. 그리고 모든 책무에 저항하는데, 일이건 또는 사람 때문이건 자신에게 압력을 가하는 어떤 것이 있다면 이들은 토라진다. 자기 자신의 방식 안에서, 자신만의 시간에 일을 하는 자유를 유지한다는 것에 특별한 자부심을 갖는다. 그렇지 않으면 안 한다("나는 내가 하고 싶을 때 원하는 일을 한다.").

이들은 타인들과 다르게 느끼기 때문에 자신은 특별하다고 느끼고, 그 밖의 모든 사람들이 사는 삶으로부터 면제됨을 느끼며, 사회생활의 일상적 관습을 따르는 어떤 책무로부터도 자유를 느낀다. 자신의 정서적인 필요성 때문에 모든 것이 허락되었다고 느낀다. 자신의 시간은 자신 것이며, 무엇이든지 간에 그 어떤 방해에 대해서도 화를 낸다. 만약 그 밖의 다른 것을 하는 것이 스스로에게 더 낫게 느껴진다고 생각한다면, 직업을 갖는 것부터 타인과 협력하도록 건전한 자기 훈련을 사용하는 것까지 모든 것에 저항한다. 자기 방종으로 강력해지기보다는, 보통의 4번 유형들은 그런 자신 때문에 더 취약해진다. 정의에 따르면, 자기 방종은 일시적인 욕망에 만족할 뿐이며 실제 필요한 것에는 만족해하지 않는다. 그럼에도 불구하고 자기 방종적인 4번 유형들은 자신 삶의 자유를 유지하기 위해 종종 타인들의 지원에 의존하기 때문에, 누군가 자신의 자기 방종에 대해 전체적으로 다 아는 것을 원치 않거나 자신을 위한 일에 타인을 소집하는 것을 원치 않는다.

자신이 하고 싶은 대로 하는 자유를 주장하는 것으로 현실에 대한 힘없는 경멸을 공표하면서 점점 더 대단해지고 전체적으로 비현실적으로 된다. 으스댐과 틀에 박힌 태도는 진정한 자기표현을 대신하고, 다소의 4번 유형들에게는 어떤 극적인 '프리마돈나' 자격을 준다. 만약 이들이 아직도 예술가들이라면, 이들의 예술은 이들처럼 자기 방종적이고 자기 참조적이다. 자기 방종적이기 때문에 지나친 환상 상태로, 대신 에로티시즘과 나른함으로 빠져들면서 일반적으로 어떠한 것에도 심각하게 일하지 않는다. 빛나는 시적 감흥과 가슴이 찢어질 듯한 음악, 놀라운 역경의 소설들이 이들의 상상력으로부터 쏟아져 나온다.

이 수준에서 보통수준 4번 유형들은 특히 관계에서 삶의 많은 중요한 국면들을 잃고 있다는 것을 알 정도로 아직은 자기 자각적이다. 결과적으로 자기 자신에 대해 안타까움을 느낀다. 심각하지 않은 건강염려증 환자가 될 수 있으며 자신을 걱정한다—누구도 그렇게 하지 않으므로 자기연민은 그다지 매력적이지 않은 특성

중 하나이지만, 그럼에도 불구하고 자기연민은 자신이 원하는 것이 무엇이든지 간에 그것들을 합리화하는 것을 허락하기 때문에 보통수준 4번 유형들은 과도하게 자기연민에 탐닉한다. 자기연민은 삶이 자신에게 어떤 빚을 졌다고 스스로 느끼는 것을 허용한다. 자신을 변화시키려는 노력이나 자신에 대해 "아니다."라고 말하려는 시도 없이 자신의 비극적 존재에 대해 즐길 수 있다.

감정에 빠져 뒹구는 것은 자기 방종적 4번 유형들에게 시간을 쓰는 한 방편으로, 해야 할 어떤 것을 준다. 그렇지만 문제는 이들이 언제나 비현실적이기 때문에 이들의 상상적 쾌락을 결코 만족시킬 수 없다는 것이다. 그럼에도 불구하고 상상은 감정을 병적 열광에 머물게 하기 때문에 이들을 부추긴다. 상상을 탐닉함으로써 자기감은 살아 유지되는데, 삶이 삶 밖으로 빠져나가고 있다 할지라도 그렇다.

자신의 부족한 성취를 만회하려고, 전형적으로 4번 유형들은 이 수준에서 불행이 증가하는 것에 과도하게 민감한 자기를 둔하게 하는 한 방법으로 자신을 관능에 넘겨 준다. 성적으로 방탕해지기도 하는데, 해방을 위해, 인간 교제를 빨리 지나치기 위해, 그리고 흥분을 위해 익명의 성적 행위에 개입한다. 또는 성적 환상에서 자신을 잃어버릴 수도 있으며, 무슨 일에서 무엇이든 실질적인 노력을 만들기보다는 성적 백일몽에 빠져 들어간다. 종종 자위를 하기도 하는데, 타고난 삶의 방식과 자신의 자기 참조를 위한 실질적 상징이다. 자신의 상상 속에서 사랑에 빠진 누군가에 대해 강박적이 되기도 하며, 고통과 쾌락, 욕망과 좌절, 폭력과 헛된 감정들의 끝없는 근원을 자신에게 제공한다. 또는 과도하게 수면을 취하거나 음식, 약물 그리고 술을 남용하기도 한다.

자신의 상상력에 대한 이들의 의존은 4번 유형들에게 퇴폐적이고 불미스러운 상태를 가져다준다. 이들의 정서는 너무 풍부하며, 마치 온 삶을 온실—자기 몰두의 온실—속에서만 지내온 보기 드문 난초였던 것 같다. 이 상태에서, 보통수준의 4번 유형들은 최소한 타인들의 평가에서는 퇴폐적이다. 자연적으로 4번 유형들은 이런 식의 자신들을 보지 못한다—이들은 단순하게 자신의 많은 상실을 보충한다.

물론 자신이 현실에 접촉하는 것을 허용해 오지 않았기에 자신이 박탈당했다는 것을 인정하지 않을 수 있다. 슬픈 사실은 지금껏 이들이 자신을 탐구하는 것을 저버려 왔다는 것이며, 자기만족으로 지금껏 불명료하게 자라고 있는 정체성을 발견하는 것을 대신해 왔다는 것이다.

불건강한 4번 유형에 대한 분석

7수준: 소외된 우울한 사람

우리가 보아 온 것과 같이, 자기 방종적인 4번 유형들은 자신을 예외로 생각하며, 자기만족의 세계 속에서 사는 자유를 생각한다. 동시에 이것은 새로운 불안의 근원을 창조한다. 자신의 희망과 꿈, 특별히 그 자아실현에의 희망을 획득할 가능성을 잃어버릴지도 모른다는 공포감이다. 자신을 실현하는 것은 4번 유형들이 언제나 원해 왔던 것이지만, 만약 자신에게 꿈이 사라져 버렸다는 느낌을 주는 어떤 일이 일어난다면, 갑자기 자신으로부터 잘려져 나감을 느낀다. 잠자리에 누워서 자신이 해 온 일 또는 지금 하기에는 실패한 어떤 일들이 사무쳐 오면, 충격과 더 이상의 상실로부터 자신을 보호하기 위해서 갑자기 자신의 어떤 핵심으로 소용돌이쳐 들어간다.

불건강한 4번 유형들은 자신이 가지고 있는 그 무엇 때문에 스스로에게 화나 있다. 자신이 귀중한 시간을 낭비해 왔다는 것과 자신이 거의 모든 방면에서—개인적으로, 사회적으로 그리고 전문적으로—다른 사람들로부터 뒤떨어져 있었다는 것을 안다. 그리고 실제로 부끄러움을 느끼며, 다른 사람들을 선망한다—그 밖의 모든 사람들은 4번 유형들이 자신은 그렇지 않다고 느끼는 많은 방면에서 행복하며, 성취했으며, 성공한 것으로 보인다. 자신의 슬픔에서 많은 것들, 즉 자기 몰두 속으로 철수한 사람이 자기 자신을 찾는 길로 돌아서지 못해 왔다는 것을 본다. 대신 일들은 잘못되어 왔다. 이들은 자신의 삶을 낭비하고 있다는 것을 안다. 지독하게 혼란을 느끼며 자기 회의와 함께 고통을 느낀다. 또한 실패한 것처럼 느낀다—자신은 시간과 노력을 들일 만한 어떤 것도 완수한 적이 없다는 것을 알고 또 자신이 결코 그럴 의지도 없었다는 것에 두려움을 느낀다.

불건강한 4번 유형은 더 이상 자신이 상처받는 것, 특별히 자신에 대한 욕구와 기대로 상처받는 것을 원하지 않기 때문에 무의식적으로 자신이 어떤 의미 있는 욕망을 가지는 것을 금한다. 그 결과 갑작스럽게 모든 감정을 차단한다. 따라서 이들이 창의적 작업을 통해 얻은 어떤 성취나 순간적으로 경험한 어떤 희망이 있었을지라도 이들은 순간적으로 피곤해지고 무감해지며 자신과 타인들로부터 소외되고, 거의 기능할 수 없는 정서적 마비 속으로 침몰한다.

매사에 자신들을 움직이지 않게 한다. 이들은 자신의 창의적 양분이 다시 흐르기 시작할 때까지 이젤이나 컴퓨터 앞에 앉아 있도록 자신을 이끌 수 없다. 친구들에게 전화하거나 영화를 보러 나갈 수도 없다. 일을 구하거나 치료자를 찾는 것도 불가능하다. 하루 종일 침대에 머물러 있고 싶어 하며 종종 그렇게 한다. 아이러니하게도 불건강한 4번 유형들은 자신이 원한다 할지라도 더 이상 자기 방종적일 수 없는데, 단순하게도 그 어느 것에도 개입할 수 없기 때문이다.

자신이 그런 것만큼 스스로에게 화를 내면서, 불건강한 4번 유형들은 일이 잘못될까 봐 자신의 화를 표현하기를 두려워한다. 만약 자신이 다른 이들—예를 들어, 낭만적인 대상—에게 자신의 기대에 부응하지 못한 것에 대해 화가 났다면, 불건강한 4번 유형들은 매우 격노하여 매우 최근의 에로틱한 강박의 대상이었던, 전에 사랑했던 그 사람과 함께 같은 방에 있다는 것을 견딜 수 없게 된다. 이들은 매우 화가 나서 가능한 한 그 어떤 종류의 반응도 보이지 않도록 자신을 억누른다(그러나 다른 사람들은 이들이 고독해 보이고, 깊이 한숨 쉬며, 울기 직전임을 알 수 있다.).

이 수준에서 4번 유형들은 모든 사람들이 자신을 의기소침하게 만든다는 것을 종종 느낀다. 가족들, 친구들, 세상 그리고 자기 자신에 대해 성내고 날뛰며, 자신의 문제가 비록 이겨 내기 어려운 것이 아니라 할지라도, 그 밖의 모든 사람들의 문제보다 확실히 더 나빠질 것으로 본다. 4번 유형들은 언제나 자신을 독특한 존재로 보기를 원해 왔다. 그러나 불건강한 4번 유형들은 고통의 정도 내에서만 독특함을 발견할 수 있다. 이들은 그 누구보다도 더 고통을 겪는다(다른 사람들도 자신만큼이나 고통스러워했고, 어떤 경우는 더 힘들었다는 것을 발견하는 치료나 회복이 4번 유형에게는 종종 굴욕적인 충격으로 다가온다.). 다른 사람들도 역시 고통스럽다. 불건강한 4번 유형들은 진정으로 많은 고통 속에 있고, 그것을 해소하거나 표현하는 방법을 찾을 수도 없다. 자신의 화와 슬픔은 너무 거대하여 온전한 상태에서는 표현할 수 없다고 느낀다. 그래서 4번 유형들은 그것을 드러내지 않도록 노력한다.

불건강한 4번 유형들은 아직은 자기 자각적이다. 그리고 자신이 우울하고 더욱 더 우울해질 수 있다고 생각한다. 정서적으로 가라앉는 것으로부터 자신을 지키는 것이 가장 힘든 일이라는 것을 안다. 어떤 내적인 빛이 빠져나가면, 이들이 두려워하는 것은 결코 다시는 불타오르지 않는다는 것이다. 모든 것이 하찮게 죽어 가는 것으로 보인다.

8수준: 정서적으로 괴로워하는 사람

우울하고 자신과 타인으로부터 소외된 불건강한 4번 유형들은 나쁜 것에서 더 나쁜 것으로 이동한다. 자신이 활동하는 데 우울과 무능력 때문에 자신은 운이 다했다고 두려워한다. 자신에 대한 이들의 실망은 자기혐오를 불태우는 쪽으로 강렬해진다.

신경증적 4번 유형들은 완전히 움츠러드는 자기비하와 함께 자신에게 대항하는 쪽으로 돌아서서 오로지 자신의 가장 나쁜 면만을 본다. 모든 것에 대해 자기 자신을 격렬히 비난한다. 자신이 해 온 실수들, 낭비해 온 시간들, 누군가에게 사랑받기엔 하찮은 점들, 인간으로서 자신의 무가치함 등이다. 강박적인 부정적 사고의 통제에 사로잡혀 있으며, 냉혹한 자기 질책은 어떤 한 줄기 희망도 밀고 들어갈 수 없는 망상적 사고의 한 형태가 된다.

병적인 환상들은 강박관념이 된다. 자신이 삶에서 추방된 자, 희생적인 피해자들이라고 확신하고, 부모가 자신에게 해 온 것과 자신이 스스로에게 해 온 것에 대해 끝없이 고통을 받는다. 연민을 느끼며, 모두가 거절하였음을 확실하게 느낀다. 또한 존재하고 있는 것에 대해 죄책감을 느낀다. 자신은 아무것도 공헌하지 못했고 또 사람들은 자신 없이도 잘 살 수 있다. 이들의 자기혐오는 실제로는 중요하지 않은 일을 엄청난 영향력을 가진 쪽으로 잡아채고, 최하의 자존감 속으로 후려쳐 넣는 전자 가속장치 같다.

불건강한 4번 유형들은 자신이 완전히 그리고 영원히 실패한 것으로 확신할 뿐 아니라, 자신이 스스로를 경멸하는 것만큼이나 타인들도 자신을 경멸한다고 확신한다. 거의 자신감을 갖지 못하며, 그 무엇이라도 얻을 수 있다는 희망의 근거조차도 갖지 못한다. 내적 어둠의 깊은 수렁이 이들 안에 열려 있는데, 마치 이들이 가진 삶이 무엇이든지 간에 빨아 마셔 버리는 블랙홀 같은 것이다. 극단적으로 혼란한 상태이며, 아직도 자신을 괴롭히는 무망감과 자책으로부터 자유토록 스스로를 분발시키지 못한다. 이들은 몇 시간씩 혼자 앉아 있기도 하는데, 겨우 숨은 쉬지만 여전히 심히 괴로워한다. 눈물을 흘리고 통제가 불가능할 정도로 흐느낀다. 그 후 다시 한 번 침묵 속으로 물러나 내적 고통에 몰두한다.

이들은 다양한 방법으로 자신을 파괴하여 자신에게 남아 있는 약간의 기회마저도 결단내고는 남은 친구들이나 지지자들에게 비합리적인 책망을 퍼붓는다. 아직은 누군가가 자신의 곤경을 알고 자신을 구원해 주길 희망한다. 즉, '좋은 부모'가 나타나는 것 등이다. 그러나 그런 희망은 점점 더 멀어지고 궁극적으로는 또 다른 고행의 근원이 된다. 만약 거기에 약물이나 알코올 중독이 있었다면 그것은 빠르게 가속화된다. 이들 자체인 이들의 환상은 병적으로 되며 죽음 강박적으로 된다.

모든 것이 이들에게는 고통의 근원이 된다. 삶 전체가 삶으로부터 소외된 자신을 기억나게 하여 참을 수 없게 된다. 만약 예전에 예술가였다면 미완성된 작품이 이들을 실망시키며, 만약 누군가와 사랑했다면 그 사랑에 대한 실패가 이들을 조롱하고, 만약 가정이나 직업을 가졌었다면 거기서의 실패가 또한 이들을 비웃는다.

불행하게도, 자책감의 일부는 사실상 편견을 가진 것일 수도 있다. 자기 몰두와 방종 때문에 4번 유형들은 자신의 삶에서 긍정적으로 할 수 있는 많은 기회를 잃어버렸을 수도 있다. 좀 더 확대하자면, 자신에게 고뇌를 가져온 것은 이들 책임이라고 생각한다—이것이 이들에게 자책감이 그렇게 깊게 새겨진 이유다. 그러나 자신을 벌함으로써 정당하게 죄를 속죄하기보다는, 오로지 자기혐오만으로 아직도 가지고 있는 자신의 그 어떤 내적 자원을 파괴한다. 벗어나는 단 하나의 길은 자기 고문적인 의식으로부터 완전히 멀어지는 것이다.

9수준: 자멸적인 사람

만약 조건이 더 나은 쪽으로 변하지 않는다면, 이들의 절망이 매우 깊어져서 신경증적인 4번 유형들은 한 가지 또는 다른 방법으로 자신을 파괴하는 시도를 할 것이다. 희망을 잃으면, 남은 것은 이들의 절망이 취할 표현 양식이다—약물이나 알코올, 또는 어떤 다른 방법들로 자신을 직접적으로나 간접적으로 죽일 것이다.

다른 성격유형들은 자기혐오 때문에 신경증적인 4번 유형들이 삶으로부터 단절됨을 느낀다는 것을 이해하는 게 매우 어렵다. 세상의 모든 것들은—모든 긍정적인 것, 아름다운 것, 선한 것 그리고 가치 있는 삶—이들에게는 일종의 비난이었고, 남은 삶을 살아가기가 역겹다. 이들은 궤멸하는 부정적인 자의식으로부터 탈출할 일을 해야만 한다. 본질적으로 신경증적인 4번 유형들은 자신으로부터 스스로를 제거해야만 하는데, 왜냐하면 삶을 통해 좌절을 느끼며 다시 삶에 다가가는 길은 없다고 보기 때문이다.

반면 도움을 이끌어 낼 가능성이 있는 한 방법으로 자살을 시도하는데, 많은 신경증적인 4번 유형들은 자신에겐 전혀 희망이 없다고 믿고 자살을 시도하는 것이다. 절망하는 4번 유형들은 삶에서 지속되는 문제의 마지막 해결책으로 죽음을 끌어안을 수도 있다. 죽음은 고통스러운 자의식을 소멸시키기 위해 필요한 어떤 것으로, 자신의 슬픔에서 벗어날 기회다.

자살은 강렬한 정신적인 고통으로부터 탈출하는 방법일 뿐만 아니라 타인으로부터 도움받지 못하고, 이해받지 못하고, 보살핌을 받지 못한 것에 대한 일종의 힐책이기도 하다. 4번 유형들의 관점에서는 타인들의 부족한 사랑과 이해가 이들로 하여금 그런 삶을 취하게 몰아붙인 것이다. 자살은 4번 유형들이 공격적으로 되지 않고 죄책감 또는 책임감 없이 타인에게 고통을 주는 수단으로, 철수의 최종적 행위이자 공격적 행동이다.

이들의 정서적인 고통 속에서 4번 유형들은 자신의 삶을 파괴하는 데 책임이 있다고 느끼는 사람들을 살해할 가능성도 있다. 만약 사랑에서의 큰 실망이 4번 유형들의 몰락 상태에서 역할을 맡았다면, 이들의 질투는 이들을 정복할 수도 있고, 강박적인 범행에 충동적으로 헌신하게 되는 원인이 되며, 자신이 죽기 전에 사랑의 대상을 죽이게도 한다.

자살은 또한 다른 매력을 갖고 있다. 절망하는 4번 유형들이 삶을 끝내는 데 아직은 자신이 어떤 통제권을 가지고 있다고 느끼는 하나의 방법이다. 자살기도는 "아니요."라고 삶을 거부하는 가능성일 뿐이라도 자신의 주인으로서의 느낌을 갖는다. 만약 원한다면 자살할 수 있다는 단순한 생각은 위안의 원천이 된다.

이런 수준에 다다르기 전에, 4번 유형들은 의심할 여지없이 여러 번 자살에 대해 생각해 왔다. 위험한 것은 이들이 자살을 생각하면 할수록 그것이 자신의 문제를 해결하는 방편으로 더욱더 몰아간다는 것이다. 이들이 절망에 빠지면 상상 속에서 자살 연습을 하고, 더 이상의 고려 없이 또는 다른 사람들에게 경고 없이 자살을 실행할 수도 있다.

4번 유형의 역동 분석

분열의 방향: 4번 유형이 2번 유형으로

4수준에서 시작하여 스트레스를 받는 4번 유형들은 불건강한 2번 유형들의 일상적인 양태를 드러내기 시작할 것이다. 일반적으로 사람들로부터 떨어져 있다 할지라도 보통수준 4번 유형들은 언제나 사람들을 원해 왔고 필요로 해 왔다. 그리고 이들이 2번 유형으로 옮아 가는 것은 아이러니하고, 자신도 모르게 진행된 것이다. 4번 유형들은 자신을 사랑할 누군가를 발견함으로써 타인들이나 자신으로부터의 소외를 극복하는 것이 필요하기 때문에 2번 유형에 끌린다. 그렇게 함으로써 4번 유형들은 적절한 시간 내에 그들이 자신을 사랑할 수 있고, 자신 안에 있는 선을 실현할 수 있을 것이라고 희망한다.

4수준에서 4번 유형들은 자신과 타인에 대한 낭만적인 환상 속에서 많은 시간을 소모한다. 이들은 동떨어져 있지는 않지만 실제의 사람들과 사건들보다는 자신의 상상에 더욱 초점을 맞추게 된다. 사람들이 좀 더 직접적으로 자신에게 개입하려는 시도를 할 때 스트레스를 느낀다. 그리고 보통은 약간 억압된 심정을 토로하는 것으로 반응한다. 실제적이거나 잠재적인 관계 역시 4번 유형들에게는 주된 스트레스의 원천이 된다. 이들은 자신에 대해 자주 생각한다. 보통수준 2번 유형들처럼, 4번 유형들은 관계가 유지되고 있으며, 다른 사람이 자신을 좋아한다는 것을 재보증받기 원한다. 그래서 종종 자신이 얼마나 타인들을 배려하는지에 관해 이야기하고, 그나 그녀에게 자신의 관계가 얼마나 의미 있는지를 상기시킨다.

5수준에서 4번 유형들은 매우 자기 몰두적이며, 자의식 때문에 타인들과 사이좋게 지내는 것을 어려워한다. 감정과 환상 속에 살며, 자신의 쟁점과 욕망을 말하고 싶어 하는 경우를 제외하고는 타인들에게 관심을 유지하는 것을 어려워한다. 이것은 다른 사람들이 4번 유형을 피하는 원인이 되는데, 불가피하게 스트레스와 유기에 대한 두려움을 생산해 낸다. 4번 유형들은 보통수준 2번 유형들과 같이 타인들의 삶의 주변을 배회하거나 침입하는 것으로 반응한다. 4번 유형들은 자신이 아직도 편안함을 느끼는 사람들과 4번 유형들의 환상을 지원할 의지가 있는 사람들에게 매달리거나 그들을 독점하고 싶어진다. 이들은 '필요한 사람이 되는' 길을 찾기 시작하며, 자신이 돌보는 사람들이 자신의 시야에서 오랫동안 벗어나 있는 것을 좋아하지 않는다.

6수준에서 자기 방종과 삶으로부터 벗어남은 대가를 치르는데, 4번 유형들은 자신의 '예술적' 삶의 양식을 지속하고 자신을 탐구하기 위해서는 지원, 특히 재정적 지원이 필요하다는 것을 곧 깨닫는다. 돈과 '틈 사이로 빠져나가는 것'에 대한 불안은 이들이 타인들의 삶에서 자신의 중요성을 과장하게 되는 원인이 된다. 이 수준에서 4번 유형들은 너무 자기 몰두적이어서 자신이 제공하는 최소한의 몸짓과 선물은 관대하고 대단한 행동처럼 느껴진다. 사실 4번 유형들이 특별히 관대했던 적이 없을 수도 있지만, 이들은 떠나기를 억제하는 것과 같은 그런 식의 자신이 해왔던 어떤 친절한 행위들이라도 타인들에게 상기시키길 원한다. 이 수준에서 4번 유형들은 제공한 봉사나 자신 때문에 친구들이 가지는 단순하고 '독특한 즐거움'에 대해서 감사받는 것에 강박적으로 된다. 타인들이 재능이나 발견되지 않은 능력에 대해 자신을 존경하기를 바란다. 반면, 현실은 이들이 단지 삶에서 멀리 떨어져 꿈꾸고 있으며, 나른한 관능에 자신을 탕진하고 있는 것이다.

7수준에서 불건강한 4번 유형들은 자신을 돌보기에는 너무 우울하고 피곤하다. 일을 멈추고 홀로 남아 있다. 점점 타인의 선의에 의존적이 되지만, 분노와 화에 대한 자신의 깊은 감정 때문에 아주 다루기 힘들어질 수 있다. 이 시점에서 사람들을 잃는 것은 이들에게는 정말 무서운 것이다—자신을 구출하는 친구들이나 친척들의 지원이 없다는 것, 4번 유형들은 길거리에 나가 방치될 수 있는 것을 두려워한다. 그래서 2번 유형을 향한 전환으로 타인들을 조종하기 시작한다. 죄책감을 이용하고, 자신의 '공급선'이 계속 흐르게 유지하기 위해 타인들의 신뢰를 손상시킨다. 이 문제는 단지 4번 유형들의 자기 질책과 분개를 더해 줄 뿐인데, 왜냐하면 멀어지고 싶은 사람들—가족—을 돌보는 것에서 잘 떠난다. 결과적으로, 이들은 자신을 이해할 누군가와, 자신을 참아 줄 사람 그리고 자신의 문제로부터 자신을 구원해 줄 사람과의 멋진 관계를 갖는 것을 더 이상 추구하지 않는다. 그렇지만 불행하게도, 신경증적인 4번 유형들은 어떤 사람과 진실한 관계에 들어가거나 그것을 유지하는 것이 거의 철저하게 불가능하다.

8수준에서 불건강한 4번 유형들은 망상적인 자기혐오와 병적 상태로 고통받는다. 자기 한계에 도달했을 때, 이들은 2번 유형으로 갈 수도 있다. 이들은 숨막히는 자기 억제와 자신의 억압된 분노와 성적 충동을 행동화하는 것을 통해 부서진다.

자신이 충분히 오랫동안 고통받아 왔고, 따라서 타인이 제공한 자신이 원했던 것을 취할 자격이 있다고 느낀다. 약물이나 알코올의 향연에 갈 수도 있고, 또는 강박적인 성 행위에서 위안을 찾을 수도 있다. 나아가 자신의 성적인 강박 대상이 되어 온 어떤 사람의 뒤를 밟을 수도 있다. 또는 만약 방법만 있다면, 자신보다 덜 절망적이고 덜 방어적인 사람들에게서 이득을 취할 수도 있다. 타인들에 대한 이들의 격노 역시 터질 수도 있으며, 자신의 비참한 상황에 책임이 있다고 느끼는 어떤 사람을 신체적으로 공격하게 되는 원인이 된다.

9수준에서 신경증적인 4번 유형들이 신경증적인 와해의 한 유형을 갖는 2번 유형으로 갈 때 간접적으로 어떤 사람을 억압하는데, 거의 확실하게는 자신의 상상력을 사랑하는 사람이 아닌 자신을 돌보는 사람이다. 타인들에게 연민을 이끌어 내는 것으로 사랑받는 것을 대신한다. 또한 재정적 자원이 없는 상태일 수도 있는데, 그에 따라서 기생적 존재 못지않은 상태로 그리고 이미 그들이 갖고 있었던 예외적인 감정의 확장 범위에서 누군가에게 얹혀 사는 것이 필요할 수도 있다. 더군다나 자신은 와해되었기 때문에 왜곡된 4번 유형들은 그들에게 주어진 어떤 기대를 시행하는 것으로부터 제외됨을 느끼는데, 자신이 잘할 수 있다고 기대되는 것에서조차 그렇다.

아이러니하게도 2번 유형에 있는 4번 유형들은 아마도 자신이 의존해 온 바로 그 사람을 증오하기 시작할 것이다. 왜냐하면 자신의 의존은 자신의 실패와 자존감의 부족을 끊임없이 상기시키는 것이기 때문이다. 자신을 향한 강렬한 공격적 감정과 타인을 향한 공격성 사이를 오락가락하는 4번 유형들로서 갈등은 증가될 것이다. 타인들이 왜곡된 4번 유형들에 대해 격분하게 되는 것 역시 의심할 여지가 없을 것이다. 왜냐하면 이들의 많은 문제들은 스스로의 행동 때문에 일어났거나 크게 악화되었기 때문이다. 따라서 4번 유형들은 십중팔구 자신이 그렇게 지독하게도 의존해 온 바로 그 관계를 파괴할 것이다. 왜곡된 4번 유형들의 예후는 실로 처절하다. 만약 적절한 전문적인 도움을 받지 못한다면, 이들은 궁극적으로 미칠 수 있고 자살을 기도할 수 있다.

통합의 방향: 4번 유형이 1번 유형으로

건강한 4번 유형들은 자신의 감정과 상상을 넘어선 그 어떤 대상에 초점을 맞춤으로써 자신을 실현한다. 매우 건강한 4번 유형들이 1번 유형으로 갈 때 이들은 주관적 세상으로부터 객관적 세상으로, 자기 몰두로부터 원칙에 의거한 행동으로 이동한다. 자신의 감정을 참조하지 않고 행동하기 위한 용기를 발견해 왔으며 그래서 자기 몰두에 대한 냉혹한 경쟁으로부터 자신을 구해 왔다. 더 이상 자신의 감정으로부터 통제되지 않으며, 자신의 신념에 따라서 기분보다는 원칙에 입각하여 행동한다. 건강한 1번처럼 통합하는 4번 유형들은 행동하는 사람들이다. 자신의 에너지를 개인적인 흥미나 감정적 즐거움을 넘어선 어떤 것에 헌신하는 쪽으로 동원한다.

1번 유형에 있는 4번 유형들은 복종할 필요가 있는 것의 가치를 인정한다. 기꺼이 자기 훈련적으로 되며, 지속적으로 자신의 잠재력을 실현하는 쪽으로 일한다. 그래서 이들은 세상에 기여할 수 있다. 아이러니하게도 4번 유형들은 자기에게 잘못 인도된 탐구 안에서 자신이 즐길 무엇인가를 하는 대신에 자신이 할 필요가 있는 것을 하려고 소망함으로써 얻으려 했던 자유를 찾는다. 세상의 일부로서 자신을 발견하기 위한 맥락을 찾는다. 나아가 통합하는 4번 유형들은 자신의 감정과의 접촉을 상실하지 않는다. 더구나 이들의 감정은 현실에서 무엇이 일어나고 있는지에 연결된다.

그리고 현실로부터 만족을 얻었기 때문에, 이들은 더 이상 자기 방종적으로 되는 것에 유혹되지 않을 뿐만 아니라, 다른 사람들과 자신이 다르다고 생각하지도 않는다. 그 대신 통합하는 4번 유형들은 현실과 양심의 명령에 복종한다. 기꺼이 자신에게 한계를 두며, 그에 따라 사회적 그리고 도덕적 의무로부터 자신을 제외시키고자 하는 경향성을 극복한다. 건강한 1번 유형들처럼, 통합하는 4번 유형들은 비범한 교사들이고, 자신에 대해 객관적이다. 그리고 아직은 이들이 4번 유형들이기 때문에 현실적인 것에 주관적인 세상의 풍요로움을 가져올 수 있다. 이들의 직관은 뛰어난 식별로 강화된 것이자, 마음의 명료함에 따른 개인적인 통찰이다.

마지막으로 통합하는 4번 유형들은 자신을 초월해 왔기에, 자신이 창조한 것은 객관적인 것이고, 자신에 대해 무엇이 진실인지를 배울 수 있는 것으로부터 나온 특별한 것이다. 통합하는 4번 유형들은 자신의 창작을 숙고할 수 있으며, 그것이 예술 분야의 작업이든 친절한 행위든 또는 성공적인 관계든, 자신이 누구인지 배울 뿐 아니라 자신에게 진실한 자존감의 이유를 제공한다. 자신의 창작이 선해지는 범위를 배우며, 그것을 창조한 사람 역시 선해야만 한다는 것을 배운다.

4번 유형의 날개 유형

3번 날개를 가진 4번 유형: 귀족

4번 유형과 3번 유형 특성들의 조합은 정서적으로 쾌활하고도 반항적인 측면이 있는 하위유형을 만든다(이것은 또한 4번 날개를 가진 3번 유형에서도 그대로다.). 이 두 가지 성향 유형들이 표면적으로는 반대로 나타날 수 있는 반면, 이들은 공통점을 많이 가지고 있다. 그리고 만약 적절하게 사용된다면 이들의 개인적인 약점의 어떤 것들을 충분히 상쇄케 할 수 있다. 4번 유형들은 종종 내향적이고, 철수하며, 자기 몰두적이다. 반면, 3번 유형들은 외향적인 경향이 있으며, 사람들 사이에 있고, 목표 지향적이다. 자신을 드러내는 것에 대한 4번 유형들의 두려움(쉽게 말해, 일종의 '성공에의 공포')은 3번 유형들의 자기선전과 성공을 향한 경쟁적 욕망의 반대 측면이다. 4번 유형들의 내향적 자의식은 3번 유형들의 매력과 그 밖의 외향적인 사회적 기술과 대조된다. 이런 두 가지 성향 유형들에 있는 갈등에도 불구하고, 양쪽은 자아이미지와 자존감 문제에 대해 관심을 갖는다. 4번 유형들은 대부분 개인적인 문제로서 자아이미지를 개발하려는 경향이 있다. 4번 유형들은 자신의 상상과 감정을 통해 자신의 자아이미지에 부합하려 애쓴다. 3번 유형들은 보다 대중적인 자아이미지를 발달시키며 자신의 성취를 통해 타인들이 그것의 실재를 확인하게 하려고 노력한다. 양쪽 특성들의 반대되는 내용들이 쉽진 않지만, 한 사람 안에서 공존할 수 있다. 3번 날개를 가진 4번의 주목할 만한 예들로는 테네시 윌리엄스, 마리아 칼라스, 루돌프 누레예프, 주디 갈란드, 마이클 잭슨, 프린스, 쇼팽, 제레미 아이언스, 마르셀 프루스트, 마사 그레이엄, 에디트 피아프, 폴 사이먼, 해럴드 핀터, 월트 휘트먼, 알베르 카뮈, E. M. 포스터, 말러, 차이코프스키 그리고 〈욕망이라는 이름의 전차〉의 블랑시 두보아.

3번 날개 때문에 이 하위유형의 건강한 사람들은 사회적이고 야심적이며 성취적인데, 특별히 예술 분야에서 그렇다. 창의성과 '성공하려는' 욕망, 양쪽을 갖고 있다. 현재의 자신과 되고자 하는 자신에 닿아 있지만 더욱 외향적이고, 스스로에게 더 원기 왕성한 차원으로 연결되어 있다. 일반적으로 4번 유형들은 개인적이고, 특히 행동 지향적이지 않은 경향이 있지만 건강한 3번 날개를 가지면 이런 충동이 자신을 성취하고 향상시키려는 욕망으로 조절된다. 이것을 하기 위해, 3번 날개를 가진 4번 유형들은 자신이 생산해야만 하는 것과 자신이 사람들과 관여해야만 한다는 것을 안다. 따라서 이 3번 날개는 5번 날개보다 더욱 목표지향적이고, 사회적이며, 개인간 '정책'에 대해 자각하는 쪽으로 흐른다. 3번 날개를 가진 건강한 4번 유형들은 성공하기를 원하면서도 차이를 드러내길 원한다. 이들은 자신의 꿈을 실현하기 위해 필요한 일 속에 뛰어들기를 마다하지 않는다. 두 하위유형들은 매우 창의적일 수 있지만, 3번 날개를 가진 4번 유형들은 마음속의 청중과 함께 창조하는 것에 대해 더 자각적이다. 융통성 있고 타인들에게 민감하며 좋은 유머 감각을 가지고 있다.

이 하위유형의 보통수준 사람들은 타인들이 자신에 대해 생각하는 것이 무엇인지를 고려하는 것으로 자기 몰두를 도울 수 있다. 이 하위유형의 사람들은 좋은 이미지를 산출할 능력을 가지고 있고, 다른 하위유형보다 더욱 효과적으로 자신의 실제 정서 상태를 내색하지 않을 수 있다. 타인들은 이들이 얼마나 취약하고 정서적으로 얼마나 괴로운지를 모를 수도 있다. 3번 날개를 가진 4번 유형들은 경쟁적이고, 세상에서 자신을 특별하게 만드는 데 관심이 있다. 그러나 이들은 성공, 자신을 드러내는 것, 그리고 창피당할 가능성을 두려워한다. 그러나 3번 날개가 작동하는 그 수준에서 이 하위유형 역시 이들이 행동하는 데에 부분적인 동기를 부여할 수도 있는 관심과 칭찬에 대해 강한 욕구를 갖는다. 양쪽 하위유형들에게는 강한 낭만적 감각이 있다. 이들의 조합은 극적 감각을 높이는 경향이 있으며, 과시하는 측면으로조차 기울기도 한다. 그리고 자기애적인 욕구가 현실에서 채워지지 않는 수준에서, 승리를 향한 이들의 욕망은 이들의 환상적인 삶에서 한 부분으로 작동할 수 있고 또 실패를 위한 주요한 특성이 될 수 있다. 다른 날개의 하위유형보다도 더욱 실용적으로 되는 경향이 있지만, 또한 정서적으로나 재정적으로 더욱 사치스러워지는 경향도 있다. 별명에 어울리는 것으로 3번 날개를 가진 보통의 4번 유형들은 자신에게 세련된 감각이나 문화를 제공하는 물건이나 배경들로 둘러싸이기를 좋아한다. '훌륭한 취향'을 갖는 것은 이 하위유형에선 용의주도한 연합을 위해 하나의 필수과목이 된다. 그리고 자신의 경제적인 배경에 개의치 않는 3번 날개를 가진 덜 건강한 4번 유형들은 주변 사람들—특별히 가족—보다 아주 세련된, 그리고 '상류 계층'으로서의 자신들을 보려 할 것이다. 3번 유형의 성향은 타인들을 기쁘게 하려는 강한 욕망을 더해 준다. 그래서 3번 날개를 가진 4번 유형들은 다른 하위유형보다 타인들의 제안과 조력과 비난에 더욱 반응하는 경향이 있다. 그러나 또한 더 깊은 정서적 반응에 대한 자기 억제로 더욱 골을 잘 낼 수 있다.

이 하위유형의 불건강한 사람들은 근본적으로 4번 유형이기 때문에, 자신의 공격성을 대체로 스스로에게 가져온다. 자기 억제적이며 타인들로부터 소외되어 있고, 우울하며, 자기 경멸적이다. 그럼에도 불구하고 3번 날개가 전체적인 성격 안에서 한 부분으로 작동하는 수준에서는, 불건강한 3번 유형들처럼 행동할 때 기회가 있을 수 있다. 이 하위유형의 사람들은 적대적이고 심술궂을 수 있다. 타인들에 대한 그들의 숨겨진 선망은 3번 날개의 질투로 강화될 것이다. 만약 이들이 이것들에 굴복한다면 이런 특성들이 이들의 수치와 죄책감을 증가시킨다 할지라도 착취성, 기회주의 그리고 이중성 역시 현존할 수 있다. 우리가 3번 유형들에서 발견하는 것으로 타인들을 파멸시키려는 욕망이 계획되지만, 이 하위유형이 실행하는 경우는 드물다. 그러나 그렇다 해도, 이 하위유형의 신경증적인 사람들은 그 밖의 다른 사람들에게 고통을 주는 것보다 더욱 심각하게 자신을 처벌할 것이다. 범죄에 대한 강박과 자살이 가능하다.

5번 날개를 가진 4번 유형: 보헤미안

4번 유형과 5번 유형 특성들은 서로를 강화하는 경향이 있다. 양쪽 다 '후퇴하는' 유형들이다. 4번 유형들은 자신의 감정을 보호하기 위해 철수한다. 5번 유형들은 자신의 안전을 보호하기 위해 후퇴한다. 따라서 이 하위유형은 3번 날개를 가진 4번 유형보다 더욱 은둔적이고 덜 야심적이지 않다. 5번 날개를 가진 4번 유형들은 환경에 대해, 특히 다른 사람들에 대해 현저하게 더욱 주의 깊은 사람이 될 것이다. 거기에는 다른 하위유형에서는 찾아볼 수 없는 지적 깊이와 집중이 있지만 또한 사회적 불안전에 대응하는 것도 있다. 이 하위유형은 보다 통찰적이고 독자적일 수 있다. 그러나 일관적이고 구체적인 일은 아마도 덜 하려 할 것이다. 5번 날개를 가진 4번 유형의 주목할 만한 예들로는 버지니아 울프, 에드거 앨런 포, 앤 라이스, 잉그마르 베리만, D. H. 로렌스, 유키오 미시마, J. D. 샐린저, 조니 뎁, 밥 딜런, 조니 미첼, 사울 스타인버그, 쇠렌 키르케고르, 헤르만 헤세, 윌리엄 블레이크 그리고 〈유리 동물원〉의 로라 윙필드다.

이 하위유형의 건강한 개인 영재들은 가장 심오하게 창의적이다. 왜냐하면 이들은 통찰에 직관을 조합하고, 지적 통합체에 정서적 감수성을 조합하며, 종종 놀라운 독창성과 함께, 예언자적이기조차 한 결과들을 조합한다. 5번 날개를 가진 4번 유형들은 3번 날개를 가진 4번 유형들보다 더 밝게 타오르지만 더 빨리 탈진할 위험성이 있다. 이들은 자신의 통찰이 인간 조건 쪽으로 확대되고 탐구될 수 있는 곳, 즉 예술과 사회 과학 쪽으로 자주 이끌린다. 5번 날개 때문에, 이 하위유형의 건강한 개인들은 타인들의 의견에 주위를 기울이지 않는다. 그래서 자신을 이끄는 여신을 따르려는 경향이 있다. 이들의 자기표현은 매우 개인적이며, 색다른 어떤 것이 될 수 있다. 이들은 청중을 위해서라기보다는 자신을 위해 더 창조하는 경향이 있다.

이 하위유형의 보통수준 사람들은 단순한 자기 몰두가 아닌 철학적이고 종교적인 성찰을 한다. 정서적 세계는 주요한 현실이지만, 강한 지적인 특색을 갖고 있다. 이 하위유형의 사람들은 고독한 사람이 되는 경향이 있으며, 다른 하위유형보다 사회적 연계에 취약하다. 그래서 이들의 예술적 표현은 3번 날개를 가진 4번 유형들보다 더욱 완전하게 그 사람을 대신한다. 종종 통찰의 영민한 섬광을 드러내지만, 노고를 지속하는 것에서는 어려움을 갖는다. 이들 역시 자신에 대해 초자연적이고, 영묘한 소질을 갖는다. 이들은 유별나게 아주 독립적이고 관습적이지 않다. 비밀주의적인 경향이 있으며, 자신의 사고에 매우 몰두해 있고, 자신을 표현하는 데 일부러 모호하게 하는 경향이 있다. 창의적 아이디어 또한 다소 일상적이지 않을 수 있으며, 신비주의를 강조하고 초현실적이기조차 할 수 있다. 이국적인 사람과 상징적인 사람에게 매우 끌리며, 개인적인 풍채에서 매우 남다르다—보헤미안 또는 최소한의 격식을 차리지 않는 사람이다. 이 하위유형의 구성원들은 자신을 이해하지 못하는 사람들과의 의사소통은 거의 고려하지 않는 사람이다. 더구나 고상하든, 무섭든, 삭막하든, 서정적이든 간에 자신의 내적 비전을 표현하는 것에 관심을 갖는다. 이들은 3번 날개를 가진 4번 유형들보다는 단순한 삶의 양식을 선택하는 경향이 있지만 5번 유형의 필요를 최소화하는 것에 매일 수 있다. 매우 신경질적인 신경성 에너지와 같은 5번 유형의 별난 측면이 명백하게 시작된다. 5번 날개를 가진 덜 건강한 4번 유형들은 매우 은둔적으로 되며, 세련된 환상과 이상을 갖춘 삶을 통해 백일몽을 꾸지만, 자기 의심과 자신이 생산적인 활동을 하게 격려하지 못한다는 것 때문에 점점 더 고통스러워진다.

이 하위유형을 가진 불건강한 사람들은 특별히 무력함 속에 살며, 내적 세계를 위협하면서 산다. 거기에는 자기 부정과 삶의 부정조차 있으며, 자기 밖의 모든 것에 대한 내적 저항의 요소들이 있고, 모든 4번 유형의 실존적 문제들을 거짓된 잠시의 휴식 속으로 던져 넣는다. 이들은 자신의 문제에 대해 잘 이해하고 있을 수 있지만 정서적인 혼란 속에서 더욱 쉽게 길을 잃을 수 있다—피곤함, 우울 그리고 절망을 느낀다. 정말로, 자신의 고통의 본질을 숙고하는 것은 5번 날개를 가진 4번 유형들을 집단 안에서 겉돌게 하며, 자기비하와 허무주의 양쪽에 놓이게 된다. 4번 유형들의 근원적인 성격유형이기 때문에, 5번 날개를 가진 4번 유형들은 자기 의심과 타인들로부터의 소외, 일에서의 억제, 자기 경멸 등으로 괴로워한다. 5번 날개가 전체적인 성격 안에서 한 부분으로 기능하는 이 수준에서, 이 유형의 불건강한 4번 유형들 역시 어떤 사람으로부터 도움받는 것을 거절할 것이다. 따라서 타인들로 부터 이들의 소외는 증가된다. 이들 역시 환경 속으로 자신의 두려움을 투사하는 경향이 있다. 그 결과 환각과 공포증이 포함될 수도 있는 왜곡된 사고패턴이 나타난다. 이런 하위유형의 사람들이 자신의 자기혐오로 고통받는 문제뿐만 아니라, 자신 밖에 있는 긍정적인 것을 거의 찾을 수가 없다. 그리고 뚜렷이 보이는 의미 없는 삶에 관해 매우 비관적으로 된다. 이 하위유형의 사람들은 어쩌면 자신과 현실로부터 가장 고립될 수 있다. 정신분열증의 우울한 형태로 떨어지는 경향이 있다.

몇 가지 마지막 단상들

이들의 타락을 돌아보며 우리는 신경증적인 4번 유형들이 최악을 만들어 왔고, 이들이 누구인지에 대한 전체적 진실에까지 자아이미지에 대한 면을 가장 손상시켜 왔다는 것을 볼 수 있다. 아이러니하게도, 이들의 이상화된 자아이미지는 현실의 범위를 아주 벗어나게 되고, 이들이 실제로 가지고 있는 긍정적인 많은 자질들을 부인하게 한다. 연민은 이들이 항상 상처받아 왔다고 느끼는 만큼이 아니라 자신을 증오하기 때문에 깊이 상처받아 온 것이다. 이들은 자성 예언을 만들어 왔으며, 그 결과를 견디어 내려고 노력한다.

우리의 현 관점에서 우리는 4번 유형들이 만든 가장 중요한 실수들 중 하나는 이들 자신을 자신의 감정과 동등하게 생각하려 했다는 것임을 알 수 있다. 그 착오는 행동하기 전에 자신의 감정, 특히 부정적인 감정들을 통해서 일해야만 한다는 것을 스스로 이해하려 한 것이다. 4번 유형들은 자신이 자신의 감정과 같은 존재가 아니라는 것을 보려 하지 않았거나, 또는 부정적인 감정이 자신 안에 있는 긍정적인 감정의 존재를 방해하지 않는다는 것을 보지 못한다. 그럼에도 불구하고 자신이 타락함으로써, 악은 선을 배격한다. 자신에 대한 부정적 감정은 스스로 개발해 온 긍정적인 것도 점차적으로 지워 버린다.

4번 유형들은 자신에 대한 분명한 감각이 부족하다 할지라도, 믿음의 도약대를 만들어야만 한다. 타인들을 향해 긍정적인 행동을 함으로써 아주 확실하게 자신을 발견하게 될 것이다. 그들은 자신이 적절하게 사랑받아 왔다고 느끼지 못한다 할지라도 타인들을 사랑해야만 한다. 이들이 타인들을 사랑할 때, 4번 유형들은 자신이 누구인지를 발견하기 시작할 것이다. 그리고 자존감이 뒤따를 것이다. 또한 자신도 사랑할 수 있기 때문에 어딘가로부터 그 사랑할 수 있는 능력은 배운 것이었다는 사실을 발견할 것이다. 결국 이들이 받아 온 사랑은 충분했을 수도 있다.

[chapter_7]

5번 유형: 사색가

5번 유형 개요

건강할 때 매사를 예리한 지각력과 통찰력으로 관찰한다. 이 유형의 소유자들은 마음속으로 조심하고 호기심이 많으며 관찰력을 가지고 있다. 즉, 그 어떤 것도 이들의 주의력을 피해 갈 수 없다. 선견지명과 예언 능력을 보인다. 집중력이 있다. 호기심을 끄는 것에 몰두한다. 관심을 끄는 무엇이든 매우 정통하다. 지식 습득에 열성적이다. 즉, 보통 몇몇 분야에서 전문가 수준이다. 이들은 매우 가치 있다. 독창적인 연구를 수행할 만큼 혁신적이고 창의성이 있다. 상당히 독립적이고 독특하고 기발하다.

최상의 상태일 때 세계를 심오하게 통찰하는 한편, 광범위하게 포괄하는 공상가가 된다. 이들의 현실 세계에서는 어떤 정황을 열린 마음으로 전부 껴안는다. 선구자적인 발견을 시도하고 전체적으로 어떤 정황을 처리하고 인지하는 새로운 방식을 찾는다.

보통수준일 때 행동에 앞서 매사를 개념화한다—어떤 정황을 자신의 마음속에서 해결하려고 한다. 모델 구축, 준비, 실행, 자원 수집.

이들 유형의 소유자는 기술을 습득할 정도로 학구적이다. 전문가적 견해와 지적 능력의 소유자로 조사, 학문에 몰두하고 이론을 정립한다. 복잡한 아이디어나 상상의 세계에 몰입할 때 점점 더 분리된다. 현실보다는 자신의 비전과 해석에 빠진다.

이들은 색다르고 심원한 주제 그리고 음흉하고 불온한 요인을 포함하는 것들에도 쉽게 매료된다. 이들이 매우 흥분하기 쉽고 강렬할지언정 실제의 현실 세계와 분리된다. 자신의 내적 세계와 개인적 비전을 방해하는 어떤 것에 대하여 적대적 입장을 취하기 시작한다. 고의적으로 극단적이고 급진적 견해로 도발적이고 마찰을 빚는다. 또한 냉소적이고 사사건건 따지기를 좋아한다.

불건강할 때 실제의 현실 세계와 등지고 스스로 고립되어 허무주의에 빠진다. 공격성에 대해 상당히 불안해하고 두려워한다. 타인과 모든 사회적 애착 대상을 거부하고 반박한다. 이들의 위험한 사고에 놀라고 공포와 정신착란을 경험하며 지독한 왜곡과 병적인 공포로 마음의 상처를 받는다. 무의식 세계에 빠져 자살을 하거나 실제로 정신분열증세를 앓는다. 정신착란에 빠져 격정적으로 자기 파괴적으로 되며 미쳐 간다.

핵심 동기 유능하고 많은 지식과 기술에 정통하고, 현실 세계를 추구하고, 타인으로부터 방해받지 않는 상태를 유지하며, 자신의 욕구를 절제하고 싶어 한다.

대표적인 인물들의 예 알베르트 아인슈타인, 스티븐 호킹, 프리드리히 니체, 스탠리 큐브릭, 조지아 오키피, 에밀리 디킨슨, 시몬 베유, 빌 게이츠, 장-폴 사르트르, 야콥 브로노프스키, 제임스 조이스, 게리 라슨, 데이비드 린치, 스티븐 킹, 팀 버튼, 클리브 바커, 로리 앤더슨, 메러디스 몽크, 존 케이지, 글렌 굴드, 찰스 아이브스, 바비 피셔, 빈센트 반 고흐

5번 유형에 대한 개관

비범한 재능과 광기 사이의 관련성은 오랫동안 논란거리가 되어 왔다. 이 두 상태는 성격 스펙트럼상에서 양극단에 떨어져 있다. 이러한 천재는 통찰력 있는 식견을 현실 세계로 융화시키고 어떤 정황을 아주 명확하게, 그리고 경외심을 일으킬 정도의 이해력을 가지고 볼 수 있는 능력을 갖고 있다. 이러한 천재적 기질을 광기로부터 식별하는 것은 천재들은 비범한 통찰력 이외에도 이들 천재적 기질과 광기 전후 관계에서 그것들을 정확히 볼 수 있는 능력을 가지고 있기 때문이다. 천재들은 실제로 존재하는 패턴을 인지하는 반면, 광기는 어떤 경우든 정도를 벗어난 지각력을 돌출하는 패턴을 강요한다. 천재들은 때때로 현실 세계와 동떨어져 보일 수 있다. 하지만 단지 좀 더 심오한 수준으로 영향을 끼치고 있을 따름이다. 그러나 광기는 진정 현실 세계와 동떨어져 있고 이러한 세계를 대신할 망상만을 가지고 있다.

5번 유형은 이들 극단 상황을 가장 잘 예시하는 성격유형이다. 5번 유형에서 우리는 천재와 미치광이, 혁신가와 지식노동자, 다소 괴상한 미치광이와 심한 정서장애가 있는 망상에 빠진 정신분열증세를 보이는 사람을 볼 수 있다. 이렇게 광범위하게 걸친 다양한 상태들이 어떻게 동일한 성격유형의 일부가 되는지 이해하는 것이 5번 유형을 이해하는 것이다.

사고삼원소 중에서

5번 유형은 사고삼원소의 구성원이다. 이들의 잠재적 문제는 실행보다는 사고를 중시하여 결국 자신의 사고에만 너무 집착한다는 사실에서 비롯된다. 5번 유형은 너무 많은 생각에 빠져 그 외 모든 것을 도외시할 만큼 정신 세계는 실제로 한 가지 사고에 몰입한다. 이러한 사실 때문에 5번 유형들이 아무것도 하지 않는다고 말하는 것은 아니지만 이들은 행동하는 세계에 머무르기보다 자신의 상념 안에 더 많이 안주하고 어떤 분리된 관점으로부터 자신의 세계를 들여다본다. 사고 중심의 세 가지 부류—5번, 6번과 7번 유형—는 관심을 스스로 외부 세계에 집중하고 있다. 5번·유형이 자신만의 생각에 빠져든다는 주장에 대해 반론을 제기하는 듯 보인다.

5번 유형은 자신의 관심을 여러 가지 이유로 외부 세계에 주목하는데, 그중 가장 중요한 것 중 하나는 이들이 생각하는 제재는 자신의 지각 능력을 통해서 온다는 것이다—이들은 외부 세계에 존재하는 것에 대해 확고한 생각이 없기 때문에 제재의 정확성에 대해 전혀 확신을 가질 수 없다. 확실하게 이들이 알고 있는 유일한 것은 자신만의 사고다. 따라서 자신의 사고를 외부 환경과 동일시하면서 관심의 중점을 외부로 향하고 있다.

이 많은 문제들의 방편은 이들이 외부 세계에 부대껴 행동할 수 있다는 것이다. 자신감을 가지고 주어진 일을 처리할 수 있도록 외부 세계에 대해 이들이 보는 인식이 현실 세계와 일치시키는 방식을 찾아내고자 하는 이들의 욕구다.

안전과 불안에 대한 문제점

사고 중심의 다른 두 부류와 같이, 보통수준 5번 유형은 외부 환경이 예측 불가하고 잠재적으로는 위협 요인이 되고 있다고 두려워하기 때문에 생기는 불안을 내포하는 문제점을 갖는 경향이 있다. 더욱이 외부 세계의 많은 위험 요인에 대하여 자신을 방어하기에는 무력하다고 느끼고 있다. 타인들만큼 역할을 잘 할 수 없다고 믿고 있으며 그래서 자신이 느끼기에 인생에 충분하게 작용하거나 영향을 끼칠 수 있는 데 필요한 기술과 지식을 습득하는 것을 최우선 순위로 두고 있다.

이들이 느끼는 기본적인 공포, 두려움은 행동에 상당한 영향을 끼친다. 5번 유형 사람들은 개인적 소질과 능력이 제한되어 있어 스스로 활동 범위와 욕구를 옥죔으로써 걱정, 불안을 드러낸다. 불안감을 더 많이 느낄수록 자신들의 욕구나 욕망을 더욱더 최소화한다. 현재 이것은 문제해결에서 민감한 접근 방법이 될 수 있지만, 소심한 5번 유형들은 스스로 부적합성에 대한 불안감을 진정시키기 위해 매우 열악한 여건에서 살아가는 것에 적응할지도 모른다. 이렇게 적응한다면 자연스럽게 5번 유형들은 또한 타인의 욕구로부터 쉽게 압도됨을 느끼며 다른 사람들이 막연히 무언가 제공할 수 있을 거라고 느끼기보다는 오히려 5번 유형 자신들부터 더 많이 기대하는 상황은 회피하려고 노력한다. 이들의 두려움이 가중됨에 따라 5번 유형들은 외부 세계와 타인과의 관계로부터 벗어나기 시작한다.

5번 유형들이 건강할 때, 이들은 삶의 현장에 동참하고 자신의 인식대상을 시험해 보기 때문에 지금 있는 그대로의 현실을 직시할 수 있고 복잡한 현상을 한눈에 파악할 수 있다. 하지만 안전에 대한 조사결과에 따르면, 보통수준 5번 유형들의 인식은 비뚤어지는 성향을 보인다. 이들의 사고는 좀 더 복잡 미묘해지며 점점 걱정으로 휩싸인다. 이들이 외부 세계와 멀어짐에 따라 극복할 수 없는 두려움만을 고조시키게 된다. 결국 기본적인 삶의 요건들조차도 위축되고 두려워진다. 그리고 불건강한 상태가 되면 5번 유형들은 대다수의 인간관계를 청산한다. 일단 고립되고 나면 이들은 자신 특유의 색다른 사고를 자신과 현실에 대해 완전히 왜곡된 개념에 휩싸이는 매우 터무니없는 극단적인 상황으로 발전한다. 결국 불건강한 5번 유형은 완전히 공포에 떨게 되고 내면에서 가공된 무서운 비전에 갇힌다.

이러한 사고 중심 성격유형들이 갖는 공통 이슈 중 하나인 불안과 걱정의 문제는 현실을 개관적으로 인식하기 쉽지 않다는 것과 관련되어 있다. 이들은 자신 사고에 영향을 끼칠 어떤 누군가나 사물에 대해 두려워한다. 이들은 자신의 능력을 의심하기 때문에 타인의 의제가 자신을 압도할 것을 두려워하거나 자신이 타인의 의제를 통제하고 소유하는 것보다 더 강력한 누군가에 대해 두려워한다. 그러나 아이러니하게도 보통수준의 5번 유형들은 자신의 사고가 내면에서 비롯되기만 한다면 어떤 생각에 쉽게 사로잡히지 않는다. 자신의 생각과 인식 능력에 전적으로 의지할지언정 고취되는 자신감이 떨어지지 않도록 그 어떤 것도 자신 사고에 영향을 주어서는 안 되며 그리고 현실 세계에서 자신의 생각이나 인식 능력을 검증하지 않더라도, 5번 유형들은 현실 세계로부터 멀어질 수 있다.

이에 대해 결론을 말하자면 보통수준과 불건강한 5번 유형들은 외부 환경에 대한 자신의 인식이 타당한지 아닌지 확신이 없다는 것이다. 이들은 무엇이 실제이고 무엇이 내면으로 오는 것인지 알지 못한다. 이들은 외부 환경으로 걱정, 불안으로 가득 찬 사고와 공격적 충동을 드러내고, 배수진을 치고 있을 것 같은 적대 세력에 대해 두려워한다. 이들은 현실에 대한 자신의 특이하고도 점점 더 암울한 해석이 실제 사물들이 존재하는 방식임을 점차적으로 확신한다. 결국 이들은 너무 두려워한 나머지, 불안으로 온통 마음을 빼앗길지언정 어느 것 하나 행동으로 옮길 수 없게 된다. 외부 세계를 향한 이러한 지향의 기초는 사고하기에 있다. 5번 유형은 융이 말한 내향적 사고유형에 해당한다.

> 내향적 사고는 주로 주관적 요인에 따라 결정된다. …… 이것은 이전에 일어난 구체적인 경험으로부터 해당 대상을 이끌어 내지 못하지만 그에 상응하는 주관적 내용을

> 도출한다. 외부에 존재하는 사실은 이러한 사고의 목표와 발단이 아니다. 하지만 내향적 성격 소유자는 종종 자신의 사고를 그렇게 표출하고 싶어 한다. 이는 실제 현실 세계 영역에 이를 수 있을지라도 주체에서 출발하여 다시 주체로 인도한다. …… 사실적 내용들은 결코 그들 자신을 위해서가 아니라 어떤 하나의 이론을 위한 증거로써 수집된다(C. G. Jung, *Psychological Types*, 380).

이들이 비록 융의 내향적 사고유형에 해당한다 하더라도, 이들이 하는 사고의 목표가 항시 내향적(즉, 그들 자신을 향한)이지 않기 때문에 5번 유형은 하나의 주관적 사고유형으로서 좀 더 정확하게 기술된다. 즉, 오히려 종종 5번 유형들은 외부 환경에서 좀 더 안주할 수 있도록 이해하고 싶은 외부 환경을 향하여 있다. 융이 언급하듯이, 이들이 하는 사고의 원동력은 외부 환경을 이해하지 못할 경우 불안, 걱정으로부터뿐만 아니라 '주관적 요인', 즉 이들 자신 외부에 존재하는 것에 대해 알고 싶어 하는 욕망으로부터 온다. 이것이 바로 사고라는 것은 5번 유형이 외부 세계로 적응하며 역설적으로는 외부 세계에 대해 자신들을 방어하기도 하는 두 가지를 모두 사용하는 방식이 되는 이유다.

5번 유형이 사고하는 방식에 대한 결과 중 하나는 매우 건강한 5번 유형이 본능적 경험에 깊이 정착하지 않는다는 것이다. 이들은 다른 사람들이 하찮게 여기는 의미 있는 무언가를 항상 찾고자 하기 때문에 매우 사소한 경험에서도 엄청난 지적 이득을 얻는 유형의 사람들이다. 이것은 엄청난 발견을 이끌게 된다.

하지만 이들이 외부 세계를 관찰하는 것을 멈추고 자신의 주의를 해석에 초점을 맞출 경우, 5번 유형은 현실 세계와 멀어지기 시작한다. 이들은 외부 세계를 주시하면서 열린 사고를 하기보다는 자신의 사고와 이상에 푹 빠져든다.

이는 이들을 건설적으로 활동하는 세계(이들의 자기 확신이 발전하는 데 필요한 바로 그 활동무대)로부터 점점 멀어지게 한다. 이들은 자신의 삶에 실질적인 영향을 주지 못하는 현실에 대한 생각이나 비전을 펼치는 데 엄청난 시간을 허비하고 자신에 대하여 더욱더 두렵게 하며 외부 세계의 약탈에 더욱더 위험성을 노출한 듯한 느낌을 주고 있다.

부모 기원

발달과정의 초기 경험을 들어 보면 이들은 부모 양쪽에 양가적이다. 2번과 8번 유형과 같이 5번 유형은 가족 시스템—이들에게 보호와 양육을 얻어 내는 역할을 하는—내에서 작은 틈을 찾는다. 하지만 이유 여하를 불문하고 이들은 자신이 안주할 어떤 공간도 존재하지 않았음을 알아차린다. 즉, 자신이 할 수 있는 어떤 것도 가족이 원하거나 필요로 하지 않았다. 결과적으로 5번 유형은 가족들이 '식탁으로 가져온 것'에 대해 이야기할 때 적극적으로 참여하지 못한다. 5번 유형은 다른 사람과 동등하다고 느낄 정도로 자신이 잘할 수 있는 무언가를 찾고 싶어 한다. 그러나 다른 유형들과 달리, 5번 유형들 내면에 존재하는 첫 번째 두려움은 도움되지 못하고 할 수 없다는 것이므로, 이들은 일반적으로 다른 사람들이 이미 경험하지 못한 전문 지식을 찾는다.

어떤 면에서 이들의 의제는 이들이 외부 세계에 다시 들어설 만큼 자신감을 가질 때까지 주체와 기술에 대한 조사와 정통성에 초점을 맞추기 마련이다.

한편, 5번 유형은 연이어 수반하는 모든 관계에 두루 미치는 부모와의 정해지지 않은 일종의 거래 협정을 맺는다. "나에 대하여 너무 많이 질문하지 마라. 그리고 나는 당신에 대하여 많이 묻지 않을 것이다." 5번 유형의 경우 자신이 믿기에 자신을 실력 있고 유능하게 할 지식과 기술을 습득하기 위해 자신이 가지고 있는 제한된 시간 및 정력의 대부분이 필요하다고 느낀다. 그래서 보통수준 5번 유형은 자신의 공간, 시간에 대한 타인의 침입에 대해 분개한다. 다른 유형에게서 안락한 간격으로 느낄 수 있는 것이 보통수준 5번 유형에게는 불안하게 느껴질 수 있다. 이러한 이유는 가족 내에서 어떤 장소를 차지하지 못하고 있는 5번 유형의 감정과 관련지을 수도 있다. 이들은 복잡한 감정을 느꼈거나 비유적으로나, 또는 문자 그대로 부모나 의제로부터 침입받았을지도 모른다. 이들의 부모는 이들을 산만하게 양육해 왔거나, 또 사랑 없는 결혼생활 속에서 정서적 장애를 받아 왔거나 술에 빠졌을지도 모르며, 따라서 사랑과 안도감의 원천에 의존할 수 없었을 수 있다. 그 결과 이런 아이들은 양친 부모들을 향해서뿐만 아니라 외부 세계를 향해서도 서로 받아들일 수 없게 된다.

5번 유형은 자신의 사고와 다른 어떤 것도 동일시하지 않음으로써 양가성을 해결하려고 시도한다. 이들은 자신의 사고는 훌륭하지만(즉, 올바르고, 자기 사고와 다른 것들과 쉽게 동일시된다.), 외부 현실은 그렇지 않다고(따라서 방심하지 않고 감시되어야만 한다고) 느끼며 따라서 이들의 사고는 곧바로 거절될 수 있다. 보통수준에서부터 불건강한 5번 유형들에게, 번잡하다고 생각하는 느낌은 이들 자신의 몸이 불편해지는 결과를 초래할지도 모른다. 그런 다음 이들의 실질적 존재의 본질이 자신과 무관한 것처럼 이들은 신체적 안위에는 철저하게 분리되고 무관심해지며 매우 사색적으로 변한다.

두려움에 가득 찬 5번 유형은 스스로 느끼기에 자신의 이권—자신이 지배하고자 애쓰는 그러한 영역을 추구할 필요가 있는 공간과 시간—을 보호하기 위해 많은 안락과 욕망을 기꺼이 내던져 버리려고 한다.

이들은 매혹의 대상이 될 필요가 있는 부모, 외부 세계 그리고 다른 사람들을 계속 찾지만, 5번 유형의 경우 어떤 외부 세력으로부터 압도당할 위험에 빠지지 않도록 모든 사물과 모든 사람을 안전한 거리로 유지해야만 한다고 느낀다. 그래서 이들이 생각하는 바로 그 방식—자신의 '인식 형태'—으로부터 5번 유형은 자신과 외부 세계 사이에 엄격한 이원론을 심어 놓는다. 모든 사물을 필연적으로 2개의 근본적인 영역—내부 세계와 외부 세계, 주체와 객체, 이미 알려진 것과 알려져 있지 않는 것, 위험한 것과 안전한 것 등으로 분리되는 것으로 본다. 주체로서 자신과 객체로서 나머지 외부 세계 사이에 있는 날카로운 분열은 이들의 전 생애를 통해서 엄청난 가지치기를 한다.

떨어져 나감과 공포의 문제들

건강한 5번 유형은 외부 세계에 완전히 동화될 만큼 안전하고 자신감에 차 있기 때문에 자신을 외부 환경으로부터 분리할 필요가 없다. 외부 환경과 잘 상호작용하기 때문에 이들의 관찰은 정확하고 균형 잡혀 있다. 그러나 발달 수준이 불건강한 방향으로 떨어질 때, 이들의 인식 수준은 외부 환경에서 위협 대상이 되고 위험할 것으로 보이는 것에 더욱더 밀착하여 초점을 둔다. 두려워하고 암울한 것으로 알고 있는 것들에 몰입한 결과로서 이들의 정신적 세계는 불안으로 가득 차게 된다.

그렇지만 아이러니하게도 5번 유형이 겁을 더 많이 집어먹을수록 자신을 위협하는 바로 그러한 것들을 더 깊이 조사하지 않을 수 없게 된다. 결국 이들은 항상 현재 위협의 대상이 되는 것에 혈안이 되어 있기에 5번 유형은 자신을 두렵게 하는 심상을 그저 현실로 전환하여 그렇게 행함으로써 자신의 마음을 딴 곳으로 돌리고, 결국 말 그대로 마음에서 멀어진 자기 자신을 두려워한다. 이들은 자기 스스로 그렇게 되도록 방치하였기에 매우 위험한 지경에 처해 있는 외부 환경에 대하여 방어력을 완전히 잃는다. 또 공포증에 사로잡힌다. 그리고 할 수 있다는 자신감이 매우 약화되어 도움을 주는 데 역할을 다하거나 도움을 청하기 위해 누군가에 의지하는 것 자체가 유독 쉽지 않다. 그럼에도 불구하고 5번 유형이 누군가에게 도움의 손길을 뻗지 않으면 다시는 현실 세계와 접촉할 수 있는 연결고리를 가질 수 없게 된다.

이들이 오랫동안 이와 같이 살아간다면 사고 처리 방식은 엄청난 망상과 공포에 사로잡혀 현실 세계뿐만 아니라 자신의 사고로부터 자기 자신을 분리해야만 할 것이다. 신경증적 5번 유형은 정신분열증에 빠져 자기도 모르게 자신의 풍성한 마음으로부터 자기 자신을 분리한다.

이들의 현실은 비참한 상황에 이르게 된다. 암울하고, 고통스러우며, 희망이 없다. 공포에 움찔하다가 공허함으로 빠져 든다—더 깊은 공포 속으로 빠져든다.

건강한 5번 유형에 대한 분석

1수준: 개척하는 비전 제시자

가장 건강할 때 5번 유형은 현실을 폭넓게 인식하면서도 심오하게 통찰하는 신통한 능력을 갖는다. 이들은 사물을 전체로 수용하여 다른 사람들이 그저 혼란으로 보는 패턴을 인식하는 능력을 갖는다. 또 기존 지식을 합성하여 전에 어느 누구도 알아내지 못한 시간과 공간, DNA 분자 구조나 뇌의 화학적 작용과 행동반경 간의 관계와 같은 상호 관련된 현상들 사이의 연관성을 밝혀낼 수 있다. 예술적인 소질이 있다면 전체적으로 새로운 예술 형태를 발전시킬 수 있으며 또 이전에 보지 못했던 방식으로 작업하는 형태에 대변혁을 가져올 수도 있다. 이러한 혁신들은 종종 다른 사람들이 배우고 창작하는 새로운 기반이 되기도 한다.

가장 건강한 5번 유형은 우리가 살고 있는 세계가 어떻게 상호작용하는지에 대해 자신만의 생각에 집착하지 않는다. 대신 매우 심오하게 현실 세계를 포괄하여 단지 이론의 정립만으로 도달할 수 없는 예기치 못한 사실을 밝혀낼 수 있다. 이들은 현실 세계를 관찰하는 동안 그 해답을 제시하지 않고 개방된 마음을 유지하기 때문에 정확하게 새로운 사실을 찾아낸다.

자신의 사고를 현실 세계에 떠맡기지 않기 때문에 매우 건강한 5번 유형은 무엇을 관찰하든 내부 논리, 구조 그리고 상호 관련된 패턴을 발견할 수 있다. 결과적으로 불분명한 사안들에 대해 명확한 사고를 가지며 종종 이러한 문제들을 입증하는 다른 사람의 능력보다 훨씬 앞서 발생될 사건들을 예측할 수 있다. 자신의 재능을 최고조로 발휘하는 5번 유형은 그 상황 설명이 너무 단순할지 모르겠지만 예언가와 공상가가 될 수도 있다. 이들은 뜨개질이 완성되기 전의 벽걸이 융단의 패턴을 알고 있는 직조공처럼 신통하게도 명확히 외부 세계를 꿰뚫어 보는 통찰력을 지니고 있다.

그 결과 5번 유형들은 객관적 현실을 규명하기 위해 이성적인 사고를 초월한다. 그렇게 함으로써 말, 이론 및 상징속에 감추어진 부분들에 대한 통달 수준에 도달한다. 이들은 외부 세계를 자신의 능력을 뛰어넘을 것 같은 비전을 가지고 매우 복잡하면서도 단순하게 인식한다. 이들은 생각하는 사람이라기보다는 명상가에 더 가깝다. 이는 불교와 다른 종교적 전통에서 말하는 '고요한 마음'을 갖는 품성이다. 마음이 평온하고 고요할 경우 무엇을 지향하든 마음은 있는 그대로 담아 내고 반영하는 하나의 거울과 같다. 건강한 5번 유형은 현실 세계에 대한 방어 수단으로 자신의 마음을 사용하지 않는다. 즉, 자신이 현실로부터 분리되지 않는다고 이해하면서 현실을 자신의 마음에 받아들인다.

매우 많은 천부적 재능이 있는 5번 유형은 현실을 너무 완벽하게 설명한다.이들의 인식 대상과 새로운 발견은 마치 누구든지 이들에 대하여 생각해 낼 수 있었던 것처럼 단순하면서도 분명하게 만든다. 천재의 통찰력은 지혜로만 훤히 들여다보인다. 이미 알려진 사실로부터 미지의 것을 통찰해 왔기 때문에 이 새로운 발견이 이미 알려진 것과 완전히 일치한다는 사실을 명쾌하고 정확하게 설명하는 것은 위대한 업적이다. 이와 유사하게 누구든 예술적 표현의 새로운 형태를 만들어 낼 수 있지만, 다른 사람보다 강력한 방법으로 그렇게 행하는 것은 다른 사람들이 현실을 인식하는 방식이 진귀하고 비범하다는 생각으로 변화시킨다.

따라서 매우 건강한 5번 유형은 지식과 창조적인 새로운 영역을 개척하는 지적 능력이 있는 선구자들이다. 충분히 천부적 재능을 지닌 한 개인인 5번 유형은 또한 인류에게 경이적이고 지적인 돌파구를 열어 줄 수 있는 역사적으로 매우 중요한 천재가 될 수도 있다. 최상의 재능을 가진 천재는 인류 역사 최초로 우리가 살고 있는 세계가 움직이는 방식을 이해한다. 천부적 재능이 덜한 사람들은 이들이 처음 미적분과 컴퓨터 사용법을 이해하였을 때 천재의 흥분감을 느낄 수 있다. 이들의 이해는 이들 자신에게 새로운 전율감을 느끼게 할 수 있을 것이다. 다른 사람들은 누군가가 완전히 새로운 어떤 것을 발견한다는 사실이 흥미진진할 것임에 틀림없다고 단지 상상만 할 수 있을 것이다—이러한 발견은 해당 개인뿐만 아니라 인류에게도 새롭다. 게다가 1수준에 있는 매우 건강한 5번 유형들의 명민함은 전체적으로 볼 때 무의식 세계다. 5번 유형 스스로 가장 잘 의식하는 것은 이 현실 세계 안에 있을 때 편안하고 평온하게 느끼는 것이다. 또한 이들은 무능하고 도움이 되지 못한다는 두려움을 초월해 왔기 때문에 끊임없는 지식과 기술을 추구하는 것으로부터 자유로울 수 있다. 이들은 더 이상 다른 사람이나 다른 도전으로 인해 움츠러들지 않으며 자신의 지식과 재능의 특별한 사용을 위해 가슴과 마음을 함께 가져올 수 있다.

2수준: 지각적 관찰자

5번 유형은 이렇듯 늘 건강하지는 않지만 여전히 자신 주변의 세계, 영광과 참사, 모순과 끝도 없는 복잡함을 극도로 의식하고 있다. 이들은 성격유형에 대해 마음속으로 가장 경계하고 매사에 대하여 호기심이 많다. 건강한 5번 유형에게 지식을 갖추기—자신이 무엇을 아는지 알아내기, 그리고 자신의 마음을 배회하고 아이디어를 가지고 놀기—는 이들에게 매우 유쾌한 일이다. 지식과 깨달음이 기분을 돋우어 준다. 이들은 사람, 자연, 삶 그리고 마음 그 자체로 매료된다.

충분한 지성을 갖춘다면 건강한 5번 유형은 피상적인 표면을 관통하여 매우 빠르게 심오한 수준에 이른다. 이들은 전체를 이해하는 데 열쇠가 되는 미증유의 사실이나 숨겨진 요소 말고도 이례적이고 기이한 것을 한눈에 알아채는 신통한 능력을 지니고 있기 때문에 이들의 통찰력은 실로 엄청나다 할 수 있다. 외부 세계를 확실한 통찰력을 가지고 보기 때문에 항상 남들에게 들려줄 흥미롭고 가치 있는 무언가를 가지고 있다. 실제 어떤 사물을 관찰하는 행위는 이들 자신의 완전한 심리적 지향을 나타내는 하나의 상징이다. 무엇인가 보일 수 있다면, 다시 말해 우리 감각기관이나 마음으로 이해할 수 있다면, 5번 유형은 그러한 것을 이해할 수 있음을 느낀다. 일단 무언가를 깨달으면 그것에 정통할 수 있다. 그런 다음에야 5번 유형은 확신을 가지고 자신이 원하는 것을 행동으로 옮길 수 있게 된다.

건강한 5번 유형은 외부 세계를 단지 수동적으로 바라보지 않고 집중하며 사물들이 패턴을 형성하고 의미를 갖기 위해 어떻게 함께 작용하는지 주목하기 때문에 알아채지 못할 그 어떤 것도 없다. 마치 어떤 확대경을 외부 환경에 향하게 하고 있는 것처럼 5번 유형은 사람과 객체를 상세하게 인식한다. 이들의 마음이 매우 활동적이고 주변에 있는 만물이 매력적이라고 알고 있기에 건강한 5번 유형은 결코 지루해하지 않는다. 이들은 자신이 모르는 것에 대하여 배우는 것과 분명치 않은 것에 대해 이해하는 것을 좋아한다. 아무리 많은 것을 알더라도 더 많이 배우고 싶어 하고 세계는 어느 모로 보나 끝없이 복잡하기 때문에 언제든 배워야 할 더 많은 것들이 있다.

또 건강한 5번 유형은 지속적으로 집중할 능력을 가지고 있기에 다른 사람들보다 훨씬 더 많이 인지할 수 있다. 이들은 쉽게 마음을 다른 곳으로 빼앗기지 않는다. 이들은 정밀 조사 대상이 어떻게 작용하는지—즉, 어떤 사물이 왜 현재 상태로 존재해야 하는지—알고 싶어 곧바로 이 대상에 깊이 빠진다. 이들의 지적인 호기심이 관심을 불러온 사물들에 관해 더 많은 것을 알기 위해 엄청난 노력을 하게끔 한다. 이들은 믿기지 않을 정도로 어떤 문제가 해결될 때까지 또는 그 문제가 해결할 수 없음이 밝혀질 때까지 끈기 있게 매달려 수행하는 열심히 일한다. 현재 탐구하거나 새로 착상 중인 것에 대해 매우 열정적이기 때문에 몇 년 동안이나 세상에 알려지지 않은 상태에서 작업을 수행할 것이다. 건강한 5번 유형은 어떤 세상의 지지나 주목을 거의 받지 않고 자신의 관심 대상을 추구하는 데 익숙하기 때문에 다른 사람들의 무관심이나 이해 부족으로 결코 단념하지 않는다. 5번 유형에게 탐구하고 배우고 착상하는 과정은 어떤 최종 목표를 달성하는 것보다 더 많은 희열을 느끼게 할 수 있다. 특히 인문과학 분야에서 공식적으로 인정받을 때까지 실재를 따져 묻고 유사한 형상들을 만지작거리면서 희열을 얻는다. 또한 관련된 문제들에 대하여 올곧은 근본적인 질문을 하고 적합한 지적 경계를 정의하는 매우 훌륭한 정립가이기도 하다. 이들은 단지 전에 불가해한 사실을 이해하기 위해서 불가능한 것에 도전하지 않는다.

실제 가지고 있는 지성과 무관하게 대다수의 5번 유형은 자기 자신을 '똑똑하고' 지각이 있는 것으로 생각한다. 건강한 5번 유형은 지적이거나 학구적이지 않지만 모두 자신의 관심을 개념, 지각대상의 세계와 현실을 바라보는 방식에 집중한다. 항상 전에 알아내지 못한 것이나 계속 탐구해 온 본질적으로 다른 개념이나 연구 활동들을 연계하는 어떤 방법에 대해 게을리하지 않는다. 애써 해결하려고 노력해 온 어떤 질문이나 독창적인 문제에 대해 가지고 있는 새로운 통찰력은 이들에게 자신감을 심어 주고 더 심오한 탐구 영역으로 들어가도록 격려한다.

5번 유형은 다른 사람들이 자신을 '유별난 사람'으로 볼 수도 있을 거라고 알고 있다. 이는 이들의 총명한 지혜, 고도로 개발된 감각적 예민함, 기이한 행동 또는 아마도 예리한 주시력에 기인할 수도 있을 것이다. 5번 유형은 4번 유형과 같이 '무언가 색다른' 것에 관심이 없다. 그 대신 자신의 상태를 마지못해 응낙하는 이방인으로 본다.

이들은 삶에 대하여 비정서적인 성향을 보이며, 이러한 정서 결핍은 어느 정도 이들 자신의 생활환경으로 확장된다. 또한 5번 유형은 어디에 있든 기꺼이 자신의 호기심과 지각 대상을 흥미를 가지고 지켜보려고 하기 때문에 유별나고 색다른 사람으로 비춰진다. 이들은 비교적 사회적 관습에 관심이 없다. 오히려 이들이 정말 관심을 갖는 것으로부터 멀어지게 하는 어떤 활동 때문에 방해받고 싶어 하지 않는다.

건강한 5번 유형은 실제 세계에서 실력 있고 유능해 보이고 싶어 하지만 사물에 대해 조사하는 바로 그 행위는 이들의 능동적 참여를 멀어지게 하고 외부 관찰자로서의 역할을 지향하게 한다. 이러한 수준에서조차 건강한 5번 유형은 그것을 이해하지 못하는 경우 외부 환경에 대해 엄청난 불안에 얽매인다(그리고 당연히 이를 해결할 때까지 이들은 그것을 이해할 수 없기 때문에 어떤 수수께끼 문제에 봉착한다.). 따라서 관찰하는 습관은 어떤 냉철한 호기심뿐만 아니라 깊은 개인적 욕구를 반영한다.

3수준: 집중력 있는 혁신가

일단 5번 유형이 자기 자신을 지성 있고 지각 있는 사람으로 인식하게 되면 이들은 자신의 지각 능력을 잃을 수 있거나 또 이들이 생각하는 것들이 부정확할 수 있다는 생각에 두려워하기 시작한다. 그래서 가장 관심의 대상이 되는 영역을 섭렵하려는 목표를 가지고 자신의 정력을 그 분야에 집중하기 시작한다. 이런 방식으로 5번 유형은 이 세상 어딘가에서 어떤 직분을 가지리라 확신하는 능력이나 많은 지식을 개발하고 싶어 한다. 이들은 단지 사실이나 기술을 습득하는 것 말고 이전에 조사되어 온 것을 뛰어넘기 위해 배워 왔던 것을 활용하는 데 관심이 있다. 5번 유형은 이것이 자신의 능력에 커다란 시험 잣대이며 또한 그 외에 어떤 누구도 착안할 수 없었던 어떤 틈새 영역을 스스로 창작하고자 하기 때문에 인간 위업의 한계를 넓히고 싶어 한다.

때때로 이들의 탐구 결과물은 꽤 실질적인 결과를 도출하는 독창적인 발명품이 되기도 하고 기술적 경이를 이루기도 한다. 이따금 이들의 임시방편이 화들짝 놀랄 새로운 발견이나 예술적 작품이 될 수도 있다. 또 어떤 때는 이들의 독창적인 아이디어들이 실용적인 응용물을 가지고 있더라도 그러한 아이디어들로부터 어떤 발견이 결과로서 생기기 어려울지도 모른다. 한 시대에서 비실용적인 것들이 종종 다른 시대에 와서는 텔레비전과 레이더를 가능케 하는 물리학, 또 다음에 소설이나 영화를 만드는 몇 편의 아이디어 스크랩과 같이 전혀 다른 지식 또는 기술의 새로운 조류의 기반이 된다.

건강한 5번 유형은 탐구하고 정복할 새로운 영역을 찾기 때문에 개방적이다. 특정 관점에 집착하지 않으며 다른 사람들이 사물에 대해 생각하는 것을 배우는 데 호기심이 강하다. 이들은 다른 사람의 견해로부터 배울 흥미로운 것이 항상 있다고 믿는다. 또한 자신의 사고가 복잡하거나 다른 사람이 빨리 이해 못할 때조차도 설명하는 데 대해 참을성이 많다. 건강한 5번 유형은 의사소통하고 싶어 하며 다른 사람들이 자신이 하는 말을 이해해 주기를 바란다.

5번 유형은 사물을 매우 통찰력 있게 이해하기 때문에 심오한 지식으로 어려운 문제의 핵심에 이를 수 있으며, 따라서 문제들과 가능한 대안을 타인에게 분명하게 설명할 수 있다. 5번 유형은 자신의 생각과 사고를 다른 사람들과 논의하여 더 많은 것을 배우기 때문에 자신의 지식을 공유하는 것을 좋아한다. 이러한 점은 건강한 5번 유형이 열정적인 선생님, 동료 그리고 친구들이 되는 이유이기도 하다. 이들이 생각하는 사고에 대한 열정은 전파되고 파급력이 있으며 자신의 전문적 경험을 다른 지식인, 예술가, 사상가 또는 자신만큼이나 흥미와 호기심을 가지고 지각이 있는 누군가에게 전수하는 것을 즐겨 한다.

5번 유형은 자신의 통찰력을 이해하고 음미할 수 있는 사람들과 함께 있는 것을 좋아하면서도 매우 독립적이다. 대체로 새로운 것을 개혁하고 배우고 창의적 활동을 하는 것은 홀로 배에 승선한 가장 고독한 모험인 것이다. 자신의 프로젝트와 발견물이 어디로 갈지 결코 모르기 때문에 5번 유형은 자신의 독립심을 상당히 높이 평가한다. 이들은 타인이나 사회의 허용과 무관하게 흥미의 대상과 발견물을 추구하면서 자신의 조사가 요구하는 만큼 인습에 얽매이지 않으려고 노력한다. 이들은 기존 정설에 도전하는 것을 두려워하지 않는다. 이들의 관심 대상의 성격과 지적 범위 덕분에 말 그대로 건강한 5번 유형은 역사의 진로를 바꿀 수 있는 엄청난 사고를 우리에게 가져다준다. 예술, 무용, 영화 그리고 음악의 세계는 종종 5번 유형의 괴상망측한 신규 창작(물)—후에 그러한 창작들이 어떻게 탄생되었는지 의아할 만큼 폭넓게 수용된 표준이 되었던—이 물의를 일으켜 왔다.

또 건강한 5번 유형은 유별난 유머감각의 소유자이기도 하다. 이들은 삶의 많은 불합리와 엉뚱함과 조화를 이루고 있고 다른 사람들과 자신의 다소 엉뚱한 관찰적 경험을 공유하는 것을 즐긴다.

이들은 논리적 기반이 없는 삶을 바라보는 몇몇 가설이나 방식에만 중점을 둘 만큼 현실 자체를 부정하는 행태를 보인다. 이상하고 별난 주제에 쉽게 매료되며 객체, 이미지 그리고 이야깃거리들을 가지고 시간을 보내는 것을 좋아한다. 건강한 5번 유형들은 다른 사람들이 거절하고 등 돌리는 당면 문제를 자세히 살펴보는 것에 쉽게 이끌리기 때문에 유머스러움을 위해 어떤 금기를 깨는 기질을 가지고 있다.

이들의 상상력은 실로 엄청나서 어떤 문제에 대한 해결책을 가시화시키기 위해 자신의 상상력을 동원하거나 또 다른 현실 세계를 만든다. 이러한 이유로 많은 예술적 재능을 지닌 5번 유형은 영화 제작자, 풍자만화가이거나 장르소설(공상과학소설, 공포, 풍자적인 블랙유머) 작가가 된다. 심미적 감성은 2개의 극단으로 치닫는 경향이 있다. 한편에는 미니멀리즘적인 성향이 있으며, 또 다른 한편에는 초현실적이고 공상적인 성향이 있다. 예술 분야에 관계하고 있는 대부분의 5번 유형은 그저 일상적인 '인간 관심사' 소설이나 이야기에 흥미를 느끼지 못한다. 이들은 절대적인 사실—특히 우리가 살고 있는 '일상사'에 감춰진 것들—을 지향하여 자신의 일상적 관심을 뛰어넘어 세인의 주목을 주도적으로 이끌고 싶어 한다.

이들의 관심을 끄는 그러한 영역들을 정복하는 동안 건강한 5번 유형은 지식을 모은다. 이런 성격을 가진 사람들은 예술 분야(예를 들어, 추상적 표현주의 그림, 전자음악 또는 고대 이집트 상형문자 표기법) 또는 과학 분야(컴퓨터 설계기법, 위성을 우주공간에 띄우는 방법) 등 다양한 학문 분야에서 전문가 지식을 개발한다. 건강한 5번 유형은 일반적으로 매우 다양한 학과 분야에 지식이 있는 박식가, 교수들이고 전문가들이다. 건강한 5번 유형은 자신들이 무엇을 말하고 있는지 알고 있으며 다른 사람들과 그 지식을 공유하고 사회 전체를 그들의 학문으로 풍요롭게 한다. 또 이들은 자신의 통찰력으로 자신이 할 일을 능동적으로 하기 때문에 비교적 자부심이 강하다. 그리고 이는 정확히 말해서 통찰력이 매우 목표지향적이어서 건강한 5번 유형과 이들의 사고는 특별히 사회 안녕에 가치가 있다. 현대 세계를 구성하는 컴퓨터와 항생물질, 매우 정교한 통신 매체와 온갖 종류의 기술적 혁신이 없다면 우리는 어떻게 생존해 있을까?

보통수준 5번 유형에 대한 분석

4수준: 학구적인 전문가

보통수준 5번 유형과 건강한 5번 유형 사이의 근본적 차이점은 보통수준 5번 유형이 우리가 살고 있는 세상에서 자신의 본분을 수행하거나 더 맡을 만큼 충분히 잘 알지 못한다는 사실에 두려워하기 시작한다는 것이다.

이들은 더 많이 배우고 연습하고 더 나은 기술을 습득하거나 심층 시험을 실행하거나 자신의 관심사에 한층 더 깊게 연루될 필요성을 느낀다("여러분이 많이 알면 알수록 미지의 사실을 더 많이 알게 된다."). 그 어떤 이유에서든지 이들은 자신의 개념과 사고가 행동으로 옮겨질 수 없을까 두려워한다. 이들은 충분히 어떤 일을 실행할 준비가 되어 있지 않음을 깨달으면 더욱 자신만만하고 자기를 통제할 수 있는 이전에 경험했던 영역으로 되돌아간다. 모든 성격유형은 자신의 가장 강력한 보호수단을 다루며, 지적 능력은 5번 유형이 천부적으로 부여받은 것인 동시에 각별히 개발하기 좋아하는 부분이다. 그렇지만 보통수준 5번 유형은 개혁하고 탐험하기보다는 오히려 개념화하고 준비하기 시작한다. 한마디로 보통수준 5번 유형이 지식을 추구하는 반면, 건강한 5번 유형은 지식을 활용한다.

5번 유형은 자신의 개념과 상상력을 가지고 활동하는 것에 정통하기 때문에 이러한 개념과 상상력이 자신의 머릿속에 있을 때 자기 자신에 대하여 더욱더 확신하며, 이때부터 이들은 외부 세계와 더 많은 직접적인 연결을 꺼리기 시작한다. 이들은 어떤 노랫말에 대한 문제나 아이디어를 개념화하기 위해 많은 시간을 보낼 수 있지만 자신의 아이디어를 실질적이고 구체적인 형태로 도출하는 것을 주저한다. 보통수준 5번 유형은 끝없이 더 많은 배경 지식을 연구하고 수집하고 시험해 보는 준비 모드에 연연한다. 또 자신의 상상력 속에서 어떤 서적이나 고안품에 대한 아이디어만을 개발할 수도 있으며 결코 자신의 프로젝트를 현실로 실현하지 않는다. "나는 좀 더 많은 시간이 필요하다."는 말은 보통수준 5번 유형이 상투적으로 반복하는 말이다. 그렇지만 이들은 이유 없이 주저하거나 망설이지 않는다. 이들의 주저함은 외부 세계에 대처하는 점점 더 커져 가는 이들의 능력 결핍과 모순된다.

이들은 어쩐지 자기 자신이 다른 사람들보다는 삶의 준비가 덜 되어 있는 것을 경험하기 시작하기 때문에, 보통수준 5번 유형은 자신이 믿기에 자신을 발전시키기 위해 필요한 그 어떤 정보, 기술 그리고 자원들을 모을 수밖에 없다. 결국 5번 유형은 사회 활동에서 이탈하여 이러한 자원들을 습득하느라 자신의 더 많은 시간과 에너지를 소진한다. 이들의 집은 이들 마음의 반영이며 책, 음반, 동영상 CD, 기계 장치 등 수집품의 저장 장소다.

보통수준 5번 유형은 전형적으로 학자인 체한다. 밤새 정치, 영화, 문학에 대해 토론하는 지식인들에게 정보를 제공하는 책방, 도서관과 커피숍에 자주 드나든다. 이들은 학문을 숭상하며 지식을 습득케 하는 기술 기계 장치에 매료된다. 보통수준 5번 유형은 자신의 지적 관심(중세 원본 또는 컴퓨터 장치)을 추구하는 데 필요한 모든 수단을 습득하기 위해 돈을 쓰지만, 자신의 신체가 아닌 마음과 상상력을 자신과 동일시하기 때문에 자기 자신이나 안락함을 위해 돈을 쓰는 데는 인색하다.

전문 지식을 추구하기 위해 보통수준 5번 유형은 몇몇 분야에서 상당한 전문가적 기질과 대체로 이해가 아닌 지식 전체를 깊이 파고드는 성향을 띠고 있다(전문가로서 이들은 사실 "나는 여러분들이 모르는 것을 알고 있다."라고 말하는 것에 자부심과 기쁨을 갖는다.).

일부 5번 유형들은 어떤 학문 분야—유전적인 구조, 눈송이 형성에 대한 계수적 처리, 또는 아마존 삼각주 철새들의 이동 형태 분석—에서 전문가일 수 있다. 다른 사람들은 골동품, 우표 수집 또 만화 잡지, 재즈 분야에서 전문가이면서 덜 이론적인 분야에서도 전문 지식을 가질 수도 있다. 수집을 가까이 함은 곧 인생에 전체적으로 다가서는 것에 대한 상징이다. 더 많은 재료를 모아 자신이 알고 있거나 할 수 있다고 믿는 것들에 대한 실체로 통합하는 것이다.

이들의 수집에 대한 선입견적인 편애는 의외의 사항을 전문화하려는 이들의 욕구와 결부 지을 수 있다. 5번 유형은 1950~1990년에 발표된 모든 주요 공포 및 공상과학 영화를 감독에 따라, 또는 연도에 따라 조직하여 완벽한 소장품으로 가지고 있을 수도 있다. 이 소장품의 완결성과 내용에 대한 면밀한 지식은 이들에게 소중하다. 보통수준 5번 유형이 몇 개의 비틀즈 앨범이나 3개의 베토벤 교향곡만을 소장하고 있었다면 이들은 이를 하찮게 여긴 것이다. 이들이 그것을 귀하게 생각했다면 여러 오케스트라가 녹음한 희귀한 음반을 포함하여 발매된 모든 비틀즈 음반을 가지고 싶어 하고, 녹음된 베토벤 9번 교향곡 모두를 소장하고 싶어 할 것이다. 비틀즈의 시대적 발전상을 주시하거나 베토벤의 3번 교향곡의 서로 다른 음반들을 대조하고 비교하는 것은 5번 유형에게 즐거움을 만끽할 수 있는 일이며, 그리고 어느 정도의 지식은 확실히 이러한 활동을 통하여 얻어진다. 그러나 5번 유형은 이러한 노력을 하는 와중에 자신의 시간을 얼마나 유익하게 사용하고 있는지에 대해 의아해할 수도 있다. 적어도 이들은 이런 협소한 관심 영역을 통달함으로써 일시적으로 적합하다는 감정에 도달하지만 이들의 자신감을 개발하는 데 도움이 될지도 모르는 일련의 활동을 회피하기 시작한다.

보통수준 5번 유형은 자신의 마음을 좀 더 완전히 동일시해 오기 시작하고 비록 이것이 전적으로 문제의 소지가 없더라도 뒤따르는 결과가 없지는 않다. 우리는 보아 왔듯이, 건강한 5번 유형은 외부 환경에 대해 꽤 관찰적이고 이들 주변의 외부 세계와 조화를 이루려고 하지만 지성에 호소하는 이들의 삶에 대한 접근 방식 때문에 보통수준 5번 유형은 중요한 것을 놓치기 시작한다. 이들은 어떤 상세 사항에 골똘히 집중하며 전반적으로 여타 관련 정보를 간과할 수도 있다. 자신이 흥미있어 하는 어떤 분야들, 즉 역사, 언어학, 스피커, 조깅화 또는 원숭이 종족 사회학이든 과학을 구성하려는 성향을 보인다. 이들의 주목을 끄는 그러한 현실 상황들에 대해서만 관심을 가지고, 여기서 우리는 현실 세계로부터 떨어져 나가려는 경향에 대한 시작을 접하게 된다. 이들은 아직도 결코 바람직하지 않은 측면에서 볼 때 현실 세계와 동떨어져 있지 않다. 하지만 이들은 더 심도 있게 자신의 관심 분야를 추구하기 위해 지각 대상의 초점을 좁혀 나가고 있다.

비록 이들이 그것을 인식할 수 없다 하더라도 보통수준 5번 유형은 자신을 분석하거나 자신이 이미 알고 있는 것과 관련지어 전후 관계를 찾으려고 함으로써 가장 새로운 경험에 접근하기 시작한다. 이러한 유형은 사람들이 춤추고 있는 모습을 살피고 색다른 스텝과 움직임을 주시하고 춤추는 방법을 분석하고 기억하려고 부단히 노력함으로써 춤추는 방법을 배우려고 애쓰는 숫기가 없는 사람이다. 춤을 배우는 가장 쉬운 방법은 점프하여 앞으로 나가는 것이지만 보통수준 5번 유형은 마음속에서 온전히 이해할 때까지 행동으로 옮기는 것을 두려워한다. 대개 그 댄스는 5번 유형이 마음속으로 온전히 이해하였을 때 끝나기 마련이다. 이것은 어떤 중요한 것을 배울 때 귀찮은 방법일 수 있지만 일부 긍정적인 측면도 있을 수 있다. 이들의 배움의 방식은 너무 체계적이며, 참여하는 어떤 과정의 매 단계를 주시하고 기억하려고 하기 때문에, 많은 5번 유형은 어떻게 하여 결론에 이르렀는지 또 특정 결과를 달성하였는지 다른 사람들에게 설명할 수 있다. 그리고 4수준에 있는 5번 유형은 자신의 전문적 견해를 다른 사람들과 함께 공유하는 것을 즐겨 한다. 이들은 그동안 수행해 온 프로젝트에 대해 열정적으로 장황하게 연설할 수 있다. 불행하게도, 보통수준 5번 유형은 그 외 중요한 것에 대해 언급할 때 불편해 할 수도 있다. 이들의 개인적 생활, 소망, 욕망과 실망, 그리고 특히 이들의 감정은 개인적 문제가 되며 다른 사람들과 이러한 부분을 공유하는 것을 꺼려 한다. 이들은 자신에게 관심 있는 주제에 대해 의논하고 지적인 대화를 통하여 더 심오한 '진리'를 밝혀내는 것을 선호한다.

5수준: 강도 높은 개념주의자

보통수준 5번 유형은 외견상 자신 마음의 안식처로 숨어들 때 아이러니하게도 자신의 능력에 대한 불안함을 한층 더 드러낸다. 결국 이들은 훨씬 더 적은 시간을 줄어드는 관심 밖의 어떤 것에 투자하게 되고 새로운 활동을 전개하려는 마음이 잦아진다. 자기의 삶을 정진케 하는 자신감과 강인함을 얻어야만 하는 그 어떤 내적 및 재정적 자원들을 활용하여 정신적으로 최대한의 활동을 시작한다. 불행하게도 보통수준 5번 유형은 종종 이러한 힘을 잘못 사용하여 다른 사람들이 하찮은 것으로 보는 것에 깊이 빠져 어떤 행동이 실제 자신의 삶에 보탬이 될 것인지에 대한 안목을 상실한다. 이들은 프로젝트에 참여하여 무한정 많은 시간을 들이지만 자기 자신과 사고에 대하여 더욱더 확신할 수 없으며 뇌복합심상의 보호를 받지 못할까 두려워하기 때문에 종결 처리할 수 없게 된다.

결과적으로 5번 유형은 따로 떼어 놓을 내적 자원을 가지고 있지 않다고 믿고 있다. 이들은 다른 사람들과 자신의 정서적 욕구가 자신을 압도하거나 적어도 자신의 프로젝트로부터 자신을 따돌릴 것이라고 두려워한다. 그리고 5번 유형의 경우 모든 일은 이들이 동정이나 자비 없는 어떤 세계로 점차 인식하는 곳에서 살아남을 기회를 제공하는 기술이나 능력을 습득하는 것에 달려 있다고 믿는다. 이들은 다른 사람들과 교류하려고 애쓰지만 이들이 추구하는 자신감과 우월감을 개발할 수 있을 때까지 불가하다고 생각할 수도 있다. 보통수준 5번 유형은 대부분 사회적 상호작용을 자신의 시간과 공간—이들이 믿기에 전문 기술 추구에 헌신해야 하는 시간과 공간—에 대한 침해로 간주하기 시작한다. 이러한 잠재적 '침해'에 대해 자신을 방어하기 위해 정신적 집중과 활동을 증대함으로써 더 깊은 자기의 내면 세계로 숨어든다. 5번 유형이 좀 더 건실한 수준으로 자신의 대체 현실을 새롭게 만들어 나가기 시작할 경우, 이들은 그런 대체 현실을 5수준으로 정통해 가기 시작한다. 보통수준 5번 유형은 자신이 믿기에 누군가 또는 어떤 것이든 그러한 현실을 탐구함으로써 얻게 되는 것으로부터 자신을 혼란스럽게 하는 것을 원치 않는다.

하지만 이상하게도 보통수준 5번 유형은 자신을 흐트러뜨리기 시작한다. 이들이 가지고 있는 힘 전부를 건설적인 프로젝트에 전력투구한다면 이들의 행실은 다른 사람이 볼 때 더욱더 납득될 수 있지만, 점증하는 이들의 불안은 일시적인 자신감과 적격성을 가져다줄 수 있는 일련의 활동에 참여하여 많은 시간을 할애하도록 한다. 내면적으로 5번 유형은 무언가 할 수 있고 실제 현실에서 무력하고 무능한 것에 대한 두려움을 상쇄시켜 줄 어떤 정황을 전부 통제할 수 있을 것으로 느낀다.

이들은 복잡하고도 지능을 요하는 수수께끼와 미로 시스템—교묘히 수수께끼를 풀어 나가는 동안 자신을 외부 세계와 단절시킬 수 있는 꿰뚫고 지나갈 수 없는 정교한 미로—속으로 빠져든다. 이들은 꽤 상세하고 복잡한 사고의 시스템에 빠져들게 되어 이러한 시스템들이 천문학, 수학, 철학과 같은 전통적인 학술 연구라는 심오한 영역 또는 카발라, 카발라 점성술과 신비주의 학문과 같은 비교적(秘敎的)인 주제와 관련되어 있는지 자신을 모호한 이론에 몰두시킨다. 이들은 끝없이 머리를 쓰는 게임(예, 체스, 컴퓨터 모의게임, 던전 앤 드래곤 등)에 매료되어 연구 영역을 일종의 게임으로 만들고 게임을 연구 영역으로 만든다. 종종 특정 문학 장르 소설, 특히 공상과학 소설 및 공포물에 대한 강력한 친화력을 발달시킨다. 상상력의 어둡고 공상적인 영역의 심층 연구는 5번 유형에게 무언가—비록 이것이 상상 속의 이미지일지언정—통달한다는 느낌을 가져다준다. 기묘하고 불온한 주제나 제재에 대한 이들의 관심은 타인이 제기하지 않은 '전문 영역'에 대한 심층조사이거나 도움이 될 수 없다는 느낌에 대한 역 공포 반응 둘 중 하나다.

보통수준 5번 유형의 사고는 점점 검열 과정을 거치지 않는다. 이들은 아무리 무섭고 일반적으로 용납하기 어렵더라도 기꺼이 어떤 생각을 즐겁게 받아들이며 또 다른 사람들에게는 용납될 수 있을지라도 이를 금기시한다. 5번 유형은 사실을 추구하며, 이 사실이 불유쾌하거나 기존 관습을 뒤집어엎는다면 그대로 방치한다. 건강한 5번 유형의 이러한 성향은 칭찬받을 만하고 많은 위대한 발견의 근본이 된다. 하지만 보통수준 5번 유형은 문제를 초래하기 시작한다. 이들은 현실 세계에 능동적으로 참여하지 않기 때문에 '현실 점검'을 점점 더 등한시한다. 결과적으로 이들의 잠재적으로 해결되지 않은 주제에 대한 탐구는 외부 세계와 자신에 대한 불안에 기름을 끼얹기 시작하는 셈이다.

이들의 공포 때문에 그리고 이들의 상상이 매사에 불길한 암시를 보도록 조장하기 때문에, 보통수준 5번 유형은 전형적으로 힘에 이끌린다. 이들은 다른 사람들보다 더 많이 지각하기 때문에 지식이 곧 힘이고 이러한 지식을 소유함으로써 무사해질 것이라 생각한다—따라서 자신을 보호할 수 있을 거라고 생각한다. 이들은 자연계 또는 정치학 또는 인간 행동양식에서든 몇몇 힘의 형태와 관계하는 상세 연구 분야에 이끌린다. 그러나 5번 유형은 또한 힘에 관하여 서로 상반되는 양면 가치를 지니고 있으며 자신 위에 군림하면서 권력을 갖는 사람들에 대하여 많은 의구심을 가지고 있다. 이들은 힘을 가진 사람이 누구든 자신에 맞서 그 힘을 사용할 것이고 이들이 가장 두려워하는 것 중 하나인 완전히 속수무책 상태로 만들 것이라고 생각한다.

보통수준 5번 유형이 자신의 독자성을 유지하면서 타인들로부터 잠재적 통제를 회피하는 하나의 방법은 좀 더 내면화하는 것이다. 이들은 점점 더 자신의 개인적 또는 정서적 삶에 대해 말하기를 꺼려 하면서, 그렇게 하는 것이 바로 다른 사람들에게 자신 위에 군림하는 힘을 제공할 것이라고 두려워한다. 덧붙여 말하면 그러한 것에 대하여 언급하는 것은 자신의 두려움과 취약성—보통수준 5번 유형이 진정으로 피하고 싶은 전망—이라는 좀 더 직접적인 경험 세계로 이들을 내던질 것이다. 어떤 경우에 누가 보아도 이들 자신에 관해 명백한 기만이 아니라 정보를 거의 제공하지 않음으로써 5번 유형은 다른 사람이 자신에게 접근하는 것을 통제하기 시작한다. 이들은 간결한 말씨를 사용하며 비밀스럽고 좀처럼 속을 터놓지 않는다.

이들은 또한 자신의 관계와 자신의 삶의 다른 점들을 구분함으로써 접근을 통제한다. 어떤 5번 유형은 한 친구에게 자신의 직업 세계에 관하여 말할 것이며, 반면 다른 친구가 5번 유형이 곤충에 대해 빠져 있음을 알 것이다. 또 다른 친구는 5번 유형의 낭만적 삶에 관해 알 것이며, 반면 다른 친구는 5번 유형이 밤늦게 어디에 가고 싶은지 안다. 그러나 어느 누구도 서로의 의사소통의 일치를 통일하지 못한다. 그리고 보통수준 5번 유형은 많은 부분에서 서로 일치하지 못할 것이라는 것을 확신할 것이다.

이러한 상태에서 5번 유형이 너무 많은 친구를 가졌을 경우 유지하기가 쉽지 않을 것이다. 하지만 개인적 일을 위해 자신의 삶을 단순하게 유지하고 더 많은 시간을 할애하기 위해 5수준에 있는 이들은 자신의 욕구를 억제해 나가기 시작한다. 보통수준 5번 유형은 자신의 프로젝트를 지속하기 위해 더욱 굳게 결심하고 자신을 방해할지도 모르는 성가신 일과 의존상태를 피하고 싶어 한다. 이들은 생명 보호, 활동 그리고 관계에 다소 주춤하기 시작한다. 이들의 흥미를 지속할 의존관계와 자유분방함의 가치를 떨어뜨릴 수 있는 것들은 희생양이 된다. 이러한 상태에 있는 5번 유형은 정신세계에 그렇게 사로잡혀서 기본적인 편의시설과 위안조차도 거의 관련이 없어진다. 이들은 거의 스파르타 사람으로 변하여 최소로 생존하며 다른 사람들이 이들에게 덜 요구하도록 다른 사람들에 대해서도 덜 요구할 것이다. 보통수준 5번 유형은 좀 더 도전적인 경력 요구사항에 복잡하게 연루되는 것을 피하고 싶어 하기 때문에 종종 자신의 능력에 비해 훨씬 떨어지는 직업을 얻을 것이다. 우습게도 이들은 자신의 삶을 영위하기 위해 준비에 필요한 시간을 전부 헌납할 수 있도록 자신의 삶을 사는 것을 회피하려고 한다. 이들은 뇌 속의 선입견으로부터 얻어 낼지 모르는 즐거움과 조그만 승리가 무엇이든지 간에 이러한 것들을 위해 삶을 영위한다.

문제는 보통수준 5번 유형이 어떤 일관성을 가지고서 외부 현실 세계를 관찰하는 것을 중단하고 그 대신 이들의 관심을 자신의 사고와 상상력에 집중하였다는 것이다. 이것은 자신을 개발할 때 하나의 전환점이 된다. 객관적 세계를 조사하기보다는 오히려 이 수준에 있는 보통수준 5번 유형은 이것에 대해 자신의 편견에 사로잡히고 자신의 사고에 더 깊이 빠짐으로써 정신적으로 외부 환경이나 정서적으로 경험한 사실로부터 자기 자신을 분리시킨다. 건강한 5번 유형은 자신이 처해 있는 환경을 잘 지각하고 의식한다. 보통수준 5번 유형은 자신의 사고에 완전 몰입되는 상태에 이를 때까지 주변의 외부 세계에 대해 거의 지각하지 못한다.

5번 유형은 자신의 사고를 자신의 내면에 비추어 보고 전면에서 조사해 보며 끝없이 새로운 해석을 만들어 내면서 사색하고 이론을 정립하기 때문에 나무만 보고 숲 전체를 보지 못한다. 새로운 억측을 할 때마다 자신의 사색이 최종적이라는 확신을 갖지 못한다. 모든 것은 막연한 가능성을 가지고 공중에 매달린 채 있다. 예를 들어, 이들이 장황하게 늘어놓으면 놓을수록 이해할 수 없을 때까지 그 설명은 더 복잡해진다. 보통수준 5번 유형은 자신의 착상이 기발한 만큼 결론으로 도출하지 못하기 때문에 쉽게 자신의 아이디어를 드러내 놓지 못한다.

더욱이 이들이 생각해 내는 거의 모든 것에 대해 납득이 되는 사례를 만들어 낼 수 있기에 모든 아이디어가 5번 유형에게는 공히 박수갈채를 받을 만하다고 본다. 이들은 어떤 새로운 사고가 무시무시하거나 기상천외한 것일지언정 이성적으로나 정서적으로 즐길 수 있는데, 새로운 가능성에 대한 사색이 실제 이들이 할 수 있는 전부이기 때문이다. 그렇지만 이들의 아이디어는 외부 현실 세계와 어떤 직접적 연관성을 가질 수 없다(인식론의 문제들은 보통수준 5번 유형을 매료시킬 뿐 아니라 이들은 무의식적으로 이러한 문제들과 평생토록 함께한다.). 그러나 이들의 아이디어와 현실 사이에 어떤 관계를 정립하는 것은 더 이상 보통수준 5번 유형이 생각하는 사고의 주요 작용이 아니다. 그 대신 사색과 상상은 그 내면을 능동적으로 유지함으로써 자신감을 지속시킨다.

사고하느라 보내는 모든 시간 동안 이 수준에 도달하는 보통수준 5번 유형은 다른 사람들과 명쾌하게 의사소통을 하지 못하는데, 그 이유는 이들의 사고 과정이 너무 복잡하고 뒤얽혀 있기 대문이다. 이들은 너무 세세한 것에 이끌리고 이들의 아이디어는 상당한 정도로 요약되어 간다. 의식의 흐름은 정교한 자기독백 속에 넘쳐흘러 다른 사람들이 그 사고의 흐름을 따라가기 어렵게 만든다. 이들의 생각은 갑자기 옆으로 빗나가 사고 체계상 중간 과정을 거치지 않고 어떤 한 방향에서 다른 방향으로 건너뛴다. 잭슨 폴락의 그림 기법에 대한 통찰력 있는 관찰은 현대 미디어와 환경에서 화학제품이 생태계에 미치는 상당한 수준의 화학제품의 생물학적 위험에 대한 장황한 논문으로 뒷받침될 수 있다. 이들의 자기독백은 각광받을 수 있으며, 아마도 이들의 지식 분야 발전에 큰 발자취를 남길 수 있을지 모른다. 그러나 이들의 강연은 또한 이들 논문을 뒷받침하는 데 요구되는 정신적 노력이 소모적이기 때문에 색다르고 장황할 수 있다. 보통수준 5번 유형이 언급해야만 하는 것이 무엇이든 자신에게 흥미 있는 만큼 다른 사람에게도 흥미 있다고 생각한다 하더라도 그 여정이 노력할 가치가 있을 것이라고 항상 장담할 수 없을 것이다.

이들이 관심을 가지는 한, 몸은 단지 정신을 위한 수단이기 때문에 분리된 정신으로서 작용하기 시작한다. 이 수준에서 이들은 사고방식에 들어올 때를 제외하고는 자신의 신체적 조건에 집중적으로 주목할 수 없다. 이들은 프로젝트에 너무 깊이 빠져들게 되어 먹거나 잠자는 것, 옷을 갈아입는 것도 잊어버린다. 종종 잘 알려진 정신 나간 교수와 같이 보여 셔츠를 입을 때 단추를 채우지 못하거나 신발을 묶는 것을 망각한다. 이들에게 그러한 생각은 대수롭지 않다. 정신적인 생활, 즉 자신의 관심을 추구하는 흥분 상태만이 오직 중요한 대상이다.

좋은 쪽이든 그렇지 않든 간에 이들은 자신의 신경 시스템이 다른 성격유형의 사람들보다는 더 높은 정도로 맞추어진 것처럼 극도의 흥분 상태에 이른다(9번 유형 또한 보통수준에서 더욱 사색적이고 상상하는 것을 좋아하지만 이들의 정서는 매우 다르게 나타난다. 9번 유형이 차분하고 수동적으로 되는 한편, 5번 유형은 흥분하고 격앙된다.). 5번 유형은 이들의 마음에 용솟음치는 무의식적 자극을 표출하여 자신의 지각 대상, 작품과 다른 사람과의 관계에 적극적 개입을 자극하는 능력이 결여되어 보인다. 이들은 간단하게 어떤 무형의 일을 처리하는 데 어려움을 느끼며 특별히 다른 사람과의 친밀한 관계가 부담스럽다고 느낀다.

보통수준 5번 유형이 고립될수록 이들은 거의 모든 사람에게 서로 용납되지 않는 양면적 가치를 지닌다—이들은 자신에 대해 의혹을 품고 있는 사람들에게 끌린다. 이들은 마치 지적인 관심의 다른 대상을 분석할 때와 같이 다른 사람들이 평온무사하게 생활할 수 있는 그 무엇을 밝혀내고 싶어 한다("여러분이 방금 언급한 것은 관심을 끌고 있었습니까—당신은 믿을 수 없을 만큼 남자들한테 화가 났지요, 그렇지 않습니까?").

그러나 사람들은 예측 불가에, 언제든지 무리하게 요구하려고 하기 때문에 이들은 보통 다른 사람들과의 관계에 깊이 빠지는 것으로부터 헤어나려고 노력한다. 보통수준 5번 유형은 거기에는 틀림없이 어떤 함정이 있을 것으로 믿고 있다. 이들은 누군가가 왜 자신에게 개인적으로 관심이 있을 거라고 상상하지 못하고 우리 자신이 제공할 수 없는 무언가를 다른 사람들이 자신에게 기대할 것이라는 사실에 두려워한다. 더욱이 어쩔 수 없이 정서적으로 휘말려 듦으로써 보통수준의 5번 유형이 통제하기 어렵다고 알고 있는 강한 감정을 불러일으킨다. 그러한 열정들은 너무 쉽게 이들의 마음에 잠입한다. 그러나 대부분의 5번 유형은 또 강렬한 섹스 충동을 느끼기 때문에 그러한 충동만큼 자기도 모르게 빠져드는 상태에서 벗어날 수 없다. 5번 유형이 무한정 매료되는 사람과 그러한 관계를 찾는다 할지라도 이들은 여전히 방심하지 않는다.

따라서 결혼하지 않거나 사람들과 격렬한 관계를 가지려는 성향은 전형적인 보통수준 5번 유형이다. 다른 사람들과의 친밀함이 너무 깊어지고 복잡하고 소모적으로 되면 이들은 다른 사람과 접촉하는 것을 그만두고 세상과 멀어져 자신을 일과 사고에 완전히 묻어 버리고 만다. 하지만 이렇게 하는 것만이 무력한 자신의 감정을 희석시킬 수 있으며, 더욱 고립됨에 따라 이들은 자기 자신과 외부 세계에 대해 증폭되는 두려움에 대하여 점점 더 희생양이 되어 간다.

현실 세계에 대한 이들의 견해는 더욱더 삭막하고 불확실하게 보인다. 이들은 자비로운 하느님은 말할 것도 없고 축복받은 세계라는 생각을 인정하는 데 커다란 어려움을 갖는다. 게다가 인간본성의 사악한 부분에 대한 문제는 엄청나게 큰 장애물이다. 외부 세계의 공포와 불확실성은 5번 유형에게는 너무 확연하여 우주 만물이 현재 있는 그대로 있도록 창조한 어떤 조물주는 가학적 변태성욕자임에 틀림없다고 생각한다.

6수준: 도발적인 냉소주의자

시간이 지나면서 5번 유형이 자신의 내면 세계에 새로 만들어 내는 복잡함은 새롭고도 더욱 골치 아픈 문제를 초래한다. 어느 것도 명쾌하거나 확실치 않다. 불안과 걱정은 점점 더 밀려온다. 이들이 개발하려고 애쓰고 있는 어떠한 프로젝트와 아이디어에 대하여 전보다 더 절망적이며, 이들이 완성 단계에 이르기 전에 현재 수행 중인 일을 포기해야 된다고 다른 사람들이 요구하는 것을 두려워한다. 또 사생활 침해로 정해진 코스를 벗어날 것을 두려워하며 자신의 취약한 분야에 대한 위협요인으로서 인식하는 무엇이든지 간에 그에 대응하여 보호하려는 의지를 불태운다. 6수준에 있는 이들의 말하는 스타일, 복장, 매너 그리고 자기 자신을 홀리는 주제나 제재를 통하여, 5번 유형은 외부 세계에 "나 좀 내버려 둬."라고 말하고 있다. 다른 사람들이 앞서 이 메시지를 받아 볼 수 없다면 5번 유형은 사람들을 두려워 떨게 하기 위해 자신의 노력을 더욱 공격적으로 펼쳐 보인다.

표면적으로 볼 때 이 수준에 있는 5번 유형은 지적으로 거만하게 보일지도 모르지만 이들은 실제 자기 자신에 대해 덜 확신적이다. 이들의 가장 귀중한 아이디어와 프로젝트조차도 쓸모없는 것처럼 보기 시작하며, 귀중한 아이디어와 프로젝트를 적극적으로 방어하기와 자신의 무가치함을 알아차리기 사이를 오락가락한다. 이들은 마치 의미가 퇴색하는 아이디어로부터 좀 더 많은 자신감을 도출하기 위해 애쓰고 있듯이 자신은 좀 더 극단적이고 새로운 입장을 취하기 시작한다. 5번 유형은 자신이 표출하는 급진적 견해에 대해 전반적으로 깨닫지 못할지도 모르지만 자신이 현재 수행하고 있는 것들을 표출하여 이것들을 절단 도구인 듯이 사용한다. 게다가 이들 내부의 잠재의식은 이따금 마음에서 용솟음치는 외부 환경과 싸워 이기기에 부족한 무능함에 대해 두려워져서 결국 외부 세계와 타인들에 대해 느끼는 점증하는 테러 속에 살게 된다. 거의 모든 것에 대하여 불확신과 불안을 느끼며, 자신이 감지하는 공포에 대해 다른 사람들은 만족해하고 안중에도 없어 보이게 할 거라는 사실로 분노한다. 따라서 이들은 자신의 도발적인 견해를 공유함으로써 다른 사람들의 확신이나 만족감을 비하하기 시작한다("그래, 너 그 해변에 갈 거라고? 방금 오존층에 대한 최신 보고서를 읽고 있었어. 많은 연구 결과들이 햇볕이 피부암에 이르게 하는 확률이 거의 100%까지 올라섰다고 밝히고 있다구.").

이런 관점에서 5번 유형이 표현하는 대상 속에는 보통 어떤 진실이라는 요소가 존재하지만 이들의 관심은 더 이상 그 진실에 이르지 못한다. 그것은 다른 사람들을 동요시키는 하나의 방법으로 자신의 지식을 활용하는 것이다. 그리고 정보를 수집하는 데 엄청난 시간을 들여왔기에 현실 세계는 부패하였다는 자신의 신념을 강화하기 위해서, 그리고 다른 사람들이 느끼는 안도감을 차츰 잃어 가도록 하기 위해 이 정보를 쉽게 사용할 수 있다.

어떤 극단주의는 이들의 지적 견해의 전형인 것과 같이 이들의 사회적 유형에 대한 전형이다. 정치적 또는 예술적 사안의 경우, 상반되는 5번 유형은 보통 전위 예술가로 사는 급진주의자들이다. 이들은 생각해 낼 수 있는 최고의 경지까지 사고하는 것을 좋아한다—이들의 충격 가치를 위해, 습관적으로 생각해 오고 수행해 온 것을 부정하거나 일반적 의견을 무시하고 뒤집어엎는 것을 좋아한다(비록 5번 유형이 생각하는 것만큼 정확하지 않더라도, 이들의 도발적인 생각들은 실제로 다른 사람들이 강제로 자신의 사고에 반응하도록 강요하여 논쟁이나 적개심까지도 부채질한다.). 철저한 골수 불순응자와 반대자로서, 모든 사회적 관례, 규칙 그리고 요구사항이 남녀 평등주의, 정치, 유아양육, 성 해방 문제를 포함하는지 여부에 관계없이 이들 모두에 등을 돌린다.

6수준에 있는 5번 유형은 자신의 전체 생활 방식을 자기 관점에 대한 진술과 외부 세계에 대한 비난으로 이용한다. 이들은 '친구나 사상 등을 배반하는 것'을 피하기 위해 극단적으로 의식과 무의식을 넘나드는 현실의 삶을 선택할 수 있다. 이 수준에서 '친구나 사상 등을 배반하는 것'은 일종의 정규 채용 또는 어떤 관계를 형성하는 것을 의미할 수 있다. 이들은 고의적으로 도발적 의상을 입거나 비상식적인 몸차림을 할지도 모른다. 물론 사회적 저항은 어떤 문화에서 필수 불가결하고 건전한 충격이 될 수 있으며 그래서 좀 더 (다른 유형은 물론) 건강한 5번 유형은 논점을 주장하기 위해 도발적 언어, 예술 또는 의상 스타일을 습관적으로 잘 활용할 수도 있다. 그러나 좀 낮은 보통수준 5번 유형의 경우, 그 논점은 어떠한 특색도 없다는 것이다. 삶은 그저 무가치한 것이다. 사람들은 어리석다. 내 자신의 삶은 무의미하다. 다른 유형들이 틀림없이 이 심상의 일부일지언정 이러한 태도는 20세기 후반에 개발된 '대체 문화'와 많은 공통분모가 있다. 그런지 록, 사이버펑크, 헤비메탈 그리고 다른 청소년 신문화는 이러한 풍조를 받아들인다.

우스꽝스럽게도 복잡한 사고로 태어난 사람들 중 이러한 수준에 있는 5번 유형은 또한 점점 더 환원주의적이고 지나치게 단순화한 존재가 되었으며, 그리고 사물에 대한 좀 더 긍정적이고 대체적인 설명을 계속 없애 왔다. 예를 들어, 꽃을 없애기 위해 환원주의적 5번 유형은 꽃봉오리가 엄청나게 성질이 바뀐 상태에서의 '단지' 진흙이었던 것과 같이 꽃이 필 때 나오는 분비물에 초점을 맞추고 있다. 그림은 단지 배설물을 바르기 위한 욕망이다. 신은 단지 우주 안으로 투영된 아버지에 대한 심상(주관의 객관화)이다. 인간은 단지 생물학적 기계이며 기타 나머지도 이와 같다. 그 결과는 이들의 사고가 이성적 통찰력을 극단적인 해석과 혼합시키는 반면, 5번 유형 자신은 무엇이 무엇인지 알 방법이 없다는 것이다.

비이성적인 요소—일종의 현실과 정도를 벗어난 저항—는 이들의 사고 과정에 방해가 되기 시작하였다. 6수준에 있는 5번 유형은 사고 과정이 색다르고 극단적으로 인습에 얽매이지 않을지라도 정도를 벗어나 있지 않다. 그러나 건강한 독창성은 변덕스러운 괴벽으로 저급화된다. 천재는 기인과 다를 바 없다(이들은 불가해한 비밀들은 자신이 좋아하는 텔레비전 프로그램에 나오는 출연자 이름에서 파생된 숫자 코드 속에 감춰졌으며 또 모든 이성적 사고는 의미가 없다고 주장한다.). 다른 사람들은 또한 이색적인 사고에 즐거워해 왔을지도 모르지만 좀 낮은 보통수준 5번 유형은 이러한 사고에 빠져 살며, 때로는 이러한 사고를 '입증하기' 위해 자신의 시간과 정력 모두를 소진하기도 한다. 이들의 극단적인 사고는 이들의 자기감에서 꽤 큰 부분을 차지하며, 5번 유형은 자신의 사고를 강력하게 주장하고 모든 반론을 잠재우려고 시도하면서라도 모든 수단을 동원해 자신의 사고를 지키려고 할 것이다. 다투고 논쟁하기 좋아하는 이들은 또한 누군가 자신의 우수한 이론 중의 하나를 도용한다고 생각하면 자신의 지적 우선순위를 정립하며 자신의 사고를 보호하고, 곧 다가올 소송에 대해 걱정한다.

이렇다 하더라도 이들의 사고의 많은 부분이 매우 극단적이고 지나치게 단순화된 것인 만큼 보통수준 5번 유형은 반드시 그 특징으로부터 완전히 벗어나 있지 않다. 보통 이들은 너무 지적이라서 어떤 흥밋거리를 가지고 있지 않다. 문제는 이들의 사고 중 어떤 부분이 가치가 있고 가치가 없는 것인지 아는 것이다. 수준이 깊어질수록 5번 유형이 자신의 모든 사고와 프로젝트에 대해 냉소적이고 무력해지기 때문일 것이다. 철저한 염세주의는 이들 자신의 사고에 빠져들어가게 되어 이들은 모든 관점을 똑같이 무관한 것으로 보기 시작한다. 이들은 모든 것이 참이거나 거짓이며, 즉 모두 똑같이 무가치한 것으로 보기 때문에 어떤 점이든 논박할 수 있다. 6수준에 있는 5번 유형은 더 많은 노력을 경주하는 것에 대한 무가치함을 입증하는 동시에, 심지어는 자신의 지능을 재확인하는 것 자체가 모순임을 아는 여러 관점을 논박하는 것을 즐겨할 수 있다.

이 수준에 있는 5번 유형은 자신의 프로젝트에 매우 깊이 연루되어 있는 모습을 풍기지만 보통 면밀한 점검으로 이들이 상대적으로 불필요한 활동에 자신의 많은 시간을 들이고 있다는 것이 드러난다. 이들은 이력서를 제출하고 청구서를 처리하거나 연구 프로젝트를 마무리하는 것이 필요할 수도 있지만 그 대신 자신의 노력을 개미에 관한 책 읽기, 레코드 수집용 상세 컴퓨터 데이터베이스, 또는 체스 게임 향상이 필요한 전략을 연구하는 것에 전부 할애할 것이다.

이러한 것들은 정말 5번 유형이 해야 할 필요가 있는 것으로부터 이들의 마음을 흐트러뜨리기 때문에 이들의 처지를 개선할 기미가 거의 없고 실제 해가 되는 활동에 더욱더 많은 시간을 투자하게 된다. 이들은 자신에 대해 거의 확신하지 않아 전적으로 많은 활동—특히 자신의 삶의 질을 개선할지도 모르는 활동—에 참여할 수 없다고 느끼고, '통제하에' 자신의 삶을 갖는다는 일시적 느낌을 제공하는 상황으로 계속 빠져들 수 없다고 생각한다. 보통 수준의 5번 유형은 취업 면접에 대처하거나 차를 운전하는 방법을 배울 수 없을지는 모르지만, 이들은 세계를 정복할 수 있고 핵 대학살에서 생존할 수 있으며 이들의 상상의 세계에서 무시무시한 신비의 힘을 사용할 수 있다.

이 수준에 있는 5번 유형은 암울하고 냉담한 현실인 것으로 보이는 대상에 대한 자신의 뚜렷한 무력감으로 매우 불안정하고 불안하게 느낀다. 그리고 이 세상에서 자기 자신을 위한 어떤 보금자리를 찾으며 실제로 자신의 신경에 거슬리는 행동이 이러한 것을 실제 가능하도록 하는 것은 매우 실현 불가한 것으로 받아들인다. 현실 세계와 보다 잘 연결되어 있다고 느끼는 5번 유형은 결사적으로 자신이 할 수 있는 무엇인가를 찾고 싶어 하지만 자신의 두려움과 노여움은 다른 사람과의 접촉을 점점 더 회피하도록 만든다. 이들은 자신의 기질과 풍부한 상상력으로 곤혹스러워한다. 불면증은 일상적인 것이다. 이들이 다른 사람에게 손을 뻗쳐 그들의 고통을 인정할 수 있다면 5번 유형은 그들의 어려움을 돌아볼 수 있고 그들의 삶을 재건할 수 있을 것이다. 하지만 이들이 계속하여 세상을 등지면 이들은 결국 삶 속에 남아 있는 얼마 되지 않은 관계를 단절하여 더욱 더 무시무시한 어둠 속으로 빨려 들어갈지도 모른다.

불건강한 5번 유형에 대한 분석

7수준: 고립된 허무주의자

이들의 열정적인 전문 지식에 대한 탐구를 보호하기 위해 다른 사람들과의 안전거리를 유지할 필요성은 5번 유형이 믿기에 자신의 세계를 위협하는 누군가에 향하여 매우 적대적 무대를 마련한다. 불행하게도 5번 유형이 좀 더 건강치 않은 경우 이들의 자기 의심은 너무 커서 거의 모든 것들이 이들을 위험에 빠지게 한다. 이들이 자신의 안위를 유지할 수 있는 유일한 방법은 다른 사람과의 관계를 단절하고

'홀로 있는 것' 인 양 보이는 것이다. 자포자기하듯이 자신의 삶을 잘못 각색된 것으로 생각하여 이 세상이 처절하게 혐오스러워진다. 불건강한 5번 유형은 자신을 위한 안식처를 사회에서 결코 찾지 못할 것으로 알고 있으며 그래서 자신의 몸을 적대적으로 반목하는 보금자리로 전환한다. 이들은 철저하게 고립되어 점차 커져 가는 괴벽과 허무주의적 자포자기의 희생양이 된다.

이들의 공격성은 주변 사람들이 이들의 사고에 대해 물을 때 증폭된다—자신의 생각이 조롱을 받거나 반격을 받을 때 더 악화된다. 자신의 사고와 유기적으로 결부된 거의 꺼져 가는 자기 확신을 유지하기 위해 불건강한 5번 유형은 공격 성향을 보인다. 따라서 불건강한 5번 유형은 부지불식간에 자기 자신을 반박하도록 다른 사람들을 자극하고 나서 모든 관계에 대한 가치에 대해 냉소적으로 반응한다. 그러나 이렇게 함으로써 다른 사람들을 철저하게 도외시하며 어떤 사람과 관계 맺을 가능성이 거의 없다고 단념한다.

진정 다른 사람들이 믿고 있는 것을 물리칠 필요성이 너무 절박하여 이들은 인생에 긍정적인 것이 무엇이든 간에 그 정체성을 폭로하고 인간관계의 실제 불가해성과 인간본성 중심에 있는 타락성을 입증하면서 즐거움을 찾는다. 불건강한 5번 유형은 삶 전체를 통해서 매우 안락하게 영위할 수 있고 엄청난 지적 정직함 때문에 어떤 먹잇감으로 전락하지 않는다는 부르주아적 환상으로 인식하는 대상을 제압하면서 기쁨을 찾는다.

보통 여기에는 반쪽의 진리가 작동된다. 다른 사람들이 자신의 선을 위해 매우 편리하게 잘 살아갈 수 있는 한편, 일부 사람들은 자기 기만적일 수 있으며, 일부 가정과 일부 관계는 힘을 향한 위선과 시기와 투쟁으로 점철될 수도 있어, 반드시 냉소적 말투가 최고의 반응이라고 인정되지 않는다. 불건강한 5번 유형은 아이를 욕조 물로 던진다. 믿음, 소망, 사랑, 친절, 우정…… 이 모두가 다른 사람과의 관계 맺는 것에 대한 두려움 때문에 이들이 믿고 따르기에는 턱없이 부족하다. 이 수준에서 다른 사람과의 밀착은 너무 위험천만한 일이다. 그래서 불건강한 5번 유형은 모든 관계와 진정한 인간성 가치에 대해 허무주의적이고 냉소적 성향에 빠짐으로써 자신의 고립을 정당화해야 한다.

소방 호스에서 나오는 강력한 물줄기가 군중을 제지할 수 있는 것과 같이 이들 내부에서 솟구치는 공격적인 충동으로 과열된 강인한 이들의 내면은 혹시나 이들에게 영향을 끼칠 수 있는 모든 것을 물리친다. 이들은 '자신의 이면에 숨어 있는 연결고리를 불사르고,' 우정관계에 종지부를 찍고, 삶에 필요한 최소한의 것만 남겨 놓고 모든 것을 송두리째 비운다("모든 것을 지옥으로!"). 이는 불건강한 5번 유형이 마치 의존하지 않아도 되고 따라서 누구든 또는 무엇이든 자신을 압도하지 않도록 가장 기초적인 생활 지원 시스템을 제외한 모든 것으로부터 자기 자신을 비우려고 시도하는 것과 같다.

이 과정은 아주 많은 시간이 소요될 수 있다. 불건강한 5번 유형은 결국 자동차를 이용하지 않고 살아가거나 음습한 빌딩에서 웅크려 지낼 수 있으며 이렇게 해서 '유기적 시스템'의 한 부분에서 격리될 것이다. 이들은 신체적으로 자신을 무시하고 매무새에 신경을 쓰지 않으며 대충 끼니를 때우고 씻지도 않고 지낸다. 이 수준에서 알코올 중독 증세와 다른 약물의 남용 사례는 꽤 일반적이며, 5번 유형의 고치기 힘든 측면은 불법 의약품도 주저하지 않고 사용한다는 것이다. 이들의 실험적 성향은 '디자이너 마약'이나 헤로인 같은 위험한 것으로 알려진 물질을 복용하는 쪽으로 흐르게 된다. 마약 등 향정신성의약품은 종류와 무관하게 해로운 것이지만 5번 유형의 경우는 특히 더 취약할 수 있다. 불건강한 5번 유형은 이미 기초적인 삶을 지속하는 것조차 대응하는 데 엄청난 어려움을 가지고 있으며, 외부 현실과의 연관성은 매우 희박하다. 더욱이 이러한 향정신성의약품은 이들의 자신감을 좀먹고 더욱 고립화 상태로 이끌어서 이들의 쇠락을 가속화한다.

이 수준에 있는 불건강한 5번 유형은 누군가의 영향권하에 놓이지 않기 위해서 자신의 고립을 지속해야 한다고 믿는다. 보통 폭력적이지 않다 하더라도 이들은 폭언을 일삼고 노발대발하고 통렬한 비난의 연설문과 위협적 선언문을 쓰거나 갑자기 못마땅해하고 증오에 찬 침묵으로 빠져든다. 대부분의 사람들은 이런 종류의 행동에 반발하기 때문에 5번 유형의 고립은 급속히 심화되는데, 바로 이것이 불건강한 5번 유형이 원하는 형태다. 하지만 이러한 이유로 이들의 사고 과정 왜곡 현상의 악화를 가져오는 것은 매우 치명적이다. 이들은 더 이상 다른 사람들로부터 '현실 점검'을 받지 않고 더 이상 현실에 대한 지각 능력을 비교하지 않으며, 일부 소수가 이들이 살고 있는 환경으로 급습했던 사실은 점점 커져 가는 공포로 마음의 상처를 받는다. 이들의 모든 경험은 자신의 무력함과 삶에 대한 철저한 무의미함을 확인한다. 불건강한 5번 유형은 아주 조그만 문제들로 붙잡혀 있다고 생각하며 다른 사람들과의 상호작용을 자신의 취약한 공간으로의 침입으로 간주한다. 공격성과 두려움은 계속 증가한다.

일부 성격유형들은 자신의 고통의 정도를 건강하지 못한 수준으로 감출 수 있지만 5번 유형은 분명히 그리고 틀림없이 불안정하다. 다른 사람들은 이들의 분리된 모습을 볼 수 있으며 슬퍼하고 두려워 떨고 있지만 불건강한 5번 유형의 고립에 대처하는 공격적 방어는 어떤 개입을 어렵게 만든다. 이들은 "도움이 필요할지도 모른다."라는 암시조차도 무력함과 무능력함에 대한 두려움을 유발할 수도 있으며 이들을 점점 더 깊이 병리적 상태로 몰아간다. 불건강한 5번 유형은 어느정도 이유를 대는 능력을 계속 고수한다. 그리고 삶에 대한 부정적인 견해가 오류 속에 빠질 수 있다는 가능성을 떨쳐버려야 한다면서 어떤 긍정적인 견해를 멀리하면서 논박할 수 있다. 이들은 자신이나 다른 사람들에 대한 어떠한 기대도 갖지 않으며 지금 현실에서 보이는 대로 현실성이 부족한 현실로 한걸음 물러선다.

불건강한 5번 유형은 외부 현실 세계와 이러한 현실을 극복할 무능함에 대해 두려워하기 때문에 삶의 공허 속에서 어둡고 뒤틀린 환상, 다른 사람을 경멸하는 감정, 그리고 공포라는 파괴적 감정의 교착 상태에서 마음을 졸이고 있다. 이들은 자신이 가지고 있는 풍부한 마음의 냉혹성을 잠재울 무언가를 수행하고 싶어 하지만 두려움으로 좌절감을 맛보고 자신이나 다른 사람들에 대한 믿음을 갖지 못한다.

결과적으로 이들의 강한 비합리적 사고력은 계속 신뢰를 갖지 못한 채 형성된다. 자신을 반박하는 말에 노여움으로 가득 차지만 정작 어떤 것도 할 힘이 없음을 알게 되어 결국 다른 사람들과의 모든 접촉을 피하고 도움을 요청하는 손길만을 보낸다. 이는 마치 스스로 무릎을 꿇고서 자기 자신을 단죄하는 행위를 중단할 수 없는 이치와 같다. 불건강한 5번 유형은 여전히 총명하고 재능이 있을 수 있지만 이들의 허무주의는 자신의 능력으로 건설적인 어떤 일을 할 수 있는 기회를 놓친 상태에서 자신감을 구축하게 된다. 그 대신 이들은 자신의 삶 전체를 송두리째 무너뜨리고 외부 세상에 대한 모든 애착 대상을 과소 평가하고 거부 반응을 보인다.

하지만 불건강한 5번 유형은 단순히 고립된 것보다 더 심각한 상태에 있다. 이들은 다른 사람과 폭력적 갈등에 이르는 것을 원치 않기 때문에 풀어 나갈 수 없는 공격성과 충동으로 가득 차 있다. 그래서 불건강한 5번 유형은 어려운 딜레마에 봉착한다. 이들은 돌아올 결과를 두려워하기 때문에 여전히 폭력적 갈등에 대응할 수 없는 자신의 공격성에 붙잡힌다. 이들은 외부 현실 세계에서 무언가를 이루어 내고 싶어 하지만 이들의 궁색하고 냉소적인 태도는 처해 있는 상황을 개선할 수 있는 어떤 활동에 참여하도록 내버려 두지 않는다. 그 결과 이들은 어떤 것도 하지 못하며 마음속에 간직한 간절함은 자신의 처지를 향상시킬 활동들을 동경하기 시작한다.

8수준: 겁에 질린 외계인

불건강한 5번 유형은 더욱더 계속하여 고립무원에 빠져들기 때문에 외부 현실 세계를 극복하려는 자신의 능력에 대한 믿음은 와해된다. 또 다른 사람들과의 접촉 결핍은 이들이 두려워하는 사고를 중간 확인과정을 거치지 않은 채 마구잡이로 행동하게 만든다. 이들은 우리가 사는 이 세상이 자신을 배제하면서 어떤 연민도 보여 주지 않을 것이라고 느끼기 시작한다. 이 수준에 있는 5번 유형은 더 이상 물러서기에 남겨진 곳이 어디에도 없다고 할 정도로 자신의 활동과 생활 조건을 제약한다. 독립된 공간에서 살아가면서 거기로부터 일체 앞으로 움직이려는 모험을 거의 하지 않거나, 말 그대로 친구나 친척집 지하 공간에 틀어박혀 나오지 않을 수도 있다. 갈 곳으로 남겨진 유일한 장소인 자신의 마음속으로 더 깊이 빠져들지만 마음이 공포를 자아내는 진정한 근원이기에 이는 궁극적으로 파멸의 원인이 된다.

8수준에 있는 5번 유형은 외부 환경으로부터 발생된 여러 감성적 인상과 두려워하는 사고의 원인이 되는 여러 감성적 인상을 식별하는 데 굉장한 어려움을 갖는다. 따라서 불건강한 5번 유형은 모든 외부 현실을 냉혹하고도 맹렬한 지배력으로 본다. 이들에게 외부 세계는 정신착란 증세의 흥분된 꿈—히에로니무스 보쉬 그림의 그 무엇과 같은 정신 나간 풍경화—으로 비춰진다. 외부 환경에 존재하는 어떤 것도 위로나 안심의 대상이 되지 못한다. 5번 유형 그 자신의 왜곡된 인식 능력을 통해서 세상을 바라보면 볼수록 이들은 점점 더 두렵고 자포자기에 빠진다.

이들의 두려움이 점차 확대되어 그 강도가 세어짐에 따라 이들이 수행하고 있는 일이 불가능할 때까지 모든 것이 무서울 정도의 밀접한 관련으로 뭉쳐 있어 주어진 현실에 대해 두터운 울타리를 치고 왜곡시키게 된다. 그래서 신경증의 5번 유형은 공포증에 시달려 무력감에 빠지기 시작한다. 활기가 없는 객체들은 불길한 모습을 떠올린다—천정이 머리 위로 막 붕괴하려고 하고, 안락의자가 자신을 덮어 보호하고, 텔레비전은 뇌종양을 유발한다. 또한 환각—환청과 심하게 왜곡된 시각적 인식—을 경험한다. 이들은 외계인 같은 자신의 신체를 경험하고 외부 환경이 자신을 외면하였듯이 자신을 외면하는 신체적 자기 자신을 인식한다. 신경증적 5번 유형은 항상 조심하고 주변을 경계하기 때문에—그리고 마음을 딴 데로 돌릴 수 없기에—스스로 휴식과 수면을 취하거나 기분전환을 할 수 없다. 결과적으로 신체적으로 지치게 되어 자신의 문제를 복잡하게 만들 뿐이다.

보통의 5번 유형도 어렵사리 잠을 청하지만 불건강한 5번 유형은 한마디로 잠을 이루지 못한다. 잠을 자고 있는 동안 악의적 세력들에게 공격을 받을 것에 대해 두려워하며 매우 폭력적이고 불안한 장면을 연출할 수 있는 꿈자리를 두려워한다. 자신의 심상을 잠재우기 위한 방법으로 마약이나 알코올 사용량을 늘릴 수 있지만 이것은 단지 체력의 고갈을 앞당길 뿐이다. 불면증은 생각의 집착을 증대시켜 환각 증세에 이르게 한다. 벽장 속에 있는 꼬마 강시들이 현실로 나타난다. 두려움과 불면증은 이들을 신체적으로 지치고 유약하게 만들고 정서적으로 들뜨게 한다.

신경증적 5번 유형이 자신의 생각대로 삶을 살기 시작한다는 것은 무엇일까? 이들의 사고는 자제할 수 없어 두려움 속에 빠지고 싶지 않을 때도 이들을 두려움에 떨게 만든다. 이들의 마음은 거칠게 질주하여 결국은 내부에서 근원하는 두려움으로 어쩌면 탈출할 수 없는 두려움에 사로잡히고 만다. 프랑켄슈타인 박사처럼, 스스로 내맡긴 과정에 따라 파멸되어 간다는 위험 속에 빠지게 된다.

이들은 공통점이 없는 별개의 사실로부터 연관성을 말하고 결론을 이끌어 내는 궤변을 말한다. 정신적인 연결 관계는 고장 나고, 실제 어떤 기초적 토대를 가지고 있지 않은 사물을 연계시키며, 게다가 신경증적 5번 유형은 그러한 사물들은 관련되어 있다고 절대적으로 확신한다. 새들의 행동반경은 정치적 동향의 바로미터가 된다. 풍년의 여신의 곡식통에 있는 건포도의 수는 지구의 대홍수가 일어나기까지 남아 있는 개월 수를 의미한다. 불건강한 5번 유형은 현존 하는 그 자체를 무의미하고 무서운 것으로 받아들이며 또한 지속적으로 하찮은 일상적인 현상들에 불길한 의미를 부여한다.

불건강한 5번 유형은 엄청난 정신적 에너지들의 건설적인 배출구를 거의 모두 스스로 차단하였기 때문에 왜곡된 사고의 자기 파괴적 힘을 멈추게 할 수 없다. 이들의 정신은 전기를—하나의 100와트 전구를 500와트로—작동시키기 위해 설계된 것 이상으로 전구 필라멘트를 통해 온갖 저주를 퍼붓기 위해 더 많은 전기를 가지고 있는 백열전등처럼 되어 버렸다. 이들의 사고는 매우 빠르게 태워 버릴 엄청난 세기를 가지고 활활 타오른다. 이들은 자신의 무서운 사고와 환상에서 빠져 나올 수 없으며 혼자서 건설적인 그 어떤 것도 할 수 없는 지경에 이른다. 설상가상으로, 다른 사람의 모든 도움도 물리치고, 도움을 받음으로써 더욱 나약해질 자신에 대해 두려워한다. 도움을 받는 것 자체가 자신이 아무 쓸모없고 대처할 능력이 없다고 인정하는 최종 단계라고 생각할 것이다. 이들은 자신에게 도움의 손길을 뻗는 사람이 누구든 회피하고 떠나려고 한다.

불건강한 5번 유형은 모든 것을 파탄으로 몰고 싶어 한다. 그래서 이 세상은 가증스럽게 보인다. 이들의 노여움, 두려움 그리고 공격성은 모두 소모적이고 압도적으로 변해 왔고 자신의 파괴적 충동과 감정을 떨쳐 버릴 수 없다. 이들의 행동은 오류투성이고 비이성적이며 주변을 깜짝 놀라게 하지만, 이들은 여전히 정신에 대혼란을 일으키는 것에 대해 미미한 반응만 보일 뿐이다.

인생은 참을 수 없는 것이 되어 버린다. 마치 자신의 눈꺼풀이 제거된 것처럼 세상에 있는 너무 많은 것을 보는 것 같다. 그러나 이면의 실상은 이들의 마음은 세상에서 보고 있는 것들을 몹시 탐내고 있다. 이들의 마음은 공포로 싸여 있기 때문에 세상도 공포로 가득 찬다. 마음에 있는 어떤 부분도 위로나 위안거리를 제공하지 못한다.

9수준: 자기 파멸을 자초하는 정신분열자

커져만 가는 공포와 절망에 대하여 거의 남아 있지 않은 통제력을 발휘하기 위해 신경증적 5번 유형은 줄곧 사용해 온 동일한 방비책—분리하기와 가두기—을 사용하려고 시도하지만, 이 병리학적 단계에서 이러한 방법들의 경우 궁지에 내몰아 이들의 두려움을 잡아두기에는 비효과적이다. 이들이 가지고 있는 정신의 참담한 부분으로부터 분리하면서, 그리고 아직 남아 있는 이상과 환상이 이들을 분열하는 동안 어느 정도 힘이 있다는 느낌을 가져다준 것이 무엇이든 이것과 동일시하면서 이들은 점점 정신분열증이 된다. 그러나 이들의 두려움에 대한 가차 없는 힘은 계속 무모하게 질주하여 5번 유형 스스로 내면에서조차 남겨진 어떤 안전한 공간도 확보할 수 없음을 느끼게 한다.

궁극적으로 신경증적 5번 유형은 더 이상 이 세상 반대 세력이나 자기 내면에 도사리고 있는 공포로부터 자기 자신을 방어할 수 없음을 알게 된다. 사실 이 수준에 있는 대부분의 5번 유형은 이 두 영역을 분간할 수 없다. 이들은 고통과 공포라는 끊임없이 지속되는 하나의 체험으로 실의를 잃고 주저앉았다. 이 시점에서 5번 유형은 모든 것을 중단하고 싶어 한다. 무의식 속에 있는 모든 경험을 끝맺기 위해 중지를 원한다. 이들이 이것을 처리하는 두 가지 주요 방법이 있다.

첫 번째로 가장 분명한 방법은 자살이다. 불건강한 4번 유형과 같이 신경증적 5번 유형은 비록 다소 몇 가지 원인이 있다손 치더라도 자신의 삶을 스스로 영위할 수 없는 듯하다. 4번 유형은 자기혐오로부터 그리고 본인이 생각하기에 자신들을 파탄의 길로 내몰은 사람들을 암암리에 책망하기 위하여 자기 자신을 스스로 완전히 파멸시킨다. 5번 유형은 인생을 무의미하고 무서운 것으로 보기 때문에 자살을 저지르는 경향이 있다. 계속 생존해야 할 어떤 의미도 없다(물론 4번의 날개를 가지고 있는 5번 유형과 5번의 날개를 가지고 있는 4번 유형은 이러한 동기유발들의 여러 조합 형태를 띠고 있다.). 불건강한 5번 유형이 자신과 세계에 대하여 인식하는 전부는 그것이 이들을 공포와 혐오로 채운다는 것이다. 이들은 이러한 무서운 경험을 중단시키는 유일한 방법이 모든 경험을 중지시키는 것이라고 결론을 내린다. 햄릿과 같이 "존재하지 않는다. 말 속의 기대치는 마음속 깊이 소망이 이루어지기를 바라는 절정"이라고 한다.

자살을 자행하지 않으면, 불건강한 5번 유형은 본인의 마음, 특히 이들의 소모적 공포증과 자기도 모르게 두 부분으로 분리되는 의식으로 형성된 압도적 번민을 통제할 수 있는 방법에 대한 문제를 '해결' 한다. 신경증적 5번 유형은 안전해 보이는 자기 자신의 그 부분으로 숨어들어 일종의 정신병과 유사한 자폐증 증세로 퇴행해 간다.

이 마지막 수준에 있는 5번 유형은 무의식적으로 현실 세계와 모든 연결고리로부터 자기 자신을 단절시킴으로써 현실 세계로부터 자신을 방어하려 한다. 이를 다른 방법으로 처리한다면 불건강한 5번 유형은 자신의 사고에 따라 기겁하게 되어 어떻게 해서든지 자신의 사고를 제거하지 않으면 안 된다. 이들은 자신의 잔존하는 정체성으로 분리할 때 자신 안에 남아 있는 공허함을 동일시함으로써 자신의 사고를 제거한다. 사실 이들은 죽은 영아에 대한 기억으로 고통받는 것을 중단하기 위해서 그 아이를 떠오르게 하는 모든 것을 던져 버리는 부모처럼 자기 자신으로부터 자신을 분리한다. 그 결과 신경증적 5번 유형은 통째로 비어 있는 집—끔찍하고 고통스러운 세상의 애착 대상을 생각나게 하는 모든 것으로부터 버려져 왔던 자아—안에서 살게 된다.

따라서 신경증의 5번 유형은 내면에 있는 무지의 상태로 전락하며 이들이 계속 이런 식으로 살아가면 분명히 정신분열증으로 전락하고 말 것이다.*

이들이 전에 가지고 있던 성가시고 귀찮은 일을 처리할 수 있는 모든 지적인 힘과 역량은 사라진다. 이 수준에 있는 5번 유형은 자신이 가지고 있는 환경과 사람들로부터—이들이 생각하고 느끼고 수행하는 능력으로부터—완전히 고립된다.

불건강한 5번 유형은 비록 자살이나 단기간의 정신분열증을 통해서 현재의 외부 환경으로부터 완전히 자기 자신을 제거하는 노력에도 불구하고 결국 자기 자신과 외부 환경 간의 적당한 거리를 두는 데 성공한다. 하지만 웃지 못할 사실은, 5번 유형은 인생살이를 해결하는 자신감과 능력을 구축할 시간과 공간을 얻기 위해서 현실로부터 도피하지만, 결국 자신의 두려움과 고립을 통해서 자신감과 소질과 자신의 삶조차도 파괴하고 만다는 것이다.

자신의 삶을 영위하지 못하는 그러한 5번 유형은 심각한 정신병 이상에 따른 현실과 단절의 결과로 결국 무력하고 의존하거나 유폐—가장 두려워하였던 바로 그 상황—하는 삶을 살아가게 된다. 주변을 감싸고 있는 공포로부터 벗어나려는 마지막 노력의 일환으로서 5번 유형은 현재 처해진 환경에서 자기 자신을 지우려고 시도한다. 그러나 이들이 실제로 자기 자신을 지워 왔던 것은 현실이 아니라 현실에 대한 불안에서 오는 투사에 해당한다. 이들은 그저 자신의 생각과 감정으로부터 자기 자신을 지우는 데 성공하였다. 일단 신경증적 5번 유형이 이러한 작업을 수행

*정신분열증의 중요성 때문에 우리는 이 질병과 5번 유형 간의 가상적인 연관성을 고려해야만 한다. 정신분열증은 신경 증세의 5번 유형이 우리가 살고 있는 외부 세계에 대처하는 방식에서 나올 수 있는 있음직한 결과 중 하나다. 사회적 고립에 의해 발생된 이러한 스트레스와 비정상으로 과민한 마음에 의해 야기된 체력 고갈은 뇌의 화학적 균형에 변화를 초래하여 정신분열증이라는 사고 장애를 일으킨다. 물론 불건강한 5번 유형 모두가 정신분열증을 앓지는 않으며 모든 정신분열증 환자가 5번 유형은 아니다. 그러나 이 성격유형은 다른 유형의 성격보다는 정신분열증에 더 많이 노출되기 쉽다. 어떤 사람을 정신분열증에 노출되게 하는 유전적 인자들은 5번 유형으로 옮아가도록 결정적으로 작용하는 유전적 요인과 관련될 수도 있다. 이 분야에 있어 심층 연구는 정신분열증 환자와 '5번 유형' 모두에 새로운 견해를 제시할지도 모른다. 5번 유형과 정신분열증 간의 가능한 어떤 관계를 개념적으로 해석하는 방식은 마치 이들이 서로 같은 방향의 정신적 궤도를 가지고 있는 것처럼 이들 두 실체를 생각하는 것이다. 신경증적 5번 유형의 생사 갈림길 상황에서 더 이상 뇌가 기능하지 않을 경우에 신경 노이로제에서 정신분열증으로 가는 경로를 뛰어넘는다. 보통 어떤 심리학적 부조화로 그 사람은 다른 영역으로 점프한다. 물론 심리학적 구분을 갖는 어떤 화학적 및 신체적 질병으로. 이것은 다른 사람들이 정신분열증 환자로 발전하는 동안 일부 신경증적 5번 유형이 신경증을 보이는 이유와 일부 정신분열증 환자들이 5번 유형이나 신경증 환자로 발전하지 않고 해당 증세를 보이는 이유를 설명할 수 있을 것이다.

하였다면 이들은 자신의 내면에서 가상으로 만들어 왔던 공간으로부터 누군가에 큰 소리로 외쳐 부를 수 없게 된다. 추방된 자아의 심연 속에는 전부 공허함뿐이다.

5번 유형의 역동 분석

분열의 방향: 5번 유형이 7번 유형으로

4수준에서 출발한 스트레스를 받고 있는 5번 유형은 보통수준에서 불건강한 수준에 이르는 7번 유형이 가지는 특성의 많은 부분을 표출하기 시작한다. 보통수준 7번 유형은 다른 사람과의 관계와 성취할 수 없을 것을 두려워하는 현실 세계에서 일어나는 여러 활동으로부터 멀어지려는 성향을 보인다. 그래서 이들은 추구하는 집중 분야와 관심사를 점차 제한한다. 보통수준에서부터 불건강한 수준에서 보이는 7번 유형의 지나치게 과민한 고민을 토로하는 모습에서 7번 유형으로의 이동은 이러한 5번 유형 세계의 수축의 무의식적인 반응을 볼 수 있다.

4수준에 있는 5번 유형은 자신의 에너지를 연구하고 실행하고 준비하는 데 집중한다. 이들은 생활 현장으로 들어서는 것에 대해 자신 없어 하고 자신의 지식과 기술의 심층 개발하는 것은 자신의 생존에 필요한 울타리가 되어 줄 거라 믿는다. 하지만 이와 더불어 7번 유형의 내면 특성에 대한 다양화와 부단한 활동이 따른다. 7번 유형과 같이 이 수준에 있는 5번 유형은 계속하여 정보를 수집하고 음반, 책, 비디오 소장품을 늘리고 또 그 외 무엇이든 이들의 흥미를 끈다. 실제 연루될 수 있는 프로젝트를 위해 자신을 만족시킬 만한 주제를 찾으면서 한 이야깃거리에서 다른 논제로 옮겨 다닌다. 그러나 쉴 틈이 없는 이러한 상태에서는 자신이 추구하는 어떤 일도 전반적으로 스스로 만족할 만하지 않다.

5수준에 있는 5번 유형은 자신의 프로젝트와 사고에 훨씬 더 심취하게 되고 연관된다. 이들은 스스로 사회적으로 고립되기 시작하며 주변 세계보다는 자기의 생각에 더 집중하게 된다. 5번 유형은 자극에 대해 목말라하기 시작하며 스트레스하에서는 스스로 주요 프로젝트나 동기부여와 직접 관련되지 않은 다양한 경험의 세계로 빠져들기 시작한다.

이들은 비디오 게임, 영화 그리고 공상과학 및 공포 소설에 빠져든다. 자신의 마음이 자유롭게 연상하는 것을 좋아하며 종종 주변 사람들을 놀라게 하는 백치미와 엉뚱한 유머를 즐길 수 있다. 스트레스를 가지고 있는 5번 유형은 레스토랑, 술집 그리고 나이트클럽 등을 전전하면서 올빼미 생활—종종 훔쳐보는 취미를 가진 성적 이상자로서—에 대한 취향을 살릴 수도 있다. 그러나 보통 이러한 생활에 대해 드러내지 않으며 친구 중 누구도 이들의 생활 면면에 대해 거의 모르고 있다. 걱정과 번민이 늘어날 때는 기분전환이나 자극을 받고 싶어 하는 욕망도 늘어난다.

6수준에 있는 5번 유형은 더욱 두려워진 나머지 자신에게 적합한 특정 분야를 찾는 것을 포기한다. 이들은 대다수 다른 사람과의 상호 관계에 겁을 집어먹고 자신의 지적 또는 창의적 '전문 영역'을 지키는 데 적대감을 보이며 도전적 자세를 취한다. 근심을 도피하는 데 능통하며 이때 자신이 원하는 것이 무엇이든 그것을 얻기 위해 어리석고 무모해질 수 있다. 7번 유형의 닳아빠지고 냉담한 특성은 커져만 가는 5번 유형의 냉소적 성향에 불을 지펴 사람들과의 관계에서 조급증을 보이고 세상을 바라볼 때 강경 일변도로 흐르게 한다. 이 수준에 있는 이들은 거칠고 흥분하기 쉬운 성격이라고 일부 사람들은 파악하고 있지만 대부분의 사람들은 이들의 억세고 불같은 기세에 피하게 된다. 더욱이 스트레스를 받고 있는 5번 유형은 불안을 해소하기 위해 주저하지 않고 마약과 술에 탐닉한다. 비싼 대가를 치르고 단말마 인생이 될지언정 자신의 고통과 두려움을 떨치는 데 도움을 주는 그 무엇이든 좇는다.

7수준에 있는 불건강한 5번 유형은 철저하게 고립에 빠져 다른 사람과 외부 세계와 관계를 단절하며 결과적으로 내부에 잠재되어 있는 힘을 배출한 건설적 출구가 없다. 이들이 7번 유형으로 갈 경우 더욱더 자신의 힘을 소진하고 무능력하게 만드는 잠재 에너지를 다양한 도피주의자 행동 형태로 방출한다. 불건강한 5번 유형은 고립되고 두려운 상태에서 무고하게 활동하는 상태로 기우는 경향이 있다. 이들의 마음은 걷잡을 길 없이 마구 달리기 시작하며, 더 이상 두려움을 감내할 수 없을 때 엄청난 정신적 갈등이 충동적이고 이따금 무책임한 방식으로 작용한다. 이들은 무모한 행동을 일삼으며 단지 그 때문에 스스로 더 어려운 곤경과 외부 환경과의 보다 심각한 갈등 속에 이르게 될 뿐이다. 이들은 비이성적이고 매우 알맹이 없는 결정에 이르고 취해야 할 행동에 대해 빈약한 선택을 한다. 다른 사람들이 이들의 자기 파괴적인 도피주의에 대하여 질문을 할 경우 이들의 반응은 입에 담기 어려울 정도로 독설적이고 유치하기 짝이 없다.

8수준에 있는 5번 유형은 공포로 가득 차서 무의식에서 오는 공포적 이미지와 현실 세계를 분간하지 못한다. 가중된 스트레스하에서 이들의 행동은 광포하고 앞뒤를 가리지 않을 만큼 무모해진다. 7번 유형으로 가게 되면서 영락한 5번 유형은 자기 통제력을 완전히 잃는다. 이들이 두렵게 생각해 왔던 몇몇 무시무시한 대상들은 실제 이들의 엉뚱하고도 무책임한 행동의 결과로 발생할 수 있다. 5번 유형이 두려워하는 것만큼 이들은 종종 실제로 위험한 것에 대해서 조심하지 못하며 의식하지도 못한다. 예를 들어, 이들은 피살될 수도 있다—자신의 가구에 탐욕을 부리거나 텔레비전에 나오는 살인 광선에 노출되어서가 아니라 자신들이 지금 어디로 가고 있는지 주시하지 않은 상태에서 트럭에 깔렸기 때문이다.

자기 통제력을 잃은 5번 유형은 무모하여 사고를 당하기 쉬운 성향을 가지고 있다. 이들은 가지고 있지 말아야 할 무언가를 가지고 있었기 때문에 독살당할지도 모른다. 신경증적 5번 유형은 비록 이 수준에 있는 사람들이 그것을 수행할 능력이 전혀 없다손 치더라도 현실 세계(특히 현실 세계의 긍정적 관점)와의 관계를 재확립해야 할 필요가 있다. 이들은 조울병 환자처럼 충동적으로 엉뚱하게, 그리고 히스테리에 가깝게 행동하고 점점 더 불안정해지고 예측할 수 없는 상태로 접어든다.

9수준에 있는 5번 유형은 공포로 초췌해지고 자기 주변으로부터 인지되는 공포에서 탈출하기 위해 필사적으로 행동한다. 이와 비슷하게 자신감을 불어넣어 주거나 여생을 헤쳐 나갈 수 있을 거라는 어떤 느낌을 제공하는 어떤 것도 자기 안에서 찾지 못할 수 있다. 일종의 무서운 막다른 길에 들어섰다는 두려움에 빠져들기 때문에 이들은 어쩔 수 없이 자기 자신이나 그 외에 다른 사람들에게 폐해를 줄지도 모른다. 스스로 자살행위를 저지르지 않는다 할지라도 이들의 무모한 행동 양태는 심히 자신의 건강에 폐해를 주고 그 이상의 활동을 수행하는 데 필요한 능력을 제한해 왔을지도 모른다. 불건강한 7번 유형과 같이 이들은 공포로 쇠약하고 쓸모없고 불구가 되었다. 불안이 최고조로 다다를 때 어쩔 수 없이 누군가를 살해하고 자살을 자행하는 것같이 회복이 불가능한 일을 할 수도 있다.

통합의 방향: 5번 유형이 8번 유형으로

일반적으로 5번 유형은 무엇을 실행에 옮기기에 충분히 알고 있다고 느끼지 못한다. 보통 거기에는 더 많이 알아야 할 것들이 있다. 이들은 실제 현실 세계에 정통할 때까지는 늘 불안함을 느끼며, 단지 자신의 마음을 다스리는 정복자가 아니다. 정신분석의 관점으로 볼 때 이들의 자아는 전형적으로 자기 정체성—자신의 마음을 제압하는 공격성과 여타의 충동들—에 비하여 너무 약하다.

외부 세계로 향한 이들이 인식하는 대상을 그저 관찰하기보다는 동일시함으로써 이러한 인식 대상을 자기 자신 안으로 통합하였기 때문에 이러한 현상은 더 이상 건강하고 통합하는 5번 유형에게는 발생하지 않는다. 이들은 더 이상 자신의 사고를 동일시하지 않지만 자신의 사고를 통해서 오는 객체에 대해서는 동일시한다. 따라서 통합 중인 5번 유형은 자신이 처한 외부 환경에 대한 두려움을 극복해 왔으며 그리고 이를 신뢰하는 것을 배우려고 애쓰고 있다. 그러므로 건강한 8번 유형의 방식에 따라 이들의 자신감은 커지게 마련이다.

5번 유형이 8번 유형으로 가면, 5번 유형이 알지 못하는 것을 다른 사람들이 알고 있다고 깨닫는다. 또 5번 유형들이 행동하기 전에 모든 것을 알아야 할 필요는 없다고 생각하게 한다. 이들은 무언가를 더 많이 행함으로써 더 많은 것을 배울 것이다. 이들은 새로운 문제를 제기할 때 비로소 그 문제들을 풀 수 있을 것이다. 이들은 무언가 알아야 될 필요성이 있을 때 그것들을 알 수 있을 것이라고 이해한다. 이들의 자신감은 기억하는 어떤 기술이나 거대한 정보 전체의 수집으로부터 나오는 것이 아니라 현실 세계 안에서 자기의 존재와 실질적인 관계를 통해서 비롯될 것이다. 그런 다음에 외부 세계와 동떨어진 무력한 존재가 아닌, 힘 있는 현실 세계의 일부로서 자기 자신을 경험한다.

통합 중인 5번 유형은 자신이 진정 통달하였다는 깨달음을 통해서 행동한다. 모든 것을 알지 못할지라도 자신 있게 다른 사람을 이끌 만큼 충분히 안다. 이들 사고의 반듯함은 더 이상 행동으로 옮기는 것을 두려워하지 않은 현실을 통해 잘 확인되었다. 이들은 자신의 사고를 펼치기 위해 수반되는 용기가 필요하며 결과적으로 즉시 자기 자신을 펼쳐 보일 용기가 필요하다. 그래서 통합 중인 5번 유형은 다른 사람들에게 가치 있는 무언가에 자신이 기여할 수 있을 것이라고 깨닫는다. 결과적으로, 이들의 사고는 결국 행동과 지도력 측면 모두에서 표출되기에 이른다. 통합 중인 5번 유형은 다른 사람들에게 자신만이 알고 있는 노하우를 전수한다. 그리고 우리가 보았듯이 이들의 사고의 실용적인 가치는 헤아릴 수 없을 것이다.

5번 유형의 날개 유형

4번의 날개를 가진 5번 유형: 인습타파주의자

5번 유형의 기질과 4번 유형의 기질은 많은 면에서 상호 보완관계에 있다.

4번 유형과 5번 유형 모두 내향적 유형이다. 이들은 자신의 자아를 방어하고 자존감을 강화하기 위해 상상력이라는 내부 세계로 돌아서는 성향이 있다. 이들 모두 자신의 삶을 온전히 영위하기 앞서서 자신 내부에 있는 없어서는 안 될 무언가를 발견해야만 된다고 느끼고 있다. 따라서 4번의 날개를 가지고 있는 5번 유형은 다른 사람과의 관계를 형성하고 친숙해지는 데 어려움이 있다. 이러한 하위유형의 사람들은 역설적으로 다른 하위유형보다 더 사교적 성향이 있다 하더라도 6번의 날개를 가지고 있는 5번 유형보다 더욱더 감정에 치우치고 내향적으로 된다.

4번 유형 성향의 결과로서 이들은 또한 개인적이고 정신내적(intrapsychic) 분야에 더욱더 관심을 갖는다. 이 두 유형은 또한 사고 접근 방식에서 몇 가지 중요한 차이를 보인다. 4번 유형이 자신의 감정을 강렬하게 하기 위해 모든 것을 내면화하는 반면에, 5번 유형은 사색적이며 근시안적 발상의 경험을 가지고 있다. 이러한 차이에도 불구하고—또는 이러한 차이 때문에—이 두 성격유형은 가장 많은 하위유형 중 하나가 되어 지적 성취뿐만 아니라 저명한 예술적 성취의 가능성을 결합시킨다. 이러한 하위유형에 대해 주목할 만한 예는 알베르트 아인슈타인, 베르너 하이젠베르크, 프리드리히 니체, 조지아 오키피, 존 케이지, 존 레논, K. D. 랭, 로리 앤더슨, 제임스 조이스, 에밀리 디킨슨, 스탠리 큐브릭, 데이비드 린치, 버스터 키튼, 게리 라슨, 스티븐 킹, 팀 버튼, 클리브 바커, 프란츠 카프카, 움베르토 에코, 장-폴 사르트르, 오리아나 팔라치, 글렌 굴드, 피터 제르킨, 한나 아렌트, 커트 코베인 그리고 빈센트 반 고흐를 아우른다.

이러한 하위유형 중 건강한 사람들의 경우 우리는 직관력과 지식, 민감성과 통찰력, 심미적 감상과 천부적인 지적 재능의 결합을 발견한다. 4번의 날개를 가지고 있는 5번 유형은 작가, 영화감독, 디자이너, 음악가, 작곡가, 안무가 등과 같은 예술계에 몸담을 가능성이 있다. 이 하위유형은 학구적 · 과학적 5번 유형(6번의 날개를 가지고 있는 5번 유형)의 전형과 부합되지 않기 때문에 어느 정도 5번 유형의 설명 중 많은 부분이 간과되어 왔다. 이러한 하위유형은 그 사고 과정에 보다 인위적 요소가 많아 어떤 문제에 대해 합력체제를 구축하여 그 문제를 보는 새로운 방식을 찾아낸다. 또한 4번의 날개를 가진 5번 유형은 다른 하위유형의 영역에 해당하는 내면의 여러 분석적 · 체계적 부분보다는 자신의 상상력을 활용하려는 성향을 가지고 있다. 과학에 심취하게 되면 4번 날개를 가지고 있는 5번 유형은 실험 및 데이터 수집에 덜 비중을 두고 직관과 포괄적 비전 관점에 관심을 갖는다. 이 날개 유형은 특별히 수학적 공식에서 아름다움을 본다. 이러한 유형에 있어서 아름다움이란 진리를 표현하는 것들 중의 하나다. 왜냐하면 아름다움을 나타내는 순서(질서)는 어떤 사고의 객관적 진실에 대한 확인이기 때문이다. 4번 날개를 가진 건강한 5번 유형의 직관력은 이들의 의식적 사고도 아직 과감하게 도전해 보지 못한 지식적 영역을 발견하도록 도와주기 때문에, 이들이 가장 으뜸으로 치는 강점 중 하나는 예리한 직관력에 있다고 할 것이다.

4번 날개는 어떤 색다른 개인적 비전을 발견하고자 하는 욕구를 5번 유형의 호기심과 지각 능력에 더해 주며, 그 결과 여러 유사한 형태들을 식별할 수 없을 때까지 계속 주물러 보는 만물 수선공의 성향을 가지게 된다. 4번 날개를 가지고 있는 기예를 타고난 5번 유형의 경우, 이러한 성향은 이들이 선택하여 전력을 다한 분야에서 깜작 놀랄 만한 혁신을 가져오게 할 수 있다.

4번 날개를 갖는 보통수준 5번 유형의 경우, 4번 날개는 감성적 깊이를 더할 수 있지만 노력을 계속 경주하고 다른 사람과 협업하는 데 어려움을 일으킨다. 4번 날개를 갖는 보통수준 5번 유형은 6번 날개를 갖는 5번 유형보다 더 독립적이고 자신에게 떨어진 조직 체계와 마감 기한을 갖는 것을 싫어한다. 이들은 자신의 사고에 빠지고 내성적이며 감성적으로 자기 몰두에 빠지는 성향이 있기 때문에 현재 처한 환경으로부터 떨어져 나가려는 어떤 불유쾌한 분리 감정을 가질 수 있다. 이들의 체계적이고 분석적인 힘은 사람들을 좀 더 깊이 이해하기보다는 근시안적 관계를 유지하기 위해 활용될 수도 있다. 감성적으로 매우 섬세한 이 하위유형의 사람들의 경우 이러한 성향은 자존감에 직접 영향을 주기 때문에 특히 자신의 업무나 사고의 가치와 관련한 비판주의에 언짢아하고 과민반응을 보일 수 있다. 상기 구성요소인 두 유형은 사람들의 눈을 피해 숨어 지내려고 한다. 이들은 상당히 창의적이고 상상력이 풍부하며 좀 더 구체적인 대체 현실을 그려 보지만 자신이 머릿속에 그린 개념에 파묻혀 길을 잃을 수 있다.

4번 유형의 날개는 환상 속에 빠져드는 성향을 보이지만 4번 날개를 가지고 있는 5번 유형은 낭만적이기보다는 초현실적이며 환상적인 성향으로 흐른다. 이러한 하위유형을 가지는 개개인들의 경우 주 관심사는 비현실적이며 독서나 두뇌게임을 하면서 시간을 보내거나 사소한 것에만 매달린다. 그리고 이들은 어둡고 금지된 주요 사안과 다른 사람들을 힘들게 하고 짜증나게 할지도 모르는 자기표현 방식에 대해 이끌린다. 4번 날개를 가지고 있는 일부 5번 유형들은 소름 끼치고 무시무시한 대상에 매료된다. 이들이 살아가면서 자신의 발전 가능성에 대해 비현실적이며 두려워할 때 대표적인 한 가지 해결책은 여러 형태의 자기 방종에서 정서적 위안—알코올, 마약 또는 성적 탈선 행위—을 찾는 것이다.

이러한 하위유형을 갖는 불건강한 사람들은 우울증의 희생양으로 전락할 수 있지만 공격적 충동에 방해를 받을 수도 있다. 다른 사람들의 시기는 이들에 향한 경멸과 뒤섞인다. 현실 세계로부터 자신을 고립하려는 욕구는 그렇게 되어야만 한다는 회한과 뒤섞인다. 정서적 갈등이 지적인 업무를 유지하기 어렵게 만드는 한편, 지성에 호소하는 갈등은 이들의 정서적 삶이 희망이 없어 보이도록 만든다. 더욱이 이러한 하위유형은 신경과민 증세에 이르게 되면 그것은 모든 유형의 성격 가운데 가장 소원한 성격 중 하나가 된다. 처절하리 만큼 절망하는 허무한, 자기 금욕적인, 다른 사람들로부터 고립된 그리고 자기혐오로 가득 찬.

4번 날개를 가진 불건강한 5번 유형은 매우 처량하고 보잘것없는 존재로 전락하여 생활하면서 필요한 모든 것들과 단절하려고 시도한다. 4번 유형의 자기-부정과 자포자기는 냉혹하리만치 부정적이고 무서운 세계관을 가상적으로 만드는 5번 유형의 냉소적 허무주의와 결합된다. 사회적 고립, 탐닉 그리고 만성적인 우울증은 모두 공통적이다. 자살이 실제 일어날 수 있는 가능성을 가지고 있다.

6번 날개를 가진 5번 유형: 문제 해결자

이러한 하위유형은 일반적으로 5번 유형과 연관되어 온 유형이다—과학, 기술에 관심이 있고 여러 사실적 내용과 세부 사항을 습득하는 지식인들이다. 6번 날개를 가지고 있는 5번 유형은 자신이 살고 있는 외부 환경에 대한 '분석가' 이자 '카탈로그 편집자' 유형이다. 이들은 문제해결사들이며 어떤 문제 또는 사물이 어떻게 작용하는지 발견하기 위해 문제와 사물에 대한 구성 인자들을 해부하는 데 매우 뛰어나다. 5번 유형과 6번 유형의 결합은 친숙한 만남을 갖거나 그 관계를 유지하는 데 가장 '어려운' 기질의 성격유형의 하나에 해당한다. 5번과 6번 유형은 모두 사고삼원소 안에 있으며 6번 날개를 가지고 있는 5번 유형은 아마도 모든 하위유형 중 가장 지적인 사람들일 것이다. 이들은 또한 4번의 날개를 가지고 있는 5번 유형보다 자신의 감정으로부터 이탈하려는 성향을 보이고 있다. 이러한 하위유형의 사람들은 필시 5번 유형이면서 6번의 날개가 걱정을 가중시켜 관계에서 위험감수의 패턴을 어렵게 하기 때문에 다른 사람들을 신뢰하는 데 문제를 지니고 있다. 그러나 5번과 6번 유형의 현실대처 메커니즘은 다소 상충되어 이 두 성격유형 간의 내적 긴장감을 초래한다. 6번 유형이 다른 사람들과 협업함으로써 자신의 안전을 찾으려고 하는 반면에, 5번 유형은 다른 사람들로부터 멀어짐으로써 안전을 찾는다. 따라서 이들의 대인관계는 엉뚱하며 일반적으로 인생에서 중요한 요소가 될 수 없다. 이러한 하위유형의 눈여겨 볼 만한 예는 빌 게이츠, 스티븐 호킹, 지그문트 프로이트, 시몬 베유, 야콥 브로노프스키, 찰스 다윈, 에드워드 O. 윌슨, 칼 마르크스, 제임스 왓슨, 우르슐라 K. 레귄, 알프레드 히치콕, 도리스 레싱, 신시아 오지크, 바비 피셔, B. F. 스키너, 아이작 아시모프, 하워드 휴즈, 에즈라 파운드, 시어도어 카진스키다.

이러한 하위유형의 건강한 사람들은 4번 날개를 가진 5번 유형보다 더 외향적이고 외부 세계에 집중을 한다. 이들은 자기 자신을 들여다보지 않으며 주변 세계를 관찰하고 이해하는 것을 더 좋아한다. 6번 날개를 가진 건강한 5번 유형은 외부 세계를 비상하리만치 명쾌하게 관찰하며, 통달하고자 하는 5번 유형의 추진력과 확실성을 향한 6번 유형의 탐구력을 결합시킨다.

그 결과는 공통점이 없는 사실적 내용으로부터 의미 있는 결론을 도출해 내는 천부적 재능과 이러한 결론에 기반하여 예언할 수 있는 능력이다. 이들은 신규 고안 및 임시 업무뿐 아니라 종종 기술적 주제, 엔지니어링, 과학 그리고 철학에 심취하기도 한다. 6번 날개는 이러한 하위유형에게 다른 사람과 협업하고 자신의 노력에 잘 통제된 지속적 접근방법을 접목하는 엄청난 능력을 부여한다. 삶의 실질적인 문제에 더 많은 적성과 관심을 보이며 충분한 재능을 가지고 있는 6번 날개를 갖는 5번 유형은 자신의 혁신성을 실질적인 비즈니스 지식 혹은 매우 수지맞는 결과물과 결합시킬 수 있다. 비록 이들이 자신의 삶에서 무척이나 중요한 사람들과 동일시하더라도 종종 이들의 관심은 사람보다는 사물에 더 많이 쏠려 있다. 이들은 사물을 깊은 곳까지 느끼지만 감정적 표현에서는 매우 삼가하는 편이다. 이들에게서 우리는 다른 매력적이고 사랑스러운 자질뿐 아니라 지성적인 장난기와 훌륭한 유머 감각을 발견한다. 다른 사람들이 시험 삼아 이들에게 좀 더 가까이 가도록 한다면 이러한 하위유형의 사람들은 우정과 현실 참여에 대한 원대한 능력을 가지고 있음을 발견한다. 또한 다른 사람들로부터 인정받고 싶은 욕망 안에는 사람의 마음을 끄는 기질이 있으며, 이들이 이따금씩 사회적으로 서툴지언정 다른 사람들은 사람들에게 다가서려는 이들의 진지함에 감동받지 않을 수 없다.

그렇지만 이러한 하위유형의 보통수준의 사람들은 일반적으로 여러 관계적 상황에 문제를 가지고 있다. 6번 날개는 조직을 관장하는 훌륭한 능력과 사람의 마음을 끄는 개인적인 자질을 제공하지만 5번 유형이 가지고 있는 불안과 두려움을 증대시킨다. 이들은 자신의 감정 처리를 위해 무엇을 해야 하는지 잘 모르는 것 같으며 단도직입적으로 표현하는 방법은 더 모르는 것 같다. 따라서 우리는 다른 사람들의 감정과 감정처리에 필요한 것뿐 아니라 이들의 감정과 감정처리에 필요한 것에 대한 둔감함을 발견한다. 이들은 다른 사람과 의사소통하는 방법에 대해 거의 알지 못한다(고전문학에 지식이 많은 세상 물정을 모르는 사람들이자 사교적 면에서는 서툰 괴짜들이다.). 6번 날개를 가지고 있는 보통수준 5번 유형은 쉽게 정신을 몰두하며 이론적이고 건망증이 심하다. 이들은 완전히 지적인 업무에 사로잡혀 자기 내면세계에 푹 빠져 살고 그 외 모든 것을 배제할 만큼 자신의 업무에만 빠져든다. 대인관계에 충돌이 일어날 경우, 6번 날개를 가지고 있는 보통수준 5번 유형은 자신을 자신의 지적 충동을 자극하는 업무에만 훨씬 깊숙하게 방치함으로써, 그리고 수동-공격적 기법을 도입함으로써 문제들을 해결하는 것을 피하고 사람들과 문제들에 직접 맞서 해결하기보다는 용케 벗어나려고 한다. 어떤 무언가가 무의식적인 감상적 연상작용을 유발했을지 모르지만 어떤 분명하지 않은 이유로 등을 돌리고 말다툼하기를 좋아한다.

6번 날개를 가지고 있는 5번 유형은 자기 견해와 이론(환원주의)에 끈덕지게 매달리며 이에 대해 동조하는 않는 사람들을 적대시하는 반면, 4번 날개를 가진 5번 유형은 의미 있는 모든 것을 부정하며(허무주의) 안전하고 확고하다고 보는 사람들의 확신에 반기를 든다.

이러한 불건강한 날개 유형 사람들을 의심하고 다른 사람들에 대해 공포적 상을 찾으면서 다투기를 좋아하며 순간적인 반응을 보이는 경향을 갖는다. 이들은 어떤 것을 막론하고 친밀해지는 것에 매우 두려워하며 편집증세로 매우 불안해질 가능성이 있다. 또한 무의식적으로 구조의 손길을 내밀면서 자신의 지지자들을 철저히 거절하고 적대시한다. 불건강한 5번 유형에서 우리가 이해하고 있는 고립과 정신적 왜곡 현상은 6번 날개를 가진 유형의 편집증세, 열등감 그리고 학대를 받고 있다는 확신으로 심화된다. 궁극적으로 6번 날개를 가지고 있는 신경증적 5번 유형은 모든 사회적 상호작용 관계로부터 소극적인 자세를 보이는 동안 공포에 사로잡히게 되고 어디서든 위험성을 내포하고 있다. 이들은 상상 속의 적을 맹렬히 공격하고 때로는 그들에게 치명적인 상처를 입힐 수도 있다. 정신병 이상과 정신착란 증세도 일으킬 수 있다.

몇 가지 마지막 단상들

5번 유형에 대해 전반적으로 고찰하면서 우리는 다양한 정반대의 견해들 사이에 논란이 있었음을 알 수 있다. 사고와 행동 사이에, 외부 세계에 대한 매료와 두려움 사이에, 다른 사람의 동일시와 부정 사이에, 그리고 사랑과 미움 사이에. 외부 환경에 이끌리고 배척하는 이러한 전체적인 과정은 저마다 자신의 부모에 대하여 서로 상반되는 양가의 감정을 가지고 시작하였다. 그러나 불행하게도 현재 일어나는 현상은 5번 유형이 점차 외부 환경에서 오는 잠재적 위협 요인들로부터 자기 자신을 방어하는 데 너무 집착한 나머지—즉, 이들이 보기에 해가 되고 위험한 그 어떤 것으로부터—이들은 또한 바람직한 것들도 배척하게 된다. 결국, 이 세상에는 5번 유형이 동일시할 수 있는 어떤 것도 있지 않으며 이들이 믿을 수 있는 참되고 가치가 있는 어떤 것도 없다. 최종적으로 남게 되는 것은 온통 허무주의뿐이다. 이들이 스스로 애착의 대상을 느낄 수 있는 어떤 것도 남아 있지 않는다.

신경증이라는 내리막 소용돌이 속에 휘말리는 모든 다른 성격유형처럼 5번 유형은 이들이 가장 두려워하는 바로 그것, 즉 자신이 무력하고 쓸모없으며 무능하다는 것을 초래한다. 예상 외의 결과로서 이들은 세상 모든 것에 대한 애착을 거부하였기 때문에 무력하고 무능해졌다는 사실이다. 그리고 안전 또는 힘 대신 자신의 정신적인 과정에의 집착을 강화함으로써 5번 유형들은 자신의 불안과 무력함을 초래하였다.

그것은 하나의 비극적 결말이다. 5번 유형에게 비틀어지고 어두운 그 무엇이 있다면—혹은 귀신 홀릴 정도로—그것은 자기 자신을 보호하기 위해서 이들이 끊임없이 외부 세계와 다른 사람들을 배척하고 도외시해 왔다는 것이다. 그럼 현재 무엇이 남아 있을까? 암흑 세계에 대한 어떤 집착—그리고 무서운 유혹—만이 남아 있을 뿐이다.

[chapter_8]

6번 유형: 충성가

6번 유형 개요

건강할 때 다른 사람들을 격려하고 자신과 동일시할 수 있다. 견실하고, 성실하고, 애정이 넘친다. 신뢰를 중요시한다. 다른 사람들과의 결합, 관계와 동맹을 형성한다. 깊이 신뢰하는 곳에 자신을 바치고 행동한다. 공동사회의 설립자들이다. 책임감 있고, 믿음직하며, 신의를 중요시한다. 선견지명과 강한 조직 능력이 있다. 선천적인 분쟁조정자들이다. 열심히 일하며 다른 사람들을 위하여 인내하며, 희생한다. 자신의 세상에서 상호 협동적인 정신을 기르며, 안정성과 확실성을 창조한다.

최상의 상태일 때 자기 확신, 자신과 타인 신뢰, 독립적이나 마치 평등한 것처럼 공생적으로 상호 의존적이고 협조적이다. 자신 내부의 신념은 진실한 용기, 적극적 사고, 리더십 그리고 풍부한 자기표현을 이끈다.

보통수준일 때 믿는 것이 무엇이든 그것이 안전하고 안정적일 것인가를 탐구하는 데 자신의 시간과 에너지를 쏟기 시작한다. 안정성과 지속성을 위해 동맹과 권위를 조직화하고 구조화한다. 다른 사람들에게 많은 동의를 구하며, 상호 호혜적일 것을 희망한다. 제도나 절차가 잘 정의될 때, 분명한 안내를 추구하고 더 많은 안전을 느낀다. 자신에게 더 많은 요구를 해 오는 것에 대해 저항하며, 다른 사람들에게 수동적이고 공격적으로 반응한다. 회피적이고, 결단력이 없고, 신중하며, 꾸물거리고 양면적이다. 다른 사람들의 동기에 대해 의심할 뿐만 아니라 자기 의심도 강하다. 즉각 반응적이고 불안해하며, 자가당착의 '혼합된 신호들' 을 보낸다. 내적 혼란은 이들을 예측할 수 없게 반응하도록 이끈다. 불안전을 보상하기 위해 호전적이고 보통의 기백을 가지고 빈정대며 다른 사람들에게 문제의 책임을 지운다. 강한 지지와 방어를 보이며, 위협으로부터 자신의 안전에 대안을 찾을 때까지 사람들을 친구와 적으로 구분한다. 자신의 두려움을 감추기 위하여 권위주의적이고, 편파적이며 공포 주입적이다.

불건강할 때 지나치게 의존적으로 변하며 심한 열등감으로 자기를 멸시한다. 스스로를 쓸모없고 무능력하게 느끼며, 모든 문제를 해결하기 위해 강력한 권위 혹은 신념을 찾아낸다. 복종적이고 피학대적이다. 박해받는다는 생각, 즉 다른 사람들이 '나를 잡으러 온다' 고 생각하며, 자신을 비난하고 비합리적으로 행동한다. 스스로 두려워하는 것들을 초래하기도 한다. 광신적이고, 난폭하다. 히스테리를 일으키기 쉬우며, 처벌로부터 도피하며, 자기를 파괴하고 자살을 하기도 한다. 알코올 중독, 약물 과다복용에 빠지고, '거리로 나앉거나(skid row)' , 자신의 품위를 떨어뜨리는 행동을 한다.

핵심 동기 안전을 얻기를 원하며, 지지받는다는 느낌을 원하고, 다른 사람들의 인정이 유지되기를 원한다. 그리고 자신에 대한 다른 사람들의 태도를 시험하길 원하고, 자신의 신념을 방어하길 원한다.

대표적인 인물들의 예 로버트 케네디, 말콤 엑스, 조지 부시, 월터 먼데일, 톰 행크스, 브루스 스프링스틴, 캔디스 버겐, 길다 래드너, 패트릭 스웨이지, 다이애나 전 영국 왕세자빈, 줄리아 로버츠, 필 도나휴, 제이 레노, 조니 칼슨, 다이앤 키튼, 우디 앨런, 앤디 루니, 제시카 랭, 마릴린 먼로, 올리버 노스, 에드거 후버, 리처드 닉슨, 루스 림보, 〈사인펠드〉의 조지 코스탄자, 〈모두가 한가족〉의 아치 벙커

6번 유형에 대한 개관

6번 유형은 자기모순으로 가득하다. 이들은 다른 사람에게 의존할 수 있으나 자신의 독립을 가치 있게 여긴다. 신뢰받기를 원하고 다른 사람들을 신뢰하기를 원하나 끊임없이 자신의 의심을 가라앉히기 위해 다른 사람들을 시험한다. 이들은 권위의 보호를 원하나 또한 권위를 두려워한다. 순종적이나 불순종적이고, 공격에 대한 두려움이 있으나 때때로 스스로에게 심히 공격적이다. 이들은 안전을 탐색하나 불안전함을 느낀다. 호감이 가고 남에게 사랑을 받으나 비겁할 수 있고 얄미울 수 있다. 이들은 전통적 가치를 재확인하나 자신의 가치를 전복시킬 수 있다. 처벌로부터 도망치기를 원하지만 그것은 스스로에게 그런 결과를 가져올 수 있다. 6번 유형은 불안 때문에 한 심리 상태에서 다른 심리 상태로 갑자기 바뀌어 자기모순으로 가득하다. 그리고 불안에 대한 반응 속에서 6번 유형은 조직, 신념, 동맹 그리고 권위들에 의존하며, 자신의 불안을 평온으로 바꾼다.

> 우리의 교육제도는 회사, 결혼, 무역, 직업, 종교, 정치 등의 분야에서, 우리에게 복종할 수 있는 일련의 규칙을 제공하고, 사람들이 대부분 아무것도 말할 수 없는 그런 상황에서조차 그것에 복종함으로써 보상받는다고 믿도록 가르친다. 야생의 동물보다는 길들여진 동물이 되는 것이 더 안전하다(M. Korda, *Power*, 254).

따라서 6번 유형에게 확고함과 안전성을 줄 것이라고 스스로가 믿는 안전은 외부의 어떤 것에 대한 반석과 같은 충성과 스스로의 투자에서 온다. 6번 유형은 자신이 무엇을 지배하는 것보다 더 크고 더 강력한 어떤 것을 소유함으로써 보호와 안전을 느끼기를 원한다. 대륙 간 탄도탄이 될 수도 있고, 예외이긴 하나 공산당이나 공화당 또는 교회가 될 수도 있다. 6번 유형이 믿는 신조는 스스로에게 중요하지만, 신뢰하고 믿는 그 무엇을 나타내는 것이다.

사고삼원소 중에서

6번 유형은 사고삼원소에서 가장 기본적인 성격유형이다. 6번 유형은 의사결정

능력을 발휘하는 것을 가장 좋아하고 신뢰받는 사람, 시설 혹은 한 신념체계의 참조 없이 자신이 행동하기를 좋아한다. 감각적인 면에서 6번 유형은 자신의 마음을 믿는 것이 어렵다. 그리고 자신의 것이 아닌 아이디어를 참조하지 않고 해야 한다고 인식하는 이들의 능력은 믿기 어렵다. 그러므로 6번 유형은 자신에게 신뢰할 정도로 여겨지는 어떤 사고체계를 발견한다. 이들은 진실이라고 이해하는 것을 반박하거나 선택할 어느 새로운 아이디어를 끊임없이 평가하지 않으면 안 된다. 이들은 삶의 방향을 주기 위해서 어떤 일련의 안내서와 권위를 찾는다. 그리고 자신이 할 수 있고 할 수 없는 것을 말하기 위해서, 또 자신에게 더욱 확실하게 하기 위해서, 즉 자신에게 한계를 주기 위해 안전성을 찾는다. 물론 한 가지 방도나 다른 방도로, 모든 아홉 가지 성격유형은 어떤 종류의 권위의 모습과 관계를 가지고 있으나 6번 유형은 그 권위를 지지하면서, 그것에 대해 반항하거나 두려워하면서도 자신의 삶에서 어떤 안내와 안도감을 요구한다. 6번 유형은 이런 부분에서 가장 커다란 문제인 듯하다.

6번 유형은 아홉 가지 성격유형 중 가장 당혹스러운 유형이다. 왜냐하면 반응적이며, 한 상태로부터 다른 상태로, 때로는 사실상의 반대편으로 매우 빠르게 이동하기 때문이다. 6번 유형은 정서적 상태와 태도가 그만큼 자기모순이기 때문에 당황하거나 욕구불만일 수 있다. 이들은 붙임성 있고 재미있지만 화를 잘 내고 부정적일 수 있다. 단호하고 자기주장이 강한 반면, 바로 다음 순간에는우유부단하고 자기를 의심할 수 있다. 이들은 자신에게 가장 소중한 사람들로부터 인정을 추구하는 반면, 열등감의 위치에 있을 때는 자신에게 저항한다. 이들은 순종적일 수 있고, 또 솔직히 불순종적일 수 있기에, 권위자가 자신에게 하도록 명하는 것에서 의도적으로 탈선할 수 있다. 결과적으로 6번 유형은 성격유형 가운데 가장 자기모순적이기 때문에 이해하기 가장 어려운 유형 중 하나다. 이들은 가끔 너무 불가사의해서 이들의 가장 절친한 사람조차도, 즉 '이들은 함께 좋아하기는 쉬우나 알기 위해 다가가기는 힘든 사람' 이라고 이들에 대해 말할 수 있다.

6번 유형을 이해할 수 있는 열쇠는 이들이 양가감정을 가지고 있다는 것이다. 이들 성격의 두 가지 뚜렷이 다른 면, 즉 공격적이고 의존적인 경향 사이에서 동요한다. 이들은 강함과 약함, 의존과 독립, 순종적인 것과 공격적인 것, 달콤함과 시큼함의 두 가지를 동시에 느낀다. 6번 유형이 순간순간에 취할 상태를 예견하는 것은 어렵다. 이들은 전에 했던 것과 다음에 할 것을 각각의 수준에서 실질적으로 다르게 연출한다.

상황을 더욱 곤란하게 하는 것은 6번 유형은 다른 사람에게도 양가감정일 뿐 아니라 스스로에게도 그렇다는 점이다. 이들은 스스로를 좋아한다. 그러면서도 스스로를 경시하며 다른 사람에게 열등감을 느낀다. 자신을 신임하면서도 쓸모없고 가치 없다고 느낀다. 마치 어느 누구의 도움 없이는 자신이 아무것도 할 수 없는 것처럼 느낀다. 우유부단함과 심약함을 느끼고 갑자기 분노가 가득 차오르고 다른 사람들을 공격한다. 의존과 공격충동의 이중 세트가 이들 안에서 작동한다. 다양한 복합 감정의 조합에 끊임없이 상호작용하며 6번 유형은 외적 권위에 대해서 뿐만 아니라 내적 권위인 자신의 초자아에 대해서도 양가감정으로 반응한다.

가능한 한 6번 유형은 이런 불안 속에 있기를 피하고자 원하는 만큼 자신의 삶 안에서 스스로에게 안정성과 지속성을 가져다주는 조직을 마련하기 위해 열심히 일한다. 이들이 게임의 규칙이 무엇인지를 알고 자신의 삶에서 다른 사람들의 지지를 받는다는 어떤 감각을 지니는 한, 이들은 변함없이 침착한 존재가 되고 많은 것을 성취할 수 있다. 그러나 이 안에는 문제가 도사리고 있다. 6번 유형은 내적 안정성을 자신의 외적 환경의 안정성에 의존하려 한다. 다른 말로, 삶 안의 모든 것이 합리적으로 잘 진행되는 한 이들은 안정을 느끼고 일들에 대처할 수 있을 것이다. 그렇지만 이들은 불확실한 문제 혹은 영역의 일이 발생하자마자 곧 빨리 혼란과 정서적 반응의 폭풍 속으로 빠져든다(이런 이유 때문에 많은 6번 유형은 스스로 4번 유형이라고 잘못 생각한다.). 6번 유형은 자기 의심과 의혹이 일고 곧바로 자신의 양가감정과 부동성 속으로 돌아간다.

이들의 변동하는 특성을 이해함 없이 6번 유형을 이해하는 것은 불가능하다. 이들 자신의 감각을 유지하는 것은 서로 상호작용하는 정신의 두 가지 면을 요구한다. 6번 유형은 자신의 한 면만 강조할 수 없고 다른 면을 무시할 수 없다. 예를 들면, 이들은 자신의 의존적인 면을 봉쇄함으로써 독립적이 될 수는 없다. 더 좋거나 더 나쁘다고 생각하기 때문에 이들은 스스로의 양면에 대한 혼합물이다. 이들이 건강할 때 양면이 서로서로 손잡고 일한다. 그렇지만 만일 이들의 양면 사이에 긴장이 증가하고 불안이 증가한다면 이들 안에 많은 근본 문제에 봉착하게 된다.

불안과 불안전의 문제

사고삼원소의 세 가지 성격유형은 모두 불안(anxiety)의 문제를 지닌다. 그러나 가장 기본인 6번 유형은 가장 큰 불안의 문제를 가졌다. 이들은 '자신이 불안하다는 것을 불안해하는' 불안에 대한 가장 의심이 많은 유형이다. 불안에 대해 무지하거나 불안을 다른 증상으로 의심하지 않고 변환하는 다른 성격유형을 싫어한다. 예를 들어, 5번 유형은 자신의 경험으로부터 거리를 둠으로써 불안을 추방하고, 7번 유형은 끊임없는 활동을 통해 불안을 억제한다. 다른 면에서 6번 유형은 자신이 불안하다는 것을 인식한다. 때로 그것에 저항할 수 있으나, 때로는 그것에 굴복한다.

6번 유형은 자신의 불안에 대처하는 두 가지 다른 방법을 사용하는 경향이 있다. 즉, 공포(phobic) 반응이거나 공포대항(counterphobic) 반응이다. 더 많은 공포를 지닌 6번 유형은 자신의 두려움을 자주 의존적인 자세를 통해 대처한다. 이들은 자신의 불안을 더 많이 알고 있고, 다른 것들 중에서도 지원을 해 주는 권위적인 모습에 방향을 돌린다. 더욱더 자신을 의심하고, 정서적으로 상처받기 쉬우며, 4번 유형을 닮을 수 있다. 공포형 6번 유형은 낮은 프로파일을 유지하고 있다고 믿으며, 분쟁을 일으키지 않는다. 특별히 그런 상황에서 이들은 안전을 위해 변화시킨다. 이들은 갈등이 일어났을 때 자주 완화의 과정을 따라간다. 그리고 잘 정리된 안내와 절차 안에 머물기를 좋아한다. 공포형 6번 유형은 자신이 의존해야 할 사람이 자신을 포기할 것이라는 두려움이 가득하다.

더욱 공포대항형인 6번 유형은 훨씬 더 많은 의심을 하거나 반역자이기도 하다. 이들은 더 빨리 남에게 대항하고 공포형인 6번 유형보다 자주 더 의심한다. 이들은 더욱 독립적이기를 결심하고 지지하는 다른 사람들에게 도리어 저항한다. 이 점에서 공포대항형인 6번 유형은 8번 유형과 닮을 수 있다. 이들은 자신의 불안을 행동을 통하여 억제하려 노력하고, 건강한 수준부터 보통수준의 경우에서 만일 의심이 든다면 강하고 방어적으로 반응할 수 있다. 다른 사람들이 어느 편에 속한 것인지 알기 원하고 그들로부터의 반응을 알아보기 위하여 공격적일 수 있다. 공포대항형인 6번 유형은 다른 사람들이 자신을 속이려 할 것이라든지, 자신의 이익을 취할 것이라는 데 두려움이 있다. 갈등이 일어날 때 이들은 매우 대립적이거나 더 호전적이 될 수 있다. 그렇지만 권위자들의 호통 아래에서는 공포형인

6번 유형만큼이나 불안해하며 두려움이 존재하고 있다. 그러나 이들의 공격적인 행동은 불안에 대한 직접적인 표현이라기보다 불안에 대한 반응이다.

어떤 6번 유형도 온전히 공포형이거나 혹은 공포대항형이 아니라는 것에 주의하는 것이 중요하다. 오히려 6번 유형의 성격을 지닌 각 개별적인 사람은 이러한 태도 혹은 반응 양식을 어느 정도 혼합해 가지고 있고, 이들은 자신 삶의 다른 영역에서 그것을 나타내는 경향이 있다. 예를 들어, 어떤 6번 유형은 그 혹은 그녀의 배우자에게 매우 공격적이고 공포대항형이 될 수 있다. 그러나 직장에서는 더 공포형이고 의존적이다. 또 다른 6번 유형은 정확히 반대의 경우가 될 수 있다. 이 두 가지의 접근 중에서 한 가지를 좋아하게 되는데, 대부분은 초기 아동기와 관련된다. 어떤 경우에, 이들이 배운 기본적인 접근은 복종적이 되기 위해 "다른 뺨을 대라."라는 것이고, 불량배들과 적대자들로부터 멀리 떨어지라는 것이다. 다른 어린이들은 누구에게도 외부로 밀쳐지지 않도록 억척 같아야 하고, 불량배들과 적들의 공격을 저지하라고 가르쳐진다. 이런 경우에, 6번 유형은 이러한 과제들과 경험들을 성인기로 옮길 것이다. 그러나 두려움과 잠재된 위험에 대한 이들의 반응은 다른 성격유형들보다 더 중심적인 문제가 될 것이다. 또한 일반적으로 6번 유형은 어떤 발달 수준에서는 더 공포적이 될 수 있고, 다른 사람들에게 더 공포대항적일 수 있다. 사실 두 가지 반응은 수준에 따라 마치 우리가 이 장의 뒤에서 나중에 탐색할 것처럼 번갈아 일어나는 것으로 보인다.

모든 6번 유형은 유난히 경계를 하면서 자신을 보호한다. 그래서 환경 안에서 특히 다른 사람들과의 문제에 참여할 수 있다. 의심에 대한 욕구, 자세함과 문제에 대한 주의, 다른 사람들이 자신과 함께 어디에 속해 있는지를 알고자 하는 욕구 등의 이들의 편집증적인 경향은 실제적이거나 상상적인 위험으로부터 자신을 옹호하려는 모든 시도다.

결과적으로 6번 유형은 자신의 환경에 대한 끊임없는 선택의 상황에서 살기 위해 배운다. 자신의 두려움 때문에 이들은 일반적으로 사람과 환경을 찾기 위해 스스로를 훈련한다. 따라서 이들은 사건을 예견할 수 있고 따라서 보호적인 단계를 취할 수 있다. 역설적으로 6번 유형은 안전을 느끼기 위하여 자신의 마음에 '위험'이라는 단어를 가지지 않으면 안 된다. 즉, 이들이 더욱 편집증적이 되면 될수록 자신이 이루고자 하는 노력을 더욱 완전하게 항변하게 된다.

이들의 불안의 뿌리에는 지지받지 못하는 존재라는 계속적인 느낌이 존재한다.

가장 기초적으로 6번 유형은 스스로 자신을 신뢰할 수 있다는 것을 의심한다. 이들은 자신이 하고자 하는 것을 알 수 있는 자신의 능력을 신뢰하지 않는다. 특히 자신의 결정이 자신의 안전에 영향을 줄 때 그러하다. 매우 드물게 이들은 결정한 일에 대해서 다시 생각하는 경향이 있다. 즉, 의사결정을 하고 틀린 선택을 했다는 것을 두려워한다. 6번 유형은 자신을 불확실하다고 느끼기 때문에 자신을 지지하고 확실히 안심시킬 그 어떤 것을 외부에서 찾는다. 즉, 배우자, 직업, 진실한 친구, 군인, 종교 혹은 신념체계, 치료자, 영적 수행자 등이 그것이다. 이러한 가능성은 6번 유형의 삶의 개별적인 환경만큼이나 다양하게 존재한다.

결론적으로 6번 유형은 자신이 안정적이고 안전하다는 것에 확신을 하기 위해 계속적으로 자신의 지지체계를 감시하지 않으면 안 된다. 자신은 얼마나 일을 해야 할지, 자신의 투자에 관해, 잠재된 법적 문제에 관해, 즉 세상의 안전성을 전복시킬 수 있는 것이 실제로 어떤 것인지에 대해 근심한다. 특별히 6번 유형은 자신이 아직도 '팀 안에 있음'을 확인하기 위하여 자신의 동맹들과 지원자들과 함께 '상의하도록' 강요한다. 보통수준 6번 유형은 자주 다른 사람들이 자신에 대해 느끼는 것을 알지 못한다. 즉, 이들은 자신을 좋아할 사람을 원한다. 그러나 자주 그들이 하는 것을 의심한다. 결과적으로 이들은 자신에 대한 다른 사람들의 태도를 알아보기 위해 다른 사람들을 시험하며, 끊임없이 인정하거나 인정하지 못할 증거를 찾는다. 그리고 만일 보통수준 6번 유형이 신경증으로 악화된다면, 이들은 다른 사람을 의심하기 때문에 편집적이고, 불안에 시달리고, 불안정해져 기능을 다할 수 없을 것이다.

6번 유형은 융의 내향적인 감정유형에 상응한다. 이들이 사고삼원소에 속한다 할지라도 6번 유형은 역시 정서적이다. 왜냐하면 이들의 감정은 불안으로부터 영향을 받기 때문이다. 불행하게도 이 유형에 대한 융의 설명이 가장 명확하지는 않다. 이런 유형을 묘사하는 어려움에 대한 설명 가능성을 융은 다음과 같이 말한다.

> 비록 이런 종류의 감정에 대한 특징적인 성질은 매우 주목할 만하여 어느 때인가 어느 사람이 그것에 대해 깨달을 것이라 하더라도, 내향적인 감정 과정의 지적 답변을 한다거나, 혹은 그것에 근접한 설명을 하는 것조차 매우 어렵다(C. G. Jung, *Psychological types*, 387).

우리가 지금까지 본 것처럼 이런 성격유형을 간단한 용어로 기술하는 것은 어렵다. 왜냐하면 그러한 마음은 계속적으로 변하기 때문이다. 6번 유형을 '양향 성격자(ambiverts)', 즉 외향적이고 내향적인 감정의 복합체로 생각하는 것이 도움이 될 수 있다. 이것은 이들이 해 은 것이 무엇이든지, 특히 만일 불안이 일어난다면, 그 반대를 보상함으로써 이들이 반응할 것이기 때문이다. 그때 이들은 이런 새로운 상황에 반응하고 다음에도 끝없이 반응한다. 예를 들면, 이들은 어느 누구에게나 애정이 깊을 수 있다. 그때 이용될 것인지 혹은 포기할 것인지에 대한 두려움 때문에 자신의 온정의 대상이었던 바로 그 사람을 의심한다. 그러나 자신의 의심에 대해 불안해지면, 관계가 아직도 모두 옳다는 것으로 안심시키려고 한다. 다른 사람들로부터 안심할 수 있음을 받아들이자마자 곧 6번 유형은 마치 자신이 너무나 환심을 사는 것은 아닌지 의아해한다. 그래서 방어적이 됨으로써 과잉 보상한다. 마치 자신은 다른 사람들을 필요로 하지 않았던 것처럼 행동한다. 그리고 그것을 계속한다. 만일 당신이 자기모순을 많이 보이는 사람을 이해하기 어렵다면, 당신은 아마도 6번 유형을 다루고 있는 것이다.

6번 유형이 정서적인 경우, 예를 들어 마치 두 사람이 가장 친밀하다 할지라도 이들은 자신의 감정을 직접 보여 주지 않을 것이라는 것을 이해하는 것이 중요하다. 동시에 6번 유형은 드물게 다정다감하며, 사람들과 세상에 대한 아주 적은 '장밋빛' 견해를 선호한다. 그렇지만 보통수준 6번 유형에게 있는 가장 좋은 건강함은 이들이 사물에 대해 느끼는 것이 상당히 분명하다는 것이다. 이들은 자신이 사랑하는 사람을 알고, 싫어하는 사람을 안다. 이들은 사물에 대해 생각한 것에 관해 그리고 특별히 하고자 하는 것을 결정하려 할 때 확신이 없다. 이러한 불확실성 때문에 이들은 잘못된 행동을 취하거나 나쁜 신호를 보내는 데 두려워한다. 이들의 마음은 자신이 하고자 하는 것에 관한 갈등적인 생각으로 빙글빙글 맴돈다. 반면에 자신의 삶에서 실제로 다른 사람들이 차지해 온 것들을 동시에 이해하려고 노력한다.

결과적으로 자신과 다른 사람들 양쪽을 향한 양가감정은 이들에게 혼합된 신호를 주는 원인이 된다. 혹은 또 다른 방법을 취하기 위해 6번 유형은 자신의 감정—특히 불안에 대해 반응하고 자신의 감정보다 오히려 자신의 반작용과 의사소통한다. 6번 유형이 매우 건강할 때 예외적으로 다른 사람들이 실제로 자신의 마음에 있다는 것에 대해 드물게 확신할 것이다.

왜 독립과 정서적 안전성 특히 불안으로부터의 자유를 성취하고자 하는가에 대한 이유는 이들에게 아주 중요한 것이다. 만일 이들이 너무 유순하다면, 주변에서 강요하여 자존감에 상처입고, 다른 사람에게 열등감을 느낀다. 다른 말로, 만일 이들이 자신의 독립을 찾기 위해 너무 공격적이라면, 자신에게 안전을 제공할 바로 그 사람을 소외시키는 것과 그 결과 어떤 무시무시한 방법으로 처벌받을 것을 두려워하는 것이다. 도전적인 6번 유형의 모습은 자신의 성격의 양면을 유지하기 위한 방법을 찾는 것이며, 점차적으로 이들이 건강한 사람으로서 스스로 상호 간의 연합을 형성하기까지 자신의 갈등적인 상황 사이의 긴장을 감소시키는 것이다.

부모 기원

6번 유형은 자신의 발달 경험의 결과로 자신의 보호자와 관계를 맺어 왔다. 보호자란 어린이의 초기 환경 속에서 지침, 구조 그리고 때때로 훈육을 제공했던 어른의 모습이다. 이 어른은 가족 안에서 전통적인 독재자적인 위치를 차지했던 사람이다. 이들의 대부분은 아버지이거나 할아버지, 혹은 선생님과 같은 모습이지만, 많은 경우에 어머니이거나 더 나이든 형제자매들이 실제적으로 보호자가 될 수 있다. 6번 유형은 어린이처럼 자신의 보호자에게 인정받는 안정성을 원했다. 그리고 만일 그들이 그것을 받아들이지 않았다면 불안을 느꼈을 것이다. 이들이 성장함에 따라 보호자와의 관계는 이런 사람을 위한 대체물, 마치 자신이 안전성을 획득할 수 있도록 하는 시민적 권위 혹은 신념체계와 같은 것과 동일시되었다.

심층심리학의 관점에 따르면 보호자의 역할은 어린이를 어머니로부터 떨어뜨려 독립하도록 돕는 것이다. 무의식적으로 6번 유형은 자신이 더욱 독립적일 수 있게 도울 사람이나 조직을 찾는다. 역설적으로 6번 유형은 스스로에 대해 불확실하면 할수록, 자신이 이루어 가는 독립에 협조하지 않으면 안 될 사람 혹은 제도에 더욱 의존적이 된다.

6번 유형은 보호자와 관계되기 때문에 자신과의 관계를 강력하게 내면화한다. 보호자는 사랑하고 지지하는 사람이거나 까다롭거나 파괴적인 사람이다. 이들은 자신의 삶에서 초기 어린 시절에 권위를 제공했던 사람과의 관계를 지치도록 계속한다. 만일 어릴 때 6번 유형이 자신의 보호자를 인정이 풍부한 사람으로 지각하였고 안내와 격려의 자원이 신뢰할 만하였다면 어른이 되어서도 다른 사람들로부터 유사한 방향과 지원 찾기를 계속한다. 그 대상은 배우자, 직업, 치료자 혹은 멘터일 것이다. 이들은 이런 사람 혹은 집단을 만족시키기 위해 최선을 다할 것이고 자신이 받아 온 규칙들과 경계를 충실하게 관찰할 것이다. 이 경우에 비록 6번 유형은 마치 다른 사람 혹은 상황이 자신의 신뢰를 침해하거나 지원에 대한 자신의 기대에 부응하지 못한다면 극도로 실망하고 배신감을 느낄 것이다.

다른 면에서 만일 6번 유형이 자신의 보호자를 욕설, 불공평 혹은 통제로서 경험한다면, 이들은 권위를 지닌 이런 관계를 내면화할 것이고, 항상 자신보다 힘을 지닌 것으로 믿고 있는 사람들에 따라 자신을 느낄 것이다. 이들은 '복역 중' 이며, 부당하게 처벌받을 것을 두려워하면서 삶을 헤쳐 나가며, 자신의 관계 속에 투사된 엄한 보호자에게 보호됨으로써 방어적이고 반항하는 태도를 취한다. 극도로 역기능적인 어린 시절의 환경에서 고통을 받은 6번 유형은 보호자로부터 아주 평가절하되거나 나쁘게 취급된다. 이들은 결국 자신을 파괴로 이끌고 자신에 대한 보호자의 부정적인 이미지로 무의식적으로 살게 되어 삶을 낭비한다.

더 나아가 3번 유형이 자신의 양육자를 더 잘 받아들이려고 다양한 정도를 스스로 포기함과 마찬가지로, 6번 유형은 자신의 보호자의 지원을 얻기 위해 스스로를 포기한다. 이들은 아마 충분히 지원받는다면 독립적이 될 것이라고 믿는다. 이것은 6번 유형이 자신감을 지니고 세상을 향해 움직일 자신의 능력인 내적 안내로부터 단절되었다고 느끼기 때문이다. 이들은 삶에 대한 공포적이고 의존적인 접근을 통하여 직접적으로 이것을 행동으로 옮길 것이다. 또는 공격적이고 공포대항적 행동으로 그것에 대항하여 반응할 것이다. 뭐라 해도 6번 유형은 실제로 자신의 내적 능력과 강점을 경험하지 않고, 재확인, 지원 그리고 성공적으로 삶에 종사할 자신의 능력의 증거를 찾기 위해 꾸준히 자신의 외부를 바라보지 않으면 안 된다. 그렇지만 6번 유형은 악화되어 감에 따라, 실제적으로 자신의 안전성을 파괴할 때까지 자신의 동맹과 권위에 대해 의존적이거나 혹은 자신에 대한 신경증적 반응이 증가된다.

6번 유형은 자신의 내적 안내를 신뢰하지 못하도록 배워 왔기 때문에, 자신의 초자아인 보호자를 내면화할 기준으로 삼을 것인지를 알아보기 위해 내적으로 자신의 활동에 의문을 갖는다. 6번 유형은 1번 유형처럼 자주 행동의 '정당함' 을 찾아내기 위해 노력한다. 그리고 자신의 다양한 스승들, 동맹자 그리고 권위적인 사람이 어떻게 자신의 선택에 부응할 것인가에 관하여 생각함으로써 정당함을 찾으려고 시도한다. 6번 유형은 이런 과정에서 마치 그 결정이 중요한 것인지의 여부로 여러 날 동안을 생각할 수 있다. 왜냐하면, 자신의 지원의 일부를 소외시키는 것을 무서워하기 때문이다. 마치 6번 유형은 정규적으로 자신이 동일시할 다른 사람들과 '탑승수속(check in)'을 위해 자신의 상상력 속에서 위원회와의 만남을 주선하는 것 같다. 심한 공포대항형 6번 유형은 불공평하게 보이는 권위에 대해 잘 호통칠 것이다. 그러나 이들 역시 자신의 지원망을 요구하고 그것을 위태롭게 하는 행동을 원치 않는다. 물론 불건강한 6번 유형은 신경증적인 활동과 편집증 때문에 자신의 지원제도를 약화시킬 수 있다. 그러나 이들은 그때 어떤 다른 안전성의 자원과 다시 관련되어 더 오래 지속될 것이다. 모든 6번 유형에서 나타나는 스스로의 삶을 지향하는 양식은 다른 사람들의 인정과 보증을 획득함으로써 이들의 본질 속에 깊게 뿌리내리게 해 준 것과 관계된다.

건강한 6번 유형에 대한 분석

1수준: 용감한 영웅

최상의 상태에 있는 매우 건강한 6번 유형은 스스로에게 의존하기를 배운다. 이들은 자신의 내적 권위와 접촉되어 있고, 보통수준 6번 유형이 끊임없이 의심하는 것과는 달리 스스로를 신뢰할 수 있다. 그러므로 다른 사람들과 그리고 역설적으로 자기 자신과의 균형을 이룬 관계를 형성하기 위한 적극적인 기반을 가지고 있는 것이다. 이들은 안전, 수용됨 그리고 스스로와 편안함을 느낀다.

자기 신뢰(self-reliance)는 내적이고, 자기 자신의 내적 강점, 즉 자기 자신의 내적 앎과 관계를 유지하는 한 과정이다. 이러한 관계가 이루어질 때 6번 유형은 자신이 순간마다 행하기를 요구하는 것을 정확히 알고자 하는 마음의 확실성을 소유한다. 더 나아가, 매우 건강한 6번 유형은 자신 안에서 꿋꿋함을 경험하고 삶이 자신에게 요구하는 것은 무엇이든 달성할 것이다. 건강한 6번 유형의 자기 신뢰는 단지 인간 영혼의 가장 깊은 곳에서 일어날 수 있는 삶과 일종의 지원 안에 있는 하나의 실제적인 기본적 특성이다. 그것은 결코 공포로부터 공격적으로 반응하는 것과 같은 것은 아니다. 매우 건강한 6번 유형의 자기 신뢰는 어느 누구의 도움 없이 자신의 고유한 능력과 가치의 실현으로부터 일어난다. 이들의 자기 신뢰는 이들 외부에 존재하는, 특히 권위적인 모습 속에서 보호와 안전을 찾는 것으로부터 단순한 믿음이 아닌 깊은 감동과 생동감 넘치는 경험으로 그 자신과 삶을 지탱하고 있는 신념을 발견하기 위해 방향 전환에 주의를 기울인다. 매우 건강한 6번 유형은 더 이상 반항적이 아닌 성숙한 이들 자신의 인격이다. 이들은 자신의 세상이 따로따로 떨어져 움직이는 것이 아니라는 것과, 삶이 가져오는 것이 무엇이든지 대처할 수 있을 것이라는 것을 믿고 있다. 결과적으로 자신의 존재에 중심을 두며 중요한 위기조차 침착, 결단력 그리고 우아함으로 방향을 전환시킬 능력이 있다.

건강한 6번 유형은 역시 적극적인 사고와 안심시키는 태도 때문에 다른 사람들에게 신뢰와 용기를 줄 능력이 있다. 이들의 태도는 조용하고, 결단력 있고, 더 나은 선을 위해 참을성 있게 일하는 의지로 의사소통한다. 이들은 자신 안에 있는 불굴의 용기를 안다. 그러므로 매우 건강한 6번 유형은 다른 사람들의 복지를 옹호하기 위하여, 혹은 불공평에 대항하여 변호하기 위하여 커다란 위험에 직면할 것이다 (이런 점에서 이들은 건강한 8번 유형 혹은 1번 유형과 유사할 수 있다.). 도전에 대한 이들의 접근에도 융통성이 있어 다른 사람들과 훌륭하게 일할 수 있거나, 혹은 쉽게 자신의 문제로 부딪칠 수 있다.

매우 건강한 6번 유형은 자신의 관계에서 최선을 가져오는 역동적인 상호 의존, 진실한 상호 호혜를 달성한다. 어느 누구도 관계를 지배하지 않고 어느 누구도 그 안에서 열등하지 않다. 건강한 6번 유형은 다른 사람을 지원할 수 있고, 다른 사람의 지원을 받을 수 있으며, 사랑을 주고받으며 자신과 다른 사람을 위해 일할 수 있다. 이들은 완전히 상호 협력적이며 상호 평등의 파트너이고 불안 없이 다른 사람과 상호작용한다. 이들은 진정으로 안전을 느낀다. 왜냐하면 자신을 신뢰하며 결과적으로 자신의 신뢰를 값있게 여기는 사람들을 신뢰할 수 있다.

이들은 가장 깊은 감정을 드러내는 것이 자유롭다. 왜냐하면 자신에 대한 신뢰인 내적 용기의 샘을 뚫어 왔기 때문이다. 더 이상 상황이나 자신의 감정에 반사적으로 반응하지 않기 때문에, 개인적인 일과 그의 업무에서 효과적으로 스스로를 표현할 수 있다. 만일 이들이 재능을 지니고 훈육을 받는다면 저명한 예술가나 지도자가 될 수 있을 것이다. 왜냐하면 이들은 스스로를 위하여 그들의 영을 북돋우고 육성하는 일들을 할 수 있기 때문이다. 매우 건강한 6번 유형은 특별히 효과적인 지도자다. 왜냐하면 이들은 불안정함을 느낀다는 것이 무엇이고 도움을 줄 누군가를 찾는 것이 무엇인지를 알고 있기 때문이다. 이들은 지금 다른 사람을 위해 창의적이고 진실한 안정을 도울 수 있다. 용기를 지니고 있는 것은 6번 유형에게 높은 성공을 가져올 것이며, 그것은 이들이 최상의 건강 상태일 때만 우리에게 보이는 이유다. 매우 건강한 6번 유형의 용기는 모두 더욱더 칭찬할 만한 것이다. 왜냐하면, 그것은 단순히 외적인 어려움에 대해 얻어지는 것이 아니라 습관적인 내적 의심에 대해서 얻어지는 것이기 때문이다("안정만이 용기다." -라 로슈푸코).

불안은 인간 조건의 한 부분이기 때문에 매우 건강한 6번 유형에게조차 자신은 결코 온전히 불안에서 해방될 수는 없을 것이라는 것을 기억하는 것이 유용하다. 물론 6번 유형이 더욱 통합적이 될수록 이들이 느끼는 불안은 더 적어질 것이나 자신은 역시 항상 불안으로부터 완전히 자유로울 수 없다고 생각할 수 없다는 것을 이해한다. 인간은 질병, 상실 혹은 운명의 불행한 수천 가지 사건에 대해 스스로를 보증할 수 없다. 그러므로 건강한 자기 신뢰의 6번 유형은 항상 절대적으로 안전할 것이라고 기대하지 않는다. 왜냐하면 이것은 불가능한 목표이기 때문이다. 오히려 더 높은 목표를 달성하기 위해 인간의 생존 영역에 동행하는 피할 수 없는 불안의 정도를 이용하는 것을 배운다.

2수준: 마음을 끄는 친구

건강한 6번 유형조차 상대적으로 항상 자신을 의존하지 않는다. 또한 다른 사람과의 평등성을 전혀 느끼지 않는다. 자신의 외부에서 안전을 찾기 시작한다. 한두 가지 이유 때문에 이들은 삶 속에서 포기된 존재이거나 혼자임을 무서워한다. 이들은 자신 내부의 강점에 대한 지원과 접촉을 끊고 스스로 생존하기 위한 내적 자원이 부족하다고 느낀다. 그러므로 다른 사람들의 지원이 필요하다고 느끼며 자신의 복지는 자신의 안전을 확장할 안전한 관계와 조직을 유지하는 데 의존한다.

단순히 본다면 6번 유형은 신뢰할 사람이나 신뢰할 그 무엇을 찾고 있다. 왜냐하면 이들은 자신에게서 믿음을 상실해 왔기 때문이다. 2수준에서 이것은 매우 이해하기 어려운 것이지만, 이들은 1수준의 자기 신뢰로부터 뚜렷한 방향 전환을 이룬 것이다. 6번 유형은 환경을 유심히 쳐다보기 시작하는데, 그것은 가능한 동맹과 지원자들을 발견하기 위한 노력이거나 자신의 안정성과 자기 신뢰를 확장할 상황을 찾기 위한 것이다. 이들은 다른 사람들과 연계될 수 있거나 사업 계획에 참여될 수 있는 방법을 찾기 위해 세상 속으로 진출한다. 이런 결과로 건강한 6번 유형은 정서적으로 다른 사람들의 마음에 들기 위한 능력을 개발한다.

건강한 6번 유형은 무의식적으로 다른 사람에게 호소하여 사람의 마음을 끄는 매력적인 특성을 지니고 있다. 때로는 이러한 특성과, 건강한 6번 유형이 그렇게 쉽게 다른 사람들의 관심을 끌 수 있는 매력에 대해 정확히 말하기 어렵다. 어느 경우에 건강한 6번 유형은 다른 사람들 속에서 무의식적으로 자신의 정서를 차지하면서 강한 정서적 반응을 일깨우는 방법을 알고 있다. 이들은 보통 스스로 이런 과정에 대해 무의식적으로 사람들이 자신에게 반응하게 하는 능력을 가지고 있다.

6번 유형이 사람들의 마음을 끄는 능력이 있다는 것은 다른 사람에 대한 자신의 순수한 호기심과 서로 유익한 관계를 찾기 위한 자신의 바람 때문에 좋은 일이 될 수 있다. 그것은 마치 6번 유형이 침묵으로 "우리는 친구가 될 수 있을까요? 우리가 함께 일할 수 있을까요?" 라고 묻고 있는 것 같다. 다른 사람들은 이들의 우정은 진심이고 그래서 적극적으로 반응하는 것이라고 느낀다. 6번 유형은 관계를 북돋는, 유혹하고 애교 부리는 특성을 가지고 있다. 비록 그렇다 하더라도, 이들의 눈 마주침, 많은 웃음 그리고 신체 단서들이 호소를 나타내는 것은 아니다. 그리고 그것은 아첨하는 방법으로써 반드시 명백하게 유혹적이거나 매력적인 것이 아니다.

우리는 이들의 호소를 어린이에게서 같은 과정을 관찰함으로써 더 잘 이해할 수 있다. 즉, 어린이들이 부모에게 보여 주는 신뢰, 기대 그리고 사랑의 정도는 건강한 6번 유형이 다른 사람에게 매력을 끄는 특성들이다. 이들은 비언어적인 메시지로 "여기에는 두려운 것이 없어요." 라고 의사전달을 할 수 있다. 이들은 아주 명랑하고 쾌활하며, 천진난만하고, 어린이다운 개구쟁이일 수 있다. 건강한 6번 유형은 역시 우스꽝스럽고, 자기비하적인 유머 감각을 소유하고 있고, 자신이 관계를 형성하기를 원하는 사람들을 짓궂게 괴롭힌다. 잘 다듬어진 농담은 6번 유형의 애정의 신호로, 이들이 다른 사람에게 안전을 느끼고 있으며 더 가까이하고자 하는 신호다.

이들의 자연스러운 붙임성 외에도 건강한 6번 유형은 믿을 수 있고 신뢰롭다. 이들은 자신의 일을 후원하기 위해 약속을 하거나 신속하고 끊임없는 행동을 제공한다(이 점에서 이들은 건강한 1번 유형으로 오인될 수 있다.). 이들은 다른 사람들이 기대할 수 있고 항상 착실함과 일반상식을 제공하는 사람이 되기 위하여 최선을 다한다. 건강한 6번 유형에게는 건실하고 철저한 성질이 있는데, 이것이 바로 5번 유형과 7번 유형, 즉 다른 두 사고유형의 건강한 성질과 구분되는 것이다. 이들의 지원을 위한 탐색은 건강한 6번 유형은 그들이 자신에게 흔들리지 않는 지원을 제공하는 것을 명확히 이해시킨다.

이런 착실함과 신뢰성을 가진 6번 유형은 닥칠 수 있는 위협과 문제를 지각하는 능력을 소유하고 있다. 안전을 위한 이들의 바람은 스스로를 어려움과 함정에 조화시키며, 자신의 환경에서 발생 가능한 문제를 꼼꼼히 살피고 주위의 모든 사람에게 안전을 확실하게 조치를 취하면서 방심하지 않는 경계심을 개발한다. 이런 재능은 건강한 6번 유형에 적합하고 자신의 삶 속에 함께하는 사람들에게도 좋다. 왜냐하면 이 세상은 제기될 것이 분명한 많은 위험과 어려움이 현존하고 있기 때문이다.

자연적으로 다른 사람들과의 관계를 형성하기 위한 이들의 시도는 서로 유익하고 기쁘게 해 주는 것이 될 것이다. 다른 사람들은 말보다 행동함으로써 더 이들의 우정, 신뢰 그리고 지원을 요구하고, 우정, 신뢰 그리고 지원을 되돌려 준다. 더 나아가, 다른 사람들과의 밀접한 사적인 관계 속에서 자발적인 양육과 자애로운 특성은 양자를 위해 매우 기쁘고 정서적으로 보상받을 수 있다는 것을 나타낸다. 그렇지만 다른 사람을 기쁘게 하려는 바람은 다른 사람을 우월한 입장에 빠뜨리고 이후에 의미 있는 결과를 가져올 것이라는 것을 주의할 필요가 있다.

3수준: 헌신적인 일꾼

일단 건강한 6번 유형이 자신의 안전을 찾기 시작해 왔고 어떤 믿을 만하고 안전하다고 여겨지는 사람, 관념 그리고 상황을 발견해 왔다면, 이들은 자연스럽게 이러한 일들 그리고 보호와 소속의 감정과의 관계를 상실할까 두려워하기 시작한다. 조금 더 정확하게는 누군가를 매혹하는 행동은 그 시도가 거절될 것이라거나 관계가 잘 지속되지 않을 것이라는 가능성을 불러일으킨다. 다른 사람들을 매혹하지 않으면 안 된다는 것은 건강한 6번 유형에게조차도 불안의 기미를 일으킴이 분명하다. 이들은 다른 사람의 선한 의지와 수용 속에서 스스로 외부로부터의 안정성을 추구한다는 것을 깨닫는 것 외에는 도와줄 수가 없다. 결과적으로 이들은 자신의 안정이 유지될 것을 확신시켜 줄 수 있는 우정, 동맹 그리고 안전 구조가 강화되기를 원한다. 다른 사람들과 자신이 스스로 참여하고 있는 직업과 사업 계획에 자신을 완전히 헌신함으로써 안정을 유지한다.

결국 건강한 6번 유형은 아주 실천적이며, 책임감이 있는 사람이 된다. 모든 일에 훈련과 인내뿐만 아니라 일과 활동에 주의 깊은 배려를 지닌다. 6번 유형은 자신의 일에 대한 긍지를 느끼기 원한다. 그리고 자신이 헌신해온 사업 계획을 수립할 예정이라는 공헌에 대한 자부심을 느끼기 원한다. 이들은 조직 관리를 유지하는 데 아주 효과적이다. 특히 주요 기관, 중소기업 혹은 가계 예산 분야에 효과적이다. 검약하고 부지런하며, 또 열심히 일해 스스로 다른 동료나 혹은 회사에서 가치가 있는 자산을 이루고 있다. 이런 점에서 6번 유형은 세상에서 자신을 위한 장소가 될 곳과 자신의 업무가 자신에게 상대적으로 안전과 안정을 유지해 줄 것을 확인하려 노력한다.

특히 만일 재능이 있어 교육받는다면 대부분의 6번 유형은 분석과 중재역의 기술을 가질 것이다. 이들의 경계는 상세한 설명을 하는 능력과 명령을 잘 주고받는 능력으로 바뀐다. 일반적으로 6번 유형은 매개변수가 분명하게 정의되고 이해된 조직 속에서 일하는 것을 즐긴다. 이러한 조직 내에서 6번 유형은 컴퓨터 프로그래머, 엔지니어, 법률 전문가, 공인회계사, 음악가 등 어떤 직업을 가졌든지 간에 창의적이고 독창적으로 일하는 데 안전함을 느낀다. 이들은 자주 자신의 업무에서 고도로 개발된 장인의 기능을 발휘한다. 이것은 이들이 자신의 사업 계획에 기울인 관심과 솜씨를 나타내는 것이다. 이런 이유로, 그리고 매우 호감이 드는 건강한 6번 유형이기 때문에 만일 충분히 재능이 있다면 자신의 전문 분야에서 두각을 나타낼 것이다.이들은 더 빠르고 더 뽐내는 산토끼를 이기는 집요한 거북이처럼 성공한다.

또한 건강한 6번 유형은 평등주의자 정신과 강한 사회복지 감각을 불러일으킴으로써 기업을 창설하거나 참여하는 데 기여한다. 이들은 다른 사람들을 존중하고 누구든지 우월자라거나 직원이라기보다는 오히려 파트너 혹은 협력자처럼 느끼는 단체조직의 분위기를 창조할 수 있다. 이들은 자신의 안정성이 크게는 자신이 고용된 곳과 자신의 지역사회의 복지에 달려 있음을 이해한다. 그러므로 자신의 공동체를 안정적이고 건강하게 만들 제도와 조직을 유지하기 위해 다른 사람들과 상호 협력하며 일한다. 자신의 마을과 아파트 건설을 증진시키기 위해 교육위원회 혹은 다른 위원회에 협력하면서 지역의 정책적인 일에 참여할 것이다. 대부분의 6번 유형에게 공적인 봉사가 간청되는 이유는 그것이 자신에게 많은 긍정적인 가치를 위한 활동 무대를 주기 때문이다. 비슷하게 6번 유형은 어느 수준에서 항상 국가적 수준은 아니지만 적어도 자신의 전문 분야나 지역 공동체 수준의 정치에 자주 흥미를 느낀다. 또 자신을 자신의 일과 자신의 환경에 대한 집사로 여기며 그것들을 보호하고 보존할 수 있는 일을 하기를 원한다.

동시에 같은 이유로 건강한 6번 유형이 자신 주위에 진행되는 어떤 부정이 있음을 감지한다면, 혹은 만일 다른 사람들이 자신의 일부인 제도 내에서 권력을 남용하는 것을 지각한다면, 의혹을 제기하는 것을 두려워하지 않는다. 그렇지만 우리가 알 수 있는 것과 같이 보통수준 6번 유형은 이러한 상황에서 자신이 좋아하지 않는 사람과 상황에 대항하여 수동-공격적(passive-aggressive) 기술을 사용하면서, 혹은 실제적으로 스스로 공동체 안정의 파괴 활동자로 공포를 느끼게 하면서 용기를 잃는 경향이 있다. 하지만 건강한 6번 유형에게서, 권위를 질타하는 기꺼운 마음은 일반적인 복지에 대한 진정한 관심, 그리고 통합과 정직에의 헌신을 반영한다.

개인적인 수준에서 건강한 6번 유형은 특별히 정서적 연대를 형성하게 된 다른 사람에게 자신을 진심으로 맡길 수 있다. 이들은 에너지를 다른 사람들의 복지에 바치고 다른 사람이 자신에게 친절하게 반응하기를 원한다. 이것은 비록 '친구의 가족' 이라 할지라도 어떤 종류의 가족의 일부분이 된다는 것이 이들에게 자주 중요한 이유다. 가족은 실질적으로 6번 유형이 추구하는 일종의 정서적 지원과 안정성의 상징이다. 이들은 자신이 의존할 수 있는 사람을 갖고, 무조건적으로 수용되고 소속될 곳이 있기를 원한다. 가족과 친구와 밀접히 연결된 끈을 가지는 것은 이들이 혼자가 아니라는 것을 스스로에게 느끼게 해 준다. 다른 사람에게 헌신하는 것이 포기하려는 것의 두려움을 감소시킨다.

건강한 6번 유형의 몇 가지 덕목은 오늘날의 "내가 먼저!" "1등을 위해 경계하라." 등으로 사회에서는 인기가 없다. 그렇지만 이 성격유형의 자산, 즉 인내, 충성, 정직, 열심, 가족과 친구 그리고 집단의 일반 복지에 대한 헌신은 자신을 위한 것이므로 해명할 필요가 없다.

보통수준 6번 유형에 대한 분석

4수준: 의무감 넘치는 충성스러운 사람

일단 6번 유형이 사람이나 집단에 헌신하면, 이들은 관계의 안정성을 위태롭게 하는 일을 두려워하기 시작할지도 모른다. 이들은 '평지풍파를 일으킴'과 같은 자신의 안정을 파괴하는 두려움 때문에 어느 방향에서 힘차게 움직이는 것을 두려워한다. 6번 유형은 자신이 견실하고 한결같이 여기는 생활양식에 일관되게 열심히 일해 온 것을 느끼며, 나쁘게 될 것 같은 모든 일들에 관해 근심하기 시작한다. 결과적으로 이들은 자신의 동명과 권위자에게 받아들여지고 인정받기 위해 더 열심히 일함으로써 자신의 '사회적 안정' 제도를 더 강력하게 하려고 한다.

그러므로 보통수준 6번 유형은 자신이 업무를 수행하고 그 다음에 뒤따를 수 있는 더 큰 책임과 복종을 강조하면서 떠들어 댄다. 이들의 불안은 스스로에게 책임이라는 짐을 지우게 한다. 왜냐하면 자신의 위치가 안정되는 것과 자신이 주위를 증진시키기 위해 일하는 데 조직 없이 방치될 수 없음을 보증하는 것을 원하기 때문이다. 이들은 "만반의 준비를 하라."라는 것을 모든 각도에서 고려하고 책임지기를 원한다. 그리고 미래에 닥칠 어떤 가능한 문제에 대비하기를 원한다. 보이스카우트의 구호인 "준비."는 브통수준의 6번 유형에게 아주 잘 맞는다. 이 수준에서 이들은 다방면에서 직업의 지원을 마련하거나, 혹은 자신의 가정을 유지하고 가정경제를 조사할 자유로운 시간을 보낼 수 있다. 다른 사람들은 만일 이들이 업무량과 압박을 원망한다면 이들이 사기가 떨어질 것으로 의아해 한다. 그러나 6번 유형은 압박이 가벼워지자마자 자신을 위해 일감을 더 찾아내며 자신의 책임과 의무를 완수하려 기꺼이 노력한다.

비슷한 태도로 보통수준 6번 유형은 미래에 자신을 끊임없이 지원해 줄 상황과 기관에 자신과 자원 그리고 에너지를 바치는 데 몰두한다. 이런 이유로 이들은 '실적'이 부족한 일, 조직 혹은 기관에 참여하는 것을 좋아하지 않는다. 이들은 의사, 치료사, 법률가의 신임을 주의 깊게 조사한다. 즉, 자동차나 집을 구입하기 전에 그것의 배경을 꼼꼼하게 살필 것이다. 만일 이들이 오늘 헌신한다면 헌신한 일이 예견되는 미래에 찾아올 것인지를 알기 원할 것이다. 확실한 조심성은 이들의 생각에 영향을 미치기 시작하고 결과적으로 이들의 선택을 제한한다.

4수준에서, 6번 유형이 더 건강한 수준에서 보였던 많은 자기 신뢰는 사라지기 시작하고 보통수준 6번 유형은 자신에게 대답을 제공하거나 확신을 더 느끼도록 하는 사고와 신념의 특별한 제도에 더 애착을 보이고 동일시한다. 동시에 이들은 자신의 관념과 사고에 의문을 제기하고 의심하기 시작할 것이다. 이런 일이 생김에 따라 6번 유형은 자신의 관념이 정확하다는 것을 스스로 확신시키는 방법으로서 '자신이 말하고자 하는 것에 관해 아는 듯 보이는' 사람들에게 재차 확인하기 시작한다. 간단히 말해 이들은 자신이 믿는 것이 진실이라는 확증을 찾는 것이다.

이들의 재확인 욕구의 대부분은 이들 자신의 의사결정 능력에서 자신의 신뢰 결핍의 징후로 보일 수 있다. 스스로 의사를 결정하는 대신에 보통수준 6번 유형은 점점 자료, 권위적인 교재 혹은 법칙과 규칙, 예를 들어 한 종류나 다른 종류의 '경전' 속에서 전례와 답변을 찾는다(지도자로서 역할을 수행하는 보통수준 6번 유형은 독립적으로 의사를 결정하려는 것보다 오히려 위원회를 형성하고 합의를 통하여 관리함으로써 가장 쉽게 처리한다.). 자신이 경계와 의례를 관찰하고 있을 때라도 6번 유형은 스스로 두 번째 단계를 추측하고 자신이 그것을 옳게 취할 수 있을지 걱정한다. 이들은 자신의 해석이 '궤도상'에 있다는 것을 확실히 하려고 친구나 권위와 함께 점검한다. 또한 이것은 6번 유형이 권위적으로 보는 어떤 사람이나 사물, 즉 군대의 규칙을 판단할 숙련된 하사관에서부터 교회의 법을 해석할 목사, 사회의 법을 판단할 법 그 자체일 수 있다. 만일 이들이 규칙을 이해한다면 이들은 비판과 가능한 처벌을 피할 수도 있을 것이라고 느낀다. 이들은 어떤 점에서 규칙을 깨뜨리는 것을 선택할 수도 있다. 그러나 6번은 행동에 옮기기 전에 이 규칙들이 무엇이고 얼만큼 확대 해석해야만 하는지를 정확하게 알고 싶어 한다.

이것은 보통수준 6번 유형이 어떤 일에 의사를 결정할 수 없다는 것을 의미하는 것은 아니다. 그러나 이들은 주된 결정을 할 때 더 갈등하고 더욱 자기 의심을 한다. 자신의 가족에게 직접적으로 영향을 주는 직업 선택이나 결심 혹은 고용의 안정성은 주된 불안의 원천이 된다. 물론 중요한 결심은 어느 누구에게나 쉽지 않다. 그러나 보통수준 6번 유형은 마치 끊임없이 자신이 해야 할 것에 관한 결론에 도달하고 나서 끊임없이 그것을 의심하거나 부정하면서, 스스로가 실제적 및 정서적 엉킴으로 진행할 수 있다. 보통수준 6번 유형은 다른 사람을 의사결정에 참여시키기 때문에 상황은 더욱 복잡해진다. 그러므로 이들은 불안의 폭풍, 상담 그리고 중요한 선택을 할 때마다 생기는 의심을 통과하도록 강요받는다.

그렇지만 의사를 결정하는 몇 가지 어려움에도 불구하고 이 수준에 있는 6번 유형은 결단력이 없는 변변치 않은 사람은 아니다. 이들은 자신의 관점에서 보면, 단지 존경받을 합리적인 권고를 지키고 있는 중인 진실한 신앙인이다. 왜냐하면 자신은 권위의 무게와 자신의 측면에서 시간이 검증한 전통적인 가치를 가지고 있기 때문이다. 그러므로 보통수준 6번 유형은 일을 하기 전에 몇 가지 형태의 '허가'를 얻을 마음이 없고, 또 규칙과 사무적인 절차를 따를 마음도 없다(정말로 보통수준 6번 유형은 자신을 위해 일한다는 권위로 규칙과 통제를 버리는 데 교묘하다. 즉, 자신의 측면에서 법과 조직을 가지는 것은 가끔 아주 매우 편리할 수 있다.).

그러므로 많은 보통수준 6번 유형은 전통주의자들, 조직체 사람 그리고 팀원이 되면 편안하다. 이들은 모든 종류의 집단의 중추인 공공기관과 관료제도에서 가장 많이 차지하는 중요한 성격유형이다. 보통수준 6번 유형은 자신의 삶에서 억압하는 조직 대신에 엄격한 조직을 가짐으로써 강해졌음을 느낀다. 이들은 자신보다 더 큰 어떤 것에 소속되는 것이 혼자가 아니고 더 강하고 더 안전하다고 느끼게 한다. 왜냐하면 자신이 버틸 수 있는 곳이기 때문이다(동호인이나 클럽 혹은 큰 단체는 마치 정당, 대학, 연합체 그리고 종교적 길과 관계에서 행하는 것처럼 이런 호소를 한다.). 단체와 제도가 제공하는 안전성은 개별적인 구성원의 강점을 훨씬 능가한다. 그리고 단체는 개인이 혼자 이룰 수 없는 많은 것들을 성취할 수 있다. 역시 보통수준 6번 유형을 정서적으로 만족시키는(예, 사무실에서 운동 팀이거나 여자들 사이의 '결속') 친밀한 우정을 불러일으킨다. 그렇지만 두 가지의 중요한 약점이 있다. 하나는 6번 유형이 자신의 의무라고 느껴지기 때문에 일하는 경향이 있다는 것이다. 책임감이 이들에게 부여되기 시작하며 이들이 실제로 하길 원치 않는 과제를 수행하는 것을 발견한다.

두 번째는 집단 혹은 정치적이거나 종교적인 견해, 전통 혹은 조직에 자신의 자아를 동일시하는 것은 편협한 방법으로 세상을 바라보도록 하는 시각을 조장한다. 그 세상은 누구나 '이들' 대 '우리'의 집단으로 나뉜다. 물론 사람들이 이들이 생각하듯이 생각하는 사람, 같은 가치를 가진 사람 및 종교, 국가 그리고 정치에 관한 같은 확신을 나눌 사람을 알 때, 세상은 크게 단순화된다. 그러나 역시 파벌주의는 사람들 사이에 불필요한 분열을 야기한다. 그리고 이들 자신의 집단 내에서조차 보통수준 6번 유형은 누가 중요한 역할을 하는지를 발견하는 데 노력한다. 이들은 다른 사람이 자신이 한 만큼 진정으로 책임과 의무를 다하지 않을 때 좋아하지 않는다. 만일 다른 사람들이 충성스럽고 헌신적이지 않다면 6번 유형을 화나게 할 뿐 아니라 6번 유형에게 위협이 된다.

보통수준 6번 유형은 자신과 일치하는 사람들을 위해서는 충성을 다한다. 보통수준 6번 유형이 어려움이 있을지라도 이들의 정서적 연계를 깨뜨리는 것이 극도로 어려움을 발견한다("한 번 친구는 영원한 친구다."). 만일 6번 유형이 심정을 폭로한다면 이들의 사랑은 조만간 결코 무관심이 아닌 증오로 변할 수도 있다. 더 좋든 나쁘든, 이들은 개인, 축구 팀, 국가 혹은 교회 등 어느 것이든지 결코 이들의 애착 대상이 된다. 이들의 책임은 그것이 피상적인 선택이 아니라 현 존재의 중요한 부분이 될 것이라는 것에 동일시되기 때문에 지속된다. 결과적으로 보통수준 6번 유형은 어떤 사람이나 어떤 것을 수용한다는 것에 더욱 시간이 필요하게 된다. 왜냐하면 이들은 자신의 책임에 따라 쏟아질 거대한 힘에 대해 알기 때문이다. 이들은 자신의 충성을 받치고자 하는 가치 있는 사람이 누구인가를 스스로에게 묻기 시작한다.

5수준: 양면적인 비관주의자

만일 이들이 스스로 수행하고 있는 책임과 의무를 지나치게 확장하려 한다면 6번 유형은 자신에게 주어진 압력과 요구에 응할 수 없게 될 것을 두려워하기 시작한다. 또한 자신의 동맹과 지원체제의 안정성을 상실할 것에 대한 두려움도 있어 책임과 의무를 다하려고 한다. 이것은 이들을 위한 중요한 문제를 야기시킨다. 이들은 자신이 헌신해 온 사람들을 실망시키거나 심지어 화내지 못하고 경험하고 있는 압력과 스트레스를 어떻게 감소시킬 수 있을까? 그때 6번 유형은 자신의 동맹과 권위의 기대, 그리고 자신의 어깨에 놓인 다른 요구에 저항하는 더 나은 자신의 욕구 사이에 어려운 길을 걷기 시작한다.

결국 6번 유형은 자신이 동등하게 공헌해 온 모든 사람들이 함께 할 수 없다는 것을 깨닫는다. 분명하게 어떤 사람과 상황은 다른 사람보다 6번 유형의 요구에 더 중심을 두고 있다. 그러나 의사를 결정하는 데 따르는 어려움은 6번 유형이 '실망시킬' 사람을 결정하도록 강요당하는 만큼이나 훨씬 더 고통스러워진다. 그러므로 이들은 실제로 자신 편에 있는 사람과 실제로 신뢰할 만한 자원이 될 사람을 발견하기 원한다. 이 수준에서 6번 유형은 다른 사람들이 자신에 관해 어떻게 느끼는가를 알기 위해 (자신의 동맹과 권위의 모습을 포함한) 다른 사람들을 시험한다. 자신과 다른 사람에 대해 불안을 느끼고, 때때로 다른 사람을 향해 방어적이고 때로는 유순하게 반응한다. 어느 때는 동시에 두 가지 길을 다 취하는 듯하다.

이런 딜레마는 보통수준 6번 유형은 자신의 생각, 감정 그리고 행동에 강하게 반응하기 시작하기 때문에 과장된다. 이것은 정말로 6번 유형이 4수준에서 취한 추측된 극화로 이루어진다. 그러나 여기에서 정서적인 내용은 더 강하고 더 변덕스럽다. 보통수준 6번 유형은 냉정한 가슴을 유지하기를 원한다. 그리고 일이 부드럽게 진행되는 동안 이들은 일반적으로 그렇게 한다. 그렇지만 문제가 발생할 때 이들의 내적 명령은 재빨리 높은 신경증과 혼란을 자아낼 수 있고, 그것은 자주 충격적인 반동을 이끌어 낸다. 이런 상태에서 6번 유형은 자신의 문제에 대한 적절한 반응에 도달할 수 없는 듯하다. 자신이 너무 순종적이라 생각할 수 있고 자신에 대한 집단에서의 다른 사람의 생각이 무엇인가를 의심하기 시작한다. 이들은 그때 권위를 포함한 사람들에 반대하여 반응하는 것이 적어도 자신의 자존감을 유지시켜 준다는 결론에 도달할 수 있다. 보통수준 6번 유형은 자신이 강점을 지닌 존재인지, 혹은 다른 사람들이 자신을 실제로 존중하는지 어떤지를 의아해한다. 그래서 이들은 더 경계하고 의심하게 된다. 건강한 6번 유형은 믿음직스럽고 꾸준한 반면, 보통수준 6번 유형은 때로는 사소한 방법으로, 때로는 책임을 부인하고 쉽게 방어적이 됨으로써 회피하기 때문에 예측할 수 없다.

자신과 사람들의 관계에서 이런 대립되는 긴장 때문에 보통수준 6번 유형은 아주 양면적이다. 보통수준 6번 유형은 자신의 마음이 유순하거나 공격적인 충동들, 즉 다른 사람들이 자신을 좋아하는 감정과 좋아하지 않는 감정들 사이에서 동요한다. 혹은 6번 유형은 다른 사람들을 좋아하면서도 다른 사람을 좋아하지 않는다는 것을 느낀다. 다른 사람을 향한 자신의 양면성을 아는 것은 다른 사람들이 똑같이 자신에 대한 양면성이 있다는 것을 이해하면서 느끼게 한다. 그리고 6번 유형은 자신이 다른 사람에게 돌아설 수 있는지를 아는 것은 다른 사람이 자신에게서 잘 돌아설 수 있음을 느끼기 때문이며, 그래서 이들은 방어적이 되고 회피적이 된다.

건강한 6번 유형은 진실로 개방된 마음과 호기심을 가지고 다른 사람들과의 관계를 맺는 방법을 찾는다. 그러나 5수준의 6번 유형은 책임에 부담을 느끼며 더 나은 생각이나 지식을 취하는 데 마음 내켜 하지 않는다. 이들은 새로운 견해와 생각에 회의적이 되고 이미 아는 견해와 접근으로 이해하려고 많은 노력을 기울이며 이미 알고 있다는 감정에 회의적이 된다. 그러므로 변화를 두려워하고 저항하기 시작하며, 변화를 자신의 안정에 잠재적 위협으로 보면서, 자신에게 느껴진 마음이 혼란스러워 여러 가지가 첨가된다. 그러므로 그들의 생각과 견해는 더 수비적이고 자기의 입장을 굳히고자 한다. 이들은 분명하게 추리하는 능력과 또 일치하지 않는 주장으로 흥분하여 말하고 그럴듯한 논쟁에 빠져든다.

보통수준 6번 유형은 자신의 내적 권위와의 관계를 상실하기 때문에 지금 자신의 일을 처리하는 데, 스스로 의사결정을 하는 데, 혹은 다른 사람들에게 그런 일을 하도록 부탁해야 할 것인지를 판단하는 데 어려워한다. 이들은 자신의 마음을 다스리지 못하며, 자신과 그들이 실제로 하기를 원하는 것이 무엇인지를 확신하지 못하고, 꾸물거리며 주위를 맴돈다. 만일 자신이 행동해야만 한다면 의사결정을 소심하게 하고, 자신을 안내하고 보호할 율법주의와 전례로 극도의 주의를 요한다. 어떤 일들이 이루어져야만 할 때, 이들은 마지막 순간까지 출발을 기다리면서 심리적 압박감으로 일을 수행한다.

양가감정은 심리학자들에 따르면, 아마도 많은 환자들이 치료받을 때 나타내는 우유부단과 불안 때문일 것이라고 기술된다.

> 수동-공격적 양가감정은 우유부단함를 초래하고, 태도, 반대되는 행동과 감정, 그리고 일반적인 산만함과 불예측성을 동요시키면서 이들의 일상생활에 끊임없이 들이닥친다. 이들은 편안함과 안정을 획득하는 수단으로써 다른 사람들의 고집대로 따라갈지, 아니면 스스로에게 돌려야 하는지, 또 다른 사람들에 공손하게 의존해야 하는지, 그들에게 반항적으로 저항하고 독립적이어야 하는지, 그리고 세상을 지배하기 위해 주도적이어야 하는지, 게으르게 앉아 다른 사람들의 지시를 수동적으로 기다려야 하는지를 결정할 수가 없다. 그때 이들은 속담에 나오는 당나귀처럼 처음에는 이 건초더미로, 그리고 다음에는 다른 건초더미로 움직이며 결코 가장 좋은 위치에 안정되어 있지 않고 자주 흔들거린다(T. Milon, *Disorders of Personality*, 244).

6번 유형은 자신의 행동에 따른 압박과 책임을 모면하기 위해 양면성을 묵인하는 반면, 그것은 이들을 긴장하고 피곤하게 하는 까닭에 역시 많은 정서적 스트레스를 낳게 된다. 그것은 마치 이들이 한 발을 가속기에, 그리고 동시에 다른 한 발을 제동기에 얹는 것과 같다. 이들은 일종의 긴장 아래 있을 때는 언제나 많은 불평을 하고 까다롭고 부정적이다. 보통수준 6번 유형의 가족들과 친구들은 저녁 대화가 문제를 제기하는 내용이거나 이들이 믿는 사람에 관한 푸념에 대한 지겨운 설명이 되는 경향이 있음을 잘 안다. 이들은 마치 자신의 삶 속에 있는 모든 것이 어렵고 재미없는 것처럼 성을 잘 내는 듯하다. 이들은 '침소봉대' 하며 어떤 상황에서 문제를 발견하거나 그러한 문제가 풀리지 않는 것도 발견한다. 어떤 생각이 풀리지 않는 이유를 발견할 수도 있다. 특히 약과 알코올은 긴장을 감소시키는 데 사용될 수 있다. 그렇지만 만일 6번 유형이 불안의 해결책으로 이 둘을 과용한다면 이들은 역설적으로 권위와 신념체계에 대한 의존을 다른 어떤 것, 대부분 나쁜 것에 의존함으로써 위험에 빠진다.

이 수준에서 6번 유형은 자신의 의향에 관해 복합된 신호를 보내는 한편, 다른 사람에게 결정의 책임을 강요하기 때문에 그러한 문제들을 다루는 데 극도로 실망한다. 하나의 결과는 어느 누구도 이들로부터 똑바른 답을 얻을 수 없다는 것이다. 즉, 예가 아니요를 의미하고 그 반대도 의미한다. 예를 들어, 저녁을 먹기 위해 어느 누구를 만나기를 좋아할 것이라고 말할 수 있다. 그러나 결코 데이트에 동의하는 것은 아니다. 이들은 친절해 보이지만 방어적이고, 한 손으로 사람을 잡고 있는 한편, 다른 손으로는 그들을 놓아 준다. 보통수준 6번 유형의 애매한 태도는 다른 사람들을 최우선으로 내세우고, 한편으로는 결정된 것을 따르거나 거절하거나 하는 예측할 수 없는 반응을 계속한다. 만일 그 어떤 것이 잘못된다면 이들은 불충분한 결정에 따른 책임을 회피하는 반면, 그것에 관해 큰소리로 불평한다.

보통수준 6번 유형은 다른 사람들에게 간접적으로 공격적이 됨으로써 수동-공격적인 본성의 공격적인 면을 표현한다. 예를 들어, 화가 난 한 6번 유형은 그 사람에게 전화를 걸 수도 있고, "잊어버리자." 하며 돌아설 수도 있다. 수동-공격적인 종업원은 유통기한을 잊거나 혹은 재료를 잃어버림으로써 사장을 좌절시킬지도 모른다. 이들의 간접성 때문에 수동-공격적인 공격은 결코 공개된 것이 아닐지라도 6번 유형의 책임을 피할 수는 없다.

수동-공격적인 간접성은 이들의 모든 사회적 상호작용과 유머에 이르기까지 나타난다. 그 유머는 날카롭고 풍자적인 것이다. 수동-공격적인 유머는 6번 유형에게 간접적으로 의미하는 것의 반대를 말함으로써 한 방의 잽을 날린다("물론 나는 당신을 존중한다—나는 당신이 받을 만한 존경을 담아 당신을 대할 것이다."). 사람들은 신랄한 6번 유형의 농담을 이해할 때까지 그 이유를 알지 못할 수도 있다.

이 수준은 보통수준 6번 유형의 악화로 가는 하나의 전환점이다. 처음으로 이들은 자신과 다른 사람을 향한 자신의 태도가 혼란스럽다는 것을 깨닫는다. 다른 사람과 자신에 대해 의심하기 시작한다. 다른 사람에 대한 자신의 충성이나 자신에 대해 다른 사람이 어떻게 느끼는지에 대해서 확실하지 않다. 이들은 자신의 생각과 느낌을 둘 다 알지 못한다. 해야 할 것 혹은 하지 말아야 할 것에 대한 확신도 없다. 간단히 말해, 모든 종류의 의심과 불안의 마음이 생겨서 작동하면 그러한 마음을 없애기가 어렵다.

6수준: 권위적인 반항자

보통수준 6번 유형은 의심과 불안을 해결하려고 하기보다는 오히려 의심과 불안에 대해 반응하면서 또 다른 반동의 행동을 획책한다. 이들은 양가감정과 우유부단함 때문에 동맹과 권위의 지원을 받지 못할까 두려워한다. 그래서 자신이 불안하지 않고, 우유부단하지 않으며, 혹은 의존하지도 않는다는 것을 입증하기 위해서 지나치게 열심히 하고 공격적이 됨으로써 과잉 보상하게 된다. 이들은 '괴롭힘을 당할' 수도 없고 이용당할 수도 없다는 것을 다른 사람이 알게 하기를 원한다. 사실, 자신의 두려움과 불안은 임계점에 도달하고 6번 유형은 '냉정을 되찾고' 자신의 두려움을 힘찬 행동을 통해 통제하기를 시도한다. 이들은 동맹과 자신의 적에게 자신의 힘과 가치를 증명하기 위해 수동적인 면을 억압하는 시도로 자신의 수동-공격적 양가감정 중 공격적인 면을 강하게 주장한다.

이 수준에서 6번 유형은 기본적으로 공포적이거나 아니면 공포대항적이어서 자신을 자극하는 것이 무엇이든지 그것과 싸움으로써 자신의 증대한 불안을 제어하려고 노력하면서 더욱 공공연하게 공포대항적이 된다. 이러한 공포대항은 순진한 형태에서 자신의 두려움을 제어하는 사람이 잘 쓰는데, 예를 들어 어둠에 대한 두려움을 지닌 어린이에게 두려움을 극복하게 하기 위해서는 의도적으로 어두운 방으로 가게 할 수 있다. 그러나 이 수준에서 보통수준 6번 유형은 순진함과는 거리가 멀다. 공포대항은 이들을 과잉 보상하게 만든다. 즉, 자신을 위협하는 것이 무엇이든 비난하고 꾸짖는다. 자신이 괴롭힘을 당할 수 없다는 것을 입증하면서도 다른 사람을 괴롭히고 방해하면서 반항하고 호전적이 된다. 이 수준에서 6번 유형은 자신에 대한 의심으로 가득 차서 열등감을 없애 줄 위치를 찾거나 더욱 강하게 자신의 입장을 필사적으로 유지하려고 한다.

이들의 과잉 보상적 공격이 강한 것은 아니지만, 어느 관점에서는 이들을 좌절시키거나 소외시킴으로써 다른 사람에게 우월감을 느끼게 하는 한 방법이기도 하다. 역설적으로 6번 유형은 다른 사람들에게 소외되고 다른 사람의 지원을 거절하기 시작하며, 다른 사람들과 떨어져 지원 없이 남겨지는 것에 두려움을 지닌 사람이다. 이 수준에서 6번 유형은 술수를 부린다. 그리고 '가망이 없는' 자신의 안정에 잠재된 경쟁자 혹은 위협과 충돌하며 일한다. 만일 이들이 권위자, 군인 그리고 호언장담하는 사람과 같이 다른 사람들보다 힘을 가진 위치에 있다면 그들은 고함을 치고 위협하는 비열한 압제자를 풍자한 장면과 같다. 이들은 혐오하는, 즉 독단적이고 불공평하고 변호적이고 권위적인 사람이 된다. 보통수준 6번 유형은 이 수준에서 인색하고 비열하기 때문에 생활이 다른 사람들을 어렵게 만든다.

우리는 이미 보통수준 6번 유형은 단체와 지위와 행동을 같이한다는 것을 알고 있다. 그러나 이 수준에서 이들은 '우리 편인' 사람과 '우리에게 적대적인' 사람으로 엄격히 구분하고 극단적으로 열렬한 당원이거나 독재주의자가 된다. 우리에게 반대하는 어느 누군가를, 즉 외부 대 내부, 친구 대 적으로 나누는 이들의 노출된 이분법으로 진압하려 한다. 이들의 태도는 '나의 국가(나의 권위, 나의 지도자, 나의 신념)는 옳거나 혹은 그르다.' 다. 이들의 신념이 도전받을 때, 보통수준 6번 유형은 자신의 중요한 삶의 방식에 대한 공격으로 여긴다. 불안이 아직도 자신의 중요한 문제로 있는 동안 이 수준에서 다른 사람에 대한 비합리적인 두려움과 증오는 바로 불안의 징후다.

권위주의자인 6번 유형은 자신이 믿고 있는 모든 것들에 안전을 창출하고 지키기 위해서 극도로 편견적이고 닫힌 마음을 가진다. 모든 제3자를 잠재된 적으로 의심하고 포위당한 의식으로 반응한다. 이들은 음모를 두려워하면서도 다른 사람에 대해 음모를 꾸민다. 이들은 완전히 자신의 편이 되지 않은 듯이 보이는 자신의 집단 구성원에 대해서조차도 적으로 돌리는 데 모든 능력을 사용할 것이다. 그러나 과잉 보상의 역동성 때문에 6번 유형은 역설적으로 자신이 기꺼이 받아들이는 그 신념들로부터 벗어난다. 자유와 민주주의를 확고하게 믿고 있는 6번 유형은 열광적인 고집불통과 권위주의자가 되고, 같은 시민에게 시민의 권리를 간절히 부인하고 싶어 한다. 기독교인은 기독교인으로서 자신의 신념을 부정하기 때문에 증오한다. 법과 질서를 지키는 사람은 법이라는 이름 아래 범법자가 된다.

지도자인 6번 유형은 특별히 이 수준에서 위험하다. 덜 건강한 6번 유형은 집단에 대한 두려움과 불안을 활용할 수 있고 그것들을 표현할 수 있기 때문에 정기적으로 정치에 불쑥 나타난다. 이들은 문제들 때문에 다른 사람을 비난하지만 거의 피상적이고 실제적인 해결을 제공하지 않는다. 6번 유형은 집단의 '전통적 가치'를 유지하기 위해 자신의 분명한 공격성과 의지력으로 어느 정도는 지도자로서 인기를 누릴 수 있다. 불행히도 이들은 항상 자신의 배후에 폭도의 힘을 획득할 수 있기 때문에 다른 사람 안에서 불안정을 선동하는 선동정치가가 되는 결과를 낳는다. 불안정성은 용기가 아닌 충동성에 있다.

6수준에서 6번 유형이 어떤 것을 위해 일한다는 것은 매우 어렵다. 대신 이들의 에너지는 사람과 사물에 반대하여 존재함으로 활기를 띠게 된다. 이들은 고전적인 혁명론자들인데, 자신의 적들을 패배시키면서 딱 맞는 제도를 세우는 일에는 무관심하다. 실제로 이 수준에서 6번 유형은 자신의 불안을 방출하기 위한 적들이 필요하다. 만일 자신의 문제를 비난할 사람이 아무도 없다면 스스로에 관한 자신의 죄와 두려움은 차츰 확대될 것이다—이것이 이 수준에서 자신에게 견딜 수 없는 기대다. 만일 적이라고 분명하게 한정된 것이 없을 경우, 과잉 보상하는 6번 유형은 공격의 초점으로서 일종의 희생양으로 결정할 것이다. 이 수준에서 6번 유형의 추한 면의 하나는 자신의 억압된 불안들을 풀어 줄 수 있는 사람이나 집단을 가지려는 욕구다. 자신의 희생양을 항상 비겁한 동기에 돌리기 때문에 6번 유형은 자신의 정서적 욕구를 만족시킬 방법이 무엇이든지 정당한 것으로 느낄 것이다. 이것은 정치, 가족 제도, 성(혹은 성적 성향) 사이, 혹은 국가적 정치에서 발생할 수 있다. 물론 인기 없는 권위자는 6번 유형의 모든 문제의 단독 원인인 희생양이 된다. 다른 경우에, 6번 유형보다 더 약하고 덜 지원받는 사람이 표적물이 된다. 역설적으로 이들이 전형적으로 증오하는 사람—흑인, 유대인, 동성애자, 외국인, 모든 종류의 '이방인'—은 매우 상처받기 쉽고 불안정한 사람으로 유형화한다. 어떤 사람이 이방인처럼 무시된다고 해서 6번이 되지는 않을 것이다. 물론 초절성과 고집불통이 여러 면에서 삭제되어야 하는 것을 기억할 필요는 있다. 분명하게 많은 6번 유형은 스스로 소수파의 구성원이다. 그러나 6수준에서 6번 유형은 역시 누군가를 비난하고 무시하고 있다는 것을 깨달을 것이다.

6번 유형의 견지에서, 공격성은 이들이 '부당한 처사'로 취급되었다고 느끼기 때문에 정당화된다. 이들은 파괴하지는 않는다 할지라도 부당한 처사에 대해 어떤 강력한 힘이 있다는 것을 믿는다. 6번 유형은 좌절에 직면하여 그리고 보기에는 불평등을 제압했음에도 불구하고 무력하다고 느낀다. 이 수준에서 6번 유형은 고통의 원인이 틀림없이 있다는 것을 믿는다. 자신의 삶을 파멸시킨 사람이 존재하고 자신은 그런 위협으로부터 스스로 방어를 결심한다. 보통수준 6번 유형은 영화 〈네트워크〉에 나오는 "나는 매우 지독하게 미치겠다. 그래서 이것을 더 이상 하지 않을 예정이다!"로 잘 알려진 불평에 동의한다. 6번 유형은 문제들로 공격당하고 있고 자기 의심투성이가 되었다고 느낀다. 이들은 자신의 과거에 관해 화내고 있고 자신의 미래에 관해 무서워하고 있다. 불행하게도 6수준에서 자신의 불안을 다른 사람에게 분풀이하고, '이방인' 뿐 아니라 자신의 아주 가까운 환경, 즉 가족, 애완동물, 더 약한 협력자나 학급 동료—나쁜 시기에 나쁜 장소에서 우연히 나타난 낯선 사람에게조차 분풀이를 한다.

다른 유형에서처럼 이 수준 혹은 더 낮은 수준에서 나타나는 것은 항상 어린 시절의 환경 안에 극단적인 역기능적 요소들이 있었다는 것을 지적한다. 결국 6번 유형의 문제점은 보호자와 관계가 있다. 어린 6번 유형은 보호자를 불공정하게 지각하거나 위험한 것으로 경험했을 가능성이 있다. 결과적으로 어른이 된 6번 유형은 자신을 늘 위험하고 괴롭힘을 당한 사람으로 여기고 세상에 투사한다. 역설적으로 더 낮은 보통수준 6번 유형은 무의식적으로 이런 고통스러운 초기 관계를 인정한다. 그리고 마침내 다른 사람에게도 같은 공격적 전술을 많이 이용한다. 이것은 울면서 사람을 괴롭히는 어린이를 때려 주고픈 욕구와 공격성을 가진 어른과 비슷하다.

이들은 너무 호전적이고 권위적이어서 이들을 알지 못하는 다른 사람들에게 그 호감이 가고 사람의 마음을 끌었을 것이라고 하기에는 어렵다. 이들은 비열하고 마음이 좁다. 더 나아가, 이들의 강한 권위주의적 호전성은 변하기 쉬운 정신적 토대 위에 세워졌기 때문에 변한다. 그러나 불행하게도 6번 유형은 공격성을 가지고 있기 때문에 다른 사람에게 오랫동안 심각한 악영향을 끼칠 수 있다. 이 수준에서 모든 유형에서와 같이, 6번 유형은 고통 속에 있는 것이 불편한 만큼 다른 사람에게 고통을 줌으로써 자신의 두려움을 발생케 하는 불행한 사람이다. 그렇지만 만일 이들이 이런 행동을 오랫동안 지속한다면 이들은 궁극적으로 소외되고 적을 만드는 결과를 초래할 것이다. 일단 이러한 일이 일어나기만 하면 이들의 위치는 정말로 위협받게 되고 빈약해진다.

불건강한 6번 유형에 대한 분석

7수준: 과잉 반응하는 종속자

만일 이들이 너무 공격적으로 행동하거나 도전 혹은 위협에 나쁜 생각으로 굴복한다면 6번 유형은 지원자들, 동맹 그리고 권위자들과의 관계를 파멸케 함으로써 안정을 위태롭게 하여 두려워하기 시작할 수 있다. 더 나아가, 말과 행동이 적들을 만들 수도 있으며 결과에 따라 심한 처벌로 고통받을 것이라는 것을 깨닫게 된다. 조금이나마 의존했던 모든 사람으로부터 포기될 것이라고 기대한다. 비록 자신의 지원자들과 충돌을 일으키지 않을 수 있을지라도 그렇게 될 것을 두려워한다. 결과적으로 자신이 과거에 해 왔던 것이 무엇이든지 간에 자신의 동맹과 권위의 관계가 아직도 변하지 않는다는 것을 재확인할 때까지 많은 불안으로 시달린다(완고한 권위주의자의 철갑 밑에는 겁먹고 불안정한 어린이가 있다.).

한때 뽐내며 완고함을 과시했던 보통수준 6번 유형은 자신이 다른 사람의 지원을 더 이상 필요로 하지 않는다는 것을 느끼면서 갑자기 방향을 바꾼다. 울거나 순종적인 이들은 자신의 두 발로 서고, 스스로를 방어하고, 독립적으로 충분히 강하지 못하기 때문에 자신에게 분개한다. 비록 이들이 노력할 수 없는 것은 아니지만 자신의 공격적인 자세를 계속해서 유지할 수 없기 때문에 스스로 비열하게 느낀다.

6번 유형은 강한 열등감과 무가치감을 강화하는 자기비하와 불안정으로 불건강한 패턴 속으로 빠져든다. 강한 열등감과 무가치감은 보통수준 6번 유형에서 우리가 보았던 우유부단과 변덕으로 악화된 것이다. 불건강한 6번 유형은 자신이 무능력자이고 자신이 어떤 것도 할 수 없다고 확신하고 있다. 불안이 증가함에 따라 이들은 동맹 혹은 권위적인 사람 또는 친구들과 보호자들이 자신을 버린다는 가정하에 그 누군가에게 끈덕지게 의존한다.

이들은 헌신했던 사람에 대한 충성심을 의존심으로 전락시킨다. 불건강한 6번 유형은 일상속에서 불가능하다고 느껴서 어떤 결정적인 행동을 할 때 부담을 덜 경감하려고 한다. 이들은 자신에게 유용한 지원체계가 무엇이든 간에 자신이 할 수 있는 한 많이 의지하게 된다. 배우자, 친구 혹은 가족에게 매우 의존하며 자신이 따라갈 사람과 자신을 지도할 누군가를 기다린다. 이들은 잘못을 저질러, 그동안 유지하고 있는 권위자들이 싫증나서 자신을 포기하게 되지는 않을까 두려워한다. 결과적으로 6번 유형은 거의 주도적으로 되지 못한다. 그리고 자신 때문에 어떤 책임을 지는 것을 피하게 된다("나는 당신이 나에게 하라고 말한 것을 분명히 수행했다." "목사님이 그것이 옳다고 말했다." "그러나 내 친구들은 역시 그것을 하고 있었다."). 그러나 책임감을 피하는 것은 보통수준 6번 유형을 불안으로부터 자유롭게 하는 반면, 독립하려는 자신의 희망을 위태롭게 하는 경향이 있다. 따라서 이들은 자신의 삶에서 중요한 결심을 하기 위해서는 누군가에게 꾸준히 의존한다.

불건강한 6번 유형은 절대적으로 무가치함을 느낀다. 이들은 너무 많이 우는 소리를 하고 불평하며 스스로를 비난하기 때문에 이들이 지닌 자기 신뢰를 유지하는 것은 무엇이든지 약해지고 다른 사람에게 정서적인 낭비를 한다. 주변 사람들은 불안정하고 불안한 자신을 느끼기 시작한다. 때문에 6번 유형은 다른 사람에게 다른 감정을 가지고 자신의 불안을 줄이기 위한 비정상적인 능력을 갖게 된다. 이들의 의기소침은 사람을 가라앉게 하고 실제로 다른 사람들을 쫓아낸다. 물론 이것은 단지 불건강한 6번 유형을 만든다. 모든 것을 남에게 더 의존하면 할수록, 호나이의 용어로 더 '병리적인 의존' 을 가져오게 되고 더 많은 어려움에 봉착한다.

이들은 자신을 끊임없이 윽박지르고 어느 누구보다도 열등하다고 느낀다("나를 좋아하는 어느 누구라도 나의 나쁜 무엇인가를 더불어 알고 있는 것이 틀림없다."). 자신을 비난함으로써 이들은 "당신은 나를 사랑해야만 한다. 왜냐하면 나는 무가치하고 당신이야말로 나를 가장 좋게 하기 때문이다." 라고 말하고 있는 듯하다. 이들은 자신을 믿지 못하고 타인도 믿지 못하기 때문에, 양쪽 다 믿을 수 없다. 만일 어느 누가 이들을 격려한다 해도 불건강한 6번 유형은 타인의 말을 신용하지 않는다. 비록 격려의 말이 순간적으로 도움이 될지라도 많이 기다리지는 않지만, 강하고 과단성 있는 어느 누군가가 '좋은' 보호자가 되어 자신을 떠맡아 주기를 기다린다.

동시에 불건강한 6번 유형은 사람들을 의심하고 있고 자주 자신을 향한 친절한 행동의 진정함을 구별하지 못하게 된다. 많은 사례에서 이러한 불건강한 6번 유형은 매우 엄격한 권위적인 사람으로부터 고통받고 강하게 유사한 태도로 사람들에게 반응한다. 이들을 향한 현명한 상담, 상냥함 혹은 동정심을 이질적으로 느낀다. 불건강한 6번 유형은 좋은 충고와 도움이 자신에게 제공되고 있다는 것을 정신적으로 인지할 수는 있지만, 누군가가 자신에게 실제로 친절할 것이라는 것을 믿을 수 없다고 여기고, 자신이 자립하도록 노력하고 있는 사람들을 수동-공격적으로 멀리 밀어 버린다.

슬프게도 불건강한 6번 유형은 과거에 자신을 고통에 이르게 한 사람과 같은 부류의 사람에게 유혹되는 듯하다. 그러한 부류는 6번 유형을 더 의존하게 만들고, 이들의 편집증을 북돋고, 혹은 다른 방법으로 이들의 불안정을 먹이로 삼은 '나쁜 동료' 가 된다. 6번 유형은 가엾게 생각하고 불평할 수 있는 사람들을 기분 상하게 하는 '외부인' 으로 오인한다. 다시 이들은 이런 점에서 자비심을 신뢰하지 않을 것이기 때문에 이들의 낭만적 관계를 위해 욕하거나 무관심한 사람을 찾아낼 것이다. 그것은 너무 익숙하지 않아서 이들의 불안을 증가시킨다("그녀가 나로부터 원하는 것이 실제로 무엇일까?"). 이들은 적어도 골목대장, 중독자, 히스테리 환자, 사기꾼들을 이해한다.

이들의 동료들은 6번 유형의 불안정과 불안을 돕지 않을 수 없다. 6번 유형의 수행의 질은 떨어진다. 왜냐하면 6번 유형은 불행한 정신의학적 문제 때문에 작업에 결석하거나 너무 걱정, 근심이 많기 때문이다. 불건강한 6번 유형은 걱정, 근심을 줄이기 위해 알코올이나 다른 약을 사용하기 때문에 더욱더 악화 상태로 몰고 간다.

억압은 불건강한 6번 유형에게 중요한 문제가 된다. 이들은 두려움과 긴장이 확산되어 심하게 불안하다. 그러나 자신이 느끼고 있는 것, 즉 자신의 친구가 자신을 포기할 것이라는 두려움과 자신이 완전하게 자신의 통제력을 잃을 것이라는 것 때문에 이 두 가지를 표현하기를 무서워하고 있다. 그렇지만 자신의 불안을 억누름으로써 점차적으로 무기력하고, 침체되고, 무능력해진다. 날마다 이들의 삶은 증가되는 불안정과 의존, 그리고 점점 미래에 대한 불신으로 가득 차 있다. 그리고 이들의 억압 아래쪽에서는 이들의 분노와 편집증이 역시 자라고 있다.

6번 유형이 이처럼 더 오랫동안 지속될수록, 이들은 무희망과 불안정을 더 느끼게 되고, 무희망과 불안정은 더욱더 증가된다. 다른 사람은 이들이 실제로 자신의 문제를 해결하는 데 흥미가 없다는 것을 의심할 수도 있다. 문제를 가지고 있다는 것과 자신을 관해 불평함으로써 다른 사람들로부터 신뢰를 얻도록 노력한다. 사실 불건강한 6번 유형은 자신의 문제를 유지하는 데 흥미를 가지고 있다. 왜냐하면 어떤 사람이 자신에게 도움을 주기 위해 올 것이고, 또 열망하는 안정을 줄 것이기 때문이다. 그러나 만일 그 도움과 안정이 이루어지지 않거나 도움을 주려고 온 사람이 6번 유형처럼 불건강하다면 상황은 악화된다.

8수준: 편집증적 히스테리 환자

이들의 심리적 동요는 다시 느낌으로 전해진다. 즉, 불건강한 6번 유형은 자기비하(self-disparagement)로부터 과잉 행동하는 것과 히스테릭하게 불안해하는 것으로 바뀐다. 이전 수준에서 불건강한 6번 유형은 스스로 좌절하고 열등감을 느끼기 때문에 불안하였다. 지금의 신경증적 6번 유형은 자신의 불안을 통제할 능력을 상실했기 때문에 불안에 떤다. 이들은 자신에 관해 생각할 때는 비합리적이고 전전긍긍하며 다른 사람을 생각할 때는 히스테릭하고 편집증적이다.

불안정이 너무 큰 신경증적 6번 유형은 비합리적으로 실제를 왜곡해서 모든 것을 위기로 돌리며 막연한 불안 상태로 차츰 확대된다. 신경증적 6번 유형은 자신이 발견한 공격성에 관해 편집적이 되면서 무의식적으로 자신의 공격성을 다른 사람에게 투사한다. 이것은 아직도 이들의 악화 속에서 다른 '반전' 을 표하는 것이다. 왜냐하면 신경증적 6번 유형은 주된 문제로서 자신의 열등감을 더 이상 이해할 수 없고 다른 사람이 자신을 향해 분명히 가지고 있는 적개심을 본다. 이것을 다르게 취급하기 위해 6번 유형은 자신에 대한 두려움을 다른 사람의 두려움으로 바꾼다.

어떤 점에서 보통수준 6번 유형의 두려움은 이들이 신경증적이 될 때 더 강한 형태로 재생된다. 보통수준 6번 유형은 자신이 다른 사람에 관해 어떻게 느끼는지를 알아내기 위해 다른 사람을 시험하고자 한다. 신경증적 6번 유형은 부정적으로 의문하고 다른 사람이 자신을 잡아두려고 한다고 확신한다. 만일 상사가 우락부락하다면, 신경증적 6번 유형은 비합리적인 생각으로 그들이 방화할 예정이라고 확신하며 과잉 행동을 한다. 만일 6번 유형이 주인과 갈등이 생기면, 주인이 자신을 쫓아내거나 암살자를 고용하여 앙갚음할 것이라고 확신한다. 6번 유형은 어느 곳에서건 자신에 대해 짜인 음모를 알고, 특히 자신의 실패에 대해 자신을 벌주려고 하는 권위적인 사람으로부터 괴롭힘을 당한다고 느끼고 확신한다. 사실 신경증적 6번 유형은 특별히 권위에 대한 두려운 갈등 속에 있다. 즉, 이들은 너무 불안하기 때문에 이제까지보다 더 권위적 모습의 재보증을 필요로 한다. 그러나 이들의 편집증 때문에 신경증적 6번 유형은 권위자가 자신을 파멸시키기 위해 있다고 믿는다.

이 수준에서 6번 유형은 기대했던 사람이 자신을 낙심시키고, 자신을 배반하고 자신에게 해를 주기 때문에 그 사람에게 격노한다. 6번 유형은 분노와 증오로 속이 끓어오른다. 그러나 6번 유형은 너무나 불안하기 때문에 그 불안이 자신이 가지고 있는 무서운 느낌의 원천이라는 것을 알지 못하고 있다. 그보다도 이들은 자신을 다른 사람에게 투사한다. 이들의 과도 경계 주의(hypervigilant attention)는 어느 순간에 위험이 예기되는 외부에 끊임없이 집중시킨다. 이들은 증오를 품고 있으며 파괴적인 생각과 감정들이 실제적으로 자신을 향한 다른 사람의 태도에 있는 것이라고 믿는다. 그리고 6번 유형은 자신을 둘러싸고 있는 듯한 적개심을 가진 '다른 사람' 들로부터 자신을 보호하려고 결심한다. 따라서 6번 유형의 마음은 어떤 침입자가 뚫고 들어와 자신의 안전 유지물을 파괴하는 것을 방지하기 위해 하루 24시간 당번을 서는 보초처럼 된다.

다른 사람들에게 두려움과 공격을 투사한 결과로서 신경증적 6번 유형은 그들이 찾아낸 것을 무서워하게 된다. 모든 사람과 모든 것이 위험하게 여겨진다. 단순히 일어나는 일들이 이들에게는 결정적인 사실이 된다. 가장 순수한 관찰조차 이들의 편집증을 확증한다. 이 수준에 있는 6번 유형은 거리에서 자신을 향해 걷고 있는 낯선 사람이 그들을 체포하기 위해 오는 경찰관이거나, 자신을 감시하고 있던 스파이이거나, 혹은 공격하려고 하는 미친 사람이라고 생각한다. 불행하게도 이들의 망상은 이들의 두려움 모두를 더욱 소비하게 함으로써 지속된다. 단순한 의심이 미쳐버림으로 악화된다—광적 편집증적 망상이다.

박해 편집증적 망상은 과장 망상과 참조 망상을 보상하면서 번갈아 일어날 수도 있다. 박해 편집증적 망상은 신경증적 6번 유형에게 중요성의 감각을 제공하는 중요한 어떤 사람—예를 들면, 어린이의 영웅으로서 신 혹은 유령—이 주시하고 있다는 생각이다. 편집증적 요소들은 역시 과장 망상과 복합될 수 있다. 이들 중 어떤 이는 핵 반중력(nuclear antigravity)의 방안을 연구하는 것에 관해 혼자만 알고 있기 때문에 FBI가 자신을 잡으려 한다고 생각한다. 또는 편집증적 요소들은 혼자만이 자신의 망상적 생각을 지배할 수 있다. 이들은 전화가 도청되고 있고, 자신의 메일을 CIA에서 해독하고 있으며, 친구들이 비밀리에 자신에게 음모를 꾸미고 있다고 확신하게 된다. 이보다 더 편집증적인 6번 유형은 자신이 어느 누구보다도 더 현실적이라고 생각한다. 이들은 자기 혼자만 현실적으로 살고 있다고 있다고 생각한다.

이들은 자신의 적들에 관해 야단치고 고함지른다. 가끔 결코 만난 적이 없는 개인이나 전체 집단을 들춰내며, 틀림없이 멈추게 해야 할 괴물이라고 적들에게 특성을 부여한다. 6번 유형은 항상 정치에 취미를 가지고 있으나 비열한 것이 될 수 있다. 개인을 겁주고, 감정을 거절하고, 자신이 누리고 있는 안정을 다른 경쟁 집단이 파괴할 것이라는 두려움 때문에, 다른 사람을 공격하거나 약화시키는 것이 자신의 유일한 임무라는 음모 속에서 결속한다. 만일 불건강한 6번 유형이 그런 집단에 합류하지 않는다면, 혹은 그런 극단의 생각을 지원할 친구를 갖지 못한다면, 가끔 고독한 사람이 되고, 냉정하게 자신의 편집적 이론을 개발하여, 자신이 지각한 압제자의 배후를 칠 기회를 기다릴 것이다.

신경증적 6번 유형은 비합리적 두려움의 보따리다. 이들은 두려워하는 이유를 찾아 이해하는 것이 중요하다. 이들은 죽음의 구름 아래에서 살고 있으며, 어떤 일이 자신에게 무섭게 일어날 것이라 여기고, 가장 적은 우연한 사건을 완전하게 부풀려 절대적으로 확신한다. 물론 그것은 이들에게 합리적인 이유가 아니다. 모든 것은 자신에게 세상의 종말같이 여겨지고, 자신은 아무런 의심 없이 순수하게 진지한 문제를 지니고 모든 것을 공황 속으로 던져 넣는다. 이들의 문제와 실패가 다양화될 때 이들은 극복할 수가 없게 된다.

여기에서의 위험은 불건강한 6번 유형이 더 이상 오래 이들의 불안을 억제할 능력이 없고, 아는 사람이나 낯선 사람들에게 무모하고 격렬하게 덤벼들 수도 있다는 것이다. 낯선 사람들은 6번 유형이 믿는 영웅일지라도 가장 두려워하거나 6번 유형을 멸시하는 사람을 상징한다. 이것은 배우자나 협력자에게 위험의 피해가 없는 형태일지라도 히스테리성 폭발 혹은 공격이 될 수 있고 소외되거나 해고의 결과를 가져올 수도 있다. 이들은 가구를 때려 부수고 절규하거나, 친구 또는 동료를 좌절시키거나, 자신의 두려움의 상징이 되는 친척에게 실제적으로 신체적 폭력을 가할 수도 있다. 그렇지만 6번 유형이 가지고 있는 폭력의 가장 부정적 형태는 정치적으로 인기 있는 사람의 암살로 나타날 수 있다. 6번 유형은 공공장소에서 권총잡이의 무차별적 공격 혹은 집단폭력단, 갱 그리고 혐오 집단의 집단적 광기의 망상에 사로잡혀 있다.

불행하게도 대부분의 6번 유형은 이런 신경증 수준에서 빠져나올 수 없다. 그리고 충분한 지원을 해 주며, 자신의 두려움을 허용하여 자신에게 도움을 주는 많은 사람들이 파괴적인 행동으로 역행할 수 없도록 이들을 이끈다. 그러나 비록 신경증적 6번 유형이 폭력의 행동에 관여하지 않는다 하더라도 이들의 공포와 편집증은 비현실적인 것이다. 이러한 조건은 참을 수 없는 것이 되고, 6번 유형은 자신의 불안을 피하기 위해 더 멀리 한걸음씩 나갈 수도 있다.

9수준: 자기파괴 피학대자

만일 6번 유형이 실제로 자신의 두려움에 성급한 행동으로 과잉 반응하거나 혹은 자신의 두려움과 적개심을 다른 사람에게 투사하기를 멈출 수가 없다면, 이들은 다른 사람으로부터 주목을 받게 되고, 다른 사람들과 연관을 짓기 위해 자기파괴로 자신의 몰락을 재촉할 수도 있다. 더 나아가, 불건강한 6번 유형은 자신의 권위자로부터 처벌을 피할 수 없다고 생각한다. 그래서 이들은 스스로가 어떤 죄를 속죄하고 피하거나, 혹은 권위자의 격노를 줄이거나 하는 두 가지로 벌칙을 가한다.

이들은 자기파괴라는 또 다른 반전을 하게 된다. 신경증적 6번 유형은 불안에 계속 시달리는 대신에, 어떤 무시무시한 것이 일어날 것을 늘 무서워하며 먼저 자신을 처벌함으로써 그 환경의 위협을 줄이고자 한다. 이들은 자신에게 좌절과 타락을 가져온다. 역설적으로 이들이 한때 다른 사람에게 희생양이 되고 박해받았던 것과 같이 지금은 자신에 대한 그들의 공격을 앙갚음하기 위해 똑같은 증오와 욕망으로 되돌리고 있다.

자신에 대해 일종의 불행을 경험한 신경증적 6번 유형은 권위적인 사람으로 자신의 관계를 마무리하지 않고 보호적인 사람으로 회복하려 한다. 자신을 스스로 파괴함으로써 어쨌든 다른 사람으로부터 파괴되는 것에서 자신을 구한다. 그것은 고통스럽고 굴욕스러운 만큼 이들이 자신에게 하고자 한 것은 무엇이든지 될 수 있고, 자신의 죄를 덜어 주고 자신을 자살로 밀어 넣을 수도 있는 자기비난을 하게 된다. 이런 의미에서 그때 이들은 자기를 파괴하고 굴욕감에 빠진다. 그 때문에 이들은 나쁜 운명으로부터 구조될 수 있다.

이것은 항상 일어나는 일이 아니다. 이런 수준의 기능장애를 가진 6번 유형은 합리성과는 많이 떨어져 있고, 이들이 자신을 벌하기 위해 쓰는 방법이 심각한 쇠약화이거나 죽음에까지 이르는 결과가 될 수도 있다. 이들은 자신을 방랑자처럼 비하하면서, 그리고 빈민굴 조건에서 살면서 낙오될 수 있다. 그러므로 이들의 건강과 마음은 돌이킬 수 없는 곳까지 악화된다. 또 다른 6번 유형은 유사하게 자신을 과도한 알코올과 약물 남용으로 벌할 수 있고 정말로 죽음으로 몰고 간다. 묵묵한 6번 유형은 자신이 계획했던 것 이상으로 더욱 효과적으로 일하려는 시도로 자살에 착수할 수도 있다.

신경증적 6번 유형은 자신이 그런 고통 속에서 즐거움을 취하기 때문이 아니라, 자신을 고통에서 구해 줄 어떤 사람을 자신의 편으로 끌어들일 것이라고 희망하기 때문에 피학적이라는 것을 이해하는 것이 중요하다. 피학적 고통은 마치 '나는 나쁘다. 벌하라. 그래야 당신은 나를 다시 사랑한다.' 라고 말하는 것과 같이 다른 사람과의 연합을 추구한다.

> 빌헬름 라이히는 피학대자(masochist)의 행동 뒤에는 권위자를 자극하고자 하는 욕망이 깔려 있다는 것에 동의한다. 그러나 그는 이것이 초자아를 유혹하기 위해, 혹은 무서운 벌을 실행하기 위해 있다는 것에는 동의하지 않는다. 오히려 그는 이런 과장된 도발을 가벼운 처벌로 대체함으로써, 그리고 자극된 권위자를 정당화하기 위한 한 줄기 빛으로 인정함으로써, 처벌과 불안에 대한 방어를 나타내는 것이다. 피학증자의 비난은 "당신이 얼마나 나쁘게 나를 대하는지를 보라."라는 것이다. 그러한 도발 뒤에는 사랑 안에 있는 깊은 실망, 즉 혼자 남겨질 것에 대한 두려움에 기초한 피학대자의 사랑을 향한 과도한 욕구가 있다(L. E. Hinsie & R. J. Campbell, *Psychiatric Dictionary*, 452).

비록 신경증적 6번 유형은 어느 누군가로부터 처벌이 지속된다 할지라도, 스스로 통제의 요소를 유지한다. 따라서 이들의 자존감이 절대로 없는 것은 아니다. 이들은 처벌을 유도해 내고 자신이 완전하게 포기되지 않을 것이라는 새로운 안도감을 이끌어 낸다. 이들은 아직도 어느 누군가와 관련되어 있다. 비록 그 연결이 고통스러운 것이 될지라도. 신경증적 6번 유형에게는 권위자로부터 처벌받는 것은 아직도 사랑받고 있다는 것이다. 누군가가 아직도 돌보아 주고 있는 것이다. 이것은 슬프게도 자신의 보호자에게 맞고 비난받은 어린이를 회상케 한다. 그 관계는 무서운 것이 될 수도 있다. 그러나 어떤 아이들은 자신을 이끌어 줄 사람이 아무도 없고 안내를 끊을 수 있는 무서운 부모의 존재를 좋아한다. 그러므로 피학대증(masochism)은 신경증적 6번 유형에게 거절되고 포기되는 위협적인 문제를 피하고 어느 정도의 안정성을 준다. 그것마저도 사라질 때, 이들은 전혀 의지할 사람이 없이 자신의 삶의 끝을 보게 된다.

6번 유형의 역동 분석

분열의 방향: 6번 유형이 3번 유형으로

4수준에서 스트레스 상황이 되면서 보통수준에서부터 불건강한 수준까지의 6번 유형은 보통수준에서 불건강한 수준까지의 3번 유형의 특성을 행동화하기 시작한다. 보통수준 6번 유형은 자기 의심, 사회적 불안정 그리고 자신감 부족으로 괴로워한다. 이들은 특별히 불안정한 자신을 느낄 때 보통수준 3번 유형처럼 자신의 불안정을 다른 사람이 자신에게 기대한다고 믿는 방식으로 행동함으로 보상한다. 역시 보통수준 3번 유형과 같이 이들은 자신과 다른 사람을 그들의 가치, 우수성 그리고 가능성으로 확신하도록 결심하게 된다.

4수준에서 이들이 믿는 자신의 동맹, 상황 혹은 조직에 자신을 투자하는 6번 유형은 자신의 안전성을 확장할 것이다. 이들은 자신에 대한 다른 사람의 요구와 만남을 고맙게 여기는 대신에 자신의 승인과 지원을 원한다. 스트레스의 증가는 이들이 3번 유형으로 이동하게 하는 원인이고 거기서 이들은 자신의 직업을 발달시키고, 성취하며, 안전의 잠재적 상실에 대한 완충기 역할로 더욱 모든 것을 '성공하게 하는' 데 목적을 둔다. 유사하게 이들은 자원이 제한되고 돌아갈 수밖에 없다는 것을 안다. 그래서 자신을 위해 바라던 지위와 입장을 확보하기 위해 경쟁적이 된다. 역시 이들은 자신의 동맹과 자신이 안정을 의지할 만한 제도와 동일시하기 때문에 자아를 지지하기 위해 동일시에서 파생하는 자존감을 이용하고 다른 제도와 경쟁임을 느낀다("하버드는 예일보다 더 좋다." "나는 IBM 호환이 아닌 Mac을 사용한다." "나의 카우보이가 슈퍼볼에서 다시 우승했다."). 이 수준에서 6번 유형은 자신의 불안을 억누르는 방법으로 책임감을 쌓고 일에 몰두하기 시작할 수 있다. 근본적으로 불안정성이 일어날 때, 보통수준 3번 유형처럼 그들은 더 열심히 일하기 시작한다.

5수준에서 6번 유형은 많은 책무감을 느낀다. 그리고 자신의 많은 업무 상황과 자신이 이루어 온 동맹들에 관해 양면 가치를 지닌다. 그렇지만 보통수준 6번 유형처럼 6번 유형은 다른 사람을 소외시키지도 않고 자신이나 상황의 불안전함을 다른 사람에게 알리기를 원하지도 않는다. 그러므로 이들은 더 '친절하게' 혹은 '전문적'이 되면서 매력을 발휘한다. 3번 유형처럼 이러한 적응은 거절의 두려움에 따라 움직인다. 즉, 6번 유형은 자신의 순수한 반응보다도 더 적절한 어떤 행동이 있음을 믿는다. 이들은 자신의 기대에 스스로를 적응시킴으로써 사람들을 끌어들이려고 노력하고, 그래서 이들의 반응을 평가한다. 그런 노력이 항상 성공적인 것은 아니다. 즉, 6번 유형은 3번 유형이 아니다. 다른 사람들은 친절하고, 전문적인 태도 이면의 불쾌감을 읽을 수 있다. 이들의 적극적 태도와 쾌활함은 연습되고 진짜가 아닌 듯 보인다. 6번 유형은 다른 사람이 절친한 친구인 듯, 그리고 '함께' 보고 있음을 깨달을 때, 그들은 심지어 불안과 자기 의심이 더 커지게 된다.

6수준에서 6번 유형은 태도와 행동에서 도전적이고 공격적이게 된다. 이들은 다른 사람을 너무 멀리하게 하고 괴롭히는 경향이 있다는 것을 모든 사람에게 알린다. 이 수준에서 3번 유형으로의 이동은 일종의 거만과 독단으로 보일 수 있다. 6번 유형은 자신의 능력을 과대평가하고 커지는 열등감을 보상하기 위해 자신의 성취를 부풀려 '뽐낸다.' 이들은 우월한 입장을 취하고 자신이 경쟁자로 여기는 사람들을 과소평가하면서 자신, 자신의 사업 혹은 자신이 지닌 근거와 관념들을 활성화시킨다. 이들은 다른 사람이 자신의 재능 혹은 성취를 알아 주기를 강조하며, 그런 진가가 곧 다가오지 않을 때 적개심을 품을 수 있다. 역시 이 수준에서 3번 유형처럼, 6번 유형은 자신의 빈약한 성공을 과대 선전하거나 자신의 축 늘어진 자존감을 강화하기 위해 성적인 정복에 호소할지도 모른다. 동시에 4수준에서 보이는 집단 경쟁심은 6수준에서 적개심과 공격으로 변질된다. 사람들은 축구팀을 넘어 가열된 싸움에 한 몫 끼거나 경쟁적인 영적 혹은 정치적 견해를 헐뜯는다. 이들의 제휴에 대한 긍지는 최고를 위한 열광적인 공연이 된다.

7수준에서 6번 유형은 자신이 너무 멀리 가고 있고 자신의 지원 근거가 약해지는 것을 두려워한다. 이들은 자신의 동맹 혹은 우월자가 자신의 틀린 행동 때문에 자신을 깎아내릴까 무서워한다. 불건강한 3번 유형처럼, 6번 유형은 자신의 잘못을 덮으려 시도하고 자신이 만들어 낸 문제에 대한 관련성을 부인할 것이다. 가끔 불건강한 6번 유형은 다른 사람에게 개인적으로나 전문적으로 모두 협조하기를 지속할 것이다("나는 당신을 위해 할 일을 할 것이다."). 그러나 이들은 실제적으로 많은 성취를 이루기에는 너무 역기능적이다. 그래서 하지 않았던 일을 자신이 한다고 말함으로써 사람들을 기만한다. 특히 다른 사람을 고의로 기만하지는 않으나 처벌과 자포자기를 피하려 한다. 이들은 자신이 일으킨 피해를 보상할 수 있다고 믿거나 혹은 만일 이들이 다른 사람들을 충분히 오래 설득할 수 있다면, 자신이 해온 것을 주장하면서 일하려 한다. 사실은 불건강한 6번 유형은 더 큰 불안과 안정성의 상실이라고 주장하며 스스로를 속이는 것이다. 이들의 거짓말은 아직 다른 사람의 압박과 스트레스의 원천이 되며 더 많은 일을 요청하면서 더 많은 공황을 야기한다.

8수준에서 편집적인 6번 유형은 자신과 다른 사람을 위해 잠재적으로 위험적이며 파괴적인 활동과 강박관념에 관련될 수 있다. 이들은 자신의 분노에 대한 어떤 계획뿐만 아니라 자신의 강박적인 증오가 다른 사람들로부터 용서받을 수 없을 것이라는 끊임없는 두려움 속에 살고 있다. 결과적으로 불건강한 3번 유형처럼, 이들은 솔직하지 않고 불성실하다. 이들은 속담에 있는 '장애를 물리친 좋고, 평온한 사람' 이다. 이들은 자신의 편집증이 어떤 무서운 사건으로 분출될 때까지 많은 주의를 기울이지 않을 것이다. 덜 극적인 수준에서, 이들이 어느 날 아침에 아무런 설명 없이 갑자기 사라질 때까지는 업무나 관계에서 불행하다는 어떤 표시도 하지 않을 것이다. 이들의 편집증은 역시 자신을 위해 거짓 증명을 만들어 내거나 자신이 실제 현재와는 아주 다른 사람으로서 새로운 친구로 스스로를 나타내는 원인이 될 수 있다. 그것은 마치 불건강한 6번 유형이 위장 없이 보이는 것을 무서워하는 것처럼 보인다—위장은 이들이 가지고 있다고 느끼는 마지막 원천의 하나인 안정성이다.

9수준에서 6번 유형은 다른 사람으로부터 처벌받는 것을 피하기 위해 스스로를 벌하려 한다. 그러나 더 큰 압박하에 자신의 불안과 분노가 정신병리학적 분노 안에서 폭발하는, 3번 유형의 가장 낮은 수준을 행동화할 수도 있다. 3번 유형으로 향해 가는 6번 유형은 공격을 더 이상 피학적으로 자신에게 돌릴 수 없다. 그 대신에 이들은 자신에게 고통을 주기 위해 그것을 다른 사람에게 돌린다. 보통수준 6번 유형에서 보이는 권위주의적인 고집과 증오는 더 많은 공격과 위험의 형태로 돌려진다. 악화된 6번 유형은 단호하게 자신의 열등감을 극복하기 위해 다른 사람을 맹렬하게 공격한다. 비록 자신의 희생이 고통의 실제적 원인이 되지 않는다 하더라도 이들은 다른 사람에게 상처를 주어 보복한다.

그러나 3번 유형에 있는 6번 유형은 기본적으로 6번 유형을 유지한다. 그리고 이들의 정신병리학적 폭력은 단지 다른 형태의 자기파괴일 뿐 아니라 가장 참혹한 처벌을 요구하는 것이다. 만일 이들이 법을 어긴다면 3번 유형에 있는 6번 유형은 다른 사람에게 자신을 조정하는 반응을 유도하기를 계속하지 않을 것이다. 대신에 그들은 구속되거나 처형될 수도 있고 혹은 스스로 증오와 복수의 대상이 된다.

통합의 방향: 6번 유형이 9번 유형으로

가장 단순한 용어로 6번 유형은 자신과 다른 사람에 관한 자신의 양면성과 자신의 불안을 해결하고자 한다. 이것은 명백히 이들이 9번 유형으로 갈 때 일어날 것이다.

9번 유형으로 갈 때, 6번 유형은 사람들을 향해 더 정서적으로 개방하고, 수용적이며, 동정적이다. 그리고 결과적으로, 이들의 정서적 스펙트럼은 더 폭넓게 성장한다. 통합하는 6번 유형은 정서적으로 안정적이고, 평화로우며, 침착하다. 이들은 의존하려는 성향을 완전히 극복한다. 그리고 대신에 다른 사람이 의존할 수 있고 자율적이고 독립적인 사람이 된다. 통합하는 6번 유형은 다른 사람들로부터 재보증과 지원을 추구하기보다 오히려 다른 사람을 안심시키고 지원할 수 있는데, 우리는 이들의 발달 수준을 통하여 보아 왔다.

사실 9번 유형을 향할 때 6번 유형은 건강한 6번 유형에서조차 아주 다르다. 더 나아지기 위한 혁명적인 변화는 통합하는 6번 유형에서 일어나게 된다. 즉, 이들은 독립적이 된다. 그런데도 역설적으로, 전에 경험했던 것보다 다른 사람과 더 친밀해진다.

이러한 발달의 결말 중 하나는 통합하는 6번 유형이 자신의 보호를 위해 다른 사람을 보았던 때보다 더 많은 수의 친구들을 권위자로, 혹은 이들의 울 안의 구성원으로 발달시킨다. 이들은 더 이상 오래 사람들에게 반응적이지 않고, 다른 사람들과의 안정된 연합을 형성할 수 있다. 다른 사람들은 이들이 더욱 건강하고, 성숙하고, 사람들에게 호의를 베풀기 때문에 이들을 찾는다. 우리가 건강한 6번 유형에서 본 농담과 유머 감각은, 보통 6번 유형을 위한 특성들이라고 알고 있지만 이러한 특성에 다 이들이 지금 풍족하게 소유하고 있는 9번 유형의 명랑한 성질, 낙천주의 그리고 친절성이 첨가되어 더욱 빛을 발한다.

통합된 6번 유형은 마침내 안전성을 성취할 뿐만 아니라 항상 자신이 회피했던 다른 사람을 신뢰하는 능력을 성취한다. 더 나아가, 이들은 지금 자신을 신뢰하기 때문에 마지막으로 자신의 불안을 초월하여 굳건하고도 진실하게 편안한 세상을 느끼게 된다.

6번 유형의 날개 유형

5번 날개를 가진 6번 유형: 방어자

6번 유형의 특성과 5번 유형의 특성은 어느 정도 서로 갈등 속에 있다. 6번 유형의 일반적 지향은 다른 사람과의 제휴를 향한다. 반면 5번 유형의 지향은 사람들로부터 분리를 향해서 자신이 누군가로부터 영향받는 것을 피할 수 있다. 6번 유형과 5번 유형은 둘 다 안전을 추구한다. 그러나 6번 유형은 다른 사람과의 동맹을 추구하고 안정을 위한 사고체계와 약속을 중요시한다. 반면 5번 유형은 다른 사람으로부터 물러나 있는 경향이 있고 확립된 사고체계를 서투르게 고치거나 심지어는 분해하기조차 하는 경향이 있다. 두 경향은 그 자체를 '작은 사람' 을 위한 날개처럼 보는 하위유형을 생산하는데, 곧 5번 날개를 가진 6번 유형 안에 존재한다. 반면 동시에 가끔 강한 권위주의적인 요소들을 포함하는 체제나 동맹, 그리고 신념을 끌어당긴다. 5번 날개를 가진 6번 유형은 생각이 깊고, 자기 통제적이며, 특수한 도덕, 윤리 그리고 정치적 신념에 헌신하기 때문에 1번 유형처럼 보인다. 8번 유형처럼 이들 역시 자신의 신념 표현에서 7번 날개를 가진 6번 유형보다 좋아하게 된 것에 관한 생각은 덜 가지지만, 오히려 노골적이고 열정적일 수 있다. 이 하위유형의 두드러진 예로는 리처드 닉슨, 로버트 케네디, 조지 부시, 말콤 엑스, 로버트 레드포드, 미셸 파이퍼, 다이앤 키튼, 제시카 랭, 브루스 스프링스틴, 필 도나휴, 록 허드슨, 빌리 그레이엄, 월터 먼데일, 알렉산더 헤이그, 밥 돌, 조셉 매카시, 에드거 후버, 올리버 노스, 메이어 카헤인, 존 힝클리와 존 힝클리 주니어 부자가 있다.

이 하위유형의 건강한 사람은 5번 유형의 통찰력과 호기심을 지니고 조직과 개인적 약속을 위한 6번 유형의 능력을 결합시킨다. 5번 날개가 이들의 전반적인 성격 안에 얼마나 많은지에 따라 이들은 강한 지적인 경향을 가지고 있다. 5번 날개를 가진 건강한 6번 유형은 가끔 기술적인 전문 지식을 개발하고 실제적인 문제해결자로서 가치를 지닌다. 즉, 이들은 훌륭한 매스컴 업계 종사자, 교육자 그리고 전문가다. 또한 이들은 이를테면 의사, 법률가 그리고 기술자 같은 직업에 매력을 가진다. 즉, 이들은 단지 규칙과 요인들이 확립되고 알려진 한 분야 내에서 지식체계를 숙달하기를 바란다. 이들은 자주 정치적인 대의와 사회봉사에 참여한다. 사회의 희생자와 강한 일치감을 느낀다. 그리고 5번 날개를 가진 6번 유형은 혜택을 받지 못한 사람으로 보이는 집단이나 개인을 위한 대변인에게 투사가 될 수도 있다. 비록 이들이 때때로 자신의 관심사에서 너무 좁은 것으로 지각될 수도 있지만, 5번 날개를 가진 6번 유형은 다른 하위유형보다 더 많은 집중력과 초점을 소유하고 있다. 이들은 항상 환경, 특히 사람에 대한 날카로운 관찰자다. 그리고 다른 사람들이 어떻게 반응할지를 예견하고 예측하는 것을 중시한다. 이들의 지각은 7번 날개를 가진 6번 유형보다 더 기본적이다. 그러나 6번 유형이 기본 유형이기 때문에 이들은 지식인이 아닌 극히 유능하고 총명한 개인으로 간주된다.

또한 우리가 보통수준 6번 유형에서 본 불안은 7번 날개를 가진 6번 유형보다 더욱 열정적이 되는 이런 하위유형의 사람에게서 발생한다. 5번 날개를 가진 6번 유형은 7번 날개를 가진 6번 유형브다 더 독립적이고, 안심, 충고 혹은 자신의 문제해결을 위해 다른 사람에게 덜 다가갈 것 같다. 이들은 한두 사람의 스승이나 혹은 친구를 가질 수 있다. 그러나 대부분의 경우 자신의 문제와 불안을 혼자서 '극복할' 것이다. 이들은 일치감을 느끼는 제도나 사람에게 매우 열심히 일하고 충성할 것이다. 그러나 이것은 강하고 열렬한 태도와 경쟁자에 대한 경쟁심을 이끌어 올 수 있다. 이런 하위유형의 사람들은 이들의 정서의 표현에서 억제하는 경향이 있고 더욱 고립되고 사색적이며, 그리고 염세적이다. 5번 날개는 역시 보통수준 6번 유형의 의심하는 경향을 부채질할 비밀주의와 후퇴하는 경향을 추가한다. 따라서 이들의 불안정이 증가함에 따라 이들은 세상을 위험한 것으로 보는 경향이 있다. 이들이 더욱 반응적이고 공격적이 되고 이들의 안정을 위해 어떤 지각된 위협을 비난하거나 위협을 싫어할 것이다. 이들은 다른 사람을 잠재된 적으로 보며 사람들이 자신을 파멸시키기 위해 음모를 꾸밀 것이라고 두려워한다. 아이러니하게 이들은 다른 사람들을 향해 음모를 꾸밈으로써 반응한다.

이런 하위유형의 불건강한 사람들은 점차적으로 편집증이 되고 안전을 유지하기 위해 강박적이 된다. 그리고 자신의 위치를 보호하기 위해 더 큰 힘으로 나아갈 수 있다. 이들은 극히 불안전하다. 그리고 자신의 열등감을 보강하기 위해서 뿐만 아니라 불안과 편집증적 망상을 처리하는 한 방법으로 알코올과 약물을 남용할 수도 있다. 5번 날개는 불건강한 6번 유형의 두려운 심적 상태에서 자라나는 고립, 분리 그리고 사회 병리적 행동 가능성의 결과로 냉소주의와 허무주의의 요소들을 가지고 있다. 강렬한 스트레스는 분노의 폭발로 이끌리기 쉽고 실제성을 버림으로써 수반되는 파괴적 행동에 빠지기 쉽다. 비록 이들의 자기파괴의 범위와 본성이 이들의 은둔적인 성질 때문에 다른 이들로부터 숨겨질 것이라 하더라도 굴욕과 처벌에 관한 자기 위장 그리고 자기파괴적 행동으로 악화된다. 성적 표현에서는 가학 · 피학성 변태성욕 경향뿐 아니라 폭력을 지닌 강한 성벽도 될 수 있다. 살인과 자살은 둘 다 모두 실제적 가능성을 가지고 있다.

7번 날개를 가진 6번 유형: 친구

6번 유형의 특성과 7번 유형의 특성은 서로 강화한다. 이 하위유형은 더욱 분명하게 외향적이고 더욱 좋은 시간을 갖는 데 흥미를 가지며, 더 좋거나 나쁘거나 더욱 사회적이고, 5번 날개를 가진 6번 유형보다 환경이나 그 자체에 초점을 두지 않는다. 이 하위유형에서 역시 기본 유형과 날개 사이에 역동적인 긴장이 있다. 6번 유형은 헌신, 책임 그리고 안정을 위한 개인적 희생추구에 초점을 두는 반면, 7번 유형은 경험, 개인적 욕구의 만족, 그리고 개방된 선택권의 유지에 초점을 둔다(이런 하위유형의 사람은 때때로 2번 유형처럼 보일 수 있다.). 이들은 다른 사람들과 상냥하고 보조적이며 강하게 일치될 수 있다. 7번 날개를 가진 6번 유형은 5번 날개를 가진 6번 유형보다 다른 사람들이 좋아하고 받아들여 주기를 더 열망하고 있으며, 역시 거리낌 없이 말하는 데 더욱 주저한다. 7번 날개는 사회성, 명랑함, 이타심을 포함한다. 그러나 6번 유형은 이런 요소와 어색할 수 있다. 그래서 7번 날개를 가진 6번 유형은 빈번히 자신이 수용적으로 행동하고 있는지 어떤지를 알기 위해 다른 사람들의 반응을 관찰한다. 이런 하위유형의 두드러진 예로는 제이 레노, 톰 행크스, 자니 카슨, 샐리 필드, 캔디스 버겐, 길다 래드너, 다이애나 전 영국 왕세자빈, 마릴린 먼로, 줄리아 로버츠, 미하일 바리슈니코프, 레지 잭슨, 패트릭 스웨이지,

톰 셀렉, 에드워드 케네디, 앤디 루니, 루시 림보, 〈모두가 한가족〉의 아치 벙커, 〈오즈의 마법사〉의 겁 많은 사자가 있다.

이 하위유형의 건강한 사람은 다른 사람과의 수용과 안정뿐만 아니라 행복하려고 하며, 특히 물질적인 복지에 관한 만족을 원한다. 이들은 폭넓은 흥미 영역을 가지고 있으며 가끔 하나 혹은 다양한 취미나 오락을 가지고 있다. 이런 하위유형에 있는 사람은 친근하고 사회적이며 자신과 생활을 결코 중대하게 생각하지 않고 진지하지도 않다. 7번 날개를 가진 대부분의 6번 유형은 공연 예술(연기, 대중음악) 또는 훈련과 숙련(선전, 마케팅, 경영, 법)과 같은 정력적이고 인간관계적인 특성을 결합시키는 직업에 매혹된다. 이들은 자기비하의 경향이 있다. 그리고 마치 자신의 두려움을 안심의 기회나 유머로 돌리고, 더 나아가 다른 사람과 결속하는 것을 가능하게 한다. 7번 날개를 가진 건강한 6번 유형은 항상 명랑하고 쾌활하다. 따라서 유머 감각은 삶과 그것의 긴장을 극복하는 데 가장 두드러진 수단이다. 이들은 일반적으로 다른 하위유형보다 더 외향적이다.

7번 날개를 가진 보통수준 6번 유형 역시 열심히 일하고 당당하다. 그러나 미루는 버릇과 계획만 착수하는 문제를 가지기 시작한다. 이들은 안심하기 위해 다른 사람에 더 의존하는 경향이 있고, 항상 전에 중요한 결정을 해 왔던 많은 자원들로부터 충고를 구할 것이다. 만일 이들이 갈등이 되는 조언을 듣는다면, 이들은 5번 날개를 가진 6번 유형보다 더 우유부단해질 경향이 있다. 이들은 불안, 긴장 혹은 압력에 잘 대처하지 못하고 가끔 충동적이고 심술부리거나 역정을 냄으로써 반응한다. 이들의 유머 감각은 다른 사람을 편향시키는 데 사용되고, 수동-공격성은 자신에게 불쾌한 상황을 벗어나기 위해 이용된다. 점차적으로 그 하위유형은 불평하고, 초조해하고, 그리고 선택의 자유를 위한 7번 유형의 성향은 어떤 상황에서 마음에 그리는 모든 것이 나쁘게 될 수 있다고 생각하는 경향으로 바뀐다. 동시에 7번 날개는 6번 유형에게 자신을 구원하기 위해 다양한 마음의 혼란과 보상을 야기한다. 과식, 과음 그리고 약물 남용은 비생산적인 들락거림(hanging out, 지역 바 혹은 클럽에 드나드는 착한 나이든 소년 혹은 소녀의 행동)과 함께 재미있을 수 있다. 7번 날개를 가진 6번 유형은 5번 날개를 가진 6번 유형보다 강한 정치적 자세를 취하지 않을 수 있으나 아주 완고하고 좋고 싫음에 관해 조용한 목소리를 내는 경향이 있다. 이들은 자신의 삶에서 진정한 불만의 원천과 직면할 두려움이 있다. 그렇지만 개인적 실패 혹은 중요한 관계에 관한 이들의 불안은 가끔 어찌할 수 없이 '제3자'

인 고양이를 차는(kicking the cat, 관계없는 이에게 분풀이하는) 징후로 바뀐다.

이 하위유형의 불건강한 사람들은 다른 사람에게 의존하게 되는 경향을 더 가지게 되며, 이들의 정서적 욕구의 깊이를 위장하려 시도하지 않는다. 이들은 다른 사람에게 의존하는 동안 혹사하는 작업 조건이나 중독성의 물질에 모두 빠져들 수 있다. 열등감은 자신으로부터 벗어나고자 하는 욕구와 결합된다. 7번 날개를 가진 불건강한 6번 유형은 불안을 처리하는 방법이 거의 없고 불안이 더 많아질 때, 이들은 점차 정서적으로 변덕스러워진다. 이 하위유형의 사람은 불안과 투쟁하고 있다. 편집증보다 오히려 조증 환자가 되기 쉽다. 이들은 다른 하위유형보다 더 많은 히스테리 환자의 과잉 반응 속으로 빠지고, 아주 예측할 수 없이 무모해지면서 자신의 무의식적 두려움을 행동화한다. 이들은 파괴적인 관계에 절망적으로 집착하는 것과 자신의 지원자들을 맹렬히 공격하는 것 사이에서 선택할 것이다. 이런 하위유형은 역시 공격보다 불안이 오히려 더 우세하기 때문에 공황적인 공격을 약화시킬 대상이다. 이것을 극복하기 위한 한 방법으로 자살을 시도할 수도 있다.

몇 가지 마지막 단상들

6번 유형의 악화에 대한 배경을 돌아보면, 우리는 이들의 안정을 위한 욕망을 파멸시켰다는 것을 알 수 있다. 불건강한 6번 유형은 자신의 가장 나쁜 적인 자기파괴의 사람들이다. 만일 이들이 피학적, 즉 자기파괴 행동에 저항한다면 신경증적 6번 유형은 자신이 의존하는 어느 누구라도 멀리 쫓아 버리기 쉬울 것이다. 이들은 포기되고 혼자될 것을 정말로 두려워한다.

다른 사람들과 동맹을 이루는 것이 나쁠 것은 아무것도 없다. 그러나 6번 유형이 자신의 동맹의 성격을 아는 것은 중대한 것이다. 따라서 동맹은 이들에게 중요한 영향을 끼친다. 좋은 사람에게 하는 헌신은 좋은 자신이 되려는 6번 유형을 돕는 것과는 멀다. 즉, 이들의 공격과 불안정을 가져오는 사람에게 헌신하는 것은 정말로 이들에게 아주 나쁜 결과를 가져올 수도 있다.

혼자가 되는 것을 두려워하는 이유는 6번 유형이 삶에 어느 누구도 없다면 자신은 완전히 불안에 좌우될 것이기 때문이다. 다른 사람들은 불안과 불안에 대한 6번의 반응, 즉 공격성의 정도에 따라 6번을 구분하려고 한다. 6번 유형은 자신의 마음속에 자신의 자기감을 유지하기 위해 약간의 긴장이 필요하다. 아이러니하게 그때 6번 유형은 불안을 통제하고 그것을 자극하기 위해 사람들과 상호작용한다. 물론 불안이 불쾌하고 공격 위험이 있지만, 두 가지 상태의 결과로부터 이들을 구하기 위해 역시 다른 사람을 바라보는 6번 유형은 감당 못할 것이다. 그러므로 6번 유형은 그에 대해서 완전히 벗어나는 방법을 발견할 수 없다면 이들의 마음은 해결할 수 없는 수수께끼로 나타난다. 만일 이들이 자신을 신뢰한다면 다른 사람들에게 반응해야만 하고 또는 자신에게 의존해야만 하는 것이 아니라는 것을 틀림없이 배울 것이다. 6번 유형은 오직 자신이 내부에 안내의 중요한 원천이 존재한다는 것을 배울 때만이 자신을 신뢰할 수 있다. 그리고 그 내적 안내를 신뢰함으로써, 찾고자 했던 안정, 지원 그리고 방향을 발견할 것이다.

[chapter_9]

7번 유형: 낙천가

7번 유형 개요

건강할 때 쉽게 반응하는, 흥분하기 쉬운, 감각과 경험에 대해 열성적인, 가장 외향적인 유형으로 즉각적인 반응을 가져오는 자극들—모든 것에서 활력을 찾는다. 생기 넘친, 쾌활한, 간절히 열망하는, 자발적인, 유연한, 기분좋은. 쉽게 뛰어난 성취가들이 되고, 다방면에 능숙하다—다재다능한, 실제적인, 생산적인, 풍부한, 다양한 분야에 흥미를 갖는

최상의 상태일 때 깊이 있게 경험을 흡수한다. 가진 것에 대해 깊이 감사하고 고맙게 여긴다. 단순한 것에 대해서도 경이로워하고 즐거워하며 열중한다. 영적인 실제와 삶의 무한한 미덕에 대한 암시를 포함한다.

보통수준일 때 가지고자 하는 욕구가 많은, 탐욕스러운, '세속적인 현자'가 된다. 새로운 물건과 경험으로 그들 스스로를 끊임없이 즐겁게 만든다. 궤변적이고, 음식, 미술, 음악 등 다양한 분야의 전문가, 소비자, 돈, 다양성, 최신 유행을 따르는 것이 중요하다. 거절하거나 어떤 것도 부정하지 못하는 과잉활동가들이다. 마음에서 일어나는 것은 무엇이든지 노골적으로 행동하고 말한다. 현란한 과장을 하며 이야기하기를 좋아하는 재치 있는, 실행자. 지루해지는 것을 두려워하고, 부단히 움직이지만 너무 하는 일이 많아서 어설픈 전문가가 된다. 눈에 띄는 소비와 모든 형태의 과잉. 자기중심적이고 욕심이 많아서, 결코 충분하다고 느끼지 않는다. 요구가 지나치게 많고, 억지를 부리고, 불만족하고, 미숙하고, 혹사한다. 중독적이고, 냉담하고, 무감각하다.

불건강할 때 원하는 것을 얻기 위해 무례하고 독설적이 된다. 충동적이고 유아적이다. 멈춰야 할 때를 알지 못한다. 중독과 무절제로 자기 자신에게 손해를 끼치고, 방탕해져도 놔두고, 타락시키고, 무절제한 도망자가 된다. 자기 자신으로부터 벗어남으로써 불안 또는 좌절을 조절하기보다는 충동적으로 행동한다. 조절에서 벗어나 변덕스러운 분위기에 좌우되고 충동적으로 행동한다. 결국 에너지와 건강은 완벽하게 소진된다. 폐쇄공포증과 공황상태가 된다. 종종 자신과 삶을 포기한다. 깊은 절망과 자포자기, 자기파괴적인 마약 과다 복용, 충동적인 자살

핵심 동기 행복과 만족, 폭넓고 다양한 경험, 선택권을 열어 놓고, 삶을 즐기고, 스스로를 재미나게 하고, 불안에서 벗어나기를 원한다.

대표적인 인물들의 예 존 F. 케네디, 레너드 번스타인, 스티븐 스필버그, 말콤 포브스, 메리앤 윌리엄슨, 엘리자베스 테일러, 모차르트, 아르투르 루빈스타인, 페데리코 펠리니, 리처드 파인만, 티모시 리어리, 로빈 윌리엄스, 짐 캐리, 베트 미들러, 엘튼 존, 라이자 미넬리, 브루스 윌리스, 잭 니콜슨, 조안 콜린스, 노엘 카워드, 래리 킹, 조안 리버스, 레지스 필빈, 수잔 루시, 제랄도 리베라, 하워드 스턴, 리버레이스, 존 벨루시, 〈누가 버지니아 울프를 두려워하는가〉에서 마사, 앤티 맘

7번 유형에 대한 개관

> 다양한 쾌락주의적 삶이 왜 그 자체로 불만족한지는 그리 어렵지 않게 볼 수 있다. 권태—삶의 궁극의 적—는 피할 수 없다. …… 즐거운 또는 재미있는 경험의 수집에만 몰두하는 삶은 공허하다. 그것은 영적 삶이 아니며, 무수한 오락들 사이로 영혼이 사라져 버린 그런 삶이다. 생각해 보면, 삶의 달콤한 유희를 즐기는 위치에 있는 사람들이 그렇지 않은 사람들보다 어떤 근본적인 측면에서 더 잘 사는 것도 아니다. 우리는 자신을 방종의 삶 속에 내던지는 사람들이 종종 공허, 고독, 자기혐오, 향수 등으로 메말라 가면서도 변하려고 하지 않는 것을 알고 있다. 그러나 이 모든 것을 알고 있으면서도 우리는 그러한 삶으로의 기회를 놓치게 되는 것을 꺼리는 경향도 있다. 왜 그럴까? 그 이유는 우리가 우리의 쾌락의 사용이라는 면에서 사려분별이 있다고 스스로 믿는 경향이 있기 때문이다. 우리는 근신을 실천할 것이다. …… 피상적인 오락이 있는 삶은 마치 과자 테이블 앞에 선 아이가 느끼듯 지대한 매력이 있다. 우리가 알다시피 후자의 경우, 아이는 자신의 먹는 습관이 심각하다고는 생각지 않는다. 또한 그것은 바로 우리에게 자신을 탐닉으로 내던진다는 것은, "나의 모든 것은 쾌락으로의 가능성이다. 더 많은 쾌락이 존재할수록 나는 더 위대해진다"는 것이다. 물론 아무도 진지하게 이것을 믿을 수 없고, 바로 그렇기 때문에 그러한 삶은 자기 기만 위에서 안식을 취해야만 한다 (J. D. Mullen, *Kierkegaad's Philosophy*, 100-101).

달콤한 삶의 쾌락을 소유한 몇몇 축복받은 이들은 사실 공허, 고독, 자기혐오에 메말라 있지 않다. 어떤 이들은 진정으로 자신이 축복받았음을 알고 있다. 그렇다면 꽤 행복해 보이는 사람들이 있다—최소한 그렇다고 생각한다—그러나 심오한 수준에서 행복을 경험하기보다는, 단지 삶의 쾌락을 움켜쥔 채 미혹되어 홍겨운 것에 지나지 않는 것이다.

사고삼원소 중에서

7번 유형은 사고삼원소의 세 가지 성격유형의 한 가지다. 이들의 잠재적 문제점의 본질은 자신의 가장 강력한 자산—기민한 심성—에서 시작된다. 이들의 사고는 민첩하고 재치 있다. 7번 유형은 호기심 많고 쉽게 자극받고, 새로운 사고와 경험을 갈구한다. 그러나 자신이나 삶에 대하여 염려하는 정도는 이들의 마음이 통제를 벗어나 질주하여, 더욱 광범위한 초점 없는 행동 반경으로 이끄는 정도와 비례한다. 7번 유형에게는 자신의 사고와 행동 사이에 강력한 연관성이 있다. 만약 이들이 흥미롭고 즐거우리라 믿는 활동에 대한 생각을 마음에 품고 있다면, 이들은 그것을 가능한 빨리 하고 싶어한다. 궁극적으로 이들의 마음은 자신보다 두 발은 앞서 가 있고, 꽤나 빨리 행동에 옮긴다. 만족감을 주는 경험과 행복을 추구하며, 자기의 사고를 실현시키기 위해 통제할 수 없을 정도로 질주해 가는 경향이 있다.

7번 유형은 환경으로부터 자극받을 준비가 되어 있다. 이들은 어마어마한 생기로 경험의 세계로 자신을 내던지면서 자극에 강하게 반응한다. 5번 유형과는 달리, 7번 유형은 자신의 사고를 우선적으로 이 세계와 그 안에서 자신이 하고 싶은 일들에 초점을 맞춘다는 것을 지적해 둘 만한 가치가 있다. 자신의 가능성과 미래의 활동들에 대해 생각하는 것은 이들을 즐겁게 하고, 잠재적으로 고통스러운 감정과 염려를 떨쳐 버리게 한다. 7번 유형들은 모든 것에 즉각적으로 반응하기 때문에 무엇을 하든간에 더욱 신나는 생각과, 결과적으로 더 많은 활동들을 낳게 된다.

경험은 이들 삶을 인도한다. 7번 유형은 물질세계의 기호, 색깔, 음향 그리고 질감과 같은 것에 정통하다. 이들의 자아정체감과 자아존중감은 자극적인 생각과 인상의 지속적인 흐름을 획득하는 데 의존한다. 7번 유형에게는 성격 특징, 방어기제 그리고 동기 등의 모든 바람직한 것들이 그들 외부의 사물과 경험의 세계 안에 존재한다는 것을 반영한다. 그러므로 7번 유형들은 자신이 즉각적으로 느낄 수 없는 것들에 대해서는 거의 관심이 없다. 일반적으로 말해, 심오하게 내관적이지도 않고, 특별히 사람 중심적이지도 않다. 그 대신 경험 중심-외향적, 실용적, 그리고 도회적이다. 세계는 자신의 즐거움을 위해 존재하고 자신을 위해 자신이 원하는 것을 얻는 것은 자신에게 달렸다고 느낀다.

이들이 건강할 때는, 경험이 만족의 근원이며, 관심사가 그 환경 안에서 무언가를 생산해 내는 것이기 때문에 많은 것들을 잘 배운다. 그러나 보통수준 7번 유형들은 생산성보다는 더 많은 상품과 경험의 소유와 소비 쪽으로 변화한다. 자극 수준을 높게 유지하려고 계속 바쁘게 움직인다. 그러나 하는 일이나 가진 것에 대한 감사가 없기 때문에 그러한 과잉활동은 궁극적으로 행복을 감소시킨다. 그래서 7번 유형들은 불건강해지면 충동적이며 점점 무절제하게 행동하고, 결국 방탕한 도피주의자가 되어 버린다.

7번 유형들은 융의 유형학에서 외향적 감각유형에 해당한다.

> 감각이 주로 사물로 통제되기 때문에 감각을 가장 강하게 자극하는 사물들이 개인의 심리에 결정적인 역할을 하게 된다. 그 결과는 사물을 향한 감각적인 유대감이다. …… 사물들은 감각을 자극하는 한에서만, 그리고 감각의 능력 안에 존재할 때에 한해서만 가치가 있고, 이성적 판단과 조화되는지 여부에 상관 없이 의식 안으로 완전히 받아들여질 수 있다. 그 가치의 유일한 척도는 객관적 성질에 의해서 생산되는 감각의 강도다. ……
>
> 다른 어떤 인간 유형도 현실주의 안에서 외향성이 강한 감각유형에 필적할 수 없다. 그의 객관적 사실을 향한 감각은 비상하게 발달되어 있다. 그의 삶은 구체적 사물들의 사실적 경험들의 축적이다. …… 그가 경험한 것은 기껏해야 신선한 감각으로의 인도자 역할만을 할 뿐이다. 그에게 감각이란 삶의 구체적인 표현이다—간단히 그것은 마음껏 살아가는 진정한 삶이다. 그의 모든 목표는 구체적 즐거움이고, 그의 도덕성이 따라서 순응한다(C. G. Jung, *Psycological Types*, 362-363).

융의 외향적 감각유형에 대한 묘사는 7번 유형에게 대단히 잘 들어맞는다. 어떤 성격유형도 이들보다 더 실용적이고 더 교양 있지 못하다. 이들의 긍정적이고 기쁘기까지 한 세계로의 적응은 자신과 다른 사람들에게 많은 행복을 준다. 그러나 만약 이들의 욕구가 이들을 통제하는 능력을 극복하지 못할 경우, 보통수준 7번 유형들은 자신이 필요로 하고 자신이 음미 가능한 이상을 소비해 버린다. 이들은 모든 것을 좀 더 획득해야겠다는 것에 대한 불안감과 함께 자신의 경험들을 즐기지 못하게 된다.

불안과 불안정성에 대한 문제

다른 두 사고유형들인 5번 유형과 6번 유형처럼, 7번 유형들도 불안에 대한 문제들을 갖고 있고, 그것에 대해 방어로서 사고하고 행동하는 모형을 개발한다. 우리는 5번 유형들이 외부 환경에 대처하는 자신의 능력을 확신하지 못해 불안해하는 것을 보았다. 7번 유형은 이와 거의 정반대다. 이들은 자신의 내부 환경—슬픔, 상실 그리고 불안—과 맞서는 능력에 대해 두렵고 불안하다. 결과적으로 이들은 외부 환경 속으로 달아나고, 자신 내부의 감정적 고통을 감당하지 않기 위해 그것들과 충분히 상호작용을 한다.

7번 유형들은 자신을 흥분시키는 사고와 가능성에 관심을 집중시킴으로써 불안 정도를 조절하려고 한다. 기대할 수 있는 활동들과 자신이 즐길 수 있을 거라고 알고 있는 긍정적인 경험들로 정신을 꽉 채우고 있다. 불안이 고개를 드는 순간마다 7번 유형들은 새로운 모험, 새 책, 참석하고자 하는 새로운 연수나 신나는 새로운 관계를 위해 준비한다. 긍정적인 기대들에 사로잡혀 있는 한 7번 유형들은 자신의 고통과 불안을 견제할 수 있다. 자신의 불안을 감당하거나 자신의 삶 속에서 그 이유들을 탐색하고 싶어 하지 않는다. 그런 것들이 이들을 내부적으로 이끌고 더욱 불안하게 만드는 반면, 외향성은 이들을 외부 환경 쪽으로 이끌어 내어 불안을 최소한 일시적으로나마 억누르기 때문이다. 이들은 불안이 의식 속으로 분출한다고 위협할 때마다 그 활동들이 제공하는 산만함들이 그것을 억누른다는 것을 발견하지만, 내부의 고통으로부터 안전하게 보호하기 위해서는 신나는 활동들을 계속 추구해야 한다. 그러므로 불행한 감정이나 염려와 마주쳐야 하는 순간들을 피하기 위해 더욱더 많은 경험 속으로 자신을 내던진다.

문제는 7번 유형들이 자신의 정신을 미래에 가지게 될 재미들로 가득 채울수록, 현재 하고 있는 경험이 무엇이든 간에 그 경험들과의 관계는 그만큼 더 줄어든다는 것이다. 결과적으로 현재 경험하고 있는 것들이 진정으로 영향을 끼치지 못하고, 진정으로 이들을 만족시키지 못한다. 이것은 마치 이집트의 피라미드를 늘 보고 싶어 하던 사람이 피라미드에 도착하자마자 그날 저녁 카이로에서 있을 근사한 저녁식사를 기대하거나, 돌아가서 친구들에게 여행 사진을 보여 줄 생각을 하느라고 실제 피라미드를 구경하는 것을 놓치는 경우를 말한다. 그 사람은 현재 경험하고 있는 것이 아니라 다른 어딘가에 주의를 기울인다. 당연히 이것은 경험의 기쁨을 감소시키고, 7번 유형들은 더 많은 갈증을 느낀다.

즐거움이 감소함에 따라 보통수준 7번 유형들은 불안하고 불안정하여 자신의 활동들을 더욱더 무리해서 한다. 그러나 점점 활동과다 상태가 되어 갈수록, 보통수준에서 불건강한 수준의 7번 유형들은 자신이 행하고 있는 것을 즐기지 못할 뿐 아니라 점점 불안하게 되고, 자신을 더욱더 산만하게 흩트리려는 충동을 받게 된다. 일단 활동 안에 머물러 있는 것에 중독이 되고 나면, 이 악순환을 깨고 나오기가 점점 더 어려워진다는 것을 깨닫지 못한다.

게다가, 7번 유형들이 더 불안해 하고 더욱 많은 고통을 억누르려고 할수록, 이들의 정신은 더욱더 활발해지고 그들이 애써 얻는 경험을 통한 만족도도 점점 더 감소할 것이다. 이것은 마치 이들의 정신이 이들보다 몇 걸음 앞서고 있는 것과 같다. 더욱더 불안할수록, 이들은 미래에 대한 기대로 자신을 더욱 산만하게 하고, 이들의 경험은 점점 더 이들의 불안을 진정시키지 못할 것이다. 7번 유형들은 자신 내부의 공포나 고통을 앞지르기 위하여 자신의 외부에 있는 경험의 세계로 자꾸 달아나는 경향이 있다. 그러나 달아나면 달아날수록, 더욱더 큰 전율을 필요로 하고, 그것을 유지하는 것이 점점 더 어려워진다.

이 유형의 결점은 보통수준에서 불건강한 수준까지의 7번 유형들이 그러하다는 것이고, 이들이 고통을 피하기 위해 주의를 흩트리면 흩트릴수록 이들의 경험이 제공하는 만족은 점점 더 적어진다는 것이다. 이들은 자신의 행복이 불확실하고 잃어버리기 쉽다는 것을 모른다. 왜냐하면 경험을 내재화하지도 못하고 자신의 욕망을 통제할 줄도 모르기 때문이다. 궁극적으로 이들이 자신을 경험에 조금 내맡긴다면, 7번 유형들은 자신이 하는 것에 만족할 수가 없다. 점점 공포가 증가하면서, 자신을 행복하게 해 주는 건 없다는 사실을 알게 된다. 그러면 이들은 삶이 자신으로부터 잔인하게 행복을 빼앗아 간 것 같아 격분하게 되고 겁을 먹는다.

부모 기원

어린 시절 7번 유형들은 초기 발달 단계에서 자아를 비춰 주고, 보살펴 주며, 애정과 개인적 가치감을 심어 주는 역할을 하는 양육자로부터 분리되었다. 이 양육자는 대부분 어머니나 유모 등이지만, 항상 그렇지만은 않다. 어떤 가족 체계 안에서는 아버지나 손위 형제, 자매가 그 역할을 하기도 한다. 어떤 경우라도, 7번 유형들은 자신의 양육자에게 어떤 문제가 있다는 것을 감지한다. 이들은 이 양육자와 유대감을 맺거나, 그 사람을 안전하고 지속적인 양육의 근원으로 느끼지 못하였다. 여러 복잡한 이유 때문에, 7번 유형들은 양육자로부터 좌절감을 맛본다. 이들은 양육자로부터 필요로 하는 것을 얻기 위해 의지할 수 없다고 느낀다. 결과적으로 7번 유형들은 자기 스스로 얻어 냄으로써 자신이 받지 못했던 양육에 대한 보상을 받으려고 한다.

아마도 대부분의 경우에 이들의 양육자들은 어린 시절의 이들을 좌절시키고자 하지 않았을 것이다. 빈곤이나 전쟁으로 인해 고아가 되거나 지병을 앓는 등 어린 시절의 다른 결핍이 삶에 좋은 것들이 주어질 것이라는 기대를 흔들었을지도 모른다. 어느 중대한 단계에서 양육자가 없었거나, 어떤 사고가 어린이로 하여금 자신이 적절한 돌봄을 받을 수 있다는 믿음을 흔들어 놓았을 수도 있다. 어쩌면 7번 유형들은 선천적으로 양육자가 제공할 수 있는 것 이상의 엄청난 자극과 접촉을 필요로 할 수도 있다. 그러므로 어떤 이유건 간에, 결핍에 대한 공포는 이 성격유형의 근본적인 동기가 된다. 심적인 동전의 다른 한 면은 7번 유형이 자신의 모든 욕구가 충족되기를 요구한다는 것이다. 자신을 행복하게 해 주리라 생각하는 것이 무엇이든 그것을 소유하는 것이 이들이 양육을 받는 상징이 되며, 이들이 느끼는 안녕과 복지는 언제나 이들의 손이 미치지 않는 곳에 있다.

갈망과 공격성의 문제

보통수준 7번 유형들은 즉각적인 욕구충족을 원한다. 자신에게 거의 제한을 두지 않고, 자신을 어떤 것도 부인하길 원하지 않는다. 원하는 것을 보면 가져야 한다. 어떤 일을 해야겠다는 생각이 들면 당장 해야 한다. 어떤 것이 쾌락을 주면 즉시 더 해야 한다. 이들의 갈망은 강하고, 욕망을 충족시키기 위하여 들어가는 깊이 때문에 우리는 그들을 공격적 성격이라고 특징짓는다. 그러나 이들은 또한 불안하기 때문에 상황은 혼란스럽다. 이들은 자신의 공격적 충동에 도움을 받아 자신의 불안과 불안정을 모면하려 한다.

또 전형적으로 7번 유형들은 스스로 자신의 한계를 설정하지 않고, 대신 남들을 그 자리에 놓음으로써 사람들과 갈등을 일으킨다. 보통수준에서 불건강한 수준의 7번 유형들의 자기 통제력이 어떤 정도건 외부로부터, 즉 그들에게 "안 돼."라고 말하도록 강요받는 사람들이나, 이들의 욕구를 좌절시키는 현실 자체로부터 온다. 7번 유형들은 좌절하면 격분한다. 그것이 무의식적으로 자신의 어린 시절에 있었던 실제의 또는 상상 속의 결핍에 대한 기억을 떠오르게 하기 때문이다. 보통수준에서 불건강한 수준까지의 7번 유형들을 좌절시키는 사람들은 이들이 일깨운 분노나, 7번 유형들이 부지불식간에 표시하는 요구의 깊이를 잊어버리기 쉽지 않다.

그러나 7번 유형이 건강할 때는 모든 욕구의 충족보다는, 진정한 필요의 충족에 더 관심을 가진다. 생산적이며 단지 소모하는 것뿐만 아니라, 추가하면서 산다. 이들은 환경을 자신과 다른 이들을 위해 더 많은 풍부함을 생산하도록 만들면서 완성된다. 이들은 또한 흔치 않게 행복한 사람들이다. 자신의 감정과 스스로와 접촉하면서, 진심으로 자신의 경험에 동화될 수 있기 때문이다.

그러나 불건강으로 진행됨에 따라 7번 유형들은 자신의 욕구가 날뛰도록 내버려두고 다른 이들의 욕구에 둔감해지고, 이기적으로 되고, 욕심을 부린다. 이들은 오로지 자신의 욕구충족에만 관심을 가진다. 최대의 모순은, 불건강한 7번 유형들이 아무것도 내재화시킬 수 없기 때문에 어떤 것도 이들을 만족시킬 수 없다는 것이다. 이들은 마치 인공적인 황홀경을 유지하기 위해 점점 더 많은 양의 마약을 필요로 하는 약물 중독자처럼 된다. 결국에 불건강한 7번 유형들은 닥치는 대로 행복을 추구하다 보니 더욱 커져만 가는 불안을 억누를 능력과 자신의 행동이 통제불능의 상태로 되어 버린다. 자신을 묶어 둘 견고한 것이 하나도 없다는 생각에 공포가 이들을 압도한다. 건강할 때 그토록 완전히 삶을 긍정하던 유형이 불건강해지면 바로 그 삶의 조건 때문에 가장 두려움 많은 유형이 된다.

건강한 7번 유형에 대한 분석

1수준: 황홀경의 감사자

매우 건강한 7번 유형은 현실에서 자신을 위해 환경이 무엇을 공급해 주길 바라지 않고 그 환경에 스스로 부딪칠 정도의 믿음을 가지고 있다. 정신의 재잘거리는 '여흥' 속으로 도피하기보다는, 순간순간 자신의 경험의 현장에 머물러 있다. 이런 식으로 이들 삶의 각 순간들은 깊은 즐거움과 자양분의 근원이 되는 것이다. 이들은 삶이 가진 것은 무엇이라도 그들을 만족시키기에 충분하다는 것을 발견한다—그것들을 스스로에게 동화시키기만 한다면. 게다가 깊이 경험한 현실은 이들을 행복하게만 해 주는 것이 아니라 이들을 단순히 있는 그대로의 삶을 긍정하도록 현실을 받아들이는 것 이상으로 초월하도록 재촉함으로써 황홀경으로 만들어 준다(나는 무조건적으로 삶을 사랑한다–A. Rubinstein).

삶을 긍정함에서 이들은 인간 존재의 신비로움과 불안정함에서 깊은 인상을 받도록 스스로에게 허용한다. 그러나 매우 건강한 7번 유형들은 존재의 선천적인 유약함에 대한 염려보다는 삶을 그 자체로 축하한다. 아마도 처음으로 이들은 삶의 외적 표면을 넘어 어렴풋이나마 볼 수도 없던 형이상학적인 현실의 가능성으로 무언가를 감지할 수 있을 것이다. 그 영혼의 깊은 곳에서의 현실에 대한 긍정은 7번 유형에게는 특별한 성취로, 이들을 단순한 심리적 행복감에서부터 언어나 감정을 넘어서는 황홀경으로 휩쓸어 가 버린다. 이들은 존중하고 경외해야 할 삶에 대한 성스러운 무언가가 있다는 것을 감지한다. 경이로움으로 가득하고, 경탄에 파묻혀, 감사하고 찬양하기 위해 무릎을 꿇는다.

이들은 설명할 수 없는 존재 그 자체의 사실로부터 시작해서 모든 것에 무한히 감사한다. 삶은 경이롭고 경외심을 불러일으키며 놀라워서 매우 건강한 7번 유형은 모든 것에서, 심지어 자신을 행복하게 해 주리라 전혀 생각도 못한 것들에서조차 좋은 것들을 찾아낸다. 믿을 수 없는 존재의 풍성함은 7번 유형을 내부로부터 변형시키면서 이들에게 심오한 영향을 미친다. 이들의 내적 삶—영적인 삶—은 이들에게 현실이 된다. 그래서 삶의 어두운 면조차, 그리고 삶은 결국 죽음으로 끝날 것이라는 사실도 이들이 지금 받아들여야 하는 존재의 한 부분이기 때문에 더 이상 두려움을 주지 않는다. 역설적으로 7번 유형이 삶을 가장 크게 받아들여야 할 때는 삶이나 그 한 부분에 애착이 가장 덜할 때다.

모든 것이 선물이고, 자신의 만족을 위해 존재하는 것이 아닌 것을 이해하고 있기 때문에, 소비해야 할 대상으로서가 아니라 모든 것을 그 자체로 감사해야 함을 배운다. 삶에 조건을 붙이지 않게 된다("내가 저 차를 가지면 행복해질 거야."). 삶이 자신을 행복하게 해 주기를 기다리지 않고, 지금 당장 가능한 경험과 선물들에 대해 감사할 일을 찾는다. 그러므로 매우 건강한 7번 유형들은 삶의 근본적인 선함에 대한 신뢰를 얻게 된다("들의 백합들을 생각해 봐……. 그들은 노동하지도 않고 베를 짜지도 않아……."). 그리고 이들은 정당하게 사용만 하면 무엇을 가지고 있건 간에 말하고 행하는 모든 것이 자신에게 깊은 행복감을 준다는 것을 발견한다. 매 순간이 이해되기만 한다면 자신 깊은 곳에 있는 필요를 만족시킬 가능성을 가지기 때문에 소유나 경험을 억지로 얻으려 하지도 않는다. 삶에서 진정 최고인 것—표면적인 것이 아니라 실질적인, 지속적인 가치가 있는 것—에 초점을 맞추고 있는 한 불행해지지 않을 것이다.

매우 건강한 7번 유형이 이런 황홀경의 긍정 상태에 있을 때, 모든 것을 경험했다고 생각하는 사람들에게는 놀라운 모순이겠지만, 이들이 한 번도 경험해 보지 못한 차원이 존재하므로 그 현실을 통해 끊임없이 놀라게 된다. 현실은 지치지 않으므로 이들은 황홀경, 즉 이제까지 경험했던 최고의 순간을 계속 반복적으로 경험할 수 있다. 늘 이들에겐 충분히 있을 것이고, 박탈당할 수 없다.

2수준: 자유로운 영혼의 낙천가

건강한 7번 유형조차도 1수준과 같은 고도의 심리적 조화 상태로 항상 사는 것이 아니다. 어느 정도 불안이 모습을 드러낸다. 7번 유형들은 삶의 풍족함 속에서 믿음을 잃기 시작하고, 필요로 하는 것이 충분하지 못할까 봐 두려움이 생긴다. 2수준의 7번 유형은 아직은 지극히 긍정적이고 활기가 넘치는 사람들이기 때문에 이런 변화는 매우 미세하다. 그러나 현재의 경험에 완전히 동화되기보다는 미래의 경험을 기대하기 시작한다. 하고 싶은 일이나 행복을 위해 필요한 경험이나 사물을 어떻게 가질 수 있을까 생각하기 시작한다. 그러므로 즉각적 경험으로부터 한 발짝 물러나게 되고, 거기서 얻는 만족감도 덜하게 된다.

건강한 7번 유형들은 주변 세계로 너무 초점을 맞춘 나머지, 다른 성격유형들과는 양립하지 못하는 방법으로 경험을 향해 자신을 개방한다. 오감의 세계는 이들을 흥분시키고, 이들은 가능한 다양한 쾌락적인 방법으로, 그리고 가능한 한 오래 흥분을 지속시키고 싶어 한다. 이들의 심리는 만질 수 있는 세계를 통해 충전되며, 외부 현실을 바로 알아차리고 응답하기 때문에 무의식적인 경험으로의 통로는 즉각적으로 닫아 버린다. 건강한 7번 유형은 자신을 행복하고 열정적으로 느낀다. 행복한 상태를 좋아하고, 그 삶의 목표로 도취의 감정인 심리적 행복감을 만든다. 거의 항상 기분이 최고조이기 때문에 유쾌하다. 이들의 생동감, 명랑함, 삶의 즐거움은 전염성이라서 이들과 함께하는 다른 사람들은 고무된다. 명랑하고 원기 왕성해서 함께하면 즐겁다. 다른 사람들은 어쩔 수 없이 이들의 유쾌한 기분에 말려든다("에너지는 영원한 기쁨이다"－W. Blake).

이 수준의 7번 유형은 놀라울 정도로 눈치 빠르고 열심이다. 5번 유형처럼 지극히 민첩하고 광범위한 호기심을 갖고 있으며 새로운 것을 배우기를 즐긴다. 충분한 지능을 가진 7번 유형은 놀라운 언어능력을 지니고 있다. 언어에 숙달해 있고,

기지가 있고, 재치 있는 답변에 능하며, 음악적 언어로부터 시각적—색채, 형태, 그리고 디자인—언어까지 형태와 구조를 재빨리 파악하는 능력을 타고났다. 7번 유형은 필름 위의 빛처럼 모든 것이 마음 속에 새겨지기 때문에 종종 뛰어난 기억력을 지닌다. 잠시만 노출돼도 바로 기억하는 것이다. 이들은 즉각 그리고 노력 없이 이야기, 일화, 음악, 영화의 대사, 역사 등을 기억한다. 사물을 쉽고 빠르게 배우는 경향이 있어 더 낮은 수준인 경우는 때로 문제가 되기도 한다. 모든 게 너무 쉽게 다가올 때 소유한 많은 재능들을 계발하거나 감사하는 데 실패한다. 그러나 긍정적인 면으로는 주변 세계를 탐색하고자 하는 열의를 가지고 있어 많은 것을 시도하고 다양한 기술들을 얻는다. 일반적으로 7번 유형들은 추상적 개념보다는, 경험이나 뭔가를 하는 것에 대해 생각하는 것을 즐긴다. 여러 경우, 그들의 내적 삶은 경험의 범주다.

건강한 7번 유형들이 좋고 싫음이 분명함에도 불구하고 건강하기만 하다면, 모든 것에 대해 지극히 긍정적이다. '젊게 생각하고', 나이가 먹어서까지 남다른 발랄함을 갖고 있다. 지극히 탄력적이고, 불사조처럼 피할 수 없는 장애물이나 실망감에서부터 다시 튀어나오는 능력이 있다. 이들은 절대 그 무엇도 자신을 오래 억누르게 하지 않고 자신이 처한 어떤 상황이라도 긍정적으로 극대화하는 방법을 알고 있다("만약 삶이 당신에게 레몬을 준다면 레모네이드를 만들어라.").

긍정적인 태도와 더불어, 건강한 7번 유형들은 지극히 자유로운 영혼을 가졌다. 놀라운 자발성을 가지고 변하는 상황에 재빨리 반응할 수 있다. 건강할 때 이들은 특정 계획만 고집하지 않고, 종종 '어떻게 되나 보기'를 좋아한다. 강한 모험심이 있고, 새로운 것을 시도하기를 두려워하지 않는다. 또한 이 수준의 7번 유형들은 매우 낙관적이며, 뭔가를 잘하지 못하더라도 부끄러워하지 않는다. 스키 슬로프에서 넘어진다든가 새로운 악기를 어설프게 다뤄도 괜찮다. 이들은 그런 것에 대해 크게 의식하지 않으며, 모든 것을 배우는 과정으로 본다.

요약하면 7번 유형들은 자신에게 일어나는 모든 것들을 통해 재충전받을 수 있는 능력이 있고, 엄청난 신체적 활력을 타고났다. 세상과의 모든 접촉이 이들에게 활력을 주고, 이들의 모든 경험이 더욱 많은 경험을 위한 용량을 확장시켜 주는 듯하다.

3수준: 세련된 팔방미인

건강한 7번 유형들은 자신의 행복과 흥분을 지속시키지 못할 것이라는 걱정을 하기 시작한다. 박탈에 대한 공포는 결코 멀리 있지 않고, 자신을 행복하게 해 줄 경험이나 사물이면 어떤 것이든 얻을 수 있다는 것을 확신하고 싶어 한다. 결과적으로, 건강한 7번 유형들은 삶에 대해 현실적이고 실제적인 태도를 형성한다. 이들은 자유와 만족스러운 삶을 위한 재정적 수단을 가지고 싶다면 생산적이어야 한다는 것을 알고 있으며, 7번 유형의 창조적 산물과 이들이 생산해 내는 일의 양은 정말 놀랍다.

이들의 실질적인 훌륭한 감각과 함께 엄청난 열정과 대단한 활력이 결합하여, 7번 유형들은 집중하면 무엇이든 잘하는 성취자이자 비범하게 생산적이며 창조적인 사람으로, 다른 사람들에게 귀중한 것을 기여한다. 이들은 현란한 재능들을 즐기는 다재다능한 팔방미인이다. 모든 것을 너무 잘해서 여러 가지 분야의 경험들 사이의 교량이 된다. 광범위한 주제에 대해, 특히 실제적인 것에 대해 방대한 양을 알고 있고, 많은 분야의 관심사에 교류를 한다.

집단으로서의 7번 유형은 아마도 가장 능력 있는 성격유형일 것이다. 만약 뛰어나게 지적이라면 아마도 조숙한 어린이였을 것이다. 그러나 뛰어난 재능이 있든 없든 7번 유형들은 보통 같은 경험이나 횟수로 다른 사람들이 기대할 수 있는 것보다 훨씬 많이 성취한다. 이것은 대부분은 심리적인 외향성의 결과다. 사실 이들의 모든 관심과 에너지는 외부 세상에 집중되어 있다. 7번 유형들은 실질적인 행동을 막을 수도 있는 내성적 반추로 산만해지지 않는다. 반대로 이들은 새로운 계획에 합류하기를 열망한다. 사실 우리가 보아 왔듯이 가장 큰 특징 중 하나는 이들이 새로운 것을 시도하기를 두려워하지 않는다는 것이다. 세상과 함께하는 이들의 즐거움은 이들을 다시 세상으로 되돌려 놓는다. 그 결과는 이들이 마치 삼투압처럼 끊임없이 새로운 관심사와 새로운 기술을 습득한다는 것이다.

건강한 7번 유형들은 부럽도록 모든 면에서 정통하다. 다국어를 알 수도 있고, 여러 가지 악기를 연주할 수드, 각자의 전문 분야에서 뛰어난 능력을 인정받을 수도 있으며, 요리, 스키, 영화, 미술, 음악 등에 조예가 깊을 수도 있다. 말 그대로 온 세계가 자기의 재량에 달려 있다. 사실 7번 유형들은 자신이 성취하고자 하는 기술에 대해 현실적이고 활동에 적극적으로 뛰어들기 때문에 많은 기술을 습득하게 된다. 신문의 구인 광고란을 훑는 7번 유형은 타이핑과 워드 프로세서 자격 요건 때문에 기죽지 않는다. 필요하다면 타이핑과 워드 프로세서를 즉시 배울 것이기 때문이다.

건강한 7번 유형이 성취하면 할수록 더욱 많이 성취할 수가 있다—기술은 더 많은 기술을 낳는 것이다. 기술의 연마는 새로운 분야로 인도하고, 하면 할수록 이들의 능력은 급격히 상승한다. 예를 들어, 7번 유형이 피아노를 배우면 가수가 반주를 해 달라고 부탁할 것이다. 그는 성악 지도에 관심을 가질 것이고 지역 오페라를 이끌거나 오케스트라 지휘를 할 기회가 생길 가능성이 있을 것이다. 그러면 하나의 경력이 탄생하는 것이다. 또 다른 7번 유형은 형제자매들에게 이야기를 들려주기를 즐기다가 그중 몇몇을 출판하기에 이를 것이다. 얼마 안 있어 단편들은 책으로, 그리고 소설이나 영화 대본이 되고, 결국에는 희곡작가나 배우가 되는 것이다. 한 가지는 항상 다른 것으로 인도되고, 7번 유형들이 하고 있는 것에 열심일 때 스스로 즐거울 뿐 아니라 이들이 생산해 내는 것이 또한 다른 사람들을 위한 즐거움의 근원이 된다.

이들의 쾌락의 끊이지 않는 근원 중 하나는 자신의 열정을 타인들에게 소개하는 것이다. 그 열정의 대상이 그림이든, 좋아하는 요리든, 한 곡의 음악이든, 한 가지의 생각이든, 건강한 7번 유형은 자신의 흥분을 나누고 싶어 한다. 건강한 7번 유형은 다른 사람들이 즐거운 시간을 보내고, 자신이 좋아하는 것을 함께 감상하기 원한다. 이런 유쾌한 특징이 바로 이들을 많은 사람들로부터 사랑받게 한다.

건강한 7번 유형들이 활동들의 우선순위를 정하고, 자신에게 한계를 정해 놓기 때문에, 많은 것을 성취하는 것을 이해하는 것이 중요하다. 이들은 만족과 달성이 어디 있는지 알고, 그것을 성취하기 위하여 필요한 희생을 한다. 7번 유형이 우선순위를 결정하고 자신의 계획과 경험에 완전히 참여할 때는 이것이 결실을 맺고, 삶에 건강한 접근을 하게 된다. 그러나 7번 유형의 염려는 이들을 들뜨게 하기 시작하고, 자신이 하고 있는 일이 만족스럽지 않다는 두려움을 낳게 한다.

보통수준 7번 유형에 대한 분석

4수준: 노련한 궤변가

이들의 경험이 너무 유쾌한 나머지 7번 유형들이 만약 한두 가지에만 집중한다면, 다른 것을 놓칠 것이라는 두려움에 자신을 행복하게 하던 것들을 더 많이 원하게 된다. 이것은 비논리적 욕구는 아니나, 소위 '탐닉' 을 가지며, 욕구가 증가한다. 결과적으로 보통수준의 7번 유형들은 말 그대로 경험이 더욱 풍부해져서 모든 것을 한 번씩은 다 해 봄으로써, 어떤 것이 결핍되었을지도 모른다는 두려움을 느끼지 않으려 한다.

건강한 7번 유형과 보통수준 7번 유형 사이의 차이점은, 건강한 7번 유형이 생산하고 창조하는 데 더 관심이 많은 반면, 보통수준 7번 유형들은 소비하고 스스로를 즐겁게 하는 데 더 흥미를 보인다는 것이다. 이들은 더 많은 다른 감각들을 찾기 위해 그물을 더 넓게 쳐놓고 기다린다. 보통수준 7번 유형들은 여러 곳을 다니며 이것저것 해 보는 데 의의를 둔다. 이들은 삶에서 하고 싶은 것을 다 해 볼 시간이 충분치 않음을 통탄하고, 자신을 행복하게 만들 수 있다고 믿는 것을 가져보고 경험해 볼 수 있는 기회를 잃을지도 모른다는 두려움을 갖는다. 이들의 욕구는 큰 집과 멋진 차를 소유하는 것으로부터 여행하고 오락을 즐기는 것 등 넓은 범위에 이르기까지 더욱 새로운 것과 좋은 것을 향해 커지기 시작한다. 간단히 말하면 보통수준의 7번 유형들은 모든 것이 더 많아야 자신을 더 행복하게 해 줄 것이라는 생각에 더욱 많은 경험과 소유를 원한다.

보통수준의 7번 유형의 근본 문제는 지금 하고 있는 것보다 더 신나는 무언가를 놓치고 있을지도 모른다는 불안이다("남의 떡이 더 커 보이는 법이다."). 더욱이 이들이 이미 몸담고 있는 활동이 자신의 불안을 억제할 정도로 충분히 자극적이지 못할지도 모른다고 걱정한다. 이렇게 되면 7번 유형들은 들뜨고, 더 큰 재미를 약속하는 다른 활동이나 경험으로 옮겨가고 싶어 한다. 이것은 파티에서 즐거운 대화에 참여한 채로 가까이서 들려오는 흥미로운 이야기를 엿듣는 것과 같다. 이 순간 선택의 상황이 발생한다. 그 사람은 현재의 대화에 계속 집중할 것인가, 아니면 양해를 구하고 다른 대화에 낄 것인가? 보통수준의 7번 유형들은 당분간 두 대화를 다 들으려고 시도해 본다. 그러나 그 과정에서 그 어느 쪽에서도 만족감을 별로 안 느끼게 된다. 그러므로 염려는 보통수준 7번 유형을 한 가지 흥미 분야에서 다른 쪽으로 옮겨 다니게 하지만 진짜 동화될 때까지 어느 쪽에도 오래 붙어 있지를 못한다.

이 수준의 7번 유형은 보통 자신의 불안을 깨닫지 못하고, 대신 '지루함' 이라는 이름을 붙여 버린다. 아이러니하게도, 인생에 그토록 긍정적이고 바쁘면서도 7번 유형은 다른 유형에 비해 더 자주 더욱 지루하다고 호소한다. 이것은 지루함이 다른 유형보다 7번 유형에게 더 큰 의미가 있기 때문이다. 7번 유형들이 지루하다고 말할 때 사실 이들은 불안하지 않아도 될 정도의 충분한 에너지나 자극이 없다는 것을 의미한다. 고통스러운 감정이나 불편함이 의식으로 떠올라 위협하면, 7번 유형들은 '장면을 바꿔' 주어야 할 필요를 느낀다.

이러한 태도의 결과, 보통수준 7번 유형은 많은 경험을 축적하기 시작한다. 최신 영화가 무엇인지, 지역의 좋은 식당, 아니면 가장 재미있는 개인 성장 워크숍이 어딘지에 대한 조언을 구할 사람들이다. 7번 유형은 말하는 것을 좋아하고, 이야기를 들려주고 다른 사람들과 자신의 모험 나누기를 즐긴다. 만약 여행을 많이 한다면, 방문했던 곳의 목록을 모으기를 즐기며, 목록이 늘어나는 것에 만족감을 느낀다. 독서를 좋아한다면, 책을 다 읽기도 전에 다른 책을 사들여 종종 읽다가 만 책들이 머리맡에 쌓여 가는 결과를 낳기도 한다.

4수준의 7번 유형은 집중은 덜 하지만, 아직은 생산적이다. 이들은 자신의 일과표를 꽉 채워 가고, 한 주의 주요 행사가 무산되면 채워 줄 대체 계획도 만들어 가면서 바쁘게 지낸다. 7번 유형은 일반적으로 다중 임무 수행에 능하고, 이 수준에서는 삶을 구성하는 여러 다른 활동, 임무, 오락을 곡예하듯 유지하며 전율을 즐기기도 한다. 단지 활동의 다양성이 7번 유형에게 엄청난 호소력이 있으며 경험을 신선하고 다양하게 유지하기 위해 최선을 다한다.

어떤 7번 유형들에게는 경험의 추구가 물질적 소유의 획득을 사랑하는 것으로 해석된다. 그러나 일반적으로 말해서 7번 유형이 즐기는 것은 소유의 획득이다. 그러므로 쇼핑, 광고지를 들여다보는 것, 새 차나 모피코트, 새 오디오 시스템에 대해 상상하는 것이 종종 그 물건을 직접 갖는 것보다 더 만족감을 준다. 일단 그 물건을 구입하면 그것의 새로움, 신기함을 잃고 다른 것들을 찾기 위해 더욱 분주해진다. 만약 충분한 자금력을 갖는다면, 세계적 세련미를 갖춘 전문가가 되어 화려하고 고급스러운 '품격' 을 갖출 것이다. 돈이 별로 없는 7번 유형들은 덜 소유하겠지만 그렇다고 덜 탐욕스럽다고 할 순 없다.

> 낮은 수준 중에서 이 유형은 반성보다는 만질 수 있는 현실을 사랑하는 경향이 있다. …… 사물을 느끼는 것, 감동을 받는 것, 그리고 가능하다면 그것을 즐겨라—그것이 이들의 끊임없는 목표다. 이들은 결코 사랑받지 못할 유형은 아니다. 반대로 활발한 즐거움의 능력 때문에 훌륭한 동료가 된다. 주로 유쾌한 친구이고, 세련된 심미가다. 전자의 경우는 삶의 가장 큰 문제가 훌륭한 만찬인지, 맛없는 만찬인지이고, 후자의 경우는 고급스러운 취향의 문제다. 어떤 사물이 일단 그에게 감동을 주었다면, 그것에 관해 해 줄 다른 어떤 것이나 말이 필요 없다. 구체적이고 실제적이지 않으면 아무것도 아니다. 구체적인 것을 넘어서는 그 어떤 것도 감동을 증가시킨다는 조건을 만족시키는 것이 아니라면 받아들여지지 않는다. 강도가 높아진다고 더 즐거운 것도 아니다. 이 유형은 흔히 쾌락에 빠지는 유형이 아니기 때문이다. 그는 단지 강한 감동을 원하는 것이고, 천성 때문에 그것을 외부로부터 구할 뿐이다. 내부로부터 오는 것은 그에게는 우울하고 의심스러울 뿐이다. …… 만약 정상이라면, 그는 눈에 띄게 현실에 잘 적응하고 있는 것이다. 그것은 그의 이상이고, 다른 사람들을 배려하도록 만들기도 한다. 그는 어떤 이상도 사고와 연관되지 않았기 때문에 있는 그대로의 현실과 반대의 방법으로 행동할 이유가 하나도 없는 것이다(C. G. Jung, *Personality Types*, 364).

융이 기록한 대로, 이 유형의 보통수준 사람들은 사랑받지 못할 이유가 하나도 없다. 늘 쾌활하고, 노골적으로 즐거운 삶을 추구한다. 세련되게 까불고 낙천적이고 즐거운 것이 이들의 하루 일과다. 7번 유형들은 전형적으로 훌륭한 파티 주최자이고, 칵테일 파티나 저녁만찬 베풀기를 좋아하며 제공할 수 있는 가장 훌륭한 방법으로 손님들을 즐겁게 해 준다. 좋은 음식을 잘 알고, 요리를 잘하거나 혹은 어떤 배달 음식이 훌륭한지를 잘 알고 있다. 자신의 능력 안에서 (혹은 조금 벗어나서라도) 항상 유행을 잘 따르고 멋지다. 보통수준 7번 유형들은 자신과 가족, 친구들을 위해 풍부하고 사치스러운 분위기를 만들어 내는 데 최고이며 거기서 즐거움을 느낀다. 이들의 꿈은 돈이 많아서 돈 걱정을 안 하는 것이다.

그러나 보통수준 7번 유형이라도, 자신의 감각이 얼마나 세련되었는지, 자유롭게 쓸 수 있는 돈이 얼마인지, 사회경제적 집단, 교육, 지능 등에 따라 옷차림이나 부유한 정도가 다양하다. 어떤 7번 유형들은 세련되고 상냥하고, 새로운 식당이나 오페라 또는 극장이 개장할 때 유행을 선도하는 사교계의 명사다. 다른 한편으로, 재정 상태가 여의치 않으면 보통수준 7번 유형들은 아직 할 수 있는 모든 경험과 소유를 획득하긴 하면서도, 덜 사치스러운 것으로 만족해야만 한다. 이들은 오페라극장보다는 영화관에 가고 일 년에 서너 번이 아닌 한 번의 유럽 여행으로 만족해야 할지도 모른다. 나이트클럽보다는 백화점이나 야구장에 갈 수도 있고, 진짜 다이아몬드 대신 모조품으로 만족해야 할 수도 있다. 보통수준 7번 유형에게 중요한 것은 즐길 만한 새로운 경험들을 끊임없이 얻는 것이다("나는 모든 것을 다 원해!"). 그러나 어떤 포상도 약속했던 것을 가져다주진 못한다. 이들이 획득하는 어떤 것도 이들이 찾던 것은 아니기 때문이다.

보통수준 7번 유형에게 위험은 욕구가 자라날수록 경험에 대해 식별력이 떨어지고, 전문가가 되기보다는 단순 소비자가 된다는 것이다. 이들의 욕구는 항상 만족에 비해 빨리 자라난다.

5수준: 과도한 외향주의자

더 많이 할수록 더 많은 보통수준 7번 유형들은 자신에게 허락하는 경험의 질과 다양성에 대해 무분별해진다. 염려가 마음속에 자리 잡을지도 모르기 때문에 이들은 아무것도 않는 짧은 순간조차도 두려워한다. 고도의 세련됨으로부터 자극과 자기감을 유지하기 위한 끊임없는 활동으로 자기 자신을 무제한적으로 던지는 상태로 변화된다. 새로운 경험을 찾으며, 원심 비행에서 자신의 모든 에너지를 밖으로 던져 버리는 끊임없는 움직임 속에 있다. 이들의 신념은 '나는 행한다. 고로 나는 존재한다.' 가 된다.

이들이 어떤 것도 거절하지 않으므로, 24시간이 허락하는 한 많은 것을 벼락치기 하듯 경험한다. 끊임없이 다양함을 추구하고, 즐기기 위해 계속 새로운 다른 할 일을 찾아다닌다. 속도가 더 빨라질수록 더 좋다. 자신의 행동에 대해 생각하거나, 순간을 돌아보기 위해 활동의 소용돌이 속에서 잠시 멈추는 것을 좋아하지 않는다. 이들은 말 그대로 모든 것이 빠르다. 빨리 먹고, 빨리 말하며, 생각도 빠르다. 그래서 다음의 활동으로 넘어갈 수 있다. 보통수준 7번 유형들은 시속 150킬로미터에 너무 익숙해진 나머지 시속 120킬로미터로 줄이는 것도 답답하고 지루하다고 느낄 정도다.

쾌락 원리는 이들의 지도적 원리다. 모든 것은 재미있어야 한다. 그렇지 않으면 바로 흥미를 잃고 다른 것으로 옮겨 간다. 7번 유형들은 집단적이고, 거리낌 없으며, 현란하고 다른 재미있는 사람들과 어울리는 것을 좋아하는 사교적 성격을 소유하고 있다. 이들이 말하는 것을 들으면, 이들이 하는 모든 것이 놀랍다! 멋지다! 재미있다!—이들이 좋아하는 다목적용의 형용사들이다("연극은 재미있었고, 연기는 멋졌고, 무대는 정말로 놀라웠어. 그리고 우리는 멋진 식당에 가서 놀랍도록 재미있고 멋진 시간을 보냈어!"). 이들의 활동은 너무 빨라 다른 사람이 따라갈 수 없다고 느끼게 하지만, 보통수준 7번 유형은 늘 현장에 있고 활동적이며 왜 다른 사람들이 자신을 따라오지 못하는지 이해하지 못한다. 단지 하루는 너무 많은 시간이고, 아직 하지 못한 새로운 일이 너무 많이 남아 있다고 느낀다.

7번 유형에게는 의심할 여지없이 입으로 이루어지는 활동을 잘하는 자질이 있다. 그리고 좋아하는 활동 중 많은 것이 입을 중심으로 하는 것이다. 말하기, 먹기, 술 마시기, 담배 피우기, 웃기, 비판하기 그리고 남의 험담 등이 전형적이다. 만약 가능만 하다면 보통은 동시에 이루어지기라도 한다. 예를 들면, 떠오르면 바로 말해 버리는 성격으로 성격유형 중 가장 말이 많은 형이다. 이들은 금지라는 것을 몰라 매우 유머가 있다. 보통 아주 많은 경험을 했기 때문에, 대단한 기백으로 화려한 언어를 사용하여 들려줄 이야기가 많다. 염치없고 불경스러우며, 아무것도 진지하게 받아들이지 않고, 이들의 불안과 문제들을 농담으로 바꿔 버린다.

보통수준 7번 유형들 중의 공연가나 코미디언에게는 뭔가가 있다. 많은 전문 코미디언들은 7번 유형이다. 이들 코미디의 원천은 대부분 삶에 대한 느낌의 저변에 깔려 있는 불안과 염려다. 이들의 유머는 자신의 인생처럼 최소한의 검열과 금지가 있을 뿐이다. 보통수준 7번 유형들에겐 미묘함이란 없다. 이들은 남들이 그의 마음속에 무엇이 있는지 정확히 알도록 해 준다. 어떤 이들의 기분을 상하게 하기도 하겠지만, 다른 이들은 이들의 뻔뻔함과 터무니없음을 신선하다고 느낀다.

웃기고 사교적이지만, 보통수준 7번 유형들은 다른 사람의 말을 들어주지 않기 때문에 최고의 대화 상대자는 아니다. 이들은 관심의 중심이 되고 싶어 하고, 다른 이들이 자신의 말을 들어 주기를 원하고, 자신의 농담에 웃어 주기를 바라고, 자신의 관심 분야에 함께 관심을 가져 주기를 바란다. 그러나 이들은 순수한 관심사를 교환하지 않는다("오, 좋았겠다. 이제 내가 오늘 한 일 좀 들어 봐."). 또한 생각이 떠오를 때마다 한 가지 주제에서 다른 주제로 뛰어넘어 다니면서, 다른 사람들이 대화의 흐름을 따라가는 것을 가로막는다. 심지어 열띤 논쟁으로 진입하는 것도 흥분을 고조시키는 것이고, 자극의 수위를 지키는 것이며, 즐거운 것이 된다. 7번 유형들이 커져 가는 감정적 고통과 불안을 억누르려고 열심히 작업 중인 것을 만약 우리가 기억한다면, 이 모든 강렬한 활동들은 이해될 수 있다. 어떤 면에서 이들은 스스로를 미혹시키고 즐겁게 함으로써 계속해서 주목을 끌려고 한다. 그러나 다른 사람들을 포함한 환경이 자신의 관심을 끌고 즐겁게 해 주기를 원하기도 한다. 만약 주변 환경이 이들을 계속 띄워 주거나 미혹시켜 줄 만큼 충분히 신나지 않으면 이들은 '환경에 시동을 걸기' 위해 에너지를 더욱 끌어내고 현란하게 한다. 이들은 다른 사람들의 에너지를 끌어올려 그들 또한 재미와 여흥의 원천이 되도록 한다.

이들의 과잉 행동의 문제점은 잘하려고 너무 많은 것들을 하기 때문에 피상성과 평범함을 조장한다는 것이다. 아이러니하게도 보통수준 7번 유형은 어떤 것도 오래 하지 않았기 때문에 자신의 경험에 대해 명민하지는 않다. 이들은 다른 것을 하는 중이었거나(연극 도중 순서지를 읽고 있거나), 다음의 행사로 이미 마음이 떠났거나, 너무 바빠서 이미 했던 일에 대해 반추할 기회가 없다. 기껏해야 뭔가에 관해 한 줄짜리 후기를 들려 주고 그것이 끝이다("그 음식 괜찮았지만 난 더 좋은 것도 먹어봤어.").

종종 매우 재능 있고 지능이 높지만, 보통수준 7번 유형들은 가치 있는 무언가를 하기 위해 기회를 차 버리기도 한다. 그 대신 표면에 머물러 있거나 집적거리기만 한다. 스스로 인정하고 싶어 하지는 않으나 이들은 경솔하고 겉만 그럴싸하다. 우리가 건강한 7번 유형들에서 보았던 훌륭한 성취 능력은 단지 유창하기만 한 것으로 퇴화되었다. 이들은 이제 전문가가 아니라 어설픈 애호가일 뿐이다(그는 노래는 하겠지만 잘은 못할 것이다. 연습하지 않기 때문이다. 프랑스어 몇 문장을 배우겠지만 러시아어로 바꾸고, 자수를 배운 후에는 그림, 그 다음엔 사진, 그 다음에는 피아노를 배울 것이다. 그러나 한 가지라도 오래 하지 않았기 때문에 그 어떤 것도 완수는 못할 것이다.). 일단 한 가지 활동이 노력이나 집중을 요구하기 시작하면 보통수준 7번 유형은 지루해져서 새로운 무언가로 옮겨 간다. 이들은 자신의 피상성을 팔방미인이라고 합리화하지만, 아무것에도 정통하지 못하다.

그 영리하고 신속한 7번 유형의 정신은 이제 자신과 역행하여 작동한다. 억압된 불안이 이들의 신속함과 개방성을 곁길로 새 나가는 사고유형이 되도록 만든다.

이들의 사고와 생각들은 자유로운 연상의 광란 속에서 번개의 속도로 튀어 다닌다. 상황에 따라서는 아이디어 회의나 다른 사람들을 즐겁게 해 준다는 명목으로 이용될 수도 있지만, 이 수준의 7번 유형은 항상 이러한 정신적 유동 상태로 돌아다니기 시작한다. 집중은 점점 어려워지기 시작하고 집중 지속기간이 제한되기 시작한다. 많은 좋은 생각들을 매듭지을 수가 없기 때문에 이들의 생산성 용량도 훼손되기 시작한다. 신나고 창조적인 계획들이 보통수준 7번 유형들의 정신 속에서 많이 부화하지만 누군가가 이들을 관리하기 위해 나서지 않으면 실현되는 것은 별로 없다. 보통수준 7번 유형은 아직도 무한한 에너지와 풍부한 창의력을 가지고 있으나 조금씩 모두 낭비해 버리고 자신의 힘을 분산시켜 어느 단계에 이르면 이것을 알게 된다.

눈에 띌 정도의 곤궁한 상황이 되기 시작한다. 더 건강한 7번 유형들은 독립적이고 자신의 모험들을 개척해 나간다. 다른 사람들이 합류하고 싶어 하면 훨씬 더 좋다. 그러나 보통수준 7번 유형들은 혼자 있을 때 떠오르는 감정들 때문에 혼자 있는 것을 두려워하기 시작한다. 게다가 까불고, 농담하고, 과잉 행동의 성격은 관중이 없이는 이상할 것이다. 반응해 주는 다른 누군가가 없다면 7번 유형들은 자신의 많은 행동들이 얼마나 공허해졌는지 깨달을 것이다.

이들의 전문직종도 영향을 받는다. 왜냐하면 일을 잘하는 것도 집중이 필요한데, 보통수준 7번 유형은 자신의 시간과 주의를 일상적인 어떤 것에도 할애하지 않기 때문이다. 이들의 정신은 더 즐거운 딴 데로 가 있다. 아니면 소용돌이 같은 일과에 지친 나머지, 긴 점심시간이나 쇼핑, 아니면 휴가를 떠나 있는 중일 것이다. 이것이 이들의 발달에 전환점이 된다. 왜냐하면 이들의 고도의 활동들은 단지 바쁘고 쉴 새 없는 만큼 생산적이지 않기 때문이다. 이들은 가만히 앉아 있지 못하고 심지어 휴가 가서도 매 순간 할 일이 있어야 한다(리오의 시내라면 몰라도, 해변의 오두막에 있는 것은 이들을 미치게 만든다.). 이들은 쉽사리 주의가 분산된다. 사실 이들은 지루해지지 않기 위해 이 산만함을 만들어 낸다. 이들은 침묵을 참아내지 못한다—통화 중이면서도 라디오와 텔레비전은 동시에 켜져 있다. 때로는 수면 중인데 켜져 있기도 하다.

개인적 동화는 이제 보통수준 7번 유형에게는 대폭 상실되었다. 이들은 경험이 어떻게 자신에게 영향을 주었는지에 대한 주관적 요소는 거의 감지해 내지 못한다. 이제 그 영화가 자신에게 어떤 의미였는지보다 일주일에 영화 몇 편을 보았는지에 더 흥미가 있다. 자극 수준을 높게 유지하기 위해서만 경험을 소비하기 때문에 보통수준 7번 유형들은 자신이 하는 것에 대한 감상이 거의 없다. 그리고 자신의 경험에 어떤 깊이로도 융화되지 않기 때문에 7번 유형들은 모순적으로, 점차 인간적으로 재미없는—덜 발달되고, 더 유아적인—사람이 되어 간다. 상호 간의 갈등이 종종 생기는데, 이들의 동행이 다른 이들에게 덜 만족시키기 때문이다. 혹독한 활동은 피로가 된다.

6수준: 과도한 쾌락주의자

이 수준에서 보통수준 7번 유형들은 커져 가는 슬픔과 두려움을 의식으로 분출하고자 하는 거대한 압력을 느낀다. 어떤 방식이건 짜증나는 것에 대해 대단히 불안해지고 모든 것, 특히 한 번쯤 자신을 미혹시켰거나 즐겁게 해 준 것을 더 많이 요구하게 된다(캐딜락으로 만족을 못하고, 롤스로이스나 재규어를 가져야 한다. 휴가도 두세 번은 가야지, 한 번으로는 충분치 않다.). 이들은 이제 욕심스럽고 뻔뻔해진다. 다른 사람들에게 욕구를 채워 달라고 주장하고, 모든 탐욕이 즉석에서 채워져야 한다("난 더 원해—지금!"). 신체적 · 감정적 불쾌감이나 다른 어떤 불편함에 대한 것에도 인내심이 없다. 모든 욕구에 대한 즉각적인 충족을 요구한다.

원하는 때 원하는 것은 무엇이든 가질 수 있도록 돈이 많은 것은 이 수준의 7번 유형에게는 매우 중요한 가치가 된다. 이들은 전형적으로 자기 자신을 위해 대부분의 돈을 소비하기 때문에 그 과정에서 많은 빚을 진다. 무엇에도 거절을 못하기 때문에 신용카드를 사용해 원하는 것을 가질 수 있을 때는 자기 만족을 뒤로 미룰 어떤 이유도 느끼지 못한다. 돈이 많지 않은 7번 유형들은 돈과 결혼하든지, 자신이 익숙한 스타일로 자신을 지원할 수 있는 충분한 돈을 버는 방법으로든지, 돈을 획득하는 것을 우선순위로 삼을 것이다. 사랑만으로 결혼하는 것은 환상적 이상일 뿐이나, 물질주의적인 7번 유형들은 사랑이 있든 없든, 갖고 싶은 것을 가지기 위해 수단과 방법을 가리지 않는다.

이들의 생활은 솔직히 과다하고, 눈에 띄는 소비와 과시적인 진열의 생활이다. 이 수준이 되면, 보통수준 7번 유형들은 탐욕적인 소비광이다("원하는 게 보이면 손에 넣을 때까지 쫓아간다."). 탐닉이 7번 유형의 치명적 죄악이 되고, 그 죄악은 너무 무절제해서 추잡한 지경에 이르는 쾌락의 탐욕적 추구에서 가장 더 명백해진다.

모든 면에서 심해진다. 실질적 필요와 훌륭한 취향을 넘어서 지독한 과잉 행위가 된다("하나가 좋으면, 둘은 더 좋다."). 아이러니하게 세련된 전문가는 어리석은 형태의 낭비로 타락함에 따라 야하고 저속해진다.

7번 유형들이 건강과 젊음을 보존하기 위해 취하는 방법들을 포함해서 과잉은 이들 삶의 모든 영역에 영향을 미친다("당신은 결코 너무 부자가 되거나 너무 마를 수는 없다" –Duchess of Winsor). 피부가 악어 가죽같이 되어 성형수술을 할 정도로 선탠을 한다. 너무 많이 먹고 마셔 단식원에 가거나 복부 지방 흡입술을 받거나 요양소에 들어가 몸을 바짝 마르게 한다. 여성 7번 유형들은 비싼 옷을 입었음에도 불구하고 화장은 너무 진하고 장신구를 너무 많이 걸쳐 싸구려 같으며 겉만 번드레하게 보일 정도로 과하게 치장한다. 남성 7번 유형은—모두 비싸긴 하지만 의심스러운 취향을 드러내는—운동복에 사용되는 선정적인 색채나 화려한 무늬로 대부분 졸부처럼 보인다.

물론 다른 성격유형도 가끔은 심해질 수 있지만, 이 수준의 7번 유형은 자신의 쾌락주의가 어느 정도의 절제로 잘 충족되고 있을 때조차도 의식적으로 자신에게 아무 제한을 두지 않기 때문에 그 특징을 바로 과잉현상이라고 할 수 있다. 이 수준의 7번 유형은 의도적으로 중용을 잃고 무절제하다("과잉만큼 성공은 없다."). 방탕하고 낭비하며, 소비하고 한 번 원하는 걸 얻은 후에는 버린다. 이들의 태도는 "나는 내 것이 있다. 그런데 다른 누구에 대해서 신경을 쓰겠는가?"

그렇긴 하지만 아직 7번 유형은 혼자 있는 것을 참을 수 없기 때문에 주변에 다른 사람들이 필요하다. 그러나 이 수준의 7번 유형에게는 친구들과 주변 사람들도 부차적이다. 이들은 자신의 즐거움에 기여하는 관계들만 유지하기 때문에 그렇지 않으면 미련 없이 버린다. 결혼생활도 1~2년, 덜 진지한 관계라면 그보다 더욱 현저히 짧은 기간 동안 지속될 수도 있다. 새로움이 없어지면 7번 유형은 다른 것을 찾아 움직이고 싶어 한다.

이들이 가진 모든 것에도 불구하고, 자신보다 더 가진 사람을 보면 질투를 느낀다. 또한 엄청나게 자기중심적이고, 자신의 편리와 안락이 달린 경우를 제외하곤 다른 사람들의 복지에 대해 무심한 편이다. 이 수준의 7번 유형은 자신이 가진 것을 다른 사람과 나누는 것에 관심이 없고 다른 사람이 자신을 의지하는 것을 싫어한다. 다른 사람들도 자신처럼 스스로를 돌봐야 한다고 느낀다. 겉으로 꾸민 매너가 얼마나 세련되었든 그 속은 못처럼 단단하다.

이 수준의 7번 유형들은 자신의 행동에 대한 결과를 책임지려 하지 않는다. 이들은 잔치 후에 많은 쓰레기와 실수를 남기며, 다른 사람들이 말끔히 정리해 주기를 기대한다. 모든 비판에 기사도 정신으로 반응하며 자신이 입혔을지도 모르는 손해에 대한 어떠한 책임도 부인한다("이것은 내 문제가 아니야."). 자신이 고통을 주었든 안 주었든 그들에게는 관계가 없다. 이들은 남들이 '자신을 넘어뜨리도록' 내버려 두지 않는다. 그리고 관심사 안에서 죄책감과 후회란 단지 자신이 감당하고 싶지 않은 나쁜 감정에 불과하다.

말할 것도 없이 이들은 자기중심적이어서 자신의 만족을 자녀들의 필요보다 우선시하므로 좋은 부모가 되지 못한다(이 수준에서 남성 7번 유형은 확실히 민감하지 못하고, 여성 7번 유형은 어머니 노릇과 거리가 멀다.). 자녀가 자신의 생활을 방해하도록 허락하느니 차라리 낙태시키든가 입양으로 내놓는다. 가족을 이루는 것은 자신을 묶는 것이고, 자신에게 요구하는 것이며, 피하고 싶은 상황이다.

7번 유형들이 자신도 모르는 사이 자신에게 야기시키는 문제는 이들이 무절제에 너무 익숙해진 나머지 용량을 초과하지 않고서는 아무것도 만족스럽지 않다는 것이다. 어떤 것이라도 이들에게 영향을 미치기 위해서 이들에게는 모든 종류의 자극이 점점 더 많이 필요하다. 자연히 얻기 불가능한 정도의 도취 상태를 얻기 위해서 난잡한 성관계나 약물(특히 코카인이나 술)을 사용하거나 새롭고 더 비싼 장난감을 가지기 위해 많은 액수의 돈을 소비할 수도 있다. 그러나 여기서 다시 스스로 문제를 만든다. 중독되기 때문이다. 7번 유형은 쉽사리 그것이 무엇이든 간에 어떤 자극의 원천—텔레비전, 외출, 섹스, 약물—에 의지하게 된다. 일단 한 가지에 익숙해지면, 이들은 사로잡힌다—그리고 갑자기 그것 없이는 못 살게 된다.

딱한 것은, 이 수준에서 보통수준 7번 유형에게 진정한 행복감은 완전히 사라진다는 것이다. 이들은 진정 필요한 것보다 훨씬 많이 가지게 되고, 자신의 경험을 통해 자라나지도 않으면서도 최고치보다 더 많이 하게 된다. 사실 정반대가 사실이다. 이들은 정서적으로 무뎌지고, 점점 더 불만족하고 있는 것이다. 게다가 불행히도 이들은 탐욕스러워 만족을 모른다. 습관적인 과잉이 말 그대로 스스로 만족할 수 없게 만들었다. 건강한 수준에서 즐거움의 추구였던 것이 이제 고통으로부터의 비약이 된다. 이들은 아직 자신의 '멋진' 업적에 대해 이야기하기 좋아하지만, 다른 이들은 이들의 '재미'를 조종하는 절망과 번민을 주목하지 않을 수 없게 된다.

불건강한 7번 유형에 대한 분석

7수준: 충동적 현실도피주의자

어느 시점에 이르면 7번 유형에 속한 사람들은 자기가 추구하고 있는 활동이 별로 즐겁지 않다는 사실을 알아차리게 된다. 사실 즐거움 그 반대의 경우가 더 많다. 자신의 지나친 행위 때문에 항상 더 괴로움만을 느낄 뿐이다. 이들이 만약 이 사실을 인식한다면 딜레마에서 벗어날 수 있을 것이다. 그러나 단지 불안감에서 벗어나려는 마음이 너무 앞서거나, 감당할 수 없을 정도의 심적 고통을 이미 느끼고 있다면 이들은 충동적 현실도피 성향으로 빠져들어, 불안감을 해소하기 위한 공격적이고 무책임한 행동을 감행하게 된다.

불건강한 7번 유형은 자신의 경험에 대해 전혀 다시 생각해 보지 않기 때문에, 특히 대부분의 시간에 자기가 하고 싶은 일을 하고 있는데도 자신이 전혀 행복하지 않고 불만족스러운 이유를 알아낼 길이 없어 쩔쩔맨다. 그러나 이들은 단지 자신이 행복하지 않다는 사실만을 인식한 채 자기가 원하는 것을 좌절시키거나 거절하는 그 무엇이든 누구든 간에 공격하기 시작한다.

이들은 마치 파도가 부서지기 직전 파도 맨 꼭대기 위에서 서핑을 즐기는 사람처럼, 마치 공중에서 비행하는 듯이 계속 어떤 행동을 취한다. 완전히 방탕한 현실도피주의자가 되어 버리는 것이다. 보통수준 7번 유형에 속한 사람에게서 보였던 무절제함이 완전히 무차별적 행동으로 악화된 것이다. 이들은 자신이 행복해질 수 있고 고통과 불안감을 해소할 수 있는 것이라면, 그 무엇이든 하고 싶은 기분을 느낀다. 아마도 완전히 방탕해질 때까지 난잡한 성행위나 음주, 마약 복용 등을 즐길지도 모른다. 항상 새로운 스릴과, 자신에게서 벗어나기 위한 새로운 방법을 찾고 있기 때문에 점점 더 난잡한 성행위를 시도할 수도 있다. 너무나도 방탕해져서 자기중심을 찾거나 그 어떤 것과 실질적인 접촉을 가질 수도 없으며 그렇게 하기도 원치 않게 된다.

7수준에 이르면 심지어 즐거움이라는 현상 자체마저도 사라진다. 여전히 농담을 주고받고, 뭔가 '재미있는 것' 에 대해 얘기할지라도, 목소리에는 틀림없이 분노가 서려 있다. 불건강한 7번 유형의 사람들은 적개심과 증오로 가득 차 있으며, 아무 생각 없이 밀고 나가듯이, 어떤 기쁨도 느끼지 못한 채 자동적으로 자신이 말하는 '기쁨'을 찾아 헤맨다. 혼자 있는 것을 두려워하기 때문에 다른 사람에게 자기 파괴적인 환락에 동참하도록 강요하면서도 전혀 양심의 가책을 느끼지 못한다("나랑 술 취하기 싫으면 여기서 꺼져 버려!").

우리는 이미 7번 유형에 속한 사람들이 기쁨을 주거나 불안감을 해소할 수 있는 일이라면 그것이 무엇이든지 간에 의존하는 중독 성향을 가지고 있다는 것을 보았다. 중독 성향은 '각성제'(즐기기 위한 것)에서부터 '진정제'(긴장을 풀고 불안감 없이 의식을 잃어버리기 위한 것)까지 그 종류가 무궁해진다. 이때쯤이면 분명히 7번 유형에 속한 사람들은 행복감을 느끼기 위해 손에 넣을 수 있는 모든 종류의 흥분제와 진정제를 남용했을 것이다. 그러나 이 모든 방법을 쓰면 쓸수록 그들은 점점 더 불행해질 뿐이다.

이 수준에서 7번 유형은 무의식 속에 내재되어 있는 슬픔과 고통을 너무나 두려워하기 때문에 잠드는 것조차 두려워하게 된다. 이들은 완전히 잠들기 직전 무의식 상태로 접어드는 단계, 즉 무방비 시간대를 될 수 있는 한 피하고 싶어 한다. 그래서 종종 단번에 며칠 밤을 지새운 다음 기진맥진할 때까지 자신을 지치게 만들어, 결국 잠이 들 때는 재빨리 의식을 잃어버리게 만든다. 그것도 충분치 않으면 수면제나 술의 힘을 빌리고, 그 다음날 다시 정신을 차리기 위해 다량의 카페인이나 좀 더 강력한 흥분제를 사용한다. 5번, 6번 유형과 마찬가지로 불건강한 7번 유형은 지나치게 주위를 경계하는 파수꾼처럼 되어 버린다. 그러나 7번 유형의 경우, 이들이 위험 요소로부터 경계하는 지역은 다름 아닌 바로 자신의 잠재의식이다.

만약 잠시라도 좌절하는 순간이 오면, 이들은 극도로 화를 내며 모욕적이고 거칠며 무분별한 발언과 행동을 서슴지 않는다. 마치 버릇없는 아이처럼 만약 다른 사람들이 자신이 원하는 것을 해 주지 않으면, 굉장히 무례하고 공격적으로 변해 버린다. 다른 사람의 마음에 얼마나 상처를 입히든 간에, 그것이 사실이든 아니든 그냥 생각나는 대로 말을 내뱉어 버린다. 다른 사람들은 이들의 행동이 매우 불쾌하고 난폭하다고 느끼지만 그것에 대해 어찌할 도리가 없다고 느낀다. 이들은 남의 감정을 상하게 할 때나 어떤 일을 망쳤을 때는 욕설을 퍼붓지 않는다. 그러나 만약 어떤 것이 자신의 맘에 들지 않을 경우는 화를 내고 소리 지르기 시작하거나, 분노를 삭이기 위해 난폭한 '광경'을 연출하기도 한다.

이들에게는 자신의 충동적 행위를 억누를 만한 능력이 없기 때문에 매 순간 자신이 내키는 대로 행동한다. 화가 나면 무엇이든 집어 던지거나, 슬플 때는 울음을 터뜨리기도 한다. 불건강한 7번 유형은 그 어떤 행동에서도 주저함이 없다. 왜냐하면 이들에게 불안이나 공격적 성향, 어떤 다른 좋지 않은 느낌이 들게 되면 즉시로 그것에 항복해 없애 버리는 것만이 유일한 해결 방법이기 때문이다.

물론 이런 행동을 함으로써 바라는 것을 얻기도 하지만(다른 사람들은 너무 당황스러워 말문이 막히거나, 너무 놀라 순순히 따르게 된다), 긴장이 해소됨으로써 생기는 일시적 희열감의 한 종류를 즐기기도 한다. 그럼에도 불구하고 이들이 기분에 따라 행동하는 것은 충동적 성향을 더 강화시키며, 장기적으로 볼 때 상황을 더 악화시킬 뿐이다. 게다가 충동적 성향은 이들이 얼마나 어린아이와 같고 감정적으로 미성숙한지를 보여 준다. 그 결과 이들 곁에 오래 머물 수 있는 사람은 거의 없게 되고, 이 때문에 불건강한 7번 유형은 더욱더 좌절하고 격노한다.

마지막으로 이 수준에서 7번 유형이 고통으로부터 자기를 보호하기 위해 세웠던 방어벽은 무너지게 된다. 상당한 기간이 흐르면 이들은 자신의 슬픔과 상처를 인식하고, 그것을 가라앉힐 만한 충분한 에너지를 모을 수도, 그 어떤 활동도 할 수 없게 된다. 자신을 보호할 수 있도록 생각이 활발히 돌아가지 않을 때, 또한 자신이 더 이상 전진할 수 없다고 느낄 때, 다른 보통 사람과 마찬가지로 우울감에 빠져든다. 7번 유형은 대부분의 시간을 고통과 우울에서 벗어나는 데 보냈기 때문에, 이러한 암울한 시기는 더욱더 이들을 쇠약하게 만든다. 왜냐하면 이러한 상태에 대처할 만한 어떤 방법도 생각해 보지 않았기 때문이다. 7번 유형은 다른 유형과는 달리 만성적인 우울 증세를 보이지는 않지만, 남보다 더 심한 우울감에 빠질 수도 있다. 왜냐하면 그러한 감정 상태가 이들의 자아에게는 매우 낯설게 느껴지기 때문이다.

결과적으로 불건강한 7번 유형은 고통에서 벗어나 가능한 한 빨리 다시 일어서고 싶어 한다. 고통 가운데서 이들은 어떤 달콤한 것도 찾을 수 없으며 우울증에서 벗어나기 위해 예전처럼 주변 환경과 다시 연결되고 싶어 한다. 불행히도 이 수준에서 이들의 감정은 혼란스러워져서 균형 잡힌 방식으로 행동하기가 어려워지고 조증 증세마저 보인다.

8수준: 조증 증세를 보이는 강박신경증 환자

불건강한 7번 유형은 우울 증세와 더불어 이전에 맛보았던 과거 시절의 최상의 즐거움이 사라짐으로써 더 이상 기쁨을 누릴 만한 역량이 없어져 버리게 될까 두려워한다. 그 결과 충동성은 조증으로 악화되어 자기 자신에게서 완전히 벗어나는 상태가 된다. 불건강한 7번 유형은 그 무언가를 느끼기 위해 무엇이든지 하려고 한다. 많은 경우 이들은 불안감과 수치심을 이기기 위해 난폭한 행동도 서슴지 않고 행한다. 다른 유형보다도 특히 이들은 잠시 동안이나마 잘해 나가고 있다는 인상을 줄지도 모른다. 그럼에도 불구하고 신경증적인 7번 유형은 행동이나 기분에서 완전히 통제 불가능하고 극도로 불안정한 상태에 있기 때문에, 주변 환경이나 다른 사람들과의 관계에 커다란 타격을 입는다. 이들은 마치 아무도 예견할 수 없는 폭풍우의 진로처럼 변덕스러워진다.

보통수준 7번 유형에서 볼 수 있었던 과잉 행동은 신경증적 조증으로 악화되는데 이들의 기분이나 아이디어, 행동은 매 순간 매우 빠르게 변한다. 이들의 기분은 단 몇 분 간격으로 싸움을 좋아하는 적대 감정이 들다가도 회한의 눈물을 보이기도 하며, 때로는 기분이 매우 고조되기도 한다. 자연적으로 다른 사람들은 이런 상황에 적응하기가 매우 힘들어진다. 신경증적 7번 유형에게 그 이유를 묻거나, 이들이 너무 '들떠' 있을 때 자제시키려고 하면, 이들은 예측할 수 없고 위험한 방식으로 반응한다. 비록 이들이 기분이 좋은 상태에 있다 하더라도 실제로 그것은 이들의 착각 속에서 의기양양해진 것뿐이며, 기질상으로는 기괴하고 신경 강박적 특징을 보인다. 마치 자기가 세상 꼭대기에 올라와 있는 것처럼 기분이 최고조에 이르며, 흥분한 상태로 들떠 있게 된다. 마치 각성제를 복용한 것처럼, 말할 때도 큰 소리로 빠르게 이야기한다. 무엇이든지 자신이 다 할 수 있을 것같이 느끼며, 실제로 하지도 못할 장대한 계획에 막대한 돈을 투자할 수 있을 것처럼 느끼기도 한다. 또한 항상 어떤 일의 결과를 고려해 보지 않기 때문에 들떠 있는 기분을 유지하기 위해서라면 위험할 정도로 다량의 마약이나 술의 힘을 빌리기도 한다.

조증 증세를 보이는 7번 유형은 전형적으로 우울감에서 자신을 보호하기 위한 방어벽을 유지하기 위해, 온갖 종류의 많은 활동에 강박적으로 뛰어든다. 이러한 강박적 활동은 여러 형태를 띠는데 강박적 쇼핑, 도박, 쉴 새 없는 강박적 음주, 마약 남용, 강박적 식습관 그리고 강박적 성행위까지 다양하다. 이들의 강박적 행동은 자신뿐만이 아니라 다른 사람에게까지 영향을 미쳐 심각한 사고로 이어질 수 있다. 예를 들어, 음주운전이나 약물 과다 복용, 다양하고 '무모한' 탈선 행위에 따른 사고가 그것이다. 심지어는 충동적으로 어떤 물건에 마음이 끌려 집착하는 증상을 보이는 '조증'의 하나인 도벽 증상(물건을 훔치고자 하는 신경과민적 충동성)을 보일 수도 있다.

만약 신경증적인 7번 유형이 자신이 망상에 사로잡혀 있다는 것을 깨닫지 못한다면, 이는 이들이 얼마나 통제 불가능한 수준에까지 와 있는지를 깨닫지 못했기 때문이다. 이들의 관점에서 볼 때, 불안감으로부터 자신을 보호하는 유일한 방어 수단은 불안감이 자기 생각 안으로 들어오기 전에 그것에 행동을 취해 떨쳐 버리는 것이다. 이들은 조증 증세를 보이는 행동을 통해 불안감을 해소할 수 있는 새로운 경험을 이끌어 낼 원천을 만들어 낸다(비록 망상적이기는 하지만). 여기서 우리는 이들의 활동에 어느 정도 논리적인 면을 발견할 수 있다. 그러므로 이들에게 계획을 달성하는 것이 중점이 아니라, 도피할 방법을 찾는 것이 핵심이다.

그러나 이들은 자신이 매우 위험한 상황에 처해 있다는 것을 똑바로 인식하지 못한다. 이들의 생각은 마치 뜨거운 다리미 위에서 미끄러지는 물방울처럼, 천천히 가다 보면 그것으로 그냥 끝날 것이라고 믿는다. 만약 불안을 없앨 만한 행동을 계속 행할 능력을 잃게 되면 이들은 훨씬 더 우울한 상태로 빠져 버리게 된다. 구체적으로 조증 증세를 보이는 행동은 멈추며, 행동을 계속 취하는 것을 조울증 방어라 부르는 이유가 바로 이 때문이다. 게다가 이들의 강박적 활동은 여러 많은 종류의 문제점들을 야기한다. 현실 자체도 이들을 좌절시키듯이 다른 사람들은 이들이 자신으로부터 도피하려는 경로를 차단하기 위해 필수적으로 이들의 계획을 좌절시켜야 한다.

9수준: 공황상태에 빠진 히스테리 환자

조증 증세를 보이는 7번 유형은 결국 아무 데도 기댈 곳이 없어지고, 이들의 상황에서 쓸 수 있는 모든 것들을 다 '소진' 되어 버리는 정도에까지 이른다. 그동안 온갖 행위를 통해서 억누를 수 있었던 불안감은 끝내 의식 속으로 파고든다. 하지만 이제 더 이상 갈 곳도, 의지할 곳도 없다. 그 결과 이들은 마치 맹렬한 야수에게 쫓기듯이, 히스테리를 부리며 몹시 두려운 상태에 있게 된다. 이들은 '히스테리적'

상태, 좀 더 쉬운 표현으로 공황상태, 공포감이 너무 심해 벌벌 떨면서 아무것도 할 수 없는 상태가 된다.

자신에게 철저하고, 완고하며, 세속적이었던 사람이 갑자기 더 이상 피할 수 없는 불안에 휩싸여 황폐해진다. 방어벽은 한순간에 완전히 무너져 버리고, 신경증적 유형에 속한 사람들은 극도의 불안감의 희생양이 되고 만다. 물론 보통수준 7번 유형에게도 어느 정도의 불안감이 무의식, 즉 이들이 인식하지 못하는 영역 속에서 나오게 되면 위협적인 요소가 되기는 한다. 그러나 신경증적인 7번 유형의 증상은 이보다 더욱 심각하며, 마치 자신이 무언가에 삼켜져 버린 것과 같은 느낌도 갑자기 들게 된다. 무의식의 세계가 의식 속으로 파고들면서, 견고해 보였던 유형의 세계가 무언가 알 수 없는 공포로부터 자신을 더 이상 구해 줄 수 없다고 느낀다.

이들의 마지막 방어벽이 붕괴된 이상, 모든 고통스럽고 끔찍한 무의식 속에 잠재되어 있는 것들이 이들을 공격하기 시작한다. 슬픔, 죄의식, 정신적 충격, 비참함, 혼란스러움, 고뇌와 같은 것들이 모두 의식 속으로 밀어닥친다. 게다가, 불건강한 7번 유형은 거의 모든 에너지를 이러한 느낌을 피하는 데 쏟았기 때문에, 어떻게 그 상황에 대처해야 할지 몰라 쩔쩔 매게 된다. 그 결과 이들은 완전히 모든 걸 마비시켜 버리는 것과 같은 공포에 사로잡힌다. 7번 유형은 고통을 더 가중시키지 않기 위해 행동하거나 사고하는 것조차 두려워한다.

정상적인 사람들은 악몽에서 잠깐 동안 공포를 경험했다가 다행히 깨어나지만, 이렇게 공황상태에 빠져 있는 신경증적인 7번 유형은 이러한 공포를 평상시 깨어 있는 동안에 경험한다. 정확하게 말하자면 일반인들은 다시 잠에서 깨어나 현실로 다시 돌아오고 그 공포를 억누를 수 있지만, 이 수준의 신경증적인 7번 유형에게는 불가능하다. 이들은 이미 완전히 깨어 있는 상태이며 숨을 곳이 아무 데도 없다. 이들은 폐쇄공포증을 느끼며, 두려움으로 온몸이 마비된 것처럼 자신이 소멸될 것 같은 두려움, 미쳐 버릴 것 같은 느낌, 도망갈 곳 없이 끊임없는 괴롭힘 속에 붙잡혀 버린 것과 같은 느낌을 갖는다.

이런 불건강한 7번 유형에 있는 사람에게서는 조증 증세를 보이는 행동과 무모한 활동이 흔히 나타나는데, 이를 통해 이들은 자신의 신체적 인내심이 한계에 이를 때까지 스스로를 몰아붙인다. 많은 불건강한 7번 유형의 사람들은 심각할 정도로 신체가 쇠약해지는 상태에 이르는데, 그 이유가 부주의하고 조증 증세를 보이는 행동 때문에 일어난 사고든, 마약이나 알코올 남용이든, 혹은 성병, 신체를 혹사시켜 생긴 과로든 결과는 동일하다. 7번 유형은 더 이상 행동을 취하는 방법으로는 불안감에서 도피할 수 없으며 이들이 '탈출' 할 수 있는 방법은 현저하게 줄어든다.

이들이 가지고 있는 염려 중 가장 두려운 면 중의 하나가 공포의 근원을 알 수 없을 때다. 그렇게 되면 공포에 대처하기가 극도로 어려워지고, 해결하기는 더더욱 어려워진다. 그 이유는 7번 유형의 사람들이 습관적으로 바깥의 삶, 점점 더 많은 경험과 자극제를 추구했던 삶을 살았기 때문에, 그 결과 자기 자신과 접촉할 준비가 전혀 안 되어 있는 것이다. 점점 아래 수준으로 하락하면서, 어떤 면에서 이들은 '시간을 벌고 있지만', 두려움과 고통에 전혀 대처하고 싶지 않은 자신의 상태가 부정적인 결과를 초래하지 않기만을 바라고 있는 것이다. 이제 이들은 자신이 잘못되었다는 것을 깨닫는다.

7번 유형의 역동 분석

분열의 방향: 7번 유형이 1번 유형으로

4수준에서부터 시작하여 보통수준 7번 유형과, 스트레스를 받고 있는 불건강한 7번 유형에 속한 사람들은 보통수준 1번 유형과 불건강한 1번 유형이 가지고 있는 특징을 나타내기 시작한다. 보통수준 7번 유형은 자신에게 제한을 두는 것에 저항하며, 흥미 있는 것이라면 무엇이든 마음껏 추구하려 한다는 것을 이미 살펴보았다. 이들은 어느 수준까지는 자신을 즐겁게 할 만한 수단을 계속 유지하기 위해서 자신의 에너지를 쏟아야 한다는 것을 인식한다. 그러나 짜인 활동 스케줄을 모두 감당할 수 없는 지경에 이르면, 이들은 좀 더 열심히 일하고, 보통수준 1번 유형처럼 자신을 억제해야 할 필요성을 느끼기 시작한다. 이 시점에서 7번 유형에게 어느 정도까지는 자신을 억제하는 것이 유용할 수 있을지 모르나, 그것은 잘못된 동기에서 출발한 것이기 때문에 그 효과에는 한계가 있다. 7번 유형은 자신에게 제한을 두어야 할 의무감을 느끼지만, 이에 따른 강요에 좌절감과 반항심이 생기기도 한다. 그 결과 이들은 자신이 제한하고자 하는 것을 더하게 되는 반대의 결과를 가져온다.

4수준에서 7번 유형은 다양한 종류의 새로운 경험과 자신을 즐겁게 할 수 있는 일에 많은 관심이 있어, 흥미롭거나 신선한 것은 무엇이든지 찾는 데 분주하다. 보통수준 1번 유형처럼 이들은 자신이 경험한 것에 대해서 다른 사람에게 얘기하고, 새로운 워크숍이나 책에 대해 열정적으로 알려 주기를 좋아하며, 별로 좋지 않은 식당에 대해 친구들에게 충고의 말을 해 주기도 한다. 그러나 열정적인 대화는 이내 토론으로 바뀌기 쉽다. 특히 다른 사람이 이들이 발견한 것이 얼마나 뛰어난지 인정하는 분위기가 아닐 때 더욱 그렇다. 동시에 주위에 보이는 많은 흥미로운 것들을 추구할 수단을 가지고 있다고 확신하고 싶어 하기 때문에, 그것을 유지하기 위해 자신을 더 밀어붙이기 시작한다. 이렇게 하는 이유는 운동이나 숙제와 같은 특정 활동을 진정으로 하고자 하기 때문이 아니라, 그렇게 해야만 할 것같이 느끼기 때문이다. 결과적으로 7번 유형은 더욱더 좌절감과 불안감을 느낀다. 이들은 자신이 좀 더 즐길 만한 것을 놓치고 있다고 강하게 믿고 있다.

5수준에서 7번 유형은 좀 더 무분별하고 침착하지 못하다. 이들의 에너지는 분산되며 무의식적으로 감정이 분출되어, 다른 사람들은 이들을 향해 부정적으로 반응한다. 이들이 1번 유형으로 향하면, 자신을 억제해야 할 필요를 느끼고 일시적 감정을 억누르기 위한 하나의 방법으로 자신을 통제하며 엄격하게 다스리기 시작한다. 매우 거칠고 불손한 행동을 보이다가도, 갑자기 심각하게 진지해질 수도 있다. 또한 다른 사람에게 매우 무뚝뚝하고 냉담해질 수도 있으며, 이들이 생각하기에 남의 무능력이라고 생각되는 것들에는 점점 더 참을 수 없게 되어 버린다. 결국 이들의 자기 통제는 자신의 실제 느낌을 억누르기 위한 한 방법이었기 때문에 별로 효과를 발휘하지 못한다. 1번 유형으로 가기 위한 시도는 이들의 필요가 채워지지 않는 이상, 단지 분노와 적개심을 증가시킬 뿐이다.

6수준에서 7번 유형은 자신의 갈망을 채우고, 불안을 억누르기로 굳은 결심을 한다. 이들이 1번 유형으로 향하면, 자기중심적이 되며 남에게 요구사항이 많아지고, 자신의 갈망을 채우기 위해 모든 노력을 쏟지 않는 사람들을 보면 매우 비판하고 비꼰다. 또한 완벽주의 성향이 강해서, 다른 사람들로부터 높은 서비스를 받을 것을 기대하고 자기 자신의 성취에 대해서도 높은 기대치를 가지고 있다. 보통수준 7번 유형은 인생에서 달성할 수 있는 많은 것에 대한 기회를 자신이 잃어버리고 있다는 것을 잘 알고 있지만, 결국에는 그것을 시도하기도 전에 자기의 노력이 충분치 않다고 판단해 버린다. 비슷하게 자신을 둘러싼 환경에도 점점 더 완벽주의적 성향이 강해져 그 어느 것에도 만족하지 못하게 된다. 아무도 그것을 바로잡을 수 없으며, 이들은 계속해서 좌절의 상태에 머물며 기쁨을 느낄 만한 아무것도 찾을 수 없게 된다. 다른 사람이 자신을 실망시키기라도 하면 심하게 비난하거나 욕설을 퍼붓고, 얕보는 듯한 비꼬는 발언을 내뱉음으로써 자신의 좌절감을 표출한다.

7수준에서 불건강한 7번 유형은 두려움과 고통에서 탈출하고자 자기파괴적이고 무절제한 행동을 감행한다. 여기서 1번 유형으로 이동하고자 하는 시도는 이들의 분노와 적개심을 더욱 가중시킬 뿐이다. 다른 사람이 자신의 무책임한 생활방식에 대해 따지기라도 하면 이들은 격노하며 비방하는 말로 반응한다. 자신의 활동에 대해서 전적으로 융통성이 없어, 아무도 이들의 생각을 바꿀 수 없다. 게다가 자신의 삶의 방향이나 자기 통제가 전혀 없음에도 불구하고, 다른 사람의 변덕이나 약점에 대해서는 절대로 참지 못한다. 한때 즐거웠던 사람이 비열한 염세주의자가 되어 버려 남을 혐오하고 다른 사람의 나쁜 점만을 보는 것이다.

8수준에서는 7수준에서 보였던 충동적 행위가 조증과 무모함으로 더욱 악화된다. 불건강한 7번 유형은 통제 범위 밖으로 벗어나 질주하며, 자신과 다른 사람 모두에게 위험한 존재가 된다. 이들이 다시 1번 유형으로 돌아갈 때, 자기 통제 감각을 다시 회복하기 위한 계획이나 방향으로 모든 에너지를 쏟는다. 이들은 자기중심을 찾고 감정적으로 안정을 찾기 위한 방법으로서 가장 필요한 것이 자기 통제이며, 1번 유형으로 가는 것이 그것을 이루는 방법이라고 생각한다. 이들은 아마도 극단적 활동이나 미신적 신념을 통해 자신의 거친 충동적 행위에 질서를 부여하고자 노력할지도 모른다. 자신을 파멸로부터 구출해 줄 수 있을 거라 생각되는 아이디어가 떠오르면 전적으로 그것에 집착하기도 하고, 어떤 특정 사람이나 사물이 자신을 괴롭게 한다고 믿을 수도 있다. 이 두 가지 경우는 8수준에서 1번 유형으로 이동하는 것이 저항할 수 없는 불안감을 멈추기 위한 마지막 실날 같은 노력이라는 것을 보여 준다. 그러나 그것은 언제나 착각에서 비롯된 것일 뿐이고 에너지를 균형 있게 집중시킬 수도 없기 때문에, 잘해 봤자 시간만 벌 뿐이다.

게다가 1번 유형으로 이동하는 것이 효과가 없는 이유는 쇠락한 7번 유형의 사람들이 자신을 구해 줄 그 어떤 것을, 전적으로 자신 밖에서 찾으려 하고, 아이러니하게도 그것이 자기파괴적인 충동 행위에 대한 심리적 피뢰침으로 작용하기 때문이다. 자신을 구해 줄 수 있는 수단이라고 기대했던 사람들이, 자신이 파괴적인 충동성을 억제하도록 도와주고, 자신을 구조적인 방식으로 대하는 대신, 그렇게 행동하지 않는다면, 이전에 자신의 갈망을 좌절시켰던 사람들에게 대했던 것과 마찬가지로 증오의 초점이 될 수도 있다.

그러므로 9수준에서는 행복을 찾기 위해 주변 환경에 쏟았던 모든 에너지가 자신을 좌절시킨 사람들이나 현실에 대한 증오심으로 변해 그 응어리가 폭발하게 된다. 이들은 갑자기 생활을 간소하게 하고, 어떤 사람이나 물건에 대해 강박 관념적으로 흥미를 보인다. 1번 유형으로 이동함으로써 자신의 좌절과 고통의 근원이라고 여겨지는 사물이나 사람들을 무자비하게 제거하는 것에 대한 이론적 근거를 갖게 된다. 인과응보식의 충동적 행위나 남을 비열하게 비난하는 것이 그중 일부분이다.

이렇게 악화된 7번 유형은 이들이 충동적이거나 폭력적이기 때문에 위험한 존재가 된 것이 아니라, 이들의 사고가 혼란스러워졌기 때문에 위험한 것이다. 이제 히스테리적으로 감정이 폭발하거나 일시적으로 미쳐 버리면, 자신이 의지했던 사람들을 죽이거나 심각한 부상을 입힐 수도 있다. 살인범이 되지는 않더라도 악화된 7번 유형은 자신의 아이들이나 배우자에게 폭력적으로 학대를 가할 수도 있다. 만약 이들이 살인이나 남을 해치는 데 성공이라도 하면 조증 방어기제가 무너져 심각한 우울 상태에 빠지거나 자살로까지 이어질 수도 있다.

통합의 방향: 7번 유형이 5번 유형으로

통합된 7번 유형은 이미 심리적으로 균형 상태를 회복했기 때문에, 행복을 뺏길지도 모른다는 두려움을 더 이상 갖지 않는다. 건강한 7번 유형이 5번 유형으로 이동하면 사물에 좀 더 깊게 연관될 수 있다. 이들은 자신의 경험을 내재화시킴으로써 삶의 안정과 확실성을 찾기 위해 자리를 잡는다.

이들이 매우 건강한 상태일 때 삶에 대해 감사하는 마음을 느끼며, 자신을 그토록 행복하게 만드는 것이 무엇인지를 더 알고 싶어 한다. 이제는 단지 세상을 경험하는 것만으로는 부족하고 그것에 대해 더 많이 알고 싶어 한다. 이들의 관심은 이제 자기 자신이 아니라(자신의 경험과 현재 행복) 자신을 둘러싼 세상으로 바뀐다. 모든 사물의 고결함에 대해 좀 더 존중하게 되고, 세상을 자신의 개인적 만족감을 위한 것이 아닌 다른 목적을 의해 존재하고 있다는 것을 이해한다. 이들은 더 이상 세상을 소비하는 사람이 아니라 그것을 숙고하는 사람이 된다. 감사하는 마음은 놀라움과 창조에 대한 호기심으로 싹튼다.

인격이 통합된 7번 유형은 이제 방탕한 현실도피주의자 성향에서 벗어나 많은 진전을 보인다. 5번 유형으로 이동한 7번 유형은 자신의 경험한 것에 집중하고, 자신이 얻은 만족감으로부터 노력의 보상으로 많은 것을 얻는다. 자신의 중심을 찾음으로써, 새롭고도 깊이 있는 체험도 할 수 있다. 이들은 현실을 좀 더 노련하고 심오하게 통찰할 수 있으며, 현실 또한 이들을 통과할 수 있게 된다. 또한 자신의 기술과 재능의 역량을 최대한 발휘하여 자신이 경험한 것에 영향을 주기도 한다. 5번 유형 수준으로 이동할 때 자신의 바람직한 열정이나 생산성을 잃지 않는다. 그러기는 커녕 통합된 7번 유형은 세상에서 독창적인 것에 공헌함으로써 보다 더 생산적으로 될 것이다.

7번 유형의 날개 유형

6번 날개를 가진 7번 유형: 엔터테이너

7번 유형과 6번 유형은 특징에서 서로 얼마간의 모순이 있다. 6번 유형은 사람 지향적인 반면, 7번 유형은 사물과 경험 지향적으로 자신의 필요를 채우는 것을 잘하는 편이다. 그러나 두 유형에 모두 의존 성향이 나타나는데, 6번 유형은 남에게서 인정받거나 안정감을 찾으려 하는 반면, 7번 유형은 자신을 행복하게 해 주는 환경에 기대는 편이다. 이 하위유형에 속한 사람들은 자신을 위한 만족을 찾으려 하며, 다른 사람을 자극 요소나 행복의 부가적인 원천으로 바라본다. 6번 유형의 특성을 가진 7번 유형은 아마도 다른 하위유형보다 가장 사교적이며 외향적일 것이다. 7번 유형의 모험적인 경험을 찾는 특성과, 6번 유형의 인간관계를 통해 안정감을 찾으려는 갈망이 서로 결합되면 다른 사람들과 어울리고 교류하는 것을 좋아하는 유형이 산출된다. 6번 날개를 가진 7번 유형은, 경험을 지향하는 8번 유형의 특성을 가진 7번 유형보다 훨씬 관계 지향적이다. 이러한 특수 유형의 예로 로빈 윌리엄스, 스티븐 스필버그, 아르투르 루빈스타인, 모차르트, 레너드 번스타인,

엘리자베스 테일러, 메리앤 윌리엄슨, 리처드 파인만, 티모시 리어리, 베트 미들러, 라이자 미넬리, 엘튼 존, 피터 우스티노프, 캐롤 버넷, 셸리 윈터스, 짐 캐리, 조너선 윈터스, 밥 호프, 시드 카이사르, 멜 브룩스, 제로 모스텔, 미키 루니, 레지스 필빈, 리버레이스, 자자 가보르, 존 벨루시 등을 주목할 만하다.

6번 날개의 건강한 7번 유형은 전염성 강한 즐거움을 전달하는 아주 생산적인 사람들이다. 이들은 눈에 띄게 놀기 좋아하고, 어린아이 같으며, 매력적이고, 때로는 바보 같아 보이기도 하며, 어려운 상황이 닥치더라도 인생의 좋은 면을 믿는 신념과 순수함을 가지고 있다. 또한 이들에게 붙은 별칭에서도 알 수 있듯이 매우 창의적이고 남을 즐겁게 해 주며, 8번 날개를 가진 7번 유형보다 훨씬 세상을 바라보는 관점이 긍정적이다(9번 유형이 그러하듯이). 6번 유형의 특성인 자제심과 협력적인 자세, 그리고 많은 것을 한꺼번에 달성할 수 있는 조직적 능력이 발휘될 때, 이들은 종종 재빠른 사고와 상당한 유머 실력을 발휘하기도 한다. 본질적으로 독단적인 면이 있지만, 다른 사람들이 자신을 받아들이고 좋아해 주기를 바라기도 한다. 만약 수중에 돈이 있으면 다른 사람에게 베풀기를 좋아하며, 특히 사교모임이나 파티, 여행 같은 데 돈을 쓴다. 특유의 낙관주의와 높은 활기로 인해 다른 사람과 잘 어울리고 돈독한 인간관계를 형성한다. 이런 하위유형의 사람들은 부드럽고 친절한 면이 있어 매우 매력적으로 보이기도 한다. 이들은 변화무쌍한 특성을 가지고 있기도 한데, 애교, 생기발랄함, 약한 면과 쾌활함, 충동적인 행동을 하는 경향도 있지만 믿음직한 면도 가지고 있으며, 어른스럽기도 하고 때론 아이처럼 행동하기도 한다.

6번 날개를 가진 보통수준 7번 유형은 여전히 생산적이지만, 6번 날개가 가진 두려움 때문에 집중력이 떨어져 분산되는 경향을 보이기도 한다. 이들은 불확실성으로 괴로워하기도 하고 다른 하위유형들보다 자신의 불안 심리에 대해 더 많이 의식하고 있다. 6번 날개를 가진 7번 유형은 종종 긴장을 하거나 변덕스러운 면을 보이기도 하고, 활동량이 증가하거나 안절부절못하기도 한다. 이들은 8번 날개를 가진 7번 유형보다 일의 마무리를 하는 데 어려움을 더 겪는다. 이 하위유형에 속한 보통수준 사람들은 보통 방어적이거나 충동적이다. 이들은 인정받기를 원하며, 홀로 남겨지는 것을 두려워한다. 또한 자신의 연애 상대에게 높은 기대치를 가지기도 한다. 사랑받기를 원하며 또한 쉽게 사랑에 빠진다. 하지만 사랑하는 감정이 식어버림과 동시에 쉽게 그 관계를 끝내기도 한다. 사랑에 빠지는 것은 대부분 이 하위유형의 사람들이 즐기는 강력한 경험 중의 하나다. 이들은 항상 연애 중이거나, 아니면 누군가를 항상 찾아다닌다. 이들은 여전히 재미있는 사람일지 모르지만, 내면에 깔려 있는 불안감은 거의 표면 위로 올라와 있다. 다른 사람의 기운을 북돋아 주기 위해 노력하는 치어리더처럼 행동하고, 좀 더 흥미진진한 환경을 만들려고 노력할 수 있다. 그러나 종종 그것이 지나칠 때가 있어, 다른 사람들은 그 과정 중에 피곤함을 느끼기도 한다. 다른 사람들을 자극할 만한 것, 자신의 기대감을 충분히 달성하지 못할 때 6번 날개는 시무룩해지거나 비관적 성향을 밖으로 드러내기도 한다. 6번 날개를 가진 더 낮은 보통수준 7번 유형은 '좀 더 푸른 초장' 으로 가고 싶어 하는 7번 유형의 갈망과, 다른 사람과의 안전한 유대관계를 잃어버릴까 봐 두려워하는 6번 유형의 성향 중간에 있다. 이들은 무리와 함께 있는 것을 좋아하지만 다른 사람이 자신을 어떻게 생각할지에 대해 불안해한다. 또한 충동적으로 행동하는 면도 있는 반면, 자신이 내린 결정에 대해 걱정하기도 하고, 사치스러운 면도 있지만 돈에 대해 걱정하기도 한다. 불안감이 커져 갈수록 이 하위유형의 사람들은 자신도 모르게 점점 더 다른 사람에게 무신경해지는 경향이 있다. 또한 자기중심적이며, 자신의 불안감을 해소하는 것을 도와주도록 남에게 요구하기도 한다. 그러므로 좋든 나쁘든 6번 날개를 가진 7번 유형의 공격적인 성향을 부드럽게 하는 반면, 불안감 또한 가중시킨다. 7번 유형의 날개를 가진 6번 유형은 물질 남용의 소지가 많다.

6번 날개를 가진 불건강한 7번 유형의 사람들은 두려움이 많고 남에게 의존하는 6번 유형의 특징 외에 불건강한 7번 유형의 변덕스러움과 조증 증세도 보인다. 또한 자신의 우발사고에 동참하고 점점 커져 가는 두려움과 고뇌를 떨쳐 버리도록 도와줄 '공모자' 가 될 사람, '같이 놀 친구' 를 찾아 끝없이 헤맨다. 이들은 남에게서 인정받고 싶어 하며 사랑받기를 원하고, 그를 구성하는 하위유형들이 문제로 하고 있는 특성들인 열등감과 불안감 때문에 매우 심각한 어려움에 처할 가능성이 있다. 이들은 다른 사람들에게 눈물로 호소하며 자신의 문제를 해결해 달라고 요구할 것이다. 자기와 얘기하고자 하는 사람이면 누구든지 전화기를 붙잡고 날마다 밤을 지새우면서 얘기를 하거나, 밤마다 밖으로 헤매며 돌아다닐 것이다. 그것마저 효과가 없으면 이 하위유형의 사람들은 히스테리를 부리거나 무력해져 몸부림치면서 폭언을 퍼붓기도 하고 다른 사람을 내쫓다가도 다시 자기편으로 끌어들이기를 반복할 것이다. 이러한 하위유형의 사람들은 자살시도와 같은 자기파괴적인 행동이나 극적이고, 피학대증적인 일을 벌일 가능성이 매우 높다. 결국 신체적으로나 감정적으로 눌리게 되어 중독에 빠지거나 완전히 쇠약해지기도 한다.

8번 날개를 가진 7번 유형: 현실주의자

7번 유형과 8번 유형의 특성이 모두 공격적인 성향인 이상, 이 두 유형이 합해지면 매우 공격적인 성격을 산출하게 된다. 이 하위유형의 사람들은 두 가지 면에서 공격적인 성향을 보이는데, 주변 환경에 대해 이들이 요구하는 면에서와, 요구하는 주체인 자아의 힘에서 그러하다. 아무도 이 특성을 알지 않고서는 이 하위유형의 사람을 저지할 수가 없다. 이들은 극단적으로 독선적이며 매우 열심히 일하고 목표지향적이며 실용주의적인 한편, 어떤 다른 하위유형의 사람들보다 야심이 많다. 이들은 자신의 추진력과 강한 에너지를 사용해 열정적이고 활기찬 생활패턴을 유지하려 애쓴다. 또한 다른 사람이 그 일에 동참하는 데서도 덜 민감하다. 이들의 자아의 힘은 매우 강하며, 8번 유형의 특성이 더해져 과업과 목표에 좀 더 많은 초점을 두는 데 도움이 된다. 이 하위유형의 속한 사람의 예로는 존 F. 케네디, 말콤 포브스, 캐리 그랜트, 윈저공작부인, 페데리코 펠리니, 마를렌 디트리히, 조앤 콜린스, 조앤 리버스, 필리스 딜러, 헬렌 걸리 브라운, 조지 플림튼, 노엘 카워드, 콜 포터, 데이비드 니븐, 래리 킹, 로렌 바콜, 주디스 크란츠, 재클린 수잔, 수잔 루시, 제랄도 리베라, 하워드 스턴, 〈누가 버지니아 울프를 두려워하는가〉의 마사 등을 주목할 만하다.

이 하위유형의 건강한 사람들은 근본적으로 7번 유형에 속하므로 열의가 넘치며 열정적이다. 세상과 물질을 진정으로 즐긴다. 그래서 넓은 의미에서는 이런 사람들을 물질주의자들이라고 부른다. 이들은 인생의 좋은 것들을 즐기며 7번 유형이 가지고 있는 높은 지성과, 8번 유형의 모험심을 잘 배합해 놓은 성격을 가지고 있어 종종 물질적인 성공을 이루기도 한다. 8번 유형의 특징인 자신감, 의지력, 다른 사람이 가지고 있는 장애물을 극복하도록 도와주려는 자기 과시적인 면, 그리고 이들이 겪게 될 어려움을 잘 견뎌 내는 특성들이 이 유형에 더해진다. 이 하위유형은 또한 리더십과 같은 능력을 가지고 있다. 이 하위유형에 속한 사람들 중 특히 리더인 사람들은, 재빠른 사고력과 탁월한 개인 생활패턴을 가지고 있다. 눈에 띄게 어른스럽고, 현실적이며, 사무적이고, 끈기가 있고, (특히 어려운 과업을 할 때) 참을성도 강하며, 세상에 온 마음이 뺏긴 듯한 인상도 준다. 8번 유형의 특성을 가진 7번 유형은 인생으로부터 자신들이 원하는 것을 어떻게 얻을 수 있는지 잘 알고 있다. 이들은 전략적으로 사고하여 자신이 원하는 것을 갖기 위해 필요한 자신이 보유하고 있는 내 · 외부적 자원들을 재빨리 파악한다.

이 하위유형의 보통수준 사람들은 6번 날개를 가진 7번 유형보다 훨씬 더 실제적이고, 세속적이며 시야가 넓다. 자신의 에너지를 많은 곳에 골고루 분배하여 쓸 수 있고, 여러 일을 동시에 처리하거나 심지어는 여러 직업을 동시에 갖기도 한다. 8번 날개의 특성 중 다른 하위유형에서 잘 발견될 수 없었던 일중독 증세까지 여기에 더해진다. 이들은 모든 종류의 긴장감 도는 경험들을 추구하고, 그 긴장감에서 비롯된 아드레날린을 즐긴다. 또한 재산을 축적하거나 새 차, 좋은 옷, 보석, 스테레오, 텔레비전과 다른 가전제품과 같은 '장난감' 을 사들이려는 갈망이 크다. 여기에는 '나는 그럴 만한 가치가 있어!' 라는 숨은 뜻이 내재되어 있다. 물론 8번 날개를 가진 7번 유형은 여행과 새로운 경험을 즐기지만 다른 사람들과 어울리는 것보다는 활동들에 더 많은 초점을 둔다. 이 하위유형에 속한 사람들은 분명히 로맨스에는 약하지만 인간관계에서는 매우 빈틈없는 현실주의자다. 혼자 있는 것을 두려워하지 않으며, 자신의 필요와 기대, 약점에 대해서 잘 알고 있다. 이들의 직선적인 성격적 특성은 아랫사람에게 노골적으로 퉁명스러운 태도로 바뀔 수 있다는 것이다. 8번 날개를 가진 그다지 건강하지 못한 7번 유형의 사람들은 자신이 원하는 것을 가지기 위해 '전방에 나서는 것' 까지는 하지 못한다. 단지 자신이 원하는 것을 다른 사람에게 알리고, 다른 사람의 필요나 갈망, 느낌을 중시하지 않은 채 계속 그것을 추구한다. 이 하위유형에 속한 사람들은 갈등을 피하려고 하지 않으며, 사실상 그 반대인 경우가 더 많다. 이들은 갈등이 만들어 내는 흥미진진함 때문에 그 대결을 통해 오히려 자극을 받는다. 이들은 6번 날개를 가진 7번 유형에 속한 사람들의 특성인 유치함과 과도한 열중과는 반대로, 지치고 세상에 싫증이 난 듯한 태도를 취하기 시작한다. 또한 의지력이 강하고 자신을 통제하려는 것에는 무엇이든 저항하며, 다른 하위유형보다 약물남용에 빠질 위험이 덜하다. 동시에 이들은 6번 날개를 가진 7번 유형보다 완고하며 고집이 세다.

8번 날개를 가진 불건강한 7번 유형은 7번 유형의 강박적 조증 증세와 8번 유형이 가진 파괴적 반사회적 성향으로부터 고통을 받는다. 이들은 불안감으로부터 탈출하기 위해 위험한 상황으로 자신을 몰아붙이는 경향이 있다. 암흑가와 연루된 도박, 극단적 성행위, '위태로움 가운데에서의 삶' 등에 자신을 몰아넣으면서 자신의 신체적, 감정적, 금전적 자원들을 급속하게 소진시킨다. 이들은 특히 사람이든 사물이든 누군가가 자기가 원하는 것을 가지고 있다는 생각이 들면 잔인하게 변해 버린다. 불건강한 7번 유형은 통제 밖으로 벗어나 있으며 불건강한 8번 유형은 자신의 힘을 과대평가하여, 이 하위유형의 불건강한 사람들은 극도로 무모해지고 위험한 존재가 되는 것이다. 이들의 행동은 다른 사람에게 치명적인 영향을 주며, 행동화한다면 신체적으로 파괴적이 될 수도 있다. 이들의 괴상한 행동은 죽음이나 신경쇠약으로 이어지는 상황으로까지 치달을 수 있다.

몇 가지 마지막 단상들

7번 유형의 왜곡을 되돌아보면 불건강한 7번들은 가장 두려워하는 것을 스스로 초래했음을 알 수 있다. 세상이 이들을 좌절시켰기 때문이 아니라 자신이 삶을 충분히 신뢰하지 않았기 때문에 찾은 행복을 박탈당했다. 이들은 마치 모든 것이 자신의 기쁨을 위해서만 존재하는 것처럼 자신의 경험을 표면적으로만 맛보고 소모해 버렸다. 순간적인 만족을 위한 이들의 삶은 원하는 행복을 가져다주지 않고 반대로 고통을 가져다주었다.

또한 7번 유형은 박탈당하는 것을 두려워한다는 것은 아무런 의미가 없다. 실제로 오랫동안 박탈당한 7번 유형을 발견하기는 극히 어렵다. 왜냐하면 이들은 박탈을 두려워해서 그것의 희생자가 되지 않기 위해 모든 것을 하기 때문이다. 이들은 공격적이기 때문에 대개는 자신이 원하는 것을 얻는 데 성공한다. 그러나 또한 지나치게 공격적이기 때문에 과잉 행동을 하고, 과도함으로 자신을 파괴하며, 행복을 얻을 가능성도 파괴한다.

만약 7번 유형들이 '자신의 경험들을 경험' 하지 않는다면 이들은 무가치해질 것이며 소모적이 될 것이다. 7번 유형이 가장 훌륭한 소유들과 가장 강력한 경험들을 자기 것으로 소화하지 않는다면 아무런 의미가 없을 것이다. 결국 7번 유형들이 박탈에 대한 두려움을 극복하지 못한다면 이들은 여전히 불만족한 채로 계속해서 소모적이 될 것이다. 이러한 진실을 이들에게 납득시킬 방법은 없다. 왜냐하면 삶에서 가장 가치 있는 경험들은 인간이 심리적으로나 영적으로 준비된 이후에만 깨달을 수 있기 때문이다. 7번 유형들이 경험들을 영혼 깊숙이 내재화하지 않으면, 삶이 제공하는 가장 숭고한 경험들로부터 자신을 영원히 격리할 것이다. 이들은 자기도 모르게 순금을 납으로 바꿀 것이다.

[chapter_10]

8번 유형: 지도자

8번 유형 개요

건강할 때 자기주장이 강하고 자신감과 힘이 있다. 자신이 하고자 하는 것을 관철한다. 수완이 뛰어나고 '할 수 있다'는 태도와 정열적인 내적 동기를 가지고 있다. 단호하고 권위와 위엄이 있으며 다른 사람들에게 존경받는 천성적인 지도자다. 주도권을 쥐고 결과를 만들어 내며, 다른 사람들을 옹호하고 보호하는 명예로운 사람들이다.

최상의 상태일 때 절제력 있고 관대하며, 자비롭고 삼갈 줄 아는 사람들인 동시에 더 높은 권위 앞에 순응할 줄 아는 통제력을 갖고 있다. 용기가 있어 심각한 위험에 빠지더라도 계획을 달성하며 지속적인 영향력을 행사한다. 진정한 용맹과 역사적인 위대함을 성취한다.

보통수준일 때 자급자족, 경제적인 독립, 충분한 재력이 주요 관심이 된다. 이들은 진취적이고 실용적인 '엄격한 개인주의자'이며 수완가들이다. 위험을 무릅

쓰고, 근면하며 자신의 감정적 욕망을 부정한다. 타인과 환경을 지배하기 시작하며, 다른 이들의 노력을 지원하려 한다. 자신의 말이 곧 법이 되는 '보스'와 같이 호언장담하고, 원기 왕성하며 포용력이 있다. 자부심이 강하고 자기중심적이어서 자신의 의지와 비전을 강요한다. 타인을 자신과 동등하다고 생각하지 않는 경우도 있다. 극도로 호전적이고 위협적이다. 대립하고 도전적이며 적대적인 관계를 만든다. 모든 것은 의지의 시험이며, 물러서려 하지 않는다. 타인을 복종시키고, 위협과 보복을 통해 불안감을 조성한다.

불건강할 때 자신들을 통제하려는 어떠한 시도도 거부하며, 극도로 무자비하고 독재적이면서 스스로 '옳은 일을 한다'고 생각한다. 범죄자, 무법자, 이탈자, 사기꾼이 된다. 비정하고 부도덕하며 잠재된 폭력성을 보인다. 천하무적의 힘과 지배력이 있다고 생각하는 과대망상증이 있다. 전지전능한 불사신이라고 느낀다. 무모하게 자신들을 확장시킨다. 만일 위험에 처하면 남에게 굴복하기보다는 자기 뜻에 따르지 않는 것들을 잔인하게 파괴하려 한다. 복수심에 차 있고 야만적이고 살인적이며 반사회적 성향이 있다.

핵심 동기 자립적이고 자신의 나약함을 부정하고, 환경에 저항하며 자기를 내세운다. 통제된 상태를 유지하면서 다른 사람들을 압도하며, 천하무적이 되고 싶어한다.

대표적인 인물들의 예 마틴 루터 킹, 프랭클린 루스벨트, 린든 존슨, 미하일 고르바초프, G. I. 구르지예프, 파블로 피카소, 리처드 와그너, 인디라 간디, 캐서린 터너, 말론 브란도, 존 웨인, 찰턴 헤스턴, 숀 코네리, 어니스트 헤밍웨이, 노먼 메일러, 마이크 월레스, 바바라 월터스, 앤 리처드, 리 아이아코카, 도널드 트럼프, 프랭크 시나트라, 베티 데이비스, 로잔느, 레오나 헴슬리, 로스 페로, 피델 카스트로, 사담 후세인, 나폴레옹, 짐 존스, 〈대부〉의 돈 비토 콜레오네

8번 유형에 대한 개관

> 일상 언어는 철저히 권력과 관련되어 있다. 이해관계가 개인이나 집단에 한정되어 있다면 이기적인 목적을 갖는 사람이고, 더 큰 집단의 이익을 생각하면 영감을 주는 리더나 지도자가 된다. …… 권력의 목적이 권력을 행사하는 것에 있다는 것을 간과해서는 안 된다. 원시사회로부터 가장 문명화된 사회에 이르기까지, 권력의 행사는 간절히 원하는 즐거움이었다. 추종하는 대중들, 감격적 연설, 저녁 만찬이나 파티의 윗자리, 자동차 퍼레이드, 군대의 경례 등과 같이 존경의 의식은 권력의 소유를 기념하는 것이다. 이러한 의식들은 보상이 크다. 따라서 사람들은 권력을 행사하는 것을 타인에게 영향을 주고 싶어 하는 것이라고 변명한다. 복종하도록 지시하고, 군대에 명령하고, 법원의 결정을 이행할 때 조직의 책임자는 "자, 이것이야말로 우리가 할 일이다."라고 말한다. 자율적인 가치관은 주어진 상황과 힘의 행사로부터 온다. 인간 존재의 또 다른 측면은 위험한 상태에 놓인 자만심이다. 윌리엄 해즐릿(William Hazlitt)은 "힘에 대한 사랑은 우리 자신에 대한 사랑이다."라고 말한다. 힘은 개인적 이익, 가치 혹은 사회적 인식만을 쫓는 것이 아니라 힘 그 자체를 추구하는 것이고, 그것을 소유하고 행사하는 감정적이고 물질적인 내적 보상을 위한 것이다(J. K. Galbraith, *The Anatomy of Power*, 9–10).

힘을 설명하려면 지도력, 권위, 의지, 용기, 자립, 파괴력과 같은 모호한 문제들을 고려해야 한다. 이를테면, 의지와 독단의 차이는 무엇인가? '의지'는 그 자체로서보다는 그것의 사용되는 방식에 따라 좋거나 나쁜 것으로 인식된다. 한 인간에게 권위를 부여하고 특별한 능력의 지도자로 만드는 것이 무엇인지를 말하기는 쉽지 않다. 우리가 합의한 권력을 사용하는 것은 건전한 것이고, 합의하지 않은 권력을 사용하는 것은 나쁘다고 말할 수 있을까? 우리가 복잡한 힘의 논리를 정당화하기 어렵지만 이 장에서는 가장 힘이 잘 드러나는 성격유형이 관련되어 있기 때문에 다루려는 것이다. 8번 유형에서 우리는 용기, 의지, 자립성, 지도력, 권위, 자기주장 그리고 힘의 어두운 면으로서의 파괴 능력을 보게 된다.

본능삼원소 중에서

8번 유형은 본능삼원소의 세 유형 중 하나다. 세 유형 모두 각기 다른 방식으로 환경에 영향을 주고 있다. 8번 유형은 지배하려 하고, 9번 유형은 외면하려 하고, 1번 유형은 완성하려 한다. 8번 유형은 주어진 환경에서 강하게 자기의 주장을 관철하기 때문에 누구도 이들을 힘으로 맞설 수 없다.

에니어그램의 모든 유형 중에서 8번 유형은 가장 적극적인 성격이다. 이들은 엄청난 에너지와 자신감을 가지며, 특정한 방식으로 세계와 직면하려는 욕구를 본능적으로 끌어내는 힘이 강하다. 이들은 보스 기질을 지니고 있어 주변 환경과 다른 사람들을 대상으로 자신의 의지를 시험하려 한다. 어느 누구도 8번 유형을 무시할 수 없다. 의지가 강하고 힘이 있어서 가장 분명하게 구분되는 유형이며, 자신의 의지대로 사는 것이 너무도 중요하기 때문에 가장 상대하기 힘든 유형이기도 하다. 만일 이들이 건강한 경우, 자신의 한없는 자신감과 의지를 사용하여 건설적인 방향으로 환경을 재구성한다. 그러나 만일 건강하지 않다면 어떻게 해서건 힘으로 다른 사람들을 억압하려 하고 자신들에게 방해가 되는 것은 무엇이든 파괴하려 할 것이다.

본능삼원소의 주요 주제는 저항이다. 본능삼원소의 세 유형 모두 자신과 환경에 저항한다. 8번 유형의 독특한 저항의 형태는 환경과 충돌하는 것이다. 이들은 주변의 세계를 투쟁과 인내의 관점에서 보려 하고, 생존하기 위해 환경에 대항하며 끊임없이 자신의 용기를 시험해야 한다. 이러한 생각이 자신을 강하게 주장하게 하고 즉각적으로 자신이 원하는 결과를 이끌어 내므로, 이들은 자신의 힘에 강한 자신감을 가지고 있다. 8번 유형은 그 어떤 다른 유형들보다 강철 같은 결단을 내리는 일편단심형이다. 그러나 8번 유형의 자기주장이 통제력을 잃을 경우 지극히 파괴적이 된다는 점을 스스로 알지 못한다. 이 때문에 타인들은 삶에 큰 상처를 경험한다. 결국 8번 유형의 두려움은 무자비하고 잔혹한 방식으로 세상에 펼쳐진다.

8번 유형은 융의 유형론에 따르면 외향적 직관형에 해당된다.

> 외향적 직관형은 …… 새로운 것을 찾는 데 예민하다. 그는 항상 새로운 가능성을 찾기 때문에 안정된 상태에서는 오히려 숨 막혀 한다. …… 그는 이전까지의 신념에 위배되더라도 이성적이나 감정적으로 새로운 가능성을 추구하려는 욕구를 참을 수 없다. …… 그는 다른 이들의 행복에 거의 관심을 두지 않는다. 타인의 신념이나 삶에 무

> 관심하므로 부도덕하고 사악한 모험을 감행하기도 한다. 그의 직관이 외부로 향해 있고 외적인 가능성을 찾아다니기 때문에, 도전 욕구가 채워질 수 있다면 기꺼이 직업을 바꾼다. 실업계의 거물, 기업가, 투기꾼, 주식중개인, 정치인 등이 이 유형에 속한다. …… 이러한 유형은 두말할 필요없이 경제적으로나 문화적으로 중요하다. 만일 이 유형의 사람이 선한 의지를 가지고 자기중심적인 태도를 버린다면, 새로운 기업의 창업자나 후원자로서 탁월한 역할을 할 수 있다. 그는 타고난 미래의 승리자다. 그의 관심이 사물이 아닌 다른 사람들을 향해 있다면 이들의 능력과 잠재력을 직관적으로 파악하고 키워 낸다. 다음날 버릴지언정 새로운 것에 대한 용기와 열정을 불태우려 한다. 직관이 커질수록 그의 자아는 자신이 계획한 모든 가능성들과 점점 더 융합되어 간다. 말하자면 그는 자신의 비전을 삶으로 끌어들이고, 거기에 극적인 정열을 불어넣으며, 스스로 그 비전을 온몸으로 체화한다. 그러나 이것은 재미로 하는 것이 아니라 그에게는 운명이다(C. G. Jung, *Psychological Types*, 368−369).

8번 유형은 융이 말하듯이 자신의 목적이 성취될 때까지 주장을 굽히지 않는다. 이들이 지나치게 자기중심적이지만 않다면, 이들이 추구하는 목적은 타인에게 지극히 큰 혜택으로 돌아갈 수 있다. 이들은 개인적 욕구로 대규모 빌딩을 짓고 도시와 국가를 건설하지만 다른 이들에게는 필요한 복지 혜택이 되는 셈이다. 8번 유형은 성격유형들 중에서 타고난 지도자이므로 공공의 이익을 위해 관심을 확장할 때 역사적으로 위대한 성취를 이루게 된다. 이들의 거대한 자신감이 다른 사람들에게 에너지를 불어넣는다.

그러나 불행히도 융이 말한 것처럼, 8번 유형은 자기중심적이 되기 싶다. 이들은 자아의 추진력으로 일을 수행한다. 보통수준의 8번 유형조차도 권력과 지배를 위해 다른 이들과 충돌하고 마치 타인의 이익과 자신의 이익이 서로 상충한다고 생각한다. 보통수준의 8번 유형은 유일한 책임자가 되고 싶어 한다. 이들은 세계가 자신들에게 적응해야 하며 타인들 역시 이들의 목적을 이루기 위해 도와야 한다고 생각한다.

이러한 성향으로 이들이 건강하지 못한 경우 극도로 위험해진다는 것은 놀라운 일이 아니다. 이들은 목적을 이루기 위해 무자비하게 공격적이 되고, 타인의 권리와 욕구마저 희생시킨다. 결국 이들의 두 성향은 극단적으로 대조된다. 건강할 때는 그 어느 성격유형보다 큰 포용력으로 다른 이들의 삶에 건설적인 영향을 준다.

그러나 건강하지 못할 경우에는 그 어느 성격유형보다 극도로 권력을 남용하고 파괴적이 된다.

공격과 억압의 문제

본능삼원소의 세 성격유형은 공통적으로 공격과 억압의 불균형을 안고 있다. 이들 유형의 공격적 본능은 완전히 억압적이거나(9번 유형), 이상적인 작업으로 승화시키거나(1번 유형), 힘으로 표출한다(8번 유형). 또한 이들 세 유형은 자아의 특정한 측면을 억압함으로써 성격의 특징을 형성한다. 일반적으로 세 유형 어느 누구도 자신들이 잘못된 것이 없다고 생각한다. 이들은 모든 심각한 문제가 자기 밖의 환경에 있다고 생각하기 때문에 환경을 지배하려 하거나(8번 유형), 무시하거나(9번 유형), 개선하려 한다(1번 유형). 더욱이 억압은 이들 행동의 결과에 대한 두려움을 막아 주므로, 감정적 갈등과 스스로를 의심하는 상황으로부터 자유로울 수 있다. 간단히 말하면 이러한 성향은 문제를 단순화시키려 하지만, 이것이 오히려 다른 이들의 삶을 곤란하게 만들 수 있다.

언뜻 보기에 8번 유형이 억압되어 있는 것은 이해가 되지 않는다. 확실히 이들은 자기주장을 하는 데 별다른 어려움을 느끼지 않으며, 다른 사람들과 대화할 때 직접적으로 핵심을 말한다. 이들은 사랑하는 사람을 위해, 자신이 믿는 것 혹은 단순한 자기 이익을 위해 기꺼이 싸움을 택한다. 마음 깊숙이 자신의 욕구를 가지고 있고, 자신이 즐거워하는 것을 누릴 줄 안다.

기본적으로 8번 유형은 다른 이들에게 지배당하고 상처를 입고 통제되는 것에 대한 두려움을 가지고 있다. 앞서 살펴본 것과 같이 이들은 세계를 완전한 약육강식의 관점에서 바라보고 잡아먹히지 않으려 한다. 결국 8번 유형은 가혹한 삶의 현실에 대항하여 스스로를 보호해야 하며 강하게 단련해야 한다고 믿는다. 그러나 이러한 일들을 하기 위해서는 자신의 부드러움과 연약함을 억눌러야 한다고 생각한다.

평소 8번 유형은 어린아이와 같이 섬세하지만, 높은 에너지와 타고난 충만함 때문에 타인에게는 거부와 두려움의 대상이 되기도 한다. 이들의 생명력은 친구들을 끌어 모으고, 심지어는 이들에게 위협을 느끼거나 이들을 미묘하게 공격하려는 사람들조차 자신들에게로 끌어들인다. 결과적으로 8번 유형은 자신들의 내적인 감수성과 자상함을 버리면서 삶을 강철처럼 강화시키고 자신들을 무장하는 방법을 배운다. 대부분의 8번 유형은 타인에게 터놓을 수 없었던 어린 시절의 위기 상황을 떠올리면서, 이것이 자기 인생의 가장 큰 비극이었다고 느낀다.

그러나 비극이건 아니건 8번 유형은 스스로를 강하게 만들고자 결심하며, 그러기 위해서는 자신들의 유약함과 부드러움, 애정 욕구, 도움을 요청하는 능력 등을 모두 억압해야만 한다. 무엇보다 8번 유형은 내적인 두려움을 억제하는데, 이것은 잠재적으로는 이들의 자립과 힘에 가장 큰 위협이 되기 때문이다. 물론 내적으로는 8번 유형도 다른 사람들과 마찬가지로 두려움을 느끼지만 이들은 두려움의 의식 수준을 통제하는 방법을 터득한다. 그럴 경우 이들은 의도적으로 당면한 두려움에 직접 도전할 것이다. 이들이 높은 곳을 두려워하면 암벽 등반이나 스카이다이빙을 배우려 할 것이다. 동물을 두려워하면 사냥을 하러 가거나 정글 탐험을 시도할 것이다. 비록 앞에서 6번 유형 역시 두려운 상황을 스스로 찾는 측면이 있다고 말했지만, 8번 유형은 진정으로 탁월한 삶에 도달하기 위해 두려운 상황을 스스로 찾아서 맞선다. 아이러니하게도 통제되거나 지배당하는 것이 두려운 8번 유형은 오히려 두려움에 따라 통제되고 지배되는 것이다.

8번 유형은 자신의 나약함을 억압함으로써 사람과의 관계에서 문제가 생긴다. 건강한 8번 유형은 큰 도량과 유쾌한 성품으로 자연스러운 감정을 드러내지만, 두려움에 굴복하면 타인들이 자신에게 접근하지 못하도록 한다. 이들은 누군가를 신뢰하기 어렵고, 다른 사람들은 필요없다고 생각한다. 또한 주변 사람들이 자신을 필요로 한다고 스스로 자부하며 마음을 단련하려 한다. 안타깝게도 이들은 다른 이들이 자신을 필요로 한다는 것을 알아도, 타인이 자신을 사랑하지 않는다고 생각하고, 나아가 자신이 타인을 원하고 사랑한다는 것을 인정하지 못한다.

부모 기원

어린아이인 8번 유형은 초기 발달에서 모델이 되고 보살펴 주며 애정과 개인적 가치관을 형성해 준 양육자에게 양가감정을 갖는다. 양육자는 보통 엄마이지만, 아버지나 나이 많은 형제들이 양육자가 되기도 한다. 8번 유형은 3번 유형과 같이 양육자와 강한 유대를 가지고 있지도 않고 동일시하지도 않는다. 7번 유형과 같이 심리적으로 완전히 분리되어 있는 것도 아니다. 결과적으로 8번 유형은 양육자와 어떤 연계를 유지하면서 양육자에게 자신을 맞추는 역할로 가족 체계에 적응한다. 양육자가 가진 특징은 온화하고 친절하고 너그럽고 자상하고 섬세하다는 점에서 모성의 특징을 갖는다. 그러므로 8번 유형은 이에 상응하는 가부장적 역할에 자신을 동일시하고, 나아가 가치와 애정과 양육을 수행하는 가장 최선의 방법은 곧 '강한 사람'이 되는 것임을 배운다. 강한 사람이란 작은 보호자로서 위기 상황에서 다른 사람들에게 힘을 주고 안내해 줄 수 있는 사람이다. 8번 유형은 완전하게 이 역할에 동일시되고, 이것을 포기하는 것은 곧 자신의 정체성을 상실하는 것과 동시에 사랑받을 희망을 잃는다고 느낀다.

2번 유형이나 5번 유형 같은 '양가적인' 유형들처럼, 8번 유형은 자신의 생존이 삶에서의 자기 역할에 얼마나 충실한가에 달려 있다고 생각한다. 2번 유형은 자기 욕구를 버리면서까지 타인을 돌봐야 한다고 생각한다. 5번 유형은 자신이 어떠한 역할도 못한다고 생각하며 그 역할을 찾아야 한다고 생각한다. 8번 유형은 자신이 단호하고 강한 사람으로서 큰 문제들을 해결할 수 있고, 그에 따른 어려움이나 역경은 별 문제가 되지 않는다고 생각한다. 이 모든 유형들에서 보듯이 이들이 자신들의 역할을 건강하게 소화한다면 주변 사람들과 이 세계에 커다란 기여를 할 수 있다. 그러나 두려움과 불안이 커지면 이들의 역할은 일종의 감옥이 되고, 이들의 완전한 인간애를 막는 장애가 된다.

앞서 보았듯이 8번 유형은 두려움과 나약함을 억압하며, 당면하는 도전들을 감당할 수 있는 힘을 가지려 한다. 심각한 결손 가정이나 위험한 유년기 환경에서는 이러한 도전들이 늘어나는데, 8번 유형들은 결국 타인과 거리를 두고 타인의 아픔을 외면하면서 강하고 공격적인 사람으로 성장한다. 8번 유형이 공격적인 자아를 방어하기 위해 강한 껍질을 구축하면, 어느 누구도 그 안의 부드럽고 섬세한 인간성을 만날 수 없게 된다.

만일 8번 유형이 유년기에 심각한 학대를 경험하였다면 타인과 세계에 대한 그의 신념은 크게 상처를 입게 되고, 끊임없이 거부와 배신을 우려하며 살아야 한다. 세계에 대한 방어로서 공격적 성향을 발전시키는 6번 유형과는 달리, 8번 유형은 자신 외의 어느 누구 혹은 어느 것에도 의존할 수 없다고 믿는다. 가족 안에서도 이들은 자신의 권위를 주장하는 독립적인 사람으로 스스로를 생각한다. 이들은 확신을 주거나 안내를 해 줄 사람이 없다고 느끼기도 하고, 부모나 교사, 선배, 경찰관과 같이 주변의 권위 있는 인물들이 누구이건 간에 의존하려 하지 않는다. 8번 유형은 다른 사람의 손에 자신의 운명이나 결정을 맡기려 하지 않는다("책임은 내가 진다.").

8번 유형의 어릴 적 환경이 온화하고 자애롭고 상호 유대를 가졌다면 성인이 되어서 가까운 사람이나 신뢰하는 사람들을 든든하게 보호하는 역할을 한다. 만일 그렇지 못한 환경에서 자란 경우 성인이 되면 '자기 일만 알아서 하는' 태도를 갖는다. 이들은 자기 힘으로 투쟁하면서 살아간다고 느끼지만, 타인에게 이해받지 못할 경우 자기만을 돌보는 편이 낫다고 생각한다. 일에만 전념하는 것을 피하며, 타인을 지나치게 돌보는 경우 생길 수 있는 생존의 위협을 피하려 한다.

우리는 이러한 유형들을 통해 높은 에너지, 인내, 의지력과 같은 유년기의 타고난 특성이 한 인간의 정체성을 결정하는 행동과 태도의 특정 패턴과 밀접하게 관련되는 것을 볼 수 있다. 다음에 논의되는 수준에서는, 타고난 특성을 긍정적으로 격려하고 표현하는 것이 어떻게 한 인간을 건설적인 방향으로 강화시키는가를 볼 수 있다. 정반대 기준에서는 어떻게 에너지가 왜곡되고 뒤틀리면서 복수와 파괴성을 낳는지를 알아볼 것이다.

건강한 8번 유형에 대한 분석

1수준: 도량이 큰 사람

최상의 상태일 때의 건강한 8번 유형은 넓은 마음과 열정을 가진 사람들로서 개인적 야심보다는 더 위대한 일에 봉사하기 위해 자신의 욕구를 버릴 수 있다. 이들은 진정으로 사심이 없는 사람들이다. 이는 소극적이거나 무능해서가 아니라, 자신의 거대한 에너지와 생기를 간직한 채 완전히 사리사욕 없이 행동하는 것을 의미한다. 건강한 8번 유형은 더 좋은 것을 이루기 위해 어떠한 것이 필요한지 정확하게 알고 있고 실행에 옮긴다.

이들은 본능적인 자기주장에 기계적으로 자신을 맡기지 않는다. 오히려 내적인 평온을 유지하면서, 두려움이나 반작용에 근거하지 않는 내면의 깊고 진정한 본능이 차오를 때까지 기다릴 줄 안다. 이들은 타인들에게 힘을 과시하지 않고도 진정한 힘의 깊이를 증명할 수 있다. 역설적으로 8번 유형은 힘을 절제할 때 가장 강해 보인다. 이들은 지배하기보다는 관대하게 포용하는 특징을 갖는다.

건강한 8번 유형은 약하지도 않고 독립성을 잃지도 않는다. 건강한 8번 유형은 존재의 심층적 수준에서 진정한 자유와 독립이 나온다는 것을 알고 있다. 이들은 거대한 내적 자원과 생명력을 가지고 있으며 무한한 삶의 도전이 가능하다. 이는 지극히 건강한 8번 유형일수록 자신을 더 잘 돌볼 줄 알기 때문이다. 동시에 '어느 누구도 고립되어 살 수 없다'는 것을 깨닫고 있다. 현실적으로 도움이 필요할 때 구할 줄 알고, 다른 사람을 도울 때 지극히 관대하다. 이것은 이들의 어깨 위의 큰 짐들을 내려놓게 하고 자연스러운 즐거움과 삶에 대한 애정이 샘솟게 한다.

자제력은 큰 용기를 나타내는데, 이들 용기의 깊이는 무엇을 하거나 하지 않거나 삶이 위기에 처할 때 시험대에 오른다. 아주 건강한 8번 유형은 육체적인 용기만이 아니라 도덕적 용기를 가지고 있으며 스스로의 신념에 따라 행동한다. 그러므로 다른 이들이 우러러 보고 깊이 존경하는 영웅으로서 비춰진다.

8번 유형들은 최대 다수의 사람들에게 최대의 선을 행할 수 있게 하는 심리학적인 잠재력을 가지고 있다. 건강한 8번 유형은 변함없이 카리스마를 가지고 있고, 주변의 사람들을 인도하고, 안전과 보호를 느낄 수 있는 절대적인 절제와 감정의 오라를 발산한다. 이들의 거대한 정신적 힘은 타인들을 고양시키며 품위 있게 만든다. 매우 건강한 8번 유형은 진정으로 큰일을 성취하는 데 가장 가능성이 높은 위치에 놓여 있다. 왜냐하면 이들은 평화를 이루고, 건물을 세우고, 현실적인 방법으로 타인을 돕는 등의 객관적인 가치를 실현함으로써 자아를 넘어서기 때문이다.

이들의 위대성의 본질은 타인의 어려움을 덜어 주고 모든 이에게 더 나은 삶을 살 수 있는 방법을 찾는 능력에 있다. 매우 건강한 8번 유형은 공공의 이익을 위해서 자신이 가진 자원이 무엇이건 이용하여 문제를 해결하려 한다. 이들은 자신이 속한 집단과 나라와 세계에서 필연적으로 은혜를 베푸는 자로 인식된다. 사람들은 이들에게 평화와 번영 속에서 자신의 삶을 향상시킬 수 있는 기회를 만들어 준 것에 감사한다. 결국 사람들은 건강한 8번 유형에게 지극한 충성을 다하고 헌신에 가까운 숭배를 한다.

건강한 8번 유형은 이러한 관심의 대상이 되는 경우도 연연하지 않는다. 이들의 태도에는 순수함과 소박함이 있기 때문에 영혼의 맑음이 사람들의 마음을 움직이게 한다. 건강하지 못한 상대와는 달리 이들은 관대하고 친절하며 삶의 깊이가 있고 흔들리지 않는 신념을 가지고 있다. 이들의 직설적인 특징은 진실의 심층에 닿을 수 있는 능력을 뜻한다.

8번 유형은 비록 추구하고자 한 것을 개인적으로 성취하지 못했다 하더라도 훌륭한 사람으로 평가된다. 이들은 세상에 많은 영향을 주고, 이들의 비전이 현실화되는 것을 볼 수 있다. 이들의 영웅적 사례와 비전이 수많은 사람들에게 영감을 불어넣고, 많은 일들이 이들의 이름으로 이루어지기 때문이다. 만일 이러한 인품을 가진 8번 유형이 생전에 과업을 이루지 못했다면, 이들의 죽음은 다른 사람들을 슬프게 만든다. 사람들은 자신을 보호해 주던 사람이 세상을 떠났다고 느끼는데, 이것은 곧 불확실한 운명 앞에서 옹호해 주던 버팀목이 사라진 것과 같다. 다른 어떤 유형도 이들만큼 자신을 추종하는 사람들에게 근본적인 감정적 영향을 주지는 못한다.

그러므로 영웅적인 8번 유형은 자신을 따르는 사람들의 생각과 마음에 영속적인 자리를 차지함으로써 불멸을 성취한다. 이들은 자신을 사랑하고 공경하는 세상의 사람들에게 가장 특별한 자취를 남긴다.

2수준: 자신감 있는 사람

건강한 8번 유형은 항상 1수준과 같이 건강한 상태를 유지하지는 않는다. 만일 이들이 타인에게 해를 입거나 통제된다는 두려움을 갖게 되면 자신을 보호하고 독립적이 되려 한다. 이들은 삶에서 자신만의 길을 가고자 하며 환경에 대항하여 자기를 주장하고 의지력을 강화시킨다. 8번 유형은 자신이 운명을 통제한다고 느끼며, '운명의 주재자' 로서 목적을 추구하는 자유와 여유가 있다고 확신하려 한다. 이들은 결코 장애를 극복하는 자신의 능력을 의심하지 않고, 따라서 건강한 8번 유형은 무한한 자기확신을 갖는다.

8번 유형의 강한 자기감은 외부의 도전에 직면하는 강한 의지력으로 형성된다. 8번 유형은 자신이 강인하다고 느끼며 자신에 찬 내적인 힘으로 타인들과 소통한다고 느낀다. 이들은 역경을 견딜 수 있는 능력이 있고 더 강해지리라는 것을 알고 있다("나를 파괴하지 않는 모든 것은 나를 강하게 할 뿐이다." -P. Niezsche). 스스로 자기 권리와 욕구를 지키는 것은 물론, 어떠한 압력에도 굴하지 않는 의지를 실현할 능력이 있음을 알고 있다.

건강한 8번 유형은 자신의 능력을 믿고 난관을 극복해 나간다. 이들은 명백한 패배를 새로운 기회로 역전시키는 요령을 가지고 있고, 역경을 딛고 성공하고 역경을 통해 배우려 한다. 건강한 8번 유형은 어떤 일을 할 수 없는 이유를 묻기보다는 자신이 마음먹은 것은 무엇이건 이룰 수 있다는 확신을 가지고 있다. 다른 성격유형들과는 달리 건강한 8번 유형은 자신을 불신하거나 두려워하거나 불안정하다고 느끼는 일이 없을 뿐만 아니라, 과도하게 자기 반성하거나 자신의 정체성에 대해 고민하지 않는다.

모든 영역의 특성을 통해 이들의 끈기와 강한 의지력, 자기주장을 관철하는 능력을 볼 수 있다. 8번 유형에 관한 한 모호하거나 우회적인 것은 없다. 이들의 자기감은 적대자들을 극복할수록 더 강해지기 때문에, 이들은 모든 기회를 자기주장의 동기로 만든다.

건강한 8번 유형은 관심을 외부 환경에 두고 있지만 고도의 직관이 발달해 있다. 8번 유형은 '육감'을 가지고 타인이 자각하지 못하는 인간성과 상황의 가능성을 파악한다. 이들은 쓰레기로 가득 찬 통을 보면서도 순간적으로 이것들이 유용한 방식으로 결합될 수 있는 것을 깨닫고, 다 타 버린 토지에서 새로운 집과 사무실 건물을 내다본다. 이들은 역경을 견디는 사람들에게 잠재되어 있는 지도력을 간파한다. 실제로 이들의 직관은 특징을 탁월하게 판단한다. 타인의 현재의 모습에서 정직하지 못하거나 성실하지 못한 미래를 볼 줄 안다.

건강한 8번 유형의 비상한 지략과 수완은 자신감, 직관력, 자기 독립성에서 비롯된다. 스스로 동기부여를 통해 상황의 주도권을 잡는다. 이러한 도전들은 이들을 흥분시키며 동기를 유발한다. 한마디로 이 세계에서 자기만의 길을 갈 수 있는 자신감을 갖고 있는 것이다. 스스로 자신감 있고 유능하고 안전하고 환경에 영향력을 행사할 수 있는 의지가 있다고 지각하는 것은 대단히 효과적인 심리학적 기반이 된다. 8번 유형은 이토록 강한 내적 견고성을 갖고 있는 유일한 성격유형이다. 또한 8번 유형이 건강하다면 이러한 기질은 대단히 바람직하다고 할 수 있다.

3수준: 건설적인 지도자

8번 유형이 스스로를 강하고 결단력 있고 독립적인 사람이라고 생각하면, 약하고 겁 많고 의존적인 사람이 되는 것을 두려워하기 시작할 수도 있다. 그래서 이들은 세상 밖으로 나아가 자신의 힘과 독립성을 증명하려고 한다. 이들은 건설적이고 권위 있는 지도자로서 새로운 도전을 시도하고 가치 있는 목적을 성취하기 위해 힘쓴다.

리더십을 구성하는 자질을 추상적으로 정의하기는 어렵지만, 8번 유형은 이러한 자질이 자연스럽게 몸에 밴 성격유형이다. 건강한 8번 유형은 권위와 결단력, 명예로움을 드러낸다. 이들은 문제를 해결하거나 타인을 위해 자신의 힘을 다하는 사람에게 믿음과 신의와 존경을 표한다. 8번 유형은 힘을 부여할 줄 아는 코치와 지도자, 보호자와 안내자로서 다른 사람들의 요구를 수용한다.

건강한 8번 유형은 자부심과 진정한 성취력을 가지고 타고난 지도자의 오라를 발산한다. 이 수준의 건강한 8번 유형은 자아를 가지고는 있으나, 이 자아는 모든 사람을 위해 가치 있는 목적을 얻도록 다른 사람에게 영향을 주면서 자기 자신 이외의 어떤 일에 일생을 바친다. 8번 유형은 중요한 상황을 책임질 줄 안다. 8번 유형이 건강할 때는 명예를 존중하고 진정으로 다수의 이익을 위해 일하기 때문에 이들이 책임 있는 자리에 있는 것에 대해 다른 이들이 불만을 갖는 일은 없다. 8번 유형이 단호하고 결단력이 있는 만큼 결정 역시 공정하다. 이들은 타인을 지극히 설득력 있게 다루는 점에서 매우 효율적인 지도자다. 이들의 큰 자신감과 신념은 이들의 리더십을 지지하는 사람들을 동기화시키는 데 충분하다("리더십이란 사람들이 원하지 않는 일을 실행하도록 하고 좋아하도록 만드는 것이다." –H. Truman).

이들 리더십의 핵심은 결정을 내리는 능력이다. 인간적인 면에서 8번 유형은 직접적이고 정열적이어서, 계획한 일을 실천할 수 있는 자질들을 끌어 낼 줄 안다. 이들은 누가 알아 주지 않아도 꿋꿋하게 버틸 줄 알고 어려운 결단을 내리고 자신의 선택에 완전하게 책임지려고 한다. 다른 이들은 8번 유형이 내린 선택을 항상 만족스러워하지는 않지만 이들의 결단을 존중한다.

타인을 존중하는 것이 건강한 8번 유형에게는 매우 중요하다. 이들은 거래에서도 명예와 신뢰를 존중하고 다른 사람들도 그렇게 행동해 주길 기대한다. 이들은 악수나 말이 존중되어야 한다고 생각하며 심지어는 악수만으로 비즈니스를 성사시키기도 한다. 이들은 허술한 것과는 거리가 멀어서, 불명예스럽거나 불공정한 것을 따르는 사람들과는 거래를 단절해 버린다. 어떠한 종류의 불공정함일지라도 이들의 감정을 자극하게 된다. 1번 유형들도 정의와 공정함에 민감하여 자신과 다른 이들의 행동을 내적인 기준인 윤리적 코드로서 평가하기 쉽다. 8번 유형은 그 반응이 더 깊은 본능에서 나온다. 학대를 당하는 사람을 보거나 자신의 이익이 침해되었을 때 이들은 본능적인 즉각적 행동으로 반응하고 때로는 그러한 과정에 스스로 놀라기도 한다. 이들은 강도를 잡거나 범죄현장에 개입되어 지역 신문에서 주목을 받고 있는 자신의 모습을 발견하기도 한다.

이 수준에 있는 8번 유형 역시 비전을 가진 사람들이다. 이들의 직관은 다른 이들의 능력을 건설적으로 창조해 내도록 돕는다. 자신의 재능을 건설이나 공익사업, 공원, 사회개선 프로그램을 만드는 데 투입하거나 개인의 성장을 돕는 데 쓰기도 한다. 또한 다른 사람들이 힘과 개성을 살리는 방향으로 성장하도록 도전과 자극을 준다("네가 기타 치는 법을 배우면 내가 좋은 기타를 사 주겠다." "네가 경영에서 능력을 보인다면 부사장으로 승진시키겠다."). 건강한 8번 유형은 다른 이들의 힘이 자신을 위협하지 않는 것을 알기 때문에 이러한 일들을 거침없이 처리한다. 실제로 이들은 팀워크와 역할 분담의 필요성을 이해하기 때문에 주변의 사람들이 자신처럼 강해지기를 원한다. 건강한 8번 유형이 자신의 아이들이 힘을 키우도록 장려하는 것은 마치 암사자가 새끼들을 자극하거나 자연의 방식으로 가르치려는 것과 유사하다. 사람들은 이들이 강하면서도 실제 행동은 권위적이기보다는 신뢰와 배려에 가까운 것을 알기 때문에 애정과 감사로서 건강한 8번 유형들을 존경한다.

이러한 방식의 존경과 애정은 비록 표현하는데 곤란을 느끼게는 하지만 8번 유형을 감동시킨다. 마음 깊은 곳에서 8번 유형은 일종의 유산을 남기고 싶어 한다. 이들은 타인은 물론 사회와 세계에 긍정적인 영향을 준 인물로서 사람들에게 기억되기를 바란다. 이들은 타인이 자신을 신뢰하고 있음을 간파하며 이를 잃지 않길 원한다. 이러한 일들은 이들에게 가장 큰 만족을 주지만 동시에 가장 큰 짐이 되기도 한다. 건강한 8번 유형은 이러한 일들을 운명이라고 생각한다.

훌륭한 리더십의 특성이란 결국 건강한 8번 유형의 특성이다. 훌륭한 지도자는 사람들에게 분명하고 가치 있는 방향성을 제시하며 이것은 공공의 목적성을 함께 담고 있다. 훌륭한 지도자는 가정과 사회와 국가에까지 영향을 미치는 기준으로서 안정된 사회질서를 창조하고 유지하고자 한다. 이들은 다른 사람들이 거대한 일을 기획하도록 격려하는데, 이를테면, 전쟁에서 승리하거나 우주 정거장을 쏘아올리거나 도시를 세우는 일이다. 이들은 공동체를 창조하는 법을 알고 있으며 열악한 환경에서도 공동체나 조직의 꿈을 이루는 화신이며 상징이 된다. 이들은 타인들이 자존감과 용기, 자신감 등을 가지도록 도우며, 그들이 생각한 것보다 더 큰 성취를 이루도록 격려한다. 훌륭한 지도자가 자신의 탁월성을 즐기면, 자신을 따르는 사람들의 행동에 대한 절대적인 책임을 지려 하고 실패의 결과 역시 기꺼이 감수한다. 훌륭한 지도자로서의 8번 유형은 충성, 명예, 지지를 받을 만한 가치가 있는 사람들이다.

보통수준 8번 유형에 대한 분석

4수준: 진취적인 모험가

8번 유형이 큰 도전과 목적을 설정한 경우 이를 성취하지 못할 가능성은 항상 존재한다. 비록 타인이 눈치 채지 못하지만 외관상의 대담함과 용기의 이면에는 이들이 추구하는 목적 달성 능력에 대한 두려움과 의심이 자리한다. 만일 이러한 두려움에 굴복하면 이들은 상황을 장악하는 능력에 자신감을 잃게 되고, 자신의 책임하에 진행되는 타인의 일에 관심을 집중하기 시작한다.

이것은 이들의 우선순위에서 분명히 변화를 일으키며 처음에는 미묘할 수 있지만 결국 광범위하게 진행될 수 있다. 삶에 대한 열정과 도전, 진리와 정의에 대한 사랑, 자신과 타인의 더 큰 가능성들이 건강한 8번을 움직이게 한다. 보통수준 8번 유형은 이러한 특징들이 약화되며, 성장하기 위한 단순한 욕구와 현실적 측면들을 조절하기 시작한다.

모든 사람에게 혜택이 돌아가는 비전을 제시하는 대신에 냉혹하고, 경쟁적이고, 약육강식의 세계로서 환경을 바라보기 시작한다. 이들은 3번 유형과 달리 거리낌없이 자기 자신과 '자기 사람' 을 위해 최선을 다한다. 이들은 모든 것을 도전과 성장 가능성으로 즐기는 대신에 이익과 손해, 승리와 패배의 관점에서 보기 시작하고, 절대로 지는 쪽에 서지 않으려고 한다.

건강한 8번 유형은 삶에 대한 자신감과 풍요로움을 타인과 나눌 줄 안다. 이들은 진심으로 다른 이들을 즐겁게 할 줄 아는 따뜻한 마음을 가지고 있으며 유쾌하다. 보통수준 8번 유형은 온화할 때와 변덕스러울 때가 있지만 전혀 이해하지 못할 정도는 아니다. 보통수준 8번 유형은 열심히 일하고 엄격하며 사무적인 의사소통을 한다. 실제로 비즈니스를 하지는 않지만 비즈니스를 하듯 가정을 운영하고 자기 일을 해 나가기 쉽다. 만일 물질적인 자원이 부족하면, 가족들이 충분한 돈이 있다고 확신하도록 몇 개의 직업을 갖기도 한다. 자신의 생활 능력에 불안을 느끼면 방어적이 되며 재산을 쌓아 두려 한다.

4수준의 8번 유형은 자신의 일에 열중하며 자기가 돌보는 사람들을 과도하게 보호하려 한다. 이들이 관여하는 집단이 크더라도, 스스로 불안정하다고 느끼면 관심과 활동 영역이 더 좁아진다. 보통수준 8번 유형은 여전히 친근하지만, 다른 이들이 쉽게 존중하려 하지 않고 애정을 보이려 하지 않는다.

커지는 불안으로 8번 유형은 더 충동적으로 자기주장을 한다. 이들은 재빨리 다른 사람들을 평가하고 타인과 갈등하기를 주저하지 않는다. 이들은 자신의 나약함이나 두려움이 드러나는 의사소통을 꺼리지만 주변 사람들이 완전히 정직하고 직설적으로 말하기를 원한다.

이들은 스스로를 자부심 강한 '엄격한 개인주의자' 로 생각하면서 누구든 각자의 이익을 따르는 것이 자유로운 것이라 믿는다. 보통수준 8번 유형은 협조적인 면이 적고 썩 훌륭한 팀원은 아니다. 이들은 성공을 위해 노력하거나 책임 있게 일하는 사람이 아니면 관심을 두지 않는다. 기업가로서의 보통수준 8번 유형은 사회를 움직이는 사업계나 정치계에 많다.

사업, 부동산, 산업, 경제의 어느 곳이나 기업의 기술이 요구되는데, 특히 사업은 8번 유형이 번창시키기 좋은 터전이다. 전문가, 전업주부, 요리사, 운동선수, 예술가, 예능인 등에도 건강한 8번 유형들이 있다. 보통수준 8번 유형이 가진 공통점은 가능한 자기의 활동 방향을 직접 정하고 주변 상황에 대해서 스스로 할 수 있는 일이 거의 없을 때 극도로 당황한다는 것이다.

직업에 대한 관심이 3번 유형이 비슷해 보이지만 8번 유형과는 완전히 다르다. 3번 유형은 눈에 띄는 이상적이고 매력적인 직업을 가지려 한다. 이들은 자존감과 개성이 드러나는 성취를 이끌고 싶어 한다. 그러나 8번 유형은 통제력과 독립성을 원하고, 잘 팔리는 쓰레기통이나 전등 스위치 제조 회사에 큰 관심을 보일 수도 있다. 왜냐하면 가까운 미래에 사람들이 쓰레기를 치우고 전등 스위치를 살 것을 알기 때문이다. 매력적인 요소는 이들에게 별로 중요하지 않고 힘의 바탕이 될 수 있는 재력을 더 중요하게 생각한다.

보통수준의 8번 유형에게는 돈을 모으는 것이 점점 더 중요해지는데, 그래야만 다른 이들에게 종속되거나 의존하지 않고 보다 더 독립할 수 있기 때문이다. 보통수준의 8번 유형은 다른 이들에 대한 충성이나 헌신과 상관 없이 자신이 원하는 계획도 돈과 관련되어 있다. 충분한 돈이 있어야 원하는 것을 얻을 수 있다. 이들은 유능한 세일즈맨일 수 있고, 낮은 수준의 사악한 이기주의자인 경우는 노골적인 사기꾼이 될 수 있다.

비록 많은 돈으로 생활을 시작하지 않았더라도, 보통수준 8번 유형은 워낙 진취적이어서 엄청난 속도로 경제적 지위를 향상시킨다. 이들은 효과적인 협상가이며 중개인이어서 원하는 것을 얻을 때까지 멈추지 않는다. 이들은 외부 압력을 견디면서 다른 이들에게 "아니요."라고 말할 수 있다. 이들은 항상 사고, 팔고, 거래하고 협상을 할 준비가 되어 있는 호모 이코노미쿠스(경제적 인간)다. 또한 신중한 구매자이어서 항상 싼 값을 찾아낸다. 하고 있는 일이 성공적이고 이익이 난다면 직업이 무엇이든 문제 삼지 않는다. 신발이나 컴퓨터를 제조하고, 금광을 개발하며, 피자를 팔 수 있다. 중요한 것은 무엇을 하는가가 아니라, 결과적으로 돈을 벌고 재원을 만들 수 있는가다.

보통수준의 8번 유형은 다른 이들과 경쟁적이고, 일종의 '기업적' 인물이라 할 수 있다. 다른 이들이 저항하려 할수록 더 자기주장을 내세운다. 타인이 큰 것을 양보할 경우도 거침없이 자기가 원하는 것을 얻어 낸다. 다른 사람이 좋은 것을 양보하면, 8번 유형은 자기가 원하는 것을 얻는다. 그리고 8번 유형은 경쟁하면서 시간과 노력을 낭비하지 않는다.

위험 감수는 어떠한 모험에서도 성공을 위해 요구되는 필수적인 면이다. 보통수준의 8번 유형은 경제적이고 정신적인 보상이 있을 경우 언제든 위험을 감수할 수 있다. 이들은 위험하고 자극적인 것을 좋아하는데, 사업적인 면만이 아니라 모든 활동에서도 그러하다. 도전적인 상황에서 더 크게 고양된 감정을 즐긴다. 보통수준의 8번 유형은 불가능에 도전하려 하고 다른 사람들이 실패한 것에서 성공하려 한다. 이들은 비행기를 타고 항해를 하고 스쿠버다이빙이나 카레이싱을 통해서 위험을 극복하려 한다. 그러나 8번 유형은 무모하고 무책임한 도박에 흥미를 느끼지 못한다. 이들은 스스로 최고의 위치에 왔다고 생각했을 때 비로소 여유를 가지고 즐기려 한다. 대부분의 8번 유형은 조심스럽다고 말할 수는 없지만 그렇다고 무모하다고도 할 수 없다. 이들은 역경을 견디고 지속적으로 성취하는 것에 흥미를 가지고 있다.

보통수준의 8번 유형은 자기 일을 끈기 있게 해내고 이를 즐기기 때문에 사업이나 다른 목적 모두에서 성공한다. 일은 이들에게 자기를 내세우고, 힘과 독립성을 증명하는 무대를 제공한다. 거래를 하고 위험을 감수하는 것은 이들에게는 돈을 버는 수단일 뿐만 아니라, 자신을 더 크게 만들고 나아가 어느 누구도 자기를 넘어설 수 없음을 확인하는 것이다.

5수준: 지배적인 권력중개자

이 수준에서 8번 유형은 최고의 속도로 많은 계획들을 설계하고 추진한다. 이들은 성공하기 위해 노력하기도 하고 자기의 힘과 경쟁력을 확인하기 위해 최선을 다한다. 자신이 계획한 대로 일이 잘 되지 않거나, 다른 이들이 자신의 노력을 존중해 주지 않으면 더욱 공격적으로 자신을 정당화하는데, 이것은 자원을 얻기 위해서라기보다는 힘을 드러내기 위한 것이다. 8번 유형은 자기가 하는 일의 영역에서는 '거물' '보스' 로서 자신을 다른 사람들에게 인식시키고자 한다.

8번 유형은 자신의 의지와 자아를 환경에까지 확장하려 한다. 이들은 환경에 자신을 투영시키며 자신의 힘과 탁월성을 증명하려 한다. 이 수준에 있거나 더 낮은 수준의 8번 유형은 변화무쌍한 어린 시절을 겪었을 가능성이 있는데, 4번 유형과 같이 자아이미지를 유지할 수 있는 환경을 창조하려 한다. 8번 유형의 자아이미지는 강력하고 독립적이고 통제적인 것이어서, 자신의 성취와 활동과 영향력이 다른 사람에게 미치고 있음을 확인하려 한다. 나아가 타인으로부터 자신이 상처를 받거나 통제당하는 것에 대한 기본적인 불안은 경쟁의 상황을 감당할 수 없을 때 더 커진다. 타인의 힘이 자신을 위협할 수 있다고 느끼면 이 수준에서 8번 유형은 자신이 우월하다는 점을 모든 이들에게 확인시키려 한다.

자신의 중요성을 드러내는 전형적인 방식이 '거대 건축 지향' 콤플렉스다. 이들은 문학적으로나 인물적인 면 모두에서 영웅적 서사를 선호한다. 이들은 집이든 회사든 자신을 반영하는 큰 건물을 좋아한다. 개인적인 생활에서 보면 보통수준의 8번 유형은 거대하고 힘 있는 명문 가문에서 후손에게 영향을 미치는 최고 지배자가 되려 한다. 이들의 영향력이 커질수록 환경과의 충돌이 더 커지고 자신의 불멸성을 확인하려 하는데, 이것이 보통수준의 8번 유형이 원하는 목적이다.

5수준의 8번 유형은 자신의 노력으로 타인을 도우려 하지만, 자기 방식을 강제하기보다는 설득으로 이끌 만큼 여전히 건강하다. 이들은 사람들에게 호의를 보이면서 자신을 따를 경우에 더 큰 혜택이 올 거라고 말한다. 이들은 자신의 일에 참여시키기 위해 사람들에게 수많은 '호언장담' 을 하면서 허세를 부리고 과장된 약속을 한다("만일 나하고 함께 일하면 첫해에 큰 보상을 받을 것을 보장한다."). 이들의 약속이 현실적인지의 여부를 떠나서 이들의 실용적인 태도가 진실성과 성실성을 의심하게 한다.

마찬가지로 이들은 자신이 얼마나 중요한 인물이며 호락호락한 사람이 아니라는 것을 직접적으로 드러내고자 한다. 이들은 주변에 과시적으로 돈을 쓰며, 자기가 모든 이들의 저녁 값을 내겠다고 하거나 과하게 팁을 주기도 한다. 이들은 거친 언어를 쓰면서 자신이 얼마나 '현실적'이고 '해결사적 기질'이 있는가를 드러내려 한다. 보통수준의 8번 유형은 자신의 허세가 불안을 키우고 타인의 거부감을 유발할지라도 여전히 스스로를 자랑하려 한다.

8번 유형은 자신이 구심점이며 중요한 역할을 한다는 것을 다른 이들이 인식하도록 하고, 실제로 전달이 되었는가를 확인하려 한다. 이들은 특권과 특혜를 기대하며 주변 사람들의 존경과 복종을 확인하려 한다. 부모인 경우 가족 모두가 자신의 지시에 따르길 원한다. 만일 다른 이들이 만족스럽게 따르지 않으면 자기 뜻을 따르도록 권력을 휘두른다.

보통수준의 8번 유형은 힘을 행사하는 타고난 감각을 가지고 있으며 이를 쓰는 데 주저하지 않는다. '권력을 가진 자'로서 이들은 자신의 뜻대로 힘을 쓴다. 이들에게 힘은 고정된 사물이 아니라 새로운 일을 성취하고 창조하는 능력이고, 자기의 비전에 맞게 환경을 구축하는 것이다. 힘은 추상적으로 느끼는 즐거움이 아니라 지속적으로 유지되도록 사용되어야 한다.

놀랍게도 보통수준의 8번 유형은 상호작용을 할 때 자신의 힘이 어느 정도로 사용되는지 잘 알지 못하는 경우가 있다. 중요한 결정을 내리기 위한 단순한 대화도 다른 사람들이 보기에는 격한 논쟁으로 보인다. 다른 이들이 격앙된 분위기로 밖으로 나가 버리는 순간에도 8번 유형은 스스로 자제하고 평정을 유지하고 있다고 생각한다. 마찬가지로 이들의 무뚝뚝한 자기표현이 자신감이 부족한 사람들에게는 모욕적이거나 위협적일 수 있음을 알지 못한다.

각각의 성격유형은 다른 이들이 어느 정도 스스로를 좋아한다고 생각하지만, 보통수준의 8번 유형은 다른 사람들은 각자의 이익을 위해 최선을 다한다고 생각한다. 8번 유형은 자신과 마찬가지로 다른 이들도 대결과 갈등을 즐긴다고 생각한다. 물론 각각의 유형은 서로 다르며 이들은 8번 유형과 같이 환경을 자기 마음대로 통제하려 하지 않는다. 건강하지 못할수록 8번 유형은 타인의 감정이나 육체적 · 경제적 · 감정적 어려움을 고려하지 않으려 한다.

이들의 불안 수준으로, 보통수준의 8번 유형은 다른 사람들과의 상호작용은 잠재적으로 자신의 힘과 독립성에 대한 도전이라고 생각하기 시작한다. 공격이 최선의 방어라고 생각하므로, 이들은 자신의 지위에 위협이 된다고 생각되면 곧바로 자기주장을 내세운다. 이들의 태도에는 분명한 자기 영역의 텃세가 있다. 마치 특정한 재산이나 행위 또는 감정에서조차 자기만이 특권이 있다고 여긴다. 이들의 메시지는 분명하다. "여기는 내 영역이다. 나가라."

이들은 힘을 확장하려 한다. 보통수준 8번 유형은 세력을 확장하고 한계로부터 벗어나려는 욕구를 가지고 상황을 파악한다. 영향력이 커지면 커질수록 자아의식과 자신의 탁월함에 대한 의식이 커진다. 보통수준의 8번 유형은 환경에 자신을 확장하고 영향을 주지 못하면 불안해지기 때문에 계속해서 영향력을 행사하려고 애쓴다.

보통수준의 8번 유형은 성생활을 비롯한 모든 삶의 영역에서 확장하려 한다. 8번 유형 남성은 스스로를 사나이 중의 사나이인 마초라고 생각한다. 다른 사람들의 눈에는 단지 과장되고 거만한 사람으로 보일 수 있다. 8번 유형은 자신이 통제하고 지배하는 사람이나 사물을 통해 자신의 우월성을 증명하려는 점에서, 심리 분석적 용어로 노출증 환자에 해당한다("내가 가장 크고 거대하다!"). 가정에서는 모두가 자기의 요구대로 따라야만 한다고 생각하는 왕처럼 군림한다. 공격성과 성적 취향은 심리 상태와 관련되어 있기 때문에 보통수준 8번 유형 남성은 상대 여성과 격정적인 관계를 갖는 일이 있다. 이들은 빈번하게 외도를 하며, 상대 여성을 창녀나 성녀로 대하더라도 기본적으로는 자신을 즐겁게 하거나 자아를 만족시키는 소유물로 간주한다.

8번 유형 여성은 8번 유형 남성과 같이 공격적이어서 남편을 지배하려 한다. 그러나 집 밖에서는 문화적으로 이들의 욕구가 좌절되므로 8번 유형 여성은 공격적인 표현에 어려움이 있다. 많은 8번 유형 여성들은 사회적으로 자신의 강한 에너지를 표출하도록 용인되지 않기 때문에 극심한 스트레스와 좌절을 경험한다. 결국 남편을 지배하고, 경제생활을 통제하고, 심리적이며 성적인 만족 등이 이루어지는 가사의 최전선에서 자신의 공격적 충동을 표현하는 데 제한을 받는다.

힘 있는 여성은 흔히 남성에게 위협이 될 수 있다. 그러나 다른 사람들이 8번 유형 여성을 가리켜 '무자비한 여자' '뻔뻔한 여자' '대가 센 여자' 등의 좋지 않은 표현을 하는 경우는 드물다. 건강한 8번 유형 여성이 공격적인 성향을 거의 보이지 않는다고 해도, 남성에게는 칭찬이 될 특성이 여성에게는 비난의 대상이 되기도 한다(유사한 상태가 2번 유형 남성에 해당한다.). 결국 여성에게 드러나는 8번 유형 에너지의 억압은 이들의 건강한 특성을 저해할 수 있다. 따라서 성격유형과 그에 따른 성별의 문제는 전 세계적인 문화적 불균형을 드러낸다.

보통수준의 8번 유형은 '실제 삶보다 더 큰' 자아이미지를 믿으려는 성향이 강하다. 이들은 자신을 마피아 두목이나 사성장군과 같이 허세를 부리는 거물로 생각한다. 이들이 다른 사람들을 더 지배할수록 다른 사람들과의 갈등은 더 커진다. 왜냐하면 이들은 더 이상 주변 사람들을 도와주거나 힘을 보태 주지 않기 때문이다. 이들은 권한을 위임하려 하지 않는다. 다른 이들이 자신의 명성에 위협이 되지 않게 하며 누구도 신뢰하지 않는다. 이들은 완전한 복종을 원한다. 이들이 자신의 의지를 시험하려 하는 한, 아이러니하게도 어느 누구에게도 위협받지 않는다.

보통수준 8번 유형은 성공에 대한 꿈이 클수록 이를 실현하기 위한 타인의 도움이 더욱 필요하다. 이들은 돈이나 보호의 방식으로 다른 이들을 도와주려 한다. 아이러니하게도 8번 유형이 다른 이들에게 자신의 힘과 성취를 나눠 주기를 꺼릴 경우는 자신의 명령을 따를 수 있는 사람들에게 의존한다. 이 수준은 다른 사람들을 지배하려는 힘의 사용이 비인간적이어서 공격적이고 파괴적으로 변화하는 일종의 전환점이라 할 수 있다.

6수준: 대립적인 적대자

8번 유형이 다른 사람들을 지배하고 자신의 의지를 강제하려 할 때, 타인의 불만을 사거나 저항을 받기 쉽다. 만일 이러한 불평이 '자신이 보호하던' 사람들로부터 온 것이라면 8번 유형의 내면은 심하게 동요한다. 이러한 상황은 급격하게 이들을 위기로 몰아넣는다. 이들은 자신이 상황을 통제하지 못한다는 두려움을 갖게 되고, 자신이 보호해 온 사람들이 자기 권위에 도전할 것이라고 생각한다. 이들은 다른 사람들이 자신을 지지하고 있지 않음을 확신한다. 군대가 뒤에서 따르지 않는데 혼자 전쟁터로 나가는 것과 같다.

이러한 일로 이들의 분노는 표면으로 끓어오른다. 이들은 경쟁 사회에서 도전을 받고 있다고 느끼며, 내 울타리 안에서 도전을 받는다고 느낀다. 이들의 삶은 투쟁적으로 변하여 다른 이들이 자신의 의지에 따르도록 강하게 압력을 행사한다. 이들은 극도로 좌절하면서 어느 누구도 믿을 수 없다고 느낀다. 또한 자신의 뜻대로 하기 위해 강하게 밀어붙이려 한다(말 그대로 기계적인 일에 대해 참지 못하는 것으로도 표현된다. 좌절한 8번 유형은 설명서를 읽어 보지도 않고 조립하려다가 시계를 깨거나 손잡이를 부러뜨리기도 한다.).

보통수준의 8번 유형은 모든 것을 적대적인 관계로 간주하고 이들을 제압하려 한다. 스스로를 전사로 생각하여 지극히 사소한 일에도 의도적인 갈등을 유발한다. 이들에게 중요한 것은 자아다. 자신감이 위기에 맞으면 이들은 결코 물러서려 하지 않는다.

경영인에서 채소장수에 이르기까지 모두가 적대자로 변한다. 더 이상 지배하지 않는 대신에 사람들에게 압력을 가해서 자신이 원하는 것을 얻을 때까지 위협하고 겁을 준다. 이 수준에 있는 8번 유형은 바라는 것을 얻기 위해 호전적으로 무장한다. 부끄러움을 모르는 골목대장으로서 다른 이들에게 명령하고, 명령이 즉각적으로 수행되지 않으면 분노를 터뜨린다. 이들은 사람들을 위협하여 자신에게 복종하고 두려워하는 것을 즐긴다.

앞서의 수준에서 보았듯이 8번 유형은 이미 다른 이들을 효과적으로 통제하는 '힘의 기반' 을 가지고 있다. 이들의 힘은 다른 사람들이 원하는 것을 자신의 일로 삼았을 때 가장 효과적이다. 이들은 음식, 거처, 안전함과 같은 생활에 필요한 것들을 통제하여 사람들이 자신을 따르도록 한다. 물론 사람들이 기본적으로 원하는 것은 돈이고 8번 유형은 그 정도로 돈을 힘으로 생각하며 많은 돈을 갖는 것을 최우선 순위로 놓을 것이다. 8번 유형에게 돈은 삶에서 성공의 여부를 재는 척도다. 돈을 통제할 수 있는 것이 자신을 자립할 수 있게 하는 것들 중 하나이며, 보호와 독립을 가능하게 하는 자원이다. 남편에 대한 사랑, 아이에 대한 헌신, 친구와 집단에 대한 의리는 모두 믿을 수 없는 일이다. 오직 돈과 힘이 자신들을 이끌어 주는 가장 확실한 방법이다.

적대적인 8번 유형은 점차로 자신의 전투 능력에 확신을 갖는다. 이들의 자아는 자신이 원하는 것을 얻는 것과 관련되어 있어서 다른 어느 누구와도 타협할 수 없다. 다른 어떤 성격유형도 이들처럼 완고하지 않다. 8번 유형은 모든 의지와의 경쟁에서 이기는 것을 가장 중요하게 여기는데, 왜냐하면 그렇게 함으로써 자기감을 계속해서 방어하기 때문이다.

물리적인 힘을 행사하지 않고 다른 사람들이 따르도록 하는 것은 가장 큰 자부심의 원천이 된다. 8번 유형은 적대적인 사람들이 자신에게 하는 것보다 더 큰 압력을 그들에게 가할 수 있기 때문에 항상 우세하다. 이들은 더 크고 길게 소리치고 더 확신을 가지고 위협을 하며, 다른 사람들이 굴복할 때까지 멈추는 일이 없다. 만일 이들의 명령이 이루어지지 않으면 항상 잠재적인 폭력의 위협을 받게 된다("나를 화나게 하지 않는 게 좋다."). 사람들은 8번 유형의 말에 복종하지 않으면 보복을 당할 것을 두려워한다. 또한 8번 유형은 그들을 위협할 수 있는 대담함과 의지가 있음을 알고 있다. 6수준에 있는 8번 유형이 자신의 목적에 장애가 되는 행동들에 대해 보복할 것은 분명하다. 공정함과 정의를 중요시하던 건강한 8번 유형이 '눈에는 눈, 이에는 이' 의 수준으로 떨어지는 것이다.

그러나 이 수준에 있는 8번 유형은 다른 이들과는 확실히 다르다. 건강한 8번 유형은 주변 사람들을 강화시키며 그들의 '팀' 에 영감을 불어넣고 고무하는 데 큰 만족을 느끼지만, 보통수준부터 불건강한 수준의 8번 유형은 정반대의 영향을 준다. 이들의 자아는 타인들과 성취를 나누기에는 너무도 취약해서, 타인이 자기 주변에서 강하고 자신감이 넘칠 경우 자신이 통제될 수 있다는 두려움을 갖는다. 따라서 다른 이들의 자신감을 약화시켜 의존감을 일으키게 함으로써, 자신의 지배와 통제를 강화한다.

실제로 8번 유형은 자신이 주변 사람들에게 거칠다는 것을 알고 있다. 이들은 스스로는 물론 다른 사람들의 부드러움조차 싫어한다. 사업상의 조직이나 경쟁자들에게만이 아니라 배우자나 아이들에게도 강압적이다. 이 수준에 있는 8번 유형은 다른 이들을 자극하기 위해 두려움을 사용하기도 하고, '당근과 채찍' 으로 복종할 것을 약속하게 하고, 복종하지 않을 때 보복할 것이라고 위협한다. 이들은 "점프!" 라고 말하면 곧장 다른 사람들이 뛰어오를 것을 기대한다. 이것은 이들에게 '따르지 않으려면 떠나라' 는 의미다. 이들은 반항이나 배신은 물론 어떠한 이의 제기도 용납하지 않는다. 이들의 말은 곧 법이다.

그러나 여기에는 아이러니가 있다. 보통수준 8번 유형은 일반적으로 자기가 이길 수 있는 상대만을 위협한다. 이들은 행동하기에 앞서 적대적인 사람의 약점을 발견하고 가장 약한 부분에 일격을 가한다. 오직 구석에 몰려 있을 때만 자신과 힘이 동등하거나 더 큰 자와 싸우려 한다. 이것이 이들이 단지 허세만 부리고 실속이 없다는 의미는 아니다. 오히려 그것과 거리가 멀다. 호전적인 8번 유형은 상대를 패배시키는 위험을 감수하기보다는 허세를 통해 자신이 원하는 것을 얻으려 하기 때문이다. 이들의 패배는 일종의 재앙이다. 이들이 지면 자기감과 자신감은 완전히 무너진다.

더 큰 아이러니는 8번 유형은 다른 사람들을 위협하는 것으로 바로 자신의 말을 따르던 사람들을 적으로 만들고 그들 자신에게 가장 큰 원한을 갖도록 만든다는 것이다. 8번 유형은 주변 사람들을 위협하면서 이들이 자신에게 어떻게 대응할지를 고민할 수밖에 없다. 한 번 다른 이들과 적대적인 위치에 서면 이들은 결코 긴장을 풀지 않는다.

8번 유형이 어느 정도로 위협적인가를 알지 못하는 것은 놀라운 일이다. 적대적인 8번 유형이 정신병자는 아니다. 이들은 자기 행위와 자기 이익의 한계를 잘 알고 있으며 자신에게 이익이 되지 않는다고 생각하면 더 이상 다른 이들을 압박하지 않는다. 그러나 상황에 따라 위협적인 수준은 달라서, 상대를 얼마나 파악하고 있느냐에 달려 있다. 만일 상대가 약하다고 생각하면 강하다고 느낄 때보다 더 강하게 위협할 것이다. 그러나 이들의 판단은 잘못되기 쉬워서 폭력이 유발되곤 한다.

불건강한 8번 유형에 대한 분석

7수준: 냉혹한 무법자

8번 유형은 자신을 둘러싼 환경의 위협과 전쟁을 벌인다. 이들의 적대적 성향은 대부분의 관계들을 파괴하는 원인이 된다. 이 시기에 다른 사람들이 자신에게 등을 돌리고 반대하는 것을 알게 된다. 이러한 상대와의 결별이 현실적인 8번 유형으로 하여금 자신의 전략을 중지하거나 재고하도록 할 수도 있다. 그러나 지나치게 심각한 위기에 직면하거나 특별히 유년기에 학대를 받았던 경우라면, 이들은 세상과의 전쟁을 한층 더 가속화시킨다. 이들은 항상 생존을 위한 준비와 적들을 제압할 준비가 되어 있다. 유감스럽게도 이들의 상황 인식이 완전히 잘못된 것만은 아닐 수도 있다. 8번 유형이 다른 이들을 심각한 사태로까지 자극한다면, 다른 이들은 8번 유형에 대항해 서로 연대를 할 것이다. 결국 은유적으로든 실제적으로든 죽느냐 사느냐의 상황에 휘말릴 수도 있다.

보통수준의 8번 유형의 현실주의는 불건강한 수준에서 무자비하고 잔인하게 변한다. 이 수준에서 힘이 곧 정의라는 철학에 빠진다. 정글의 법칙과 적자생존의 논리는 불건강한 8번 유형이 자신의 목적에 맞게 합리적인 힘을 사용하는 배경이 된다. 옳고 그름에 상관없이 문제가 되는 것이 우세한 힘을 가지는 것인 현실 정치 세계에서 냉소적으로 살면서 자신이 곧 법이라고 생각한다. 사리를 추구할 뿐이다.

유년기의 학대와 상실이나 최근의 손해나 관계의 결렬로, 이 수준의 8번 유형은 배신감과 거부감을 많이 느끼게 된다. 이들은 누구도 믿지 못하고 세상은 잔혹하고 무자비하다고 생각한다. 사회로부터 스스로를 추방당하거나 거부당한 것으로 생각하며, 다시 되돌릴 수 없는 선을 넘어섰다고 믿는다. 또한 사회적으로 수용될 수 있는 경계를 넘어섰기 때문에 더 이상 잃을 것이 없다고 믿는다. 한 번 죄를 지으면 그 다음 번에 지을 때는 훨씬 불안이 덜한 법이다.

불건강한 8번 유형은 범죄행위를 하기 쉽다. 다른 사람에게 통제당할 수 있다는 두려움이 커지면, 이들에게는 더 이상의 제약이 없어진다. 모래 위에 그은 선은 넘어서기 쉽다. 이들은 어떤 일이 있어도 자신을 굽히지 않고, 자신에게 규율을 만들 지위가 되면 어김없이 모든 이들을 통제하는 데 주저하지 않는다. 불건강한 8번 유형은 완전히 무자비하고 독재적이다. 이들은 다른 사람들의 권리, 자유, 존엄성을 빼앗고 억압한다.

불건강한 8번 유형이 다른 이들에게 호의적이고 협조적인 것은 그들에게서 무언가 이득을 챙기려 하는 것이므로, 이러한 때에 이들을 친근하게 느끼거나 신뢰하려고 하는 것은 위험하다. 불성실하고 부도덕한 8번 유형은 거짓말하고, 속이고, 훔치고, 약속을 어기는 것에 양심의 가책을 느끼지 못한다. 이들은 불법을 저지르거나 자신이 원하는 것을 얻기 위한 계략을 준비한다(이들은 큰 거짓말을 매우 빈번하게 하는 범죄인으로서 뻔뻔하고 사악한 거짓말을 끝없이 맹렬하게 반복하기 때문에 나중에는 진실로 받아들여진다.). 건강한 8번 유형의 정직함과 곧은 마음, 연민들은 완전히 반대의 상태로 왜곡되어 간다.

이 수준에서 가장 위험한 것은 이들이 아무런 동요 없이 폭력을 사용하려는 충동이다. 다른 사람들의 공격 기미가 보이면 불건강한 8번 유형은 어김없이 보복을 퍼붓는다. 만일 다른 성격유형이 폭력을 사용할 때 자신을 보호할 다른 대안이 있는 경우는 대안을 선택하기 마련이다. 또한 다른 성격유형이 폭력을 사용할 때 일반적으로 죄의식을 느끼고 보복에 대한 두려움을 갖는다.

거의 반사적으로 폭력을 행하는 불건강한 8번 유형은 반성이나 죄의식을 느끼지 못한다. 8번 유형이 자신의 행위에 대한 죄의식을 가질 수도 있으나, 죄의식이 자신을 나약하게 만들고 다른 이들의 공격에 취약해질 수 있다고 믿기 때문에 일부러 무시하려 한다. 부드럽거나 감성적인 것을 피하고 의도적으로 자신을 냉혹하게 만든다.

> 죄의식과 싸우는 수단으로서의 힘은 쉽게 이해할 수 있다. 한 인간이 힘을 가질수록 그의 행위를 정당화할 필요는 적어진다. 자존감이 커지는 것은 죄의식이 줄어드는 것을 뜻한다. 같은 방식으로 '나 스스로가 선과 악을 결정한다' 는 점에서 '공격자로서의 정체성' 은 '피해자로서의 정체성' 보다는 두려움이나 죄의식과 싸우는 데 큰 도움이 된다. 그러나 초자아는 실제로는 우리의 성격의 일부이기 때문에 이러한 과정이 이루어지기는 힘들다. 힘을 통해서 죄의식과 싸우려는 것은, 죄의식이 클수록 더 큰 힘을 필요로 하고 힘이 커질수록 결과적으로 힘의 행사에 따른 죄의식이 커지므로 악순환의 시작이 된다. 이러한 것은 죄를 지어도 처벌받지 않는다는 것을 스스로 증명하려는 것처럼 단지 죄의식을 억제하는 시도인 것이다(O. Fenichel, *The Psychoanalytic Theory of Neurosis*, 500).

죄의식만이 아니라 다른 사람에 대한 동정이나 보복의 두려움 같은 감정들을 부정하면서 불건강한 8번 유형은 더욱더 잔혹하게 행동한다. 힘을 남용함으로써 죄의식을 감추기 위해 더 부도덕한 일을 한다. 쉽게 말해서 이들이 더 잔혹해질수록 자신의 죄의식을 감추기 위해 더 잔혹한 일을 행한다.

불건강한 8번 유형은 가장 가까운 사람에게 가장 가혹한 학대를 유발한다. 이들은 타인에게 말이나 신체적인 학대를 가하여 품위를 떨어뜨린다. 성폭력, 아동 성추행, 배우자 구타는 공격의 일반적인 표출이며 특히 자기 방어를 할 수 없는 이들에게 상처를 준다. 불건강한 8번 유형은 가족, 재산, 사업 혹은 사회 등을 상대로 말 그대로 죽느냐 사느냐의 큰 도박을 감행한다.

더욱이 불건강한 8번 유형이 일단 법, 도덕, 품위를 어기면 이들을 제지할 수 있는 어떠한 방법도 없다. 실제로 불건강한 8번 유형은 이미 깊이 빠져 있기 때문에 멈추려 하지 않는다. 실제로 멈춘다면 이들은 다른 사람들의 보복을 두려워하게 된다. 다른 이들에게 폭력을 행한 사람은 어떤 일이 있어도 자신의 힘의 행사를 멈추지 않는다. 이러한 것은 이들의 삶의 방식만이 아니라 삶 자체를 위험에 빠뜨릴 수 있다.

불건강한 8번 유형이 다른 이들을 동정하는 것만큼이나 8번 유형이 다른 사람들에게 동정을 받는 것은 어렵다. 불건강한 8번 유형은 너무도 가혹하고 비인간적이어서 이들이 요행으로 이를 극복하거나 '악마' 가 되려는 욕구로부터 벗어날 것을 기대할 수 없다. 폭력의 가해자가 때로는 폭력의 피해자가 되는 정신 상태를 상상하는 것은 어렵지 않다. 젊은 8번 유형은 무슨 일이 일어나건 어느 누구도 자신을 해칠 수 없고, 접근조차 할 수 없다고 생각한다.

8수준: 전지전능한 과대망상자

불건강한 8번 유형은 불법과 폭력, 사회에 대한 복수의 세계에 빠져 있어서 실제적인 영향력이 없는 강한 적대자들을 만들어 낸다. 만일 이들이 폭력적으로 변하면, 보복의 위협은 현실로 드러난다. 비록 폭력이 드러나지 않는 상황에서도 8번 유형은 신중하지 못한 행동 때문에 채무자나 경제적으로 적대적인 사람들에게 쫓길 수도 있다. 건강한 8번 유형은 다른 사람들의 감정적인 반응을 이끌어 낼 수 있다. 같은 의미에서 불건강한 8번 유형은 다른 사람들에게 전혀 다른 차원의 열정을 끌어낸다.

이러한 압력 속에서 살고 있는 8번 유형은 자신을 보호해야 한다는 강박에 사로잡혀 처참한 공격을 감행한다. 이들은 종종 현실적인 단계를 택하여 전화번호를 바꾸거나 사설탐정을 고용하기도 하고 자취를 감추기도 한다. 그러나 과도한 위협으로 스트레스가 쌓이고, 이겨 낼 수 없는 현실에서는 자신이 천하무적이라는 환상에 빠지기 시작한다. 또한 자신이 해를 입을 수 없다고 믿기 시작하며 전력을 다하여 기만적인 사고를 키워 간다. 이들은 전지전능하며 천하무적이라는 감정 속에서 스스로 신과 같은 절대적인 힘을 가졌다는 과대망상 환자가 된다.

이 수준에 있는 8번 유형은 타인을 두렵게 하는 어떠한 힘이든 강화하려 하며, 한편으로는 자신의 안전을 걱정한다. 보통수준 8번 유형은 다른 사람들을 겁주거나 위협하는 데 효과적이지만, 신경증적인 8번 유형은 자신의 진정성을 보이기 위해 무고한 사람들에게 복수하거나 해를 가한다. 이들은 자신의 힘이 더 잔혹할 수 있음을 다른 사람들에게 경고하려 한다.

또한 8번 유형은 잔인하게 힘을 행사하여 자신들에게는 인간적 한계가 없다고 스스로 인식한다. 신경증적인 8번 유형은 자신에게 한계란 없다고 생각하면서, 차츰 남들에게 없는 특권적인 운명을 부여받았다고 확신한다. 이들은 자신이 도덕적 굴레를 넘어서 있고, 자신이 좋아하는 일은 어떤 것이든 할 수 있는 슈퍼맨으로 생각한다. 자신의 길을 고집하기 때문에 신경증적 8번 유형은 자신이 지배될 수도 있다는 것을 믿지 않는다. 이전에 누구도 이들을 막지 못했기 때문에, 이들이 누군가 때문에 멈추게 될 거라고 생각할 이유가 없다.

자기 통제 능력이 없는 신경증적 8번 유형은 매 순간 자신의 절대적인 힘을 확신하면서 잔인무도하게 신(神)의 놀이를 한다. 이 수준에서는 죽음에 관한 음침한 매력을 드러낸다. 불건강한 8번 유형은 다른 사람들을 죽임으로써 죽음의 두려움을 벗어나고자 한다. 이들이 타인을 죽이는 것은 새디즘적인 즐거움 때문이 아니라 스스로의 죽음으로부터 벗어나는 효과적인 방법이기 때문이다. 자신이 죽지 않음으로써 다른 이들을 죽이는 것이야말로 스스로 무적이 되는 길이라고 생각한다.

> 아민은 자신이 신의 도구라고 믿는다고 말한다. 그러나 당신이 그를 보면, 그는 자신의 생존 이외에 어떠한 것도 믿지 않음을 알게 된다. 그는 과시, 어릿광대짓, 아첨, 유혹적인 약속, 위협, 거짓말, 살인 등의 할 수 있는 모든 일을 저지를 것이다. 그러나 그는 자신이 천하무적이라고 외치면서 궁지에 몰린 짐승처럼 떨고 있다. 죽음의 위협은 그의 주변에 드리워져 있다. 어느 누구도 그에게는 인격체가 아니다. 모든 것은 잠재적인 희생자다(S. Feldman, *Psychology Today*, December 1976, review of Barbet Schroeder's movie 〈General Idi Amin Dada〉).

신경증적 8번 유형은 현실적으로 가까이 할 수 없고 특별히 힘과 관련해서는 더욱 그러하다. 이들은 자신을 파괴하는 암적인 자아에게 완전히 압도되어 있다. 실제로 이들의 자아는 지나치게 부풀려 있어서 자신이 자리할 틈이 없다. 자신의 생존을 위해 신중하게 결정해야 되는 판단이 해가 될 수 있다. 아이러니한 것은 스스로 무적이라는 망상에 빠질수록 더욱더 과도하게 자신을 파괴하는 씨를 뿌리는 것이다.

망상에 빠진 8번 유형은 갈등 속에 있다. 이들은 점점 커지는 적대적 환경으로부터 고립되어야 한다. 그러므로 자기 자신과 주변 사람들을 믿으면 이들은 자기 세계의 완전한 주인이 된다. 이들은 심리적으로나 물리적으로 타인의 품위를 떨어뜨리고 폭력의 수준을 높이는 등의 힘을 통해 갈등을 조절하려 할 것이다. 그러나 이들은 무모함이 실패를 자처하는데, 특히 일단 야수가 된 경우는 더욱 그러하다. 이들은 마침내 저지될 수밖에 없다.

9수준: 폭력적인 파괴자

과대망상적 8번 유형조차도 자신에 저항하는 힘들을 항상 통제할 수는 없음을 깨닫는다. 그러므로 이들은 자신이 무너지기 전에 무너뜨리려고 한다. 건강한 8번 유형이 모든 유형 중에서 가장 건설적이듯이, 신경증적 8번 유형은 모든 유형 중에서 가장 파괴적이고 반사회적이다.

이들에게는 생존이 가장 큰 문제이기 때문에 결국에는 아내, 자식, 친구, 동업자, 자신이 이룬 모든 일들까지도 희생시킬 것이다. 힘의 어두운 면은 파괴욕이어서, 만일 이들의 의지가 세상에서 받아들여지지 않을 경우 신경증적 8번 유형은 모든 것을 남김없이 파괴할 것이다. 이들은 힘닿는 데까지 잔인해지고 파괴적이 된다.

마치 이들은 죽음의 여행을 하는 것과 같다. 자신의 생존을 위해 모든 것을 희생하려는 의지는 어리석고 불합리해서, 결국은 누구나 그렇듯이 목숨을 잃게 된다. 타인의 죽음이 이들의 생존을 보장하는 것은 아니다. 반대로 이들이 하는 일이 공포스러운 이유는 파괴적인 8번 유형이 스스로를 파괴하기 때문이다. 이들은 탁월성이나 불후의 명성을 잃게 되고, 저주받게 되며, 잘해야 불명예스러운 정도가 된다.

파괴적인 종말이 자기 보호의 욕망에서 시작되었다는 것은 아이러니하다. 그러므로 창조와 파괴는 8번 유형의 스펙트럼의 양쪽 끝에 놓인다. 창조와 파괴의 욕망은 동일한 충동에서 기원한다. 그러나 삶의 충동이 자신의 삶을 구하는 것이지만, 그것은 부패하여 파괴적으로 돌아선다.

신경증적 8번 유형은 다른 사람들과 동일시되지 않기 때문에 파괴적일 수 있다. 이들의 자아중심성은 세상에서 자신만을 보고, 세상이 자신을 반영하지 않을 경우 결국에는 세상을 미워하게 되어 파괴하려 한다. 그러나 도대체 어떤 세상이 실제적으로 이들을 반영할 수 있다는 말인가? 철학자 힐렐의 말을 들어 보자. "당신이 당신 자신이 아니라면 누구이겠는가? 그러나 만일 당신이 당신 자신일 뿐이라면, 당신은 무엇이겠는가?"

8번 유형의 역동 분석

분열의 방향: 8번 유형이 5번 유형으로

4수준에 있는 스트레스 상황의 8번 유형은 불건강한 5번 유형의 특성을 보이기 시작한다. 보통수준의 8번 유형은 주변 환경에 도전하고 자신을 내세우려는 충동을 느낀다. 때로는 이러한 상황이 스스로에게 '감당하기 벅차다' 고 느끼게 한다. 8번 유형이 5번 유형으로 가는 주된 요인은 주도적인 행동이 사고의 안정으로 바뀌는 전략적인 위축 때문이다. 이들은 보다 더 신중하고 사려 깊을수록 자신의 힘을 유지할 수 있을 것이라고 생각한다. 무모하게 행동하기보다는 선견지명으로 행동하려 한다. 보다 더 은밀하게 진행하여 예고 없이 타격을 가하려 할 것이다. 보다 교활한 대처로서 적을 완전히 제압할 때까지 자신을 숨기려고 할 것이다. 요컨대, 5번 유형으로 가는 8번 유형의 유혹은 힘과 안전의 연합에 놓여 있으며, 외관상으로는 탁월한 조합이 된다.

4수준에 있는 8번 유형은 계획과 설계를 하는 데 여념이 없다. 이들은 실용적이고 단순하고 직접적인 대답과 해결을 원하기 때문에 결정을 신속하게 내린다. 8번 유형은 어느 순간 스스로 세운 계획과 도전에 압도되는 것을 발견하거나 과정에서 이탈하려는 충동을 느낄 수도 있다. 이들은 갑자기 후퇴하면서 보통수준의 5번 유형과 같이 자신의 위치를 받쳐 줄 수 있는 정보와 자원을 수집할 것이다. 새로운 기술을 얻기 위해 밤을 새거나 필요한 정보를 철저하게 조사할 수도 있다. 이들이 경제력이 있다면 상황을 분석하거나 예비조사를 할 수 있는 사람을 고용할 것이다. 그러나 스스로 해결책을 찾으려 할 것이다.

5수준에 있는 보통수준 8번 유형은 더욱더 지배적이고 대담하지만, 이들의 무디고 둔한 행동 때문에 사회활동이 거부되거나 자신감을 잃을 수 있다. 타인들로부터 이탈한 8번 유형은 자신의 방향성을 잃고, 보통수준의 5번 유형과 같이 감정적으로 분리되면서 무엇인가에 몰두한다. 이들은 점점 의사소통이 되지 않으며 은밀하고 극도로 예민해진다. 또한 자신에게 접근하여 이익을 얻으려는 사람이라면 누구라도 경계한다.

6수준에 있는 8번 유형은 다른 사람들을 위협하면서 모든 관계를 적대적인 것으로 간주한다. 이들은 어느 누구도 신뢰하지 못하고 단지 자신이 지배할 수 있는 주위 사람들만을 원한다. 여기서 5번 유형으로 이동하는 것은 다른 사람들을 자극하고 세상에 대한 어둡고 극단적인 견해를 갖는 경향이 있다. 보편화된 가치에 대해 냉소적이고 거부적인 5번 유형의 성향이 8번 유형의 아웃사이더 기질과 화내고 오해하는 감정을 강화시킨다. 인간의 나약함에 대한 이들의 경멸은 5번 유형의 지적인 거만함으로 더 심화된다.

7수준에 있는 8번 유형은 점점 더 반사회적이고 무자비해지며 자신의 지혜와 생존의지만을 신뢰한다. 8번 유형은 자신을 배신하거나 공격했던 사람들을 적극적으로 자극하여 공격적인 반응을 일으키려 한다. 이들이 5번 유형으로 갈 때, 세상으로부터 후퇴하여 어느 누구에게도 의존하지 않기 위해 자신의 요구를 감추고 축소한다. 스트레스 상황에서 이들은 남아 있는 최소한의 인간관계를 끊고, 은둔자처럼 생활한다. 또한 불건강한 5번 유형의 삶의 허무주의는 죄의식의 억제를 정당화한다.

8수준에 있는 신경증적 8번 유형은 자신이 전능한 힘을 가졌고 특별한 운명을 가지고 태어나서 해를 입지 않는다고 기만적으로 확신한다. 이들은 적대자들의 공격에 무방비 상태로 놓일 만큼 자신과 활동을 지나치게 확장한다. 8번 유형은 자신의 무의식적 두려움을 억압하면서 이러한 행동을 지속한다. 7수준에서는 내적인 방어가 균열되기도 하지만 8수준에서는 에너지가 한계에 이르러 그동안 억압되어 온 두려움을 견디지 못한다. 이들이 5번 유형으로 갈 경우 두려움의 분출이 8번 유형의 정신 상태를 혼란과 공포로 몰아넣으며, 점점 더 비합리적이고 파괴적인 행위를 하게 한다.

9수준에 있는 신경증적 8번 유형이 5번 유형으로 갈 때는 자신의 생존에 불안을 느끼고 점점 정서적으로 분열된다. 5번 유형으로 가면서 타인과 격리되어 가기 때문에 더 이상 효과적으로 방어하거나 공격할 수 없게 된다. 이들에게 남아 있는 힘은 산산이 부서지고 불합리한 두려움에 대한 최소한의 이유일 뿐이다.

이들의 두려움이 커질수록 점점 더 격리되고, 이 때문에 두려움이 커지는 악순환을 이룬다. 이들은 삶에서 처음으로 극단적인 불안을 경험하는데, 특히 공포스러운 상황을 스스로 찾고 거부하는 방어기제의 방식으로는 더 이상 자신을 보호할 수 없기 때문이다. 이들은 자신의 행위가 죽음이 정당화될 정도의 가증스러운 범죄가 되어 처벌을 받을지도 모른다고 생각한다. 이들의 편집증과 공포증이 지속될 경우 현실 감각은 완전히 무너지고 자기 방어 능력을 상실하게 된다(악화된 8번 유형이 모두 정신분열증이 된다고 말하기는 어렵다. 이러한 상태가 오랜 기간 지속될 수는 없겠지만 실제로 정신분열증이 올 수 있는 것은 지극히 당연하다.).

만일 적대자들이 이들을 이겨 본 적이 없다면 완전히 취약한 상태에 놓인 지금이 확실한 기회가 될 것이다. 아이러니하게도 한 번 절망적인 두려움에서 강하게 생존했던 사람이라면, 타인의 복수 때문만이 아니라 과도한 걱정으로 더 큰 공포의 도가니에 빠져든다. 이때 이들은 더 이상 전능한 신이 아니라 괴로워하는 불쌍한 악마다.

통합의 방향: 8번 유형이 2번 유형으로

8번 유형은 타인을 지배하지 않고 타인에게 자신을 개방할 때 성장한다. 건강한 8번 유형이 2번 유형으로 향하면 타인의 인격적인 성장을 위해 자신의 힘을 사용하는 법을 배운다. 앞서 본 것과 같이 건강한 8번 유형은 기본적으로 자신과 일정한 거리를 둔 사람들에게 영웅적이고 기품이 있어 보인다. 그러나 8번 유형이 2번 유형으로 통합될 때 자신의 고상한 지위로부터 내려와 다른 사람들과 동등한 인격체로서 관계를 맺는다.

건강한 8번 유형이 2번 유형으로 가면 다른 이들을 적대시하지 않고 동일시하며, 모든 이들이 자신과 다르지 않고 동등한 권리와 특권을 가진 존재임을 인식한다. 통합적인 8번 유형은 감정이입과 연민을 가지고 있다. 이들은 교육적이고 관대하고 도움을 주며, 진정으로 타인이 이익을 얻고 꿈을 이루는 데 관심을 가지고 있다. 통합적인 8번 유형은 더 이상 자신의 이익에 관심을 두지 않고 타인의 요구를 자기 자신의 것처럼 생각하며 관심을 기울인다. 새롭게 부각되는 사랑의 능력은 8번 유형의 리더십 능력을 돋보이게 한다. 이들은 사랑의 힘이 힘에 대한 사랑보다 더 크다는 것을 배우게 된다.

이들은 놀라운 사실을 발견한다. 즉, 다른 사람을 사랑하는 것이 가장 심오한 자기 이익을 취하는 것이라는 점이다. 앞서 보았듯이 힘이 타인을 위해 쓰이지 않으면 그것은 곧 파괴적으로 변한다. 힘이 야만적으로 쓰이지 않았다 해도, 다른 사람을 지배하려는 것은 결국 8번 유형이 궁극적으로 원하는 스스로에 대한 사랑을 가져올 수 없다. 다른 면에서 타인을 위해 힘을 씀으로써 자신의 권위가 손상되거나 위험에 빠지는 것은 아니라는 것을 발견한다. 이들은 진정으로 새로운 어떤 것을 창조하고, 가장 강력한 사랑의 힘을 통해 세상 속에서 자신을 확장해 나간다.

가장 위대하고 고결한 8번 유형은 궁극에는 타인을 위한 봉사자로 자신을 생각하면서 2번 유형에게서 사랑이라는 더 높은 교훈을 배운다. 자신을 이렇게 소박하지만 고귀한 위치에 놓는 것이야말로 자족적인 자부심에서 우러나오는 훌륭한 영웅적 행위다. 자신을 타인에게 개방하고 타인과 동일시하고 그들의 짐을 지고 타인을 위해 자신을 희생하는 것은 누구도 마찬가지이겠지만, 특히 8번 유형에게는 가장 용기가 필요하고 어려운 일이다. 이러한 수준으로 올라가는 것은 진정으로 이들을 불멸로 이끌 것이다.

8번 유형의 날개 유형

7번 날개를 가진 8번 유형: 독립자

8번 유형과 7번 유형의 특성은 서로에게 가장 적극적인 하위유형을 생성하도록 강화한다는 점이다. 7번 날개를 가진 8번 유형은 모든 하위유형 중에서 가장 주장이 강하다. 왜냐하면 이 유형들이 호전적이어서 8번 유형의 경우 힘과 자율성을 추구하고, 7번 유형의 경우는 경험과 소유물을 획득하려고 하기 때문이다. 이들은 일반적으로 9번 날개를 가진 8번 유형보다 더 무디고, 현실적이고, 외향적이다. 또한 일관되게 자기표현적이다. 이들은 집에 있는 것처럼 편안하게 직장생활을 하며 일상에서 모든 사람들을 대할 때도 마찬가지다. 7번 날개의 8번 유형은 '용건만 간단히' 라는 현실적인 특성을 가지며 자신이 실제로 생각하고 느끼는 것을 표현하는 데 주저함이 없다. 이들은 확실히 행동하는 사람들이며, 주변 환경과 사람들에게 강렬하게 상호작용한다. 이러한 하위유형의 주목할 만한 인물들은 미하일 고르바초프, 프랭클린 루스벨트, 린든 존슨, G. I. 구르지예프, 리 아이아코카, 도널드 트럼프, 헨리 키신저, 리처드 버튼, 숀 코네리, 하비 케이틀, 바바라 월터스, 앤 리처드, 어니스트 헤밍웨이, 노먼 메일러, 프랭크 시나트라, 마이크 월레스, 베트 데이비스, 로잔느, 레오나 헴슬리, 무하마드 알리, 아리스토텔레스 오나시스, 리처드 와그너, 존 들로리안, 알 카포네, 페르디난드 마르코스, 이오시프 스탈린, 마오쩌둥, 무아마르 카다피, 이디 아민, 짐 존스 등이다.

이 하위유형의 건강한 사람은 8번 유형의 실현 가능한 비전과 7번 유형의 민첩한 사고가 잘 조합되어 상당히 외향적이고 행동 지향적이며 활력이 넘친다. 이들은 비즈니스에서 낭만적인 관계에 이르기까지 거의 항상 주도적으로 성취하려는 넘치는 활기와 성공에 대한 자신감을 가지고 있다. 7번 날개의 8번 유형은 기업가적 열정이 있어서 경영과 기획을 창조한다. 이들은 가장 독립적인 하위유형이어서 다른 이들을 더 독립적인 상황으로 이끄는 일에 관심을 쏟는다. 건강한 8번 유형의 카리스마는 건강한 7번 유형이 삶을 즐기는 것과 풍부한 사교성으로 다른 이들을 끌어들여 자신의 희망과 계획에 참여시키려 하는 능력과 조화를 이룬다. 이들은 다른 사람들을 위한 기회를 창출하고, 그들이 무엇인가를 만들어 내도록 도전하게 하는 것을 즐긴다. 이들은 삶과 경험과 강함을 공유하는 것에 즐거운 감정을 가지고 있다. 이들의 내적인 강인함과 생명력은 놀라울 정도로 강해서 사회적으로나 역사적으로 영향력을 발휘한다. 이들의 관대함은 다른 이들이 물질적으로 잘 사는 것에 실질적인 초점을 맞추고 있다.

이 하위유형의 보통수준의 사람은 힘과 경험이라는 2개의 동기를 상호작용하는 데 관심을 가지고 있다. 이들은 강한 경영 감각을 가지고 있고 상당히 외향적이므로, 일과 재미와 모험에 빠져들려는 거대한 욕구를 가지고 있다. 이들은 태도에 서 '직선적인 말투'로 사람들을 즐겁게 하는 데 한정되어 있을 수는 있으나, 강인하고 소탈하고 현실적인 사람들로서 땅에 발을 굳건하게 디디고 있다. 경제적인 면에서 7번 날개를 가진 8번 유형은 주변에 돈을 뿌리며 '밤거리를 홍청거리는' 경우도 있다. 7번 날개를 갖게 되면 과장의 정도가 심해서 크게 약속을 하거나 상황을 부풀려서 다른 사람들을 자기 계획 안으로 끌어들이려 한다. 이러한 하위유형의 사람들은 자신의 태도와 감정을 잘 개방하고, 특별히 자신에 대한 다른 이들의 반응에 신경을 쓰지 않는다. 이들은 조급하고, 충동적이 될 수 있으며, 자신의 열정에 이끌리기 쉽다. 낮은 수준에 있는 경우 점점 더 극도의 공격성과 폭력성을 보이고, 남을 위협하여 자기 뜻대로 하도록 하며 도전적 기세로 돌아다닌다. 하위유형의 사람들은 타인을 조종하기 위해 자신의 재능을 이용하며, 자신의 주장 쪽으로 굽히도록 다른 사람들에게 압력을 행사한다. 이들은 타인에 대한 감정이 거의 없고, 자신의 행동에 죄책감을 느끼지 않는다. 그럼에도 이들이 스스로의 삶에 완전히 독립적이거나 안전하다고 느끼지 못할 때는 돈과 힘에 대한 불안감을 드러내기도 한다.

이 하위유형의 불건강한 사람들은 무자비하고 충동적이다. 이들의 말과 행동은 나중에 천재적인 솜씨 아니면 치명적인 실수로 평가된다. 이들은 자기 의지를 좌절시키거나 저항하는 어떤 것에 대해서도 맹렬하게 공격하면서, 무례하고 강압적이며 말이나 행동으로 타인에게 잔인하게 대한다. 이들은 폭발적인 폭력성을 가지고 있으며 순간적으로 격분한다. 또한 쉽게 배신감을 느끼고 행동을 자제하려 하지 않는다. 이들은 광적인 성향을 스스로 전지전능하다는 기만으로 이끈다. 자신을 과시하기 위해 많은 돈을 쓰기도 하고 불안하거나 위협을 느낄 때 통제력을 상실한다. 이들은 불안에 빠지기 쉬운 상황을 행동의 표출로서 벗어나려 하면서, 공격당하기 전에 충동적으로 먼저 공격하면서 파괴하려고 시도한다.

9번 날개를 가진 8번: 곰

8번 유형과 9번 유형의 특성을 가진 사람들은 어느 정도는 다른 이들과 갈등한다. 8번 유형은 주장이 강해서 도전과 갈등에 뛰어들지만, 9번 유형은 공격성을 억제하여 갈등이나 불화를 피하려고 한다. 9번 날개를 가진 8번 유형은 안정과 평화를 즐기면서 7번 날개를 가졌을 때보다 훨씬 더 가정적이지만, 여전히 자기가 통제하는 영역을 분명히 하려 한다. 9번 날개의 힘에 의지하는 이 하위유형의 사람들은 다른 하위유형과 비교할 때 소유하거나 경험하는 것에 관심이 덜한 대신에 사람들과의 관계에 관심을 가진다. 이들은 더 부드럽고 질적인 접근을 하며, 대립적이고 공격적인 성향을 완화시켜 다른 이들과 쉽게 관계를 맺는다. 이들은 여전히 자기 방식으로 일을 처리하지만, 부드럽고 신뢰할 수 있는 목소리와 편안한 몸가짐을 가지고 있다. 이들은 자기주장이 덜하고, 내재되어 있는 평온한 힘을 매력적으로 발산한다. 일반적으로 8번 유형의 기본 유형은 자신이 필요한 경우 매우 공격적이지만, 전반적으로 공격적인 성향은 덜한 편이다. 이들은 어느 순간 열정과 분노에 휩싸이기도 하지만, 대체로 타인에게 '무표정'하고, 둔감하거나 열정이 없어 보인다. 9번 유형과 같이 9번 날개의 8번 유형은 자신의 에너지나 분노의 힘을 자각하지 못하는 경우가 있다. 두드러진 사례로 마틴 루터 킹, 골다 메이어, 재닛 레노, 샤를 드골, 인디라 간디, 파블로 피카소, 말론 브란도, 폴 뉴먼, 존 휴스턴, 로버트 앨트먼,

바바라 스탠윅, 존 웨인, 찰턴 헤스턴, 조니 캐쉬, 피델 카스트로, 레오니트 브레주네프, 〈스타워즈〉의 다스 베이더, 〈리어왕〉의 리어 왕, 〈대부〉의 돈 비토 콜레오네 등이 있다.

이 하위유형의 건강한 사람은 평온한 힘과 절제된 지혜를 가지고 있다. 이들은 다른 하위유형과 같이 전략적 기획가이지만, 목표를 실행하는 데 확고하며 굽힘이 없다. 쉽게 동요되지 않고 홀로 있을 때나 타인과 있을 때 느긋하며, 모든 상황에서 자신의 주장을 내세울 필요를 느끼지 않는다. 이들은 자영업을 원하지만, 7번 날개를 가졌을 때와 같은 능수능란한 수완가는 아니다. 때로는 이기심을 넘어서 자신에게 속한 구성원이나 가족들에 대해 관심을 갖는다. 이들은 친절하고 온화한 가정의 지도자로서, 완고하기보다는 온화한 방식으로 보호와 지지를 통한 리더십을 발휘한다. 9번 날개의 8번 유형은 타인들과의 개인적이고 신비로운 유대를 갖는다. 이들은 예술, 자연, 동물, 아이들과 관련된 경우가 많다.

이 하위유형의 보통수준의 사람들은 두 가지 측면에서 분명하게 구분된다. 하나는 공적이고 경쟁적인 상황에서의 공격적인 측면이고, 다른 하나는 가족과 같은 매우 적은 수의 사람들과 화합하는 감정적 측면이다. 사람들에 대한 이와 같은 모순적 태도는 가정에서는 따뜻하고 다정하게, 일에서는 거만하고 공격적으로 나타날 수 있다. 이들은 적극적으로 명성을 쫓지 않으며, 조용하고 개인적이고 조심스럽게 생활하기를 원하고, 주어진 상황의 배후에서 일을 조정하고 싶어 한다. 이들의 개방적인 힘은 다른 사람들이 침해할 수 없는 내면의 초연함에 근거한다. 타인들은 이들에게서 강인함과 감정을 끌어 내는 능력이 있음을 알게 된다. 비록 외유내강형이기는 하지만, 8번 유형이 기본 유형인 한에서 이들은 다른 사람들을 지배한다. 9번 날개를 가진 보통수준 8번 유형은 은밀하고 경계심이 많은 특징을 보인다. 이들은 말을 천천히 하지만, 비언어적 암시와 몸짓으로 다른 사람들과 소통한다. 다른 사람들을 판단하거나 특징을 평가할 때 친근하고 상냥하게 보일 수 있다. 낮은 수준의 9번 날개를 가진 8번 유형은 강인함에서 조용히 위협하는 특성으로 바뀐다. 이들의 기분이나 반응은 예측하기 어렵다. 협박을 하거나 호전적이지만, 특별히 자신과 가까운 사람들에게는 수용적이고 다정하다. 폭발적인 기질이 분출될 때는 주변이 결코 안전할 수 없다.

불건강한 9번 날개의 8번 유형은 은둔적이고 의기소침하며 분열적이지만, 일단 권력에 접근하면 극단적으로 복수심을 품는다. 이 하위유형은 불안감이 거의 없기 때문에 건강하지 못한 경우 양심의 가책 없이 파괴적으로 변하고 무관심하게 냉혹하다. 이들은 인격적인 분열을 겪게 되고 비인간적인 행동을 하며 마치 자신에게 무한한 힘이 있는 것처럼 다른 사람들을 몰아세운다. 이 하위유형의 사람들은 다른 편의 하위유형보다는 덜 폭력적이고 파괴적이다. 그러나 일단 폭력적으로 변하면 자기가 저지른 일에 대해 후회하더라도 아무런 감정적 공감을 느끼지 못하며, 자신이 한 일의 결과를 현실적으로 이해하지 못한다. 이들과 함께 오래 사는 불운을 겪는다면, 더 많은 피해를 입을 가능성이 있다.

몇 가지 마지막 단상들

이들의 퇴락을 돌이켜 볼 때, 보통수준 8번 유형이 퇴락하는 경우 이들의 자존감은 건설적이기보다는 파괴적으로 바뀐다. 이러한 능력이 진정한 힘에 대한 숙고를 막는 것일까? 도시를 파괴하려는 사람과 도시를 건설하는 사람 중 누가 더 진정한 힘을 갖고 있는가?

우리는 8번 유형이 그들 스스로 두려워하는 것을 유발시킨 것을 알 수 있다. 이들은 할 수 있는 모든 것을 파괴하고, 힘의 원천을 고갈시키고, 자신에게 함부로 대한 사람들에게 복수하려 한다. 이들은 자기 예언을 만드는 데 성공하였다. 이들은 타인으로부터 해를 입거나 통제당하는 것을 두려워했는데, 이제 그것이 실제로 일어나는 것이다.

어떻게 하면 폭군이 되지 않고서 폭군을 막을 수 있을까? 무자비함과 싸우기 위해 무자비해지고, 불의와 맞서기 위해 불의를 행해야 할까? 얼마나 더 무자비한 파괴를 하는 약탈자로부터 자신을 보호해야 하는가? 문제의 해답을 찾는 데서, 다른 어떤 성격유형도 다른 사람에게 삶의 궁극적인 가치에 대해 생각하도록 만들지는 못한다. 궁극적인 가치가 이기심일까? 타인을 짓밟으면서 제멋대로 사는 것이 삶의 전부인가?

만일 신이 존재하지 않는다면 8번 유형은 세상에서 가장 적절하고 통찰력이 있는 사람들이다. 그러나 8번 유형의 이기심이 문제가 된다. 우리가 신에 대해서 확실하지 않고, 무엇을 신의 공정(정의)으로부터 가져올지 모르기 때문이지만, 8번 유형이 어떻게 살아왔다 해도 이들은 죽음으로부터 벗어날 수 없다는 것은 분명한 사실이다. 다른 사람들처럼 이들도 결국에는 죽음 앞에서 무릎을 꿇고, 다른 이들의 판단에 굴복할 것이다.

마지막의 아이러니가 가장 신랄하다. 세계를 파괴한다면, 세계를 자기이미지대로는 다시 만들지 않을 것이다. 이들의 심층 욕구에서 결과적으로는 좌절되어 있을 것이다.

[chapter_11]

9번 유형: 중재자

9번 유형 개요

건강할 때 매우 수용력이 있고, 솔직하며, 자신을 드러내지 않으며, 정서적으로 안정적이고 침착하다. 자신과 타인을 신뢰하고, 자신과 삶에 대해 여유로우며, 순수하고 꾸밈이 없다. 참을성이 많고, 거드름 피우지 않으며, 마음씨 곱고, 매우 섬세하다. 상상력이 풍부하고 창조적이며, 비언어적 의사소통에 잘 적응하며, 낙관적이며, 남에게 용기를 심어 주고 지지해 준다. 치유와 안정의 영향력을 발휘하여 집단을 화합시키고, 사람들을 하나로 맺어 주는 탁월한 능력이 있다. 훌륭한 중재자이고, 화해자이며, 전달자다.

최상의 상태일 때 침착하고, 자발적이며, 충만감을 느낀다. 있는 그대로의 모습으로 살아가므로 잘 균형 잡힌 만족스러운 상태가 된다. 자아와 하나가 될수록 타인과도 더 깊은 관계를 맺으며 살아간다. 보다 생생히 살아 있고, 깨어 있으며, 자신과 타인에게 민감하게 반응한다.

보통수준일 때 자신을 내세우지 않으며 상냥하고, 남의 말에 귀 기울일 줄 알며, 갈등을 회피하기 위하여 타인을 이상화시키면서 매사에 원만하게 대처한다. 자신의 욕망을 재빨리 진정시킬 줄 아는 '삶의 지혜'를 가지고 살아간다. 타인을 위하는 일을 수행함으로써 자신을 감춘다. 문제 상황을 회피하고 묻어 둠으로써 별 반응 없이 둔감하고 자기만족적인 행동방식을 보인다. 수동적이고, 일에 대하여 결단력이 부족하며, 사려 깊지 못하며 게으르다. 현실에 주파수를 맞추기보다 주로 자신의 공상에 사로잡혀 사고가 흐릿해지거나 자칫 엉뚱한 생각에 빠져들 수 있다. 정서적으로 나태함을 보이며 적극적으로 문제해결에 임하는 노력이 부족하다. 수동적 공격성을 보이기도 하며 매사에 무관심하다. 스스로를 안심시키고 마음의 평정을 얻기 위하여 어떤 대가를 치르더라도 문제를 과소평가하기도 한다. 운명론적이고 쉽게 체념하는 편이면서도 동시에 무엇에든 영향받지 않기 위해 완강하게 저항하기도 한다. 매사를 희망적으로 생각하며 마술과도 같은 해결책을 기대하기도 한다. 이러한 부정적이고 고집스러운 특성 때문에 타인과의 관계에서 때로는 전혀 의도하지 않은 갈등을 유발하는 경우도 있다.

불건강할 때 억압당하는 느낌을 경험하고 발달장애 증상을 보이기도 하며, 무기력 상태에 머물기도 한다. 문제에 직면하는 것을 꺼리고 의기소침, 우울하며, 문제로부터 자신을 분리시켜 버린다. 게으르며 위태로울 정도로 무책임하다. 자신에게 영향을 미칠 수 있는 일체의 것을 철저하게 외면함으로써 궁극적으로 스스로를 무능하게 만들 정도까지 모든 문제로부터 자신을 격리시켜 끝내 모든 기능이 마비되어 비인간화에 이르게 된다. 심각할 정도로 무분별해지며 긴장이 고조에 달해 병적 상태에 도달하며, 결국 자포자기에 이르면서 인격이 산산조각으로 와해되고 만다. 다중인격 증상을 보일 가능성도 있다.

핵심 동기 마음의 고요와 평화를 지키고, 환경과 조화를 이루도록 애쓴다. 마구 뒤엉킨 문제의 해결이나 그것이 요구하는 사항을 가급적 피하고 사실을 있는 그대로 보존하며 갈등과 긴장을 피하도록 한다.

대표적인 인물들의 예 에이브러햄 링컨, 조셉 캠벨, 칼 융, 로널드 레이건, 제럴드 포드, 엘리자베스 2세 영국 여왕, 모나코의 그레이스 왕비, 월터 크롱카이트, 월트 디즈니, 조지 루카스, 개리슨 케일러, 소피아 로렌, 케빈 코스트너, 키아누 리브스, 우디 해럴슨, 론 하워드, 링고 스타, 우피 골드버그, 재닛 잭슨, 낸시 캐리건, 린다 에반스, 잉그리드 버그만, 페리 코모, 짐 핸슨, 마르크 샤갈, 노먼 록웰, 〈모두가 한가족〉의 에디스 벙커, 〈심슨네 가족들〉의 마지 심슨

9번 유형에 대한 개관

9번 유형의 내면은 화창한 날에 자전거를 타면서 그 모든 경험의 흐름을 즐기는 사람의 모습과 비슷하다. 그림 전체에서 각각의 상황이 어떤 특별한 세밀한 부분과 연결되어 있다기보다는 그 전체가 나름대로 즐거운 상황을 연출하고 있다. 9번 유형은 내적인 영역에서 이와 같이 별다른 노력 없이도 일치감의 느낌을 경험한다. 일치감을 경험하는 과정에서 이들의 자의식이 생겨난다. 물론 이들은 가능한 한 환경과 조화된 상태를 유지하려고 애쓴다.

있는 그대로의 삶에 대한 수용적 경향은 깊은 만족감을 가져다주기 때문에 9번 유형은 삶에 대하여 의문을 가지거나 삶의 핵심적인 부분을 변화시킬 필요를 별로 느끼지 않는다. 9번 유형은 심리적으로 이러한 방식으로 성장하기 때문에, 인생에 대한 이들의 개방적이고 낙관적인 태도를 비난해서는 안 된다. 그러나 이들이 인생이 아름다운 한편, 해결해야 할 많은 문제를 가지고 있다는 사실을 간과할 때, 우리는 이들을 비난하기도 한다. 바람 빠진 타이어를 고칠 생각조차 하지 않는 모습은 이들의 이러한 문제점을 상징적으로 보여 주는 것이라고 할 수 있다. 당장 방해받지 않고 계속해서 평안하게 운전을 할 수만 있다면 이들은 설령 잘못이 있더라도 모르는 체해 버린다.

이 성격유형은 어떤 대가를 치르더라도 평화의 철학을 지키기 위해 개인적인 손실을 감수하는 모습을 보여 준다. 그러나 아무리 문제해결하기를 거부하더라도 그 문제들은 저절로 없어지지 않고 그대로 존재한다. 더구나 9번 유형이 문제를 외면함으로써 일시적으로나마 평화를 얻을 수는 있다 하더라도, 그러한 평화는 불가피하게 타인에게 손해를 끼치게 되며 결과적으로 현실과 관계를 맺는 이들의 능력은 저하되고 만다. 비록 선의에서 그렇게 하였더라도 9번 유형은 자신이 다루어야 할 문제를 외면함으로써 다른 사람에게 치명적인 해를 입힐 수도 있다.

본능삼원소 중에서

9번 유형은 본능삼원소의 3개 유형 중 가장 중요한 성격유형으로 본능적 충동이나 환경과 관계 맺는 능력 면에서 가장 취약한 유형이다. 이러한 모습은 9번 유형이 환경의 영향을 받으려 하지 않기 때문에 나타나는 것이다. 이들은 세상과 교류하는 자신의 행동이나 타인들과의 상호작용 때문에 자신이 내면에 구축해 놓은 평화롭고 만족스러운 마음의 평형 상태가 와해되지 않기를 바란다. 마찬가지로 자기 내부의 강한 본능의 영향으로 자신의 감정이 평정을 잃는 것을 원치 않는다. 9번 유형은 자신의 강한 열정으로부터 자신의 충동과 분노를 완전히 떼어 놓음으로써 평온과 평정을 유지할 수 있다.

그러므로 9번 유형들은 자신이 건강할 때, 주변 환경을 평화롭고 조화롭게 만들기 위하여 애쓴다. 이들은 다른 사람을 위로하고 갈등과 상처를 치유케 해 줌으로써 직접 이러한 일을 행하기도 하며, 동시에 인간본성이 지닌 이상적인 면이랄 수 있는 순수함과 관대함을 고양시켜 주는 창조적 의사소통을 통해 간접적으로 이러한 임무를 수행하기도 한다. 이러한 방식을 통하여 9번 유형은 이들이 속한 세상에 공헌할 뿐 아니라, 세상이 이들의 내적 평화를 지탱해 줄 수 있게 한다. 9번 유형이 덜 건강한 상태일 경우 이들은 방해가 되고 불안정한 환경을 무시함으로써 스스로 평화를 유지한다. 궁극적으로 9번 유형은 자신의 삶 속에서 있는 모습 그대로의 타인이나 환경과 관계를 맺기보다, 자기 나름대로 타인을 더 즐겁고 덜 위협적인 모습으로 이상화시키고 난 후 자신이 이상화시킨 타인과 관계를 맺음으로써 결국 실제와 동떨어진 접근을 한다. 이렇게 하여 자신을 둘러싼 세상의 다양한 측면을 무시하는 한편, 자신의 많은 것도 간과한다. 결과적으로 이들이 매우 건강한 상태를 유지하지 않는 이상, 9번 유형은 개인으로서의 자신에 대한 객관적 인식이나 자신을 둘러싼 세상에 대한 정확한 인식을 발달시키지 못하게 된다.

기본적으로 9번 유형 역시 본능삼원소의 다른 유형인 8번 유형이나 1번 유형과 마찬가지로 자립과 독립을 추구한다. 그들은 자유를 원하고 자신만의 목적을 구현할 수 있는 자기만의 공간을 원하며 자신의 삶의 방식대로 살기를 원한다. 그러나 8번 유형이나 1번 유형과는 달리, 9번 유형은 자신의 권리와 독립에 대한 자신의 요구를 관철시키는 능력에서 다소간 미흡하다. 그들은 자신의 요구로 타인과의 관계에서 조화와 균형이 무너지지나 않을까 염려한다. 결국 이들은 독립과 공간에 대한 자신의 욕망을 억제하고 다른 사람과의 관계를 단절한 채 자신의 상상과 꿈의 안전한 공간 안에 거주함으로써 스스로를 타인으로부터 분리시키면서 자신의 자유를 찾으려 한다. 이들은 타인과 관계를 맺을 때 그 사람의 실제 모습보다 자신이 이상화시킨 그 사람의 모습과 관계를 맺는다. 이는 자기 자신에 대하여도 마찬가지다. 자신의 자아이미지를 '부드러운 초점(soft focus)' 안에 머물게 한다. 이들은 자기 자신과 이들의 진정한 성장을 뒤에 둠으로써 자신이 느끼는 조화와 안정을 유지한다. 이러한 접근은 이들에게 이들을 둘러싼 어려움과 도전으로부터 일시적인 안락과 자유를 줄 수도 있지만, 그런 삶의 방식에 익숙해지면 9번 유형은 독립적이 될 수 없고, 스스로에 대한 명확한 정체성을 갖고 자신의 기능을 수행하는 인간이 될 수 없는 위기에 처하게 된다.

9번 유형이 다른 사람을 이상화시키는 한, 이들은 스스로를 무가치하게 느끼는 경향을 띨 것이다. 그것은 마치 자기는 가질 수 없다고 생각하는 모든 자질들을 자신이 이상화시킨 다른 사람에게 투영시키는 것과 같다. 강력함, 자기주장, 균형, 자신감 그리고 많은 다른 긍정적인 자질들이 다른 사람에게는 갖추어져 있고 자신에게는 없는 것처럼 여긴다. 9번 유형이 반드시 자기에게 부족하다고 생각하는 자질들에 대해서 그것들을 소유하기를 원하는 것은 아니다. 사실 이들은 자신에 대하여 특히 초점을 전혀 두지 않는다. 이들의 초점은 타인이 가지고 있다고 생각하는 긍정적인 자질에 훨씬 많이 맞추어져 있다. 물론 그것이 어떤 자질인가에는 개인차가 있지만, 모든 9번 유형은 자신에게는 없는 정신적, 감정적, 신체적 자질을 가지고 있는 사람들과 자신을 동일시하려고 한다. 대부분의 9번 유형은 이러한 역동을 스스로 인식하지는 못하지만 자기의 삶에서 만나는 사람과 자신을 동일시하면서 단정적이고 역동적인 특성을 갖고 있는 사람들에게 이끌린다. 이 잠재의식 속에서 다른 누군가와 하나가 됨으로써 자기 안에 가지고 있기는 하지만 스스로 억제하고 체념해 왔던 모습을 가져 보려고 한다. 그러나 다른 사람과 자신을 동일시함으로써, 이들의 자의식은 분명치 않고 불완전한 것이 되고, 따라서 이들은 온전한 개인으로서 세상과 관계 맺는 일에 실패하게 된다. 더욱이 다른 사람과의 동일시를 통해 9번 유형은 자신의 잠재력 또한 개발시키지 못한다. 내적인 평화 상태를 유지하는 것이 이들에게는 극히 중요한 동기가 되는 것이다.

건강한 상태의 9번 유형만이 스스로를 능동적으로 자신의 필요와 열망을 선택하는 개인으로 인식한다. 건강한 9번 유형은 어떻게 스스로 직접적이고 긍정적인 행동을 취해야 할지를 알고 있다. 그러나 대부분의 9번 유형은 삶에 대해 상대적으로 수동적인 태도를 지닌다. 이들은 여전히 많은 생명력과 의지력을 가지고 있지만, 이들의 의지력은 타인을 즐겁게 하고, 현실에 영향받지 않고 그것을 거절하기 위해 사용된다. 보통수준의 9번 유형은 에너지 대부분을 환경에 대해 가지고 있는 2개의 경계를 유지하고 지키는 데 사용한다. 첫 번째는 외부 환경에 대한 것으로, 다른 사람 때문에 자신의 내적 안정감이 흔들리거나 영향받는 것을 원치 않는다. 두 번째는 자신의 내적 환경에 관련된 것으로 부조화나 소란을 일으켜 이들의 균형과 조화를 파괴하는 감정, 기억, 생각, 감각 등이 이에 해당한다. 이 경계들은 9번 유형의 내적 세계를 보호하지만 또한 비싼 대가를 치르게 하는 것이기도 하다. 보통수준에서부터 불건강한 상태에 속하는 9번 유형은 인간으로서 제대로 성장하지 못한다면 다른 사람에게 진정 도움을 주거나 사랑할 수 없으며, 진정한 성장이란 위험스럽게 느껴지는 불편함, 질문들 혹은 내적인 '조화'를 위태롭게 하는 것, 또한 때로는 불행하고 불편한 진실에 직면하는 것을 필요로 한다는 것을 보지 못한다. 아이러니하게도 많은 9번 유형이 개인의 성장에 대해 다룬 책, 세미나, 실습활동에 끌리지만, 보통 도전보다는 안락함을 주는 훈련이나 철학에 더 심취한다. 또 다른 경우, 그 가르침을 자신의 입맛에 더 잘 맞게 선택적으로 '편집' 해 버리기도 한다.

억압과 공격성에 관련된 문제들

9번 유형은 8번 유형과 1번 유형과 마찬가지로 이들 정신의 어느 영역에서 억압과 관련된 문제를 지니고 있다. 이 세 가지 유형의 사람들 모두 다른 어떤 영역의 미발달 때문에 한 가지 영역에 과잉 보상을 한다. 충동과 관련해 9번 유형이 가진 문제점은 이들이 다른 사람에 대해 더 예민해지기 위해서 스스로를 옹호하는 능력을 억압해 왔다는 것이다. 궁극적으로 이들의 자의식이 심하게 억압받음으로써 독립된 자아로 기능하지 못하고 자신을 완전히 무시하고 다른 사람의 인생을 살아가거나 혹은 흐릿한 망상 속에서 살아간다. 스스로를 억압함으로써 자기 자신, 타인, 세상 각각에 대한 인식이 점차 희박해져서 어떤 것도 이들을 괴롭힐 수 없다. 결국 이들은 그러한 고통에서 해방되어 마음이 편해지기는 하지만 현실과 동떨어지고 만다.

마음 편안한 상태를 유지하고 싶어 하는 것은 문제가 될 수 없겠으나, 보통수준에서 불건강한 상태에 이르는 9번 유형의 사람들의 경우는 힘들게 하는 모든 갈등 상황을 회피하기 위하여 극단적 행동을 할 우려가 있음은 심각한 문제다. 9번 유형은 마치 자기 자신에 대해 확신을 갖는 것이 곧바로 다른 사람과 자신이 맺는 관계를 곤경에 빠뜨리는 것으로 착각하고, 자기 확신을 타인에 대한 공격과 동일한 것으로 간주하여 경우에 따라서는 스스로 자신을 옹호해 주어야 할 때가 있음을 깨닫지 못한다. 사실 이들은 자신을 옹호할 때 어떤 강력한 감정을 느끼고 그 감정이 내적인 평화 상태를 유지하는 데 도움을 주지 않기 때문에 자기 확신을 갖는 것을 두려워하는 것이기도 하다. 그 결과 9번 유형은 자신이 공격적인 충동을 가지고 있다는 것조차 인식하지 못할 정도가 될 때까지 자신의 공격성을 철저히 억압한다. 하지만 이들이 자신의 공격성을 인식하지 못한다는 것이 그러한 감정이 존재하지 않는다거나 그러한 충동들이 이들의 행동에 영향을 끼치지 않는다는 것을 의미하는 것은 아니다.

9번 유형은 일반적으로 공격성의 문제 존재를 무시해 버림으로써 '해결' 하려고 한다. 9번 유형이 무심코 공격적으로 행동했을 때, 이들은 간단히 자신의 행동 자체를 부인해 버린다. 어느 정도까지는 보통수준에서부터 불건강한 수준에 이르는 9번 유형의 평화는 그러한 이유로 일종의 환상이며, 고의적으로 만들어 낸 무지이며, 자기기만에 지나지 않는다. 이들은 자신의 평화를 유지하기 위해 스스로를 자기 자신으로부터—현실로부터—분리시켜 왔다는 것을 깨닫지 못한다. 그러나 이들의 수동성과 부정, 타인을 향한 무관심, 그리고 점점 심해지는 세상으로부터의 분리가 공격성의 부정적인 모습일 뿐이다. 소극적 저항이나 자신을 현실로부터 분리시키려는 억압 역시 역설적으로 말해 같은 것이라고 할 수 있다. 9번 유형은 자신이 생각하는 것보다 훨씬 공격적이며 스스로 부인하고 억압한 공격성은 자신과 타인들에게 치명적인 것이 될 수 있다.

부모 기원

9번 유형은 양육자와 보호자 양쪽에 속한 의무와 문제를 모두 자신의 것으로 강하게 받아들이면서 거기에 자신을 하나로 묶는다는 측면에서 두 가지 부모상 모두에 연결되어 있다. 이에 따라 이들의 정신적·감정적 에너지의 많은 부분은 이러한 일종의 내적인 조화를 이르고 있는 정체성을 유지하는 데 사용된다. 따라서 이들의 내적 세계는 아마도 주로 이들의 정체성을 양육자와 보호자, 그리고 자기 자신의 다른 필요들에 일치시키기 위한 시도를 하면서, 균형을 맞추기 위한 행동일 것이다.

건강한 9번 유형은 환경에 매우 예민하고 개방적이며, 자녀의 입장에 있을 때 이들은 자기 주변의 사람들로부터, 주로 부모로부터 매우 많은 것을 받아들인다. 평화롭고 조화로운 가정에서 자랐다면, 이들이 받는 교훈과 감정들은 상대적으로 다루기 쉬운 것일 테고, 이들은 세상에 효과적으로 대처하기 위한 충분한 주의력을 가질 것이다. 만일 이른 유년 시절이 다툼과 역기능적인 것들로 분열되어 있다면, 그 모든 고통스럽고 갈등 상태의 감정과 교훈들을 마음속에 담아두는 것은 거의 견디기 불가능하였을 것이므로, 보통수준에서부터 불건강한 수준의 9번 유형은—자신의 감정과 생각들에 스스로를 가까이 두는 것을 막아 자신이 받았던 내적인 혼란이 자신을 덮치는 것을 막기 위해—분리하는 것을 배우게 된다. 동시에 외부 환경에서 오는 갈등과 고통을 무시하는 법을 배우는데, 이것은 많은 어린이들에게서 비슷한 전략으로 나타난다. 부모가 다른 방에서 싸우고 있는 동안 어린아이가 귀를 막고 스스로에게 노래를 부르고 좋은 기억들을 떠올리려고 함으로써 그 상황에서 도망치려 하는 것과 비슷한 것이다.

부모와의 연결은 다소간이나마 이들의 정체성이 '주어지기' 때문에 적어도 건강한 수준에서부터 불건강한 수준에 이르는 9번 유형에게는 지지받고 있다는 느낌과 정체성에 관한 좋은 느낌을 준다. 하지만 심리적 · 영적 발달 단계에서, 9번 유형은 자신이 가져왔던 정체성이 3번 유형과 마찬가지로 실제 자기의 모습이 아니라는 사실과, 6번 유형처럼 자신이 스스로를 지탱하기 위해 자신 외부에 있는 어떤 것들에 의존하고 있다는 사실을 깨닫게 된다. 더군다나 자신의 정신이 부모 양쪽의 문제들을 수용해야 하는 상황에 있다면, 자신을 위해 무슨 공간이 남아 있겠는가? 이것은 마치 9번 유형의 사람들이 첫 번째로 부모의 문제들, 그 다음으로는 주변의 중요한 사람들의 문제들 때문에 자기 자신으로부터 내쫓겨 나간 것과 같다.

독립과 자율을 찾기 위해 노력하고, 자신의 인생에서 어떤 부분들에 자신만이 갖는 권리를 주장하는 것이 매우 중요한 문제가 된다. 9번 유형이 스스로의 선택으로 내리는 어떤 것들은 다른 사람에게는 사소해 보일지 몰라도, 이들은 이러한 행동을 지독할 정도로 고집하기도 한다. 9번 유형이 자신의 내적 적응과정의 본질을 이해하면 이러한 버릇이나 관습들 중 일부분을 멈출 수 있는데, 이것은 이들이 삶에서 더 중요한 영역에 속해 있는 자신의 필요를 주장하는 것에 불안함을 느끼지 않기 때문이다.

결국 우리는 이러한 적응과정이 9번 유형으로 하여금 자신의 삶 속에서 만나는 사람들과 그 가운데서 조화로운 관계를 유지하도록 강제하는 것을 볼 수 있다. 자신의 자의식을 부모 양쪽과 결합하고 동일시함으로써 발달시켜 나가는 자녀에게 부모들 사이에 있는 내분과 분리를 바라보는 것은 끔찍한 일이다. 나이가 어린 9번 유형에게 있어 이것은 자기 자신 속에 내분과 갈등을 가지고 있는 것과 같은 것이다. 부모의 내분과 분리는 9번 유형의 내적인 안정성에 심각한 불안정을 초래한다. 기본적으로 9번 유형은 자신이 동일시 대상으로 삼았던 사람이 완전하고 훌륭하면 자기 자신 또한 완전하고 훌륭하다고 느낀다. 건강한 9번 유형은 자신의 많은 재능을 다른 사람의 온전함과 안녕의 유지를 돕기 위해 사용한다. 이들이 덜 건강하다면, 자신이 그렇지 못하더라도 다른 사람들은 건강하고 온전하다고 생각한다. 이런 일들이 일어나기 시작하면, 아이러니하게 9번 유형은 자신과 함께 연결된 상태로 있기 원하는 그 사람들을 잃어 가기 시작한다.

깨달음과 개성에 관련된 문제들

스스로 인정하든 인정하지 않든, 9번 유형은 독립적인 개체이며 다른 사람에게 영향을 미치는 존재다. 이들은 자신의 존재를 무시할 수 없으며, 심각한 대가를 치르지 않고서는 자신의 잠재력이 미숙한 상태가 되는 것을 허락할 수 없다. 9번은 이들의 관계가 이상화된 환상뿐인 꿈꾸는 듯한 '반의식 상태' 로 살면서 불가피하게 조화를 잃을 것이다.

9번 유형은 융의 내향적 감각유형의 모습에 상응한다. 융은 우리가 보통수준이라고 여길 만한 상태, 다시 말해 이들의 평안과 다른 사람과의 관계를 있는 그대로의 모습을 통해서가 아니라 자신의 이상을 통해 유지하는 사람을 불건강한 9번 유형으로 묘사하였다. 또 다른 사람은 융이 말한 대로 다음과 같이 자신을 스스로 평가절하할 수도 있을 것이다.

> 그는 눈에 띄게 평온하고 인내심이 많을 수도 있고, 매우 합리적으로 자기 절제를 하는 사람일 수도 있다(특히 1번 날개의 9번 유형일 경우). 피상적이고 잘못된 판단을 낳

기도 하는 이러한 특수성은, 그가 대상과 별반 관계를 맺지 않고 있다는 사실에 기인한다. 일반적으로 그 대상은 조금도 의식적으로 낮게 평가되지는 않지만, 그것의 자극은 제거되고 곧바로 그 대상의 실체와는 무관한 주관적인 반응으로 대체된다. 이것은 자연스럽게 평가절하와 같은 효과를 갖는다. 그런 유형의 사람은 쉽사리 대체 왜 내가 존재하는가와 같은 질문을 하게 된다.

이때 외부에서 바라볼 때는 객체의 영향이 전혀 주체에게 침투되지 않는 것처럼 보인다. 주관적 만족이 실제로 무의식을 방해하며 대상의 영향을 가로막기 때문에 이런 느낌은 정확한 것이다. 그 방해는 매우 갑작스러운 것이어서 그는 마치 모든 객관적인 영향력으로부터 스스로를 직접적으로 숨겨 버리는 것처럼 보인다. 그 객체가 사람인 경우, 그는 현실에 대한 잘못된 이해를 가진 채로 스스로를 완전히 평가절하하는데, 이러한 이해는 병리학적으로 봤을 때 이미 상태가 심해져 그가 더 이상 객체와 주체의 개념을 더 이상 구분하지 못하게 되었음을 의미한다. 그러한 행동은 객관적인 현실과 무관한 가공의 모형을 가지고 있으며 매우 혼란스러운 것이다. 그것은 이 유형이 가진 현실을 배격하는 주관성을 당장에 드러낸다. 하지만 객체의 영향력이 완전히 파고들지 못하는 경우, 약간의 조화로움을 나타내지만 변함없이 진정 상태를 유지하고 순응하기 위해 애쓰면서, 그것은 선의에서 나오는 중립상태를 겪는다. 너무 약하다면 조금 강해지고 강해진 경우는 약화되면서, 열정은 약화되고, 방종은 억제되며, 평범함에서 벗어나는 모든 것들은 올바른 방식으로 약화된다. 이 모든 것들은 객체의 영향력을 필요한 범위 내로 제한하기 위해서다. 그가 악의를 갖고 있지 않더라도 그것은 온전히 올바른 것이 아니기 때문에, 이러한 방식을 통해 자신의 환경에 해로운 존재가 되어 버린다. 이런 경우 그는 쉽사리 공격성과 타인의 권력의 희생자가 된다. 그런 사람들은 스스로가 학대받는 것을 감수하고, 더 심해진 우둔함과 완고함을 가진 채로 자신의 복수를 적당치 않은 경우에 행하게 된다(C. G. Jung, *Psychological Types*, 396–397).

인용문의 마지막 부분에서처럼 9번 유형은 '환경에 해로운 존재' 가 되는데, 왜냐하면 비록 이들이 그러한 성격을 명백히 조절시키기 때문에 잘 드러나지는 않는다 하더라도, 모든 사람들과 마찬가지로 이들 역시 이기적인 성격을 가지고 있기 때문이다. 이들의 이기적인 성향은 많은 가치 있는 것들을 포기해 버리는 이들의 의지력에서 드러나는데—바꿔 말하면, 현실을 포기해 버리는 것—그것은 이들의 내면적인 고요함을 유지하기 위한 것이다. 무언가를 갈망하거나 감정적으로 자극을 받은 상태는 보통수준에서부터 불건강한 수준에 이르는 9번 유형에게 매우 위협적인 상황인데, 그것은 이들이 자신의 감정을 인식하는 상황에 익숙하지 않기 때문이다. 열망, 공격성 혹은 어떤 것에 기인한 것이라 할지라도 모든 감정적인 반응은 이들이 머물고 있는 완전한 억압 상태를 유지하는 것을 방해한다. 그 결과 보통수준의 9번 유형은 이들이 뜻하지 않게 치르는 대가가 이들 자신을 포함한 세상의 모든 사람들과 사물들로부터 분리되는 것이라 할지라도, 어떤 대가를 치르고서라도 평화를 유지하려 한다.

이들이 '자신의 머리를 모래밭에 처박고서라도' 평화에 집착하기 때문에, 이들은 결국 어떤 문제도 해결할 수 없게 된다. 문제를 재빨리 외면해 버리는 경솔함 때문에 어떤 것도 있는 그대로 바라볼 수 없고 어떤 문제도 해결할 수 없는 것이다. 마치 몽유병 상태로 살아가는 것처럼 분별력을 잃은 사람이 된다. 이들은 때로는 비극적인 결과를 가져오는 잘못된 판단을 내린다. 뿐만 아니라 부주의함과 현실과 유리된 상태가 가져오는 결과는, 최소한 다른 사람에게는 계속해서 무시해 버릴 수는 없는 것들이 된다. 불건강한 9번 유형들은 스스로 어떻게든지 그것을 피하려 하더라도 결국 자신의 행동이 어떤 것인지를 깨닫게 되기도 한다. 이들은 자신의 세상을 다시 올바르게 바꿔야 하는 불가능해 보이는 일들을 행하기보다는 현실에 완전히 등을 돌려 버리려고 한다.

그러나 건강한 9번 유형은 우리가 생각해 볼 수 있는 만족과 기쁨을 가장 크게 누리고 사는 사람이 될 수도 있다. 이들은 극도의 예민함을 지니고 있어서, 다른 사람들로 하여금 자신이 있는 그대로 받아들여진다고 느끼게 해 줄 수 있다. 매우 성숙한 경지에 다다른 평안함 덕분에 갈등과 분리, 성장과 개체성을 모두 자신의 삶 속에 끌어안을 수도 있다. 이들은 자신을 다른 사람에게 양보하기를 기뻐하면서도 더욱 자기 자신이 될 수 있다. 그러나 이들이 마음의 평화를 적당하지 못한 방식으로 추구하기 시작하면, 보통수준의 9번 유형들은 자기를 드러내지 않으면서도 은근히 자기만족에 빠지고 변화를 두려워하는 사람이 될 수 있다. 이들은 현실—또한 자기 자신과 다른 사람의 있는 그대로의 모습—에 대해 생각하지 않으려고 한다. 또한 건강하지 못한 9번 유형은 자신에게 강요되는 어떤 것에도 저항한다. 이들은 비현실의 세계에 살고, 자신이 속한 현실과 점점 소원해지는 가운데 망상의 세계에 병적으로 집착하게 된다.

건강한 9번 유형에 대한 분석

1수준: 침착한 안내자

최상의 상태를 가정했을 때, 매우 건강한 9번 유형은 스스로를 완전히 강하고 독립적인 존재로 만들어 낸다. 다른 사람으로부터의 상실과 분리에 대한 두려움을 이겨 낸다면, 이들은 매우 침착하고 진정으로 자율적인 존재가 된다. 이들은 충만함을 느끼면서 근원적인 만족과 흔들리지 않는 평정을 즐기며 살아가는데, 이것은 이들이 절대로 분리될 수 없는 사람—자기 자신—과 진정한 연합을 이루며 살아가고 있기 때문이다. 자기 자신과 진정 하나가 되어 있기 때문에 자신이 항상 추구하는 평화를 이루며 살아간다. 이러한 온전함과 내적인 완전함은 정말로 흔치 않은 것이며, 탁월한 아름다움과 진정한 창조성, 기쁨의 원천이 된다.

매우 평온한 사람인 동시에, 역설적으로 이들은 또한 자신의 생각, 감정, 욕망에서 생기가 넘치고 활동적인 사람이다. 매우 건강한 9번 유형들은 자신의 공격적인 감정을 느껴도 불안해하지 않고 올바르게 인식하며 살아간다. 이들은 공격성을 가지고 있는 것이 공격적으로 행동하거나 타인에게 해를 끼치는 일이 아님을 깨닫는다. 그러므로 침착함은 9번 유형으로 하여금 적극적인 사람이 되게 해 주고, 이들이 맺는 관계는 자신이 습득하는 새로운 깊이에 따라 더 만족스러운 것이 된다.

자존감을 유지하는 상태에서 이들은 아주 당당한 태도를 보이는데 이것은 이기적이거나 자기만족적인 태도 없이 자신의 진정한 가치를 인식하고 있기 때문이다. 이들은 각각의 개체로서 온전히 존재한다. 또한 자신의 있는 그대로의 모습을 바라볼 수 있기 때문에, 다른 사람들 또한 있는 그대로 바라볼 수 있다. 더 이상 사람들을 이상화시키지 않으며 그로 말미암아 일반적인 9번 유형과는 구별되는 사람이 된다—그러한 이유들 때문에 이들은 더 실제적으로 사랑받는 존재가 된다.

매우 건강한 9번 유형은 내면적으로 굳건하며, 역동적이고, 힘이 있으며, 이들이 이루어 낸 깊은 내면적인 통합으로 문제를 해결하는 데 매우 뛰어난 모습을 보인다. 단순히 자신의 모든 잠재력을 다 개발시킨 사람이 아니라, 세상과 현재의 순간과 다른 사람들에게 자기 자신을 집중시키는 사람으로서의 충만함을 느끼며 살아간다. 이들은 능동적으로 자신의 의식 안에 존재하는데, 이는 말하자면 스스로를 온전히 다루고 제어하면서 살아가는 것이다. 이것은 극도로 개인적인 차원에서 이루어지고, 영적인 사건에 가까운 일이며, 직접적으로 관찰하거나 묘사하기 어렵다. 하지만 이것은 실제적이고 의심할 여지가 없는 일임에 틀림없다. 매우 건강한 9번 유형이 되는 것은 성숙한 인식을 가지고 있는 사람으로서 심리학적인 특성을 갖고 다시 태어나는 것과 같다. 새로운 존재, 성숙하지만 어린 아동, 굴하지 않는 영혼으로서의 한 사람이 세상으로 들어서는 것이다.

그러므로 최상의 경우, 매우 건강한 9번 유형들은 모든 성격유형들에게 자기 자신과 세상이 진정 하나가 되어 살아가는 삶의 예가 될 수 있다. 이들은 인간이 이룰 수 있는 심오한 통합을 이루는 삶—자신과 타인의 통합뿐 아니라 자아의 통합—의 예가 될 수 있다. 이들은 우리에게 매우 심오해서 영감 있는 함축을 담고 있는 침착함과 자기포기에 대해 가르쳐 준다. 이들은 충분히 자신의 있는 그대로의 모습으로 살아가고 또한 예민한 감수성을 가지고 있기 때문에 매우 건강한 9번 유형들은 자의식과 소외감으로 타락하기 이전(선악과 사건 이전)의 인간 존재의 모습을 그대로 반영한다. 이들은 우리 서로가 서로를 위한 선물과 같은 존재라는 사실을 우리에게 상기시키는 존재다. 온전히 자기 자신이 되어 살아가고 다른 사람과 관계를 맺고 살아가는 것은 우리를 둘러싸고 있는 조용한 신비와도 같은 것이다.

2수준: 수용적인 사람

불행히도 건강한 9번 유형도 항상 건강할 수는 없다. 침착함은 유지되기가 어려운 것이며, 환경이나 자신에게 중요한 의미를 갖는 타인들과의 균형과 조화를 이루고 살아가는 느낌을 잃는 것에 대해 이들이 느끼는 두려움은 항상 이들을 따라다닌다. 이들이 그 두려움에 굴복해 버릴 때, 이들은 자의식을 약화시켜서라도 마음의 평화를 지키기를 원한다. 자기 자신과 타인, 그리고 지금 이 순간에 대한 의식을 뚜렷하게 하는 대신, 이들은 미묘하게 자신의 마음속에서 자기 자신을 없애가고, 자신이 겪는 경험 속에서 스스로가 능동적인 역할을 행할 수 있는 존재임을 잊어버리기 시작한다. 타인들과 조화롭게 통합되기를 원하는 욕망 안에 이들은 중심을 잃어 가기 시작한다. 기본적으로 평화의 느낌을 유지하기 위해서, 9번 유형은 자신의 감각과 본능의 기초와의 관계를 약화시키며 자기 자신의 인식을 흐릿하게 만든다.

9번 유형은 부모와의 동일시를 통해 자의식을 형성했기 때문에, 이들은 자기 인생에서 중요한 사람들에게 긍정적인 주의를 기울이면서 타인들과의 동일시를 행할 수도 있다. 이들은 유달리 수용적이며, 타인과 매우 온전한 동일시를 행함으로써 자의식을 약화시키거나 자신을 상실하거나 이기주의적이 될 수 있다. 건강한 9번 유형은 자신의 모든 주의를 타인에게 집중시키는 데 거리낌이 없을 뿐 아니라, 그렇게 하기를 원한다. 이들의 동일시 능력으로, 건강한 9번 유형은 타인을 사랑하고 양육하는 데 탁월한 능력을 가지고 있다.

이들은 매우 이기적이지 않고 타인을 수용하기 때문에, 자신의 감정이나 관계의 영역에서 갈등을 경험하는 경우가 많지 않다. 9번 유형들은 스스로를 온화한 사람이라고 생각하며, 건강함을 유지하는 한 실제로 세상과 평화로운 관계를 유지한다. 스트레스와 자극에 대해 놀라운 인내력을 발휘한다. 참을성이 많고, 침착하며, 마음을 편히 먹고, 평온한 마음을 갖는다. 살아가는 데 사소한 골칫거리에 크게 화를 내지 않는다. 또한 건강한 9번 유형은 의심의 여지가 없는 천진난만과 순진함을 가지고 있다. 다른 사람을 이용하기 위해 거짓말을 하거나 애쓰는 행동을 절대 하지 않는, 악의를 품지 않고 사는 사람이다(이들은 다른 사람들이 그런 행동을 하는 것을 도무지 이해할 수 없다.).

그들의 수용성은 9번 유형들로 하여금 모든 성격유형들 중에 가장 사람을 의심할 줄 모르는 사람이 되도록 한다. 타인들을 믿고, 스스로를 믿으며, 인생을 믿는다. 개인적인 판단을 하지 않은 채 전적으로 타인을 수용하는 동정심을 가지고 사람과 의사소통하기 때문에, 9번 유형들은 다른 사람들에게 감정적으로 의지가 되어 준다. 안정되고 견고하게, 다른 사람들이 자신을 필요로 하는 곳에 항상 있어 준다. 겸손하고 친절하며 남들이 다가가기 쉽게, 이들은 위안과 휴식, 편안함을 찾아서 온 사람들에게 평화의 안식처가 되어 준다. 비판하지 않고 위협적이지 않으며, 또한 자신이나 다른 사람이 도달하기 어려운 기준을 강요하지 않는다. 함께 기뻐해 주고 다른 사람에게 많은 것을 요구하지 않는다(그러나 건강한 9번 유형의 경우는 완전히 무비판적이고 똑같이 수용적이게 모든 사람을 대하지는 않는다. 어떤 사람들은 이들을 배척할지 모르지만, 건강한 9번 유형은 다른 어떤 유형의 사람들보다 자신이 싫어하는 사람들에게 호의적으로 대한다.).

건강한 9번 유형은 사람과 어울리는 것을 좋아하지만 동시에 자연과 교감하는 것을 기뻐한다. 항해, 하이킹, 캠핑, 정원 가꾸기 혹은 동물 돌보기 등은 이들로 하여금 더 깊게 마음의 평화를 느끼게 해 준다. 자연—특히 자연이 갖는 신비롭고 신화적인 면—은 이들의 감수성을 울리는데, 이것은 자연과 동일시를 행함으로써 9번 유형들은 자기 자신보다 더 큰 어떤 것과 하나가 됨을 느끼기 때문이다. 게다가, 자신을 타인과 동일시하는 것에 익숙하기 때문에, 자신의 마음, 자연, 동물, 심지어 추상적인 개념과 상징들에 자신을 투영하는 것이 이들에게 깊은 감정적인 반향을 일으킨다. 예를 들어, 9번 유형들은 자신의 조국을 추상적인 개념이 아니라 살아 있는 존재로 여긴다. 이들에게 애완동물은 사람과 마찬가지다. 거주하는 고장은 신화적인 의미를 갖는 피조물들로 가득 차 있다. 산, 나무, 강들은 전형적인 것들이다. 요정, 유령, 장난꾸러기 꼬마 요정들은 거실이나 좋아하는 비밀스러운 어딘가에 살고 있다.

건강한 9번 유형에게서 나타나는 전형적인 상상력은 다른 사람의 마음도 역시 깊이 움직이게 하는데, 이는 그 상상력이 모든 사람들이 다소간 원하고 필요로 하는, 천지만물과 하나가 되려는 열망을 자극하기 때문이다. 건강한 9번 유형은 사람들에게 세상의 불가사의함을 바라볼 수 있게 해 준다. 이들은 세상을 순수한 눈으로 바라볼 줄 안다. 이들의 신화적인 상상력은 세상의 모든 것이 매혹적으로 빛나는 듯 보였던 유년 시절의 의식을 불러일으킨다. 건강한 9번 유형들은 자신이 갖고 있는 명상적인 면이나 경이로움을 바라볼 줄 아는 능력을 결코 잃지 않는다.

이와 유사하게, 9번 유형은 비언어적 의사소통을 즐긴다. 그림과 상징의 세계에서 편안함을 느끼고, 말보다는 색깔과 인상을 이용한 방식으로 사고하는 경향이 있다. 또한 많은 9번 유형이 음악을 즐기며, 노래를 부르고 악기를 연주하는 행위로부터 많은 성취감을 느낀다. 음악의 질은 이들의 인식 상태에 매우 큰 도움을 준다. 음악을 연주하거나 감상하는 것은 사람이 스스로의 자아에서 벗어나게 되는 경험이다. 나아가 화성, 음색, 진동을 느끼는 것은 모두 9번 유형의 사람이 일치와 환경과의 조화의 느낌을 갖는 데 도움을 준다.

결국 9번 유형들은 스스로를 환경의 일부로 인식하기 때문에, 성, 출생, 노화, 죽음과 같이 세상 원리의 한 부분으로 받아들여질 만한 일들을 자연스러운 일로 받아들인다. 9번 유형들은 다른 성격유형들과 달리 실존과 불화하지 않기 때문에, 이들이 자연과 자연의 원리를 수용하는 것은 여전히 평온함의 원천이 된다. 9번 유형들은 자연계의 질서를 무시하지 않고, 오히려 몰두하며 한 부분이 되는 것에 기뻐한다.

3수준: 지지적인 중재자

이들의 마음의 평화는 타인과의 어떠한 긴장 상태에도 위협을 받기 때문에, 건강한 9번 유형은 자신의 삶 속의 모든 영역에 평화가 지배력을 행사하기를 바란다. 평화를 성취하고 유지하는 것은 이들로 하여금 자신과 가까운 주변 사람들 사이를 중재하면서, 분쟁과 갈등의 조정자가 되려는 동기를 부여한다. 9번 유형은 모든 사람이 자신처럼 평화 속에 거할 수 있도록 사람들을 화해시키기를 원한다.

또한 다른 사람들의 고충을 진지하게 받아들여 주기 때문에 좋은 중재인이 된다. 사람들 사이에 실재하는 차이점과, 자신이 혼란을 느끼고 그것이 무엇이든 마음속에서 걱정하는 이유들을 이해한다. 또한 건강한 9번 유형들은 공유하는 영역을 파악하는 능력이 있으며 조화를 이루기 위해 애쓰는데, 이는 분열보다는 협동을 통해 더 많은 것을 얻을 수 있다고 생각하기 때문이다.

이들이 갖고 있는 긍정적인 자질은 매우 많다. 건강한 9번 유형은 상처를 치유해 줄 수 있는 마음을 갖고 있으며 자기의 고집을 버리고 문제 상황을 해결할 줄 안다. 스스로가 매우 평온한 존재이기 때문에 다른 사람들에게 진정시키는 효과를 가져다준다. 다른 사람들은 단지 9번 유형의 사람들과 함께 있는 것만으로도 신비로운 평온함 속에 있다고 느낄 수 있다. 9번 유형은 또한 낙관적이고 다른 사람을 안심시키며, 긍정적인 면을 가진 채로 잠시 상황을 방관하는 것이 부정적인 면을 가지고 곰곰이 생각해 보는 것보다 더 낫다고 믿는다. 이들은 갈등을 완전히 해결하고 자신의 관계와 책임을 다하기 위해서 용서하고 잊어버릴 줄 안다. 매우 붙임성 있고 사람들을 즐겁게 하며, 다른 사람들로부터 기꺼이 '친절하거나' 또는 '세상의 소금과 같은 존재'라고 평가받을 수 있다. 쾌활하고 명랑한 기질을 가지고 있고, 솔직하고 꾸밈없는 유머감각을 지니고 있으며, 따뜻하고 가볍게 웃어넘긴다. 가식적이지 않고, 모든 사람들을 귀한 신분이든 천한 신분이든 똑같이 정직한 태도를 가지고 대한다. 이들은 오래된 신발처럼 편안한 사람이다. 건강한 9번 유형의 사람들을 좋아하지 않을 사람은 매우 드물 것이다.

그러나 건강한 9번 유형의 사람들이 단순히 착하기만 한 것이 아니다. 자신이 속한 사회에 대해 또 다른 기질들을 발휘하는데, 특별히 다른 사람들이 잘되는 데 도움을 줄 수 있는 든든한 후원자가 되기도 한다. 9번 유형에게 중요한 사람들은 누구—배우자, 자녀, 절친한 친구들—든지 이들이 주는 무조건적인 사랑과 관대함의 수혜자가 될 수 있다. 또한 9번 유형들은 타인들에 대한 본능적인 육감(타인과 자신과의 동일시의 결과로)을 가지고 있기 때문에, 이들이 타인을 위해 행하는 일은 매우 적절한 것일 뿐 아니라 성장에 도움이 되는 것들이다.

9번 유형이 무언가를 반드시 말해야 할 필요를 느낄 때면 극히 노골적이 되어 어쩌면 다른 유형의 사람들이 보기에는 현명하지 못한 말까지 해 버릴 수도 있지만, 누구에게 상처를 주려고 그렇게 행동하는 것은 아니다. 스스로를 자신이 갖고 있는 비범한 상식, 다시 말해 놀라울 정도로 진실한 순박함과 정직함의 결합을 통해 남들과 구분되게 하기 때문에, 이들의 솔직함은 매우 귀한 것이 될 수 있다. 이들은 숨겨진 의도나 허식, 자신을 보호하고 만족을 느끼기 위해 확장시킨 자아, 지위나 명성에 대한 염려 혹은 다른 사람들을 감동시키거나 비난하려는 욕망 같은 것들을 가지고 있지 않다. 말하자면, 아이와 같은 솔직함과 성인의 지혜를 동시에 가지고 말한다.

이들의 평온함은 명백히 다른 사람을 위로해 주며 모든 종류의 협상에서 큰 도움을 주지만, 위기 상황에서도 중요한 역할을 담당한다. 건강한 9번 유형은 매우 긴장되거나 위험한 상황에서조차 온건한 고요함을 유지할 줄 안다. 이들은 종종 의학에 관련된 직업이나 건강과 영양에 관련된 분야의 일에서 이런 평안을 자신의 치유력과 결합해 낸다. 물론 9번 유형들은 다양한 직업 세계에 종사하지만, 자신의 치유 능력과 관련이 없는 직업을 갖고 있는 경우라도 자신의 능력을 최대한 발휘하면서 사는 9번 유형은 치유와 인생에 대한 총체적 관점에 관심을 갖는다.

이와 같은 기질 때문에, 건강한 9번 유형은 종종 형이상학과 인간 발달에 관련된 공부를 하는 경우가 많다. 이들은 총체적이고 개인적인 차원을 넘어선 시각에 정통하고 묵상, 에너지와 신체에 관련된 일, 요가, 긴장 완화의 기술에 관련된 실습에 자주 참여하는 편이다. 9번 유형들은 꿈, 상징, 이미지의 세계를 탐구하기를 좋아하고, 자연과의 조화를 이루며 살아가는 토착민족의 삶의 방식에 매력을 느끼는 경우가 많다. 또한 다른 관점이나 전통이 있을 때, 그것 사이에 공통된 맥락을 발견하면서도 새로운 통찰을 만들어 내어 그것을 통합시키는 일에 뛰어나다.

9번 유형은 전통적인 방식 안에서도 굉장히 창조적이며, 황홀하고 유토피아적인 자신의 시각을 타인들과 공유하기를 좋아한다. 이들이 건강할 때, 이들의 강하지 않은 자의식이 창조적인 과정에 접근하는 데 도움을 준다(비록 이러한 변화가 보통수준에서 일어난다 하더라도). 이들이 만들어 내는 결과물들이 긍정적이고, 용기를 주며, 세계에 대한 호기심으로 가득 찬 이들 자신의 특징을 반영하는 것은 놀랄 만한 것이 아니다.

마지막으로 건강한 9번 유형이 유순한 성격을 가지고 있다 하더라도, 이들은 서로를 잘 보살펴 주는 환경을 만들어 냄으로써 주변 사람들에게서 최선의 것을 이끌어 낼 수 있는 능력으로 자신의 직업생활에서 최고 수준의 성공을 만들어 낼 수도 있다. 그러나 분명 경쟁적이지도 않고 자기 자신에게 주의를 집중하는 경우가 드물기 때문에, 다른 사람들은 이들을 과소평가하는 경향이 있다. 사람들은 9번 유형이 모든 사람에게 얼마나 큰 도움을 주는지를 깨닫기 전까지 이들을 대수롭지 않게 치부해 버린다.

보통수준의 9번 유형에 대한 분석

4수준: 융통성 있는 역할 수행자

비록 차이가 있기는 하지만, 외관상으로 보통수준의 9번 유형은 건강한 9번 유형과 태도나 행동에서 크게 차이가 없는 것처럼 보인다. 이들의 차이는 건강한 9번 유형이 자신과 타인들에 맞닿은 채로 살아가는 반면, 보통수준의 9번 유형은 사회적 역할과 관습에 스스로를 종속시킴으로써 자신과 타인들과의 접촉을 잃는다는 것이다. 이들은 너무 눈에 띄기를 원하지 않으며, 자신의 환경을 혼란시키지 않기 위해 스스로 뒷자리에 있으려 한다.

건강한 수준의 9번 유형은 긍정적이고 조화로운 환경을 창조해 내는 역동적인 개인이다. 하지만 그런 일을 행하면서 이 자신의 주장이나 바람을 드러내는 것이 자칫 다른 사람과의 갈등을 유발하여 자신의 평화를 망쳐 버릴까 봐 염려할 수도 있다. 다른 사람과 갈등 상태에 들어갈까 두려워하기 시작하면, 9번 유형은 보통수준에 속하게 된다. 아이러니하게도, 이러한 전략은 9번 유형이 다른 사람과 겪게 될 많은 갈등의 시작이다. 사람들은 9번 유형으로부터 주의와 반응을 원하지만, 9번 유형은 반사적으로 가능한 모든 갈등을 피하고 자신의 의견을 억누르기 때문에 아무런 반응도 얻지 못한다("오늘 저녁 어디 가서 먹고 싶어?" "난 어디라도 좋아. 네가 원하는 데 가자.").

이 수준에서 우리가 보는 기본적인 형태는 9번 유형이 삶과 자기 자신에 대한 기대를 낮추고, 갈등을 피하기 위해 다른 사람들이 바라는 대로 따라간다는 것이다. 사실 9번 유형은 사회와 자신의 동료들이 기대하는 역할 속으로 사라져 버린다. 모든 사람들은 살아가면서 다양한 역할을 감당하지만, 보통수준의 9번 유형의 경우는 그 역할이 다른 사람을 통해 만들어지며 다른 사람들의 기대와 필요를 충족시켜 주기 위해 존재한다. 9번 유형은 잘 어우러지고 원만하게 지내기를 바란다. 지나치게 솔직하거나 주관을 드러내는 것이 이들에게는 '소란을 피우는 일' 처럼 느껴진다.

자신을 숨기는 것은 9번 유형이 다른 사람들과 원만히 지내고 갈등의 위험을 최소화하는 주된 방법이 된다. 사회적 역할에서 눈에 띄기를 원하는 3번 유형과는 대조적으로, 말썽을 만들어 내기를 원하지 않는 9번 유형은 눈에 띄지 않고 싶어 한다. 그 결과 사회적 역할에서—옆집 아이, 전형적인 직장인, 평범한 음악가, 친절한 의사—같은 '평범한' 모습을 담당한다. 보통수준의 3번 유형들에게서는 자신이 완수한다고 믿는 역할에서 그 사람들을 구별하기는 쉽지 않다.

자신을 숨기는 행위는 9번 유형에게 또 다른 측면에서 영향을 미친다. 보통수준의 9번 유형은 기꺼이 스스로를 다른 사람에게 맞춰 가는데, 이는 이들의 자의식 자체가 그것에 의지하고 있기 때문이다. 보통수준의 9번 유형은 자신이 동일시하는 사람들을 이상화하기 시작하는데, 그 결과 다른 사람들이 더 좋은 자질을 지닐수록 9번 유형은 자기 자신을 더 좋게 느낀다. 타인이 더 많이 이상화될수록, 9번 유형은 감정적인 유대감과 자기 자신에 대한 일치감을 더 강하게 느낀다. 사실 이러한 행위는 역효과를 만들어 낸다. 9번 유형은 멋진 타인들과의 관계에 기인하여 자기 자신을 더 좋게 생각한다. 그러나 이러한 행위를 하기 위해 자기 자신을 과소평가한다. 다시 좀 더 정확히 말하자면, 자기 자신을 망각하고 자기 자신의 성장을 소홀히 한다. 자신의 자녀나 남편을 위해서 사는 엄마의 모습처럼 된다. 물론 아이들이 어리고 엄마 없이는 제대로 지낼 수 없을 때 엄마가 아이들의 필요에 자신을 맞춰 주는 것은 적절한 일이다. 하지만 아이들이 성장해 가는데도 엄마가 자신을 숨기는 행위를 계속한다면 문제가 된다. 근본적인 문제는 보통수준의 9번 유형은 지나친 동일시를 행하여 그 과정에서 자기 자신을 너무 많이 잃는다는 점이다. 이들은 너무 쉽사리 다른 사람의 바람을 자신의 바람으로, 다른 사람의 생각을 자신의 생각으로 만들어 버린다.

상호적 활동이 일어난다. 자신을 적응시킬수록, 이들은 타인을 이상화한다. 그 타인이 사람이라면, 그 사람은 완전무결한 사람이 된다. 만일 그것이 어떤 가치나 신념이라면, 의심의 여지가 없게 된다. 그러므로 보통수준의 9번 유형은 스스로를 아버지, 아내, 생계를 위해 일하는 사람, 부모, 시민 등 어떤 역할을 수행하는 사람으로 정의하고, 타인이나 자신이 속한 사회에 위해 규정된 관습적인 역할에 쉽게 적응한다. 결혼을 하고, 자녀를 가지고, 직장을 보존하는 것 등이 이들의 보통 모습이다. 자신을 조절하기 위해서 생활양식, 종교적 · 정치적 신념, 자신과 아이들에 대한 기대는 모두 스스로 받아들여 온 관습에 따라서 결정된다.

이것이 보통수준의 9번 유형이 전형적인 평범한 사람이라고 생각되는 이유다. 이들은 개인적인 대가를 치르고서라도 자발성을 통해 사회에 가치 있는 분야에 녹아드는 사회의 접착제와 같은 존재다. 자신의 성장에 대한 생각을 하지 않고 보통수준의 9번 유형은 자신이 속한 문화의 사고방식과 생활방식이 가지고 있는 가치와 풍습을 신봉한다. 심지어 자신이 '선택적인 문화'에 속해 있다고 하더라도, 여러 대안들 중 자신이 가장 '평범'하다고 느끼는 방식으로 옷을 입고, 행동하고, 살아간다(영적인 공동체 안에 있는 9번 유형은 그 공동체의 관습과 규칙을 지키는 데 성실한 사람들이다.). 따라서 이들에게는 체면이 매우 중요하다. 9번 유형은 사회에서 존경받는 사람들이 되기 위해 주위 사람들에게 허세를 부리는 데 크게 관심이 없으며, 사회에서 받아들여질 만한 사람처럼 행동하지 않는다. 이런 점에서 보통수준의 9번 유형은 보수적인 경우가 많은데, 정치적으로도 반드시 보수적인 것은 아니지만 세상에서 일어나는 중요한 변화에 대해 저항한다는 측면에서 보수적이다.

보수적이기 때문에 9번 유형은 또한 과거 지향적이다. 과거란 그것이 알려진 것이기에 언제나 현재보다 편안하다. 이미 겪은 것들이기 때문에 더 편안한 것이다. 또한 보통수준의 9번 유형은 과거를 동경하여 감상적이 되고 과거를 이상화시키기도 하는데, 그렇게 함으로써 자기 자신과 타인에 대한 좋은 감정의 원천으로 삼을 수 있다. 나아가, 과거에 대한 행복한 기억은 갈등과 문제가 발생했을 때 긍정적인 감정을 유지할 수 있는 의지할 만한 원천이 되기도 한다.

보통수준의 9번 유형이 가지고 있는 가치에 대해 왈가왈부하는 것은 쉽지 않다. 문제는 이들이 자신에 대해 충분히 생각해 보지 않는다거나 이들의 가치 자체에 있는 것이 아니다. 이들이 모든 것을 액면 그대로 받아들인다는 것이다.

5수준: 방관적 참여자

이들의 감정적인 안정감은 자신의 내적인 신념과 이상화를 유지하는 것에 의존하는데, 보통수준의 9번 유형은 이 수준에서 변화를 두려워한다. 이들은 자신을 흔들 만한 어떤 변화도 원치 않기 때문에, 가능한 한 현재의 상태를 유지하려 한다. 어떤 깊고 본질적인 방법으로 노력하기보다는 모든 일에서 자신의 조정이나 반응 없이 그 일이 그냥 되도록 내버려 둔다.

모순되는 점은 보통수준의 9번 유형이 아무것도 하지 않기 위해서 어떤 일을 실제로 해야 한다는 것이다. 이들은 환경 속에서 자신의 평화를 위협한다고 판단되는 어떠한 것으로부터도 스스로를 벗어나게 해야 한다. 지나친 자의식을 갖지 않는 이들의 건강한 면은 분별없는 비연결성, 자신을 둘러싼 세상에 대한 인식의 부족으로 분명하게 변해 버린다. 이들은 현실에 대하여 우호적인 말들만 하고 있지만 시켜서 그런 것은 아니다. 나태한 자기만족, 지적인 게으름, 감정적인 나태함이 작용하기 때문이다("음, 뭐 별로 걱정할 필요 없어……."). 이들은 수동적이 된다. 보통수준의 9번 유형에게 삶은 그저 자신에게 닥쳐오는 것이 된다.

이 수준의 9번 유형에게는 명백한 모호성이 존재하는데, 이는 이들이 자신과 자신의 행동 사이에 있는 거리와, 어떤 것도 이들을 흔들지 못하게 하는 무감각함을 유지하기 때문이다. 이들은 극도로 태평하지만, 환경이나 환경 안의 무엇과도 진정한 관련을 갖지 않는다. 보통은 더 격렬한 반응을 일으킬 만한 일에 대해서도 둔감해진다. '되든지 말든지' 같은 무관심한 태도를 갖기 시작하고, 그에 따라 어떤 일에 대해 지나치게 흥분하거나 열중하지 않게 된다. 그들은 똑같이 불평 없고 중립적인 태도로 이런 일부터 저런 일까지 관여한다. 요컨대 보통수준의 9번 유형들은 실수에 대해 부드럽고 느긋한 태도를 보이며, 전형적인 점액질형 인간이 된다. '9번 유형에 포함되는 것' 은 새로운 의미를 갖는다.

이들은 스스로 어떤 것도 깊이 느끼지 않으려 하기 때문에, 융이 말한 대로 이들의 최고조는 최고 상태가 아니고 최저조 역시 최저 상태가 아니다. 모든 것이 안정 상태가 된다. 보통수준의 9번 유형들은 자신의 감정이 꺾였다는 것조차 의식하지 못하는데, 이것은 감정을 자신과 분리시키기 때문이다. 이 수준에서 보통수준의 9번 유형은 분명하지 못하고 막연한 입장을 취하기 때문에 그 결과 다른 사람들도 이들을 도울 수 없게 되지만, 이들 안에 무언가 결손이 있다는 것을 인지하게 된다. 이들은 내적인 여정이나 비밀스러운 생각에 심취하거나, 혹은 전혀 관심 없어 하는 모호하면서 이상야릇하며 너무도 멀리 있는 사람같이 느껴진다.

보통수준의 9번 유형에게는 어떤 것도 그리 중요하거나 급해 보이지 않으며, 꼭 해야 하는 일 이외에는 정신적인 에너지를 쓰지 않는다. 세부 내용들에 관심이 없고, 잘 잊어버리며, 정신적으로 들뜨기 전에는 단 몇 분 이상도 자신의 일에 집중하지 않는다. 대화는 두서가 없고 갑작스레 주제를 변경하는데, 이는 다른 사람이 말하는 내용에 충분히 집중하지 않고 있다는 것을 드러낸다. 이들은 자신이 동일시시킨 것이 어떤 사람 혹은 어떤 것일지라도 그것의 내적인 시각을 관찰하기를 즐겨 하는, 일상 안에서의 몽상가다. 하지만 불행히도 이들의 주의가 자신의 생각 안에만 있기 때문에 현실 세계에 대해서는 태만해진다. 이들이 지적이고 교양 있는 사람들이라면 자신의 생각이 대부분 막연하고 하찮은 것과 크게 다르지 않아서, 자신이 능동적으로 깊이 관여하거나 노력해서 무엇을 얻고자 하는 목적이 아니더라도 철학, 신학, 예술, 과학적 지식에 대해 얘기하는 것을 좋아할 수 있다.

스스로가 시간을 들여 무언가 건설적인 일을 하고 있다고 느끼기 위해서 보통수준의 9번 유형은 점점 '바쁜 일'을 택한다. 자신의 삶을 일정 수준으로 유지시켜 주지만 자기 자신에게는 큰 영향을 주지 않는 모든 종류의 일이나 계획, 활동에 스스로를 연루시킨다. 나아가 5수준에 속하는 9번 유형은 자신의 삶을 더 개선시켜 줄 만한 실제적인 일을 하기 위해 스스로를 북돋우는 데 어려움을 갖기 시작한다. 마치 당밀 속에서 수영을 하려고 애쓰는 것처럼, 자신의 일상의 안락함을 포기하는 데 강력한 내적인 저항을 느낀다. 모든 것이 문제 있어 보이기 때문에, 보통수준의 9번 유형은 '자동 조종 장치' 스위치를 올리고 자신의 일상 속으로 사라져 버린다.

마치 시계를 보면서도 시간을 확인하지 않으며 멍하니 쳐다보는 사람처럼, 세상에 대하여 특별히 꿈꾸는 것도 없는 것처럼, 이들의 건강한 단순성은 모호성, 영구적인 방심 상태로 변질된다. 사람들이 TV 광고를 무시하는 법을 배우는 방법과도 비슷하게 보통수준의 9번 유형은 현실의 많은 부분을 경험하고, 부주의함이 습관이 되어 버릴 때까지 스스로를 보고 싶지 않고 듣고 싶지 않은 것들로부터 분리시킨다. 이들은 몽유병자처럼 신체적으로는 현재에 있지만 자기 주변에서 어떤 일이 일어나고 있는지 인식하지 못한다.

이들의 힘은 자신을 자극하거나 근심하게 할 만한 것들을 무시하여 자신의 평화를 유지하는 데 쓰인다. 물리적 · 정서적 안락함이 중요한 가치가 되고, 지나치게 활발해지거나 지치면 안 되므로 보통수준의 9번 유형은 스스로를 지적으로나 물리적으로 심하게 몰아붙이지 않는다. 필요하지 않은 일들, 즉 집 주변을 거닌다거나 심부름을 간다거나 장신구를 수집하고 아무 생각 없이 TV를 보는 등의 일로 시간을 보낸다. 이 수준에서, 마치 신경안정제에 오랫동안 길들여져 있는 사람처럼 반의식의 상태에서 살아가는 데 익숙해진다.

그러나 심리적인 수동성이 비록 그 전조가 될 수는 있을지라도 완전히 행동하지 않는 것과 같지는 않다는 것을 이해하는 것이 중요하다. 보통수준의 9번 유형은 자신의 행동과 내적으로 연결되지 않은 상태를 유지하는 상태에서 거대한 회사를 이끄는 회사의 대표라고 할 수 있다. 9번 유형은 자신의 방어기제 중 하나로서 자신의 주관적인 경험을 서로 관계없는 파편들로 파괴시켜서 연루됨 없이 그것들 하나하나 사이로 다닐 수 있게 하는 구획화(고립)를 행하기 때문에 영향을 안 받을 수 있다. 결과적으로 현실은 이들에게 상대적으로 적은 영향을 미친다. 이들은 정서적으로나 지적으로 자신의 행동과 유리된 채 비교적 바쁘게 산다.

게다가 이들이 수행해 온 사회적 역할은 타인이 이들에게 영향을 미치는 것을 막는 것들이다. 이들은 자신의 역할을 통해 타인들과 관계를 맺고 있지만 그 상호작용에 많은 것이 투자되지는 않는다. 그보다도 삶 속에서 일어나는 사건들이 강력한 영향을 미칠 수 없는 안전한 내적 밀실로 도망감으로써 이들의 주의는 경험의 즉시성과는 멀어진다.

자신들의 경험과 분리되어 있기 때문에, 보통수준의 9번 유형들은 사람들이 보통 가지는 인과론적인 생각을 하지 않는다. 원인과 결과는 간단히 말해 함께 가지 않는 것들처럼 보인다. 이들은 자신의 행동의 결과에 대해 생각하지 않으며, 자신의 태만함이 가져올 결과에 대해서도 생각하지 않는다. 어떤 것도 깊게 생각하지 않으며, 의심의 여지없이 모든 것들이 다 잘 풀릴 것이라고 생각한다.

이들의 부족한 자의식이 근본적으로 이 모든 것을 부추긴다. 부주의함이 발생하는데, 이것은 불건강한 9번 유형이 자신을 포함해 그 어떤 것에도 집중하는 법을 결코 배우지 못하기 때문이다. 우리가 살펴본 대로, 이들의 모든 적응 행위는 본래는 자의식을 줄이고 다른 사람들에게 민감해지기 위한 것이었던 것과는 정반대다. 스스로를 별개의 개인으로 인식하지 못하기 때문에, 모든 현실을 흐릿하게 지각하는 데 익숙해진다. 현실적인 문제가 발생할 때, 특히 사람과 관계된 문제인 경우는 이들이 현실에 주의할 줄 모른다는 점이 문제를 더욱 악화시킬 뿐이다. 보통수준의 9번 유형들은 점점 해결이 아닌 문제의 일부가 되어 버린다.

문제는 보통수준의 9번 유형이 다른 사람들에게 적응함에서 갈등을 피하고 평안함 속에 머물려고 해 왔다는 데 있다. 그러나 이러한 적응은 아무 대가 없이 이루어지는 것이 아니며 수동성이라는 태도하에 이루어진 것이어서, 9번 유형은 자신과 자신의 필요를 보아 주지 않는 타인들에 대해서 분노하고(그 원하는 것이 정확히 어떤 것이며 어떻게 다른 사람에게 표현되어야 할지가 분명치 않음에도 불구하고), 또한 자신이 원하는 것을 주장하지 못하는 스스로에 대해서도 분노한다. 어쨌거나 이들은 이 분노가 자신의 내적인 안정과 마음의 평화를 파괴할 수도 있다고 확신하기 때문에, 그것을 억압하며 그 분노가 스스로의 권리를 주장할 수 있게 하는 힘이라는 것을 깨닫지 못한다. 분노와 갈망을 억압하기 위해서 모든 감정에서 자신을 분리시키기 시작한다.

또한 자신의 관계를 구획하고 사람들을 동일시의 대상으로 삼은 사람들과 그렇지 않은 나머지 모든 사람들이라는 두 그룹으로 나눔으로써 사람과 사람 사이에 일어나는 갈등으로부터 물러난다. 두 번째 그룹의 사람들은 보통수준의 9번 유형에게 그리 큰 의미를 갖지 못하는데, 이들이 본질적으로 비현실적이며 단지 추상적인 어떤 개념들과 크게 다르지 않기 때문이다. 보통수준의 9번 유형은 이 그룹의 사람들에게 놀라우리 만큼 무정하고 무관심할 수도 있다. 그들은 존재하지 않는 것과 마찬가지다.

보통수준의 9번 유형은 첫 번째 그룹의 사람들과의 관계에서도 그리 많은 힘을 기울이지 않는다. 9번 유형은 그들을 이상화하는데, 그런 후에는 자신의 관심을 실제 그 인물이 아니라 자신이 그들을 이상화시킨 것에 돌린다. 그 결과 다른 사람들이 자신과 자신의 진정한 욕구에 무관심하다고 느끼게 되는 것이다. 아이러니하게도, 다른 사람들 또한 보통수준의 9번 유형에게 흥미를 잃어 갈 수도 있는데, 이것은 그 관계 안에 매우 적은 힘과 관련성만이 존재하기 때문이다. 9번 유형이 갈피를 잡지 못하기 때문에 다른 사람들도 떠나가는 것이다.

6수준: 체념하는 운명론자

아무것도 하지 않는 방법이 성공하지 않고 이들이 문제나 다른 사람과의 갈등에 직면하는 경우, 보통수준의 9번 유형은 이 수준에서 그것의 중요성을 최소화하려는 시도를 한다. 이들은 자신의 수동성에 따른 결과의 심각성에 대해 과소평가하고, 자신이 해결하기를 포기한 문제를 그 어떤 다른 사람이 떠맡는 것이 얼마나 어려운 일인지에 대해 과소평가한다. 이들은 무엇인가 해야 할 필요성에 대해서도 과소평가한다.

이 수준에 이르기까지 보통수준의 9번 유형은 자신의 삶에서 수많은 진지한 문제를 가지고 있는 경우가 많지만, 어떠한 일이 일어나도 흔들리지 않는 자신의 능력에 대해 자부심을 갖는다. 자신이 문제를 무시함으로써 문제 상황을 통과해 버릴 수 있다는 것을 안다. 그리하여 힘들게 애를 쓰기보다는 운명론적인 사람이 되고, 그 무엇도 상황을 바꿀 수는 없으며, 어떤 경우라도 결국 큰 문제가 아니라고 생각해 버린다("음, 아무튼 그건 그렇게 중요한 건 아니야."). 이들은 체념으로 변질되고, 성숙을 방해하고 운명적으로 포기하는 모습으로 변질된다. 이것은 낙천주의가 아니라 이기적인 것이다("듣고 싶지 않아—난 당황함을 느끼기 싫어.").

이들은 인생이 마치 살아 내는 것이라기보다는 '통과해 버리는' 어떤 것인 것처럼 자신의 삶을 무거운 발걸음으로 터벅터벅 걸어간다. 자신의 상황을 뒤엎을 만한 위험을 감수하기보다는 불행한 결혼생활이나 나쁜 직업 환경에 머물러 있을 가능성이 많다. 무관심함이 순응성을 대체하는 것이다. 이 수준의 9번 유형은 다른 사람들의 원하는 것에 주의를 기울이지도 않는다. 자기 자신과 자신의 인생과 자기 주변의 사람들과 사건에 대한 뿌리 깊은 무관심을 키워 나간다.

문제는 9번 유형이 문제를 바라보기를 거부한다는 것이다. 이들이 관심을 갖는 한, 어떤 일이 일어나더라도 이들은 운명에 복종하게 된다. 자기 자신이나 다른 사람들에게 중요한 것에 대해서도 거의 관심을 갖지 않으며 이해하려고 하지 않는다. 자신이 행동하기를 거부한다는 것 때문에 다른 사람들이 화를 낸다면 9번 유형은 재빨리 그들을 달래기 위해 노력한다. 이들은 어떻게든 평화를 유지하려 애쓴다. 전형적인 어구를 쓰자면 '자신의 문제를 제대로 받아들이지 않기 위해서' 어떻게든 양보할 것이다. 일단 다른 사람들을 달래기만 하면, 이들은 갈등이 지나갔다고 느끼고 예전과 똑같이 행동한다. 그러나 9번 유형은 어떤 혼란스러운 일도 직면하지 않으려 하기 때문에, 문제를 진실로 해결하기란 매우 어렵다. 이들은 왜 그 문제가 일어났는가를 잊어버린다. 일주일만 지나면 문제는 또다시 생겨나 있다. 해결되었다고 생각했던 문제가 여전히 존재하기 때문에 실제로는 해결된 것이 아니다.

이 수준에서, 이들은 갈등을 피하기를 매우 열망한 나머지 갈등 상황을 덮어 두고 문제를 축소함으로써 잘못된 희망을 안겨 주며, 미성숙한 차원에서 사람들에게 "진정해, 모든 것이 잘 될 거야."라고 말한다. 다른 사람들은 9번 유형에 대하여 좌절하는데, 이들이 너무나 현실과 동떨어져 있어서 어떤 의미 깊고 감정적으로 만족스러운 방법으로 이들과 소통하는 것이 거의 불가능하기 때문이다. 아이러니하게, 타인들과의 연결과 조화의 느낌을 잃기를 두려워했던 9번 유형은 자신의 주의를 타인들로부터 거두어 버린다. 나아가 타인들이 도움이 되는 제안을 하거나 그들로부터 어떤 반응을 이끌어 내고자 할 때, 보통수준의 9번 유형은 그런 언쟁이 왜 일어나는지를 알지 못한 채 매우 고집스럽게 화를 낼 수도 있다("왜 그들은 나를 있는 그대로의 모습으로 받아들이지 못하지?"). 이들은 문제를 경시하여 모든 사람이 좀 더 평화롭고 조화로운 상태가 되고 자신의 평온함을 방해하는 모든 것들이 사라져 버리기를 희망한다.

그러나 그렇게 함으로써 이들은 별 가치 없는 지혜와 아무런 쓸모없는 멍청함을 갖게 된다. 이들의 판단력은 형편없어진다. 오직 자신만이 해결할 수 있는 문제에 직면하기를 강요받으면, 이들은 최소한의 범위까지만 행동을 하고 금세 포기해 버린다. 이들은 지속할 힘이 없으며 문제를 끝까지 바라볼 줄도 모른다. 만일 행동하기를 강요받는다면, 이들의 성향은 이들로 하여금 자신이 충분히 행동했으며 꽤 노력했다고 생각해 버리도록 만들 것이다. 이런 식으로 이들은 종종 제법 그럴듯하게 시작했던 일마저 망쳐 버리고 자신에게 기대를 걸었던 다른 사람들을 실망시킨다.

보통수준의 9번 유형은 때때로 긴 시간 동안 불행한 상황을 견뎌내는데, 이들이 희망에 의거한 생각이 만들어 낸 세계 안에 머물기 때문이다. 이들은 마법을 믿는다. 어떤 사람들은 문제를 잘 처리하고 고쳐 나갈 수도 있을 것이며, 만일 이들이 참을성이 많고 인내하는 성격이라면 문제가 사라질 수도 있다. 이들은 문제를 어떻게 해결할지에 대한 생각을 하지 않고 그저 더 나은 미래를 꿈꾼다("언젠가 나의 배가 도착하게 될 거야." "언젠가 나의 왕자님이 오실 거야."). 이런 해방 상태에서 시간이 갈수록 9번 유형은 자신의 꿈과 열망이 서서히 사라져 가는 가능성을 발견한다.

더군다나 다른 사람들은 9번 유형이 스스로 노력을 하기 위해서는 9번 유형의 운명론적이고 비자발적인 태도의 결과를 견뎌 내야 할 것이라고 생각한다. 그렇다고 하더라도, 운명론적인 태도를 가진 9번 유형을 바라보는 것은 다른 사람들에게는 맥 빠지는 일이다. 9번 유형은 여전히 매우 친절한 사람들이기 때문에 이들을 압박하고 혼란스럽게 만들려고 하는 사람은 거의 없다. 9번 유형이 그저 평온함 속에 머물기를 원하기 때문에 사람들이 9번 유형을 그냥 내버려두는 경우가 많다.

이들의 이기적인 본성은 이제 매우 명확하다. 이를 인식하지 못한 채 9번 유형은 다른 사람들의 절실한 필요보다, 실제로 이들이 현실을 무시함으로써 만들어 내는 해로움보다 자신의 평온함을 더 중요시할 수 있다. 이들이 다른 사람들을 달래는 행동은 자기 자신의 핵심적인 부분과 자신의 중요한 관계에서 행해진 이상화에 대해 일어날 수 있는 변화에 대한 방어다. 간단히 말해, 보통수준의 9번 유형은 현실을 최소화시킴으로써 자기 자신과의 연합이라는 환상을 이어 가기 위해 다른 사람들을 희생시키고, 그리하여 자신의 정체성과 평온함을 유지할 수 있게 되는 것이다. 이런 방법으로, 자신의 배우자나 자녀들, 자기 자신마저도 평화의 신 앞에 희생물로 드리게 되는 것이다.

이런 모습 속에는 많은 공격성이 잠재되어 있지만, 매우 희미하기 때문에 다른 사람들은 보통 알아차리지도 못한다. 그러나 9번 유형들에게 타인들은 더 이상 현존하지 않는다. 심리적으로 이들의 인생은 없어져 버렸다. 9번 유형은 환상 속에서 관계를 만들어 왔고 현실에 등을 돌려왔으며, 특히 타인의 현실에 대해서 그러했다. 이보다 더 나쁜 공격성은 존재하기 힘들다.

9번 유형은 자신의 내적 에너지를 자신의 두려움과 근심을 지우는 데 모두 써 왔지만, 이제 자신의 근심은 외면하기에는 너무 커다란 것이 되어 버렸다. 갈등을 피하기 위해 남이 시키는 대로 하는 사람이 되었지만, 이제는 모든 사람들이 자신에게 불만을 가지고 있는 것처럼 보이며 더 이상 자신의 값싼 관계와 평안한 느낌을 유지하는 것이 불가능해 보이기 시작한다.

불건강한 9번 유형에 대한 분석

7수준: 모르쇠로 일관하는 동네북

불건강한 9번 유형은 갈등과 문제에 대해 직면하기를 완강하게 거부한다. 능동적으로 자신의 문제를 바라보기를 거부함(부인)으로써 감정적인 고통과 갈등으로부터 스스로를 보호하고 다른 사람들과의 관계에서 스스로 가지고 있는 망상을 유지하려고 한다. 결과적으로 불건강한 9번 유형은 완고하고 태만하며, 변화를 강요하는 압력에 대해서 완전히 둔감한 상태가 된다. 문제해결이 비교적 쉽고 분명한 상황에서도 불건강한 9번 유형은 아무런 행동도 하려 들지 않으며 문제의 해결을 원하지도 않는다.

이들의 모든 에너지는 현실을 마주보기 거부하는 방어적 태도를 유지하여 어떤 일도 자신에게 일어나지 않게 하는 데 소모된다. 억압저항(repression resistance)이라고 알려진 이러한 방어행위는 다루기에 매우 힘든 것이며, 불건강한 9번 유형에게 파고드는 일을 거의 불가능한 것으로 만드는 것이다. 그것은 마치 이들이 어떤 내부의 문을 걸어 잠그고 그 어떤 사람도 접근하지 못하도록 하는 것과 같다. 아이러니하게도, 한때는 활짝 열려 있었고 예민했던 사람이 이제는 무감각한 사람이 된 것이다. 이들은 자신에게 어떻게 행동하기를 요구함으로써 갈등을 불러일으키는 사람들에게 화를 낸다. 그러나 불건강한 9번 유형이 자신의 분노를 표현하는 유일한 방법은 다른 사람들을 배척하고 그들을 모두 보이지 않게 하는 것이다. 억압이 순간적으로 실패했을 경우 부주의하여 분노의 폭발이 나타나는 경우를 제외하고는, 수동적 저항이 불건강한 9번 유형이 띠는 공격성의 양상이다.

그러나 보다 전형적으로 불건강한 9번 유형은 희생자, 다시 말해 '동네북(학대받고도 잠자코 있는 사람)' 이 되는 경향이 있다. 우리가 보통수준의 9번 유형에게서 보았던 삼가는 태도와 적응은 자기 자신이 착취당하고 학대받는 것을 허용하는 모습으로 변한다. 불건강한 9번 유형들은 갈등과 타인을 잃는 것에 대해 매우 두려워하며 매우 낮은 자존감을 가지고 있기 때문에 심리적 혹은 신체적인 학대로부터 스스로를 보호하지 않는다. 또 다른 관점에서 보면, 불건강한 9번 유형은 물론 학대받는 것에 대해 깊이 격분한 상태이면서도 자신의 분노와 자기 보존 본능마저 계속 억압해 가는데, 이는 이들의 희미한 감정적인 균형과 자의식이 그런 강력한 감정들로 전복될 수 있기 때문이다. 분노에 대한 억압은 이들을 매우 지치게 하면서, 9번 유형을 우울하고 혼란스러우며 기능 불능인 상태로 만든다. 그 결과 이들은 누구에게보다 자신을 억압하는 사람에게 의지하게 되고 스스로 건설적인 행동을 잘 하지 못하게 된다.

스스로 어떤 단호한 행동도 할 수 없는 것같이 생각하기 때문에 자기 자신뿐 아니라 다른 사람들에 대한 자신의 책임에 대해 심각하게 나태한 사람이 된다. 몸이 아파도 의사에게 가지 않으며, 자신의 배우자나 자녀의 의학적인 혹은 정서적인 문제에 대해서는 더욱 잘 느끼지 못한다. 이들은 조금이라도 혼란스러우면 직장에서의 일도 할 수 없다. 이들에게 의지해 보는 사람은 이들이 완전히 신뢰할 수 없는 사람임을 분명히 알게 된다. 불건강한 9번 유형이 스스로 무언가를 하게 하는 것은 너무도 무모한 일이다.

억압된 9번 유형은 현실과의 접촉을 완고하게 거부하기 때문에, 인간으로서 제대로 적응하고 성장하지 못하며, 스스로 무언가를 하는 데 눈에 띌 정도로 무능해진다. 아이러니하게 스스로 열심을 거의 내지 않는 사람들을 위해서는, 우리가 보아온 대로 불건강한 9번 유형은 이들의 억압된 분노로 거의 힘이 없다. 이들은 자주 피로를 느끼는데 이는 이들의 에너지가 현실을 다루기보다는 격퇴시켜 버리는 데 사용되기 때문이다. 이런 행동의 일반적인 결과는 우울증이다. 의욕이 없고 의존적이 되며, 최소한의 일만 할 수 있게 된다. 모든 것들이 이들을 당황스럽게 하거나(혹은 그럴 것이라고 여기거나) 이들이 모을 수 있는 주의력과 노력 이상을 요구하기 때문에, 불건강한 9번 유형은 어떤 긴장이나 압력에도 대처하지 못한다. 때때로 이들 자신의 태만함으로 피해를 입은 다른 사람들이 이들을 도와주기 위해서는 불건강한 9번 유형이 직면하기를 거부한 바로 그 문제로부터 시작해야 한다.

만일 이들이 미리 그렇게 하지 않은 경우, 이 지점에서 심각한 상호적인 갈등이 분명히 나타난다. 이들의 적거심이 돌발적으로 발휘되면, 불건강한 9번 유형은 자신을 향한 다른 사람들의 부정적인 감정의 강도에 대하여 어리둥절해 할 것이다. 자신의 부주의함이 다른 사람들에게 얼마나 많은 대가를 치르게 했는지 깨닫지 못한다.

태만함 때문에 자신이 자신과 동일시한 사람들에게 해를 끼쳐 왔다는 사실에 직면하는 것은 불건강한 9번 유형에게 심각한 불안과 죄책감을 일으키게 할 수도 있다. 이들은 자포자기 상태가 되거나 어쩌면 자살을 생각할지도 모른다. 그러나 억압이 비록 모든 깨달음으로부터는 아니더라도 자신의 실패와 부적당함을 인식하는 것으로부터 이들을 잡아 준다. 자신의 행동의 결말에 대하여, 보다 정확히 말해, 자신의 게으름의 결과에 대하여 통찰하는 순간이 때때로 갑작스럽게 이들을 습격한다. 이들은 자신의 태만함이 되돌릴 수 없는 결과들을 가져왔다는 것을 깨닫는다. 되돌아가기에는 이미 늦었다. 이 공포는 야수가 이들의 무의식의 문을 사정없이 치는 것과 같다. 어떻게 여기서 벗어날 것인가?

8수준: 의식분열된 자동기계

현실로부터 오는 압박감과 타인과의 적대관계가 매우 강해진 결과, 자신이 저지른 행동이 무엇인지 인식해야 하는 상황으로부터 스스로를 막아 내기 위해서 신경증적인 9번 유형은 스스로를 모든 것으로부터 완전히 분리해 내버린다. 이들은 주관적으로 흐릿해져 감으로써 현실과의 접촉을 피하고 현실이 자신과 접촉할 수 없게끔 한다. 불안에 대한 이들의 두려움은 매우 강렬하여, 신경증적인 9번 유형은 스스로를 현실과 분리시키고 주체성을 잃어 간다. 자궁 속으로 돌아가기를 원하는 것처럼 이들은 유아기적 상태로 퇴행을 일으킨다. 현실을 외면함으로써 기억상실에 걸린 것처럼 완전히 스스로로부터 분리되어 마비되고 무감각한 상태까지 간다.

신경증적 9번 유형은 자동기계와도 같다. 이들은 어떤 것도 느끼거나 반응하지 않는다. 그것은 마치 제멋대로 일하는 육체로부터 자아가 소멸되어 버린 것과도 같다. 현실에 대한 이들의 부정의 범위는 엄청난 것일 수 있다. 이들은 수족을 잃고도 그런 일을 겪은 것 자체를 부정하거나 팔이나 다리가 다시 자라날 것이라고 생각하기도 한다. 자신이 실제로 해고당한 것이 아니라고 생각하기도 하고, 이혼이나 죽음 같은 일이 절대로 일어나지 않을 것이라고 생각하기도 한다. 9번 유형에서 점차 자기 자신이 사라지기 때문에, 이러한 병리적 상태가 낭만적일 수도 있다. 아무튼 자기 자신에 대한 이들의 분리는 습관적인 것, 살아가기 위한 방식, 보다 정확히 말해 살아가지 않기 위한 방식이 되어 왔다.

삶은 악몽이며, 현실이 자신에게 들이닥치지 않게 하기 위해 싸워야 하는 흉내놀이를 해야 한다고 느끼면서 이들은 분리의 안개 안에 머문다. 물론 혹독한 상실과 상처의 시기에, 다른 유형들 역시 실제로 일어났던 일들에 대해 다룰 수 있을 때까지 현실을 부정할 수도 있다. 어쨌거나 신경증적 9번 유형은 자신이 다시는 현실을 대처할 수 없다고 느끼기 때문에 스스로를 분리한다.

이 시기의 9번 유형은 사건의 결과에서 상처받은 피해자들과 닮아 있다. 방향을 잃고, 자신의 정체성에 혼란을 느끼며, 때때로 자신이 어디에 있는지조차도 혼란을 느끼는 것처럼 보인다. 7수준에서 생겨날 수 있는 우울증은 만성적인 것이 될 가능성이 있다. 불건강한 9번 유형은 황폐하고 마비되어 있으며, 더욱이 이들의 고통과 분노는 지속적으로 또한 예기치 않게 표면에 드러날 수도 있다. 이들은 한순간 마음속이 텅 비면서 주체성을 잃은 상태가 되고, 그다음 순간 신경질적으로 흐느껴 울 수도 있다. 현재의 상황에 대한 공포를 숨기기 위해 점점 더 이전의 기억들로 퇴행할 가능성이 있음도 그러한 것이다. 이 수준의 9번 유형은 또한 이들이 전혀 인식하지 못할지라도, 다른 사람들에 대하여 굉장한 분노를 가지고 있다. 그 가냘픈 분노가 떠오르는 것은 매우 위협적인 일이다. 신경증적 9번 유형은 그것을 해방시키면 내적인 은신처가 유지하고 있는 어떤 것이라도 파괴해 버릴 것이라는 두려움을 가지고 있다. 그럼에도 불구하고, 히스테리성 폭발과 울화가 일어날 가능성은 존재한다.

히스테리는 의식 바깥으로 억압되기 때문에 인식하기 매우 어렵지만, 이들의 현실로부터의 도주에는 히스테리성 요소가 있다. 그럼에도 불구하고, 이들의 무의식적 불안감은 신경증적 9번 유형으로 하여금 반드시 자기 자신과 현실로부터 도피 상태에 머물러야 하는 상황에 이르도록 한다. 이것은 이들이 외부 세계에서 피난처를 찾을 수 없으며 내부 세계에서조차 자기 자신의 안락과 위로를 찾을 수 없어 어디에도 갈 곳이 없다는 것을 의미한다. 인생은 9번 유형에게는 빨리 깨어나고 싶은 끔찍한 악몽과 같은 것이지만, 이 순간에 이들의 문제는 매우 실제적이다. 빠져나갈 수 있는 유일한 방법은 분리의 과정에서 자기단념이라는 방향으로의 마지막 한 걸음을 내딛는 것이다. 불안과 현실 양쪽 모두에서부터의 도피 상태에서 신경증적 9번 유형들은 가능한 한 완전히 자신을 스스로에게서 분리시킨다.

9수준: 자포자기한 유령

만일 어떤 것이 이들을 한계 상황으로 떠밀어 버린다면(만일, 현실이 이들이 도망갈 수 없는 어떤 곳으로부터 압박을 가한다면), 신경증적 9번 유형은 당연히 현실에 대해서뿐 아니라 영혼마저도 정신분열병적인 정신 이상의 지경에 이를 것이다. 이들은 자신의 존재로부터 가장 극도로 분리된 상태로 붕괴된다. 살펴본 것과 같이, 삶에 대한 이들의 민감한 적응은 자의식에 대한 이들의 분리를 손쉽게 한다. 이제 자폐 상태에까지 이른 채로 이들은 자기 자신으로부터 완전히 벗어난 상태가 된다.

만일 9번 유형이 어린 시절 만성적이고 심각한 학대를 경험한다면, 다중성격장애에 시달릴 수 있다. 이는 모든 다중성격의 사례가 9번 유형이라거나 모든 불건강한 9번 유형이 다중성격 증상을 보일 것이라는 뜻은 아니지만, 이 두 가지에는 겹쳐진 부분이 있어 보이는 것이 사실이다. 우리는 그러한 경우에 어떻게 다중성격이 심각한 갈등 상황의 감정적 요소에 적응하고 그것으로부터 개개인의 정체성을 만들어 가려고 시도하는가를 지켜볼 수 있다.

많은 경우 신경증적 9번 유형은 자신의 하나의 의식을 억압되고 부정되고 미발달된 자아의 여러 모습을 나타내는 다양한 파편들로 나누며, 무의식적으로 스스로를 온전한 하나의 존재로 받아들이지 않는다. 기억이나 꿈 같은 황홀경, 감정적인 반응들이 임의적으로 일어나는 듯이 보인다. 그것은 그 성격의 구조가 떼어지거나 부분으로 조각나고, 오직 그 구성요소들만이 환경과 상호작용하도록 남아 있는 것과 같다.

개인으로서의 자기를 단념하기 위하여, 완전한 분리 상태에까지 이르고 자신의 존재를 파편화하는 것은 일종의 '해결책'이 되는데, 왜냐하면 살아가는 것은 진짜 이들이 아니라 이들을 통해 살아가는 다른 누군가이기 때문이다. 우리는 보통수준의 9번 유형이 다른 사람을 통해 살아가는 경향이 있음을 보아 왔다. 이제 우리는 이들이 정말 다른 자아, 9번 유형의 과거로부터 온 중요한 타인들과의 끊어진 동일시나 관계와 크게 다를 것 없는 자아의 파편들을 통해 살아가는 것을 보게 된다. 자아의 핵심부분은 매우 큰 충격을 입은 결과 꿈꾸는 사람 없이 꿈속에 있는 것같이 된다. 이것은 살아가는 것이라 보기가 힘들다. 게다가, 하위인격 중 어떤 것이 다른 사람이나 그 자신에게 해를 끼칠 수 있기 때문에, 이것은 살아가기에 안전하지도 적응할 수 있지도 않은 모습이다.

하위인격들로 파편화되는 것은, 아이러니하게도 신경증적 9번 유형에게는 적합한 결과다. 왜냐하면 이들은 개체로서의 자기 자신에게 흥미를 표현한 적이 없기 때문이다. 이제 이들은 진실로 개체가 아니며 많은 서로 다른 '사람들'이다. 또한 이들은 하나가 아니다. 다른 사람을 잃거나 그로부터 분리되는 것을 심하게 두려워하는 9번 유형은 심리적으로 그래 왔을 뿐 아니라, 실제로 자신으로부터도 스스로를 분리해 왔으며, 자신을 상실해 버렸다.

9번 유형의 역동 분석

분열의 방향: 9번 유형이 6번 유형으로

4수준에서 시작하여 스트레스를 받고 있는 9번 유형은 보통수준에서 불건강한 수준까지의 6번 유형의 특징을 나타내는 행동을 하기 시작한다. 보통수준의 9번 유형은 환경으로부터 또한 자신의 불안함으로부터 분리되는데, 이것은 자신 안에 있는 평화로운 균형을 지키기 위해서다. 자신 주변의 사건이 지나치게 긴장 상태가 되어 이것을 방어하는 것이 불가능할 때, 이들은 불안으로 가득 차 긴장된 상태를 경험하고 보통수준 6번 유형처럼 반응이 있고 불확실한 존재가 될 수도 있다. 9번 유형은 스스로를 위해 건설적인 행동에 종사하고 자신의 감정과 접촉하는 상태를 유지하는 것이 좋지만, 이들의 발달 수준에서 더 내려갔을 때 이들은 불규칙적이고 불균형한 방법으로 이것들을 모두 행하는 경향이 있다.

4수준에서 9번 유형은 스스로를 타인들의 바람과 기대에 맞추어 가느라 바쁘다. 이들은 자신의 계획은 '중요하지 않는 것' 으로 두고 다른 사람의 요구를 승낙해 줌으로써 갈등의 가능성을 줄인다. 주위 환경이 이들의 불안을 가중시킬 때 이들은 당연히 6번 유형처럼 '조직적인 행동' 에 따라 행동한다. 보통수준의 6번 유형처럼, 이들은 환경과의 관계를 안정화하여 자신을 더 안전하게 유지하려고 한다. 자신의 안전과 나아가 내적인 평화를 강화시켜 주리라고 믿는 활동에 시간과 에너지를 투자하며, 일에 집중하는 시기로 접어들 수도 있다. 그러나 이 행동은 긍정적인 목적이 아니라 두려움으로 지배된다. 이들은 또한 자신의 자존감을 강화시키고 자신에게 목적과 방향의식을 줄 수 있는 보호자, 지지자, 공동체 혹은 이념에 더 강하게 동일시하기 시작한다.

5수준에서, 9번 유형은 환경으로부터의 분리를 시도한다. '안전지대' 안에서 탈없이 머물고 자신을 방해하지 않을 행동 안에 머물기를 원한다. 이들은 바쁘기 마련이지만, 이는 스스로를 자신의 안전한 내적 세계 바깥으로 몰아내기에 위협적이지 않는 일과 일상적인 일을 하느라 바쁠 것이다. 스트레스가 감당하지 못할 만큼 높아지면, 이들은 6번 유형이 되어 부정적이고 방어적으로 변한다. 보통수준의 9번 유형들은 다른 사람들과의 갈등을 피하기 위해 — 평화를 유지하기 위해 — 다른 사람에게 순응해 왔지만 이제 다른 사람들이 이들에게 기대하는 것이 이들로 하여금 분리 작업을 통한 감정적인 안정감을 포기하게 할지도 모른다. 이 수준에서 9번 유형의 분노와 불안은 증가하고, 그래서 이들에 대한 방어도 역시 강해진다. 이들은 수동-공격적 전략을 활용하여 자신의 필요에 대해 주장하지만, 자신의 소망이 지지자들을 소외시키지 않는 방법으로 한다. 자기 시간을 내어 사람들의 요구에 대해 "예."라고 답하면서 자신이 원하는 것들을 행한다. 이들은 압박감과 불만을 느끼고 보통수준 6번 유형처럼 회피하는 경향이 있다.

6수준에서 9번 유형은 완강하게 버티면서 환경에 저항하고 자신의 내적 안정성을 유지하려 한다. 이들은 체념적이고 운명론적인 태도를 가지며 안락한 일상이나 세상과 타인, 그리고 자신의 불안함이 자기를 괴롭히는 것을 막아 줄 것이라 믿는 습관에 스스로를 정착시킨다. 다른 사람들이 자신의 '잠' 을 방해하면, 이들은 긴장하고 보통수준 6번 유형처럼 사람들에게 공격적으로 반응할 수도 있다. 자기 문제의 원인으로 다른 사람을 탓할 수도 있고, 혹은 자신의 자멸적인 방어벽을 돌파하려고 시도하는 주변 사람들에게 도전적으로 반응하기도 한다. 9번 유형이 화를 분출하는 것은 9번을 알고 있는 사람들에게는 낯설은 상황이 된다. 이들의 호전적인 반응은 더 많은 갈등을 만들고 불안을 강화시킨다.

7수준의 9번 유형은 삶에서 심각한 문제를 가지고 있는 경우가 많다. 이들의 평화를 유지하기 위해서는 이제 엄청난 양의 에너지와 현실로부터의 고의적인 등돌림이 필요하다. 이 수준의 9번 유형은 자신이 단순히 세상을 극복할 수 없다고 생각하고, 그래서 무감각의 상태까지 자신을 억압한다. 이제 이들의 6번 유형을 향한 이동은 점점 커지고 다른 사람들에 대한 의존성과 무기력함, 또한 자신의 인생을 다른 누군가에게 넘겨주어 그로 하여금 '모든 것을 고치게' 해야겠다는 생각이 점점 강해진다. 하지만 가장 중요한 문제점은 9번 유형이 두려움과 자신이 해 온 적응에 대한 분노에 가득 찬 나머지 문제에 직면하고 다루지 못한다는 것이다. 그렇게 하지 않으면, 이들의 문제는 그저 점점 더 다룰 수 없는 것이 되고 말며, 특히 9번 유형이 일정 부분 참여하지 않으면 결국 다른 어떤 사람도 그 문제들을 해결해 주려 하지 않을 것이라는 것이다.

8수준의 9번 유형은 자신을 닫기 시작한다. 이들은 자기 자신과 환경으로부터 매우 분리되고 동떨어져 있다. 7수준에서 생겼을지 모를 우울증이 8수준에서는 만성이 되기도 한다. 공허한 겉모습 밑에서 9번 유형은 두려움과 분노에 휩싸여 있다.

이들의 공격성은 엄청나지만, 매 순간 그것을 품는 것은 이들이 가지고 있는 평온함의 조각을 파괴시키는 것 같은 느낌을 갖게 한다. 그러나 더 이상 평온을 유지할 수 없을 때 이들의 두려움과 분노는 불건강한 6번 유형과 마찬가지로, 말도 안 되는 폭언이나 무분별한 폭력적 행동, 혹은 자기 주변에 있는 사람들에 대한 편집증적인 망상과 같은 모습으로 신경질적으로 폭발할 수도 있다. 갑자기 접시를 던지고, 가구를 부수거나, 사람들을 물리적으로 공격한다. 간단히 말해 자신의 분노와 좌절감을 제어하지 못하는 것이다.

9수준에서 건강하지 않고 분리된 9번 유형이 6번 유형으로 갈 때, 불안감은 끝내 완전히 이들의 단단한 억압을 뚫고 나온다. 이들이 회피하고 있던 모든 감정과 깨달음이 스스로를 향해 충돌해 온다. 예전에는 여유로웠던 사람이 과민하게 반응하는 히스테리 환자, 불안감과 두려움에 시달리는 사람, 동요하고 염려스럽고 눈물이 헤프고 공황상태의 사람이 된다. 다른 어떤 경우보다 상태가 나빠진 9번 유형은 이들을 돌보아 주고 이들이 처한 위협적인 상황에서 구해 줄 사람이 필요하다. 다른 사람들로부터의 도움을 이끌어 내기 위해, 이들은 영락없이 자기비하적(호나이가 말한 바처럼 "병적으로 의존적")이 되거나 피학대증적이고 자기파괴적이 되어 다른 사람이 자신을 보호해야만 하는 상황을 스스로 만들 수 있다.

또한 6번 유형에서 퇴락한 9번 유형은 자멸적이고 굴욕적이 되며, 스스로를 예전보다 더 나쁜 상황으로 몰고 갈 수 있다. 이것 뒤에 감춰진 동기는 두 가지 측면을 가지고 있다. 다른 사람을 실망시키고 고통받게 했다는 자책감을 보상하기 위한 자기 처벌과, 사람들을 자신에게 끌어당김으로써 다른 사람들로부터의 분리를 회복시키기 위한 자기 굴욕이다.

그러나 이런 심리적 기제는 결국 제 기능을 하지 못하는데, 왜냐하면 퇴락한 9번 유형은 불안감을 가질 뿐 아니라 무의식적으로 무의식이라는 판도라의 상자로부터 스스로와 타인에 대한 공격성을 만들어 왔기 때문이다. 더 이상 공격적인 감정을 억제할 수 없이 이들은 자기 처벌과 자기혐오로 가득 차게 된다. 또한 다른 사람들에게 극도로 공격적이 되어 누구든지 자신의 불안감을 더해 주는 사람들을 마구 공격하고 곧바로 그것에서 해방되려 한다. 만일 다른 사람들이 평안함을 회복시켜 주지 않으면 이들은 적이 되어 버린다.

불행히도 퇴락한 9번 유형은 불안감이나 공격성을 다룰 만한 어떤 방어방법도 가지고 있지 않다. 자신에게 중요했던 사람들로부터 거절당해서 민감해진 공격성을 더 이상 스스로 제어하지 못한다. 이들은 자신의 히스테리를 제어하기 위해 알코올 혹은 마약에 빠지거나, 어떻게 해서라도 평화를 다시 찾지 못한다면 자살행위에 의지하기도 한다.

통합의 방향: 9번 유형이 3번 유형으로

건강한 9번 유형이 3번 유형으로 통합될 때, 이들은 자기 확신을 갖게 되고 자기 자신과 자신의 재능을 가능한 최대 수준까지 발전시키는 데 관심을 둔다. 이들의 냉정함은 다른 사람을 돌보는 방향으로 변화되며, 타고난 그대로의 상태에 머무는 대신 능동적이고 내부 지향적인 힘을 갖추는 방향으로 나아간다. 이들은 이미 건강한 균형감을 갖고 있기 때문에, 다른 사람을 통해 자신의 인생을 살아가지도 않으며, 관습적인 역할을 자부심과 정체성의 원천으로 받아들이며 순응하지도 않는다. 통합된 9번 유형은 스스로의 권리를 알맞게 주장함으로써 자기 자신을 만들어 간다. 이들은 더 이상 변화를 두려워하지 않으며, 보다 유연하고 적응력 있는 모습으로 독립된 하나의 존재로서 현실에 완전히 대처할 수 있게 된다.

통합된 9번 유형은 이들의 생명력과 연결되어 왔다. 프로이트의 용어를 빌리자면, 이들은 자신의 이드, 공격적이고 본능적인 면과 조화롭게 지내게 된 것이다. 9번 유형은 언제나 공격적인 본능을 두려워해 왔지만, 이 본능이 항상 파괴적인 것은 아니며 오히려 자기 발전으로 이끄는 것이 될 수 있기 때문에 이들은 더 이상 본능을 두려워할 필요를 느끼지 않는다.

9번 유형은 타인에게 공격적이지 않고도 자신의 권리를 주장할 수 있으며, 따라서 자신과의 관계를 해치지 않아도 된다는 것을 깨달으면서 이들의 평화는 더 안정적인 것이 된다. 이들의 자부심이 향상될수록 이들의 관계는 더 성숙하고 만족스러운 것이 된다. 통합된 9번 유형은 더 이상 누군가와 관계를 맺기 위해서 스스로를 숨기는 태도를 취할 필요가 없다는 것을 알게 된다. 있는 그대로의 모습이 됨으로써, 이들은 통합된 9번 유형에 대해 예전보다 더 흥미롭고 가까워지기 원하는 사람들의 마음을 끌 수 있게 된다. 다른 사람들이 자신을 동일시의 대상으로 삼고 교제하기를 원하고, 그들에게 자신을 맞추는 일까지도 일어나는 것은 매우 놀라운 것이다. 통합된 9번 유형은 다른 사람들이 자기에게 의지하는 것을 자제시키기는 하지만, 그것은 이들에게는 매우 기쁜 일이다.

9번 유형의 날개 유형

8번 날개를 가진 9번 유형: 조정자

9번 유형의 특성과 8번 유형의 특성은 서로 갈등을 유발한다. 9번은 수동적이고 다른 사람과 조화를 이루기 원하는 데 반해, 8번은 공격적이고 스스로의 권리를 주장하고 자기 이익을 추구한다. 9번 유형이 본능삼원소의 기본 성격유형이기 때문에, 여기에서 나온 하위유형의 사람들은 기본적으로 다른 사람에게 자신을 맞추려 애쓰며, 섬세하고, 자의식이 약하며, 쉽게 다른 사람에게 동의하는 특성 자체가 때때로 스스로를 주장하는 것이기도 하다. 성숙되고 개방적인 면도 찾아볼 수 있다. 이들은 사교적이며, 농담이나 이야기 나누기를 좋아하고, 친구들과 시간을 보낸다. 8번 날개를 가진 9번 유형은 1번 날개를 가진 9번 유형보다 더 육감적이고 본능적이며 감정과 예감에 더 의지하는 경향이 있다. 이들은 9번 유형과 관련된 여유로운 품행을 더 구체화하는 경향이 있으며 이를 신체적으로 더욱 확인시켜 준다. 이것은 가장 이해하기 힘든 하위유형 중 하나인데, 왜냐하면 기본 유형이 서로 상반되는 특징을 보이기 때문이다. 이 하위유형 중 주목할 만한 인물로는 로널드 레이건, 드와이트 아이젠하워, 제럴드 포드, 케빈 코스트너, 게리 쿠퍼, 우디 해럴슨, 키아누 리브스, 잉그리드 버그만, 지나 데이비스, 소피아 로렌, 링고 스타, 우피 골드버그, 재닛 잭슨, 빙 크로스비, 페리 코모, 월터 크롱카이트, 휴 다운스, 레이디 버드 존슨, 마르크 샤갈 등이 있다.

이 하위유형에 해당하는 건강한 사람들 가운데서, 8번 날개는 9번 성격유형에 포용력 있고 열정적인 기질뿐 아니라 내적인 힘과 의지력이라는 요소를 더해 준다. 8번 날개를 가진 건강한 9번 유형은 9번 유형의 편안하고 긍정적인 기질과 8번 유형의 인내심과 힘을 결합시킨 결과, 강력하면서도 온화한 하위유형을 만들어 낸다. 이들의 자의식이 강하지 않음에도 불구하고, 건강한 이 하위유형의 사람들은 효과적으로 자기 자신을 주장할 줄 안다. 타인에 대한 호의적이고 배려하는 태도에도 불구하고, 이들은 매우 강하고 힘이 있는 사람일 수 있다. 스스로를 다른 사람과 공동 목표에 종속시키는 능력에도 불구하고 이들은 씩씩하고 독립적일 수 있다. 자신을 내세우지 않고 상대방을 편안하게 해 주는 매너에도 불구하고 얕잡아

볼 수 없는 기질을 지니고 있다. 그러므로 이 하위유형의 건강한 사람들은 성격이 좋으며, 민감하면서도 힘이 있는 인상을 줄 수 있다. 8번 날개를 가진 9번 유형은 다른 하위유형보다 타인과 세상의 여러 가지 것들과 연결되기를 원한다. 이들은 스스로를 발전시키려 하지 않는 경향이 있음에도 불구하고 집단 활동을 좋아하며, 잘 다듬어진 유머감각과 다양한 기술을 가지고 있을 수 있다. 자신의 즉각적인 필요와 환경에 대해 예민하여 사람들을 있는 그대로 받아들일 줄 안다. 8번 날개를 가진 9번 유형은 종종 남을 돕는 직업, 상담, 판매, 서비스 직종에서 일하기를 좋아하며, 특히 협상이나 인적 자원 관리에 관련된 사업에서 매우 효율성을 보인다.

보통수준의 이 하위유형 사람들은 자신의 감정을 완전히 여럿으로 나눈다. 자신에 대한 스스로의 이미지가 평화롭지만, 이들은 그것의 범위를 깨닫지 못한 채 매우 공격적이 되는 경우도 있다. 불행히도 8번 날개를 가진 9번 유형은 다른 하위유형보다 방향성 있게 살아가기 위한 자신의 능력을 방해하는 관능적인 나태함에 사로잡히기 쉽다. 이들은 자기만족에 빠지고, 매우 경쟁적인 상황 안에서 인생의 어떤 분야에서 성취를 이루는 것에 게을러질 수도 있다. 지적으로 재능이 있지 않은 경우에 이들은 약간 머리가 둔한 것처럼 보일 수도 있다. 성격은 좋지만 머리가 나쁜 것처럼 보이는 것은 9번 유형이나 8번 유형 모두 특별히 총명하거나 생각이 많은 편은 아니기 때문이다. 이들은 심리적이고 성적인 부분에서 타인과 연합하려는 강한 본질적인 충동을 가지고 있다. 자신의 이익은 물질적인 안락함과 깊이 연결되어 있다. 이들은 1번 날개를 가진 9번 유형보다 더 완고하고 방어적일 수도 있으며, 보통 여유롭고 유쾌한 성격이지만 이 하위유형에 속하는 사람들이 좋지 않은 성품을 가질 수도 있다. 다른 사람들은 무엇이 이들을 자극할지 예측할 수는 없지만 이들의 분노가 더해 가는 것을 볼 수는 있다. 대표적으로 이 하위유형의 사람들은 다른 사람들이 자신의 안녕과 평안함에 대해 간섭하거나 방해할 때 화를 낸다. 이들은 퉁명스럽고 감정적으로 격할 수도 있지만, 또한 갑작스레 자신의 '보통' 상태, 평온한 자기 자신으로 돌아온다. 이들의 보호 본능이 깨어날 때, 자기 자신과 자신의 권리를 보호하는 것 만큼이나 다른 사람을 해치지 않기를 원한다. 보통수준의 이 하위유형 사람들은 타인들에 대해 호전적이고 대치하는 자세를 취할 수도 있지만, 개인적으로 그리 오랫동안 적의를 가진 채로 지내지는 않는다. 이들의 가장 큰 분노는 가족, 신념 혹은 삶의 방식에 대해 도전하는 사람들에 대해 유발된다. 그러나 일단 그 위기가 지나가면, 이들은 평화를 추구하는 경향이 있어서 예전에는 적이었던 사람들과 동맹을 맺기도 한다. 상태가 안 좋아지면, 8번 날개를 가진 9번 유형은 자신의 의견을 고수하고, 자신이 가진 안전하고 상투적인 것들을 방해하는 어떤 사람에게도 귀를 기울이거나 협력하기를 거부하기도 한다.

8번 날개를 가진 불건강한 9번 유형은 불건강한 4번 유형과 비슷하다. 그들은 보통 우울하고 에너지가 매우 부족하다. 슬픔과 불안감이 엄습할 때도 간혹 있기는 하지만, 4번 유형과 달리 일반적으로는 한결같음과 감정적인 정서의 부족함이 존재한다. 8번 날개가 가지고 있는 두려움에 대한 제어력이 9번 유형의 도움에 대한 저항심에 더해진다. 8번 날개를 가진 불건강한 9번 유형은 자신의 행동의 결과에 대해 충분히 걱정해 보지 않고 폭력을 행사할 수도 있다. 공격성과 이드의 본능은 이 하위유형의 경우 매우 강하며, 이들이 감정적으로 불안정할 때는 이런 힘을 제어할 만한 자아의 힘이 많이 남아 있지 않게 된다. 이들의 공격성은 특별히 배우자에 대한 성적인 질투심으로 자극될 수도 있다. 사랑의 단절에 따른 사랑하는 사람과의 이별은 9번 유형의 자의식에 치명적이며, 8번 유형의 격노를 상처받은 자존심 바깥으로 분출되게 한다. 결과적으로 8번 날개를 가진 9번 유형은 신체적으로 위험할 수 있으며 동시에 감정 면에서 매우 충동적으로 행동하기도 한다. 이들은 자신이 입히는 손상과 스스로를 감정적으로 분리시키면서 자신과 갈등 상태에 있는 사람에게 보복을 행할 수드 있다. 만성적인 우울증, 극도의 분리, 중독 증상 등이 나타날 수도 있다.

1번 날개를 가진 9번 유형: 몽상가

9번 유형과 1번 유형이 갖는 특징은 서로를 강화시키는 데 도움이 된다. 9번 유형은 평화를 유지하기 위해 자신의 감정을 억압하며, 1번 유형은 자기절제를 유지하기 위해 자신의 감정을 억압한다. 따라서 이 하위유형은 8번 날개를 가진 9번 유형보다 더 지적일 수 있다. 관념, 상징, 개념들에 더 흥미를 갖는다. 물론 이들도 화를 내고 양심적인 분노를 보여 주긴 하지만, 이 하위유형 안에서 우리는 다른 하위유형에서보다 감정적으로 제어력이 있고 침착한 사람들을 볼 수 있다. 뜻밖에도 자기만족에 능하고 남에게 동의하는 편인 9번 유형이 비판적이고 풍자적인 사람이 된다. 9번 유형의 양쪽 하위유형 모두 철학과 영성에 관련된 질문에 흥미를 느끼지만, 1번 날개를 가진 9번 유형은 자신의 신념에 대해 독특한 이상주의적인 특징을 갖는다. 이 하위유형의 주목할 만한 인물로는 에이브러햄 링컨, 엘리자베스 2세 영국 여왕, 로잘린 카터, 사이러스 벤스, 헨리 폰다, 지미 스튜어트, 개리슨 케일러, 모나코의 그레이스 왕비, 로즈 케네디, 조셉 캠벨, 칼 융, 조지 루카스, 짐 핸슨, 월트 디즈니, 노먼 록웰, 조앤 서덜랜드, 랠프 월도 에머슨, 〈오셀로〉의 데스데모나, 〈모두가 한가족〉의 에디스 벙커, 〈심슨네 가족들〉의 마지 심슨 등이 있다.

이 하위유형의 건강한 사람들은 매우 성실하고 원칙에 의거한 삶을 산다. 이들의 풍부한 상식은 이들로 하여금 판단, 특히 다른 사람에 대한 판단에서 지혜로운 사람으로 만들어 준다. 이들은 어떤 상황에 대해 판단하거나 행동하기를 요청받을 때, 공평함과 객관성에 관련된 문제에 대해 빈틈이 없다. 1번 날개를 가진 건강한 9번 유형은 다른 사상을 가진 집단들을 통합시키고 그들 가운데 공통된 맥락을 구별해 내는 데 매우 뛰어나다. 이들은 매우 상상력이 풍부하고 창조력이 뛰어나며, 이상적인 세계에 대한 자신의 비전을 표현하고 공유하기를 좋아하는 사람일 수 있다. 쾌활하고 친절하며 용기를 주는 성격인 경향이 있고, 또 한편으로는 자신의 이상에 대해 분명한 진지함을 가지고 있다. 가르치기를 좋아하며, 자신의 예를 가지고 효과적으로 가르치는 도덕적인 지도자일 수 있다. 9번 유형의 개방성은 1번 유형의 객관성과 결합되어 타인에 대한 성실함과 진실함, 자기 자신에 대한 평온함과 절제라는 결과를 얻는다. 이 하위유형은 규율과 절제를 갖추고 있으며, 특히 8번 날개를 가진 9번 유형보다 감정적으로 더 제어력이 있으며 덜 드러나게 열정적이다. 한편 그와 동시에, 1번 날개를 가진 보통수준의 9번 유형은 비본질적인 활동에 관련되는 경향이 있다. 이들은 능동적이며 원기 왕성함을 유지하기도 하지만, 자신의 장기적인 목표의 단계 안에 스스로를 머무를 수 있게 하는 능력을 흐트러뜨리는 분리와 제외를 경험하기도 한다. 이들의 많은 활동이 질서와 현상유지를 위한 것이기는 하지만, 이들은 자신이 속한 분야에서 매우 바쁜 사람일 수 있다. 모험을 즐기지 않는 편이며 8번 날개를 가진 9번 유형보다 더 사려 깊고 내성적이다. 자기만족을 느끼고 분리된 상태에서, 이들은 모든 개인적인 갈등과 적대관계를 회피하려 하지만, 퉁명스럽고 날카로운 성격으로 쉽게 화를 내는 단계까지 나아간다. 이들은 8번 날개를 가진 9번 유형보다 자신의 분노를 표현하는 것을 자제하며, 목소리를 높이거나 특히 여러 사람 앞에서 다툼을 일으키기보다는 화는 나지만 이를 악문 채로 속을 끓이기 쉽다. 그런 경우에 우회적이고 비꼬는 말을 하며 칭얼거리는 경우가 있다. 1번 날개를 가진 보통수준의 9번 유형은 예의와 체면을 중시하고, 종종 도덕적으로 다른 사람들에 대해 우월감을 느낀다(다른 사회계층, 문화, 생활양식 등에 있어서). 이들은 청교도적인 경향을 가지고 있으며 '꼼꼼하고 품위 있는' 성품을 가지고 있다. 합리적으로 설명하고, 교화시키며, 자신의 논증을 강화하기 위해서 정치적 혹은 종교적인 이데올로기에 호소하기도 한다. 이 하위유형에 속한 개개인들은 자기 삶의 어떤 영역이 방치된다 할지라도, 적어도 어떤 영역에서는 완벽주의를 추구하는 경향이 있다. 이들은 자신의 현실 세계에서 이상주의적인 관념을 빼내기 때문에 놀라우리만큼 타인에 대해 무관심하여 비정하고 냉담할 수 있다.

1번 날개를 가진 불건강한 9번 유형은 종종 극도로 수줍어하고 불건강한 5번 유형과 닮은 모습일 수 있다. 이들은 분리되어 있고 정신분열적인 기질이 있으며 정서적으로 빈약하다. 비록 정서적으로 매우 분리된 모습으로 갑작스럽게 충동적인 행동을 하고 심하게 화를 내기도 한다. 이들은 8번 날개를 가진 9번 유형보다 쉽게 화를 내고, 옳지 않고 불공평한 일에 대해 성내며, 다른 사람의 잘못된 행동을 처벌하고 나무라는 것이 자신의 의무인 것처럼 느끼기도 한다. 이들이 행동하는 경우에, 1번 날개를 가진 불건강 9번 유형은 매우 독단적이 되어 보다 일상적인 행위에 반하는 행동을 할 수도 있다. 신경증적인 특성 안에서 강박적인 경향이 나타나고, 이 하위유형의 불건강한 사람들은 스스로를 자신의 강박감에 사로잡힌 행동이나 실제 문제로부터 분리시키면서 자신의 명백한 문제에 대해 강박적이 될 수도 있다. 예를 들면, 마치 아무 일도 없었다는 듯이 자신의 강박관념의 초점이었던 일에 대해 잊어버리기로 결정할 수도 있다. 다른 하위유형의 경우보다 방어기제가 덜 총체적이기 때문에, 이 경우에 신경증 환자들은 갈등을 더 많이 느끼는 경향이 있으며, 따라서 이들이 매우 불건강해지는 경우는 더 심각한 감정적인 붕괴를 경험할 가능성이 높다. 그대로 방치된다면 자폐증에 가까울 정도로 심하게 분리된 상태까지 이를 수도 있다. 이들은 무력하고 절망적인 느낌을 느끼지만 갑자기 타인을 향해 좌절과 분노를 폭발시킬 수도 있다.

몇 가지 마지막 단상들

9번 유형의 악화 과정을 되돌아 보면서 우리는 보통수준에서 불건강한 수준에 이르는 9번 유형이 자신이 가장 두려워하는 상실과 분리에 대한 두려움을 스스로 가져온다는 것을 볼 수 있다. 이제 파편화된 인성을 가지게 되었으므로 다른 사람들뿐 아니라 스스로에게서 분리되는 것이다. 이들은 자기 자신의 삶에서 깊이 소외되고 공포를 느낀다. 극도의 어려움에 처할 때 비로소 마지막까지 남아 있는 핵심적인 기질이 스스로를 다시 재건해 나갈 수 있을 것이다.

9번 유형은 상대적으로 적은 숫자가 신경증적인 상태로 악화되는 듯이 보인다. 아마도 대부분의 경우 이들은 어떤 갈등 이후에 불건강한 상태(부인, 분리)로 들어가지만, 일정 수준 정상적인 기능을 할 수 있는 상태로 다시 돌아올 수 있다는 것 때문일 것이다. 이들은 자기방어를 매우 많이 하는 성향이므로 이들의 방어력은 매우 강력하며, 좋든 나쁘든 대부분의 정신적인 상처를 억압시킨 채로 살아갈 수 있다. 그럼에도 불구하고 그것을 견뎌 내는 이들의 능력은 언제나 감정적 · 개인적으로 허약해진 인생을 살게 하는 대가를 치르게 되어 있다.

이러한 관점에서, 또한 이들에게 가장 중요한 쟁점은 어떻게 스스로를 자각시키고 이들이 한 번 얻게 된 냉정함을 어떻게 유지하느냐에 있다. 해답은 9번 유형이 고통을 받아들이는 법, 특히 불안감에 관련된 고통을 받아들이는 법을 배우는 데 있다. 고통은 그것이 의식적으로 받아들여지는 경우에 사람들에게 촉매작용을 해서 이들의 의식을 더 깨워 주는 역할을 할 수 있다. 또한 고통은 우리로 하여금 그것이 우리에게 어떤 의미를 갖는지 선택하게끔 몰아붙인다. 우리가 우리의 경험이 어떤 의미를 갖는지를 결정하면, 우리는 우리 자신을 만들어 가는 것이다. 9번 유형이 고통을 자신의 삶에서 능동적이고 긍정적인 힘으로 이용한다면, 이들은 자신의 인생에 의미를 부여할 수 있을 뿐 아니라 스스로에 대한 의식을 새로이 얻을 수 있다. 자신의 고통에 의미를 부여할 줄 아는 사람은 고통을 받는 사람인 동시에 그 고통을 초월하는 사람이 되는 것이다. 그 순간 자기 자신이 인식되고 통합된다.

[chapter_ 12]

1번 유형: 개혁가

1번 유형 개요

건강할 때 세심하고 개인적으로 강한 신념을 가지고 있는 1번 유형은 선과 악, 개인적인 것과 도덕적인 것에 대한 구분이 확실하다. 이성적이고, 합리적이며, 스스로를 통제하는 데다 모든 일에 대해서 성숙하고 온건함을 원한다. 원칙에 대해 철저하고, 공평하기 위해 노력하며, 목적에 충실하고 윤리적이다. 진실과 정의를 최우선으로 한다. 책임감과 자부심이 있고 높은 목표를 가지고 있기 때문에 종종 교사 역할 또는 진실을 대변하는 역할을 한다.

최상의 상태일 때 대단히 현명하고 통찰력이 있다. 대상을 있는 그대로 수용함으로써 지극히 현실적이며 어떠한 상황에서도 최상의 선택을 내릴 수 있다. 인간적이며, 가르침을 주고 희망적이다. 진실을 전파한다.

보통수준일 때 현실에 불만족스러워하고 높은 수준의 이상주의자가 되어 모든 것을 진보시키는 것이 자신이 해야 할 일이라고 느낀다. 개혁 운동가, 대변인, 평론가 등 어떠한 일에 대한 원인을 중요시하며 어떻게 되어야 하는지를 지적한다. 실수에 대한 두려움을 가지고 있고 모든 것이 자신의 이상향을 따라가야 한다. 규칙적이고 조직적이지만 비인간적이고 딱딱하며 절제된 감정을 가지고 있어 자신의 기분이나 충동을 억제시킨다. 종종 일에 중독되어 있고, '항문기-억제적' 이 되어 시간을 엄수하고, 현학적이며 결벽증이 있다. 자기 자신과 다른 사람 모두에게 상당히 비판적이고, 까다롭고 완벽주의적이다. 모든 일에 대해 강한 관점을 가지고 있어서 다른 이들을 지적하고 자신이 생각하는 '옳은 일을 하도록' 강요한다. 성질이 급하고 자신이 정한 방식이 아니면 어떤 것에도 만족하지 않는다. 설교를 하고, 잔소리가 많으며, 귀에 거슬리는 소리를 잘하고 쉽게 분개한다.

불건강할 때 상당히 독단적이고 독선적이며, 편협하고 융통성이 없다. 절대적이어서 무조건 자신만이 옳고 다른 이들은 모두 틀리다고 생각한다. 다른 사람들에게는 혹독한 판단을 내리면서 자기 자신의 행동은 합리화시킨다. 다른 이들의 결함이나 잘못된 행동에 대해 집착한다. 모순적인 행동을 하며 자신이 내세우는 것과 반대되는 위선적인 행동을 하기 시작한다. 자신에게 거슬리는 것들을 없애기 위해 비난적이고 가혹하며 잔혹하게 행동한다. 극도의 우울증과 신경과민으로 종종 자살 행위를 시도하곤 한다.

핵심 동기 올바르기를 바라며, 완전함과 조화로움을 갖기를 원한다. 다른 이들이 더 성장하고 증진하도록 노력하고, 자신의 이상향을 따르며, 스스로를 정당화하고 다른 이들로부터 비난받지 않기 위해서 흠 잡힐 행동을 하지 않으려 한다.

대표적인 인물들의 예 교황 요한 바오로 2세, 모한다스 카란찬드 간디, 마거릿 대처, 앨버트 고어, 엘리 비젤, 바바라 조단, 빌 모이어스, 캐서린 헵번, 해리슨 포드, 랠프 네이더, 산드라 데이 오코너, 윌리엄 버클리, 놈 촘스키, 조지 버나드 쇼, 잔 다르크, 〈스타트렉〉의 미스터 스폭

1번 유형에 대한 개관

> 복음서의 가르침을 따른 부활 이전의 스스로에 대한 자각이라는 공통적 주제를 말하면서, 17세기 중반의 청교도였던 존 그린(John Greene)은 신이 자신으로 하여금 "그분의 마음속에 있는 가엾음을 보게" 해 주었고, "타락한 생각을 하지 않는 것은 나의 심장에 악이 없고, 교만하고, 완고하고 쉽게 무너지지 않기 때문이다. 그리고 신은 나 같은 비참하고 불쌍한 사람에게 자비를 베풀지 않을 것이라 생각했다."라고 말했다. 이런 자신의 내면에 대한 시각은, 많게나 적게 다른 거의 모든 복음주의자들이 겪었으며, 생각의 전환에 앞서 좌절과 희망을 잃어버리는 계기가 되었다. …… 개개인이 스스로, 또는 신의 도움을 받아, 자신이 가치가 없고 사악하고 저주받은 존재라는 것을 거부했을 때에서야 비로소 다시 태어나는 것을 볼 수 있을 것이다(P. Greven, *The Protestant Temperament*, 75).

청교도들이 이상향을 따라 스스로 부활하려는 갈망은 1번 유형의 성격을 보여준다. 1번 유형과 청교도들은 공통적으로 스스로에게 만족을 못해서 좀 더 나아져야 한다는 의무감을 가지고 있다. 인간의 본성을 뛰어넘어 어떻게든 좀 더 높은 곳으로 올라가야 하고 절대적인 영역으로 다다라야 한다.

이러한 성격유형에는 '모자람에 대한 아쉬움'이라는 충고는 바보스럽고 위험한 것이다. "올바른 수양을 넘어서 스스로에게 관대하라. 너는 이 우주의 자식이며, 나무들과 별들보다 낮은 존재가 아니며, 이곳에 존재할 가치가 있는 것이다. 네가 확실히 깨우치든 그러하지 못하든 우주는 정해진 대로 너에게 펼쳐짐을 의심치 않는다." 1번 유형들 중 불건강한 사람들이 보기에 우주는 정해진 대로 펼쳐지지 않는다는 것이다. 사람들이 우주나 자신을 향상시키기 위해서 충분한 노력을 하지 않는 것이다.

1번 유형이 대부분 보지 못하는 것은 자신의 근본적인 전제를 감안할 때 자신 스스로나 아니면 이 우주에서 단족될 수 없는 반대되는 힘 속에 갇혀 있다는 것이다. 이들은 선과 악, 물질과 영혼, 이상과 현실 간에 존재하는 몸부림을 예민하게 느끼고 있다. 1번 유형은 혼돈이나 분별력 없는 세상과 자신의 신념에 대한 청명함 간, 자신의 어둡고 음란한 충동과 스스로의 절제력 간에, 추상적인 갈망과 인간적인 필요성 간에, 자신의 머리와 가슴 사이에 확고한 경계선을 그려 놓고 있다.

본능삼원소 중에서

1번 유형들은 본능과 충동을 제대로 표현하지 않는 본능삼원소 유형 중 하나다. 1번 유형은 8번 유형처럼 행동적이며, 자신이 처한 상황에 본능적으로 반응하지만, 8번 유형들이 자신의 본능에 자유스럽고 9번 유형들은 그것과 분리되어 있는 반면, 1번 유형들은 그것들을 자신의 안에 잡아들이고, 스스로 가치 있다고 판단한 자신의 초자아 상태인 목표를 향해 제한하고 유도해 나가려 한다. 1번 유형은 정열로 가득 차 있고, 대부분 자신의 믿음과 행동에 확고한 신념을 가지고 있는 것으로 표현되지만, 자신의 본능에 휩쓸리지 않기 위해서 본능을 자제할 수밖에 없다고 느낀다.

특히 분노는 1번 유형에게 강한 자극제로 작용한다. 실망스럽거나 즐겁지 않은 상황에 직면할 때, 분노는 이들에게 행동을 취하게끔 하는 기폭제가 된다. 사실, 분노라는 것은 정확하게 이해해 보면, 만족스럽지 않은 상황에 대한 본능적인 반응을 말하는 것이다. 이것은 우리가 아니라고 말하는 것을 허락하는 힘이다. 1번 유형의 일부는 이것에 대하여 알게 되고 이들의 분노를 건설적으로 사용한다.

> 나는 나의 분노를 보존하고 보존된 분노를 에너지로 변화시키며 통제된 분노가 세상을 움직일 수 있는 힘으로 변형시킬 수 있다는 커다란 교훈을 어려운 경험을 통하여 배웠다(M. K. Gandhi, *The Words of Gandhi,* 13).

1번 유형은 가끔 자신의 분노를 인식하지 못하고 분노의 정도를 항상 과소평가한다. 자신의 분노가 주의를 집중시키면 1번 유형은 거부하는 반응을 나타낸다("나는 화가 난 것이 아니야. 나는 단지 옳게 하려고 노력하고 있는 중이야."). 1번 유형이 자신의 강한 감정을 불러오기를 원하는 것이 무엇이든 간에, 어떠한 위장을 하고 그러한 감정이 나타날지도 모르지만 이들의 분노 감정은 정말로 1번 유형의 행동을 일으키게 하는 힘이다. 1번 유형은 자신을 합리적으로 묘사하지만 상식이 합리적인 방법에서 이성적이며 탐구적이고 지적 감각이 아니다. 1번 유형은 이상적인 것처럼 행동하지만 이들은 실제적인 이상을 좋아하고 5번 유형과는 다르게 자신을 직접 건설적인 행동으로 이끌지 않는 이상이나 개념에는 오래 관심을 두지 않을 것이다.

이들의 본능적인 에너지는 스스로를 주장하는 개인적 능력에 관련 있다. 비록 이들의 자신감이 이들 이상의 정당함에서보다도 부족하였다고 느끼는 쪽에 1번 유형은 자기 자신을 확신하는 것처럼 보인다. 1번 유형은 자신이 노력하는 쪽을 향한 이상보다 부족하게 자신을 봄으로써 세상과 관계를 맺는다. 자신을 종속시키고 자신의 강력한 본능은 항상 파악하기 어려운 진실이나 정의를 보편적인 가치와 같은 추상적인 것으로 이끈다. 그리고 있는 그대로 완벽하게 되도록 노력한다. 또한 이상적이기는 하나 자주 자신의 비전을 달성하려고 내적인 노력에서 분리된 9번 유형과는 다르게, 1번 유형은 자신의 이상을 현실로 만들려고 결심한다. 얄궂게도 정의를 하자면 그 이상은 앞으로 이들이 해야 하지만 결코 충분히 얻을 수 있는 것이 아니다. 그럼에도 불구하고 우리가 보아야 하듯이, 보통수준에서 불건강한 수준까지의 1번 유형은 확실히 그렇게 하려는 시도를 통하여 압박감을 가지고 있다.

이것이 1번 유형이 문제를 가지기 시작하는 곳이다. 이들이 신경증으로 나빠짐에 따라 보통수준 1번 유형은 이상과 너무 완전하게 일치시키려고 시작하고, 만약 이들이 건강하지 않게 되면 이들은 자신이 얻어야 한다고 생각하고 따라서 얻지 못한 각자는 비난받아야 된다. 자각의 수준에서, 불건강한 1번 유형이 자신이 완전하지 않다는 것을 알지라도, 이미 자신의 양심이나 어떤 다른 것으로부터 비난받는 것을 피하기 위하여 이미 완전해진 것처럼 다른 수준에서도 이들은 똑같이 생각하고 행동한다. 보통수준에서 불건강한 수준까지의 1번 유형은 완전을 위하여 더욱 열성적으로 노력하면 할수록 이들은 그 시도를 통하여 더 올바르게 된다고 확신한다. 자신을 이상과 제휴함으로써 비록 실패할지라도 자신은 옳다고 생각한다. 자신을 이상과 일치시키려는 단순한 행동은 이들에게 선하다는 느낌을 갖게 한다. 이들은 옳은 방법, 즉 모든 것이 당연히 되어야 할 방법을 알기 때문에 구원자에 속한다.

억압과 공격성에 따른 문제들

본능삼원소에서 다른 두 가지 성격유형처럼 1번 유형은 자신 내면의 일부를 억압하는 문제가 있다. 1번 유형은 완전함을 위한 추구에서 자신을 이상화하려고 시도하면서, 자신의 본성, 본능적 충동 그리고 개인적 욕망의 비이성적인 측면을 더욱 억압한다. 이들의 정상적인 인간 욕망은 1번 유형이 이상을 추구하는 것과 자신을 실제 세계에서 이행하려는 것 사이에 곤경에 사로잡힘으로써 더욱 억압된다. 이 같은 상황은 1번 유형이 자신이 개선할 의무가 있는 환경에 초점을 두기보다는 더욱 위대하다는 인상을 주곤 한다. 자신이 이상보다 적다고 보는 세계에 이중적으로 관련되기 때문에 더욱 복잡해진다. 자신과 이상 사이의 거리뿐 아니라 자신의 현재 완전함과 과거의 불완전함 사이의 거리를 끊임없이 측정한다. 간단히 말하자면 1번 유형은 자신과 자신의 세계가 개선되어야 한다고 느낀다. 이상을 향한 진전을 방해하거나 좌절시키는 것으로 인식되는 것은 분노와 비판을 당하게 된다.

실제적으로 1번 유형에는 이중 분열이 있다. 첫 번째는 우리가 아는 것과 같이 1번 유형이 완전하게 옳고 그래서 1번 유형은 어떤 상황에서도 필요한 것을 다른 사람보다 더 잘 알아야 한다는 확신 대 이상으로 살아야 한다는 압력에 따른 외적 분열이다. 두 번째는 명확하지 않고 단단히 통제된 것 사이의 분열, 즉 세상에 존재하는 것 대 이들의 억압된 충동과 느낌 대 이들 사이의 이성적 측면인 내적 분열이다. 아이러니하게도 1번 유형은 가끔 자신이 확신하는 것에 대하여 정서적이고 열성적이다. 그러나 항상 그것을 자각하는 것은 아니다. 자신을 합리적이고 조화로운 것으로 보기를 좋아하지만 결코 자신의 정서, 특히 자신의 공격적이고 성적인 충동을 예리하게 인식하지 못한다. 비록 가능한 한 점검을 하면서 자신의 충동을 유지하려고 시도하지만 이들은 결코 기대하는 것만큼 성공적이지 못하다.

이런 이중 분열로 보통수준에서 불건강한 수준까지의 1번 유형은 자신의 이상적 완전함과 자신의 불완전함 사이, 고결한 느낌과 죄스러운 느낌 사이, 자신의 행동과 자신의 지각 사이, 자신의 질서에 대한 욕구와 여러 곳에서 보는 무질서 사이, 선과 악 사이, 신과 악마 사이에서 항상 갈등에 사로잡혀 있다.

1번 유형은 융의 유형론에서 외향적 사고유형과 부합한다. 이것은 융의 가장 명확한 설명 중의 하나다.

> 이런 유형의 사람은 객관적인 현실 또는 객관적으로 지향된 지적 공식을 그 자신뿐 아니라 그 자신의 전반적 환경을 위하여 지배하는 원칙으로 향상시킨다. 이와 같은 공식에 따라서 선과 악이 평가되고 아름다움과 추함이 결정된다. 이와 같은 공식은 동의하는 모든 것은 옳고, 이것에 모순되는 모든 것은 그르다. …… 왜냐하면 이런 공식은 인생의 전체적 의미를 구체화하는 것으로 보기 때문에 이것은 개인적 및 집합적으로 언제 어느 곳에서나 효과를 내야 하는 보편적인 법칙이 되었다. 외향적 사고유형이 이

> 들 자신을 이들의 공식으로 종속시키는 것처럼, 이들 자신의 선에 대해 주위의 모든 사람도 그것에 복종해야 한다. 그것에 복종하기를 거절하는 사람은 잘못이다. 그는 보편적인 법에 저항하고 그러므로 비합리적이고 비도덕적이며 양심이 없다. 그의 도덕률은 그가 그의 이상이 모든 상황 아래에서 실현되어야 한다는 생각한다. …… 이것은 이웃의 어떤 위대한 사랑으로부터가 아니라 정의와 진리의 더 높은 기준으로부터 오는 것이다. …… 의무와 필연성은 이 프로그램에서 중요해 보인다. 만약 그 공식이 충분히 광범위하다면 이 유형은 사회생활에서 개혁가 또는 검사 또는 양심의 정화자로서 매우 유용한 역할을 할 것이다. …… 그러나 이 공식이 보다 엄격해질수록 더욱 그는 몹시 까다로운 사람, 변명하는 사람, 깐깐한 사람으로 발전하여 자신과 다른 사람에게 틀에 맞추도록 강요하기 쉽다. 이런 유형의 다수가 움직이는 사이에는 두 가지 극단이 있다(C. G. Jung, *Psychological Types*, 347).

이러한 관점으로부터 우리는 융이 1번 유형의 발달 수준에 따라 보통수준 1번 유형은 개혁가이고 공공의 실행자인 데 반하여 불건강한 1번 유형은 다른 사람들을 자신의 특정한 틀에 맞춰 편협하게 시도하는 등 다양한 점을 묘사하고 있는 것을 볼 수 있다. 우리가 살펴볼 것처럼 1번 유형의 특성에 대한 충분한 스펙트럼은 인간 본성의 귀중하고도 감탄할 만한 면들의 일부를 포함한다. 이들이 건강할 때 1번 유형은 가장 객관적이고 원칙적이 될 수 있고 모든 성격유형에 대하여 현명할 수 있다. 인간적으로 가능한 한 많이, 이들은 자신의 개인적 느낌이 다른 사람을 공정하게 취급하는 방법 속에 포함하려고 노력한다. 이들은 단순히 자신을 위해서가 아니라 모든 사람을 위한 정의에 깊이 관여되어 있다.

그러나 이와 대조적으로 이들이 불건강할 때는 자신의 삶에 생각할 수 있는 상황에서 자신의 이상을 가차 없이 적용한다. 불건강한 1번 유형은 자신에게 동의하지 않는 사람들에 대하여 극도로 편협해진다. 그래서 이들은 자신만이 오로지 진리를 알고 모든 것이 그것을 따라야 한다고 확신한다. 하지 않는 것은 비난받고 처벌받는다. 문제는 인간본성이 갑자기 나타나게 두는 것이며, 이는 불건강한 1번 유형이 자신이 해야 한다고 느끼는 것처럼 완전하게 자신을 통제할 수 없다는 것을 발견하는 것이다. 이들의 충동은 그렇게 오랫동안 억제될 수 있다. 욕망은 전성기를 맞을 것이다.

부모 기원

1번 유형은 자신이 보호자에서 분리된 아이들이었기 때문에 그렇게 하면서 발달한다. 여기서 보호자는 초기 아동기에 필요할 때 아이들에게 한계를 지우고 지도를 하고 필요할 때 훈육을 하고 책임을 지는 성인이다. 이것은 가족 내에서 전통적인 가부장적 역할을 하는 사람이다. 종종 보호자는 아버지이지만 항상 그렇지는 않다. 많은 가족 중에서는 어머니가 보호자이고, 다른 가족에서는 조부모나 형제자매가 아동의 발달에서 이 역할을 할 수도 있다. 보호자로부터의 단절과 보호자가 상징하는 것은 초자아 발달의 중심이 되는 중요성이었다. 이런 아이들은 자신의 원가족으로부터 제공되는 구조와 안내에 의존할 수 없다고 느낀다. 이들은 가족의 규칙을 독단적이며 불공평하고 또는 너무 엄격하거나 불안정하게 경험할 수도 있다. 특별한 것이 무엇이든 간에 1번 유형은 자신이 보호자로부터 받는 구조와 한계로 자신의 방향을 개발하지 않으면 안 된다고 느끼기 때문에 불만족하고 좌절한다. 1번 유형은 자신이 기대했던 것보다 더 엄격한 윤리적 규칙을 만들어 냄으로써 원가족의 규칙을 전수받으려 노력한다. 이런 식으로 1번 유형은 자신이 비난받지 않으려고 노력함으로써 비난을 피할 수 있다고 믿게 되었다.

이것은 1번 유형에서 "당신은 당신이 있는 그대로 받아들여지지 않아. 당신은 더 좋고 항상 더 좋아."라는 일관된 메시지로 끊임없는 초자아 기제를 창조한다. 더욱 권위주의적이거나 혼란스러운 가족체계에서 이 같은 초자아 메시지는 심각해지고 융통성이 없을 수 있다. 그 같은 상황에서 이들 자신의 바람과 느낌은 거의 없다. 반면에 이런 아이들은 자신이 항상 비판이나 비난을 받는 것을 피하기 위하여 규칙을 따라야 한다고 느꼈다. 결과적으로 이들의 감정과 다른 충동은 내재화된 벌 주는 아버지로부터 하여 상징화된 힘으로부터 억압을 받는다(프로이트주의자들은 배변 훈련을 1번 유형에서 배운 대로 따르는 강박관념 형태의 항문기적 특성이 있는 투쟁으로 본다. 프로이트주의자들의 질서, 인색함 및 완고함의 항문기적 특성이 1번 유형에서, 특히 9번 날개를 가진 1번 유형에게서 보이는 반면, 우리는 이런 성격유형의 기원을 이해하기 위하여 단지 배변 문제로 우리 자신을 한정하려고 하지 않는다.).

아동기 때 1번 유형은 여러 가지 이유로 보호자로부터 단절되었을 수 있다. 보호자는 가족으로부터 부재하였거나 아이들을 학대하거나 불공정하게 다루었을 수 있다. 또는 엄격한 도덕적 및 종교적 양육과 처벌에 대한 위협의 결과로 아이는 신으로부터 위반하여 비난받는 것을 두려워했을 수 있다. 아이는 충동적이고, 즐거움을 탐닉하는, 이기적 또는 결과적으로 단순한 아이들의 자연적 행동인 다른 활동 때문에 지옥에 보내지는 것을 두려워했을 수도 있다. 다른 경우에 1번 유형은 완전히 평화롭고 정상적인 유아기를 경험했을 수도 있다. 그러나 아직 좀 더 노력해야 하는 무엇인가 있다고, 즉 아이의 가족 또는 동료들이 가진 가치의 부분보다 약간 더 높은 이상이 있다고 느낀다. 종종 1번 유형은 아이인 것을 불편하게 느꼈거나, 또는 아이로서 행동하는 것이 허용되지 않았을 수 있다. 따라서 아동이기보다는 작은 성인이 되고자 노력하였다. 이런 저런 이유 때문에 1번 유형은 안내, 구조 및 훈련에서 자신에게 의지해야 된다고 결정하였다. 이들은 자기 자신이 부모가 되어야 했고 자신이 자신의 보호자보다 더욱 나은 일을 하여야 했다.

이것은 또한 이들이 자신에 대한 비난에 대하여 반항하지 않고 자신의 위반에 대한 죄책감을 느낌으로써 자신의 양심 통제를 내재화한다는 것에 주목할 만한 가치가 있다. 그럼에도 불구하고 완전함에 대한 부담이 이들에게 지워진 것에 대하여 화가 나고, 더욱이 이들의 감정과 충동에 똑같은 통제를 필요로 하지 않는 다른 사람을 볼 때 더욱 화가 난다. 다른 사람의 자유(1번 유형에게는, 다른 사람이 자신에게 부여하는 면허증)는 이들을 적대적이게 하고 자신의 금지의 중압감 아래서 이들을 초조하게 만든다.

분노와 완전함에 대한 문제들

아이러니하게도 1번 유형은 자신에게 완전하지 않은 것에 대하여 주로 화가 났을 때 다른 사람에게 가장 불공평하게 자신의 분노를 터뜨린다. 자신의 혼란스러운 감정을 해결하는 대신, 보통수준에서 불건강한 수준까지의 1번 유형은 모든 것에서 결점을 찾는다. 이들은 독선적인 1번 유형을 공격적으로 만든다. 그러나 1번 유형은 그런 공격적인 성격유형이 아니다. 이들의 이상이 자신을 포함하여 모든 것을 측정하는 척도이기 때문에, 실제적으로 1번 유형은 자신의 이상과 자신의 초자아의 요구대로 한다. 이들의 성격에서 공격성은 이상에 완전하게 따르지 못하는 것에 대하여 자신과 다른 사람에 대한 분노의 표현이다.

더욱이 이들의 분노는 이들이 자신과 타인에게 너무나 큰 부담을 준 사실에 대한 신호다. 즉, 완전함은 인간본성이 참아 낼 수 없는 짐이다. 1번 유형이 받아들이기 어려운 것은 인간의 자연적 상태인 정신과 육체의 상호 의존성이다. 이들 자신의 불합리한 부분은 자신의 이성적인 부분이 할 수 있는 동일한 방법으로 완전해질 수 없거나 통제될 수 없다. 그럼에도 불구하고 자신의 이상을 따르게 하기 위하여 기초가 되는 모든 것, 자신의 인간적인 모든 것을 부정하면서 불합리한 자기를 통제하려고 노력한다. 궁극적으로 1번 유형은 인간이 된 것에 대하여 죄책감을 느낀다. 이들은 자신이 천사가 아니기 때문에 비난받는 것을 두려워한다.

1번 유형들이 건강할 때 생에 대한 목적의 방향성은 자신을 포함하여 인간의 실제에 화합하여 확고하게 남아 있도록 스스로에게 허락한다. 이들은 모든 성격유형 중에서 가장 분별력 있고 도덕적이고 합리적이며 타인과 자신에 대하여 관대하다. 이들은 자신의 이상이 모든 상황에서 누구에게나 동등하게 적용되지 않을 수 있다는 것을 인식한다. 이들이 건강하지 않을 때 이들의 행동은 이들의 인간성이 타락했기 때문에 이들의 미덕에 대한 왜곡된 풍자만화다. 불건강한 1번 유형은 자신의 커다란 죄는 용서하는 대신, 타인의 잘못에 대해서는 벌을 준다. 이들은 인간성과의 연결을 상실했기 때문에 완전히 자비심을 잃는다. 만약 이상이 인간에게 도움이 안 된다면 무슨 목적이 인간들에게 도움을 줄 것인가?

건강한 1번 유형에 대한 분석

1수준: 지혜로운 현실주의자

매우 건강한 1번 유형은 자신의 충동이 자신이 두려워하는 것처럼 혼란스럽거나 위협적이 아니라는 것을 발견함으로써 표면적으로 자신의 인간성의 충분한 범위를 인정한다. 모든 사람이 해야만 하듯이, 이들은 건강한 기능을 위해 필요한 정도를 제외하고는 자신의 욕구와 감정을 억압하지 않는다. 그럼으로써 자신의 초자아에 따라서 비합리적 또는 혼란스러운 것으로 버려진 자신의 부분이 자신 마음의 여지와 균형을 맞추게 되고 자신의 총체적인 성격에 통합된다. 이들의 주관적인 측면은 객관적 현실과 긴밀하게 협력하고, 이들은 자신을 포함하여 삶에 대해 대단히 현실적이고 수용적이 된다.

이들이 자신에 대하여 너무나 현실적이기 때문에 매우 건강한 1번 유형은 매우 성숙하고 잘 균형이 잡힌다. 이들이 아직도 이상에 매력이 있을지라도 매우 건강한 1번 유형은 이들을 일방적이고 답답한 명령으로 보는 것이 아니라 이들이 개인적으로 충족을 찾는 어떤 것으로 인정한다. 이들은 모든 것을 완전하게 만든다든가, 또는 절대적으로 자신을 완전해지도록 할 필요를 느끼지 않는다. 더욱이 1번 유형이 자신의 초자아의 엄격한 규칙과 범주들을 내려놓음으로써 모든 상황에 적용할 수 있는 단일한 이상과 규칙이 있는 것이 아니라는 것을 안다. 이것은 희망 없는 모험도 아니고 따라서 적당한 도덕 규범이다. 완전한 인간이 되는 것은 충분히 도전하는 것이다. 그리고 역설적으로 완전한 인간이 됨으로써 1번 유형은 인간적으로 가능한 만큼 거의 완전에 가까워질 것이다. 이렇게 건강할 때 1번 유형은 아주 고귀한 정신으로 표현되어 '천사와 같은 정도'다.

매우 건강한 1번 유형은 자신의 특별한 통찰력 때문에 성격유형들 중에서 가장 현명하다. 이들의 판단은 이상보다는 현실에 기초를 두고 있어서 훌륭하다. 이들은 자신이 어떠한 상황에 있든지 간에 해야 하는 것 중 가장 좋은 것을 선별하는 논리적 이론을 능가한다. 매우 건강한 5번 유형이 세계를 이해하는 가장 통찰력 있는 식견과 이해를 가진 것처럼, 매우 건강한 1번 유형은 타인을 안내하기 위해서 좋은 점을 찾으면서 세상에서 올바르고 적절한 행동에 대한 분명한 의견을 갖는다.

이들이 자신을 관대하게 수용하는 것처럼 매우 건강한 1번 유형은 다른 사람에게도 수용적이고 관대하다. 대부분의 사람이 관대함이란 말을 사용할 때, 대개 사람은 자신이 좋아하는 것은 무엇이나 하도록 허용되어야 한다는 허용적 의미다. 그러나 타인에 대한 관대함과 수용은 허용과 동일하지는 않다. 진실로 관대함은 사람들이 선에 도달하도록 잘 형성된 의견의 차이점을 존중하는 능력이다. 개신교도인 관대한 1번 유형은 자신이 좋아하는 신을 섬기려는 자유와 동일한 자유가 유대교도, 가톨릭교도, 이슬람교도, 힌두교도에게도 있음을 인정한다. 이것은 관대한 1번 유형이 타인의 모든 종교적 믿음이 옳거나 종교적 차이가 문제가 되지 않는다고 생각하는 것을 의미하는 것은 아니다. 단지 1번 유형이 자신에게서 자신의 방법으로 진리를 알아내려는 자유를 타인에게 인정하는 것이다. 이들은 진리를 표현하는 특별한 방법에 사로잡히지 않고, 이런 진리를 반대하는 입장과 관점과 의사소통에 기초를 이루는 더 깊은 진리를 볼 수 있다. 더욱이 매우 건강한 1번 유형은 다른 사람들이 쉽게 들을 수 있도록 진실을 말할 수 있다. 다른 사람들은 1번 유형의 이상으로부터 위협받지 않는다.

매우 건강한 1번 유형은 그들의 마음에 궁극적인 가치를 보유하기 때문에 이처럼 관대해질 수 있다. 건강한 1번 유형은 관점에서 탁월한 영적인 영역을 유지함으로써 현실에 대해 더 큰 조망이 가능하고, 그것은 이들에게 그 자체로서 적절한 맥락에서 모든 것을 보는 능력을 가진다. 이들의 통찰력의 깊이는 건강한 1번 유형이 어떤 상황에서도 정말로 가장 중요한 것에 초점을 맞출 수 있도록 한다. 이들은 사실상 '더 큰 선'이 있다는 것을 한 번에 안다(그리고 만약 이들이 모른다면 현실이 자신에게 대답을 줄 때까지 기다릴 수 있기 때문에 자신의 무지가 건강한 1번 유형을 놀라게 하지 않는다.).

이들은 진실의 실제와 탁월한 가치의 객관성을 너무나 확신하기 때문에 타인의 권리가 잘못되는 것을 인식한다. 매우 건강한 1번 유형들이 도덕적 질서 속에서 가지는 신념이 너무나 깊어서 자신의 관점에서, 자신의 모든 생활이 잘못될 수 있다고 타인들을 인정한다. 왜냐하면 이들은 실수는 절대적으로 진리를 능가할 수 없다고 믿기 때문이다. 그들은 진리라는 것은 그 자체가 현실의 본질이기 때문에 항상 우세할 것이라고 믿는다. 이것은 완전하게 현실적인 것이 현명하게 되는 이유다. 지혜는 이성을 능가하고 불합리한 것을 포함하며 그것을 참작한다. 이것은 사물의 진짜 질서를 보는 것이고 그리하여 항상 무엇이 옳고 선한 것인가를 아는 것이다.

따라서 모든 것이 잘 되어 가는 것, '우주는 그것이 되어야 되는 데 따라 펼쳐지고 있다.'는 이해할 수 없고 표현할 수 없는 심오한 수준이다. 이들이 그것을 보려는 자신의 현실에 대한 개인적 이해를 초월하기 때문에 매우 건강한 1번 유형은 초월적인 현실주의자다.

2수준: 합리적인 사람

불행하게도 건강한 1번 유형이 항상 이렇게 건강한 것이 아니다. 이들은 불균형해지고, 타락하거나 '나쁘게' 될 것이라는 두려움에 굴복할 수도 있고, 모든 것에서 바르게 하려는 열망에 의한 이 두려움에 대하여 보상할 수도 있다. 이들은 완전히 통합되기를 원하며 세상과 타인 그리고 자신과 올바른 관계를 맺기를 원한다. 자기감은 항상 합리적이고 양심적인 데 기초를 두고 있다.

건강한 1번 유형은 정말로 이성의 정신이다. 이들은 대단히 분별 있고 신중하며 합리적으로 좋은 판단력을 가진 본보기들이다. 그리고 2수준의 1번 유형이 이전 단계에서보다 다소 덜 건강할지라도, 이들이 사실상 모든 환경에서 다소 중요한 것이 무엇인지를 알도록 권능을 부여함으로써 이들은 아직 특별히 좋은 판단력을 갖추고 있다. 이들은 어떠한 결정이 내려지는가의 결과를 볼 수 있기 때문에 문제(특히 도덕적인 문제들)를 분명하게 가려 낼 수 있다. 또한 "이것은 옳거나 그르다." "그것은 좋거나 나쁘다."라고 말하면서 가치 판단을 하고, 또한 거기에 따르는 책임을 지는 것을 두려워하지 않는다. 그와 같은 판단을 설명하기 위하여 이런 방법은 실제보다도 더욱 논리적으로 들린다. 사실, 이들의 판단은 깊이 느끼는 확신감, 즉 이들의 본능으로부터 온다. 1번 유형에서는 옳고 그름이 추상적 범주가 아니고 이들은 강렬한 문제이며 선하고 균형 잡힌 삶을 사는 것이 핵심이다. 1번 유형은 균형 잡힌 삶을 사는 것이 건전한 판단을 내리는 데 필요한 객관성을 유지하기 위하여 절대적으로 필요하고 믿는다. 건강한 1번 유형은 옳고 그른 것을 객관적으로 분별하는 방법을 확립하기 위하여 자신의 개인적 변덕과 감정이 작용하지 않기를 바란다.

건강한 1번 유형은 너무나 객관적이어서 스스로로부터 비켜설 수 있으며 자신의 행동, 태도와 느낌을 평가할 수 있다. 이들은 실수하는 것을 원하지 않으나 자신의 잘못을 인식하자마자 잘못을 인정하기를 좋아한다. 이들은 실수한 생각에 매달림으로써 아무것도 얻을 수 없다는 것을 느낀다. 정의와 진실은 이들에게 중요하고 자만으로부터의 잘못된 의견을 갖지 않는다.

성격과 문화의 한계 내에서 1번 유형은 건강한 양심을 가지고 있기 때문에 잘못으로부터 옳음을, 악한 것으로부터 선함을 안다. 이들의 양심은 자신이 옳다고 믿는 것을 하도록 이들을 동기화한다. 건강한 1번 유형은 자신 스스로 안에 품을지 모르는 이기심, 째째한 마음, 고집 센 열정이 무엇이든 간에 인식할 수 있고, 이와 같은 종류의 느낌들이 균형 잡히는 것을 보기 좋아한다. 이들은 실패했을 때 물론 후회를 느끼기도 하지만 덕이 높을 때는 평화롭다.

무엇보다도 1번 유형은 공정하기를 원하며 이들이 건강할 때 특히 공정하다. 더욱이 공정함(확실히 독선 없이)에 대한 자의식 없이도 공정하다. 공정한 것은 전통적인 관념에서 양심적이 되는 것을 필수로 하지는 않는다. 공정해지는 것은 그것보다 더욱 포괄적이다. 1번 유형은 자신이 어떻든 보게 될지 모르는 신의 법과 자연적 질서에 맞추어 정직하고 책임감 있는 사람이 되기를 원한다. 건강한 1번 유형의 공정함은 하늘과 땅과 인간성이 균형이 잡힌 사람이라는 중국의 도교 철학의 이상에서 잘 나타나 있다. 건강한 1번 유형은 이와 같은 목표를 달성하기 위하여 정당하고 통합된 삶을 살기 원한다.

이성, 절제, 중용 및 공평이 얼마나 가치 있는가를 이해함으로써 건강한 1번 유형은 자신이 내재화하고 있는 억제 수단들이 어떤 방법으로 자신을 제한하는지를 느끼지 못한다. 정말로 이들은 양심에 대한 압박 없이 인간사회는 가능하지 않다고 믿는다. 문화생활의 가장 가치 있는 이익의 대부분은 장기간, 더 높은 목표를 위하여 개인적 보상을 지연시키려는 이들 의지의 결과다.

1번 유형은 어떤 미덕을 자신이 소유했는지를 느끼지 않을 뿐 아니라 심지어 자신이 선하기를 바라는 사실조차 느끼지 않고 삶에서 악과 고통으로부터 해방시킨다. 이들은 덕을 높이기 위하여 하느님이 자신을 축복하기 위하여 함께한다는 사실을 만들지 않으며, 자신은 선을 끌어들이기 때문에 삶의 조건에서 면제되는 것을 느끼지 않는다. 예를 들면, 건강한 1번 유형은 자신에게 우연히 발생할 수 없는 것이 타인에게 일어나는 것을 보지 않는다. 고통이 생길 때 "왜 나인가?"를 묻는 대신, 이들은 "왜 내가 아닌가?"를 물으려 한다. 이들은 삶이 쉽거나 근심이 없을 것이라고 기대하지 않지만 다른 한편으로 건강한 1번 유형은 비관주의자가 아니다. 이들은 단순히 현실주의가 된다.

3수준: 원칙적인 교사

건강한 1번 유형은 옳게 되기를 원하는 것이 아니라 옳은 것을 하기를 원하기 때문에, 양심을 가짐으로써 현저하게 도덕적이며 유용한 삶을 산다. 이들은 객관적 가치를 실천에 옮기기를 바라며 자신의 열정에 따라 흔들리지 않기를 원한다. 그래서 인간적으로 가능한 한 많이 이들은 객관적으로 옳은 일을 할 수 있다.

공정함이 이전 수준에서 주요한 미덕이었던 반면에 진실과 정의가 나타나기 시작한다. 이리하여 건강한 1번 유형은 타인이 정당하게 대우받는 것에 대단히 관심이 있다. 이들은 그것을 어디에서 발견하든, 그것이 친구이든 낯선 사람이든, 혹은 부정로부터 해를 입은 자신이든지 간에 공정하지 않은 것을 싫어한다. 건강한 1번 유형은 공정함과 정의에 열중하며 이것은 무미건조한 원칙이 아니고 자신의 열정이다. 다른 성격유형을 가진 사람들보다도 더 많이 건강한 1번 유형은 자신의 도덕적 신념을 위하여 정열적으로 다른 사람에게 부당하게 행동하기보다 자신이 불공평으로 고통을 겪는 게 차라리 낫다고 본다(이 관점에서 건강한 1번 유형은 건강한 8번 유형으로 오해될 수 있다.).

건강한 1번 유형은 대단히 통합적이고 극도로 윤리적이다. 누군가에게 거짓말을 하거나 속이는 것은 생각할 수 없다. 이들은 대단히 원칙적인데, 자신이 지키는 개인적인 기준이 있고, 자신이 보기에 객관적이고 합리적인 토대에 기초한 결정을 내리고, 즉각적인 자기 이익에 상관없이 어떤 일을 한다. 자신의 행동이 장기간에 걸쳐 미칠 영향력을 볼 줄 아는 능력과 건강한 자기 훈련을 가지고 있다. 예를 들면, 시민 생활에서 자신의 지갑보다는 자신의 양심에 투표를 한다. 부모로서 이들은 단지 자신의 아이들에게 무엇이 유익할 것인가보다 전체 공동체에 무엇이 이익이 될 것인가의 기초 위에서 문제를 결정한다. 종교인으로서 이들은 그것이 시민 권위에 위배되는 것을 의미할지라도 자신의 종교적 원칙에 따라 행동한다. 이렇게 1번 유형은 원칙을 지키기 위해 자신과 자신의 소유물, 자신의 평판, 자신의 생명까지도 위태롭게 하는데, 이런 점에서 매우 용기 있다고 할 수 있다. 이들은 자신의 원칙이 희생되는 것을 원하지 않는다. 왜냐하면 그렇게 하는 것은 자신의 통합을 무너뜨리고 통합을 방해함으로써 스스로에게 깊은 만족의 근원이 되는 선과 미덕을 위한 역량인 본질을 망칠 것이기 때문이다. 참으로 1번 유형은 무엇보다도 자신이 세상에 어떤 긍정적인 공헌을 했다고 느끼기를 원하고, 그리고 자주 진지한 의도에서 사명감을 가진 자신을 경험한다.

이들의 통합 진실, 사명감은 높은 신뢰감과 책임감을 가진 개인을 창조하려고 결합한다. 이런 관점에서 이들은 건강한 6번 유형과 많이 닮았다. 그러나 6번 유형은 자신이 옳은 일을 하고 있다는 것을 확신을 얻기 위하여 자기 자신을 밖으로 드러내려는 경향이 있는 반면, 1번 유형은 되풀이하여 자신 내부의 도덕적 범위에 되돌리는 경향이 있다. 이들의 책임감은 인생의 임무로서 자신의 이상을 실현시키려는 내적 충동으로부터 나온다. 이것은 또한 이들에게 자신의 목표를 달성하도록 강한 집중점과 욕구를 준다(건강한 3번 유형처럼). 건강한 1번 유형은 자기 훈련이 없다면 아무것도 아니다. 이들은 자신의 목적을 달성하기 위하여 주의 산만, 안락, 쉬운 해결의 유혹을 제쳐 놓음으로써 궤도를 유지할 수 있다.

이 수준에서 1번 유형은 양심, 선한 의지, 다른 사람의 공정함에 호소하고, 누구를 기쁘게 하거나 슬프게 하거나에 상관없이 자신의 신념을 두려움 없이 분명하게 표현함으로써 옳은 일을 지속한다. 따라서 건강한 1번 유형이 사회를 위하여 하는 것은 도덕 교사가 되는 것이고 타인들에게 자신의 원칙과 도덕적 비전을 전달하는 '진리에 대한 목격자' 가 되는 것이다. 이것은 아마 지식의 표상으로 단지 전하는 것에 한정하지 않고 균형 있게 살아가는 방법의 비전을 알리는 가장 높은 형태의 가르침일 것이다. 1번 유형은 옳고 그름과 옳거나 그르게 행동했을 때의 결과에 대한 확실한 개념을 생각하면서 인생에서 목표를 갖지 못하고 그것을 찾을 방법을 갖지 못할 것을 걱정한다.

건강한 1번 유형의 특징은 자신의 양심이 주로 스스로에게 말하는 것, 즉 자신이 전 세계에 부여된 의무가 아니라는 것이다. 건강한 1번 유형은 다른 사람들에게 설명하는 것에 따라서가 아니라 개인적인 사례에 따라서 가르친다. 진리는 무시될 수 없는 소리로 영혼에게 말하기 때문에 다른 사람들이 자신에게 귀를 기울이든 말든 진리는 궁극적으로 들릴 것이라고 이들은 확신한다.

보통수준 1번 유형에 대한 분석

4수준: 이상적 개혁가

이들의 초자아에 의거하여 점차적으로 인도되어 1번 유형은 항상 자신이 그것을 위반할 때 죄책감과 걱정에 시달린다. 만약 몇 가지 이유 때문에 1번 유형이 타인들이 자신의 원칙에 개의치 않거나, 어느 정도 진척을 만들지 못해서 두려워하기 시작한다면, 이들은 모든 것에서 더욱 높은 우수성의 수준을 실현하려고 노력하기 시작한다. 이들은 모든 것을 더 잘하기를 바란다. 이들은 이상주의자, 개혁가 그리고 이유 있는 개혁운동가가 되고 부단한 발전을 향하여 자신과 타인을 간곡히 타이른다.

건강한 1번 유형과 보통수준 1번 유형의 차이는, 보통수준 1번 유형의 경우 홀로 모든 것의 답을 가지고 있다고 확신한다는 것이다. 홀로 자신이 주위에서 보는 무질서를 해결할 수 있다. 개인의 양심은 모든 일에서 이상을 실현하려고 노력하려는 의무감으로 강화된다. 이래서 "나는 그 일들이 어떻게 되어야 하는지를 알고 그래서 당신은 내 말을 들어야 한다." 라고 보통수준 1번 유형은 도덕적 우수성의 위치에서 세상에 간섭하기 시작한다. 자신보다 거칠어지고 규제된 것으로 타인들을 경험하기 시작하고 고상한 이상의 미덕으로 우쭐하는 감정을 느끼기 시작한다.

보통수준 1번 유형이 개인적으로 이상이라고 정의하는 것은 모든 이를 위한 표준이 된다. 이들은 자신이 모든 일이 되어야 하는 방법을 안다고 확신한다. 도덕적 '기대'와 '의무'의 압박은 1번 유형이 이것과 저것을 하지 않아야 할 뿐 아니라 또한 모든 이에게 해야 한다고 그 자신을 느끼게 만든다. 이들은 그른 것을 옳게 만들고 무지를 교육하고 목적이 없는 이를 인도하고 바른 관점에서 타인을 지시하는 것이 자신에게 달렸다고 느낀다. 문제는 이들이 옳은 일을 하는 타인을 신뢰하지 않는다는 것이다("만약 내가 그것을 하지 않으면 누가 하겠어?").

보통수준 1번 유형은 자신을 타인에 비하여 더욱 분별력이 있고 민감하다고 여기면서 인간본성에 대한 당당한 관점을 취한다. 인류의 입법가 및 행정가가 되어야 할 의무를 느끼고 모든 사람이 따라야 하는 법을 제정하려고 한다. 너무 작거나 너무 개인적이어서 이들의 즈의 또는 이들의 가치판단을 피할 수 없는 것은 어떤 것도 없다. 흡연, 음주, 좌석 벨트 매기, 텔레비전의 질, 성인 영화, 록 음악은 보통수준 1번 유형이 다른 사람들과 논의할 단지 몇 개의 주제일 뿐이다. 이 수준에서 1번 유형은 이것에 관하여 반드시 공격적이지는 않으나 이들은 타인에게 어떤 일들을 지적하도록 강요받는 것을 느끼거나 타인의 행동의 파생 효과를 설명해 준다(물론 1번 유형은 자신의 의견이 올바를지 모르나, 자신을 위하여 타인의 실수를 찾아내면서 사람을 신뢰하지 않는다.).

이들은 어떻게 자신의 이상에 가까워지고 있는가에 대하여 주의를 기울이면서 진전이 되도록 노력한다. 자신의 도덕적 척도에 따라서 자신이 관계한 어떤 영역에서라도 향상되기를 매우 권한다. 이리하여 이들은 극히 과단성이 있으며 항상 마음속에 높은 목표를 가진다. 이들은 오락 프로그램을 결코 보아서는 안 되고 단지 교육을 위한 것만 보아야 한다고 느낄지 모른다. 그리하여 자신이 항상 증진하여야 하고 무엇인가 가치 있는 일을 하고 있어야 한다. 이것이 보통수준 1번 유형이 자신과 관련시켜 고결한 마음을 가지게 하는 이유이기도 하다. 그래서 1번 유형은 이주 노동자를 위하여 감시원을 배치하거나, 또는 정당을 위해 이웃과의 교제를 마련하거나, 환경적 관심을 불러 모으거나, 지역학교 재편성을 통과시키기 위하여 투표자를 모으기도 한다.

개혁가 및 개혁운동가로서 보통수준 1번 유형은 자신이 모든 문제에서 어디에 위치하여야 하는지를 정확히 안다. 자신은 그들의 위치를 선교사의 열정을 가지고 주장한다. 항상 완전히 유기적으로 토의하기를 좋아하며 자신의 관점을 효과적으로 제시할 수 있다. 그리고 자신의 위치가 올바르다고 진실로 믿기 때문에 커다란 자신감을 가지고 형태가 없는 진흙 덩어리를 손에 넣는 데 열중하는 조각가처럼 세상에 관여한다. 물론 거기에는 이들의 어려움의 시작이 있고 이들과 더불어 다른 사람들의 어려움이 있다. 세상, 특히 다른 사람들은 이들의 개혁 충동에 따라 만들어져야 하는 진흙 덩어리가 아니다. 현실은 보통수준의 1번 유형이 그것을 공들여 마무리하기를 원할지라도 이미 그 자신의 형상을 가졌다는 것이다.

5수준: 규율 있는 사람

이 수준의 1번 유형이 가족이나 친구들 사이에서 어떤 종류의 공공 표준과 질서를 만든 이래, 이들은 자신의 개인적 감정과 자신의 공적 이상의 위치 사이에 어떤 불일치를 원하지 않는다. 삶의 모든 분야, 특히 자신의 충동과 감정을 통제하기를 원한다.

이들의 건강한 자기 훈련은 활발한 효율성과 질서정연함으로 완화한다. 보통수준 1번 유형은 모든 것을 지배하기 위하여 자신의 분별력을 원한다. 자신의 엄격한 초자아는 정신에 대한 이원성을 드러내면서 자신의 욕망과 감정에 대하여 맞붙는다. 이들은 모든 것을 흑과 백, 옳음과 그름, 선과 악, 맞게 하는 것과 틀리게 하는 것으로 본다. 그곳에 주관적 선호에 대한 여지가 있을 수 없고 단지 자기 몰두로 본다. 보통수준 1번 유형이 자신, 다른 사람들 그리고 환경을 통제하려고 시도할 때 사용하는 객관적인 훈계와 질서가 원칙적인 방법이 된다.

매우 신중하고 철저하게 이들은 세상을 깔끔한 범주로 조직하고자 시도한다(이들 자신의 내적 삶을 통제하거나 통제하고 싶어 할 때만큼 엄밀하게). 이들은 세부사항에 까다롭고, 좋아하는 진술인 "모든 것은 통제하에 있다."로 모든 상상할 수 있는 가능성을 기획하고 이루고자 한다(플로차트는 사실상 이들이 현실에 접근하는 방법의 상징이 된다.). 모든 1번 유형은 이런 점에서 정서적으로 깔끔하지는 않지만 모든 것이 끊임없이 조직화되는 데 관심을 두고 있다. 모든 곳에서 질서 있게 스스로 주의 깊게 목록을 만들고 계획을 세우기 때문에 시간을 허비하지 않을 것이다. 보통수준의 1번 유형은 시간은 자신에게 정말로 중요하고 항상 시간의 사용에 대해 계산을 할 수 있다. 이들은 항상 시간에 정확하며 다른 사람들도 똑같이 시간을 엄수하기를 주장한다. 다른 어떤 유형도 삶이 심각한 일처럼 느끼는 1번 유형처럼 그렇게 청교도 행위 윤리로 의인화하지는 않을 것이다. 자신의 의무로부터 휴식이 거의 없으며 자신이 긴장을 풀 수 있고 원하는 것을 무엇이나 할 수 있다고 느끼는 순간은 거의 없다.

이들이 생각하는 방법 역시 매우 정돈되어 있다. 이들은 조직적이고 항상 정확하여 논리적인 구별을 한다. 모호한 문제를 찾아내고 그것을 흑백논리로 이해하여 분명히 하려고 노력한다. 불행하게도 현실에서 그렇게 쉽게 범주화될 수 있는 것이 거의 없을 것이다. 그러나 보통수준의 1번 유형은 현실은 모호한 것이 아니라고 단정한다. 이들은 자신 마음의 위계화와 모든 것을 판단하는 방법을 발달시켜서 모든 것의 등급을 계속해서 매기는 학교 선생님이 "이것은 그것보다 좋아."라고 말하듯이 자동적으로 등급을 매기거나 평가를 한다. 보통수준의 1번 유형은 모든 사건에는 논리적 이유가 있어야 하며 어떤 사람이 자신의 관점과 모순되는 정보를 자신에게 제공할 때 촉각을 곤두세워야 한다고 믿는다. 이들은 사건들에 대한 정확한 설명을 찾는다. 왜냐하면 명확하고 직접적인 원인을 모르고 어떻게 사람들이 자신의 행동에 대하여 설명할 수 있겠는가? 어떻게 보상과 비난을 구분할 수 있겠는가?

요약하자면 5수준에 있는 보통수준 1번 유형은 프로이트의 항문기형으로 현실에 대해 심판하고 설명하고 비판한다. 이들은 확실한 우선순위를 갖는다. 그리고 생활에서 자신에게 덜 중요한 그런 분야에서는 충동의 조직화를 더 적게 한다. 높은 우선순위 분야에서 보통수준의 1번 유형은 많은 양의 주의를 기울일 것이다. 이런 문제에서 이들은 모든 것이 깨끗하고 분명하고 깔끔해지기를 원한다. 그 어떤 것도 제자리에 놓이지 않으면 안 되고 어떤 느슨한 결과도 있어서는 안 된다. 시계 같은 정확성이 이들의 목표다. 물론 1번 유형의 질서정연함은 특별히 자신이 일하는 조직을 위하여, 그리고 전체적으로 사회를 위하여 많은 긍정적인 효과가 있다. 만약 일이 조직화된다면 사업회의에서부터 크리스마스 선물 포장과 운송계획까지 모든 것이 유연하게 운영될 것이다. 만약 세상에 어느 정도의 질서와 그것을 제공하는 사람들이 없다면 질서는 매우 적을 것이다.

그러나 모든 다른 것처럼 질서정연함은 적절함과 정도의 문제다. 이것은 보통수준 1번 유형이 긴장을 풀어야 하는 이유다. 이들은 자신을 자동적이 되도록 허락하지 않는다. 그러나 그렇게 할 때조차도 마치 그것이 자동적으로 될 시간이라고 결정한 것처럼 그것에 대하여 경직되고 강제된 특징이 있다. 대인관계에서 스스로를 표현하려는 예의바름과 에티켓에 의존하면서 약간 숨 막히는 정확한 방식에 적응하려는 경향이 있다. 보통수준의 1번 유형이 적당한 예의를 가지는 것은 자신의 개인적 느낌에 관계없이 사회적으로 기능하도록 한다.

자기 통제가 자신의 바람이기 때문에 보통수준의 1번 유형은 마치 자신의 개인적 성향들이 어느 정도 의심스러운 것인 양 자신이 하고 싶어 하는 것과 반대로 행하면서 자신의 충동과 반대되는 면을 취한다. 만약 1번 유형이 영화를 보기로 되어 있는데 또 다른 것을 하기를 원한다면 자신의 시간을 더욱 심각한 계획에 몰두해야 한다고 느끼기 때문에 그것을 포기할 것이다. 다른 한편으로는 만약 이들이 주말에 어떤 것을 하기를 원하지 않는다면 이들은 그렇게 하기 위하여 자신의 주장대로 나아갈 것이다. 왜냐하면 그렇게 할 의무를 느끼기 때문이다. 보통수준 1번 유형이 자신의 계속적인 저항 때문에 그들의 충동에 따라서 이전보다 더 통제되기 시작하는 것은 아이러니다.

비록 이들이 가진 날개에 많이 의존한다 해도 일반적으로 보통수준의 1번 유형들은 특별히 기쁨과 자신의 욕망이 관련되는 문제들에서 금욕주의적이고 엄격하고 인간미가 없는 특징이 있다. 자신의 충동이 자신의 엄격한 양심에 반하여 불합리할 뿐 아니라 또한 금지된 본성이기 때문에, 일부의 1번 유형에게는 성적 충동이 특별하게 위협적일 수 있다. 이들의 근육조직은 자주 경직되는데, 입은 오므려지고 턱을 굳게 다물고 목과 얼굴은 굳어진다. 긴장, 간결, 경직, 엄격은 이 수준의 1번 유형의 정서 세계와 더불어 이들의 행동에 적용될 수 있는 언어들이다.

비록 이들이 자기 통제를 한다 할지라도 이들은 자신을 거의 보지 못한다. 보통수준의 1번 유형은 자신이 불합리한 충동과 금지된 욕망을 가졌다는 것을 매우 잘 알고 있다. 이들의 관점에서 이들은 세상이 질서 있고 효율적으로 되는 것을 좋아한다. 그러나 그것뿐만 아니라 이들은 자신이 느슨하게 놓아두면 파괴될지도 모르는 세상을 자신의 열정으로 보호하고자 한다. 만약 자신이 좋아하는 대로 하도록 자신을 허락한다면 이들의 정서는 통제를 잃게 되어 무모한 충동으로 휩쓸리고 결과적으로 무거운 죄책감에 빠질 것을 두려워한다. 무의식에 무엇이 사는지 누가 알까? 1번 유형들은 함부로 고치는 것은 현명하지 않다고 생각한다.

이 수준은 발달 수준에서 분열로 가는 전환점이다. 왜냐하면 1번 유형들은 이들이 되고 싶어 하는 만큼 질서정연하지 않았으며, 인생도 1번 유형이 가지려 했던 만큼 질서정연하지 않기 때문이다. 이들의 억제된 충동은 억압의 장벽을 통하여 나타나기 때문이다. 이 수준에서 나아가 1번 유형은 자신과 환경을 훨씬 더 엄격하게 통제하기를 시도하여, 이들의 금지는 불합리한 충동을 그 자리에서 유지할 것이다. 자신의 내적 및 외적 질서에 대한 욕망을 줄이지 않고 이들은 어디서나 무질서를 근절하고자 시도하기 시작한다.

6수준: 판단적 완벽주의자

이들이 자신의 충동을 더 굳게 통제하려고 시도하면 할수록 보통수준의 1번 유형은 더욱 깐깐해짐을 느낄 것이다. 여기에 덧붙여, 이들은 다른 사람들이 성취하려고 열심히 노력한 질서와 균형을 깨지게 할지 모른다고 두려워하기 시작한다. 이들의 안내와 이상주의의 내적 소리는 날카롭고 비평적이 된다. 즉, 지금의 질서정연함으로는 충분치 않다. 완전해야 한다.

만약 자신과 환경을 위하여 이들이 바라는 질서정연함과 자기 통제가 실현되지 않으면 극도로 걱정한다. 그것을 받아들이기 어려울지라도 이 수준의 1번 유형은 종종 다른 사람보다 자기 자신에게 더욱 엄격해진다. 초자아는 거칠어지고 요구가 지나치게 많아지며 전반적인 태도는 자신의 보호자가 한때 자신에게 말한 '아무것도 충분하게 좋지는 않다.' 는 반응으로 요약될 수 있다. 이들은 충분히 될 수 없는 것에 끊임없이 잔소리하고 다른 사람으로부터 판단되는 두려움 때문에 과잉보상을 하며, 자신이 재판관이 된다. 이들이 규칙적으로 자신에게 허용하는 하나의 감정은 참을성 없음, 노여움, 원한 및 분개의 형태로 나타나는 분노다. 이상하게도 1번 유형은 항상 자신의 분노의 정도와 때때로 완전히 분노한 것까지도 알지 못한다. 화내는 것은 혼란 상태가 되고 비합리적이 되며 자신의 엄격한 초자아는 이들이 이런 감정을 인식하지 못하게 한다.

이들은 모든 일에 극히 비평적으로 타인을 간섭하고 퉁명스럽게 저지하고 끊임없이 해야 할 일을 이야기하고 잘못을 지적하며 어떻게 증진시킬 수 있는가에 대하여 설교한다. "내가 그렇게 말했지." 그리고 "만약 네가 나에게 귀를 기울이기만 했어도 이런 일은 일어나지 않아."라는 말은 판단적인 1번 유형으로부터 종종 듣는 말이다. 이들은 모든 것에 비평적이어서 설교하고, 거드름을 피우며 이야기하고, 강의하고, 잔소리한다. 사소한 것에 쉽게 화를 내며 훈련자에게 엄격하고 참을성이 없으며 사실적 또는 상징적으로 쉽게 흠잡아 가벼운 벌을 준다. 보통수준의 1번 유형은 주위의 다른 사람들이 게으르고 무책임하다고 본다("내가 이렇게 열심히 일하고 있는 동안 왜 그들은 바보처럼 배회하는가?"). 단순히 개인적인 의견으로서가 아니라 이들이 진리로 제시하는 모든 것에 관하여 이들은 의견을 가지고 있다. 자신이 잘못될 수 있는 것은 판단적인 1번 유형에게는 일어나지 않는다(예의바름 또는 거짓 정숙 때문에 그들은 가끔 자신이 잘못될 가능성을 인정할 수도 있다. 그러나 이 수준에서 1번 유형은 잘못된 것을 거부한다.).

더욱이 이들은 의견이 자신의 이상에 기초를 두기 때문에, 자신의 의견을 결코 변경하지 않는다. 그리고 나침반 바늘 끝이 항상 바른 방향을 가리키고 있듯이 이들의 이상은 고정된다. 이래서 인생은 특별한 것에 대하여 그 이상을 적용하여 계속적인 오류의 고착이나 누군가가 처음에 잘못한 것을 끊임없이 고치려는 재시도가 이루어진다.

마치 개인적으로 모든 이들의 행동으로 자신이 상처를 받은 것처럼 이들은 다른 사람의 부족과 잘못에 대하여 분개하고 성질을 낸다. 만약 누군가가 거리를 어지럽힌다든가, 또는 이들이 아는 어떤 사람이 세금을 내지 않는다든가, 또는 어떤 사건을 일으켰을 때는 개인적인 모욕으로 생각한다. 만약 이들이 다른 사람에 대한 이들의 비평주의에서 정당할지라도, 이들의 태도는 너무나 무례하고 짜증나기 때문에 실제적으로 반항과 불복종을 초래한다. 일반적 효과로 이들은 고행의 독단주의로 전락하게 된다. 그러나 비평적인 1번 유형이 다른 사람을 즐겁게 하는 데 관심을 가지지 않을지라도 옳은 것을 하는 데 관심을 갖고 있다.

이들 자신의 생활에서 이들은 일벌레이며, 자신이 항상 생산적이지 않으면 죄의식을 느낀다. 그러나 완벽주의적 1번 유형은 너무나 사소한 것에 관여하기 때문에 아이러니하게도 이들의 효율은 가끔 감소되고, 자주 자신이 정해 놓은 목표를 상대방보다 적게 성취한다. 예를 들면, 이들은 약간의 결점을 수리하기 위하여 가구를 윤이 나게 하여 철저하게 마무리를 끝낼 수 있다. 어떤 것이 꼭 필요해서가 아니라 자신의 존재를 정당화하기 위하여 사물을 개선시켜야 되기 때문에 외양을 좋게 개선할 것이다. 물론 그들의 완벽주의는 다른 사람들을 미치게 만들며 그 결과 1번 유형과 함께 일하기 어렵게 만든다. 이들은 매우 예민하고 나쁘게 비평주의를 취한다. 아무도 자신처럼 일을 잘한다고 느끼지 않기 때문에 어느 누구에게도 일과 결정을 대신해서 시키는 것을 좋아하지 않는다. 누군가를 훈련시키는 것보다는 자신이 단번에 그 일을 바르게 해내는 것이 좋다고 생각한다.

어떤 것도 충분히 좋지 않기 때문에 이들의 완벽주의는 자신이 하는 것으로부터 즐거움을 준다. 완벽하게 될 때까지 일들은 결코 끝나지 않는다. 그리고 할 수만 있다면 일들을 완벽하게 하는 데 많은 시간이 소요된다. 이런 일벌레 1번 유형은 자신이 일하는 것을 즐기지도 않지만 일을 안 하는 것을 즐기지도 않는다는 갈등에 빠진다. 이들은 중지하는 것을 두려워한다.

1번 유형이 모든 해답을 가지고 아무도 자신에게 어떤 것을 말할 수 없기 때문에 대인 간의 갈등도 증가한다. 더욱이 이들은 실제적으로 잘 모르는 것에 대하여 선언을 하고, 타인들에게 고압적인 자세를 취하고, 마치 다른 사람들이 잘 지도하지 않으면 옳은 일을 아무것도 할 수 없는 어린아이인 것처럼 모든 것을 설명하는 습관에 빠져든다. 이들은 사람들에게 결혼생활에 대하여 부부를 교육하는 성직자처럼, 또는 절약에 관하여 가난한 사람들에게 설명하는 부유한 칼럼니스트처럼 금지령을 내리면서 그들이 할 수 있는 것과 할 수 없는 것을 가정하여 말한다.

6수준에서 이들의 초자아는 거의 진정시키기 불가능하게 된다. 1번 유형은 현실과 동떨어진 비평하는 내적 소리를 거의 들을 수 없다. 이들이 세워 놓은 표준에 대하여 이들은 필사적으로 시연을 한다. 그러나 그 표준은 계속해서 상승한다. 그와 같은 계속된 자기비난 아래서 만약 이들이 자신에게 쌓아올린 불쾌한 비난을 제거하기만 해도 되는데, 1번 유형이 다른 사람에게 성급하고 비평적이 되는 것은 당연한 것이다.

1번 유형은 자신의 완벽주의와 자기비평주의로부터 휴가가 필요하다. 그러나 이들은 건설적인 방법에서 그렇게 하기보다는 자신의 초자아가 가장 비난하는 기쁨 속에서 위안의 비밀스러운 원천을 찾기 시작한다. 1번 유형은 자신의 초자아가 자신에게 안겨 준 억압을 감소하는 방법으로 음주하고, 번화가에서 소란한 밤을 보내고, 지출을 증가시키고, 성적 행위 또는 포르노 또는 다른 방종을 취할 수 있다. 이렇게 많은 행위에도 불구하고, 1번 유형은 자신이 강하게 표명한 자신의 관점에 반대하지 않도록 다른 사람에게 이런 행동들을 숨길 것이다.

우리가 개관에서 본 것과 같이 1번 유형은 자신이 완벽해져야 한다고 생각하기 때문에 화를 낸다. 완벽의 짐이 다른 사람들보다 자신의 어깨에 지워진 것은 자신에게 불공평하게 보인다. 물론 완벽을 위한 노력과 완벽을 느끼는 순간을 갖는 것은 아직 이들에게 약간의 안심을 준다. 왜냐하면 이들의 자기감은 올바르다고 느끼는 것과 완벽함이 있는 곳을 아는 것에 달렸기 때문이다. 그러나 아직 1번 유형은 다른 사람이 너무 자유스러운 것에 화가 난다. 아직도 해야 할 일이 많은데 어떻게 즐거움이 있을 수 있겠는가?

불건강한 1번 유형에 대한 분석

7수준: 편협한 염세가

1번 유형은 객관적인 사실이나 어떤 사람의 더 나은 논쟁에서 나쁘게 증명되는 자신을 허용할 수 없다. 이들은 자신이 말하거나 행하는 무엇에서나 간에 항상 옳다고 전적으로 확신한다. 이상은 가까이 하기 어려운 절대성이 된다. 그리고 불건강한 1번 유형은 자신에 대하여 완전히 경직된다.

자신의 이상은 벗어날 수 없는 것으로부터 나온 엄격한 신조다. 이들은 옳거나 그릇됨, 선 또는 악, 지켜 주기 또는 악평하기 등 절대성에 비추어 모든 것과 모든 사람을 본다. 그곳에는 어떤 중립지대, 회색지대, 예외가 일어나는 가능성이 전혀 없다. 이들은 절대 완전과 타협을 하려는 어떤 상황을 고려하지 않는다. 이들이 그것을 보듯이, 가장 가벼운 불완전이 전체를 파괴시키므로 무자비하게 근절되어야 한다. 절대에 대한 삶은 필수적으로 자신의 인간성에 상응하는 부정을 포함한다. 이들이 더욱 높이 올라가면 갈수록 더 많은 인간성에서 이들은 뒤처진다. 이들은 인간성을 사랑하는 염세가가 되지만 개개인을 미워하기 시작한다.

완벽주의의 보통수준의 1번 유형과 편협한 불건강한 1번 유형의 차이를 보면, 전자는 적어도 때때로 이들이 완벽하기에 실패하였을 때 스스로 비평주의를 받아들이고 죄책감을 느낀다는 것이다. 그러나 불건강한 1번 유형이 자신을 비난으로부터 배제시키는 경우는 더 이상 없다. 불건강한 1번 유형은 궁극적으로 완벽의 엄격한 이상에 자신의 지지가 자신이 이상을 실천하든 말든 자신을 정당화하는 자기 올바름과 느낌을 가지고 있다("나는 정당하다. 그럼으로 내가 보고 행하는 모든 것은 정당하다.").

사실 1번 유형의 초자아는 이 수준에서 너무나 독하고 해를 끼치기 때문에 1번 유형은 심리적으로 살아남기 위하여 그 비방을 타인에게 옮기지 않으면 안 된다. 만약 1번 유형이 할 수 있는 것이 아무것도 없다면 다른 사람에게서의 더욱 큰 악과 무질서가 자신을 구원하지 못할 것이다. 이런 건강하지 않은 1번 유형은 내재화된 보호자의 분노를 피하는 방법으로 다른 사람의 비행에 자신의 주의를 더욱 집중하는 이유이기도 하다.

화는 가장 현저하게도 유일하게 이들의 감정에 남는다. 불건강한 1번 유형은 잘못하는 사람들에게 정의를 관리해 주는 것에 대해 완전히 객관적이라고 생각하기를 좋아한다. 그러나 자신에게 그것을 인정할 수 없다고 할지라도, 변명의 명백한 요소가 어느 누구한테보다 훨씬 더 적게 그들을 자극하기 시작한다. 이들의 연약한 자아이미지는 극히 부정적인 이들의 초자아를 보상하고 전적으로 좋고 정당하게 자신을 보는 데 의존한다. 이들은 완전한 동기부여에 못 미치는 어떤 것도 인정할 수 없다.

부도덕과 악으로서 이들에게 동의하지 않는 사람들을 생각하면서 이들은 다른 사람의 믿음과 행동을 참지 못하는 것이 사실이다. 불건강한 1번 유형은 화가 나서 다른 사람들에 대한 자신의 관점을 강요하면서 자신은 물론 다른 사람들도 옳은 일을 하도록 하여야 한다고 느낀다. 이상의 전부 또는 일부인 종교, 정의, 진실은 이들의 위치를 지지하며 다른 사람들에게 잘못 또는 죄책감을 느끼도록 자극할 수 있다. 그러나 그렇게 함으로써 불건강한 1번 유형은 아이러니하게도 단지 궤변으로 방어될 수 있는 교리를 제의하면서 이상한 위치로 들어간다. 이들은 폭격으로 전멸될 수 있는 마을을 구하는 것이라고 주장할 것이다. 태어나지 않은 태아의 삶을 보호하기 위하여 어른들의 삶을 책임져야 한다. 이들의 심리적인 생존이 자신의 행동이 얼마나 많이 자신의 설정된 믿음에 상충되는가, 자신이 하는 것이 무엇이든 합리화하는 데 의존하기 때문에 자신이 궤변을 사용할지 모르는 것을 실현함으로써 불건강한 1번 유형이 한순간에 저지되지는 않는다.

물론 이들의 분노가 정당하다고 느낄지라도 그들은 너무나도 다른 사람에게 화가 났기 때문에 자신의 분노의 불합리로 동요시킨다. 그럴지라도 이들은 자신의 분노가 자신의 영향력으로부터 나오지 않도록 자기 통제를 증가시키려 시도한다. 불건강한 1번 유형이 전보다도 덜 자기 통제된다는 것은 아이러니하다. 이들은 너무나 감정이 상했기 때문에 이들의 큰 긴장은 예기치 않게 폭발하는 억압된 느낌과 욕망을 위한 조명으로 행동한다.

이들의 느낌과 충동의 강력한 억압은 이들의 분노에 대조되는 표시로 나타나는 길고 심한 침체의 시기를 야기한다. 불건강한 1번 유형은 노력할지 모르지만 자신의 초자아 공격과 격노를 다른 사람에게 보상받을 수 없다. 그것의 일부는 1번 유형에게 환멸을 느끼게 하고 지쳐 버리게 하면서 동시에 자신과 반대로 변하게 된다. 알코올 · 약물 남용과 더불어 이들의 가정 및 전문적 삶의 유지에 가파른 퇴락으로 나타난다.

8수준: 강박관념의 위선자

불건강한 1번 유형은 무엇이 자신의 격노의 초점이 되든지 간에 신경증적으로 몰두되어 사로잡히게 된다. 그러나 자신을 통제해야 할 필요 때문에 이들은 직접적으로 행동할 수 없다. 결과적으로 자신의 불합리한 충동으로 예전보다 더욱 강제적으로 통제된다.

이 수준에서 개관에서 언급한 이중 분열은 더욱 명백하게 된다. 한편으로는 이들의 충동과 이들 충동의 억압을 유지하려는 필요한 힘의 강도 사이에 분리가 있다. 다른 한편으로는 자신을 통제하려는 필요와 자신의 통제를 전적으로 파괴하려는 순간 사이의 분리가 있다. 강박관념과 강박충동은 둘 다 따로따로 이들의 비합리적인 생각과 행동을 통제하려는 시도인 동시에, 이들이 찾는 통제가 무너지고 있다는 징후다.

강박적인 생각이 반복적으로 이들의 마음을 통하여 흘러간다. 강박관념은 이들이 의식적으로 갖게 되는 신념에 극히 위협이 된다. 왜냐하면 이들이 음탕하고 야만스럽고 격렬하며 난폭할 수도 있기 때문이다. 이들의 강박관념의 강도는 신경증적 유형 1번 유형에게 너무나 고통스럽기 때문에 이들은 악마에게 사로잡혔다고 느낄 수 있다. 신경증적 1번 유형은 악마들이 자신에게 함께하는 것을 허용하지 않는 억압된 느낌과 충동일지라도 어떤 감각에 사로잡힌다. 이런 강박관념은 계속적이고 심한 억압을 통하여 뒤틀리거나 왜곡되는 정상적인 필요와 욕망이다. 그러나 지금 1번 유형은 억압된 충동의 급류를 억제시키고 자신의 정복된 욕망이 기념일을 가질 수 있는 기본적인 자아의 힘이 부족하다. 더욱이 신경증적 1번 유형은 다른 사람에 대한 자신의 심한 적개심과 증오, 특별히 자신의 고통에 대하여 책임이 있다고 느끼는 사람들에게 무엇이 정말로 자신을 방해하는지, 알아낼 수 없기 때문에 자신의 집착된 생각을 해결할 수 없다. 결과적으로 이들은 많은 시간을 자신의 생각들을 통제하려고 시도하는 데 너무 시간을 보내기 때문에 훨씬 더 혼란스러운 사람이 스스로를 압도하지 못하도록 한다.

이들의 생각은 실제 문제들보다는 다른 것에 초점을 맞추기 위하여, 신경증적 1번 유형은 청결함 또는 자신이 억압받는 충동과 느낌에 관련된 종류의 더러움과 무질서를 뿌리 뽑는 데 집중한다. 신체의 성적 감정 및 통제에 대한 강박관념은 아마도 식욕부진, 과식증 또는 금식과 관장으로 나타나고 이들의 조직을 강제적으로 정화하는 음식으로 대체된다. 또는 이들 행동의 강박관념 기질은 아이러니하게도 이들의 정상적인 질서정연함과 자기 통제에 모순되어 이들은 강박적이고 강제적인 청결로 자신을 쇠약하게 만든다.

신경증적 1번 유형이 완벽하게 자신을 양심으로 인정하지 않을 뿐 아니라 자신의 충동으로 행하지 않는다고 할지라도 강박관념은 적용된다. 다른 한편으로는 이들의 강박관념은 심오하게 자신을 방해한다. 그리고 이들은 자신이 강제되어 독단적으로 모순되고 위선적이므로 행동으로 옮긴다.

신경증적 1번 유형이 분출하는 충동에 따라서 무의식적으로 통제될 때 자신의 정해진 믿음과 반대로 행동할지도 모른다. 예를 들면, 강제적인 성적 행동에 사로잡힌 동안에 절대적으로 성적 청결함을 강조하는 미덕으로 착각할 수 있다. 포르노를 보아야 하는 검열관, 성폭행범의 이야기를 들어야 하는 성 연구가, 들치기인 재판관처럼 이들은 자신이 비난하는 것을 행한다. 강제적 1번 유형은 자신의 도덕적 힘이 너무나도 견고하기 때문에 테스트에 저항할 수 없다는 것을 증명하기 위하여 유혹의 방법에 자신을 맡길 수 있다. 따라서 이들은 그것을 미덕의 이름으로 때때로 악에 굴복하든가 농락하는 두 가지 방법을 가질 수 있다. 이것은 물론 그 같은 강제적인 행동들을 결과적으로 다른 사람이 자세히 조사하여 스캔들로 이어지고 평판을 망침으로써 더욱 이들의 위치를 위협한다.

어떤 부류의 부패는 보통 사람보다는 공중도덕의 높은 기준이 되는 사람들에게서 나타나 더욱 쇼크를 준다. 신경증적 1번 유형은 외고집이 되는데, 그 이유는 자신의 느낌을 너무나 완전하게 억압하면서 자신이 변형될 때까지 자신의 감정을 부인하고 왜곡하기 때문이다. 자신의 정서적 삶의 결함(왜곡)은 무엇이 신경증적 1번 유형과 충동을 만들어 위험해지는 것과 관련된다.

9수준: 징벌의 보복자

어떤 사람이나 어떤 것은 신경증적 1번 유형이 취급할 수 없고 받아들이기 어려운 느낌을 일으켜 왔다. 신경증적 1번 유형은 더 이상 이상으로 동기화되는 것이 아니라, 자신의 강박관념과 강박충동이 자기 통제를 회복하려는 중요한 필요에 따라서 동기화된다. 그러나 이들은 강박적이게 됨으로써 강박관념을, 또는 충동적이 됨으로써 강박충동을 해결할 수는 없다. 그러므로 실제로 위태로운 일이 자신의 멀쩡한 정신이라도 자신이 다른 사람들에게 못된 짓으로 보이는 것에 자신을 격노로 채찍질하면서, 자신의 신경증적 갈등을 초래하는 혼란의 원인을 없애려고 시도함으로써 해결하려고 한다.

이들의 모순은 너무 깊고 강박관념은 너무 강하며 강박충동은 너무 위협적이기 때문에 신경증적 1번 유형은 이미 돌이킬 수 없다. 이들이 잘못될 수도 있는 가능성은 해체시키는 자아로서 너무나 많다. 이들은 이전보다 더욱 자신을 정당화하지 않으면 안 된다. 다른 사람들이 잘못되었다고 증명되어야 할 뿐 아니라 자신은 처벌받아야 한다고 생각한다. 다른 사람들이 끔찍하게 악하기 때문에, 자신은 죄 없이도 비난받고 파괴될 수 있다.

이들은 정당한 보복에 초점이 되는 사람들에게는 아무런 사랑도, 자비도, 인간 동정도 없다고 생각한다. 신경증적 1번 유형은 비인간적으로 잔인해져서 자신이 어떤 힘을 가졌든 다른 사람들이 고통을 겪는 것을 확인한다. "그들은 받을 만한 것을 받고 있다."라는 말은 조롱하는 소리다. 왜냐하면 목적이 수단을 정당화하여 어떤 수단이라도 사용될 수 있기 때문이다.

이들은 완전히 무자비하고 용서가 없으면서, 객관적인 대리자의 업무로서 자신을 묘사하려고 시도하는 동안, 불공평하고 잔악한 행동을 취한다. 신경증적 1번 유형은 마치 정의 자체가 다른 사람에 대한 자신의 가학적 처벌에 책임이 있는 것처럼 행동한다. 이들의 왜곡된 도덕성은 지금 그것을 인정하기 때문에 이들은 다른 사람들을 감옥에 넣을 수 있고 심한 고통을 주거나 위태롭게 괴롭힐 수 있다.

비난받기를 두려워하는 이 성격유형은 다른 사람들을 무자비하게 비난한다. 한때 정의와 관련을 가졌을지도 모르는 성격유형은 심한 불공평의 가해자가 된다. 한때 이성적이었던 성격유형이 지금은 완전히 비이성적이다.

1번 유형의 역동 분석

분열의 방향: 1번 유형이 4번 유형으로

4수준에서 출발하여 증가된 스트레스와 불안의 상태에서 1번 유형은 보통수준에서부터 불건강한 수준까지의 4번 유형의 특징 중 일부가 행동화되기 시작한다. 보통수준 1번 유형은 아마 9개 유형 모두에서 가장 엄격하고 자기 통제적일 것이다. 이리하여 이들이 책임의 짐으로부터 자유로워지려고 숨은 욕망을 표시하는 4번 유형으로 옮겨 간다. 자신의 끊임없는 초자아 요구의 압력의 일부가 구제되기를 바라며 언젠가는 역할을 할 억압된 욕망의 저장품을 허용하기를 바란다. 그렇게 함으로써 이들의 자기 비판주의의 근원을 증명하지 않고, 1번 유형은 무책임하게 된 것에 대하여 죄의식을 느낄 것이며 자신에게 훨씬 더 엄격해질 것이다.

1번 유형이 4번 유형으로 갈 때 이들은 자신의 의무의 짐으로부터 자유로우며 어떤 사람이 되는 데 대하여 공상에 빠진다. 자신 업무에 대한 압력으로부터의 피난처로 이들은 아름다운 것을 찾아내며 자신을 미학적으로 즐거운 환경에 둘러싸이도록 노력한다. 어떤 '미학적 엘리트의식' 이 발달한다. 보통수준의 1번 유형은 멋을 아는 사람으로 자신을 간주하며 자신의 감각을 억압하에 있을 때 더욱 방어한다. 이들은 인생에서 이용할 수 없는 다른 사람에게는 낭만적인 열망을 숨길 수 있다. 그러나 1번 유형으로서 자신에게 이익이 있는 열망의 대상을 알리지 않으려 할 것이다. 그와 같은 환상과 욕망은 1번 유형의 주의 깊은 초자아로부터 곧 공격받고 억압당한다.

5수준에서 1번 유형은 자신의 이상을 만나려는 꾸준한 압력으로 싫증나기 시작하고 4번 유형으로 갈 때 변덕스러워지고 신경증적이 된다. 자신이 노력하는 것이 얼마나 어려운지, 자신이 공헌한 것이 얼마나 중요한지를 아무도 모르는 우울 감정을 가끔 경험한다. 이들의 규율과 억제는 소란스러운 느낌을 물러가게 한다. 그리고 1번 유형은 더욱 정서적으로 반응적으로 된다. 4수준의 탐미주의는 더욱 힘 있고 영향력 있는 5수준으로 옮겨 간다. 4번 유형의 각본과 과민증은, 사회적 상황에서 극히 주의를 요하고 자의식이 있는 개인을 창조하기 위하여 1번 유형의 강화된 감각 및 교양과 연합한다. 이것은 단지 1번 유형의 스트레스와 욕망을 충족할 수 있도록 강화한다.

만약 압력이 계속되면 6수준 보통수준의 1번 유형은 6수준의 4번 유형으로부터 행동을 익히기 시작할 것이다. 이들의 가차 없는 초자아는 노력에 대하여 거의 보상을 제공하지 않는다. 그래서 1번 유형은 불가능한 이상에 따라 맞게 행동하여 긴장을 피하는 방법을 제공하는 활기와 기쁨으로 자신에게 규율의 예외를 주며 스스로 방종에 빠진다. 만약 이들이 절제의 미덕을 찬양해 왔다면 이들은 물론 아무도 보지 않는 동안에 때때로 음주를 시작할 수도 있다. 만약 난잡함에 충격을 받는다면 상대를 모르는 상태에서 성관계를 맺거나 바람을 필 것이다. 1번 유형은 필사적으로 자신의 잔인한 초자아를 피하는 방법을 찾고 있다. 그러나 이 수준에서는 이들이 그렇게 하는 건강하고 균형 잡힌 방법을 찾을 수 없다. 이들의 초자아는 너무나 극단적이기 때문에 이들은 무의식적으로 그것에 대하여 보상하려고 극단적인 기쁨을 찾는다.

7수준에서 불건강한 1번 유형은 증가된 스트레스 아래서 불건강한 4번 유형처럼 되기 시작한다. 이들이 엄격한 편협함과 노여움의 강도를 유지할 수 없을 때 1번 유형은 우울로 붕괴된다. 이들의 우울은 심각하고 장기적이 될 수 있다. 이런 점에서 스트레스가 상시적인 요소였던 강한 역기능적인 가족 배경을 가진 1번 유형은 4번 유형으로 자신을 오해할 수 있다. 우울은 1번 유형의 격노를 포함하는 수단으로 작용한다. 그러나 무언가 자신이 생활에서 발달한 관점에 심각하게 잘못이 있다는 것을 1번 유형에게 알려 주는 척도가 우울일 수 있다.

8수준에서 1번 유형의 강박적 관심과 행동은 불건강한 4번 유형에서 나타나는 강박과 결합한다. 이것은 불합리한 자기혐오, 병적 상태, 미움과 성적 욕망에 대한 혼란된 감정을 포함할 수 있다. 불건강한 1번 유형이 다른 사람들의 잘못된 행동 또는 자신의 환경에서 불완전에 대한 과장된 관점에 초점을 맞춘다 해도 4번 유형에서와 같이 이들은 또한 동일한 격노로 자신에게 대항한다.

이들이 무의식의 소용돌이 안으로 몰두하도록 준비되지 않았지만 이들은 점차적으로 자신의 무의식 과정의 마력 아래 있게 된다. 이들은 그 분야에서 이방인이며 자신에게서 발견하는 것은 스스로를 공포, 싫증 및 자기혐오로 채운다는 것이다. 명료하게 이들은 자신이 가졌던 정서적 혼란과 악의 범위를 보게 된다. 이들은 살아오면서 자신을 통제한 이상이 더 이상 도움이 되지 않는다는 것에 대해 당황하기 시작한다.

9수준에서 신경증적 1번 유형이 4번 유형으로 갈 때 이들의 마지막 항해가 된다. 이들의 징벌적 태도와 행동의 끔찍함은 결국 자신을 나락으로 떨어뜨린다. 이들은 자신의 타락을 보며 소름끼쳐한다. "오 하느님, 제가 무엇을 했나요?" 이들은 너무도 심하게 죄를 범하였기 때문에 용서받을 수 없다고 두려워한다.

이들의 양심의 가책은 자신을 유죄로 입증한다. 그러나 타락한 1번 유형이 자신의 혐오, 편협함 그리고 잔인함에 깜짝 놀라는 동안 이들은 극단으로 나가고 이들이 다른 사람들을 비난한 것처럼 거칠게 자신을 비난한다. 다른 사람에게서 좋은 것이 아무것도 없다고 발견하는 동시에 자신에게서도 좋은 것이 없음을 발견하게 된다.

이들은 더욱 우울해지고 희망을 잃고 정서적으로 불안해진다. 악화된 1번 유형은 극심한 죄, 자기혐오, 정서적 고통에 허덕인다. 재장착할 수 있는 것으로 자신밖에는 아무것도 가치 있어 보이지 않고 어떤 이상도 관여할 가치를 느끼지 않는다. 이들이 현실로부터 떨어져 나아가는 것을 해결하는 유일한 방법은 자신을 없애 버리는 것이다. 좌절 또는 자살은 실제적으로 발생할 가능성이 많다.

통합의 방향: 1번 유형이 7번 유형으로

우리가 본 것과 같이 1번 유형은 자신의 느낌과 충동에 많은 통제를 한다. 7번 유형으로 움직이는 본질은 통합하는 1번 유형이 긴장을 풀고 인생의 빛을 얻도록 배우려는 것이다. 이들은 통제되거나 억제되기보다 인생을 긍정하면서 자신과 현실을 신뢰하는 것을 배운다. 이들은 행복이 존재의 합법적인 반응이며 인생은 항상 모질고 심각한 것이 아니라는 것을 발견한다. 기쁨은 관능의 난국에 빠지지 않고도 얻어질 수 있다. 사람은 무책임하거나 이기적이 되지 않고도 자신을 기쁘게 하고 충만하게 할 수 있다.

통합하는 1번 유형은 자신이 모든 것을 완전하게 만들어야 한다고 더 이상 느끼지 않는다. 이리하여 이들은 의무에서 정열로, 긴장에서 행동의 자유로 전진한다. 이들은 더욱 관대하고 생산적이며 자신의 느낌을 자발적으로 표현할 수 있다. 통합하는 1번 유형은 세상에 대해 더욱 잘 반응하고 더욱 쾌활하며 더욱 행복하다.

이들은 불필요한 완전에 대한 커다란 심리적 부담을 줄인다. 완전함을 증진시켜야 한다는 지속적인 의무감 없이, 특히 완전함이 문제가 안 되는 분야에서 인생의 좋은 것을 즐길 수 있다. 일들이 좋아진다고 완전하게 되지는 않는다("이것이 좋다. 그러나 그래서 그런 것이 아니다."). 이들은 인생에서 많은 것이 이미 좋으며 놀랍기까지 하다고 깨닫는다. 통합하는 1번 유형은 자연과 예술의 아름다움 또는 자신처럼 불완전하나 가치 있는 공헌을 할 수 있는 다른 사람의 특별한 성과에 대해서 감탄한다.

더욱이 이들은 진정한 가치를 손상시키지 않고 융통성 있게 되는 것이 가능하다는 것을 발견한다. 오래된 격언 "좋은 게 좋다."라는 말에 공감한다. 있는 그대로의 관념적 및 경험적 생활로부터의 설교를 중단한다. 통합하는 1번 유형은 공평무사한 하늘의 원칙이 인간에게 적용되는 것이다.

1번 유형의 날개 유형

9번 날개를 가진 1번 유형: 이상주의자

이 하위유형의 사람에서 1번 유형의 이상주의는 9번 날개로 강화되고 보강된다. 1번 유형은 이상과 연관되어 있기 때문에, 9번 유형은 사람 자체보다는 사람의 이상화에 관련되는 경향이 있기 때문에, 두 가지 구성요소 유형은 환경에서 제거되는 경향이 있다. 그 결과 9번 날개를 가진 1번 유형은 다소 다른 사람으로부터 분리되고 2번 날개를 가진 1번 유형보다 더 지적이고, 관계가 적고, 냉담하다. 주된 유형과 날개는 1번 유형이 한정적으로 변화를 일으키기를 원하는 동안 9번 유형은 일을 자극시키기를 피하고자 하는 다소간의 갈등이 있다. 다른 한편으로는 두 가지 유형은 다른 사람으로부터 영향을 받을 수 있도록 이상주의와 저항을 공유한다. 이 날개 하위유형에서 문화에 대한 외부평가자의 감각의 차이가 있다. 이들의 명백한 분리와 논리적 방향으로 9번 날개를 가진 1번 유형은 가끔 5번 유형으로 잘못 분류된다. 이런 하위유형의 주목할 만한 예로, 앨버트 고어, 샌드라 데이 오코너, 마이클 듀카키스, 칼 세이건, 조이스 브라더스, 캐서린 헵번, 조지 해리슨, 조지 윌, 놈 촘스키, 에릭 세버레이드, 윌리엄 버클리, 진 커크패트릭, C. S. 루이스, 토머스 제퍼슨, 코튼 매더, 로욜라의 성 이그나티우스, 〈스타트렉〉의 미스터 스폭 등이 있다.

이들이 건강할 때에 이런 하위유형의 사람들은 자신의 판단과 다른 사람을 다루는 데 특별히 객관적이고 적절하다. 왜냐하면 자신이 공평하게 관련된 특별한 흥미를 가지기 때문이다. 이들은 그 명칭에 나타난 대로 문명화되고 학자적 소양과 학식을 드러낸다. 이런 하위유형의 사람들에게는 정신적, 신비적인 면이 있고, 인간보다는 자연, 예술 및 동물에 대하여 더 매력을 가진다. 정서적 자기표현은 억제되지만 이들은 종종 친구들에게 관대하고 성실하다. 1번 유형으로서 자신이 믿는 것을 유형화하여 가르침으로써 자신 원칙에 본보기가 되려고 노력한다. 1번 유형에게 9번 날개는 2번 날개를 가진 1번 유형보다 더욱 점잖고 수줍게 접근한다. 이들은 정확히 표현하는 타고난 연사와 작가가 될 수 있고 종종 자신의 재능을 사회악을 일깨우는 데 사용한다.

이런 하위유형의 보통수준의 사람은 사람들이 자신의 충고와 개선을 받아들일지에 대하여 비관적일지라도 자신의 믿음을 활동적으로 전개한다. 이런 하위유형은 또한 다른 사람보다 더욱 이상적이며 9번 날개의 특성으로 정치에 참여하기를 좋아하지 않고 자신이 믿는 것을 개정하려고 필요한 주의를 기울인다. 높은 공공의 책임감을 가졌지만 철수하는 경향성은 종종 자신을 엘리트로 지각하도록 한다. 1번 유형의 객관과 9번 유형의 단절은 자신의 행동을 개인적인 것에서 배제하는 노력을 하면서 매우 추상적인 이론으로 설교하는 사람을 만든다. 이들의 감정은 억제되고 일반적으로 인간의 동기와 인간의 본질에 대하여 둔해지려는 경향을 가진다. 1번 유형의 분노는 경직과 초조와 때때로 비꼬는 경향이 있어 이와 같은 하위유형에서 분노를 찾아내기가 더 어렵다. 5번 유형처럼 대인관계의 귀찮음을 피하기 위하여 이들은 점차적으로 홀로 있기를 선호하고, 자신이 일할 수 있는 곳에서 상황을 살핀다.

이런 하위유형의 건강하지 않은 사람은 완전히 자신의 정서와 모순으로 분리된다. 이들은 자신의 세계관이 적합하지 않다는 것에 저항한다. 이들은 완고하게 설정된 의견 뒤에 자신을 방책으로 막으면서 정서적 및 지적으로 가까이하지 않으려는 경향이 있다. 그리고 도사 같은 존재로 선도하며 다른 사람으로부터 자신을 거리를 두려고 할 수 있다. 자신의 혹독한 판단이 다른 사람들과 실제적인 동정이나 식별로 점검되지 않기 때문에 이들은 매우 고단하고 염세적이 될 수 있다. 9번 날개를 가진 불건강한 1번 유형은 자신을 해결되거나 근절되어야 하는 문제로 봄으로써 자신과 다른 사람들에 대하여 추상적으로 되는 경향이 있다. 이들은 자신의 행동에서 모순으로부터 자신을 분리하면서 점차적으로 다른 사람들을 악행으로 보고 그것을 교정하려는 태도를 취하는 데 강박관념에 사로잡혀 있다. 이들이 다른 사람들에게 자신의 이상이라는 이름으로 상처를 준 고통의 본질과 정도를 이해하지 못하기 때문에 이들은 다른 사람들에게 커다란 해를 끼칠 수 있다.

2번 날개를 가진 1번 유형: 사회변혁주의자

1번 유형의 특성과 2번 유형의 특성은 서로 여러 가지 면에서 지원을 한다. 1번 유형과 2번 유형은 모두 자신의 내재화된 가치의 견지에서 좋게 되려는 초자아의 명령에 따르려고 노력한다. 1번 유형은 올바르고 균형 잡히기를 원하며 2번 유형은 사심이 없으며 모든 것을 사랑하게 되기를 바란다. 한편, 2번 유형이 정서적이고 다른 사람들에게 영향을 끼치는 데 반해, 1번 유형은 이성적이고 객관적이다. 1번 유형이 기본적인 성격유형이지만 1번 유형의 정서적 통제에 보상으로 이런 하위유형의 사람에서 대인적 초점과 더불어 눈에 띄는 온화함이 있다. 2번 날개 또한 9번 날개를 가진 1번 유형보다 더욱 격렬하고 행동 중심적이 된다. 2번 날개를 가진 1번 유형은 다른 하위유형이 더 많은 양질의 상아탑을 쌓기를 바라는 데 따라 자신의 소매를 걷어올리고 참가하기를 원한다. 이런 하위유형의 주목할 만한 예로, 교황 요한 바오로 2세, 모한다스 카란찬드 간디, 알베르트 슈바이처, 마리오 쿠오모, 빌 모이어스, 톰 브로코, 레슬리 스탈, 제인 폰다, 바네사 레드그레이브, 랠프 네이더, 존 브래드쇼, 제리 브라운, 진 시스켈, 마거릿 대처, 앨리스테어 쿡, 조앤 바에즈, 잔 다르크, 성 토머스 무어, 아니타 브라이언트를 포함한다.

2번 날개는 과도하게 엄하고 판단적이 되는 1번 유형의 경향을 완화한다. 이웃에 대한 사랑과 생각이 자신의 이상에 속한 정도에 따라, 2번 날개를 가진 1번 유형은 자신의 이상적 엄격함을 완화하려고 노력함으로써, 개인적인 요구를 수용하여 인격적으로 관대해지도록 시도할 것이다. 이런 하위유형의 건강한 사람은 다른 사람들에 대하여 동정 있는 관용과 관심이 있는 완전함을 모두 가지고 있다. 이들은 1번 유형의 보다 엄격한 태도를 현저하게 상쇄하면서 관대하고 협조적이며 친절하고 훌륭히 유머러스해질 것이다. 이들은 자신이 원하는 변화를 가져오려고 '참호로 들어가려는' 의지가 있고, 많은 도움을 주는 직업을 발견하게 된다(예, 가르침, 목회, 의료). 왜냐하면 자신의 이상주의가 대인관계에 초점이 맞추어졌을 때 더욱 효과적이기 때문이다.

이런 하위유형의 보통수준 사람들은 이상주의적 의무감과 개인적 영향을 발휘하려는 욕망에서 다른 사람에 대한 선의를 가지고 교육을 하려고 한다. 그들은 공정할 뿐만 아니라 선의를 가지고 있다고 확신한다. 이들은 자주 다른 사람의 복지를 위하여 개인적인 책임감으로부터 하나 또는 그 이상의 종류의 이상주의적 공적 이유와 개혁을 가지고 있다. 보통수준 2번 유형이 다른 사람들을 통제하기를 원하는 반면, 보통수준 1번 유형은 자신을 스스로 통제하기를 원한다. 이와 같은 동기는 서로 강화되고 2번 날개를 가진 1번 유형 사람들에게 이들의 영향으로부터 벗어나는 것을 어렵게 만든다. 이 하위유형의 사람들은 자기 통제의 반응으로서 명확히 정의된 정서적 출구로 자신을 허락한다. 즉, 완벽주의 경향, 엄격한 양심, 자신 미덕에 대한 자기만족 및 자신의 중요성이 표현된다. 추상개념보다는 다른 사람에게 자신의 주의가 집중되기 때문에 이들은 9번 날개를 가진 1번 유형보다 불만에 대하여 더욱 소리를 높이는 경향이 있다. 다른 사람들이 자신의 '제안' 을 따르지 않을 때 이들은 분노와 적개심을 나타내는 경향이 있다. 이들은 민감한 경향이 있고 자신과 맞지 않는 이상이나 동기 또는 삶을 싫어한다.

2번 날개를 가진 불건강한 1번 유형은 자신에게 동의하지 않는 사람들에게 편협하게 되고 생색을 부리게 된다. 다른 사람들이 원하는 대로 하지 못하면 죄책감을 느끼도록 하며 정서적으로 조종하려고 한다. 이와 같은 사람은 이들의 동기 또는 행동이 의문시될 때 자신의 동기와 자기 정당성에 대하여 자기기만으로 향하는 경향이 있다. 9번 날개를 가진 1번 유형처럼 이들은 의기소침하는 경향이 있다. 그러나 2번 날개로 자신의 표현된 가치와는 완전히 반대되는 방식에서 성적인 것, 마약 또는 알코올을 더욱 이용하려고 한다. 자격에 대한 자기기만과 느낌들은 특히 깨기 어렵고 스스로를 방어하게 만든다. 1번 유형의 억제된 공격성과 2번 유형의 간접적 공격성 양쪽으로부터 이런 하위유형의 사람들에게 많은 양의 은밀한 공격성이 있다. 2번 날개를 가진 불건강한 1번 유형은 자신의 모순으로부터 야기되는 불안의 결과로 신체적 문제(전환 반응), 강박적 습관 또는 신경쇠약이 있을 수 있다.

몇 가지 마지막 단상들

이들의 악화를 되돌아보며 우리는 신경증적 1번 유형이 두려워함으로써 모든 것을 야기하는 것을 볼 수 있다. 이들은 너무나 참을성 없고 잔인하기 때문에 다른 사람들로부터 비난을 받으며 자신의 양심으로부터도 비난을 받는다. 이들은 자신의 원칙과 반대로 어떤 일을 하기 때문에 더 이상 자신의 행동을 합리화할 수 없다. 정의는 자신을 위하기보다 반대로 작용한다.

보통수준에서부터 불건강한 수준의 1번 유형에게 객관적 진실이 적어도 부분적으로 개인적 편애였다고 설교하는 많은 암시를 우리는 또한 볼 수 있다. 이들 독선의 진리는 1번 유형이 생각하는 것처럼 항상 자명하지는 않다. 이것은 이들이 믿는 대로 행동해서는 안 된다는 것을 의미하지는 않는다. 다만, 이들은 자신의 삶에서 주관적이고 불합리한 것에 대한 역할을 인정하는 것이다. 결국 이성은 인간이 소유하고 있는 유일한 능력이 아니며 1번 유형이 한 번 자신의 느낌에 반해 이성을 잃으면 어려움을 겪기 시작한다. 이성은 인간본성의 다른 부분을 계산해 넣지 않기 때문에 이성은 비이성적 행동을 이끄는 함정이다.

1번 유형의 딜레마의 중심에는 기본적인 모순이 있다. 무엇보다도 1번 유형은 생각, 말 그리고 행동의 완전한 일치를 갖기를 원한다. 그러나 완전함을 갖는 것은 통합되는 것이므로 완전함은 온전함을 의미한다. 1번 유형이 자신의 일부가 억압되고 받아들일 수 없다고 판단한다면 이들은 이미 자신의 일치됨과 완전함을 잃었다. 타개하는 것은 자신을 판단하거나 평가함으로써 되는 것이 아니다. 이것은 단지 점점 더 내적 갈등과 분리로 이끈다. 통합으로 돌아가기 위하여 1번 유형은 자신을 수용하고 지금 여기서 훌륭한 자신을 보는 것이다.

이들이 매우 건강하지 않다면 1번 유형은 항상 엄격한 이상에 집착하거나 무모하고 비참하게 비행의 늪으로 빠질 수 있는 근원적인 두려움으로부터 자극받는다. 이들에게 인생은 깊은 골짜기 양쪽을 연결한 팽팽한 줄 위로 걷는 것 같다. 한 발짝만 미끄러져도 떨어진다. 이런 인생의 관점에서 이들은 너무나 희망과 기쁨이 없기 때문에 1번 유형은 만약 다른 사람들이 자신을 점차적으로 더욱 따르지 않아도 놀랄 일이 아니다. 1번 유형이 인생을 통하여 자신을 이끌어 줄 잘못될 수 없는 법칙이 없다는 것을 이해하고, 자신이 배운 가장 좋은 법칙도 모든 상황에 적용되지 않는다는 것을 이해했을 때, 이들은 규칙 이상을 발견하고 자신의 초자아의 지시가 깊고 고요한 지혜라는 것을 발견할 것이다. 이것은 각 순간의 진리와 모든 원칙을 초월하는 지혜에 관련되어 있다. 1번 유형이 자신을 받아들이고 자신의 초자아가 버린 자신의 정신 부분의 교정을 요구하기 시작함에 따라 이들은 이런 지혜가 항상 자신에게 활용 가능하다는 것을 발견할 것이다. 그리고 이들이 이런 깊은 진리 안에서 삶을 영위함으로써 이들은 더 이상 자신의 삶의 방법에 대한 공정함을 사람들에게 인식시킬 필요가 없다는 것을 깨닫게 된다. 다른 사람들은 1번 유형의 건강한 지혜를 통하여 배우고 관련되기를 간절히 바라고 있다는 것이다.

제3부
에니어그램 고찰

[chapter_13]

고급 지침

이 장에서 우리는 에니어그램이 어떻게 작동하는가에 대하여 여러분이 아직도 갖고 있을 모든 궁금증에 답하고자 한다. 따라서 일반 지침에서 이미 다루어진 주제들에 대하여 더 자세하게 다룰 것이다. 최소한 몇몇 기재 사항들은 여러분이 이미 읽은 것들이고, 따라서 에니어그램에 대해 기본적으로 이해하고 있을 것이므로 이를 다시 한 번 자세하게 다루는 것은 의미 있는 일이라 여겨진다. 세부적으로는 세 가지 주된 분야(통합과 분열의 방향, 날개, 발달 수준)를 고찰할 것이며, 이외에 아홉 가지 유형의 본능적 변이에 대해서도 간단히 언급하고자 한다.

통합과 분열의 방향

일반 지침에서 보았듯이 각 성격유형에는 그림에서 보는 것과 같이 통합의 방향과 분열의 방향이 있다. 그런데 각 유형의 날개에도 통합과 분열의 방향이 있다. 날개에서의 방향도 매한가지다. 예를 들면, 1번 날개를 가진 9번 유형에서 1번 날개의 통합의 방향은 7번이고, 분열의 방향은 4번이다. 모든 하위유형의 날개에 대

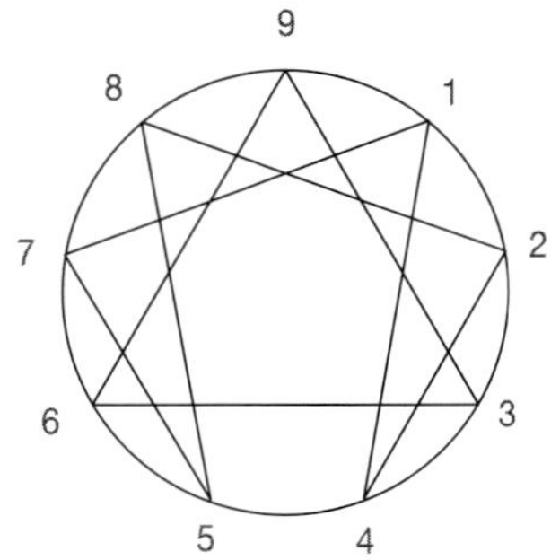

[통합의 방향]
1-7-5-8-2-4-1
9-3-6-9

[분열의 방향]
1-4-2-8-5-7-1
9-6-3-9

해서도 마찬가지다.

네 가지 하위유형, 즉 1w2, 2w1, 7w8, 8w7에서 가끔 한 가지 혼동이 생기는데, 한 번호가 어느 하위유형의 통합의 방향도 되고 분열의 방향도 되기 때문이다. 예를 들면, 2번 날개를 가진 1번 유형의 사람이 있다고 하자. 1번 유형이니 4번으로 향한다면 불건강한 것이다. 그러나 4번 유형은 날개인 2번 유형으로 봐서는 통합의 방향이다. 따라서 어떤 사람이 4번 유형으로 가는 것이 통합이면서도 분열이라는 모순이 생긴다.

이 혼동은 4번 유형이 1번 유형의 불건강한 경향을 의미하는 동시에 2번 날개의 건강한 경향을 의미하기 때문에 생긴다. 이 명백한 모순에 대한 해법은 그 사람이 건강하다면 불건강한 경향은 활성화되지 않는다는 것을 기억하는 데 있다. 그러므로 4번 유형이 1번 유형의 불건강한 방향이긴 하지만, 통합하는 건강한 1번 유형은 7번 유형을 향하고, 2번 날개만 통합하여 4번 유형을 향한다.

기본 성격유형과 날개 모두 각각의 통합과 분열의 방향으로 움직인다는 것을 기억해야 한다. 다시 예를 들면, 1w2의 경우 1번은 7번으로, 2번 날개는 4번으로 통합할 수 있다. 만약 이 사람이 불건강하다면, 1w2의 경우 1번은 4번으로, 2번 날개는 8번으로 분열한다.

여러분 자신에게 반영해 보면 여러분의 날개는 실제로 여러분의 기본 유형과 같이 통합 또는 분열한다는 것을 알게 될 것이다. 그러나 모든 유형에서 날개의 발달과 악화를 묘사하는 것은 불가능하다. 왜냐하면 다양한 상태들이 있을 수 있기 때문이다. 일단 여러분의 기본 유형이 통합하는지 분열하는지 알 수 있다면, 날개의 움직임도 알게 될 것이다.

근본적으로 불건강한 유형은 없기 때문에 분열의 방향에 있는 성격유형이라 하더라도 절대적인 의미에서 불건강하지는 않다는 것을 깨닫는 것이 중요하다. 단지 우리의 성격 발달에 우리가 가장 필요로 하는 것들을 구체적으로 표현하기 때문에 분열의 방향에 있는 유형을 불건강하다고 간주한다. 그러나 기본 유형의 성격 구조가 가진 선천적인 이유 때문에 우리는 아직 이를 다룰 수 없다. 그러므로 분열의 방향에 있는 유형은 우리가 즉시 그 유형이 상징하는 심리학적 능력을 통합할 수 없기 때문에 오직 상대적으로 불건강할 뿐이다. 불건강한 유형은 우리 자신이 가장 타협하기 어려운 면들을 의미한다.

예를 들어, 8번 유형은 2번 유형의 분열의 방향에 있다. 공격성을 최우선적으로 해소해야 하기 때문에 즉각적으로 8번 유형으로 가는 것이 2번으로서는 불건강할지라도 8번 유형이 선천적으로 불건강한 점은 없다. 8번 유형으로의 이동은 위험한 공격적 충동이 2번 유형의 신경증적 행동으로의 분출됨을 상징한다.

마찬가지로 다른 성격유형들에서도 분열의 방향으로 이동하는 것이 왜 불건강한지 알 수 있다. 간단히 말하자면 3번 유형은 9번 유형으로 상징되는 감정으로부터의 해리를 다루는 것을 가장 필요로 한다. 4번 유형은 2번 유형으로 상징되는 권리감을 다루는 것을 가장 필요로 한다. 5번 유형은 7번 유형으로 상징되는 충동을 다루는 것을 가장 필요로 한다. 6번 유형은 3번 유형으로 상징되는 두려운 상대에의 적개심을 다루는 것을 가장 필요로 한다. 7번 유형은 1번 유형으로 상징되는 강박관념을 다루는 것을 가장 필요로 한다. 8번 유형은 5번 유형으로 상징되는 타인으로부터 압도되는 인정되지 않는 공포를 다루는 것을 가장 필요로 한다. 9번 유형은 6번 유형으로 상징되는 실체 없는 불안을 다루는 것을 가장 필요로 한다. 1번 유형은 4번 유형으로 상징되는 감정과 무의식적 충동을 다루는 것을 가장 필요로 한다.

우리의 마음속에서 정상적인 것과 신경증적인 것의 충돌이 우리로 하여금 감정적 요구를 빨리 해결하도록 몰아붙이기 때문에 우리는 자주 분열의 방향으로 이동하도록 유혹받는다. 분열의 방향에 있는 유형은 실제로는 전혀 그렇지 않다 할지라도 그 같은 해결책을 약속하는 것같이 보인다. 잠시 앞의 예로 돌아가 보면, 2번 유형이 8번 유형으로 이동하면 불건강해지기 때문에 자신을 무시하거나 은혜를 모르는 사람들에게 분개한다. 이들의 타인에 대한 공격적 감정의 '해결책'은 남에게 폭언을 퍼붓는 것이다. 공공연한 공격적 행동으로 반응을 강요하는 것이다. 그러나 불건강한 2번 유형이 8번 유형으로 가는 유혹에 굴복하면 관계를 파괴함으로써 이들이 사랑받고자 했던 사람들을 쫓아버리게 되므로 이들의 분노는 득보다 해가 많을 수밖에 없다. 분열의 방향으로의 이동은 아무것도 해결할 수 없다. 기껏해야 시간을 좀 버는데, 가끔은 일이 더 악화된다.

통합과 분열의 방향에 대해서 다른 정교한 점들을 숙고해 보자.

3번 유형, 6번 유형, 9번 유형은 통합의 방향으로 두 곳을 이동해야만 자기 기본 유형에 돌아올 수 있음을 알았을 것이다. 나머지 유형들은 통합의 방향으로 여섯 곳을 이동해야만 자기 기본 유형으로 돌아온다. 3번 유형, 6번 유형, 9번 유형에 비하여, 나머지 여섯 유형들이 에니어그램상에서 가는 거리가 2배나 멀다는 것이 불공평하게 보일 수 있다.

우리는 이미 1차(primary)와 2차(secondary)라는 용어를 서술 중에 사용하여 왔다. 1차 성격유형들(3, 6, 9번 유형)은 삼원소(triads)의 특징적 문제들에 가장 심하게 영향을 받아 멀리 떨어져 있다. 기억하다시피 3번 유형은 감정삼원소의 1차 유형이고, 6번 유형은 사고삼원소의 1차 유형, 9번 유형은 본능삼원소의 1차 유형이다. 2차 유형들은 나머지 여섯 성격유형들, 즉 1, 4, 2, 8, 5, 7번 유형이다. 이들은 이들의 삼원소 각각에 대응하는 문제들로부터 영향을 다소 덜 받는다.

1차 유형 중 하나가 된다는 것은 유리한 점이 있는 것 같다. 에니어그램상 통합하기 위하여 가야 하는 거리가 짧기 때문이다. 예를 들면, 3번 유형은 6번 유형, 그리고 9번 유형으로 통합해야만 3번 유형으로 돌아온다. 그러나 심리학적 발달의 목표는 완전히 기능하는 사람이 되는 것이므로 1차 유형인가, 2차 유형인가 하는 것은 유리할 것도 불리할 것도 없다. 1차 유형과 2차 유형의 심리학적 예정표는 같은 것으로서, 균형 잡힌 방법으로 모든 잠재력을 발달시키는 것이다. 더 깊이 조망해 보면, 유형들의 모든 긍정적 잠재력들은 이미 우리 안에 존재한다. 그러나 우리의 자아는 이 모든 잠재력들을 다 경험하거나 표현하지 못하는 몇몇 특정한 성격유형을 동일시한다. 통합의 과정은 우리로 하여금 망상과 성격유형의 한계점을 꿰뚫어 볼 수 있게 해 준다. 그렇게 할 때 통합의 방향에 있는 유형으로 대표되는 새로운 잠재력들이 나와서 제자리를 잡게 된다.

그렇지만 1차 성격유형과 2차 성격유형 사이에는 중요한 차이가 있다. 1차 유형들은 이들 각각의 삼원소의 근본적 문제점들로 더 심하게 차단되어 있으므로 통합하기에 더 어려운 때가 있다. 1차 유형들은 특징적 문제들을 극복하기가 더 어렵다. 그러나 극복하기만 한다면 이들의 발달은 혁명적이다. 즉, 갑작스럽게 좋은 변화를 일으킨다. 2차 유형의 발달은 에니어그램의 화살표 이동에서 보듯이 좀 더 점진적이고 진화적이다. 2차 유형들은 가는 길이 멀다. 그러나 통합의 방향으로 이 유형에서 저 유형으로 통합해 갈 때 이들은 덜 갑작스럽게 변한다.

이 명확한 불균형은 1차 유형이 해당 삼원소의 다른 두 유형의 문제를 모두 내포하고 있기 때문에 생긴다. 그래서 1차 유형은 해당 심리학적 기능이 가장 마비되어 있다. 예를 들어, 사고삼원소에서 일차적 문제는 공포와 불안이다. 5번 유형은 외부 세계를 두려워한다. 그래서 안전한 내면으로 후퇴한다. 반면에 7번 유형은 내면 세계를 두려워한다. 내면적 고통과 불안을 느껴 세상에서 활동과 경험을 시작한다. 그러나 사고삼원소의 1차 유형인 6번 유형은 두 가지 공포를 다 가지고 있다. 6번 유형은 외부 세계와 내면 세계 모두에 불안해한다. 따라서 6번 유형이 자기 자신의 문제를 뛰어넘어 통합의 방향인 9번 유형을 향하여 움직이기 위해서는 5번 유형으로 상징되는 주위 환경에 대한 공포를 해소하고, 7번 유형으로 상징되는 내면의 고통과 불안을 해소해야 한다. 이렇게 아홉 가지 유형 모두 궁극적으로는 세 가지 삼원소 각각의 문제점들을 통합해야만 한다. 이것은 각각 다른 순서와 리듬으로 진행된다.

그러므로 한 측면에서 보면, 1차 유형이 된다는 것은 유리한 점이 있다. 1차 유형은 2차 유형보다 빨리 통합될 수도 있기 때문이다. 그러나 다른 관점에서 보면, 2차 유형이 유리하다. 왜냐하면 통합이 더 점진적이고 따라서 덜 주춤거리기 때문이다. 그러나 어떤 관점에서 보더라도 1차 유형이든 2차 유형이든 절대적으로 유리한 유형은 없다. 왜냐하면 모든 사람의 최종 목표는 건강한 잠재력 모두를 통합하는 것 하나이기 때문이다. 에니어그램상의 어느 지점에서부터 출발하는가는 문제가 되지 않는다.

통합의 과정에는 결코 끝이 없다. 에니어그램은 인간본성 자체가 그렇듯이 제한이 없다. 우리는 완전에는 결코 도달하지 못하겠지만 상승하는 나선형을 따라 변형됨으로써 꾸준히 성장할 수 있다. 에니어그램의 해석도 그러하다. 완벽과 완전은 우리를 손짓하여 부르는 이상이다. 우리가 결코 도달할 수는 없는 상태다.

우리는 살아 있는 동안 계속 통합할 수 있는 데 반하여, 분열의 방향으로의 모든 단계의 악화를 경험하지는 않는 것 같다. 그렇게 되기 전에 미치거나 죽는다. 바꿔 말하면, 악화는 자연소멸적이다. 왜냐하면 육체적으로도 그렇지만 심리적으로 분열할 때 단순히 끝없이 악화되지는 않는다. 정신분열증 환자는 정신적으로나 신체적으로 스스로 소진되어 타 없어진다. 우울병 환자는 자살을 곧잘 하며, 히스테리 환자는 심각한 사고를 당할 수 있다. 방법과 이유는 다르겠지만 이들은 모두 막다른 길에 다다르게 되며, 필요한 도움을 얻지 못하면 정신병으로 고생하거나 죽는다.

그러나 기쁘게도 건강한 쪽으로의 발달에는 한계가 없다. 우리는 살고 있는 동안 더 통합된 사람이 될 수 있다. 우리는 인간본성의 한계로부터 완전히 자유로워질 수는 없지만, 그 한계로부터 덜 억압받을 수 있다.

날 개

순수한 성격유형을 가진 사람은 아무도 없다. 누구나 에니어그램 원주의 인접한 두 유형의 혼합이다. 날개의 영향은 일상에서 보는 다양한 사람들의 다양성의 많은 부분을 설명해 준다.

기억하겠지만 날개는 대개 기본 유형의 양쪽에 있는 두 유형 중 하나다. 예를 들면, 5번 유형은 대개 6번 날개(5w6)나 4번 날개(5w4)를 가지며, 6번과 4번 두 날개를 모두 가지는 경우는 드물다. 3번 유형은 4번이나 2번 날개를 가지며, 일반적으로 말하자면 두 날개를 가지는 경우는 없다. 우리의 경험으로 보아 두 날개를 가진 경우는 두 날개의 영향은 비교적 적고 따라서 기본 유형이 강하다. 기본 유형을 정하면 다음은 날개를 정해야 하는데 이는 소거해 나가는 방식으로 할 수 있을 것이다. 두 날개 중 어느 것이 더 잘 맞겠는가의 방식이다.

여기서 우리는 날개에 대한 몇 가지 치밀한 사고를 해 볼 수 있다. 날개는 에니어그램상에서 기본 유형에 인접한 두 유형이다. 9번 유형이 4번 날개를 가질 수 없고, 7번 유형이 2번 날개를 가질 수 없다. 실제의 생활에서 사람은 심리학적 요소를 인위적으로 조합한 것이 아니다. 만약 그렇다면 성격의 패턴은 있을 수 없다. 이들은 서투르게 쓰인 소설의 엉터리 없이 충돌하는 특성을 가진 등장인물 같을 것이다(특성들은 서로 충돌할 수 있고 또 충돌한다. 그러나 '선량한 사람임과 동시에 도둑'이라는 식으로 상호 배타적일 수는 없다.). 예를 들면, 한 사람이 7번 유형과 3번 유형의 특성을 가지는 것은 모순된다. 맹인이면서 볼 수 있는 사람인 것처럼 …… 이렇듯 성격유형과 특성이 아무렇게나 혼합되는 일은 인간에겐 없다. 에니어그램의 성격유형들에서도 없다. 에니어그램 자체의 구조, 아홉 가지 성격유형들, 유형들 간의 상호 관계들은 인위적인 것이 아니다. 놀라운 복잡성과 단순성을 가진 시스템 안에서 통합된 것이다.

날개에 대해서 자세히 다룰 만한 가치가 또 한 가지 있다. 자세히 관찰해 보면 같은 유형에 같은 날개를 가진 사람들 중에서 기본 유형에 대한 비율은 상당히 다양하다. 어떤 사람을 분석할 때 날개가 어느 것인지 정하고 기본 유형에 대한 날개의 비율을 꼭 측정해야 한다. 예를 들면, 두 사람의 8w9가 비슷한 성격일 것 같지만 눈에 띄게 다를 수 있다. 이 차이는 9번 유형이 그 사람의 성격 전체에서 차지하는 비중 때문일 수 있다. 8w9라고 해도 8번 유형과 9번 유형의 비율이 51:49일 수 있는데, 이는 기본 유형에 대한 날개의 비율이 높은 것을 의미한다. 어떤 8번 유형은 매우 작은 9번 날개(85:15)를 가지고 있을 수 있는데, 이런 경우는 9번 유형의 성분이 있기는 있어도 전체 성격에서 중요한 부분이 아니다.

기본 유형에 대한 날개의 정확한 비율을 객관적으로 측정하는 것은 아마도 불가능할 것이다. 그럼에도 불구하고 다음에 기술하는 내용에 따라 기본 유형에 대한 날개의 비율을 개략적으로 산정하는 것이 가능하다. 어떤 사람이 기본 유형에 대한 날개의 비율이 크다면 무거운 날개를 가졌다고 말할 수 있다. 날개가 있기는 있지만 기본 유형이 전체 성격을 뚜렷하게 지배한다면 보통의 날개를 가졌다고 말할 수 있다. 그리고 기본 유형이 전체 성격을 압도적으로 지배해서 날개를 무시할 정도라면 가벼운 날개를 가졌다고 말할 수 있다. 모든 경우에서 정의상 기본 유형은 전체 성격의 51% 이상 되어야 한다. 두 유형 중 하나가 전체로서의 성격을 항상 지배한다. 기본 유형과 날개의 비율이 거의 50:50으로 비슷한 경우는 스트레스 상황에서의 피검자를 관찰함으로써 기본 유형을 결정할 수 있다. 어떤 경우에 피검자가 분열의 방향으로 무의식적으로 행동할까? 예를 들면, 4w5인지 5w4인지 결정할 수 없었다면 불안이 증대되었을 때를 관찰하여 평균적인 2번 유형처럼 행동하였다면 기본 유형이 4번 유형임을 가리키고, 7번 유형처럼 행동하였다면 기본 유형이 5번 유형임을 가리킨다. 2번 유형의 자기희생적이고 정서적으로 딱한 행동은 7번 유형의 지극히 활동적이고 마음이 산란하고 들떠 있는 특성과 매우 구별된다.

날개에 대한 이상과 같은 구별은 가치가 있는 것이다. 왜냐하면 에니어그램의 18개 날개 유형(아홉 가지 기본 유형×두 가지 날개)을 볼 때 우리는 더 이상 18개 날개 유형에 대하여 이야기하는 것이 아니고 기본 유형에 대한 날개의 비율, 즉 무거운 날개, 보통의 날개, 가벼운 날개를 고려한다면 54개 날개 유형에 대하여 이야기하고 있는 것이다. 날개의 영향을 99:1, 98:2, 97:3과 같이 더욱 세밀히 고려한다면 에니어그램은 어느 유형학보다도 많은 수백 가지의 하위유형을 설명하게 된다.

이론적으로는 성격유형을 기술하는 가장 정확한 방법은 주된 날개 유형들 각각을 별개의 범주로서 기술하는 것일 것이다. 순수한 유형은 없기 때문에 이 책에서와 같이 9개의 장으로 설명할 것이 아니라 18개 장이 되어야 할 것이다. 순수한 1번 유형은 없고 1w2와 1w9가 있다는 것이다. 그러나 기본 유형에 대한 날개의 비율은 매우 폭넓게 다양하므로 모든 날개 유형들을 기술한다는 것은 거의 불가능하다. 어떤 책도 그 모든 경우를 설명하지는 못한다. 이것이 각 기본 유형을 개인화하는 것이 중요한 이유다.

발달 수준

지침과 기술에서 보았듯이 각 성격유형에는 전체적인 구조가 있다. 각 유형에 대한 분석은 건강한 특성을 시작으로 하여, 보통수준의 특성으로 이동하고 불건강한 특성까지 기술한다. 이런 구조는 에니어그램의 전통적 해석의 부분은 아닌데 각 유형을 형성하는 발달 수준들로 이루어져 있다. 매일매일, 매 순간 변하는 인간본성의 가장 큰 유동성은 적어도 부분적으로는 우리가 우리의 성격유형의 발달 수준을 따라 꾸준히 움직이는 데 기인한다.

심리학자들은 성격 특성들은 어떤 종류의 연속체 선상에 배열될 수 있다고 생각해 오기는 했지만, 기본 유형 자체가 명확하지 않기 때문에 특성들을 어디에 할당해야 할지를 아는 것이 불가능했다. 에니어그램의 도움으로 이제는 어느 정도의 정확성을 가지고 그렇게 할 수 있게 되었다. 이제 우리의 큰 발견 중의 하나인 발달 수준을 자세히 다루어 보겠다.

다음 그림과 같은 각 기본 유형의 발달 수준의 연속체를 기억할 것이다.

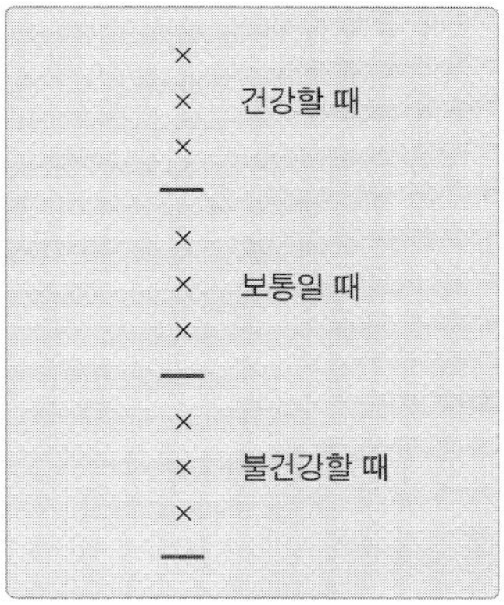

[발달의 수준들]

그 장으로 되돌아가서 보면 알겠지만 아홉 가지 수준에 번호가 붙여졌고 이는 명확하게 구별되며 어느 성격유형이 연속체를 따라 악화될 때 무슨 일이 일어나고 있는지를 알려 주는 표지판 역할을 한다. 아홉 가지 발달 수준이 있는데 1~3수준은 건강한 수준이고, 4~6수준은 보통수준, 7~9수준은 불건강한 수준이다. 어느 수준에 해당하는지 판별한다면 여러 가지 좋은 점들이 있다.

첫째, 발달 수준을 정확히 알면 각 기본 유형들 안에서 훨씬 더 많은 하위유형들을 구분할 수 있다. 같은 기본 유형에, 같은 날개에, 같은 날개 비율이라 할지라도 발달 수준이 다르기 때문에 매우 다르다. 예를 들면, 다투기 좋아하는 '도발적인' 5번 유형(5번 유형의 6수준)은 건강하고 '명민한' 5번 유형(2수준)과 매우 다르다. '오만한' 2번 유형(8수준)은 '양육하는' 2번 유형(3수준)과 매우 다르다.

아홉 가지 발달 수준 각각은 성격유형을 함유하고 있기 때문에 서로 밀접한 관계가 있는 아홉 가지의 구별되는 변이를 만든다. 에니어그램이론을 다루는 장에서 알게 되겠지만 다른 성격유형론에서 기술하는 것들이 에니어그램의 해석에서 발견되는 성격 변이들과 같다. 그러나 이러한 여러 변이들 가운데 유사한 점들 때문에 다른 이론가들은 혼동을 한다. 예를 들면, 호나이는 어떤 유형을 '체념한 사람', 또 어떤 유형은 '기계적으로 행동하는 사람'으로 기술한다. 우리의 관점에서는 이들은 다른 성격유형이 아니고 9번 유형의 변이들이다. '기계적으로 행동하는 사람' 은 보통수준으로서 5수준인 '수동적으로 해방된 사람' 이고, '체념한 사람' 역시 보통수준 9번 유형으로서 6수준인 '체념한 운명론자' 다. 심리학자들이 사용하는 많은 범주들이 실제로는 기본 유형 그 자체가 아니고 기본 유형의 한두 수준을 기술하고 있다. 예를 들면, '우울 성격장애' 는 실제로는 4번 유형의 7수준과 8수준으로서 '소외된 우울병 환자' 와 '감정적으로 고문당하는 사람' 이다.

둘째, 발달 수준들을 기억하고 있으면 피검자를 좀 더 정확하게 이해하고 묘사할 수 있다. 피검자는 연속체상에서 꾸준히 이동한다. 각 수준에서 여러 가지 일들이 벌어지는데, 여러 특성과 방어기제들이 나타나게 되고 기존의 특성들과 혼합된다. 각각의 성격유형들은 연속체상에서 신경증 쪽으로 나선으로 강하하거나 건강한 쪽으로 상승하여 더 통합되거나 하면서 끊임없이 변하고 있다. 짐작할 수 있듯이 각 유형의 특성들 중에는 내부적 대칭이 있다. 각각의 유형은 여러 특성들이 아무렇게나 집합된 것이 아니고 서로 밀접한 관계를 가지고 많은 부분들이 내부 구조를 가진 역동적인 통일체다.

성격유형들은 임의의 특성들의 정적인 집합이 아니라는 것을 이해하는 것이 중요하다. 각 유형에는 막대한 양의 내부 응집이 있는데, 이 응집은 두려움, 욕구, 불안, 방어기제에 응하여 발달 수준이 위 또는 아래로 이동하는 동안 특성들이 서로 변형됨으로써 생기는 것이다.

예를 들면, 건강한 4번 유형에서는 2수준에서 자각(self-awareness)이 나타난다. 그러나 5수준이 되면 자각은 퇴락하여 자기 몰두(self-absorption)가 되고, 8수준이 되면 자기 몰두는 퇴락하여 자기혐오(self-hatred)가 된다. 4번 유형의 또 다른 예를 든다면, 건강한 4번 유형의 감성에서 보통수준 4번 유형의 상처받기 쉬움으로, 결국에는 신경증적인 4번 유형의 감정적 괴로움으로 따라갈 수 있다. 이것은 4번 유형이 연속체 선상에서 퇴락해 가는 동안 볼 수 있는 많은 특성들 중 두 가지일 뿐이다. 그리고 물론 이것은 모든 유형들에서 할 수 있다.

게다가, 아홉 가지 유형들 사이에 상호 관계가 있는 것처럼 각 유형 내에도 많은 상호 관계가 있으므로 여기서 이에 대해 적당한 주석을 다는 것은 불가능할 듯하다. 그러나 각 수준에서 가장 중요한 활동들에 대한 좀 더 나은 개념을 제공하기 위해서 다음의 짤막한 설명들을 포함시켰다. 각 유형들을 분석 기술한 것들을 재검토해 본다면 그들이 다음의 패턴에 어떻게 맞아 들어 가는지 알게 될 것이다.

건강한 수준들

1수준: 그 유형의 가장 건강한 수준으로서 심리학적 균형, 자유 그리고 특별한 영적 능력과 미덕이 나타난다. 그 유형의 정수를 모은 특성들이 반영된 이상적인 상태다.

2수준: 여전히 건강하지만 자아가 나타나고 어린 시절의 기본적 불안에 응한 자기 방어가 나타난다. 부모와의 관계의 결과로서 가장 깊은 두려움과 욕구가 나타난다. 자기감과 그 유형의 있는 그대로의 인지 스타일이 나타난다.

3수준: 여전히 건강하지만 조금 덜 건강하다. 자아가 좀 더 활동적이 됨으로써 특징적인 외적 인격이 만들어진다. 타인과 사회에 발휘되는 건강한 사회적 특징들이 나타난다.

보통수준들

4수준: 유형마다 다른 심적인 에너지의 특징적 근원을 묘사하는 것에 따라서 유형이 약간 불균형해진다. 부지불식간에 각 유형의 심리학적 맹점이 나타나는데, 이는 내면적인 또는 타인과의 갈등을 초래하기도 한다.

5수준: 주위 환경을 특징적인 방법으로 통제하려고 하면서 자아가 팽창한다. 방어기제들은 더욱 진지해진다. 퇴락의 뚜렷한 전환점으로서 특성들은 눈에 띄게 불건강하고 더욱 부정적이다. 타인과의 갈등이 증가한다.

6수준: 갈등과 증가되는 불안에 대해서 과잉 보상하기 시작한다. 특징적인 자기중심적 형태가 여기서 나타난다. 자기 방어의 다양한 형태들이 작용하면서 타인과의 갈등이 급증한다.

불건강한 수준들

7수준: 매우 역기능적이고 결국은 자기파괴적인 생존 책략을 쓰는데 유형마다 다르다. 자아를 보강하기 위한 무모한 시도를 해 보지만 증가되는 불안에 습격당한다. 이제 타인과의 갈등이 심각하다.

8수준: 심각한 내면의 갈등과 그에 따른 망상적 방어가 사용된다. 현실과 불안을 극복하기보다는 현실을 고쳐 만들려고 시도한다. 심한 신경증적 상태로 유형마다 다른 방법으로 현실과 멀어진다.

9수준: 충분히 병리적인 상태다. 현실과 멀어지고 환영을 보존하며 자신이 초래한 불안으로부터 자신을 구하기 위해서 자기 자신과 타인을 파괴한다. 직간접적인 자기파괴성이 뚜렷해져서 심각한 폭력, 쇠약 또는 죽음에 이른다.

발달의 각 아홉 가지 수준에서 일어나는 일들을 위와 같이 간단히 기술한 것으로 제대로 표현할 수 있을 것 같지는 않지만, 성격유형이 이 수준에서 저 수준으로 어떻게 이동하는가를 그려 볼 수는 있다. 8번 유형을 예로 들어 살펴보면, 최상일 때 도량이 큰 사람, 그 다음에 자신감 있는 사람, 건설적인 지도자, 진취적인 모험가, 지배적인 권력중개자, 대립적인 적대자, 냉혹한 무법자, 전지전능한 과대망상자, 마지막으로 폭력적인 파괴자가 된다. 자신만만함이 권력욕으로, 또 과대망상으로 퇴락하는 것을 알 수 있다. 8번 유형이 아주 건강할 때는 대중에게 막대한 긍정적인 영향을 미치지만, 불건강할 때는 그 반대의 영향을 미친다. 이런 체계적인 개념을 가지고 나열된 특징들을 살핀다면 많은 상호 관계들을 분별할 수 있다.

각 유형을 가장 건강한 수준부터 두려움, 욕구, 갈등, 방어 등의 영향에 굴복하여 신경증으로까지 아래로 따라 내려가는 것은 매우 흥미롭다. 도덕성과 마찬가지로 각 성격유형의 붕괴는 피할 수 없는 것이다. 운이 나쁘거나 현명하지 않다면 각 유형들은 알게 모르게 두려움과 환영의 손아귀에서 벗어나지 못하여 큰 불행을 당할 것이다. 발달 수준은 우리가 평소 잊고 살았던 인간본성을 환하게 들여다볼 수 있게 해 줄 것이다. 그럼에도 불구하고 예측의 정확성은 우리가 경험한 것들을 인지하는 데서 나온다.

발달 수준은 성격유형의 중요한 측면 중 하나다. 각 유형들 간의 또는 각 유형 내의 유동성과 이동의 진가를 인정할수록 에니어그램이 인간본성을 반영하는 역동적 상징임을 깨달을 것이다.

발달 수준을 고려하는 것은 꼭 필요하며 또 그렇게 함으로써 에니어그램이 유형론으로써 얼마나 복잡 미묘한지 진가를 알게 될 것이다. 다시 말하지만 아홉 가지 기본 유형과 2개의 날개로부터 18개 하위유형을 묘사할 수 있다. 여기에 날개의 비율 세 가지(무거운, 보통의, 가벼운)를 추가하면 54개(18×3)의 하위유형이 된다. 또 아홉 단계의 발달 수준을 추가하면 에니어그램은 486개의 하위유형을 설명할 수 있다(9 기본 유형×2 날개×3 날개 비율×9 발달 수준). 이 486개의 하위유형에 차이는 물론 있지만 정확히 묘사하기는 너무 미묘하다. 여러 특성들의 조합을 보고 직관적으로 알아챌 수 있을 것이다.

지금까지 보아 왔듯이 에니어그램은 통합된 전체로서 하나다. 각 부분들, 즉 아홉 가지 기본 유형들은 매우 복잡한 방법으로 서로 수정하고 균형을 맞춘다. 인간 본성을 관찰하는 것은 정적인 것이 아니다. 인간은 무한히 변화무쌍하고 에니어그램은 어떤 지적 시스템보다도 이를 잘 설명해 준다.

본능적 유형들

날개도 에니어그램 하위유형의 한 형태다. 이차조가 에니어그램을 처음 소개했을 때 인간 행동의 일차적 본능 세 가지에 근거해서 또 다른 하위유형을 기술하였다. 즉, 자기 보존 본능, 사회적 본능, 성적(性的) 본능이다.

이 세 가지는 원칙적으로 또 다른 하위유형으로 에니어그램이론에 추가할 만한 가치가 있다고 본다. 정의상 하위유형이 되는 것은 그 유형의 한 부분인가에 달려 있다. 예를 들면, 까마귀와 참새를 새의 하위유형이라고 말할 수 있다. 이들을 구별하는 것은 새의 종류가 다르다는 것이다. 그러나 암컷인가 수컷인가는 엄밀히 말해 하위유형이 아니다. 왜냐하면 새가 아니면서도 암수를 분류할 수 있기 때문이다. 암수는 추가적인 독립변수다. 본능적 유형도 이와 같다. 달리 말하면, 방에 가득한 사람을 개개인의 에니어그램 유형과는 상관없이 각각의 정의에 따라 자기보존 유형, 사회적 유형, 성적 유형의 세 무리로 나눌 수 있다. 그 반면에, 날개는 진정한 하위유형이다. 기본 유형이 6번 유형이라는 것을 말하지 않고 단순히 5번 날개니 7번 날개니 하는 것은 아무 의미가 없기 때문이다. 간단히 말해서, 날개는 종속 변수이고, 본능적 유형은 독립 변수다. 이런 이유로, 아홉 가지 에니어그램 유형과 같이 사용할 때 '본능적 변이' 라고 부른다.

본능적 유형은 별개의 유형론으로 존재할 수 있다. 그러나 실제의 사람들에 대해 날개나 발달 수준으로 다 설명 못하는 부분을 설명해 주는 방식으로 에니어그램 유형과 결합시킬 수도 있다. 그래서 5번 유형은 자기보존 5번 유형, 사회적 5번 유형, 성적 5번 유형으로 나눌 수 있다. 한 걸음 더 나아가서, 4번 날개를 가진 사회적 5번 유형이니, 4번 날개를 가진 성적 5번 유형이니 하는 것도 있을 수 있다. 날개와 본능적 유형을 결합하면 기본 유형당 6개 하위유형, 전체로 보면 54개 하위유형이 되는 셈이다. 이런 분류는 실제로 할 수는 있지만 대부분의 사람들에게는 필요 이상의 너무 세밀한 분류다.

이 책 저술 당시에 7명의 에니어그램 분야 권위자들이 토론을 했지만 윤곽이 잡히는 동시에 이견이 분분하였다. 이 책에 쓰인 대부분은 이차조가 에니어그램의 아홉 가지 유형과 본능적 유형을 결합하면서 간단하게 이름 붙이고 서술한 27개 단어나 문장에 근거하였다. 어떤 서술들은 상당히 정확하지만, 에니어그램 유형과 본능적 유형의 결합이 에니어그램 유형 자체만큼이나 유용하고 명확해지려면 더 많은 연구가 필요하다는 것을 느꼈다. 본능적 변이가 유형론에 광명을 주지 못할 것이라는 말이 아니라 시간이 좀 걸리겠다는 이야기다. 이에 대한 연구는 비교적 초기 단계여서 아직까지는 분명한 그림이 나오지 않았다. 지금까지는 이를 연구하는 데 많은 시간을 투자하지 않았지만 우리는 그 연구의 타당성에 확신을 가지고 있고 가까운 장래에 충분한 연구가 이루어지길 기대한다.

분명한 것은 세 가지 본능적 유형들은 인간 본연의 자연적 에너지와 욕구를 대표한다는 것이다. 성격은 아홉 가지 유형에서 검토한 것과 같이 삶에서 성적 충동과 본능적 에너지에 맞물려 있다. 본능적 유형들은 성격이 가장 강력하게 작용하는 삶의 영역을 말해 준다. 그러나 신경증적인 단계까지 발달 수준이 아래로 내려갈수록 성격은 본능의 자연적 표출을 방해한다. 그러므로 수준이 더 낮은 본능적 변이일수록 그 본능의 정상적 기능의 반대가 되는 것이 나타난다. 자기보존 유형인데 건강과 안전을 파괴하게 되고, 사회적 유형이 반사회적이며 불화하게 되고, 성적 유형이면서 심리적 성기능 장애나 난교와 같은 성의 표현에 문제가 생긴다.

우리는 여기서 본능의 간략한 정의만을 제공한다. 본능적 변이에서 서술되는 관심의 장에서 에니어그램 유형들이 어떻게 역할을 수행하는지 독자들이 관찰하는 데 맡겨 두겠다. 아홉 가지 에니어그램 유형에서와 같이 개개인은 세 가지 본능적 유형의 행동을 어느 정도는 다 가지고 있다. 그러나 자세히 관찰하면 어느 한 가지 본능적 변이가 다른 것보다 더 발달되어 있다는 것을 눈치 챌 수 있다. 평생을 사는 동안 이 본능 유형이 바뀌는가의 문제는 아직 결정적으로 말할 수 없다.

자기보존 유형 이름으로 보아 초점이 어디에 있는지 쉽게 이해가 간다. 이 본능적 유형의 사람은 동시대를 사는 동안 기본적 생존 요구에 여념이 없다. 그래서 자기보존 유형들은 돈, 음식, 집, 건강, 신변 안전, 안락함을 걱정한다. 안전과 신체적 안락함이 우선이다. 이들은 방에 들어서면 어두운 조명과 불편한 의자, 부적절한 실내 온도 등을 빨리 알아챈다. 음식에 관한 문제도 자주 있는데, 너무 먹거나 엄격한 다이어트 관리가 그것이다. 건강한 수준에서 보통수준까지의 세 가지 본능적 유형 중에 자기보존 유형들은 기본적 생활필수품들을 다루는 데 가장 실질적이다. 예를 들어, 수표 지출, 집이나 일터 유지 관리, 필요한 기술 습득 등이다. 이 유형이 퇴락하면 자기 자신을 잘 돌보지 못할 정도까지 본능을 왜곡한다. 불건강한 자기보존 유형들은 먹고 자는 게 시원치 않거나 건강 문제에 강박적이기도 하다. 이들은 자주 돈 문제에 어려움이 있고 일부러 자기파괴적인 방법을 무의식적으로 행동에 옮기기도 한다. 아주 간결하게 이야기하자면 어떤 에니어그램 유형이라 할지라도 자기보존 유형은 개인의 안전과 신체적 안락함에 초점이 맞춰져 있다.

사회적 유형 이 유형은 타인과의 관계에 초점이 맞춰져 있고 집단행동에 참여했을 때 가치 있고 존경받는 느낌에 초점이 맞춰져 있다. 여기에는 일, 가족, 취미, 클럽 등이 해당되며 기본적으로 공동의 목적을 가지고 사회적 유형이 관계하는 모든 활동 무대가 포함된다. 이들의 행동에 깔려 있는 본능은 인간 생존에 중요한 것이었다. 인간은 혼자서는 약하고 상처받기 쉬운 피조물이며 종종 적대적 환경에 희생 제물이 된다. 함께 살고 일하는 것을 배움으로써 우리의 선조들은 인간이 생존하고 번창하는 데 필수적인 안전을 만들어 냈다. 그러나 사회적 본능에는 많은 다른 암묵적 규범이 있는데, 그중 첫째는 계층적 사회 구조 내에서의 위치를 이해하는 것이다. 이것은 개나 고릴라와 같이 사람 사이에서도 그런 것이다. 그래서 배려받는 것, 인정받는 것, 명예, 성공, 유명, 지도력, 칭찬받는 것, 소속감에서 오는 안전감의 욕구는 사회적 본능의 표출이다. 사회적 유형은 자기 주변에 무슨 일이 벌어지고 있는지 알기를 좋아하고 인간 사회라는 기업에 어떤 종류의 공헌을 하기를 원한다. 자기 자신의 문화의 사건과 활동에 관심이 있는데 간혹 다른 문화에 대해서도 그렇다. 일반적으로 사회적 유형은 사람들과의 상호 관계를 즐기지만 친밀함은 피한다. 균형이 깨진 불건강한 유형들은 매우 반사회적이 되며, 사람들을 혐오하고 사회에 화를 내거나 사회성이 빈약하다. 아주 간단히 말하면, 어떤 에니어그램 성격유형이라 할지라도 사회적 유형은 자기 개인의 가치를 높이고 성취감을 높이고 무리 중의 위치를 공고히 하는 방법으로 사람들과 관계를 맺는 데 초점이 맞춰져 있다.

성적 유형 많은 사람들이 처음에는 자신이 이 유형인 줄 안다. 성적 본능 유형을 성적 매력이 있는 사람으로 혼동하는 것이다. 물론 성적 매력이 있다는 것은 보는 사람의 눈에 달려 있는 것이고, 본능적 유형 세 가지 모두에서 성적 매력이 있는 사람들이 많다. 게다가, 이 유형이 다른 두 유형에 비하여 더 매력적이라고 생각하지 않기 위해서 사람들은 곧잘 이 유형에서는 본능이 왜곡되어 삶에서 큰 문제를 일으킬 수 있다고 기억한다. 건강하거나 보통수준인 성적 유형에서는 강렬한 경험에의 욕구가 있다. 꼭 성적 경험을 말하는 것은 아니고 그와 비슷한 강렬함을 주는 행동들을 말하는 것이다. 이 같은 강렬함은 훌륭한 대화나 짜릿한 영화에서 찾을 수 있다. 이 유형은 1:1 관계를 선호하는 데 비해서 사회적 유형은 무리를 선호한다. 그러나 교제 범위를 설문 조사해 보면 대부분의 사람들은 무리보다는 1:1로 의사소통하는 것을 선호한다. 문제는 접촉의 강도와 친밀감에 대한 욕구의 강도다. 성적 유형은 본능 유형들 중 친밀감 마니아다. 이들의 넋을 빼앗는 일이나 사람으로부터 멀어지면 이들은 의무나 기초 생계조차도 자주 무시한다. 이 때문에 폭넓게 탐험적으로 삶에 접근하지만 우선순위에 초점을 맞추지 못하게 된다. 신경증적 형태에서 이 유형은 초점을 잃은 방황, 상대를 가리지 않는 성행위, 무의식적인 행동 또는 그 반대로 두려워하여 섹스나 친밀감에서 역기능적인 태도를 보이기도 한다. 그러나 성적 유형은 격렬하고, 심지어는 회피하는 데도 그렇다. 결론적으로 어떤 에니어그램 성격유형이든지 성적 유형은 '살아 있다' 는 강렬한 느낌을 받기 위해서 타인이나 환경과 강렬하고 친밀한 상호 관계와 경험에 초점이 맞춰져 있다.

[chapter_14]

에니어그램의 이론적 고찰

"경험에 비추어 보면 성격은 몇 개의 주요 범주로 나누어지는 것 같고,
성격을 연구하고자 하는 목적에서 보면 범주화시키는 것이 유용한 것 같다.
범주화가 너무 신중하게 다루어져서도 안 되지만—사고의 많은 부분을 방해한다—범주화시키는 것을 지나치게 두려워하는 것이 훨씬 더 사고에 방해가 된다."

– K. A. Menninger, *The Human Mind*–

에니어그램은 가장 최초의 성격유형론이 아니다. 유형론에 대해서 정확하게 조사해 보면, 그 이전은 아니라고 하더라도 수천 년 전, 즉 그리스 철학자들로까지 거슬러 올라간다. 갈렌(Galen, 130?~200?)은 히포크라테스의 네 가지 체액론을 대중화시켜 그 명성을 얻었다. 갈렌은 신체 내의 체액을 흑담즙, 황담즙, 점액질 그리고 혈액으로 구분하고, 그중 어느 것이 우세한지에 따라 우울한 기질, 화를 잘 내는 기질, 냉담한 기질 그리고 낙천적인 기질을 갖는다고 보았다. 4대 기질이론은 1500년대까지 활용되어 오다가 과학적인 연구가 진행되면서 차츰 그 신뢰성을 잃기 시작하였다. 그럼에도 불구하고 인간본성을 통찰하는 데 유용한 측면이 있기 때문에 이런 고대 체계가 지속적으로 우리의 언어와 문화 속에서 그 역할을 해내고 있다.

일반 대중과 심리학자들 사이에서는 어떤 형태로든 성격유형이 존재한다고 주장되어 왔다. 심리학자들은 아무리 많다고 할지라도, 각각의 기본 유형이 분명하게 구분되고, 의미가 있고, 유용하면서 포괄적일 수 있는 적절한 유형 범주들을 찾아내고자 노력하였다. 유형 설명들 간에 분명하게 유사성이 있기는 하지만, 한 유형의 특질들이 다른 유형의 특질과 겹치지 않아야만 한다. 각각의 기본 성격유형이 일반인들 혹은 적어도 전문가들에게는 인간을 의미 있는 방식으로 기술할 수 있어야만 하고, 가능하면 과학적으로 검증되어야만 한다. 유용한 성격유형론은 전문가뿐만 아니라 일반인도 일상생활 및 치료 상황에서 활용할 수 있다. 포괄적으로 활용될 수 있는 유형론은 건강한 상태에서부터 보통수준의 상태, 신경증적인 상태, 그리고 정신병적인 상태까지 개인 성격의 다양한 측면들을 설명해 준다.

에니어그램의 주목할 만한 특성은 그 번호의 구분이 명확하고, 의미 있고, 유용하면서도 포괄적인 기본 범주를 제시해 주고 있다는 점이다. 에니어그램은 우리가 일상생활 속에서 찾을 수 있는 범주들로 성격유형을 구분하고 있는 것 같다. 포괄적이어서 다른 유형론의 뼈대가 될 수 있고, 많은 경우는 그것을 완성할 수도 있다. 체계로서 에니어그램의 이론적 토대는 이해하기 쉽고 의미가 있다. 사람들이 자신뿐만 아니라 주변 사람들을 그 틀로 바라볼 수 있다. 그리고 에니어그램은 자기 자신에 대한 이해와 타인에 대한 이해를 심화시키는 데도 도움을 줄 수 있는 유용한 도구다.

간단하게 말하면, 에니어그램의 원은 잘 들어맞는다. 유형론이 정확하면 정확할수록 사용하는 범주 명칭들이 인간본성에 대해 인위적으로 부여된 것이 아니라 인간본성 그 자체를 반영하고 있다는 느낌을 갖게 된다. 범주들이 고안되었다기보다 발견되었다는 느낌을 갖는다.

이것이 사실이라면 에니어그램에 대해서는 어떻게 설명할 수 있는가? 정확성에 대해서는 어떻게 설명할 수 있는가? 정말로 심리학이 그동안 찾아 왔던 유형론인가? 이런 질문들에 대한 답은 추상적이고 복잡하기 때문에, 에니어그램의 이론에 대해 좀 더 상세하게 고찰하게 된 이 시점까지 미뤄져 왔다.

에니어그램이론을 두 부분으로 나누어 살펴보겠다. 먼저 에니어그램과 다른 유형론들을 비교해 보고, 그런 다음 에니어그램이 그렇다고 보는 이유에 대한 추상적인 논리들에 대해서 살펴볼 것이다.

에니어그램과 다른 유형론

에니어그램의 주목할 만한 특성은 호나이, 프로이트, 융 그리고 정신의학에서 사용되고 있는 병리학적 범주들의 유형론과 비교해 보면 훨씬 더 분명하게 드러난다. 간략하게 비교되지만, 에니어그램은 현대 심리학 체계와 일치할 뿐만 아니라 이런 체계들에서 나타나는 모호한 부분들을 명확하게 밝혀 줄 수 있는 방법들을 제시하고 있다.

호나이와 에니어그램

정신분석학자 호나이(1885~1952)는 자신의 임상관찰을 토대로, 신경증을 해결하는 방식에는 세 가지가 있다고 제안하였다('사람들로부터 멀어지는'[후퇴형], '사람들에게 대항하는' [공격형], '사람들에게 향하는' [순응형])

호나이는 범주에 대한 기본적인 강조점을 약간 수정하였다. 이런 세 가지 해결방식을 각 유형이 사람들에게뿐만 아니라 내적 그리고 외적 환경 전체에 반응하는 방식을 살펴보는 데까지 확대시켰다. 따라서 공격형은 본성이나 자신의 염려를 주장하고, 후퇴형은 사람들로부터뿐만 아니라 활동들로부터도 물러난다. 가장 중요한 것은 순응형이 다른 사람에게 순응하는 것이 아니라 타인, 주로 부모를 통해 형성된 자신의 초자아에 순응한다는 점이다. 이런 점들이 명확해지면, 이런 일반적인 신경증적 해결방식의 성격유형들을 매우 포괄적이지만 정확한 방식으로 범주화하는 데 도움이 된다.*

삼원소는 감정, 사고 그리고 본능 기능을 하는 문제영역들이 변증법적으로 상호 관련되어 있음을 보여 준다. 또 다른 변증법적인 관계가 호나이의 대인관계 개념이라고 소개되는 분석 수준에서도 존재한다. 우리는 그녀의 세 가지 해결방식을 에니어그램의 아홉 가지 유형과 연관시킬 수 있다. 세 가지 명칭을 에니어그램과

* 호나이의 『우리의 내적 갈등(*Our Inner Conflicts*)』, 14-18을 보라. 호나이는 하나의 사건에 하나의 해결책이 있다고 주장해 왔다. 우리는 그녀가 개발한 세 가지 유형, 즉 공격형, 순응형, 후퇴형을 설명하고 있는 『신경증과 인간성장(*Neurosis and Human Growth*)』을 강력히 추천한다.

관련시켜 보면, 각각의 삼원소는 성격유형을 혼합시켜 놓은 집단이 된다. 각각의 삼원소는 '혼합되어 있는 삼원소'가 되는데, 각각의 삼원소는 호나이의 세 가지 해결방식 중의 하나를 갖게 된다. 다음의 그림에서 나오는 것처럼, 각각의 삼원소는 공격형(즉, '다른 사람들에게 대항하는'), 순응형(즉, '다른 사람들에게 향하는'), 그리고 후퇴형(즉 '다른 사람들로부터 멀어지는')으로 구성되어 있다.

각각의 삼원소에서 이런 명칭들은 다음과 같이 해석될 수 있다.

감정삼원소에서

2번 유형은 항상 이타적으로 사랑하라는 초자아의 명령에 순응한다.

3번 유형은 자신의 목표 추구와 타인과의 경쟁에서 공격적이다.

4번 유형은 자신의 감정과 자신의 상처받기 쉬운 자아이미지를 보호하기 위해 물러난다.

사고삼원소에서

5번 유형은 행동에서 빠져나와 사고의 세계로 물러난다.

6번 유형은 자신에게 기대되는 것을 하라는 초자아의 명령에 순응한다.

7번 유형은 환경에 관여하고 자신의 욕구를 충족시키는 데 공격적이다.

본능삼원소에서

8번 유형은 다른 사람과 환경에 대해서 자기주장하는 데 공격적이다.

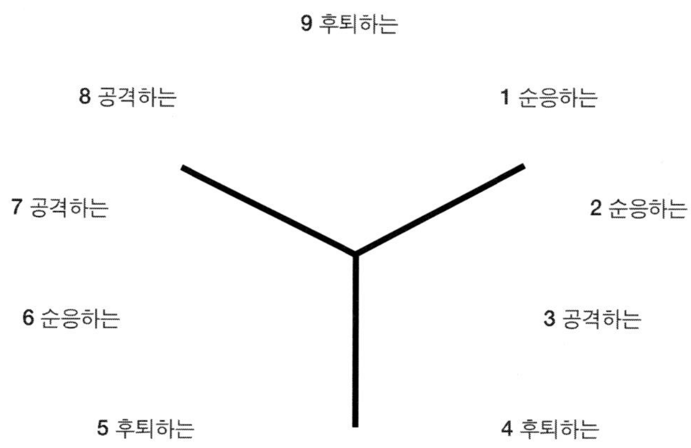

[호나이의 신경증적 해결방식과 에니어그램]

9번 유형은 타인들로부터 자신의 내적 평화를 방해받지 않기 위해 물러난다.
1번 유형은 자신이 추구하는 이상에 순응한다.

아홉 가지 에니어그램 성격유형을 살펴보면, 세 가지 유형은 후퇴형이고(4번 유형, 5번 유형, 9번 유형), 세 가지 유형은 순응형이며(1번 유형, 2번 유형, 6번 유형), 세 가지 유형은 공격형이다(3번 유형, 7번 유형, 8번 유형). 이런 방식으로 9개 성격유형을 묶어 보면 공통 속성을 가지고 있는 세 가지의 집단인 새로운 대칭이 나타난다. 중요한 것은 감정, 사고 그리고 본능의 삼원소가 에니어그램의 유일한 '삼원소' 관계만이 아니라는 것이다. 484쪽에 제시되어 있는 것과 같이 또 다른 삼원소들이 나타난다.

이 장 뒷부분에서 이러한 새로운 그룹들에 대해 다른 관점으로 살펴볼 것이다. 호나이가 9개 성격유형을 만든 것은 아니지만, 그녀는 자신의 임상관찰을 통해 그렇게 하기 직전까지 갔다. 그녀는 간략하게 '과대망상적인 해결방식' 의 세 가지 하위유형(다른 사람과 환경에 대항하는 공격형)을 '자기애적' '완벽주의적' 그리고 '타인의 권리를 침해하는-징벌적인' 유형으로 기술하였다.*

호나이는 '표면에 나서지 않는 해결방식' (사랑을 얻기 위해 다른 사람에게 '향하는' 순응형)의 하위유형에 대해서는 다루지 않았다. 그렇지만 그녀는 우리가 에니어그램 유형 중 2번 유형, 6번 유형 그리고 9번 유형이라고 생각되는 요소들에 대해 논의하고 있다. 2번 유형과 6번 유형이 순응형이라는 데는 동의하지만, 9번 유형은 피상적으로는 다른 사람에게 순응하는 요소를 가지고 있다고 하더라도, 순응형이라기보다는 후퇴형이라고 생각하고 있다. 이들이 어떻게 사람들과 관계를 맺는가의 맥락보다 더 넓은 맥락에서 성격유형을 살펴보면 이 문제는 간단해진다. 또한 9번 유형은 4번 유형 혹은 5번 유형과 마찬가지로 다른 사람들로부터 물리적인 측면의 후퇴가 아니라 해리(dissociation)를 통해 '다른 사람과의 접촉'을 멀리한다.

* 호나이의 『신경증과 인간성장(*Neurosis and Human Growth*)』, 93ff을 보라. 이들 세 가지 유형은 에니어그램 성격유형 3번, 1번, 8번과 일치한다. 우리는 이처럼 완벽주의(1번 유형)를 공격형으로 구분하는 것과 다른 견해를 가지고 있다. 완벽주의적 유형은 공격적 요소를 가지고 있지만, 초자아에 순응하는 것이 동기의 기초를 이룬다. 에고의 강화나 공격적인 행동이 아니다. 우리가 초자아에 순응하는 순응형으로 본다면 1번 유형은 주로 초자아로부터 동기화된 유형으로 순응형에 해당될 수 있다.

호나이는 또한 '물러나는 해결방식'(내적 자유를 얻기 위해 '다른 사람들로 멀어지는' 후퇴형)에 대해서 다루었다. 그녀는 우리가 9번 유형('완고하게 물러나는' 하위유형), 5번 유형('반항적인' 집단) 그리고 4번 유형('천박하다고 삶을 살아가는' 집단)이라고 생각하였던 것들에 대해 논의하고 있다. 마지막 집단을 세 가지 다른 형태로 더 구분하였다. 즉, '즐거움을 중요시하는 집단'(에니어그램 7번 유형에 상응하는), '특권이나 기회주의적인 성공을 중요시하는 집단'(에니어그램 3번 유형에 상응하는), '잘 적응하는 자동기계 집단'(보통수준에서 건강하지 못한 수준까지의 9번 유형에 상응하는)이다.

호나이의 유형과 에니어그램의 유형을 철저하게 비교하고 대비시키기 위해서는 훨씬 더 많이 분석해야 할 것이다. 이 책에서는 다루어지지 않지만, 호나이가 3×3 성격유형을 찾아내려고 노력했었다는 우리의 믿음에 대해서만 반복적으로 설명하고자 한다. 불행히도, 그녀가 사용하였던 하위범주의 수에 대해서는 일관성이 없었고 발달 수준이 다른 동일 성격유형으로 범주를 구분하였다. 그럼에도 불구하고 에니어그램의 유형과 그녀의 '후퇴' '순응' 그리고 '공격' 유형이 일치한다는 점이 유용한 통찰을 제공해 주기 때문에 언급할 만한 가치가 있다.

프로이트와 에니어그램

에니어그램의 아홉 가지 성격유형은 프로이트의 개념에 근거를 둔 프로이트의

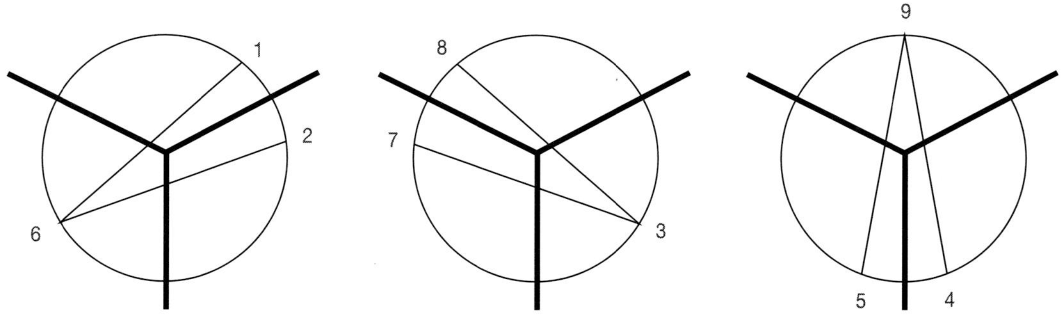

순응형 유형들
1번, 2번, 6번

공격형 유형들
3번, 7번, 8번

후퇴형 유형들
4번, 5번, 9번

[다른 삼원소 관계들]

범주 및 프로이트의 특성 유형(character type)과 관련이 있다. 프로이트 및 프로이트 추종자들의 사상에 대한 논의는 이 책에서 다루지 않을 것이다. 그럼에도 불구하고 프로이트는 심리학과 정신의학에서 매우 중요하기 때문에 프로이트의 개념에 기초한 에니어그램에 대한 두 가지 접근방법은 상세하게 고찰할 필요가 있다.

프로이트는 3개의 '심리성적' 단계라고 불리는 초기 아동기 발달 동안 리비도가 세 영역에 고착되었다는 이론을 세웠다. 그는 리비도가 입 주위('구강' 단계) 혹은 항문 주위('항문' 단계) 혹은 성기 주위('남근' 단계)에 고착될 수 있다고 주장하였다. 이런 단계에서 일어나는 일들에 대해서는 충분히 기술되지 않았다. 그리고 각 단계에 고착된 '특성 유형'을 기술하기 위해 사용된 용어도 다양하다. 기본적인 범주들에서도 일치하지 않는 부분이 있다. 어떤 학자들은 구강 단계를 2개의 하위유형으로 나누고 있고, 반면에 어떤 학자들은 구강 단계와 항문 단계를 3개 하위유형으로 기술하고 있다. 빨기에 고착된 사람은 '구강-의존적' 유형으로, 그리고 깨물기 단계에 고착된 사람은 '구강-공격적' 유형이라고 이야기한다. 따라서 의존적 그리고 공격적(sadistic) 구강 유형이라고 하겠지만 항문-의존적 혹은 항문-공격적 유형이라고는 하지 않을 것이다. 항문 유형에서는 '항문-추방적' 그리고 '항문-보존적' 유형이라고 하겠지만 '항문-수용적' 유형이라고는 하지 않을 것이다. 매우 혼란스러워진다.

문제는 프로이트와 다른 이들이 3개의 심리성적 단계(구강기, 항문기 그리고 남근기)가 있다는 것에는 동의하였지만, 관련 변인들에 대해서는 동의를 하지 않았다는 점이다. 구강, 항문 혹은 성기 고착이 의존적, 보존적, 추방적, 수용적 혹은 공격적 특성으로 수정되었는지 아닌지에 대해서도 일치된 의견을 보이지 않았다. 프로이트의 범주들은 다음과 같이 정리하는 것이 명확할 것 같다. 프로이트 용어로 표현해 보면, 리비도의 단계마다 세 가지 일반적인 성향의 정신에너지가 있다. 수용적, 보존적 그리고 추방적—이것을 세 가지 성향의 에너지의 변증법으로 생각할 수 있다. 리비도가 고착되는 구강, 항문 그리고 성기는 그 자체로 변증법을 형성한다. 따라서 세 개로 구성되어 있는 2개의 변증법적 집단이 9개의 '프로이트적인' 성격유형을 만들어 낸다. 이런 식으로 해 보면, 신프로이트 심리성적 변증법은 〈표 1〉에 제시되어 있는 범주들로 구성된다.

치환해 보면, 9개의 성격유형은 구강적 수용(9번 유형), 구강적 보존(4번 유형), 구강적 추방(5번 유형), 항문적 수용(6번 유형), 항문적 보존(1번 유형), 항문적 추방(2번

〈표 1〉 신프로이트 심리성적 범주들

구강기		수용적
항문기	×	보존적
남근기		추방적

유형), 남근적 수용(3번 유형), 남근적 보존(7번 유형), 남근적 추방(8번 유형)이다. 에니어그램의 순서대로 정리해 보면, 아래와 같은 패턴이 나타난다.

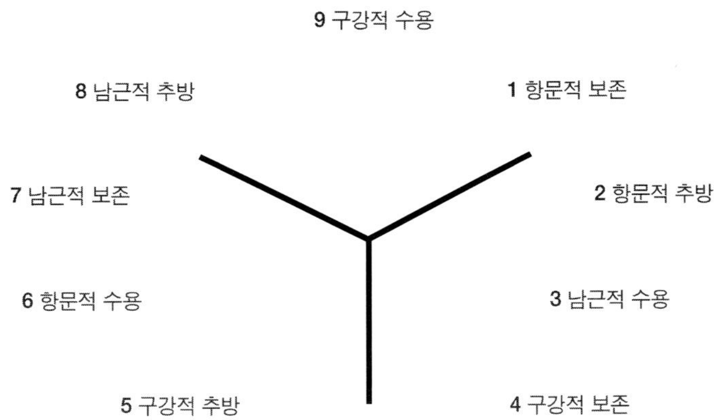

[신프로이트 고착과 에니어그램]

이런 명칭들이 심리과정에 대한 모호한 상징 언어 이상의 것인지를 밝혀내는 것이 쉬운 일은 아니지만 문자 그대로 입, 항문 혹은 성기 주위에 대한 리비도 고착은 아니다. 그럼에도 불구하고 많은 정통 프로이트학파들은 이런 명칭들을 문자 그대로 받아들이고 있고, 이것이 이런 명칭을 실생활에 적용하는 데 많은 어려움을 초래한다. 우리가 이런 명칭들을 은유적으로 이해하면, 성격유형의 특성과 관련시킬 수 있는 실마리를 얻을 수 있다. 게다가 프로이트 용어를 은유적으로 생각해 보면, 남근기라는 용어를 여성에 적용하는 데도 문제가 되지 않고, 남근기 수용과 같은 특정 명칭에 대한 문자의 의미를 찾으려고 애쓰지 않아도 된다.

몇 개의 예를 들어보면, 소위 남근적 수용 유형은 프로이트의 절친한 동료인 어니스트 존스(Ernest Jones)가 제안한 특성 유형(요도특성)* 뿐만 아니라 에니어그램의 3번 유형과 일치한다. 이런 유형의 남성은 타인들로부터 자신의 신체(성기)에 대한 칭찬을 듣고 싶어 하고 때로는 성적인 자기과시를 한다. 남근적 수용 유형은 남근기 주위에 리비도가 고착되었다기보다는, 혹은 여성에 대해서 요도특성이라기보다는 에니어그램 3번 유형의 자기도취적인 사람이라고 하는 것이 더 나을 것 같다. 자기도취를 자신의 성기에 대해 칭찬받고 싶어 하는 무의식적인 욕망으로 이해하는 것이 더 맞는가, 아니면 자기 자신에 대해서 칭찬받고 싶어 하는 무의식적인 욕망으로 이해하는 것이 더 맞는가? 프로이트식으로 엄격하게 해석하는 것이 궁극적인 진실이라고 할지라도, 그런 해석방식은 정상적인 인식과 행동의 범위를 벗어난 것이어서 의미가 없다. 예를 들어, 자기도취를 자신의 성기에 대해서 칭찬받고 싶은 욕망으로 변형시키기보다는 과장된 자기애에 압도당한 것으로 보는 것이 더 나은 것 같다.

고전적인 프로이트 항문 유형(보다 적절한 것은 항문적 보존)은 절약, 완고, 규율로 특징지어지는데, 이런 것들은 1번 유형, 좀 더 정확하게는 9번 날개를 가진 1번 유형의 요소들이다. 그렇지만 절약이라는 요소는 주의와 안전으로 야기되는 6번 유형에게서도 찾아볼 수 있다. 6번 유형 또한 완고하고—부정적이며 수동–공격적으로 타인을 방해한다—9번 유형도 완고하게 현실을 다루는 것을 거부한다. 이와 같이 고전적 항문 특질들이 뚜렷하게 드러나는 성격유형들이 있다.

마지막으로 예를 들어 보면, 구순적 수용 유형은 9번 유형과 일치하는데, 9번 유형은 그 부분에 대한 많은 노력을 들이지 않고도 어머니의 가슴에서 흘러나오는 젖과 같이 환경이 자신의 욕구를 충족시켜 줄 것이라고 낙관적으로 생각하는 유형이다. 프로이트 학파들은 이것을 구순적 의존 유형이라고 불렀는데, 9번 유형은 타인에게 의존하기보다는 표면에 드러내지 않고 타인에게 적응을 할 수 있으며, 실제로 그런 방식으로 살아가고 있다. 그래서 '수용적'이라고 하는 것이 더 정확한 용어다.

이런 용어와 다른 미묘하지만 유용한 차이를 구별해 냄으로써 심리학과 정신의학에서 보편적으로 사용되고 있는 프로이트의 범주개념을 보다 명확히 표현해 낼 수 있다. 프로이트의 심리성적이라는 용어를 초기 아동기에서 일어나는 리비도적

*O. Fenichel, *The Psychoananalytic Theory of Neurosis*, 492.

고착으로 발생된 범주로 보기보다는 전체적인 성격유형 양식의 상징적인 표현(shorthand)으로 보면 다른 유용한 의미들이 잘 이해될 수 있다. 성격유형에 대한 기술을 이런 방식으로 살펴보면, 프로이트의 심리성적인 명칭들을 새롭게 수정하여 에니어그램의 다른 유형에도 적용할 수 있는 방법에 대해서도 알 수 있을 것이다.

호나이의 유형에서 지적했던 새로운 삼원소적 관계가 신프로이트적 리비도 유형과도 관련되어 있다. 신프로이트 체계의 3개의 구강 유형(에니어그램 4, 5, 9번 유형)은 호나이의 유형론의 수정이론에 따르면 후퇴형이다. 신프로이트 체계에서 항문 유형(1, 2, 6번 유형)은 호나이의 유형에서 순응형이며, 프로이트 체계에서 남근 유형(3, 7, 8번 유형)은 호나이의 유형론에서 공격형이다.

프로이트의 구조적 개념

프로이트의 '구조적' 이라는 용어가 9개의 기본 성격유형에 적용될 수 있는데, 이는 에고, 이드 혹은 초자아 중 어느 것이 문제 영역의 초점이 되는가에 따라 좌우된다. 아래 그림처럼 프로이트의 구조적 개념에 호나이의 개념을 덧붙였다.

에고에서 주요한 불균형을 가지고 있는 유형은 호나이의 공격형이고, 이드에서 불균형을 가지고 있는 유형은 호나이의 후퇴형이고, 초자아에서 불균형을 가지고 있는 유형은 순응형임에 주목하라. 이런 상호 관련성은 다음에서 더 심도 있게 해석될 것이다.

4, 5, 9번 유형은 이드 충동을 직접적으로 표현하지 않고, 특히 환경에서 자기주장을 철회하고 특정한 방식으로 보상을 받고자 한다. 4번 유형은 자신의 상상력을 통해 현실과 분리되며, 5번 유형은 자신의 사고과정에 몰두하는 방식으로 현실과 분리되며, 그리고 9번 유형은 강력한 이상화하기 혹은 타인과 동일시를 통해 현실과 분리된다. 이런 세 유형 모두 잠재의식 속의 이드 관련 재료들로부터 직접적인 영향을 받기 쉬운 에고 경계를 가지고 있다.

1, 2, 6번 유형은 행동에서 지배적인 역할을 하는 초자아의 내면화에 순응적이다. 1번 유형은 자신의 초자아(내적 판단자)가 부과하는 이상적인 의무에 순응한다. 2번 유형은 항상 사랑해야 한다고 하는 자신의 초자아(내적 순교자)의 요구에 순응한다. 6번 유형은 초자아(내적 위원회)를 내면화하여 다양한 권위에 순응한다.

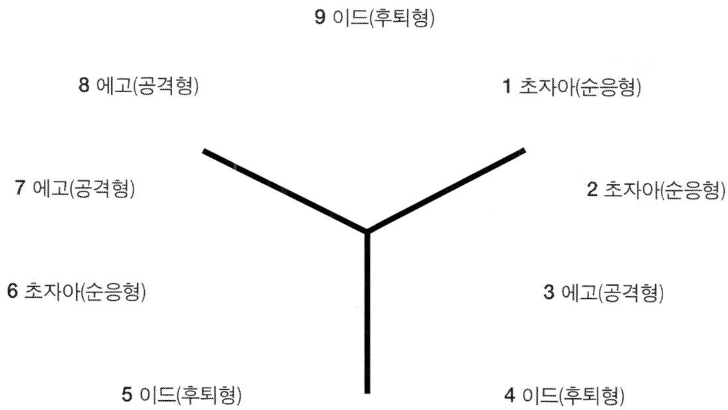

[구조적 개념과 에니어그램]

3, 7, 8번 유형은 모두 공격형이다. 즉, 이들은 환경 속에서 자신의 에고를 확장시켜 주장하는 방식으로 도전과 위협에 반응한다. 3번 유형은 공격적(경쟁적)이고 타인의 것과 자신의 것을 비교하면서 자신의 이미지를 주장한다. 7번 유형은 자신의 환경에 대해서 공격적(획득적)으로 즐거움을 추구한다. 그리고 8번 유형은 환경에 대해 공격적(자기주장적)이며, 자기방어를 위해 계속적으로 환경에 자신을 투사한다.

프로이트의 구조적 개념인 에고, 이드, 초자아는 에니어그램의 작용원리를 분석하는 부분에서 다시 논의될 것이다.

융과 에니어그램

에니어그램의 9개 유형은 융의 유형론인 8개 '심리유형' 과도 관련되어 있다. 각 성격유형의 기술에서, 융의 유형과 에니어그램 유형을 연관시키고 융으로부터 적절하게 인용을 하였다.

잠깐 융의 체계를 개관해 보면, 융은 2개의 일반적인 심리적 태도(외향성과 내향성)와 4개의 심리적 기능(사고, 감정, 직관 그리고 감각)이 있다고 가정하였다. 2×4 도식이 8개의 심리유형을 산출한다—외향적 사고유형, 내향적 사고유형, 외향적 감정유형, 내향적 감정유형 등.

융의 8개 유형과 에니어그램의 9개 유형을 연관시키는 데서 문제는 에니어그램이 융의 유형론보다 1개의 성격유형이 더 많아서 두 체계에서 일대일의 관계가 이루어지지 않는다는 점이다. 그렇지만 〈표 2〉에서 보는 것과 같이, 융의 기술을 자세하게 읽어 보면, 이들 두 체계는 폭넓게 일치하고, 어떤 요소들은 매우 밀접하게, 어떤 요소들은 부분적으로만 일치한다.

〈표 2〉 융 유형론과의 관련성

1번 유형은 외향적 사고유형과 일치한다.
2번 유형은 외향적 감정유형과 일치한다.
3번 유형은 어떤 융의 유형과도 일치되지 않는다.
4번 유형은 내향적 직관유형과 일치한다.
5번 유형은 내향적 사고유형과 일치한다.
6번 유형은 내향적 감정유형과 일치한다.
7번 유형은 외향적 감각유형과 일치한다.
8번 유형은 외향적 직관유형과 일치한다.
9번 유형은 내향적 감각유형과 일치한다.

융의 심리유형을 살펴보면, 어떻게 8개 유형이 3번 유형을 제외한 에니어그램의 기술들과 일치하는가를 알게 될 것이다. 융에 대해서 잘 살펴보면, 그의 몇 가지 유형 기술에 대한 부분이 에니어그램의 3번 유형과 일치한다는 것을 알게 된다. 융에서는 3번 유형과 잘 맞는 독자적인 범주가 없지만, 임상적 · 개인적 경험을 통해 이런 성격유형에 대해서도 인식하고 있었음에 틀림없다. 융은 3번 유형의 요소들에 대해 기술하고는 있었지만, 2×4의 이론 틀에서 무심코 독립적인 심리적 전체로서 이 유형을 빠뜨려 버렸다.

3번 유형(변화 가능성이 많고 적응성이 높은 유형)이 융의 유형들 중의 어떤 한 유형과도 일치하지 않는다는 것은 흥미롭다. 성격유형 중 가장 적응성이 높은 3번 유형은 자체 범주를 가지지 않고도 융의 몇 가지 유형 속에서 다루어진다.

포괄적이지 않다는 점 외에도, 성격유형에 대한 융의 설명과 관련하여 몇 가지 문제점들을 간략하게 언급해 볼 수 있다. 불행히도 융의 성격 기술들이 똑같은 수준으로 이루어지지도 않았고, 그가 기술하려고 했던 것을 이해한다는 것이 항상 쉬운 것만은 아니다. 일단 융이 말하고자 했던 것을 이해했다면, 그가 말하고자 했던 것을 알고 있다고 말하는 것이 역설적으로는 맞다. 그가 말하고자 했던 것을 알기 위해서는 그의 설명을 이해해야만 한다. 이 부분에서 다시 에니어그램이 도움을 줄 수 있다.

에니어그램의 관점에서 보면, 융이 각 성격유형에서 보통수준의 발달 수준을 보인 사람의 특성들 중 몇 가지를 기술하였음을 알 수 있다. 그가 직관적으로 신경증과 정신증적 발달에 대해 언급할 때, 그는 마지막 부분에서 기술방식을 분열 방향으로 변화시켰다. 그는 한 유형의 특성을 다른 유형의 특성과 혼동스러워하였다—에니어그램 9번 유형이 내향적 감정유형(에니어그램 6번 유형)에 속하는 것처럼 9번 유형의 요소를 기술하였다. 또한 외향적 사고유형과 내향적 사고유형(각각 1번 유형과 5번 유형)의 요소들에서 혼란스러운 기술을 하였다. 또 다른 유형에서도 혼란스러운 기술을 하였다.

미미한 사항들이지만 중요하다. 융의 기술이 정확하다는 느낌을 가지고는 있지만, 그의 기술들이 각 유형에 대해 완전하게 설명하고 있다고 보기는 어렵다.

정신과적 명칭과 에니어그램

에니어그램 성격유형은 DSM-IV 정신장애 진단 매뉴얼과도 관련이 있다. DSM-IV는 정신과 의사와 건강 분야에 종사하는 사람들이 중요하게 참조하는 매우 전문적인 서적으로, 임상적인 견지에서 성격증후군에 대해 잘 기술하고 있다. DSM-IV에서 채택하고 있는 전문용어들은 병리적이며 때로는 다소 임의적이다. 어떻게 개정할 것인가에 대해서 전혀 동의가 이루어지지는 않았다고 하더라도, 정신과 내에서도 성격장애에 대한 DSM-IV의 기술에 대해 의견의 일치가 이루어지지 않고 있다. 에니어그램은 정신과적인 성격장애와 관련하여 사람들이 신경증적 상태가 되고, 그 결과 장애를 갖게 되는 기본 성격유형들을 구분할 수 있다.

DSM-IV의 주요 문제들 중의 하나는 편찬자들이 이해는 하고 있었다고 하더라도, 하나의 성격유형 특성과 다른 성격유형의 특성을 잘못 결합시켜 도식적인 기술들이 혼란스럽다는 점이다. 예를 들어, DSM-IV에서는 이전 명칭인 '히스테리(hysterical)' 유형에서 벗어나기 위해 '히스테리성(histrionic)' 유형으로 표현하고 있다. 그렇지만 DSM-IV의 히스테리성 성격장애는 다른 방식으로 그리고 다른 이유라고는 하더라도, 에니어그램의 2번 유형과 7번 유형의 요소를 결합시켜 놓은 것이다. 2번 유형은 정서를 위협적으로 표현하기 때문에, 통상적인 의미에서 보면 가장 히스테리성인 것으로 생각될 수 있다. 신경증적일 경우에, 2번 유형은 불안이 신체적 증상 및 질병으로 바뀌는 히스테리 전환반응으로 악화된다. 한편 7번 유형은 현란하고 충동적이며, 감정을 처리하기보다는 감정을 행동화한다는 점에서 히스테리성이다. 7번 유형 역시 불안발작에 대한 공황반응의 결과로 히스테리가 된다. 따라서 이 두 유형 간에 유사성이 있기는 하지만, 이 책에 기술되어 있는 두 유형에 대한 설명을 잘 살펴보면, 두 성격유형은 독특한 성격유형이다. 이들의 특성을 일괄하여 DSM-IV의 단일한 히스테리성 유형으로 다루어서는 안 된다.

지면 제한으로 공식적인 DSM-IV 성격장애 유형과 에니어그램 성격유형에 대해 더 이상의 비교 논의는 하지 않겠다. 그러나 에니어그램 성격유형이 현대 정신의학을 통해서 얼마나 강화되었는가의 견지에서뿐만 아니라 에니어그램이 얼마나 정신의학에 도움을 줄 수 있는가의 견지에서, DSM-IV의 '성격장애'와 에니어그램의 성격유형 간에 일치되는 점들에 대해서만 목록화시켰다. 〈표 3〉에는 특징적인 부분에서 가장 근사하게 일치되는 부분만 제시되어 있다.

〈표 3〉 DSM-IV와의 관계

1번은 강박성 및 우울 성격장애와 일치한다.
2번은 히스테리성 성격장애의 측면과 일치한다.
3번은 자기애성 성격장애와 일치한다.
4번은 회피성, 우울 그리고 자기애성 성격장애와 일치한다.
5번은 정신분열성, 회피성 그리고 정신분열형 성격장애와 일치한다.
6번은 편집성, 의존성 그리고 수동-공격적 성격장애*와 일치한다.
7번은 히스테리성 및 조울성 성격장애와 일치한다.
8번은 반사회성 성격장애와 일치한다.
9번은 의존성, 정신분열형 그리고 수동-공격성 성격장애와 일치한다.
(경계선 성격장애는 많은 유형의 측면들과 일치하고 특정 유형과는 일치성이 낮다.)

* 이전 DSM-III 범주

에니어그램 분석

심리학적 체계로서 에니어그램의 이론적 기초는 무엇인가? 왜 8개 유형, 10개 유형 그리고 12개 유형이 아니고, 9개의 성격유형인가? 각각 성격유형의 기초는 무엇인가? 에니어그램은 프로이트 생각의 선구자인 고대 유형론인가? 아니면 융의 유형론인가? 아니면 카렌 호나이나 다른 심리학자의 생각을 예시해 주는 유형론인가? 이런 질문들에 대한 논의는 매우 복잡하고 추상적이므로 이 시점에서는 서두에 있는 몇 가지 대답만을 고찰해 보고자 한다.

먼저 결론부터 이야기해 보자. 에니어그램에 대해 몇 가지 방식으로 설명해 볼 수는 있지만, 에니어그램의 작용원리에 대한 단일한 이론적 설명방식은 없다. 에니어그램의 단일한 기초가 되는 중요 단일이론은 없다. 프로이트의 개념으로, 융의 개념 혹은 호나이의 개념으로 환원될 수 없다. 만약에 프로이트의 관점으로 에니어그램에 접근한다면, 프로이트 생각을 수용할 수 있음을 발견할 수 있다. 만약 융의 관점 혹은 호나이의 관점을 본다면, 에니어그램이 이들의 생각을 표현하는 데 사용될 수 있음을 알 것이다. 이는 에니어그램이 독특한 특성을 갖고 있으면서 많은 다른 해석방식을 수용할 수 있는 보편적인 심리학적인 상징이라는 점을 시사해 준다.

다른 심리학 체계들로 에니어그램을 평가할 수도 없고, 현대 심리학 체계들의 측면들은 서로 상충되고 일치하지도 않는다. 그럼에도 불구하고 에니어그램은 많은 특성을 허용하면서 많은 수준의 추상성을 가지고 있기 때문에, 보편적으로 발견되는 사실들을 조직해 낼 수 있다. 많은 다른 수준으로 에니어그램에 접근할 수 있으며 접근하는 방식에 따라 새로운 통찰을 얻게 된다.

인간은 매우 폭넓은 스펙트럼으로 분석될 수 있으며, 각 스펙트럼은 전체를 구성하고 있는 측면들을 분명하게 밝혀 준다. 인간은 생물학적 · 심리학적 · 사회학적 · 역사학적으로 해석될 수 있다. 그러나 인간의 속성에 대해서 포괄적으로 설명해 주는 방식이 없는 것처럼, 에니어그램에 대한 포괄적인 설명 방식도 없다. 프로이트의 생각 이상으로 많은 것들을 설명해 주고 있기 때문에, 에니어그램이 프로이트 체계라고 말할 수도 없다. 융의 체계나 호나이의 체계, 혹은 어떤 다른 학파들에 속하는 체계라고도 할 수 없다. 그냥 에니어그램은 에니어그램 그 자체일 뿐이다.

매우 강력하고 새로운 통합체계인 철학적이고 심리학적인 선례에 기초를 둔 인간 정신에 대한 포괄적이고 역동적인 상징이다.

에니어그램을 어떤 단일한 심리학적인 설명 방식으로 환원할 수 없기 때문에, 좀 더 잘 이해할 수 있는 방식으로 몇 가지 다른 접근방법들에 대해 살펴보고자 한다. 에니어그램을 변증법적 접근방법으로, 발달적 접근방법으로, 그리고 프로이트의 역동적 접근방법으로 해석해 보고자 한다.

변증법적 접근방법

에니어그램에 9개의 성격유형이 있는 것은 그 구조가 3×3배열을 갖고 있는 데 기인하거나, 2개의 변증법적으로 관련되어 있는 3개의 그룹에 기인한 것이다. 에니어그램에 대한 분석 수준이 어떻든 간에, 변증법적으로 관련되어 있는 요인들이 9개의 독특한 성격범주를 만들어 내고 있다는 것이다.

에니어그램이 작용하는 방식과 에니어그램이 포괄적인 체계를 띠고 있는 이유에 대한 단일한 설명 방식이 있다면, 그것은 에니어그램이 변증법적인 체계이기 때문이며, 인간본성에 대한 다른 측면들을 변증법적으로 분석할 수 있기 때문이다.

가장 기본적인 분석 수준—지침이나 기술문에서 보이는—은 에니어그램이 3개의 다른 성격유형을 포함하고 있는 3개의 삼원소 배열이라는 점이다. 각각의 삼원소는 그 삼원소의 문제가 되는 변증법이다. 각각의 삼원소에서, 1개의 유형은 삼원소의 특징적인 특성이 과도하게 발달한 유형이고, 다른 유형은 과소하게 발달한 유형이고, 세 번째 유형은 그 특성과 접촉하지 않은 유형이다.

이런 패턴을 감정삼원소의 유형에 적용해 보면, 2번 유형은 부정적인 감정은 억압하고 긍정적인 감정만을 강조하여, 자신의 감정을 지나치게 표현하는 유형이다. 3번 유형은 자신의 감정과 접촉하지 않고, 그 대신에 타인에게 이미지를 투사한다. 그리고 4번 유형은 예술적인 형태 혹은 심미안적인 삶의 형태로 자신을 드러내는 감정을 지나치게 적게 표현하는 유형이다.

사고삼원소에서 5번 유형은 사고, 상상 그리고 개념화에 대한 자신의 능력을 지나치게 표현한다. 5번 유형은 행동하는 대신에 사고를 한다. 6번 유형은 자기 스스로 사고하는 자신의 능력과 접촉하지 않는 유형으로, 어떤 것에 대해 자기 스스로 알고 결정하는 자신의 능력을 신뢰하지 않고 권위 있는 인물의 사고 틀을 신뢰한다. 7번 유형은 사고하는 자신의 능력을 과소 표현하는 유형으로, 하나의 사고를 깊이 하지 않고 생각을 쫓아간다. 또한 7번 유형의 사고는 자신이 하고 싶어 하는 것에 따라 자극되고, 어느 정도는 거기에 좌우된다.

본능삼원소에서 8번 유형은 자신의 본능적인 욕구를 지나치게 표현하는 유형으로, 환경에 대해 자신과 자신의 욕구를 주장한다. 자신의 본능을 억압하지 않고 바로 행동화한다. 9번 유형은 본능적인 욕구와 접촉하지 않는 유형으로, 강한 본능이 유지하고 싶은 내적 평온과 균형을 파괴하지는 않을까 하는 두려움을 갖고 있다. 1번 유형은 본능적인 욕구를 과소 표현하는 유형으로, 본능적인 욕구를 끊임없이 달성하고자 하는 이상(理想)으로 승화시킨다.

변증법적인 패턴(정-반-합)을 생각해 보면, 항상 3개의 상호 연관성을 지닌 그룹으로 생각해 볼 수 있다. 호나이 및 프로이트의 유형론과 에니어그램 유형을 비교해 보면, 몇 개의 다른 변증법적인 그룹들이 있다: 호나이의 '후퇴형, 순응형, 공격형' 프로이트의 '에고, 이드, 초자아', 또 프로이트의 '구강 유형, 항문 유형 그리고 남근 유형' 등이다. 변증법적인 패턴은 마음의 패턴을 반영해 주는 것 같다. 에니어그램이 작용하는 단일한 논거가 있다면, 이것이 그 논거일 것이다.

발달적 접근방법

지금까지와는 다른 관점, 즉 아동의 부모에 대한 초기 지향이라는 관점으로도 에니어그램이 아홉 가지 유형을 가지고 있는 이유를 이해할 수 있다.

발달적 관점에서 보면, 에니어그램은 모든 사람이 부모와 가질 수 있는 9개의 가능한 관계를 설명하고 있기 때문에, 모든 시대와 모든 문화에서 살고 있는 모든 사람들에게 적용되는 유형론이다. 모든 사람은 부모가 계시든 돌아가셨든, 좋든 나쁘든, 2명의 부모를 가지고 있다. 모든 아이들이 자신의 부모에 대해 가질 수 있는 아홉 가지의 기본 지향 때문에 9개의 기본 성격유형이 있게 된다. 유전적 소인과 환경적 요인을 포함하여 아동기의 총체적인 경험에 따라 모든 사람들은 다음과 같은 9개의 일반적인 지향들 중의 하나를 택하게 되고, 9개의 기본 성격유형들 중 하나를 발달시킨다.

모든 사람들의 기본 성격유형은 양육자(항상 어머니 혹은 어머니의 대리자), 보호자(항상 아버지 혹은 아버지의 대리자), 혹은 양육자와 보호자(어머니와 아버지)에 대한 1차 지향 결과다(이런 세 가지 지향 형태가 변증법을 이루고 있음에 주목하라.). 두 번째, 1차 지향은 본질적으로 밀접하게 연결되어 있는, 분리된, 양가적이다. 9개의 성격유형은 아동이 부모와 관계하는 방식 및 그 관계방식의 질에 따라 다르게 산출된다.

발달적 관점에서 보면, 9개의 성격유형이 되는 또 다른 3×3패턴을 갖게 된다. 예를 들어, 다른 기질적인 소인들을 고려해 보면, 어떤 아이는 양육자와 밀접하게 연결되어 있을 수 있고, 어떤 아이는 양육자와 양가적인 관계를 가질 수 있고, 그리고 또 어떤 아이는 양육자와 분리되어 있을 수 있다. 첫 번째 아이는 3번 성격유형을 발달시킬 것이고, 두 번째 아이는 8번 성격유형을, 그리고 세 번째 아이는 7번 성격유형을 발달시킬 것이다. 이런 관계들은 〈표 4〉에 더 명확하게 제시되어 있다.

이런 형태의 성격유형 분류는 〈표 4〉에 명확하게 제시되어 있다. 표를 수평으로 읽어 보면, 호나이 체계와의 유사점을 발견할 것이다. 3-8-7그룹(양육자 지향 유형)은 공격적으로 자신들을 방어하는 성격유형이다(호나이의 공격형). 발달심리학에서 보면, 어머니와 아이 사이의 초기결속 및 반영 경험이 자아이미지의 발달을 낳게 되며, 따라서 이는 에고 지향 유형이다. 이들은 환경에 대해 에고를 주장하고 자신의 에고 욕구를 충족시키는 직접적인 방법을 찾고자 한다. 3번 유형은 주의를 원하며, 적극적으로 인정을 받을 수 있는 상황들을 추구한다. 7번 유형은 만족스럽고 자극적인 것을 원하고 행한다. 8번 유형은 자신의 환경을 통제하기를 원하며, 자신의 환경을 통제하는 데 필요한 수단들을 획득하고자 한다.

6-2-1그룹(보호자 지향 유형)은 순응하는 방식으로 자신들을 방어하는 성격유형(호나이의 순응형)이다. 일반적으로 이들은 당연-의무 성격유형이다. 순응이 지배적이기는 하지만, 공격적인 경향과 순응적인 경향이 혼합되어 있다. 타인으로부터

〈표 4〉 부모와의 관계

부모	부모 기원		
	연결되어 있는	양가적	분리된
양육자	3	8	7
보호자	6	2	1
양쪽	9	5	4

받는 압력 상황에서 혹은 불안 상황에서, 당연-의무 유형들은 파괴적인 행동을 폭발시키는 경향이 있다. 이런 사람들이 상징화하는 보호자의 영향과 내면화된 초자아의 금지가 초자아—주도적 유형인 1, 2, 6번 유형을 만들어 낸다. 세 유형 모두 사회의 우세한 도덕적 규범들을 내면화하였기 때문에, 자신이 하고 싶은 것을 희생하고서라도 어떤 특정 행동에 몰두해야 한다는 의무감을 느끼며 매우 다른 방식으로 권위적인 인물의 역할을 행한다.

마지막으로 9-5-4그룹(양쪽을 지향하는 유형)은 후퇴함으로써 자신을 방어하는 성격유형(호나이의 후퇴 유형)이다. 이들은 독불장군, 지식인, 꿈을 꾸는 사람이다. 아동기 때 양쪽 부모를 지향하였기 때문에 타인과 관계하는 데 문제가 있으며, 자신의 내적 혹은 외적인 힘에 압도되는 경향이 있다. 세 가지 유형 모두 다른 방식으로 현실과 자신을 분리시켜, 실제 환경에 대한 방어로 내적 현실을 정교하게 만들어 간다. 프로이트 관점에서 보면, 자신의 즉각적인 이드 충동, 특히 자기주장 및 공격과 관련된 이드 충동을 표현하고 견디는 데 문제가 있다.

부모에 대한 아동의 지향은 성격의 주요 결정 요인들 중 하나이며 성격유형이 문화적 변화에 영향을 주고 그것이 부모의 아동 양육방식에 영향을 주게 되는 그런 순환이 영속화된다는 것은 그리 놀랄 만한 것이 못된다. 사람, 가족 그리고 문화는 상호 의존적이다. 타인이 없는 개인은 있을 수 없다. 프로이트 학파 및 관계 학파들이 개인과 사회 사이의 상호 관계에 대해 구분하고 있지는 않다. 단지 다른 분석수준에서 다루고 있을 뿐이다.

프로이트의 심리역동 접근방법

프로이트는 마음의 역동을 이드, 에고 그리고 초자아의 상호작용으로 기술하고 있다. 이를 '구조적 가설'이라고 부르는데, 489쪽에 기술되어 있다. 아마도 다음과 같은 이유에서, 이런 특성 유형들을 프로이트나 그의 추종자들이 완전하게 기술하지 않은 것 같다.

> 정신분석학적 특성론이 역동적인 분류체계였다면 유용했을 것이다. 그러나 지금까지 이루어진 어떤 시도들도 성공을 거두지 못했다. 한 측면을 분류 기준으로 선택하면 다른 측면들이 무시될 수밖에 없었다.

> 이런 시도들 중 가장 중요한 시도는 프로이트 자신이 이루었다. 마음을 이드, 에고 그리고 초자아로 구분한 후에, 세 가지 중 어느 것이 우세한가에 따라 인간의 성격특성의 유형을 구분하는 것이 가능하지 않을까 하는 질문을 하게 되었다. '에로틱한(erotic)' 유형들은 이드의 본능적인 요구에 따라 삶이 좌우된다; '자기애적' 유형들은 에고의 지배를 받으며, 다른 사람뿐만 아니라 이드나 초자아의 요구가 중요하지 않을 수 있다. 그리고 '강박적' 유형은 전체적인 삶이 성격을 지배하는 엄격한 초자아로 조절된다. 프로이트 역시 2개의 힘이 결합되어 세 번째 힘보다 우세해지는 '혼합' 유형도 기술하였다.
>
> '에로틱한' 유형과 '자기애적' 유형에 대한 프로이트 기술이 이드나 에고 중에서 어느 것을 중요시하는가와 일치하는가 하는 문제 외에도, 그가 제안한 유형론과 관련하여 더 중요한 결함이 있다. 정신분석은 역동적인 학문이다. 주어진 현상들을 갈등의 결과로 평가한다. '이드 인간' '에고 인간' 그리고 '초자아 인간'은 역동적 개념이 아니다. 역동 유형에 특징적인 것은 이드도, 에고도, 초자아도 아니고 이드, 에고 그리고 초자아의 다양한 상호 관련성이다. 이것이 바로 프로이트 유형론이 신경증적 성격장애를 이해하는 데 그다지 많이 활용되지 않는 이유다(O. Fenichel, *The Psychoanalytic Theory of Neurosis*, 525–526).

그렇지만 이런 점 때문에 에니어그램이 다양한 범위의 성격유형을 기술해 줄 수 있다. 에니어그램 유형은 이드, 에고 그리고 초자아의 역동적 상호 관련성을 잘 기술해 주고 있다. 그 결과로 얻어진 9개 유형 각각에서, 프로이트의 마음의 세 가지 기능이 모두 서로서로 상호작용을 한다. 오토 페니켈(Otto Fenichel)이 지적한 것처럼, '구분의 준거로서 한 측면'을 선택하는 것이 반드시 다른 측면을 무시하는 것은 아니다. 마음의 세 가지 측면들이 각각의 성격유형들에서, 그리고 전체로서의 에니어그램에서 동시에 고려되고 있다.

각 삼원소는 프로이트의 마음의 세 가지 범주들 중 하나로부터 지배를 받게 되는데, 이것이 삼원소가 감정(에고로 지배되는 유형), 사고(초자아로 지배되는 유형), 본능(이드로 지배되는 유형)과 관련하여 문제가 되는 이유다. 달리 말하면, 각 삼원소마다 핵심 문제들이 있다. 감정삼원소 유형들은 에고로 발생되는 문제들을 가지고 있고, 사고삼원소 유형들은 자신의 초자아로 발생되는 문제들을 가지고 있고, 본능삼원소 유형들은 이드로 발생되는 문제들을 가지고 있다. 프로이트의 명칭들은 다음의 그림에서 각각의 삼원소 안쪽에 제시되어 있다.

각 삼원소의 핵심 문제 외에도, 각 성격유형이 삼원소의 핵심 문제와 갈등을 일으키는 프로이트의 마음 기능들 중 하나의 지배를 받는다는 것이 밝혀졌다. 예를 들어, 2번 성격유형은 초자아의 지배를 받는다. 2번 유형의 자존감은 선행과 선의로 타인들로부터 사랑받고 싶어 하는 감정에 따라 조건화되었다. 2번 유형은 사랑받지 못하고 이기적일 때나 공격적일 때 죄의식을 느낀다. 초자아가 정신적 삶을 지배하지만, 에고(타당성, 자존감 그리고 일관성 있는 자아이미지에 대한 욕구) 역시 그림의 중요한 부분이다.

프로이트의 역동을 해석하기 위해 우리는 2번 유형의 초자아와 에고는 서로 잠재적인 갈등의 일부분이라는 점을 말하고자 한다. 2번 유형은 4번 유형으로 가서 이드가 초자아와 에고의 균형을 이룰 수 있도록 해 줄 필요가 있다. 다른 한편으로, 만약 2번 유형이 신경증적이 되어 분열의 방향인 8번 유형으로 이동을 하면, 자아확대가 과장되고 왜곡된 자아이미지에 더해져서 이드로부터 나오는, 잠정적으로는 위험스러운 공격적 충동과 접촉하지 않게 된다.

에니어그램에 이런 관계들을 표현해 보면 보다 명확하게 이해될 수 있다.

이런 해석의 활용성을 명확히 하기 위해 몇 가지 간략한 예를 들어 보자. 5번 유형의 이드는 초자아와 갈등을 일으키며 8번 유형으로 가서 정신을 건강하고, 자신감 있는 에고 구조와 균형을 이룰 수 있도록 해 줄 필요가 있다. 그러나 5번 유형이 7번 유형으로 가면 에고와 접촉을 하게 되고, 5번 유형의 통합의 방향과 분열의 방

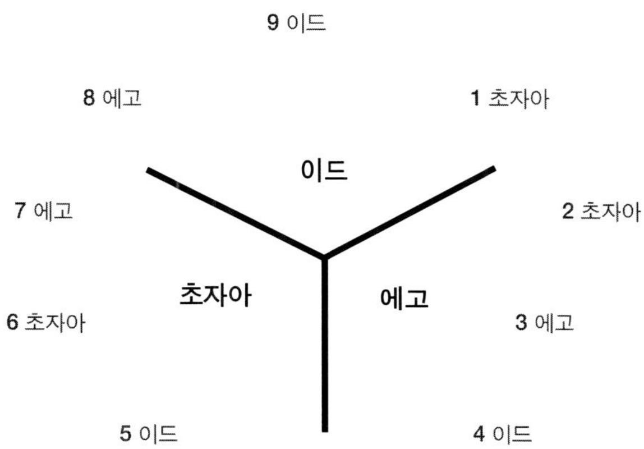

[에니어그램의 프로이트의 심리역동]

향 모두에서 에고와의 문제가 발생하게 된다. 이 때문에 5번 유형이 좀 더 긍정적인 방식으로 에고를 발달시켜야 한다. 모든 유형 중에서, 5번 유형은 최소한의 대인관계 기술만을 발달시키며, 에고 구조가 약하기 때문에 초자아와 이드의 압력의 균형을 유지하는 데 어려움이 있다. 건강한 5번 유형이 8번 유형으로 통합될 때, 에고가 발달되고 갈등관계의 이드와 초자아의 균형을 유지할 수 있으며, 그리하여 5번 유형은 끊임없는 내적 독백에서 해방되고, 보다 자신감 있게 타인들과 관계를 맺으며, 생산적인 활동을 하게 된다. 그러나 5번 유형이 불건강해져서 7번 유형으로 가면, 산산조각이 날 때까지 공격적이고 충동적이게 된다. 5번 유형은 에니어그램의 어떤 방향에서든 에고와 이드가 균형을 이루어야 한다.

끝으로, 각 삼원소의 특정 문제들이 3, 6, 9번 유형에서 두드러진다는 점이다. 이런 1차 유형들은 감정, 사고 혹은 본능 기능에서 가장 많은 문제를 가지고 있다. 그러므로 에고, 초자아 혹은 이드 각각에서도 가장 많은 문제를 가지고 있다. 예를 들어, 3번 유형은 에고에서 6번 유형은 초자아에서, 그리고 9번 유형은 이드에서 특정 문제를 가지고 있다.

3번 유형의 에고와 자아이미지 문제는 감정과 접촉하지 않는다는 것이다. 3번 유형은 진솔한 감정과 잘 접촉하지 않기 때문에, 타인들로부터 '단서'를 얻어서 이미지에 몰두한다. 6번 유형의 초자아 문제는 여러 권위자들의 초자아 명령을 내면화함으로써 혼란스러운 사고와 우유부단함을 갖게 되며, 의심을 해결하기 위해 외적 지침에 의존하게 된다. 9번 유형의 문제는 이드 충동, 자기주장 능력 및 환경의 요구와 접촉하지 않고, 수동적으로 체념하게 되고, 그 결과로 무능해지게 된 데 기인한다.

3번 유형에 대해서 좀 더 면밀하게 알아보자. 알고 있는 것과 같이, 3번 유형은 감정과 접촉을 하지 않는 감정삼원소의 성격유형이다. 3번 유형은 먼저 6번 유형(초자아)으로 가고, 그런 다음 9번 유형(이드)으로 가서 마음의 균형을 유지할 필요가 있다. 3번 유형의 에고는 과도하게 발달되는 경향이 있으므로(자기애적이고 과시적인), 곧바로 9번 유형으로 이동하면 3번 유형은 정서적 자료를 억압하면서 기능을 하기 때문에 너무 위협적이게 된다. 3번 유형은 에고를 마음의 나머지 부분들과 균형을 이루기 전에 먼저 초자아와 균형을 유지할 필요가 있다(감정과 그에 상응하는 욕구를 억제하지 않고 인식할 필요가 있다.).

이런 에니어그램의 해석 방식이 몇 가지 점을 잘 설명해 주고 있다. 즉, 각 유형이 다른 이유, 통합과 분열의 방향, 그리고 전체로서의 에니어그램이 우리 각자의 상징이 되는 이유들에 대해 잘 설명해 주고 있다. 우리의 근본 문제는 이드 관련 문제, 에고 관련 문제 그리고 초자아 관련 문제로 생각될 수 있기 때문에 에니어그램은 보편적인 상징이다. 프로이트 용어로 부르든, 감정, 사고, 본능이라는 에니어그램의 용어로 부르든, 모든 인간은 세 가지 문제 영역으로부터 영향을 받는다.

에니어그램에 대해 훨씬 더 많은 것을 이야기할 수 있다—더 많은 기술들과 더 많은 이론들에 대해서도 이야기할 수 있다. 그러나 에니어그램의 중요 이론과 실제 영역—센터, 영성성, 치료적 · 사업적 적용, 관계 등—에 대해서는 다음 기회에 고찰하고자 한다. 지금까지 이루어진 간략한 기술에도 불구하고, 에니어그램 유형에 대한 접근이 많은 다른 방식으로도 가능하다는 것을 이해하게 되었을 것이다.

에니어그램이 그렇게 많은 심리학적인 견지—심리성적 단계의 고착, 정신의 구조학적 측면, 대상관계이론, 발달 근원, 대인관계 양식 등—들을 포괄적으로 망라할 수 있는 이유는 에니어그램이 다양한 추상적인 개념 수준에서 작용된다는 점이다. 에니어그램의 작용원리에 대한 단일한 이론적 설명방식은 없는 것 같다. 모든 설명 방식을 포함하고 있다.

에니어그램은 우리 자신을 잘 이해할 수 있도록 해 주는 이론 틀이다. 어떤 견지로 접근하든 새로운 생각과 오랜 생각 간의 신선한 연관성을 발견하게 된다. 이 장의 서두에서 언급했던 것처럼, 에니어그램은 보편적인 심리학적 상징이며, 고안된 것이라기보다는 발견된 것에 가깝다. 원소주기율표와 화학 간의 관계는 에니어그램과 심리학 간의 관계와 같다—방대하고 복잡한 것을 이해하기 쉬운 방식으로 조직화시킨 방식이라는 점에서 그렇다.

원자 간 상호 관련성이 너무나 복잡하여 누군가가 설계할 수 없는 것과 마찬가지로, 에니어그램도 너무나 복잡하여 인간의 정신으로는 도저히 고안될 수 없다. 에니어그램의 복잡성과 함축성—그리고 그것의 역설적인 단순성—은 유형론의 필수요소들의 나열만으로는 능숙하게 표현될 수 없다. 오히려 에니어그램은 마음의 균형과 불규칙성을 반영하고 있는 상징이다.

[chapter_ 15]

후기: 지혜를 향한 걸음

마치 벌거벗은 듯한 무방비한 상태로 위협적이고 불안정한 세상과 인간 존재를 직면하는 것은 누구나 압도당할 만한 상황이다. 그렇기 때문에 각자의 자아는 존재론적인 불안을 완전히 자각하는 것으로부터 스스로를 보호하기 위해 여러 가지 방법을 시도한다. 즉, 각 유형은 불안하고 고독한 상황으로부터 자신을 보호하기 위한 방어책으로써 자신의 자아를 더욱 고양시킬 수 있는 여러 가지 전략을 세우는 것이다.

사실 우리 인간의 자아가 존재에 대해 완전히 자각을 하는 것으로부터 자아를 방어하지 않는 이상 존재할 수 없다는 것은 역설이다(다시 말하면 인간으로 존재하기 위해서는 인간 스스로가 인간을 알아야 한다는 뜻이다.). 우리의 존재는 희망 속에서 확신을 하든지, 절망 속에서 뒷걸음질을 치든지, 우리의 존재에 대한 불명확성으로부터 위협받고 있다. 그런데도 우리가 이미 묘사한 것처럼 만일 각각의 성격유형이 극단적일 정도로 자신을 방어해야 하는 상황에 봉착한다면 방어하는 행동 그 자체가 파멸을 불러올 것이다. 사실 각 성격이 지닌 생명력은 최상의 상태일 때도 가냘파 보이고 언제든지 그 무엇인가 때문에 부서지기 쉬운 위험 속에 있는 것처럼 보인다. 이러한 맥락에서 우리의 삶을 너무 많이 노출시키면 제압을 당할 위험이 있고, 다른 한편으로 빗장을 걸 듯 삶을 너무 적게 노출시키면 내부에서 스스로 무너질 수도 있다. 이러한 삶에서의 노출 정도처럼 너무 많은 자유는 아예 자유가 없는 것만큼이나 위협적이다(이를테면, 자유 속의 방종과 부자유 속의 노예에서 살펴볼 수 있는 위험들이다.). 결국 인간의 존재론적인 불안은 스스로 불사조가 아니라는 점을 알고 있는 인간들의 적절한 반응일 수도 있다. 마치 호렙산의 불타는 떨기나무 앞에 있는 모세처럼, 결국은 우리도 신과 같은 거대한 존재 앞에 서 있다는 것을 자각하여 인간의 한계를 절감하며 전율하는 것과 같다(즉, 신이 아닌 인간의 수준에서 나타날 수 있는 인간다운 반응인 것이다.).

이런 삶의 미궁에서 빠져나올 수 있는 유일한 길이 있는 것 같다. 그건 바로 우리의 삶에서 성격이라는 난제를 넘는 어떤 실질적인 것과 연관 있는 삶의 의미를 찾기를 바라는 것이다(이를테면, 목적 있는 삶을 살거나 종교에 귀의하는 것들이다.).

그렇지만 우리의 삶 전체를 이해할 수 없는 상황에서 진정한 삶의 의미를 찾는다는 것은 불가능하다. 우리의 근본적인 정황을 찾기 위해 우리의 삶 밖으로 나갈 수 없는 이상 삶의 의미가 무엇이라고 확실하게 알 수 있는 방법은 없는 것이다. 우리의 존재 밖으로 나갈 수 있는 순간은 아마도 현재의 삶이 마무리를 짓는 시점인 죽음뿐일 것이다. 만약 우리가 그러한 시점 이후에도 어떤 형태로 계속 존재할 수 있다면 우리는 우리의 삶에 어떤 의미가 있었는지와 그 의미가 무엇인지를 알 수 있을 것이다. 그 결정적인 순간을 체험하기 전에는 우리 삶이 어떤 의미를 지니고 있는지 확신을 가지고 알 수가 없기 때문에 존재에 관한 수많은 비밀과 비극이 생기는 것이다.

비록 삶의 궁극적인 의미는 모호하지만 그 의미는 우리가 살아가는 매 순간순간에 작용한다. 우리가 믿는 삶의 의미가 무엇이든 간에 그 의미는 우리가 귀중하게 여기는 것과 우리가 정하는 모든 선택에 영향을 미친다. 이러한 현실을 고려해 볼 때, 인간 정황이 궁극적으로 의미를 가지고 있는지 없는지의 여부가 우리를 심리학적 입장에서 형이상학적 입장으로 이동하게끔 한다(즉, 산다는 것이 의미가 있는지 없는지의 여부가 문제가 되는 지점에 이를 때, 심리학에서 존재론적인 의미로 넘어가는 것이다. 다시 말해 성격 개조의 차원을 넘어 종교로의 귀의를 모색하는 것과 같은 지점이 되는 것이다.). 어떻게 보면 무관심한 삼라만상 속에는 무한정 재순환되는 물질과 힘만이 있기 때문에 인간의 존재는 모순되고 의미가 없을 수도 있다. 아니면 인간 삶의 궁극적인 정황은 지극히 개인적이고 신의 존재는 우리 자신의 존재 이유일 수도 있다. 혹은 이 세상 어딘가에는 우리가 곧 알아볼 수 있는 인간의 형태로 존재하지 않는 신성한 지성이 있을 수도 있다. 대부분의 우리에게 우주의 궁극적인 본성은 알고자 하는 우리 인간의 능력 범위를 벗어나는 것이다. 이것이 왜 삶의 의미를 다룰 때는 언제나 '믿음(faith)' 이라고 불리는 것을 동반하는가에 대한 답이다.

우리 자신의 본성과 신성에 대한 직접적인 경험이 없는 상황에서 우리는 무조건 신념(belief)이라는 것에 의존해야 한다. 다양한 정신적이고 영적인 전통들은 그러한 직접적인 지식을 얻는 것은 가능하지만 우리가 우리의 성격을 능가할 것을 요구한다고 주장한다. 만약 우리가 믿음의 기초가 되는 인간 본성에 대한 직접적인 경험이 없다면 결국 우리는 어떤 다른 것에서 믿음이라는 것을 가져야만 하는 것이다. 왜냐하면 우리는 의미와 삶 밖에 있는 그 무엇인가를 언급하지 않고서는 살 수가 없기 때문에 우리는 필연적으로 믿음을 대체할 수 있는 초자연적인 우상과 그것이 제공하는 의미를 만드는 것이다.

물론 극도로 보편적인 우상은 교만이고 자아는 스스로를 고양시키며 자아 존재의 이유가 되려고도 하고 자아라는 자기 자신의 자원 속에서 자아의 의미를 찾으려고도 한다. 교만은 주위로부터 도움이나 안내를 받으려고 하지 않는다. 교만은 그 자체로 만족한다. 각 성격유형은 존재에 관한 불안감으로부터 자신을 보호하기 위해 특별한 형태의 교만심을 형성하도록 유혹을 받는다. 9번 유형의 유혹은 평화가 궁극적인 가치라고 믿는 것이고, 8번 유형의 유혹은 자신 스스로의 힘과 의지를 믿는 것이며, 7번 유형의 유혹은 자극적인 경험을 통해 충족감을 얻을 수 있을 것이라 믿는 것이고, 6번 유형의 유혹은 스스로를 위한 절대적 안전을 만들 수 있다고 믿는 것이며, 5번 유형의 유혹은 지식을 힘의 원천이라 믿는 것이고, 4번 유형의 유혹은 자신의 모든 감정들과 그 감정의 상태가 의미 있는 것이라 믿는 것이며, 3번 유형의 유혹은 스스로의 우수함을 믿는 것이고, 2번 유형의 유혹은 스스로가 절대로 없어서는 안 될 존재라는 것을 믿는 것이며, 1번의 유혹은 자신의 정의를 믿는 것이다. 이러한 유혹들은 각 성격유형별 특징이기도 하지만 이 모든 유혹들은 우리 모두가 경험하는 유혹들이기도 하다.

만약 이 책에 한 가지 주제나 성격유형을 공부함으로써 배울 수 있는 한 가지 교훈이 있다고 한다면, 우리가 도리에 맞게 자아실현을 추구하면서 행복을 찾을 때 흔히 행복을 잘못 찾는다는 것이다. 모든 성격유형은 행복을 찾는 동안 자신이 가장 두려워하는 것을 얻고 자신이 가장 원하는 것을 잃어버리면서 자기 충족적 예언을 만들어 낸다. 만약 우리가 행복을 찾는 동안 우리의 본질적인 자아의 가치를 제대로 인식하지 않으면서 우리의 자아만을 확대시킨다면 우리의 행복추구는 실패할 수도 있다. 우리의 본질적인 영혼 그 자체는 상관없이 오직 정체성, 안전성, 그리고 행복만을 추구한다는 것은 눈에 보이는 상품들이나 유혹적인 우상들로 이루어진 미궁 속에 빠지는 것과 다름없다. 그럴 바에야 차라리 우리가 누구인지 보지 못한다고 하기보다는 오히려 우리의 일부만을 본다고 하는 편이 더 나을 것이다. 우리는 완전하고 장대한 인간의 궁극적인 본성을 성격이라는 최면 상태에 빠져 깨닫지 못하고 있다. 우리의 진정한 본성은 오직 지금 바로 이 순간에만 존재한다. 본성이란 우리 성격의 모든 우려와 동기부여를 포함하고 또한 그 모든 것을 초월하기도 한다.

각 성격유형은 항상 진정한 자아실현과 최고의 행복으로 가는 방향으로부터 우리를 멀어지게 인도하는 자기기만을 포함하고 있다. 이 점은 우리가 정말 행복이 존재하는 곳을 찾을 수 있는 용기를 갖기 위해서는 무조건 확신해야 하는 것으로 변하지 않는 심리적 법칙이다. 우리의 가장 깊숙한 곳에 있는 두려움, 우리 성격의 모든 허위성, 그리고 인간 마음의 다차원적인 신비를 경험하려는 의지가 꼭 있어야 행복이 존재하는 곳을 찾을 수 있기 때문에 용기가 요구된다.

각 성격유형들을 전체적으로 바라볼 때 우리 자아의 행동 계획들은 결국 자멸적이라는 것을 알 수 있다. 각 성격유형들이 느끼는 두려움은 성격이라는 장치를 사용해 해결하려고 시도한다고 해서 사라지지 않는다. 우리의 본성은 이미 우리가 찾고자 하는 모든 것을 포함하고 있다는 것을 자각하는 대신 우리의 성격에만 의존함으로써 우리는 우리 마음이 소망하는 것을 얻는 데 실패한다. 그래서 2번 유형은 그들의 인생 전체를 다른 사람들로부터의 사랑을 찾는 데 소비하는데도 불구하고 여전히 사랑받지 못한다고 느낀다. 3번 유형은 한없이 성취감과 다른 사람들로부터의 받는 인정을 추구하지만 계속 스스로가 하찮고 공허하다고 느낀다. 4번 유형은 자신의 인생 전체를 자신의 개인적 정체감의 의미를 깨닫기 위한 노력에 소비하지만 이들은 여전히 자신이 누구인지 모른다. 5번 유형은 신뢰를 쌓기 위해 끊임없이 지식과 기술을 축적하지만 여전히 무력하고 무능력하다고 느낀다. 6번 유형은 무한히 자신의 안전을 창조하고자 애를 쓰지만 여전히 세상에 대해 불안해하고 무서워한다. 7번 유형은 행복의 모든 단계를 맛보고자 하지만 그래도 계속 불행함과 좌절감을 느낀다. 8번 유형은 자신과 자신의 이익을 보호하기 위해 할 수 있는 모든 것을 하지만 역시 연약하고 위협을 받는다고 느낀다. 9번 유형은 내적인 평화와 안정감을 얻기 위해 상당한 부분을 희생하지만 그럼에도 불구하고 공중에 붕 떠 있고 불안전하다고 느낀다. 그리고 마지막으로 1번 유형은 인격의 통합을 유지하고자 애쓰지만 여전히 분열되고 자신 스스로와 전쟁 중인 것처럼 느낀다. 성격은 행복을 창조하는 능력을 가지고 있지 않기 때문에 이러한 자멸적인 패턴들에서 빠져나오는 유일한 방법은 그러한 패턴들이 우리가 찾고 있는 행복을 가져다줄 수 없다는 점을 깨닫는 것이다. 지혜가 항상 알려 주듯이 삶을 찾기 위한 유일한 길은 우리 스스로를 버리고 우리의 자아와 자아의 전략들도 함께 버리는 것이다.

이러한 맥락에서 우리가 정신의 경제학 법칙(the law of psychic economics)이라고 부르는 내용을 짚어 보자. 우리가 결정해서 내리는 모든 선택에 대해 필연적인 대가를 치르는 것은 정신의 기본적인 본질이다. 순간마다 특정한 분량의 지적, 정서적, 그리고 육체적 힘을 사용할 수 있다. 그런 힘을 어떤 한 행동에 사용해 버리면 그 힘은 다른 행동을 할 때는 사용할 수 없다. 더군다나 어떤 선택을 하느냐에 따라 그 결과 또한 완전히 달라진다. 명상을 하면서 보낸 한 시간은 맥주를 마시며 TV를 시청하며 보낸 한 시간과는 다른 결과를 낳는다. 딱히 어떤 선택이 다른 선택에 비해 반드시 더 좋다고 말하는 것은 아니지만, 서로 다른 선택들은 우리의 삶 전체에 영향을 줄 수도 있는 엄청나게 다른 결과를 초래할 수도 있다는 것이다. 게다가 우리가 자신에게 지불하는 비용은 즉각적으로 나타나지 않는 것처럼 보이기 때문에 우리가 하는 행동에 따른 그 어떤 결과도 없을 것이라 생각을 하며 스스로를 쉽게 속이는 건지도 모른다. 그렇지만 우리 자신에게 지불한 비용은 늘 우리가 어떤 됨됨이의 사람으로 성장하는지를 좌우한다. 우리의 미래가 행복할지 불행할지는 우리의 선택에 따라 결정된다.

그렇다면 우리는 자아를 초월하기 위해 어떻게 동분서주할 수 있을까? 무엇이 우리에게 동기부여를 해서 자아를 초월하게 할까? 어떤 것이 우리를 진정으로 행복하게 할 것인지 우리는 어떻게 알 수 있을까?

항상 사람들은 자신의 선택이 잘못된 것이라는 것이 밝혀졌다고 해도 자신이 생각했을 때 자신들에게 좋은 것만을 찾는다. 사람들은 부와 명예, 안전 등 행복을 가져다줄 것이라고 생각하는 것들을 갖고자 소망한다. 그렇지만 우리의 본질을 알 수 있는 방법을 배우면서 우리에게 정말 어떤 것이 좋은 것인지를 찾지 않는 이상 속이 빈 대용품 혹은 공허함단을 추구하게 될 것이다. 만약 우리가 우리의 성격이라는 최면 상태에 빠지면 우리는 욕망의 대상을 우리를 만족시킬 수 없는 우상으로 변화하도록 만든다. 그러고 나서 우리는 고통을 받으며 왜 그런지 의아해할 것이다.

이상한 점은 우리가 삶의 의미에 대해 의문을 가질 때 삶이 무엇인지에 대한 명확한 이해 없이 좋은 것만 찾는 난해한 상황에 처해 있다는 것이다. 각 성격유형들은 이들이 생각하기에 이들에게 좋은 것들을 잘못된 장소에서 찾고 있거나 잘못된 방법으로 찾고 있거나 아니면 둘 다일 것이다. 2번 유형은 다른 사람들로부터 충분히 사랑을 받는다면 행복해질 것이라 생각하고, 3번 유형은 다른 사람들로부터 칭찬을 받고 눈에 띈다면 행복해질 것이라 생각하며, 4번 유형은 완전한 자유를 만끽할 때 행복할 것이라 생각하고, 5번 유형은 자신이 원하는 모든 지식과 기술을 가진다면 행복할 것이라 생각하며, 6번 유형은 충분히 안전함을 느낄 때 행복함을 느끼고, 7번 유형은 원하는 모든 것을 경험할 수 있을 때 행복함을 느끼며, 8번 유형은 완전히 자신 스스로를 보호할 수 있을 때 행복하다고 생각하고, 9번 유형은 마음에 완전한 평화를 가진다면 행복할 것이라 생각하며, 1번 유형은 충분히 완벽하다고 느낄 때만 행복해한다. 우리는 이러한 소망들이 절대로 우리를 전적으로 충족시킬 수 없다는 것을 안다. 외부적인 조건들은 절대로 각 성격유형들이 원하는 대로 실현되지 않기 때문이다. 그 점을 자각하기 전에는 각 성격유형은 이들의 요구조건들이 다 충족될 때까지 행복(각 성격유형의 진정한 본질의 자각)이 뒤로 미루어지는 것이다. 그러므로 각 성격유형은 행복을 찾을 수 없는 곳에서 행복을 찾으며 좌절할 운명에 처하게 된다. 이 모든 전략들은 행복을 찾는 삶에서 최고로 좋은 전략이 아닌 부분적인 전략이기 때문에 실패하는 것이다.

그렇다면 에니어그램은 어떤 것이 진정으로 우리에게 좋은 것인지 알 수 있도록 우리를 도울 수 있을까? 대답은 간단하다. 각 성격유형이 진실로 필요한 것은 각 성격유형별 통합의 방향에 놓여 있다.

어려운 점은 통합의 방향 내에서 움직이려면 우리는 우리의 성격적인 습관을 초월하고자 하는 의지를 지녀야 한다는 것이다. 우리는 더 큰 어떤 것을 얻기 위해 우리의 성격과는 아무런 관계가 없는 우리의 일부를 경험하며 자아를 초월하겠다는 의지를 가져야만 한다. 동시에 우리는 우리 자아의 습관이 주는 한계와 고통을 모두 경험할 의지도 가져야 한다.

자기초월은 현재 성격과 이질적인 방식으로 느끼고 생각하고 행동하며, 과거의 습관과 정반대이고, 현 성격과 상충하는 예전의 태도와 정체성 그리고 유년기 때의 오래된 상처와 방어수단으로부터의 해방을 요하는 미지의 영역으로 들어가는 것을 수반하기 때문에 어렵고 만만치 않다. 어떻게 보면 자기초월은 부활이고 진정한 변화이며, 예전에 배운 방식들을 버리는 법을 배운 후 새로운 세상으로 나아가는 방법을 배우는 새로운 사람으로 재탄생 되는 것이다.

진정한 행복을 찾기 위해서 각 성격유형별로 반드시 해야 하는 것이 있다. 2번 유형은 자신의 욕구, 감정, 동기 등을 속이려는 경향을 극복하기 위해 건강한 4번 유형이 지닌 자기이해와 정서적으로 솔직한 면을 닮도록 노력해야 한다. 3번 유형은 다른 사람들보다 뛰어나고자 하는 욕구와 다른 사람들로부터 주의를 끌려는 욕망을 극복하기 위해 건강한 6번 유형이 지닌 헌신과 겸손함을 배워야만 한다. 4번 유형은 우울함과 방종을 극복하기 위해 건강한 1번 유형이 지닌 통일성과 자제심을 기르도록 해야 한다. 5번 유형은 무관심과 냉소적인 면을 극복하기 위해 건강한 8번 유형이 지닌 실용성과 정신력을 닮도록 해야 한다. 6번 유형은 비관주의와 다른 사람에 대한 불신감을 극복하기 위해 건강한 9번 유형이 지닌 희망과 수용성을 닮도록 노력해야 한다. 7번 유형은 자신이 지닌 표면적이고 충동적인 면을 극복하기 위해 건강한 5번 유형이 지닌 깊이 있는 면과 집중력을 배워야만 한다. 8번 유형은 감정적 무장과 자기중심적인 모습에서부터 탈피하기 위해 건강한 2번 유형이 지닌 타인에 대한 연민과 관심을 닮도록 해야 한다. 9번 유형은 자기만족과 자기망각을 극복하기 위해 건강한 3번 유형이 지닌 힘과 자기 투자를 배워야 한다. 그리고 1번 유형은 비평과 엄격함을 극복하기 위해 건강한 7번 유형이 지닌 기쁨과 열정을 닮도록 해야 한다.

마지막 분석에서 다루었듯이 자아를 초월하는 방법을 배우는 것은 사랑을 위해 마음을 여는 법을 배우는 것과 다름없다. 오직 사랑만이 우리 자신으로부터 우리를 구해 내는 힘을 가지고 있다. 우리가 진정으로 우리 자신과 다른 사람들을 사랑하는 방법을 배우고 다른 사람들의 사랑을 받아들이는 방법을 배우기 전까지는 영원한 행복이나 평화, 혹은 구원에 대한 희망은 없을 것이다. 그 이유는 자아가 우리 앞에 펼쳐놓은 수많은 환상들 속에서 우리 자신을 너무나 쉽게 잃어버리므로 우리가 우리 자신을 어떻게 해야 적절하게 사랑할 수 있는지 모르기 때문이다.

이러한 점은 현대 심리학이 메마르지 않기 위해 꼭 고려해야 하는 점이다. 결국 프로이트 자신의 세운 치료의 목적은 사람들이 일을 하고 사랑을 할 수 있도록 돕는 것이었다. 요즘 심리학은 초월성에 관한 내용을 철회했고, 마음이 가장 갈망하는 것을 묵살했으며, 인간다움의 초석인 신의 존재를 인정하지 않기 때문에 프로이트의 목표를 어떻게 이루어야 할지에 대한 시각을 잃어버린 듯하다. 일(그러니까 세상을 재창조하는 것)과 사랑(그러니까 자신을 재창조하는 것)을 할 수 있는 능력을 얻는 것이 심리학의 주된 목표들 중 하나가 되지 않는 이상 모든 것은 결국 헛되고 공허한 일이 될 것이다. 인류의 성취감이 정말 어디까지 와 있는지를 인식하는 데 도움을 주지 않는 이상 (심리)치료기술은 그저 오래가지 못할 것이다. 지금까지 내려오는 인간 존재에 대한 가장 위대한 증명은 성취감이 우리 존재의 초석과 우리 정신의 본질에 대한 증명을 하며 살아가는 방식을 다시 연결하게 되어 있다는 것이다.

이것은 말로 하기는 쉽지만 실천하기는 어려운 것이다. 삶에서 가장 중요한 교훈들을 가장 어려운 방법으로 배우는 것은 인간의 조건 중 하나인 듯싶다. 그렇지만 실수를 통해 경험하는 것이 결국 우리 자신의 지식이 된다. 스스로 경험하지 않는 이상 행복이 자기초월의 방향에 놓여 있다는 것을 누가 믿겠는가? 우리가 우리 자신을 위한 진리를 찾기 전까지는 행복을 위해 무엇이 필요한지를 잃어버리는 것이 필요한 것 같다.

> 한 속담에 따르면, 가장 멀리 돌아가는 길이 집으로 가는 가장 짧은 길이라고 한다. 우리가 이미 그 무언가를 지니고 있다는 것을 알기 위해 어딘가로 향하는 노력은 비밀을 찾기 위해 해야만 하는 필수요건처럼 보인다. 그 어딘가로 향하는 길은 항상 한 바퀴를 돌아 우리가 서 있는 그 장소로 되돌아오게 한다(A. Watts, *The Meaning of Happiness*, 119–120).

에니어그램식으로 다시 말하자면, 우리가 통합의 방향으로 움직이는 것은 "가장 멀리 돌아가는 길이 집으로 가는 가장 짧은 길이다."라는 속담처럼 한 바퀴를 완전히 돌아 우리 자신에게 되돌아오는 것을 의미한다. 우리의 가장 진실된 성취감은 방심하지 않고 보호되는 자신의 길 앞에 놓여 있는 것이 아니라, 다른 사람과 현실에 마음을 열도록 배우는 자기초월의 방향에 놓여 있다는 것이다. 앨런 와츠(Alan Watts)가 이 점에 대해 부연설명하기를, 우리가 모든 심리적 기술을 우리 마음대로 사용했다 할지라도 우리가 여전히 불만족한 이유는 그동안 우리가 행복을 잘못된 곳에서 찾고 있었기 때문이었다.

인간 내면에는 미묘하고 막연하면서 이해하기 어려운 정신적인 불만과 같은 것들처럼 심리적인 기술이 항상 해결할 수 없는 것들이 있다.

> 성 어거스틴(St. Augustine)이 "주께서 스스로를 위하시어 우리를 만드셨으니 우리는 주 그리스도 안이 아니면 그 어디에서도 쉴 수 없으리라."라고 말씀하셨듯이 내가 보기에 정신적 불만 같은 것들은 신비론자들이 신을 향한 영혼들의 갈망이라고 주장하는 참으로 '신성한 불만' 이다. 우리는 표면적으로는 행복과 전혀 관계가 없는 수백 가지가 넘는 다양한 기술들을 사용해 우리 삶의 세세한 부분까지도 조절하고 우리 자신을 행복하게 만든다. 그렇지만 기술들은 오직 따로따로 분리된 세부항목만을 다룰 뿐이라서 삶에 대한 사람들의 태도와 삶 그 전체를 변화시키는 다른 무엇인가가 요구된다. 이러한 변화 없이는 진정한 불행만이 남아 수많은 모습으로 변장해서 불행 그 자신을 표현할 것이고, 항상 브분적인 것들이기 때문에 사실상 효과도 없는 무수한 신의 대체물들을 찾아낼 것이다. 이 모든 것들은 신의 일부분일 뿐이지 전체가 아니다. 기술들은 이러한 부분들을 찾을 수 있고 또한 수용, 부, 기쁨, 경험, 지식, 그리고 모든 정신의 아직 알려지지 않은 부분들마저 찾아낼 수 있다. 하지만 이 모든 수많은 부분들을 하나로 합친다고 하더라도 그 어떤 기술적 수단이나 장치로는 할 수 없는 것이 있는데 그것은 바로 전체가 부분들을 합친 것보다도 훨씬 더 크다는 것이다(Ibid., 120-121).

심리학, 자기계발서 그리고 에니어그램은 우리를 구할 수 없다. 이러한 것들은 우리를 진실로 행복하게 하거나 행복하게 해 주더라도 장시간 지속될 수 없는 이유는 이러한 것들이 각자 제한된 방법만으로 진실을 찾으며 인간 본질에 대한 부분적인 모습만을 보여 주기 때문이다. 물론 심리학적 통찰력은 우리가 어떤 것을 두려워하고 되풀이되는 불행함의 근본원인이 무엇인지에 대한 좀 더 많은 지식을 주는 방식으로 우리를 도울 수는 있다. 심리학은 우리가 어떻게 행동하는지, 우리가 흔히 어떤 것을 소망하는지, 그리고 어떤 소망이 얼마만큼 우리를 쓸모없는 갈등이나 환상으로 인도하는지에 대한 정리해 줄 수는 있다.

비록 성격유형들이 복잡하고 미묘하기는 하더라도 에니어그램이 서술한 성격유형들은 인간본성 그대로를 반영한다.

우리를 조금 더 객관적으로 이해하기 위해서 성격유형에 우리 자신을 반영하는 것이 가치 있는 일이기는 하지만, 에니어그램은 완전히 다른 영역에 속해 있기 때문에 에니어그램을 사용하는 것 자체만으로는 우리에게 그 어떤 궁극적인 해답도 제공할 수 없다. 에니어그램은 마법처럼 효과를 내지도 못하고 또 우리를 완벽하게 깨달음을 얻은 존재로 변화시키지도 못한다.

하지만 최고로 좋을 때든 최고로 나쁠 때든 우리가 진정 어떤 사람인지 이해하는데 도움을 주기 때문에 에니어그램은 인간본성에 대한 지혜로운 통찰을 제공한다. 결국 에니어그램은 어느 선까지는 우리가 인간본성의 불가사의에 대한 원천과 실현하는 정신의 출발점에 도달하도록 도와주는 하나의 유용한 도구일 뿐이다.

부록

자기발견을 위한 성격의 역동성 탐구

에니어그램 성격유형

에니어그램 성격유형
부록

발달 수준의 의미

이제 각 수준에서 어떤 일이 일어나는지 충분한 설명을 제공하기 위해 제13장 고급 지침에 실린 짧은 설명을 구체화하여 이곳에 실을 것이다. 각각의 유형에 대한 설명과 프로필은 다음의 모형에 잘 들어맞고 있다.

건강한 수준

1수준: 해방의 수준

근원적인 두려움(초기 유년시절 자아 발달의 과정에서 나타난 것)에 맞서고 극복함으로써 개인은 자유로워지며 본질적인 자기를 실현시키는 단계인 자기초월의 단계로 들어서게 된다. 역설적으로 개인은 함께 그의 기본적 욕망도 이루게 되며, 따라서 그가 실질적으로 필요로 하는 것을 충족시킨다(기본적 두려움과 기본적 욕망에 관한 심화된 내용을 위해서는 『에니어그램의 이해』 제2장 참조). 게다가 특정한 영성적 능력과 미덕은 각각의 유형에서 다르게 나타난다. 이 수준은 한 개인이 균형과 자유를 달성하는 가장 건강한 수준이므로, 가장 이상적인 수준이라고도 불린다. 개인은 그의 자기감을 성격에서 본질로 옮기게 되며, 또한 개인은 '통합의 방향'에 나타난 유형의 좋은 자질을 받아들이기도 한다.

2수준: 심리적 수용 능력의 수준

만약 한 개인이 그의 기본적 두려움에 굴복한다면, 이 굴복을 보상받기 위해서 기본적 욕망이 나타난다. 개인은 아직 건강하지만, 기본적 두려움에 굴복한 결과 발생한 불안에 반응하여 그의 자아가 생성되고 방어가 전개된다. 이 수준에서는 개인의 자기감(『에니어그램의 이해』 제2장 참조)과 인지양식(Jung의 태도와 기능과 연관된)이 드러난다. 기본적 욕망은 인간의 보편적인 심리적 욕구다. 즉, 이러한 보편적인 심리적 욕구는 각 개인이 무엇을 필요로 하는지와 자기를 초월하는 중요한 요인이 무엇인지 모두 이해한다면 바르게 수행된 것이다.

3수준: 사회적 가치의 수준

2차적 두려움과 욕망에 굴복한 데 대해, 개인의 자아는 점점 더 활발해지며 결국에는 사회적 · 대인관계적 자질과 함께 특징적인 페르소나(persona)를 낳는다. 이전의 수준보다 덜할 수는 있어도, 자아와 페르소나 모두 방어기제(『에니어그램의 이해』 제2장 참조)에 의해 보호되고 있기 때문에 아직 개인은 건강하다고 볼 수 있다. 이 수준에서는 유형이 가져오는 건강한 사회적 특징을 발견할 수 있다. 자아는 2수준에서 동일시되었던 긍정적 자질을 택하며, 구체적 행동을 통해 그것들을 강화시키고자 한다. 성격, 자아, 그리고 방어는 준비가 되어 있지만, 개인은 심각할 정도로 불균형한 상태는 아니며 기본적 두려움을 극복하고 기본적 욕망에 맞게 적절히 행동함으로써 1수준의 기능을 달성할 수 있다.

보통 수준

4수준: 불균형의 수준

개인이 그의 이익과 발달을 침해하는 중요한 특징적 유혹에 굴복한 결과, 그의 자아는 과장되고, 방어는 증가하며, 불균형이 발생한다. 불균형은 유형의 정신적 에너지의 원천을 끌어들임으로써 지속된다. 이 수준을 심리적인 측면에서 보자면 개인이 막다른 길로 접어들게 되며, 만약 막다른 길에서 저항하지 않으면 심리 내적 혹은 대인관계에 있어서 갈등을 야기할 것이다. 그러면 개인은 방어되어야만 하는 특정한 사회적 역할에 강하게 동일시하게 된다.

5수준: 대인 통제의 수준

개인이 특징적인 방법으로 환경(특히 타인들)을 통제하려고 할수록 그의 자아는 확장된다〔후퇴형(『에니어그램 성격유형』 481쪽 참조)에서 자아 확장은 부정적이며, 그것은 페르소나의 위축과 개인의 사회적 관계로부터의 후퇴로 특징지어진다〕. 개인은 반드시 타인으로 하여금 자아의 모습을 받아들이고 강화하며, 자아의 욕구를 충족하도록 해야 한다. 방어체계는 대인관계와 내부 정신에 있어서의 갈등을 유발시키며, 만약 방어에 실패할 경우 커다란 불안도 유발할 수 있다. 이 수준에서 나타나는 특징들은 이전의 수준에서 나타나는 것들보다 확연히 더 부정적이다. 다음의 수준으로 갈수록 특징들은 더 자기중심적이고, 방어적이며, 갈등을 유발하기 때문에 이 수준은 유형의 악화에서의 전환점이다.

6수준: 과잉보상의 수준

한 개인은 갈등과 불안에 대해 과잉보상을 하게 된다. 그 이유는 자아의 확장과, 5수준에서 나타났듯이 개인이 원하는 것을 제공하지 못하기 때문이다. 과잉보상되는 그런 극단적인 행동뿐만 아니라 자아중심이라는 특징적인 형태(유형에 따라 각기 다르다)도 나타나는데, 이것들은 타인에 의해서 부정적으로(병적인 정도는 아니지만) 평가된다. 타인과의 갈등은 한 개인이 자아 확장을 유지하기 위해 자아중심적으로 행동하기 때문에 나타난다. 이 수준에서, 각각의 유형은 유형의 기본적 두려움과 관련된 행동을 하도록 다른 유형에게 강요한다.

불건강한 수준

7수준: 침해의 수준

다양한 원인으로 인해, 한 개인의 방어는 효과를 보지 못하고 심각한 반응이 발생한다. 자아를 개선하려는 필사적인 시도로서 각각의 유형은 각기 다른 생존의 법칙을 이용하는데, 이들은 '자기 보호'를 위한 불건전한 반응들이다. 이 반응은 자신과 타인(혹은 둘 다)의 진실성을 저해하며, 대인관계에 있어서 심각한 갈등을 낳는다. 이 단계는 심히 불안하고 불균형적인 수준이지만 아직 병적인 정도는 아니다. 전형적으로, 불건강한 수준들은 극심한 환경적 스트레스 요인과 유년시절의 심각하고 만성적인 학대가 원인이다.

8수준: 강박적 사고와 충동적 행동의 수준

불안이 심화될수록 매우 심각한 정신적 갈등이 발생하며, 개인은 불안에 굴복하기보다는 현실을 재구성하려고 한다. 생각, 인식, 감정, 그리고 행동은 모두 심각한 정도로 왜곡되고 자유를 잃으며, 따라서 이 수준은 완전히 병적인 단계다. 개인은 각 유형에 따라 상이한 방법으로 현실과의 접촉을 끊기 시작하며, 이에 따른 행동은 '강박적' 이라는 특징을 지닌다. 2수준에서 처음 나타나고 5수준에서 확장된 심리적 능력은 이 수준에 이르러서 망상적이 된다.

9수준: 병리적 파괴의 수준

이 수준은 파괴적인 행동이 공공연히 표현되는, 병리적 수준의 마지막 수준이다. 망상 속에서 현실과 단절된 한 개인은 자아구조를 방어하기 위해 자기 자신이나 타인, 혹은 둘 다를 파괴하려 한다. 당장이거나 먼 미래이거나, 의식적이거나 무의식적인 다양한 형태의 파괴성은 스스로 분명해지며, 이것은 심각한 실패, 폭력, 혹은 죽음을 낳는다.

수준의 의미에 관한 이러한 설명은 이렇게 간략히 정리되기에는 그 설명이 충분하지 않다. 하지만 이처럼 간략한 설명만을 가지고도 수준들의 전반적인 근거를 이해할 수 있을 것이며 따라서 각각의 유형에 나타난 패턴들도 이해할 수 있을 것이다. 자아는 2수준에서 나타나며, 9수준에 이르러서는 매우 확장되고 파괴적이 된다는 것을 명심하라. 또한 개인의 자유에 있어서는 수준과 거꾸로 진행된다는 것을 명심하라. 개인은 1수준에서 가장 자유로우며 9수준의 심각한 병리적 이상 단계로 악화되면서 점점 자유를 잃게 된다(강박적이 된다.). 건강은 자유의 정도로 식별되는 반면, 신경증은 근본적으로 자유롭지 못한 상태다-더 나아가 통합은 커지는 개인의 자유로 표현된다.

핵심역동

핵심역동(The Core Dynamics)은 개인의 성격을 건강 혹은 신경증으로 가게 하는 각 수준의 두려움과 동기뿐만 아니라 그 행동, 태도 용어의 설명을 포함하는 도식적인 설명이다. 이름에서 알 수 있듯이, 핵심역동은 발달 수준의 역학적 요소를 설명하며 각 유형의 내적 긴장과 움직임에 대해서 더 충분한 정보를 제공하고 있다.

핵심역동은 그 활동적인 자질과 특수함 때문에 에니어그램을 훨씬 더 정확하게 사용할 수 있게 해 준다. 자기의 발견을 위해 에니어그램을 사용하는 사람들은 자신의 성장에 방해가 되는 요소가 무엇인지 뿐만 아니라 자신이 어느 수준에 속해 있는지를 더 잘 이해할 수 있을 것이다. 치료사는 이제 부정적 방식으로 내담자를 붙잡고 있는 두려움과 욕망의 구체적 단계를 확인할 수 있을 것이다. 일반적인 사람들은 타인이 무엇을 느끼고 있는지를 파악하는 통찰력을 통해 대인관계에서의 갈등과 긴장을 줄일 수 있을 것이다. 그들이 핵심역동을 온전히 터득한다면 에니어그램을 더 강력한 도구로 만들 것이다.

발달 수준은 1977년에 돈 리처드 리소에 의해 발견되었으며 그 후 14년 동안 그에 의해 발전되었다. 1991년에 러스 허드슨은 발달 수준과 핵심역동을 현재의 정도로까지 개선하기 위해 돈 리소와 공동 작업을 하였다. 발달 수준, 핵심역동, 그리고 사실상 이 책에 있는 모든 유형의 설명은 학자들의 연구 결과를 보여 준다. 우리는 오스카 이차조, 클라우디오 나란조 그리고 다양한 전통적인 사상 학파의 선구자들의 혜택을 많이 받고 있지만 에니어그램의 현대적인 가르침과 같이 이 책에 있는 내용은 현대적이다.

기술적인 관점에서 각 유형의 내적 논리를 보여 주는 성격유형에 관한 핵심역동에 관한 내용의 출간에 의해 에니어그램의 연구 분야는 그 가치가 높아졌다. 에니어그램에 대한 각기 다른 이해 사이에 모순과 의견 차이가 존재한다는 것은 널리 알려진 사실이다. 핵심역동은 각 유형에 적합한 특징과 동기를 명확하게 가려내기 위해 이론적 뼈대를 제공할 것이다. 그것은 우리를 새로운 분야의 연구로 이끌 뿐만 아니라, 각 유형에 적합한 특징과 잘못 해석된 특징을 알려 준다.

배치구조

핵심역동은 가장 건강한 측면에서부터 고통스럽고 병리적인 단계까지, 또한 그 둘 사이의 과정에서 나타나는 가능한 모든 태도와 행동을 알려 준다는 점에서 성격유형의 지도라고 볼 수 있다. 이 〈부록〉의 뒷부분을 보면 핵심역동의 기본적 구조를 나타내는 도식이 있는데, 이것은 각 유형의 상세한 내용으로 채워질 수 있다. 이것은 기본적 주제에 대한 각각의 내용적 차이점을 갖고 있는 9개의 성격유형이 따르게 되는 모형과 같다.

도식의 맨 위에는 각 유형의 숫자와 이름이 명시되어 있다. 각 유형의 부모 기원이 그 뒤를 잇는다(구체적 설명을 위해서 제4장부터 제12장의 부모 기원을 보시오.). 그 밑으로 4개의 단어가 씌어 있다. 행동용어, 태도용어, 욕망, 두려움이 그것이다. 이 표제 밑에 4개의 칸이 있는데, 이들은 표제에서부터 9개의 수준을 거쳐 페이지의 밑 부분으로 내려간다. 그 이유는 각 9개의 발달 수준에서 공통적으로 나타나는 태도, 행동, 두려움 그리고 욕망(동기)의 집단이 있기 때문이다. 9개의 수준과 9개의 유형을 헷갈리지 마라. 페이지에 수직 방향으로 씌어 있는 수준은 1부터 9까지의 숫자로 표현되어 있으며 각 유형별로 연속하여 표현되고 있다.

도식은 기본적 두려움이라는 용어와 함께 오른쪽 위에서 시작한다. 이 두려움은 유형이 해결하거나 최소한으로 억제하려고 하는 근본적인 불안정 상태다. 각 유형에는 하나의 특정한 기본적 두려움이 내재해 있는데, 이것은 가장 적합한 언어로 표현되어 있기 때문에 쉽게 찾을 수 있다. 기본적 두려움은 매우 보편적인 현상이다—9개 유형의 모든 기본적 두려움은 우리 안에 내재해 있다—그러나 각 개인의 유형에 맞는 기본적 두려움은 가장 강력하고, 가장 견고하며, 우리가 확인할 수 있듯이 우리의 거의 모든 행동에 영향을 미친다. 흔히 한 개인은 자신의 기본적 두려움에 대해 잘 인식하지 못하지만 기초적 두려움 위에 놓인 부차적인 두려움은 쉽게 인식한다. 하지만 만약 당신이 속한 유형의 기본적 두려움에 대해 고찰한다면, 당신은 그것들이 당신의 삶에 미치는 영향을 알 수 있을 것이다. 당신은 또한 이러한 기본적 두려움들이 사실은 가장 중심이 되고 모든 유형에서 발견되는 보편적인 두려움(존재하지 않는 것의 두려움)의 변형물이라는 것을 깨달을 것이다. 이러한 면에서 각각의 기본적 두려움은 더 깊고, 더 일반적인 두려움의 특정한 변형물로 볼 수 있을 것이다.

그다음으로 당신은 기본적 두려움에서 기본적 욕망으로 향하는 대각선 방향의 화살표를 발견할 것이다. 기본적 욕망은 유형에서 중심적인 동기가 된다. 이것은 각 유형이 기본적 두려움을 조절하는 방법이 되고, 따라서 그것과 긴밀히 연관되어 있다고 볼 수 있다. 다시 말하지만, 기본적 욕망은 보편적이며 모든 이가 원하는 것을 드러낸다. 사랑받고 싶고, 소중한 존재임을 느끼고 싶고, 내가 누구인지 알고 싶고, 유능함을 느끼고 싶고, 안전함과 행복을 느끼고 싶고, 자유로움을 느끼고 싶고, 좋은 상태임을 느끼고 싶고, 평화로움을 느끼고 싶은 욕구들이 그것이다. 기본적 욕망은 근본적인 인간의 욕구를 드러내며, 그것들은 정당하고 가치 있는 목표들이다. 문제는 한 개인이 점점 그가 속한 유형의 메커니즘에 사로잡힐수록, 그는 삶에서 중요한 다른 가치들을 손상시키면서까지, 심지어 가끔은 다른 사람들의 삶을 손상시키면서까지 이 욕망을 추구하게 된다는 것이다.

기본적 욕망은 또한 중요한 전환점을 나타낸다. 기본적 욕망에서 시작되는 2개

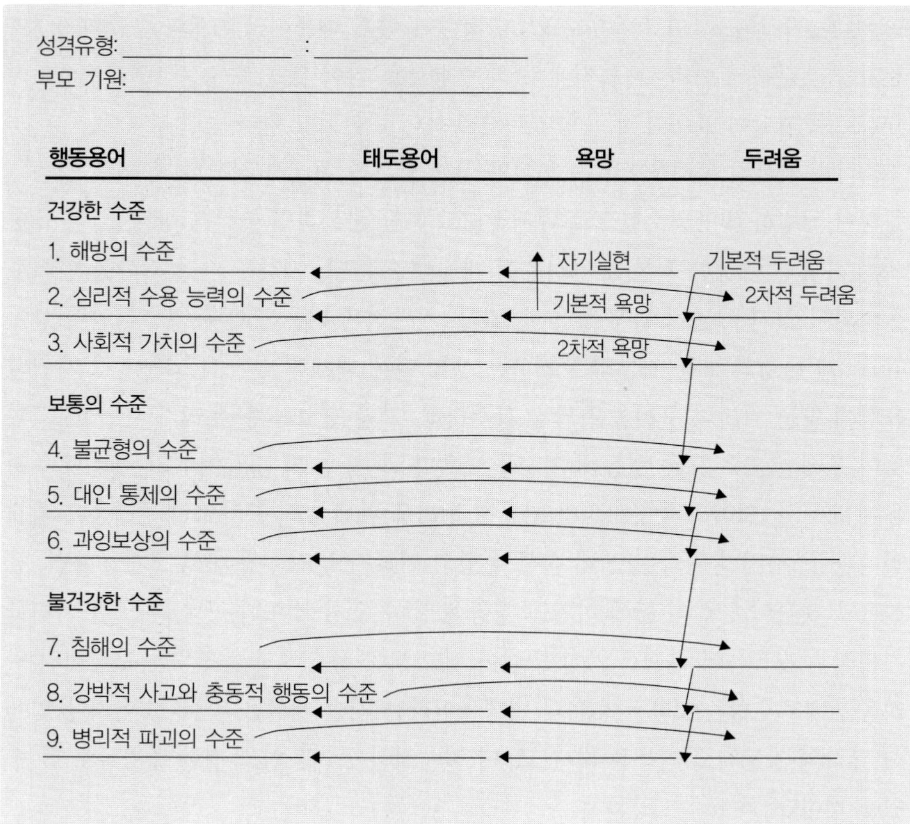

의 화살표가 있는데, 하나는 위쪽의 자기실현으로, 다른 하나는 왼쪽의 태도용어 칸으로 향한다. 이것은 기본적 욕망이 작용하는 방식에 두 가지가 있기 때문인데, 하나는 1수준의 본질인 자유와 진정한 자기로 향하는 것이고, 또 다른 하나는 2수준의 자아 세계로 향하는 것이다. 우리는 두 번째 방향을 먼저 탐구할 것이다.

왼쪽을 향하는 화살표 방향을 따라가 보면, 첫 번째 '태도용어' 혹은 '심리적 수용 능력의 수준' 이라 불리는 2수준의 태도에 도착하게 된다. 각 유형에 관한 핵심역동의 문서를 보면, 앞부분에서 묶음의 '주요 용어' 인 두꺼운 서체로 되어 있는 단어와 함께 대여섯 개의 단어를 보게 될 것이다. 이들은 유형이 기본적 욕망을 충족하기 위해 의존하고, 한 개인의 자아구조의 기반을 형성하는 심리학적 특성과 자질을 의미한다. 예를 들어, 2번 유형의 기본적 두려움은 '타인들로부터 필요한 존재가 되지 않는 것, 사랑받을 자격이 없음을 느끼는 것' 이다. 이 두려움은 이에 대한 보상 역할을 해 주는 기본적 욕망을 야기하는데, '무조건적으로 사랑받기를 원하는 것' 혹은 '자기 자신을 사랑해 주기를 바라는 것' 등이 그것이다. 이 욕망을 성취하기 위하여 2번 유형은 '관심을 갖게 되고, 외부 지향적이 되고, 용서하는 마음과 동정하는 마음' 외에도 '감정이입' 을 하게 된다. 그들은 사랑받기를 바라는 마음으로 타인의 감정에 귀 기울이고 세심해진다. 이것이 2번 유형의 자아구조의 기본이다.

다음으로 2수준의 태도 묶음은 행동의 묶음으로 향하게 된다. 도식에서, 이것은 '행동용어' 칸 하단을 향해 화살표가 왼쪽으로 가는 것을 통해 알 수 있다. 그러나 2수준에서는 다른 수준에서와는 달리, 행동용어가 다른 의미를 지니고 있다. 2수준의 행동용어 칸은 개인의 자기이미지를 나타내기 때문에 이곳의 단어 앞에는 '나는' 이라는 단어가 붙을 수 있다. 2번 유형의 예시에 대해 좀 더 얘기해 보면, 2수준의 행동용어 칸 밑에서 우리는 '양육하는, 이기심 없는, 자기가 없는, 사려 깊은' 이라는 단어를 찾을 수 있다. 이것은 2번 유형에 해당하는 '나는' 의 용어다. 이 유형의 사람들은 '나는 사랑한다, 나는 보살핀다, 나는 이타적이다' 라는 말을 하는 데 어려움이 없다.

그러나 유형이 자기이미지를 통해 스스로 발견하게 되면, 또 다른 두려움이 발생하게 되는데, 이것은 사실 한 개인이 스스로 자신을 정의하기 위해 사용한 특성들이 그 사람의 모든 것을 말해 주지는 않기 때문이다. 따라서 자기이미지와 모순되는 특성들은 방어되어야 한다. 도식에서 2수준의 행동용어 칸에서 시작되는 화살표를 볼 것이다. 이 화살표는 오른쪽 방향으로 활 모양을 그리며 나아가고 두려움 칸으로 돌아가 '2차적인 두려움' 으로 향하게 된다. 이것은 2수준에서 자기이미지 용어에 대한 반응으로 발생한 새로운 두려움을 의미한다. 2차적 두려움은 즉각적으로 느껴지며, 가끔은 기본적 두려움을 가리기도 한다. 2번 유형의 예시를 다시 한 번 사용하면, 우리는 '그들의 욕구와 부정적인 느낌이 자신의 인간관계에 해를 줄 것' 이라는 2차적인 두려움을 발견하게 된다. 즉, 2번 유형이 사랑받고 이타적인 자기이미지를 형성하게 되더라도, 실제로 사랑받지 못하고 이기적이 될 수 있다는 두려움을 가질 수 있다. 그들이 가질 수 있는 특정한 감정은 그들의 자아 모습과 모순될 수 있고 그에 따른 결과는 더 큰 우려가 될 것이다.

만약 유형이 이러한 부차적인 두려움에 굴복한다면, 그것은 명확한 행동을 통해 자기이미지를 강화할 것이고, 이것은 2수준의 2차적인 두려움에서 출발하는 화살표가 대각선 방향인 3수준의 2차적인 욕망으로 향하는 것을 통해서 확인할 수 있다. 이어서 또 다른 층의 자아가 생기는데, 이것은 2수준의 자아를 강화시키지만 그 대가로 자유를 빼앗기고 더 큰 불안이 생긴다. 앞의 설명에서 상기할 수 있듯이, 3수준은 여전히 건강한 상태지만 자아의 세계에 속해 있다. 이 수준에서, 각 유형은 자신과 다른 이들에게 그것이 실제로 2수준의 자기이미지에 의해 설명된 특성을 지니고 있다는 것을 입증하기 위해 건설적인 행동에 참여한다. 2번 유형을 다시 보면, '그들의 욕구와 부정적인 느낌이 자신의 인간관계에 해를 줄 것' 이라는 2수준의 2차적인 두려움에 굴복한다면, 그들은 굴복에 대한 보상을 위해 '타인을 위해 좋은 것들을 하기 위해(자신의 긍정적인 감정과 자기이미지를 강화하기 위해)' 를 추구하며 3수준의 '2차적인 욕망' 에 눈길을 돌릴 것이다. 이것은 '지원적인' (이외에도 태도용어 묶음에는 '감사하는, 연민의, 양육하는' 등의 기타 용어가 있다)이라는 뜻을 지닌 3수준의 태도용어, 혹은 태도로 향하며, 더 나아가서는 '주는' (이외에도 행동용어 묶음에는 '관대한, 격려하는, 도움을 주는' 등의 기타 용어가 있다)이라는 뜻을 지닌 행동용어, 혹은 행동으로 향한다.

3수준, 그리고 그 뒤의 모든 수준에서는 태도용어가 타인에게는 보이지 않는 태도 혹은 의식의 내적 상태를 의미한다. 그리고 행동용어는 타인에게 잘 드러나는 행동, 동작, 자기 표현의 방법을 의미한다. 따라서 3수준의 2번 유형처럼 태도(지원적인, 감사하는, 연민의)는 3수준의 행동용어에서 묘사된 자세한 행동(주는, 관대한, 격려하는)으로 표현되어 있다.

물론 3수준에서 한 개인이 행동 및 태도와 동일시되면, 그것들은 방어될 것이고 결국 또 다른 두려움이 생기게 된다. 이것은 또 화살표가 행동용어 칸에서부터 활 모양을 그리며 오른쪽을 향해 두려움 칸으로 가는 것으로 표현된다. 2번 유형의 경우에 도움이 되고, 관대하고, 용기를 주는 것은 새로운 두려움을 야기한다. '타인을 위해 그들이 무엇을 했든, 그것은 타인의 사랑을 받기에 충분하지 않다(타인은 그들에게 오지 않을 것이고, 그러므로 더욱더 타인에게 다가가야 한다.).' 만약 유형이 3수준의 두려움에 굴복한다면, 그것들은 4수준에서 그 굴복을 보상할 만한 욕망을 추구하게 되고, 이것은 방어되어야 할 태도와 행동을 야기하기 때문에 결국에는 또 다른 두려움을 낳는다. 이 전체 과정은 9수준까지 계속 반복된다.

이쯤에 와서, 당신은 핵심역동의 나선구조를 발견할 수 있을 것이다. 두려움은 욕망을 일으킨 다음, 내적 태도를 야기하고, 그 후에는 외적 행동을 야기하며 새로운 두려움으로 다시 돌아와 그 두려움을 보상받기 위해 다음 수준으로 향한다. 이러한 관점에서, 모든 자아 발전이나 자아 분열은 이와 같은 나선구조를 올라가거나 내려감으로써 발생한다고 볼 수 있다.

2번 유형의 예시를 보면, '불균형의 수준' 인 4수준에서 시작하는 태도용어와 행동용어 칸의 각 묶음에서 밑줄 그어진 단어를 발견하게 될 것이다. 이 밑줄 친 단어들은 4수준에서부터 발생하는 유형의 '분열의 방향'으로 인해 생기는 성질과 특성을 의미한다. 따라서 그것들은 '분열의 방향'과 '유사한 트랙' 을 상기시키는 역할을 하며, 스트레스가 최고조에 이른 시기에 각 수준에서 발생하는 태도와 행동을 보여 주는 표지 역할을 한다.

전체적인 구조를 보면, 우리를 구속하고 고통스러운 자아 상태로 끊임없이 파고 들어가게 되는 것이나 우리의 본성의 직접적인 경험으로부터 멀어지게 되는 것은 두려움 때문이라는 것을 알 수 있다. 좋지 않은 환경에서 자라는 아이들은 대개 투쟁해야 할 두려움이 많기 때문에 이에 대항할 자기방어가 더 많이 마련된다. 따라서 발달 수준 중 아래 수준에 속해 있는 성인들은 그들이 어렸을 때 더 정교한 방어체계를 형성하도록 강요받았을 것이라고 생각할 수 있다.

한 개인의 고통스럽고 방어적인 상태에서의 괴로움을 덜어 주는 방법은 나선구조에서 화살표 방향의 반대 방향으로 향하는 것이다. 이는 한 개인이 자신의 자아를 찾을 수 있는 수준 안에서의 두려움과 그에 따른 부차적인 두려움을 경험하게 하는 것을 의미한다. 그것은 또한 기본적 욕망이라는, 한 개인이 진정으로 원하는 것을 깨닫는 더 효과적인 방법이 있음을 알게 되고 그가 지금까지 집착해 오던 행동, 태도, 그리고 욕망을 놓게 됨을 의미한다. 이와 같은 우리의 논쟁은 다시 우리를 2수준의 기본적 욕망의 '전환점' 으로 돌아가게 만들었다. 앞 내용을 다시 살펴보면 기본적 욕망에서 시작되는 화살표에는 두 가지가 있었다. 태도용어로 가는 왼쪽 방향의 화살표는 자아의 세계로 향한다. 또 다른 화살표는 1수준으로 향하며 자기실현으로 불리는 곳으로 향한다. 이는 만약 한 개인이 자신의 기본적 욕망을 정말로 충족하고자 한다면 1수준의 기본적 두려움에 맞서야 함과 2수준에서 형성된 자신을 의미하는 자아 모습이 자신이 누구인지를 온전하게 말해 주지 않음을 이해하고 그 자아 모습을 버려야 함을 의미한다. 2번 유형의 예시에서는 그들이 타인에게 필요하지 않음과 사랑받을 자격이 없다는 두려움뿐만 아니라 '자기실현(그들이 스스로 자신을 돌보지 못하고, 자신의 욕구를 충족시킬 수 없음을 의미함)' 하에서의 자기이미지 또한 직면해야 한다는 것을 의미한다. 이것은 2번 유형들로 하여금 스스로 자신을 '이기적' 이라고 인식하지 않으면서도 자신의 감정과 동기를 이해할 수 있도록 해주며, 이는 '해방의 수준' 인 1수준의 태도용어와 행동용어로 향하게 된다.

그러나 1수준은 길의 끝이 아니라 새로운 길의 시작이다. 그것은 자아와는 다른 방식으로 정의되는 본질, 즉 진정한 자기 세계의 시작이다. 한 개인이 자신의 성격유형의 덫에서 풀려나면 그는 본인 자신과 세계와 삶으로부터의 멋진 느낌을 경험하게 될 것이다. 그리고 그러한 개인은 더는 자신의 행동과 믿음이 오직 하나의 유형에만 속하게 되지 않기 때문에 아홉 가지 모든 유형의 긍정적 특성을 통합할 수 있을 것이다. 1수준과 확장하는 본질에 관해서는 할 말이 아직도 많지만, 그것은 다음을 기약하기로 한다.

2번 유형 발달 수준의 핵심역동

2번 유형: 조력가			
부모 기원: 보호자(부)에게 거부			
행동용어	태도용어	욕망	두려움
건강한 수준			
1. 해방의 수준			
		자기실현	기본적 두려움
무조건적 사랑 ←	**자기 양육의** ←	자기 자신이나 자신의 욕구를 돌보지 않는 특별한 자기이미지로 자신을 동일시해 간다.	사랑받지 못하는 것 사랑 없이 지내는 것
기쁨이 있는 찬란히 밝은 진실로 자비심 있는 일관적인 사랑의 매	이타주의적 사심 없는 이기심이 없는 겸손한 호의적인		
2. 심리적 수용 능력의 수준			
		기본적 욕망	2차적 두려움
배려하는 ←	**공감이입적** ←	무조건적으로 사랑받는 느낌을 받기 위해(스스로 자신을 사랑의 원천으로 느끼는 것)	자신의 욕구와 부정적인 느낌이 자신의 인간관계에 해를 줄 것이라는 것
양육하는 이기심이 없는 자기가 없는 사려 깊은 열렬한 자유로운 영혼의 느끼는	관계된 타인지향적 용서하는 자비로운 진실한 비언어적인 직관적인 능력		
3. 사회적 가치의 수준			
		2차적 욕망	
주는 ←	**지원적인** ←	타인을 위해 좋은 것들을 하기 위해(자신의 긍정적인 감정과 자기이미지를 강화하기 위해)	타인을 위해 한 모든 것이 사랑을 얻기에 충분하지 못하다는 것(타인은 그들에게 오지 않을 것이고, 그들은 더욱더 타인에게 다가가야 한다.)
관대한 격려하는 도움을 주는 표현적인 제공하는 안내하는	감사하는 연민의 양육하는 헌신하는 찬미하는 인정이 많은		

보통의 수준			
4. 불균형의 수준			
사람을 즐겁게 ←	**염려하는** ←	원하는 사람이 되기 위해, 타인에게 접근하기 위해	자신들이 사랑한 사람이 그 이상으로 자신들을 사랑할 것이라는 것(되로 주고 말로 받으려고)
선동적인	민감한		
마음에 꼭 들게 하는	매우 의도된		
시인하는	과장된		
아첨하는	친근한		
들뜬	동경하는		
꾸미는	신체적 접촉을 하는		
공유하는	종교적/정신적		
설득하는	허튼 수작이 아닌		
5. 대인 통제의 수준			
주제 넘는(침입하는) ←	**소유욕이 있는** ←	필요한 사람이 되는 것, 타인에게 자신들이 절대적으로 필요하다고 만들기 위해	자신과 자신이 베푼 도움은 인정받아야 한다는 것
사사로운	자기희생적인		
다가서서 말을 거는	구세주		
원하지 않은 충고	숨어 있는 동기		
맴도는	과도한 책임감		
들어가는	느낌 가장하기		
유혹하는	형식적 접촉		
잡담하는	질투하는		
권능을 부여하는	걱정하는		
우세한	자기 관심의		
6. 과잉보상의 수준			
교만한 ←	**자기중요성의** ←	인정받기 위해, 자신의 덕과 선을 실현시키기 위해	다른 사람들이 멀리 회피하는 것
선심 쓰는 체 하는	자기만족의		
환호하는	신성한 체 하는		
진실하지 않은	건방진		
무분별한	자축하는		
불평하는	우울증의		
순교자	허영심이 강한		
명예를 얻는	친근히 불리는		
몰래 손상시키는	대결의		

불건강한 수준			
7. 침해의 수준			
조종하는 ← 죄의식을 약화하는 묵살하는 절망케 하는 섭식장애 육체적인 비난하는 집착을 고수하는 폭력적인	**셀프서비스의** ← 자기 속임수의 합리화하는 자기정당화하는 연기성의 의기소침한 모욕하는 부정하는 자포자기의 공포 복수심이 불타는	모든 비용을 들여서라도 사람을 붙잡기 위해(그들이 어떤 것도 잘못되거나 이기적이지 않다는 신념을 유지하면서)	자신이 사랑받는 것을 영원히 이간질(비난)하는 것
8. 강박적 사고와 충동적 행동의 수준			
강제적인 ← 무차별적인 성적인 행동 무지하게 먹는 무모한 방해하는 약탈하는	**자격을 주는** ← 탐욕스러운 절망적인 강박적 사랑 피폐한 다시 요구하는 경계가 없는	어떤 방법을 동원해서라도 다른 사람으로부터 사랑을 얻기 위해	악하고 이기적이고 타인들에게 폭력을 행사하는 것
9. 병리적 파괴의 수준			
기생충의 ← 무거운 짐의 병든 심신장애적 무모한 파괴적인	**희생당한 느낌** ← 학대 정신분열증 정서적 고갈 깊이 비통한 양심의 가책이 없는	고립과 고통을 통해 자신을 옹호하고 입증하기 위해	기본 두려움이 실현되다-필요한 사람이 되지 못하고 사랑받지 못하게 된다.

3번 유형 발달 수준의 핵심역동

3번 유형: 성취자			
부모 기원: 양육자(모)에게 애착			
행동용어	태도용어	욕망	두려움
건강한 수준			
1. 해방의 수준			
		자기실현	기본적 두려움
진실의 ←	**내면으로 향한** ←	자신의 가치는 자신의 성취와 타인에 대한 긍정적 관점에 의한다는 특별한 자기이미지로 자신을 동일시해 간다.	가치가 없어지는 것
순수한	자기 수용		
감동시키는	업적을 자랑하지 않는		
존중하는	만족하는		
겸손한	잘 배려된		
자애심의	자비심의		
2. 심리적 수용 능력의 수준			
		기본적 욕망	2차적 두려움
뛰어난 ←	**적응할 수 있는** ←	가치감을 느끼기 위해	뛰어나지 못해 다른 사람들이 실망하여 거절할지 모른다는 것
찬미하는	타인을 향한		
효과적인	현실적		
가치있는	목적적		
무한 능력의	자기 확신의		
찬란한	균형잡힌		
매력적인	매력을 이끄는		
바람직한	매혹적인		
3. 사회적 가치의 수준			
		2차적 욕망	
자기 개선적 ←	**목표 지향적** ←	할 수 있는 한 모든 것이 되기 위해, 자신을 발달시키기 위해	뒤떨어지지 않기, 타인들 때문에 뒤처지지 않는 것
능력적	야망적		
동기유발적	확신하는		
열심히	높은 정신의		
잘 적응된	인내하는		
역할 모델	자기투자적		
성취하는	초점이 있는		
의사소통가	부지런한		

보통의 수준			
4. 불균형의 수준			
수행하는	**충동적**	타인과 자신을 구별하기, 타인으로부터 주목받거나 가치롭게 되기	타인에게서 긍정적 인정을 받지 못하는 것
성취하는	성공지향적		
경력지향적	의식적 지위 높이기		
자기증진적	경쟁적		
자격증을 갖는	인정추구		
표현적	비교하는		
조직적	배타적		
일정하게 행동하기	위치 점령하기		
순응하는	회유하고 달래는		
5. 대인 통제의 수준			
편의주의적	**이미지 의식적**	자신의 좋은 인상을 창조하기 위해	타인들이 그들을 통해서 볼 것이라는 것(굴욕적이 되거나 얼굴에 먹칠하게 되는 것)
기대를 충족하는	시연하는		
효율적인	계획적인		
카멜레온 같은	정서적으로 멀어진		
적당한	자기의심의		
포장된	친근성의 문제		
전문적인	비인간적		
친절한	타인을 의식하는		
실용적인	타인과 덜어진		
보충적인			
6. 과잉보상의 수준			
자기 촉진적	**과장된**	자신과 자신의 이미지의 현실성을 타인에게 확증하기 위해	자신이 떨어지는 것(자신의 주장이 텅빈)
돋보이게	자기포함적인		
성취를 부풀리는	나르시시스틱		
공개적으로 경쟁적	거만한		
유혹하는	경멸하는		
겁주는 태도	사적으로 필요한		
조소하는	질투하는		
회유하는	비현실적		

불건강한 수준			
7. 침해의 수준			
속이는 신분을 숨기는 날카로운 간교한 명성을 떨어뜨리는 분열을 일으키는 기회적인 부적절한	**원칙이 없는** 탐욕스러운 적대적 내적 공허 감정이 없는 내면에 공허한 무가치한 마비된	자신이 아직도 우수하다고 하는 환상을 보존하기 위해	사로잡혀 있는, 타인을 전혀 생각하지 않고 자신을 잘 보이기 위해(사람들이 칭찬할 것에 대해 어떤 것도 없다.)
8. 강박적 사고와 충동적 행동의 수준			
착취적인 자기타락적인 책동적인 병적인 선동하는 배반하는 비인격화된	**일구이언의** 공포를 억제하는 양심의 가책이 없는 절망적인 코너에 몰린 자아로부터 분리된 해체된	자신의 거짓 주장을 지원하는 데 필요로 하는 무엇이든 하기 위해	자신의 거짓과 공허가 노출될 것이라는 것(자신은 폐허가 될 것이다.)
9. 병리적 파괴의 수준			
잔인한 사악한 가학적인 양심이 무너진 질환을 숨기는 텅빈 산산조각이 된	**편집광의** 정신병의 악의 있는 복수심이 불타는 마비된 황폐 · 공허한 자포자기의	자신을 위협하는 무엇이든 또는 누구든 파괴하기 위해	기본 두려움이 실현되다-가치없는 것으로 인해 인정받지 못한다.

4번 유형 발달 수준의 핵심역동

4번 유형: 예술가			
부모 기원: 부모 양쪽에 좌절			
행동용어	태도용어	욕망	두려움
건강한 수준			
1. 해방의 수준			
		자기실현	기본적 두려움
삶을 향상하는 ← 되찾은(속죄의) 영감의 계시적인 수반하는 진실로 독창적인	**삶을 포용하는** ← 자기갱신의 재충전적인 자발적인 연결된 인정 많은 마음의 평온	사람들이 가지지 못한 독특한 갈망을 가지고 있다는 특별한 자기이미지로 동일시해 간다.	정체성이 없거나 개인적 중요성이 없어진다는 것
2. 심리적 수용 능력의 수준			
		기본적 욕망	2차적 두려움
감각적인 ← 유일한 특별한 관대한 조용하고 깊은 자아에 정직한 정열적인	**내관적인** ← 자기인식의 직관적인 감동적인 정서적인 느낌지향적 자기반성적	자신과 자신의 중요성을 발견하기 위해(그들의 내적 경험으로부터 정체성을 창조하기 위해)	어리석거나 평범하거나 중요한 존재가 아닌 것: 느낌 없이 존재하는 것
3. 사회적 가치의 수준			
		2차적 욕망	
창의적인 ← 개인적/우주적 표현적인 미묘한 감동적인 인도적인 명석한	**자기노출의** ← 접근하는 감정적으로 강한 일치하는 헌신하는 내면을 향한 진실의	자신의 개성을 자신과 타인에게 표현하기 위해(창의적 행동을 통해)	자신의 변화하는 느낌이 자신의 창의성을 지지하지 않을 것이라는 것

보통의 수준

4. 불균형의 수준			
드라마틱한 ←	**환상화하는** ←	느낌을 연장하거나 만들어내기 위해(환상적 자아)	타인들은 자신을 이해하지 못할 것이라는 것(자신의 느낌과 필요는 인식되지 않을 것이다.)
특별한	낭만을 만드는		
독특화하는	얼이 빠져 있는		
상징적	심미적인		
분위기를 창조하는	이상적인		
간접적	과거지향적인		
우아한	기대를 창조하는		
감정을 노골적으로 나타내는	감수성이 예민한		

5. 대인 통제의 수준			
변덕스러운 ←	**이미지의식적** ←	타인의 흥미와 그들에 대한 관심을 확실하게 하기 위해(얻기 어려운 것을 연극함으로써)	삶의 요구가 자신의 환상적 자아를 포기하게 만들 것이라는 것(타인들이 그들을 도와주지 않을 것이다.)
후퇴하는	자기참조적인		
분위기, 멀어진	자기의식적인		
지나치게 민감한	우울증의		
생각에 잠겨	취약한		
낭만적인	오해의 느낌		
신비스러운	자기불신의		
포함되지 않은	무관심의		
공중에 떠 있는	소유적인		

6. 과잉보상의 수준			
퇴폐적인 ←	**면제해 주는 느낌** ←	'나 자신이 되기 위해' 절대적으로 자유롭게 되기 위해	자신의 삶을 망치고, 자신의 기회를 낭비하는 것
비생산적인	방종, 제멋대로의		
허세부리는	거부하는		
정서적으로 깎아내림	무시(경멸)하는		
어려운	모욕적인		
요구하는	자기연민의		
정체성 문제	부러워하는		
육감적인	까다로운		
고자세의	분개한		

불건강한 수준			
7. 침해의 수준			
멀리 떨어진 ←	**소외된** ←	정서적 요구를 지원하지 않은 것 또는 사람들을 거절하기 위해	타인에게서 고립되는 것(포기)
자기억제의 슬퍼하는 우울한 자기태만의 피곤한 의존적 비난 어린 죄스러운	정서적 장애 자아의 수치심 무관심한 혐오하는 혼동된 분개한 정신적으로 희생 합리화하기		
8. 강박적 사고와 충동적 행동의 수준			
고문당하는 ←	**자기거절** ←	자신들을 처벌하기 위해(그리고 간접적으로, 다른 사람에게)	자신의 상황은 희망이 없다는 것(모든 것이 무익하다.)
자기공격적 우울의 자기조정의 심하게 변하는 폭발하기 쉬운 외적으로 공격하는 중독증의 강제적인	자기증오 죄책감에 시달린 끊임없이 변하는 강박적인 죽음 난폭한 격노하는		
9. 병리적 파괴의 수준			
삶을 부정하는 ←	**절망하는** ←	자신의 부서지는 부정적인 자기의식을 도피하기 위해	기본 두려움이 실현되다－자신의 정체성과 개인적 중요성을 잃는다.
자기파괴적인 파멸된 울화통의 범죄 이상스러운 고요 자살의 기생충의	희망이 없는 황폐한 패배감의 가치가 없는 해체된 희생당한 느낌		

5번 유형 발달 수준의 핵심역동

5번 유형: 사색가			
부모 기원: 부모 양쪽에 거부			
행동용어	태도용어	욕망	두려움
건강한 수준			
1. 해방의 수준			
		자기실현	기본적 두려움
비전의 ← 개척하는 심오한 깨달음의 자비로운 황홀경에 빠진 혁명적인 열정적인	**참여하는** ← 즉각적으로 이해 포괄적으로 이해 명료성 경이 신뢰하는 애착하지 않은	환경(외계 관찰자)에 구애받지 않는다는 특별한 자기이미지로 자신을 동일시해 간다.	무력, 무용, 무능한 것
2. 심리적 수용 능력의 수준			
		기본적 욕망	2차적 두려움
지각적인 ← 명석한 호기심의 인식의 비범한 기쁨이 있는	**관찰적** ← 주의 집중하는 매혹적인 감정에 좌우되지 않는 객관적인 감각적으로 예리한	할 수 있는 능력을 가지기 위해(공헌할 수 있는 어떤 것을 갖기 위해)	자신이 충분히 명석하지 않다는 것, 자신의 지각이 자신에게 확신을 주지 못한다는 것
3. 사회적 가치의 수준			
		2차적 욕망	
혁신적인 ← 독창적인 기술적인 발명적인 창의적인 학습하는 의사소통하는 수선하려는	**초점의** ← 실험의 열린 정신의 인내하는 별난 독립적인 의심하지 않는 집중하는	확신을 얻기 위해, 어떤 것을 이해하기 위해(자신을 위해 적재적소를 창조하는 것)	자신은 공헌하기 위한 가치 있는 것이 아무것도 없다는 것(준비할 수 없는 것)

보통의 수준			
4. 불균형의 수준			
준비하는 ←	**개념화하는** ←	자신의 정신과 상상에서 취급함으로써 더욱 안전하고 확실하게 느끼기 위해	타인들이 너무 많이 자신에게 요구할 것이라는 것, 자신의 내적 세계는 위협받을 것이라는 것
기교를 습득하는	지식화하는		
수집하는	사전적인		
연구하는	모형구축의		
연습하는	추상적인		
토론 종결을 연기하는	민감하지 않는		
확약이 없는	불확실한		
전문가적	세밀한		
어설픈 지식의 사람(수박 겉 핥기식의)	분석적인		
	습득하는		
5. 대인 통제의 수준			
사로잡힌 ←	**분리된** ←	침해하는 것이 들키지 않게 하기 위해(자신의 정신적 활동을 강조함으로써)	타인이 자신의 능력을 공격하고 있다는 것
해석하는	최소화하는		
세상을 창조하는	강조하는		
숙고하는	선동하는		
실천적이 아닌	욕구를 무시하는		
매달린	복잡하게 하는		
사적인	결핍된 정신		
칸막이에 갇힌	멀리 떨어진		
상식을 벗어난	분간하지 않는		
도망가는			
6. 과잉보상의 수준			
도발적인 ←	**극단적인** ←	자신의 내적 세계를 위협하는 누구라도 두려워하지 않기 위해	자신이 결코 세상과 사람들과 그리고 자신의 위치를 발견하지 못할 것이라는 것
논박하는	지적인 오만		
경멸하는	불신의		
상반모순된	냉소적		
논쟁적인	염세적		
콕콕 찌르는	결론을 비약하는		
억지해석의	인색한		
전복하는	불공평한		
무감각한			

불건강한 수준					
7. 침해의 수준					
고립된	←	**허무주의**	←	세상과 사람들과의 모든 연결을 끊기 위해 (모든 것이 지옥)	세상은 그들에게 닫히고 있다는 것
자기중심적인		가치를 떨어뜨리는			
불안정한		음침한 공상			
거절하는		포위공격당한 느낌			
퇴각하는		죄책감의			
공허한		기대가 없는			
불타는 다리		방어력이 없는			
흩어져 없어진		충동적인			
8. 강박적 사고와 충동적 행동의 수준					
정신착란의	←	**소름끼치는**	←	공포와 두려움을 참아내기 위해(혼돈 속에서 응시하는 것)	더는 자신을 방어할 수 없다는 것(내부 또는 외부의 영향으로부터)
환각을 일으키는		왜곡하는			
투사하는		사악한 지각			
혐오감을 주는		정신분열증			
죄악의		구역질나는			
고질적 불면증		모든 도움에 저항			
변덕쟁이(괴짜)		극도의 조울증의			
9. 병리적 파괴의 수준					
자기붕괴하는	←	**인사불성(망각)**	←	현실을 떠나기 위해, 모든 감각적 투입을 중지하기 위해, 자신의 의식으로부터 떨어져서 산산조각 내기 위해	기본 두려움이 실현되다-희망이 없고, 무용하고 무능하다.
정신병의		내부에서 파열된			
발광하는		분열된			
자살의		내적 혼돈			
자폐증의		지옥에 떨어진			
무너지는		제정신을 잃은			
활동이 불능한					

6번 유형 발달 수준의 핵심역동

6번 유형: 충성가			
부모 기원: 보호자(부)에게 애착			
행동용어	태도용어	욕망	두려움
건강한 수준			
1. 해방의 수준			
		자기실현	기본적 두려움
용기를 주는 ←	**진실한 신뢰** ←	자신의 안전을 위해 밖의 어떤 것에 또는 사람에게 의존되어 있다는 특별한 자기이미지로 자신을 동일시해 간다.	지원이나 안내를 잃어버리는 것
용맹스러운	자기 확신		
피곤치 않은	독립적		
시너지의	안전의		
자기표현적인	긍정적인 사고방식		
결심하는	기초가 튼튼한		
용감한	침착한 정신		
2. 심리적 수용 능력의 수준			
		기본적 욕망	2차적 두려움
신뢰할 수 있는 ←	**자지 않고 깨어 있는** ←	안전과 지원을 찾기 위해(어느 곳에 속하기 위해)	신뢰할 수 없고 붙임성이 없고, 준비할 수 없는 것: 자신의 안전에 따라 행동할 것이라는 것
의존할 수 있는	경계하는		
신뢰스러운	함께하는		
꾸준히	일체화하는		
규칙적인	충실한		
주의 깊은	신뢰하는		
예지력이 있는	감정적 연합하는		
준비된	호감이 가는		
3. 사회적 가치의 수준			
		2차적 욕망	
협동적 ←	**헌신하는** ←	자신을 믿을 수 있다고 자신과 타인에게 증명하기 위해	자신의 안전을 유지하고 창조하기에 충분하지 못하다는 것
유지하는	책임감 있는		
매우 신중한	훈련된		
장인	실제적인		
평등주의자	행동지향적인		
근면성실한	존경받는		
검소한	자기희생의		
공동체 건설자	질서 있는		
학습자	(사회적 · 종교적) 책무		

보통의 수준			
4. 불균형의 수준			
투자하는 ←	**의무적** ←	지원 체제를 유지하고 창조하기 위해 – 타인과 동맹하고 체제를 형성하기 위해	갈등하는 다양한 요구를 접할 수 없다는 것(다른 동맹이나 권위의)
충성의	당연히 하는		
조직화하는	기초를 숨기는		
분석하는	불안한		
수선하는	인정을 추구하는		
안전을 보장하는	확신/의문		
동지애(우정)	체제/신념에 집착하는		
질문하는	방향성을 추구하는		
추측하는	경쟁적인		
행동하는			
5. 대인 통제의 수준			
방어적 ←	**주의 깊은** ←	자신들에 처해 있는 더 많은 요구와 의무를 갖는 것에 저항하기 위해(그렇게 하는 것을 보이지 않고 자신들을 주장하기 위해)	끓어오르는 압력을 조정할 수 없을 것이라는 것(자신의 세계는 멀어지고 있다.)
분명치 않은	의심하는		
수동적-공격적인	중압감을 느끼는		
시험하는	애매모호한		
자세히 조사하는	걱정하는		
망설이는	부정적인		
불평하는	의심하는		
쌀쌀한	긴장하는		
마음을 읽는	성공에 대한 건망증		
임기응변의	이미지-의식적		
6. 과잉보상의 수준			
비난하는 ←	**고도의 반응적** ←	좌절에 대한 이유를 찾기, 타인들의 약점을 발견하기	자신의 행동이 스스로의 안전을 해치고 있다는 것
경솔한	냉소적		
무분별한	염세주의적		
빈정거리는	완고한		
투사의	시기하는		
거절(부인)하는	편파적인		
전투적인	권위주의적		
두려움이 엄습하는	공포/대항공포의		
남용하는	성급한		
자기중진적	경멸적인		

불건강한 수준			
7. 침해의 수준			
신뢰할 수 없는 ← 예측할 수 없는 나쁜 친구 겁주는 부수는 자기 패배적 의사소통하지 않는 숨기는 믿을 수 없는	**전전긍긍 공황의** ← 열등감 무력감 우울한 겁 많은 확신 없는 의존적/반항적인 봉착에 빠진 파렴치한	독립성을 주장하는 동안 더 강한 보호를 갖기 위해	그나마 자신이 가지고 있는 안전이 파괴될 것이라는 것
8. 강박적 사고와 충동적 행동의 수준			
히스테리의 ← 비이성적인 채찍질의 광신적인 난폭한 책임전가의 중독적인 자기모욕적인 배반하는	**과대망상적인** ← 증오하는 절망하는 걱정에 빠진 강박적인 음모의 종속적인/통제하는 피학증/가학증 일구이언의	목적 달성을 위해 그들의 불확실성과 걱정을 가져오기 위해(자신의 남겨진 안전을 방어하기 위해)	자신들이 행한 일 때문에 처벌될 것이라는 것
9. 병리적 파괴의 수준			
자기파괴의 ← 치욕적인 자살의 추락하는 우범지대 무관심한 악의에 찬	**자기비하의** ← 자기 처벌의 죄의식에 빠진 고문당한 자기 비난의 자기증오의 가학적	처벌을 피하기 위해(자신의 죄책감에 대한 보상)	기본 두려움이 실현되다-안전을 위한 지지를 잃는다.

7번 유형 발달 수준의 핵심역동

7번 유형: 낙천가			
부모 기원: 양육자(모)에게 좌절			
행동용어	태도용어	욕망	두려움
건강한 수준			
1. 해방의 수준			
		자기실현	기본적 두려움
만족한 ←	**진가를 인정하는** ←	충만함을 느끼기 위해 특별한 경험을 요구하는 자기이미지로 자신을 동일시해 간다.	박탈과 감정적 고통에 빠지는 것
흡족한	동화하는		
풍족하게 하는	수용하는		
무아지경의	인정이 많은		
영감의	맛을 가미하는		
진실로 자유로운	감사하는		
기쁨의	마음속 깊이 만족한		
2. 심리적 수용 능력의 수준			
		기본적 욕망	2차적 두려움
정열적인 ←	**참여하는** ←	자유롭고 만족하고 흡족하기 위해-자신의 욕구를 충족하기 위해	자유와 행복을 잃게 될 것이라는 것, 욕구를 채우지 못하는 것
자유로운 정신	자극하는		
자발적인	호기심 있는		
행복한	반응적인		
열망하는	빨리		
에너지가 넘치는	빠른 학습자		
모험적인	긍정적인		
외향적인	발랄하고 쾌활한		
3. 사회적 가치의 수준			
		2차적 욕망	
생산적인 ←	**실천적인** ←	필요한 것을 확실하게 가질 수 있는 것들을 하기 위해	어떤 일과(그들이 충분하지 않은) 경험을 하는 동안 그것에 빠져 있는 것
실천적인	자기만족의		
성취된	미래지향적인		
사교적인	약속하는		
만능의	강렬한		
열매를 맺는	명랑한		
재미있는	대담한		
여러 가지를 하는	충만감		

보통의 수준			
4. 불균형의 수준			
소비하는 ←	**습득하는** ←	더 많은 자극을 가지기 위해(더 많은 것을 하기 위해)	지루하고 좌절할 것이라는 것(부정적인 감정이 야기될 것이다.)
다양성을 추구하는	선택 폭을 넓히는		
경험하는	쾌락지향적		
바쁜	식욕의		
흥분한	감각적 추구		
말이 많은	즐거움은 세상에		
감식가	물질적		
유행의	유행을 따르는		
쾌락주의자	행복을 추구하는		
개종(전향)하는	충동적		
5. 대인 통제의 수준			
분산된 ←	**딴 데로 돌리는** ←	자신을 흥분상태로 유지하기 위해(좀 더 위로)	환경은 자신이 원하는 것을 제공해 주지 않을 것이라는 것
과잉행동의	분간할 수 없는		
주의가 한쪽에 편중된	억제되지 않은		
아마추어(수박 겉 핥기)	모험 추구적		
날개를 단	관련이 없는		
겉으로 말하는	불손한		
과장하는	들떠있는		
문제의	접선을 따라 작용		
언어도단의	피상적인		
개인 의견의	자아가 좌절된		
충동적인	참을 수 없는		
6. 과잉보상의 수준			
과도한 ←	**욕심이 많은** ←	무엇이든 원하는 것을 즉시로 얻기 위해(즉각적 만족)	자신의 행동은 고통과 불행을 초래하고 있다는 것
요구하는	불만족한		
민감하지 않는	야윈		
낭비적인	자기중심적		
자기만족의	무감각한		
중독된	죄의식을 부정하는		
호탕한	슬픔을 억제하는		
완벽주의적	타협하지 않는		

불건강한 수준			
7. 침해의 수준			
도피하는 ←	**덮어놓고 탐을 내는** ←	고통과 걱정을 어떻게든 피하기 위해	즐거움과 행복에 대한 자신의 능력을 잃는 것 (그들은 어떤 것에도 즐거워할 수 없다)
무절제로 방탕한	충동적인		
남용의	책임 없는		
유아기적	지나치게 걱정하는		
현재 장면의	비통한		
타락한	기쁨이 없는		
부패한	앙심 깊은		
아량이 없는			
8. 강박적 사고와 충동적 행동의 수준			
무모한 ←	정신병 우울증 ←	어떤 느낌을 갖기 위해 무엇이든 하기	자신과 자신의 삶을 무참히 폐허화하고 있다는 것
변덕쟁이	억압된 감정을 표현		
불안정한	히스테리		
예측할 수 없는	무관심한		
통제불능의	죽음도 문제되지 않은		
가학 · 피학성 변태성욕	무감각한		
난폭한	강박적인		
9. 병리적 파괴의 수준			
마비된 ←	**저항할 수 없는** ←	투쟁을 포기하기 위해 (어떤 것도 더는 할 수 없다.)	기본 두려움이 실현되다-만족과 행복을 잃고 고통과 상실 속에 있다.
녹초가 된	공포 공황의		
고문당한	폐쇄공포증		
사악한	과부하		
무기력 쇠약한	함정에 빠진		
처벌적인	악인처럼 보이는		

8번 유형 발달 수준의 핵심역동

8번 유형: 지도자			
부모 기원: 양육자(모)에 거부			
행동용어	태도용어	욕망	두려움
건강한 수준			
1. 해방의 수준			
		자기실현	기본적 두려움
영웅적인(대담한) ←	**자기굴복적인** ←	자신의 환경을 통제한다는 특별한 자기이미지로 동일시해 간다.	타인에 의해 통제되거나 해를 입는 것
감명을 주는 진실로 강한 용기 있는 이기심이 없는 관대한	배려하는 자비로운 용서하는 도량이 넓은 충실한 순진한		
2. 심리적 수용 능력의 수준			
		기본적 욕망	2차적 두려움
강한 ←	**자제력 있는** ←	자기 자신을 보호하기 위해, 자신의 삶과 운명을 통제하기 위해	약하거나 상처받기 쉬운-자신의 강함과 독립성을 잃는 것
주장적인 직접적인 자원이 풍부한 행동지향적인 참을성이 있는 강력한 현실적인	독립적인 강한 의지의 자기결정적 절대적 활기찬 '할 수 있다' 태도		
3. 사회적 가치의 수준			
		2차적 욕망	
제공하는 ←	**자기이해** ←	행동과 성취를 통해 자신의 강함을 증명하기 위해	리더로서, 제공자로서 자신이 역할을 수행하기 위해서 충분한 자료를 가지고 있지 않는 것
건설적인 도전적인 챔피언적인 보호방어적인 비전을 가지는 결정적인 힘을 격려하는	명예로운 권위적인 보호적인 주도적인 전략적인 정의를 추구하는		

보통의 수준			
4. 불균형의 수준			
진취적인 ←	**실용적** ←	자신의 위치를 유지할 필요가 있는 자원을 습득하기 위해	타인이 자신을 존경하지 않거나 진지하게 대하지 않는 것
열심히 일하는	경쟁적		
모험적인	이익을 추구하는		
직선적으로 말하는	민첩한		
사업적인	센스가 있는		
견고한	자기홍미적		
현명한	충동적인		
강렬한	투쟁적인		
준비하는	불확실한		
5. 대인 통제의 수준			
지배적 ←	**의지력이 강한** ←	자신의 힘과 중요성을 주장하기 위해(통제 속에 넣기 위해)	자신의 환경에 대한 통제를 잃는 것(타인이 그들을 지지하지 않음)
통제하는	팽창적인		
보스적인	자신이 중요한		
퉁명스런	뽐내는		
무뚝뚝한	자만심이 있는		
크게 약속하는	고집하는		
충성을 강요하는	영역을 고수하는		
무모한	자기중심적인		
비밀로 숨기는	사로잡힌		
6. 과잉보상의 수준			
위협하는 ←	**대결적** ←	원하는 것을 위해, 타인에게 압력을 행사하기 위해, 타인을 끌고 가기 위해	다른 사람들이 자신에 대항하려고 하고 있는 것
호전적인	도전적인		
비합리적인	시비조의		
공격적인	나쁘게 성내는		
얕보는	약함을 경멸하는		
끝까지 밀어붙이는	냉소적인		
강압적인	관능적인(육욕의)		
도발적인	억압하는		
	극단적인		

불건강한 수준			
7. 침해의 수준			
독재적인 무법적인 폭력적인 배반하는 믿을 수 없는 책동적인 거친 세상을 등진	← **냉혹한** 배신감을 느끼는 반사회적인 억지가 센 비도덕적인 복수심에 불타는 이를 악물고 도려내는	← 생존하기 위해, 어떻게든 통제하거나 자신을 보호하기 위해	다른 사람이 나에게 보복하는 것
8. 강박적 사고와 충동적 행동의 수준			
무섭게 하는 강탈하는 미친 듯이 날뛰는 황폐화시키는 과대확대하는 무의식적 관념을 투사하는	← **과대망상의** 지나치게 접근하는 제한받지 않는 전지전능한 경계가 없는 공포의	← 두려움을 감추기 위한 것이거나 취약함을 감추기 위해	자신의 자원을 더는 지킬 수 없는 것
9. 병리적 파괴의 수준			
파괴적인 살인적인 귀신의 야만스럽고 잔인한 황폐한 무자비하게 공격적인 때려 눕히는 정신병적인	← **사회병리적인** 비인간적인 파괴적인 양심의 가책이 없는 광적인 내적 혼돈의	← 통제하기보다는 오히려 모든 것을 파괴하는	기본적 두려움이 실현되다–타인에 의해 해를 입거나 통제당한다.

9번 유형 발달 수준의 핵심역동

9번 유형: 중재자			
부모 기원: 양부모에 애착			
행동용어	태도용어	욕망	두려움
건강한 수준			
1. 해방의 수준			
		자기실현	기본적 두려움
굴하지 않는 모든 것을 수용하는 자기결정적인 역동적인 연결된 독립적인 자율적인	**자기기억** 현재의 깨어있는 원기왕성한 고요하고 차분한 자기인식의 정신차린	자신이 세상에 참여하는 것은 중요하지 않거나 대수롭지 않다는 특별한 자기이미지로 동일시해 간다.	손실과 분리에 관한 것, 모든 것으로부터 단절되는 것
2. 심리적 수용 능력의 수준			
		기본적 욕망	2차적 두려움
평화적인 긴장이 이완된 흔들림 없는 관대한 자연적인 쉽게 가는 친절한 구도자	**자의식이 강하지 않은** 수용적인 낙관적인 겸허한 교활하지 않은 숙고적인 감수성이 있는 감각적인 비언어적인	내적 안정을 가지는 것 (마음의 평화)	평화로운 마음을 잃는 것
3. 사회적 가치의 수준			
		2차적 욕망	
안락한 중재하는 지원적인 치료적인 화해하는 분별있는 상상적인 종합하는	**비이기적인** 총괄적인 인내심 있는 변함없는 용서하는 비난하지 않는 뽐내지 않는 균형된	자신의 환경에서 평화와 조화를 유지하거나 창조하기 위해	갈등이 있는 것 (내적, 외적)

보통의 수준			
4. 불균형의 수준			
동의하는	← **사양하는 태도의**	← 갈등을 피하기 위해(타인에게 마지 못해 따르는 것에 의해)	자신의 세계에 대한 방해나 중요한 변화에 대한 것
불평하는	조절하는		
용서하는	타인을 이상화하는		
관습적인	민감한		
즐거운	질문하지 않는		
어울리는	단순화하는		
존경하는	철학적인		
충성의	자기를 깎아 내리는		
	의무적		
5. 대인 통제의 수준			
수동적인	← **멀어져 있는**	← 생활의 융통성을 침해받지 않기 위해, 있는 그대로 어떤 것들을 유지하기 위해	어떤 방법으로든 자신을 소진하기 위해, 자신의 안락한 형태를 떠나는 것
안락을 추구하는	선택적인 집중		
습관적인	수동적-공격적		
바쁘게 일하는	무반응의		
상투적인	저항하는		
멍한(얼빠진 듯한)	무분별한		
빈둥거리는	자제심이 강한		
자동항해의	방어하는 믿음의		
좌우되지 않은	걱정하는		
6. 과잉보상의 수준			
체념한	← **뒤로 물러난(운명적)**	← 세상 문제에 대한 중요성을 감소시키기 위해	자신의 문제를 다루기 위해 현실에 압도되는 것
무시하는	최소화하는		
태만한	비현실적인		
비평을 피하는	무관심한		
억압적인	동정하지 않는		
멀리하는	소원하는		
시간을 죽이는	분노를 억제하는		
다루기 어려운	평화에 집착하는		
호전적인	불끈거리는		

불건강한 수준					
7. 침해의 수준					
게으른	←	**억압하는**	←	모든 것이 잘 되고 있다는 자신의 환상을 방어하기 위해	특별한 문제에서 자신의 역할에 대해 현실성을 모두 인정하는 것
무책임한		가용하지 않는			
비효과적인		완고한			
힘이 없는		의지가 없는			
중독적인		의지박약한			
휩쓸려 가는		우울한			
목록이 없는		무력한 느낌의			
매우 수동적인		즐거움을 상실한			
예측할 수 없는		당황하여 떨고 있는			
8. 강박적 사고와 충동적 행동의 수준					
방향감이 없는	←	**해체되는**	←	그들에게 영향을 미칠 수 있는 어떤 것에 대해 인식도 못하는 것	일어난 일을 처리할 수 없는 것-현실 자체의 두려움
폐쇄		완전히 부정적인			
도울수 없는		영향이 없는			
비인격화한		황폐한			
기억상실증		무감각한			
혼동되는		상실			
비이성적인		박해받는 느낌			
9. 병리적 파괴의 수준					
소멸하는	←	**자포자기의**	←	자신의 인식을 제거하기 위해(자신의 환상을 구하기 위해)	기본 두려움이 실현되다-자신과 타인에게서 분리되어 잊혀진다.
텅빈 껍데기		마비상태의			
산산조각의		퇴보(화)하는			
인간 쓰레기의		부서진			
내부가 공허한		유린당한			
인격파탄		공허의			
자기처벌적인		자기비하의			

1번 유형 발달 수준의 핵심역동

1번 유형: 개혁가			
부모 기원: 보호자(부)에게 좌절			
행동용어	태도용어	욕망	두려움
건강한 수준			
1. 해방의 수준			
		자기실현	기본적 두려움
지혜로운 인간적인 고상한 나무랄데 없는 고도의 도덕적인 친절한, 관대한 순수한	**승인하는** 삶이 확실한 희망적인 침착한 모호성을 인정하는 진실로 현실성 있는	그들은 무엇이든지 객관적으로 판단할 수 있다는 특별한 자기이미지로 자신을 동일시해 간다.	악행, 부패, 악, 오염되는 것
2. 심리적 수용 능력의 수준			
		기본적 욕망	2차적 두려움
합리적인 감각적인 통합적인 적절한 조심성이 있는 점잖은 객관적인	**총체적으로 평가하는** 양심적인 도덕적인 합리적인 분간하는 조합의 가치지향적인	좋게 되는 것, 위엄을 가지는 것, 모든 일에 균형을 유지하는 것	자신의 주관적인 느낌과 충동이 정도를 벗어날 것이라는 것(자신의 생각이 불공정, 자신의 위엄이 손상될 것이라는 것)
3. 사회적 가치의 수준			
		2차적 욕망	
책임감이 있는 진실의 자기훈육적인 정의, 공평 예로서 가르치는 논리정연한 문명화된 우수성을 추구하는 만족을 지연하는	**원칙적인** 윤리적인 공정한 목적적인 희생적인 사명감 감격한 인내심 있는 헌신한	자신의 양심과 판단으로 자신을 바로 세우는 것	자신의 원칙들이 충분한 영향을 끼치지 못한다는 것(다른 것들은 중요하지 않다.)

보통의 수준

4. 불균형의 수준			
동의하는	← **의무적인**	← 자신과 세계를 개선하기 위해	자신의 생각과 다르게 행동하는 것에 대해 비난 받을 것이라는 것
개혁하는	이상적인		
논쟁하는	충동적인		
지적하는	당연히 해야 하는		
설명하는	심각한		
치료하는	확실성 있는		
옹호하는	진보를 만드는		
정제된	엘리트적		
열망하는	기대를 창출하는		

5. 대인 통제의 수준			
명령적인	← **자기 통제적**	← 자신의 생활이 자신의 생각과 일치해야	다른 사람들이 자신들이 성취해 온 질서와 균형을 깨뜨릴 것이라는 것
비정한	참을 수 없는		
의견적인	성내는		
융통성이 없는	좁은 시야		
방법론적인	꼼꼼한		
반드시 시간을 지키는	죄의식의		
퉁명스러운	정서적으로 제한적인		
정확한	자기비난적		
변덕스러운	우울한		

6. 과잉보상의 수준			
비난적인	← **판단적**	← 자신의 생각과 기준에 미치지 못하는 것에 대해 자신과 다른 사람을 비난하기	나의 이상이 현실성이 없다는 것
교정하는	분개한		
논쟁적인	완벽주의적		
괴변적인	비타협적인		
도덕적인	무정한		
일중독의	생색을 내는		
끈질기게 말하는	까다로운, 요구하는		
귀에 거슬리는	엄격하고 가혹한		
엄격한	실망하는		
자기탐닉의	자기연민적인		

불건강한 수준			
7. 침해의 수준			
융통성이 없는 ←	**자신이 옳은** ←	자신과 침묵적 비판을 정당화하기 위해(자신과 타인들로부터)	비합리적이 되는 것
신랄하게 비꼬는	자기 합리적인		
협상하지 않는	자기학대적		
닫힌 마음의	신랄한(모진)		
비이성적인	우울한		
심각한	절대적으로		
귀에 거슬리는	참을 수 없는		
따돌리는	염세적인		
	증오하는		
8. 강박적 사고와 충동적 행동의 수준			
반박적인 ←	**강박적** ←	자신의 무의식적 비합리적 충동을 의식적으로 통제하기	자신의 통제력을 잃어가는 것 그 자체에 대한 두려움
강도 높게 비판적	충동적		
성욕 도착적	고착된		
진실하지 않은	용서할 수 없는		
임의적인	분노하는		
붕괴된	귀신에게 사로잡힌		
자기 채찍질하는	추방하는		
	고문적인		
9. 병리적 파괴의 수준			
처벌하는 ←	**처벌적인 비난의** ←	자신에게 있는 자신의 강박과 정서적 질병의 명백한 원인을 제거하기 위해	기본 두려움이 실현되다-자신이 붕괴되고, 악하게 되고 부패하게 되고 불균형적이 된다.
잔인한	증오하는		
분노하는 복수	자비심 없는		
공격적	격렬한		
자기훼손의	히스테리적		
자살의	절망하는		
가학적인			
자기파괴적인			

참고문헌

에니어그램과 성격유형의 본질에 대한 독특한 역사적인 전달 때문에 우리가 이 책에서 참조할 자원은 매우 적을 수밖에 없다. 우리는 에니어그램 성격유형이 현대 심리학에 근거를 두도록 하기 위해 정신분석 심리학과 정신의학 서적들을 참고하였다. 여러 면에서 이러한 많은 문헌들은 단순히 이론에 기초한 것뿐만 아니라 임상적 관찰을 포함하였기 때문에 매우 유용하였다.

또한 유명한 자기 개발 서적들의 여러 저자들이 우리와 다른 관점에서 성격유형에 대한 기술의 문제에 어떻게 접근했는지 참조하였다. 우리는 이러한 모든 자료들의 방대한 참고문헌의 존재 속에서 흥미로운 서적들을 선택하였다. 성격유형과 관련된 분야를 더욱더 알기 원하는 독자들에게 이 서적들을 추천한다. 우리는 여러 모로 다음의 모든 저자에게 빚지고 있는 셈이다.

Becker, E. (1973). *The Denial or Death*. New York: The Free Press.

Bennett, J. G. (1983). *Enneagram Studies*. York Beach, Me.: Samuel Weiser.

Bennett, J. G. (1973). *Gurdjieff: Making a New World*. New York: Harper and Row, Colophon Books.

Cameron, N. (1963). *Personality Development and Psychopathology*. Boston: Houghton Mifflin.

DeChristopher, D. (1982). Interviews with Oscar Ichazo. *The Movement Newspaper* (May 1981). New York: Arica Institute Press.

Diagnostic and Statistical Manual of Mental Disorders, 4th ed. (1994). Washington, D.C.: American Psychiatric Association.

Fenichel. O. (1945). *The Psychoanalytic Theory of Neurosis*. New York: W. W. Norton & Company.

Fine, R. (1979). *A History of Psychoanalysis*. New York: Columbia University Press.

Freud, S. (1952). *A General Introduction to Psychoanalysis*. New York: Washington Square Press.

Freud, S. (1960). *The Ego and the Id*. New York: W. W. Norton & Company.

Freud, S. (1963). *Character and Culture*. New York: Collier Books.

Freud, S. (1965). *The Introduction of Dreams*. New York: Avon Books.

Fromm, E. (1965). *Man for Himself*. New York: Fawcett.

Galbraith, J. K. (1983). *The Anatomy of Power*. Boston: Houghton Mifflin.

Gandhi, M. (1982). *The Words of Gandhi* (Selected by Richard Attenborough). New York: Newmarket.

Goldenson, R. M. (1970). *The Encyclopedia of Human Behavior*. New York: Dell Publishing Company.

Greenberg, J. R., & Mitchell, S. A. (1983). *Object Relations and Psychoanalytic Theory*. Cambridge: Harvard University Press.

Greven, P. (1977). *The Protestant Temperament*. New York: New American Library.

Hinsie, L. E., & Campbell, R. J. (1970). *Psychiatric*

Dictionary, 4th ed. New York: Oxford University Press.

Horney, K. (1937). *The Neurotic Personality of Our Time*. New York: W. W. Norton.

Horney, K. (1945). *Our Inner Conflicts*. New York: W. W. Norton.

Horney, K. (1950). *Neurosis and Human Growth*. New York: W. W. Norton.

Jung, C. G. (1971). *Psychological Types*. New Haven: Princeton University Press.

Keen, S. (1982). Interviews with Oscar Ichazo. *Psychology Today* (July 1973). New York: Arica Institute Press.

Keirsey, D., & Bates, M. (1978). *Please Understand Me*. Del Mar, Calif.: Prometheus Nemesis Books.

Kernberg, O. (1975). *Borderline Conditions and Pathological Narcissism*. New York: Jason Aronson.

Korda, M. (1975). *Power!* New York: Random House.

Leary, T. (1957). *Interpersonal Diagnosis of Personality*. New York: Ronald Press.

Lilly, J. C. (1972). *The Center of the Cyclone*. New York: Bantam Books.

Lilly, J. C., & Hart, J. E. (1975). The Arica Training. In C. Tart (Ed.), *Transpersonal Psychologies*. New York: Harper and Row, 1975.

Lowen, A. (1983). *Narcissism*. New York: Macmillan.

Maccoby, M. (1976). *The Gamesman*. New York: Simon and Schuster.

Maddi, S. R. (1968). *Personality Theories*. Homewood, Ill.: Dorsey Press.

Malone, M. (1977). *Psychetypes*. New York: E. P. Dutton.

Meisser. W. W. (1984). *The Borderline Spectrum*. New York: Jason Aronson.

Metzner, R. (1979). *Know Your Type*. New York: Doubleday.

Millon, T. (1981). *Disorders of Personality*. New York: John Wiley.

Moore, J. (1991). *Gurdjieff: The Anatomy of a Myth*. Rockport, Mass.: Element.

Mullen, J. D. (1981). *Kierkegaard's Philosophy*. New York: New American Library.

Myers, I. B., & Myers, P. B. (1980). *Gifts Differing*. Palo Alto, Calif.: Consulting Psychologists Press, Inc.

Nicholi, A. M. Ed. (1978). *The Harvard Guide to Modern Psychiatry*. Cambridge: Harvard University Press.

Nicoll, M. (1952). *Psychological Commentaries on the Teaching of Gurdjieff and Ouspensky*, vol. 2. Boulder, Colo.: Shambala.

Offit, A. (1977). *The Sexual Self*. New York: Lippincott.

Ouspensky, P. D. (1949). *In Search of the Miraculous*. New York: Harcourt, Brace and World.

Rycroft, C. (1972). *A Critical Dictionary of Psychoanalysis*. Harmondsworth: Penguin Books.

Shapiro, D. (1976). *Neurotic Styles*. New York: Berkeley, Calif.: And/or Press.

Speeth, K. R. (1976). *The Gurdjieff Work*. Berkeley, Calif.: and/Or Press.

Speeth, K. R., & Friedlander, I. (1980). *Gurdjieff, Seeker of the Truth*. New York: Harper and Row.

Stone, M. H. (1980). *The Borderline Syndromes*. New York: McGraw-Hill.

Storr, A. (1979). *The Art of Psychotherapy*. New York: Methuen.

Storr, A. (1985). *The Dynamics of Creation*. New York: Atheneum.

Tart, C. T. Ed. (1975). *Transpersonal Psychologies*. New York: Haper and Row.

Waldberg, M. (1981). *Gurdjieff, An Approach to His Ideas*. London: Routledge and Kegan Paul.

Watts, A. (1979). *The Meaning of Happiness: The Quest for Freedom of the Spirit in Modern Psychology and the Wisdom of the East*. New York: Harper and Row.

Webb, J. (1980). *The Harmonious Circle: The Lives and Work of G. I. Gurdjieff, P. D. Ouspensky, and Their Followers*. New York: G. P. Putnam.

찾아보기

인 명

Freud, G. 416, 481, 484

Gurdjieff, G. I. 37, 38

Horney, K. 29, 112, 283, 415, 471, 481

Ichazo, O. 38, 42, 475

Jones, E. 486

Jung, C. G. 481, 489

Naranjo, C. 43

Riso, D. R. 45

St. Augustine 511

Watts, A. 510

Winnicott, D. 163

내 용

1번 유형 423
1차 성격유형들 466
2차 유형 466
4개의 심리적 기능 489
4대 기질이론 479
5번 유형 205
6번 유형 253
8번 유형 343, 345
9번 유형 381
DSM-IV 491
SAT 44

가부장적 역할 350
가정의 모델 136
가치 129, 137, 143
갈등 361, 406
갈망 308
감각 317, 489
감각과 본능 393
감수성 170
감정 489, 498
감정삼원소 29, 52, 170, 466, 482, 494
감정으로부터의 해리 465
감정적 고통 320
강도 높은 개념주의자 223
강박관념 448, 465
강박관념의 위선자 448
강박성 및 우울 성격장애 492
강박적 조증 증세 339
강박적 행동 328
강박충동 448
강압적인 지배자 109
강인함 376
강점 53, 57, 61
강한 사람 350
개념화 221
개방성 320
개방적 218
개성 389
개인적 176
개척하는 비전 제시자 213
개혁가 30, 423, 429, 438, 439
개혁운동가 438
객관성 435
객관적 세계 226, 429
객관적 현실 432
거물 360
거부 350
거짓된 자아이미지 59
걱정 209, 229, 438
건강 56, 69
건강한 상태 480
건강한 수준 471, 473

건설적 379
건설적인 지도자 354
겁에 질린 외계인 237
겉치레 139
격리 235
격앙 228
결단력 355
결핍 315
겸손 93
경계선 425
경력 136
경력주의자 137
경멸 186
경외심 310
경쟁 127, 136
경쟁시장 123
경쟁심 159, 165
경쟁자 137
경쟁적 지위 추구자 136
경청 177
경험 314
경험 중심 304
경험 내재화 334
계층적 사회 477
계획 312, 314
고립 209, 228, 234, 241
고립된 허무주의자 233
고립무원 237
고요한 마음 214
고통 190, 239, 304, 307, 333
곧은 마음, 367
골목대장 364
곰 377
공감 94
공격 348
공격성 64, 235, 308, 386, 407, 419, 427, 465
공격성의 양상 408
공격적 256, 431
공격적 충동 465
공격적인 성향 337, 338
공격충동 257
공격형 481, 482
공공의 실행자 429
공정하기 379, 435
공정함 435
공중도덕 449
공포 212, 229, 235, 237, 239, 465
공포 대항적 278
공포 반응 258
공포대항 278
공포대항(counterphobic) 반응 258
공포대항형 258
공포와 불안 467
공포증 213, 374
공허함 148, 160, 213, 240, 242
공황 292
공황상태 330
공황상태에 빠진 히스테리 환자 329
과거 지향적 400
과대망상 환자 369
과도한 외향주의자 318
과도한 쾌락주의자 322
과소평가 405
과잉 323
과잉 반응하는 종속자 282
과잉 보상 473
과잉 행동 285, 320
과장된 우정 97
관객 174
관능 43, 195
관능적인 나태함 418
관대 433
관대함 95, 376, 433
관대함의 수혜자 396
관습적인 행동 152
광기 207
교감 394
교만 38, 43, 98, 104, 505
구강 단계 485
구강기 29
구강적 보존 485
구강적 수용 485
구강적 추방 485
구분함 226
구세주 98, 111
구순적 수용 유형 487
구원자 427
구조적 488
구조적 가설 497
권력 270, 345
권력을 가진 자 361
권리감 465
권모술수 138
권위 159, 255, 256, 282, 355
권위에 순응 488
권위자 256, 289
권위적인 반항자 278
권위주의자 279
권위주의적 호전성 281
궤변 238
귀족 198
규범 477
규율 있는 사람 440
규칙 272
균형 436, 501
균형과 조화 386, 393
그릇된 자아 126
극도의 분리 419
극장 174
금욕주의적 442
금지 319
급진주의자 230
긍정적 312
긍정적인 태도 134
기교 98, 110

기만(deceit) 43
기본 성격유형 55
기본 유형 464
기본적 불안 473
기쁨 326, 453
기업가적 열정 376
기회주의자 148
긴장 453
깨달음 389

나선형 467
나약함 350
나태 38, 43
나태한 사람 409
나태함 401
낙천가 30, 301
낙천적인 기질 479
날개 67, 463, 463
남근 단계 485
남근적 보존 486
남근적 수용 486
남근적 추방 486
낭만적 179
내면적인 고요함 390
내면화 488
내적 감정 174
내적 권위 257, 264, 276
내적 및 외적 질서 443
내적 순교자 488
내적 안내 263
내적 안정감 386
내적 안정성 414
내적 위원회 488
내적 지향적 130
내적 평정 163
내적인 안정성 389, 404
내적인 평화 상태 385
내향성 29, 164
내향적 246
내향적 감각유형 389, 490
내향적 감정유형 260, 489, 490
내향적 사고유형 209, 489, 490
내향적 직관유형 490
내향적 직관형 175
냉담한 기질 479
냉소적 234
냉소적 성향 234
냉혹한 무법자 366
넓은 마음 351
네트워킹 138
노련한 궤변가 315
노출 154
능력 123

다양성 318
다중성격장애 411
단순성 469
단절 192, 430
단체 273
달성 314
대결 361
대립적인 적대자 363
대인관계 개념 481
더러움 449
도교 철학 436
도덕 교사 438
도덕 규범 433
도덕적 범위 437
도덕적 신념 436
도덕적 척도 439
도덕적인 지도자 420
도량이 큰 사람 351
도발적인 냉소주의자 229
독단주의 444
독립 255, 352, 384
독립성 352, 354, 358, 359
독립자 375
독선 458
독점 194
독특하다 169
독특함 190
돌보는 사람 94
동기부여 130, 354
동네북 408
동맹 282, 298
동물 165
동일시 155, 394
동정 369
두려운 상대 465
두려움 43, 235, 285, 288, 333, 350
떨어져 나감 212

리더 143
리더십 355
리비도 485

마비 410
마음을 끄는 친구 266
마음의 역동 497
마음의 평형 384
만족 314
망상적 방어 473
매력적인 사람 135, 156
매체 123
멀어짐 249
명료함 197
명예로움 355
모독 186
모성애 99
목적지향적 142
몰두 395
몽상가 402, 419
몽유병자 402
무가치 137
무가치감 150
무감각한 사람 408
무감각한 상태 410

무감정 상태 153
무관심 401, 404, 405
무능 251
무능력 236
무력함 236
무분별 318
무의식 215, 231
무절제 322, 323, 324
무절제한 행동 333
무조건적인 사랑 396
무질서 443, 449
문제 268
문제 해결자 248
문제의 일부 404
물리적 · 정서적 안락함 403
물질적인 안락함 418
물질주의 322
물질주의자 338
미덕 44, 473
믿음 266, 505

박애 96
박탈 313, 340
반사회성 성격장애 492
반사회적 371, 373
반응 275
발달 수준 69, 463, 470
발달적 접근방법 494, 495
방관적 참여자 401
방어기제 373
방어자 294
방어적 태도 408
방종 192
배려 133
배변 훈련 430
배신 350
배우 174
버팀목 353
번식 134

범죄행위 367
범주 433
변이 471
변증법적 481, 494
변증법적 접근방법 494
변증법적인 패턴(정-반-합 495
병리적 491
병리적인 상태 473
병리적인 의존 283
병리학적 481
병적인 거짓말쟁이 149
보복 365
보복의 위협 369
보수적 400
보스 기질 346
보존적 485
보통 56, 69
보통수준 471
보통수준들 473
보통수준의 상태 480
보헤미안 200, 201
보호자 90, 262, 281, 282, 430, 495
복수 351
복수심에 사로잡힌 정신병질자 150
복잡성 469
복종 361
본능 426, 475, 498
본능삼원소 52, 54, 63, 346, 384, 426, 466, 482, 495
본능적 변이 463, 475
본능적인 반응 426
본능적인 즉각적 행동 355
본보기 135
본성적 측면 166
본질적인 자아 506
봉사 95
봉사자 115
부끄러움 186

부도덕 447
부드러움 348
부모 기원 90, 128, 168, 211, 262, 307, 349, 387, 430
부모 양쪽 211, 389
부모와의 연결 388
부정직한 기회주의자 147
분개 443
분노 38, 43, 364, 426, 428, 431, 443
분노와 좌절감 415
분리 212, 213, 239, 412, 413, 414, 422
분리된 496
분별력 440
분석 222
분석가 248
분열 71, 463
분열의 방향 70
분위기 133
불건강 56, 69
불건강한 수준 471, 473
불공정 430
불공평 445, 450
불규칙성 501
불균형 473
불안 62, 208, 209, 212, 217, 229, 258, 262, 278, 299, 305, 409
불안감 62, 208, 337, 419
불안전함 255
불안정 282, 306
불안정성 305
불완전함 428
불합리 447
불행 326
불확실성 229
비관주의자 436
비교적 224
비언어적 의사소통 395

비연결성 401
비이성적 231, 450, 458
비자발적인 태도 406
비전 356
비판 428
비판주의 451
비평적 443
비평주의 444, 446
비현실의 세계 391

사고 489, 498
사고삼원소 29, 52, 54, 61, 207, 255, 303, 467, 482, 494
사기성 152
사랑 85
사랑받고 싶어 하는 욕구 88
사랑의 단절 419
사랑의 힘 375
사막의 교부 38
사색가 30, 205
사심 없이 이타적인 사람 92
사업 358
사회변혁주의자 456
사회적 동물 134
사회적 본능 475
사회적 유형 477
사회적 특징 473
사회적 · 문화적 모델 135
삼원소 29, 52, 466, 481
삼원소 배열 494
상상 168
상상력 179, 219
상상력이 풍부한 심미가 178
상실 422
상처받은 피해자 410
상품 140
색욕 38
생명력 376, 416
생산 315
생산적 313
생식기 29
선 425
선교사 440
선망 186, 189
선물증여자 118
성격 연속체 69
성격유형론 479
성공 123, 124, 125, 129, 136, 153, 159
성실성 361
성인 97
성자(saint) 112
성적 매력 478
성적 유형 478
성적 행동 145
성적(性的) 본능 475
성취 136, 314, 353
성취자 30, 121
세련된 팔방미인 313
소박함 352
소비 315, 322
소비광 322
소외된 우울한 사람 189
소유물 362
소유욕 84, 101, 109
소유욕 강한 친밀함 99
수동-공격적 270, 276, 277, 284
수동성 403, 404
수동적 401, 408
수동적인 태도 386
수용 395
수용적 383, 394, 485, 487
수용적인 사람 393
수줍음 165
수집품 221
순수함 352
순응형 481, 482
숫자 56
스타 125
스펙트럼 493
슬픔 419
승리자 147
승인 290
시간 221
시간 엄수 441
시기 38, 43
신경쇠약 340, 457
신경증 109, 150, 481
신경증적 191, 213, 239, 285, 328, 369, 410, 448
신경증적 상태 473, 480
신경증적 조증 328
신경증적 행동 465
신념 279, 426
신뢰 255, 264, 268, 294, 310
신뢰성 268
신비주의 201
신성한 생각들 44
신속함 320
신체적 매력 145
신체적 안락함 476
신체화장애 111, 112
신프로이트 485
신플라톤주의자 36
실용주의자 147
실존주의자 177
실패 147
실패자 147
심리성적 485
심리역동 접근방법 497
심리유형 489
심리적 기원 29
심리적 태도 489
심리학 485, 511
심리학적인 상징 493
심미적 대상 179

아름다움 179
아리카 연구소 42
아버지 90, 262
아웃사이더 162, 373
아침 99
악 425
악마 448
악의적인 기만자 149
안녕과 평안함 418
안전 29, 208, 255, 269, 476
안전성 255, 294
안전지대 413
안정 269
안정성 262, 268
애착 251
야심 134
약육강식 348, 357
약점 53, 57, 61
양가감정 256, 278, 349
양가성 211
양가적 90, 211, 496
양면성 275
양면적인 비관주의자 274
양심적 434
양육자 128, 307, 349, 495
양육자와 보호자 495
양육하는 조력가 95
양쪽 부모 168
양향 성격자 261
어머니 128
어머니의 대리자 128
억압 64, 348, 350, 386, 427
억압된 분노 409
억압저항 408
엄격 357, 451
엄격한 규칙 433
엄격함 456
업적 129
에고 29, 488, 497, 498
에고 경계 488
에너지의 변증법 485
에니어그램 상징 27
에살렌 연구소 43
에티켓 442
엔터테이너 335
역 공포 225
역동성 75
역동적 접근방법 494
역동적인 상징 494
역동적인 통일체 472
역설 503
역할 471
연결 416
연결되어 있는 496
연결된 상태 389
연기 160
연민 367
연속체 선상 470
연약함 186, 348
열등감 150
열망 169
열정 43, 44
염려 304
염세가 446
염세주의자 333
영감 164, 172, 353, 393
영감을 받은 창조자 172
영감적 161
영성 419
영웅적 서사 360
영적 165
영적인 전통 505
영혼의 맑음 352
예술가 30, 161, 163
예술적 작업 161
예술적 작품 179
예의바름 442
온전함 458
올빼미 243
옳고 그름 435
완벽주의 444, 445
완벽함 179
완전함 427, 428, 431, 458
외고집 449
외부 현실 235
외적 권위 257
외적 인격 473
외향성 29, 313
외향성과 내향성 489
외향적 249
외향적 감각유형 305, 490
외향적 감정유형 489, 490
외향적 감정형 87
외향적 사고유형 428, 489, 490
외향적 직관유형 490
외향적 직관형 346
요도특성 487
욕구 476
욕망의 대상 145
용감한 영웅 264
용기 280
우상 125
우세한 힘 367
우울 상태 334
우울증 107, 409, 414, 419
우울한 기질 479
우정 99, 268
운명론적 406, 414
원인과 결과 403
원칙적 429
원칙적인 교사 436
위원회 264
위협 268, 366
유능함 134
유대인 어머니 99
유동성 470
유머 감각 297

유산 356
유토피아적 397
유형론 479
유혹 505
육감 354
육체적 건강문제 107
율법주의 276
융의 유형론 29, 489
융통성 있게 454
융통성 있는 역할 수행자 398
의무 273, 442
의무감 넘치는 충성스러운 사람 271
의문 272
의식 231
의식분열된 자동기계 410
의심 255, 278
의존 255, 257
의존성, 정신분열형 그리고 수동-공격성 성격장애 492
의존심 282
의존적 256
이기심 86, 88, 102
이드 29, 416, 419, 488, 497, 498
이미지 129, 141
이미지 컨설턴트 140
이미지를 의식하는 실용주의자 138
이상 426
이상적 개혁가 438
이상적 자아 183
이상적인 이미지 140, 142
이상주의자 438, 454
이상화 427
이상화된 자기 170
이상화된 자아이미지 202
이성 458
이성의 정신 434
이성적 450
이차적 성격유형 54
이타적 92
인간본성 56, 165, 166, 384
인간의 나약함 373
인색 221
인습타파주의자 246
인접한 두 유형 468
인정 433
인정 욕구 146
인정받음 132
일곱 가지 죄악 38
일상사 219
일상적 관습 187
일중독 증세 339
일차적 성격유형 54
일치 395
일치감 383

자각 472
자기 과장 159
자기 몰두 164, 189, 192, 472
자기 몰두하는 낭만가 181
자기 방어 473
자기 방어 능력 374
자기 방종 162, 187, 195
자기 방종적 189
자기 보존 본능 475
자기 보호의 욕망 371
자기 본심을 나타내는 개인 176
자기 비하 285
자기 신뢰 264, 272
자기 의심 181, 290
자기 자각 164, 175
자기 자각적 직관자 173
자기 창조적 161
자기 통제 443
자기 통제력 244
자기 통제적 451
자기 파멸을 자초하는 정신분열자 239
자기 확신 416
자기개발 135
자기경멸 162
자기계발서 511
자기기만적 조종자 106
자기단념 411
자기도취 126
자기도취적 123, 126, 145, 151
자기도취적인 사람 487
자기를 선전하는 나르시시스트 143
자기보존 유형 476
자기비난 162
자기비하 282, 415
자기상 174
자기선전 123, 143, 198
자기수용 131
자기애성 성격장애 492
자기연민 162, 188
자기의심 159
자기인식 169
자기절제 419
자기주장 358, 489
자기중심적 99, 324
자기초월 508
자기파괴 288, 298
자기파괴 피학대자 288
자기파괴성 474
자기파괴적 333, 415, 473
자기포기 393
자기혐오 162, 192, 195, 472
자기확신 134, 158
자기확신적 사람 132
자기희생 85, 100
자기희생적 사랑 100
자동 조종 장치 402
자동기계 410
자립 384

자멸적 506
자멸적인 사람 192
자부심 221, 416
자부심 성자 103
자비의 화신 97
자성 예언 202
자신감 있는 사람 353
자신을 상실 412
자신의 가치 132
자신의 감정 168
자아경계 64
자아고착 42, 43, 44
자아이미지 29, 59, 147, 160, 165, 168, 170, 198
자아존중감 125, 146
자연적 에너지 476
자영업 378
자유 92, 352
자유로운 영혼의 낙천가 311
자율성 375
자의식 164, 166, 172
자존감 문제 198
자존심 102
자폐증 증세 240
자포자기한 유형 411
잔인 371
잠 414
잠재력 467
잠재력 계발 135
재력 358
저항 64, 65, 346, 400
적개심 59, 88, 126, 170, 288, 325
적대자들 369
적응과정 389
적자생존의 논리 367
적절함 441
전략적 기획가 378
전례 276
전문 지식 233
전문가 158, 219, 221
전쟁 366
전지전능한 과대망상자 369
전체 179
전통주의자 273
전환 반응 457
절망 171, 239
절망감 170
절제된 지혜 378
점액질 479
점액질형 인간 401
점진적 467
접근 226
정글의 법칙 367
정당함 427
정서적 반응 174
정서적 욕구 224
정서적 취약성 183
정서적 평정 174
정서적으로 괴로워하는 사람 191
정신 역동 133
정신병리학 56
정신병적인 상태 480
정신분열성, 회피성 그리고 정신분열형 성격장애 492
정신분열증 213, 239, 241, 374
정신에너지 485
정신의 경제학 법칙 507
정신의학 481, 485, 492
정신장애 진단 매뉴얼 491
정신착란 237
정열 134
정의 367, 429, 436
정직함 367
정체감 167
정체성 59, 164, 166, 412, 416
정치 123
정확성 441
제도 273
조력가 30
조정자 417
조종 195
조증 328
조증 방어기제 334
조증 증세 337
조증 증세를 보이는 강박신경증 환자 328
조화 395
조화된 상태 383
존경 361
존재 자체 130
졸업장 136
종교 98
좌절 308, 326, 340
좌절감 333
죄의식 107, 368, 373
죄책감 193, 195, 409, 438
주관적 감정 세계 164
중독 증상 419
중립지대 446
중용 323
중재자 30, 381
즐거움의 근원 314
증오 87, 325
지각적 관찰자 215
지도자 30, 343, 347
지루함 316
지배 348
지배적인 권력중개자 360
지식 220
지원 268, 290
지지적인 중재자 396
지혜로운 현실주의자 432
직관 175, 197, 201, 354, 489
직관력 246
직관의 심리학적 근거 175
직관적 175
진솔한 친밀함 155

진실 132, 176, 230, 436
진실된 존재 131
진실성 361
진실한 사람 130
진취적인 모험가 357
진화적 467
질서정연함 441, 443
질투 193, 200
집단행동 477
집사 270
집중력 있는 혁신가 217
징벌의 보복자 450

착실함 268
참을성 218
창의성 172, 174
창조 371
창조적 313
책임 283
천박한 무리 186
천재 207
천하무적 369
철수 184, 193, 200
철학 419
청결함 449
청교도 421, 425
체념적 414
체념하는 운명론자 404
초월적인 현실주의자 434
초자아 102, 257, 426, 438, 443, 488, 497, 498
초자아 발달 430
초자아(super ego) 29, 86
추방적 485
출세 137
충동 426, 465
충동성 280, 328
충동적 성향 327
충동적 행위 326
충동적 현실도피주의자 325
충성 274, 278, 352
충성가 30, 253
충성심 282
치유 능력 397
친교 97
친구 267, 296
침착한 안내자 392
침착함 392, 393
침해 224
칭찬 99, 129, 132

카리스마 352
카멜레온 141
카발라(Kabbala) 38
쾌락 원리 319
쾌락주의 323
쾌락주의적 303

탁월한 귀감형 134
탐구력 249
탐닉 315
탐닉적인 예외자 185
탐미주의 451
탐욕 38, 43, 244, 322
태만 408
태만함 409
통제 348, 353, 371, 443, 473
통제력 358
통찰 201
통찰력 207, 214, 215, 246
통합 71, 75, 393, 463
통합된 전체 475
통합의 방향 70
퇴보 71
투사 281, 286, 288
투사된 이미지 124
특권 143
특성 유형 485
팀워크 135
팀원 273

파괴 371
파괴성 351
파괴욕 371
파괴적 371, 379
파괴적 반사회적 성향 339
파멸 237
파편화 412
판단 435
판단적 완벽주의자 443
패자 129
편집광적인 강박증 150
편집성, 의존성 그리고 수동-공격적 성격장애 492
편집증 284, 374
편집증적 망상 286, 415
편집증적 히스테리 환자 285
편협한 염세가 446
평범 169, 400
평범한 사람 400
평온과 평정 384
평온한 사람 392
평온한 힘 378
평온함 407
평온함의 원천 395
평화 383, 387
포장 139
폭력적인 파괴자 371
폭식 38, 43
풍자적 277
프로이트 추종자 485
프로이트의 항문기형 441
프로이트학파 29
피검자 472
피상성 320
피타고라스학파 36
피학대자 289

피학대증적 415
피학적 298

학구적인 전문가 220
학습된 행동 56
함정들 44
합리적 434
합리적인 사람 434
합리화 320
항문 유형 487
항문기 29
항문기적 특성 430
항문적 보존 485
항문적 수용 485
항문적 추방 485
항문 단계 485
해리 483
행동 223
행동 지향적 376
행복 307, 308, 340
행복감 310, 326
허무주의 248, 250
허무주의적 234
헌신 352
헌신적인 일꾼 268
혁명적 467
현대 심리학 체계 481
현대 에니어그램 38
현실 197
현실주의 133, 367, 436
혈액 479
혐오 240
협상가 359
협업함 249
호모 이코노미쿠스 359
화를 잘 내는 기질 479
화살표 73
확고함 255
환경 348
환원주의 250
환원주의적 231
활동적인 사람 392
활력 312
황담즙 479
황홀경 309
황홀경의 감사자 309
회의적 276
회피 222, 239
회피성, 우울 그리고 자기애성 성격장애 492
획득적 489
효과성 135
후퇴 200
후퇴형 481
흑담즙 479
희망 171
희생 157
희생자 108
희생적인 피해자 191
히스테리 109, 329
히스테리성 411, 491
히스테리성 및 조울성 성격장애 492
히스테리성 성격장애 492
히스테릭 285
히포크라테스의 네 가지 체액론 479
힘 345, 354, 359, 375
힘의 바탕 358

저자 소개

돈 리처드 리소(Don Richard Riso) 금세기 에니어그램 분야의 가장 유명한 저자이자 개발자로, Enneagram Personality Types, Inc.의 대표이자 The Enneagram Institute 설립자다. 지금까지 에니어그램을 30년 이상 지도하고 있으며, 1977년 발견한 발달 수준을 통한 당대 심리학의 혁명적인 새로운 접근법을 개척하고 있다.

러스 허드슨(Russ Hudson) 에니어그램 분야의 권위 있는 학자이자 혁신적인 사고가 중 한 명이다. Enneagram Personality Types, Inc.의 임원이며, The Enneagram Institute의 공동 설립자다. 1991년 이후 리소와 함께 Enneagram Professional Training Program을 지도하고 있다.

역자 소개

대표 역자 윤운성

미국 멤피스대학교 대학원 교육심리전공(교육학박사)
선문대학교 상담산업심리학과 교수
한국에니어그램교육연구소장
한국에니어그램학회장
한국형에니어그램 5단계 프로그램 개발자
저서 및 역서 성격을 알면 성공이 보인다(역, 학지사, 1998), 한국형에니어그램 성격검사 개발KEPTI(한국에니어그램교육연구소, 2001), 에니어그램: 성공하는 사람의 성격관리(공역, 학지사, 2001), 필수 에니어그램(역, 학지사, 2002), 에니어그램 정복(역, 학지사, 2002), 에니어그램: 이해와 적용(공저, 학지사, 2003), 에니어그램 지능(공역, 교육과학사, 2003), 에니어그램과 인간관계(한국에니어그램교육연구소, 2003), 에니어그램 2(역, 열린, 2003), 한국형에니어그램 해석과 활용(한국에니어그램교육연구소, 2004), 팀워크 에니어그램: 최강팀 만들기(공역, 흐름출판, 2005), 성공적인 자녀양육을 위한 9가지 성격(역, 한국에니어그램교육연구소, 2008)
홈페이지: www.kenneagram.com

김경수

중앙대학교 대학원 교육학과 교육사회학전공(교육학박사)
선문대학교 교양대학 부교수
한국에니어그램학회 편집위원장
저서 평생교육과 사회교육(공저, 이화문화출판사, 1993), 교육학개론(공저, 서현사, 2008)

김은아

건국대학교 대학원 식물생태학전공(이학박사)
이화여자대학교 멀티미디어교육원 알코올 · 약물상담전문가 교육과정 주임교수
역서 치료공동체 여정(공역, 한국치료공동체협회, 2004), 가족중심 애도치료(공역, 양서원, 2006)

김혜동

이화여자대학교 대학원 불문학전공(문학박사)
경희대학교 외국어대학 교수
한국형에니어그램 전문강사
한국에니어그램학회 상임이사
역서 가족중심 애도치료(공역, 양서원, 2006)

박범석

동국대학교 교육철학전공(교육학박사)

한우리독서문화운동본부 평생교육원장

저서 및 논문 초월과 보편의 경계에서(공저, 동국대학교 출판부, 2008), 교육의 종교적 지평에 관한 연구(종교교육연구, 2009)

박현경

숙명여자대학교 생활지도상담전공(교육학박사)

선문대학교 상담산업심리학과 겸임교수

한국에니어그램학회 홍보위원장

한국에니어그램교육연구소 전임교수

저서 상담사례연구(경기도청소년종합상담실, 2001), 학생지도를 위한 진로상담(한국교총원격교육연수원, 2006)

서정대

한양대학교 의과대학 내과학전공(의학박사)

한국의학연구소 내과 과장

한국형에니어그램 전문강사

한국에니어그램학회 상임이사

논문 한국인에서 류마토이드 관절염과 제II형 조직적합항원과의 연관성에 관한 연구(한양대학교 대학원, 1991)

손진희

서울대학교 교육학과 교육상담전공(교육학박사)

선문대학교 상담산업심리학과 교수

저서 청소년 따돌림 문제의 이해와 대처 (공저, 학지사, 2008)

오정옥

성신여자대학교 대학원 가족복지전공(문학박사)

창원전문대학 복지학부 교수

저서 가족복지론(공저, 창지사, 2008), 인간행동과 사회환경(공저, 양서원, 2008)

오현수

전북대학교 대학원 교육학전공(교육학박사)

군산간호대학 부교수

한국에니어그램학회 부회장

저서 행복실현을 위한 집단상담 프로그램 개발(군산간호대학 특성화사업단, 2004), 노인의 심리와 상담(군산간호대학 특성화사업단, 2005)

윤천성

국민대학교 대학원 조직심리 · 리더십전공(경영학박사)

서울벤처정보대학원대학교 교수

한국에니어그램교육연구소 사무국장

한국에니어그램학회 운영위원장

저서 인간관계의 이해(공저, 청람, 2004), 미용상담심리론(훈민사, 2005)

이근매

대구대학교 대학원 특수교육과 정서장애아교육전공(문학박사)

평택대학교 재활복지학과 교수

평택대학교 사회복지대학원 재활치료학과 주임교수

한국미술치료학회 회장

저서 다문화가족 행동치료(공저, 양서원, 2008), 매체경험을 통한 미술치료의 실제(공저, 시그마프레스, 2008)

이소희

숙명여자대학교 대학원 아동복지학전공(아동복지학박사)

숙명여자대학교 아동복지학과 교수

한국부모교육학회 회장

저서 우리 아이 속에 잠든 거인을 깨우는 NLP(공저, 신정, 2006), 멋진 응원, 코칭(신정, 2008)

이숙자

전남대학교 대학원 임상심리전공(심리학박사)

동신대학교 종합사회복지관 부관장

한국에니어그램학회 상임이사

한국형에니어그램 전문강사

역서 심리극과 경험치료를 활용한 집단상담(공역, 학지사, 2008), 물질남용의 집단치료(공역, 하나의학사, 2008)

조주영

충북대학교 대학원 아동복지학 아동가족상담전공(문학박사)

백석대학교 사회복지학부 전임강사

한국에니어그램교육연구소 충북지회장

저서 대안교육 중심센터운영 및 기초적응교육(공저, 충청북도교육청, 2004), 행복의 계단(행복한가정연구소, 2008)

황임란

한국교원대학교 대학원 상담심리전공(교육학박사)

한남대학교 교육학과 겸임교수

한국에니어그램학회 윤리위원장

저서 인간관계중심 커뮤니케이션 vol 1.(HM연구소, 2006), 상황중심 커뮤니케이션 vol. 2.(HM연구소, 2006)

에니어그램 성격유형

자기발견을 위한 성격의 역동성 탐구

Personality Types

Using The Enneagram For Self-Discovery, Rev. ed.

2010년 1월 18일 1판 1쇄 발행
2022년 3월 10일 1판 9쇄 발행

지은이 • Don Richard Riso · Russ Hudson
옮긴이 • 윤 운 성 外
펴낸이 • 김 진 환
펴낸곳 • (주) 학지사
04031 서울특별시 마포구 양화로 15길 20 마인드월드빌딩 5층
대표전화 • 02) 330-5114 팩스 • 02) 324-2345
등록번호 • 제313-2006-000265호
홈페이지 • http://www.hakjisa.co.kr
페이스북 • https://www.facebook.com/hakjisabook

ISBN 978-89-6330-243-0 03180

정가 22,000원